Kulturmanagement und Kulturwissenschaft

Herausgegeben von
A. Klein, Ludwigsburg, Deutschland

Markus Lutz

Besucherbindung im Opernbetrieb

Theoretische Grundlagen, empirische Untersuchungen und praktische Implikationen

Mit einem Geleitwort von Prof. Dr. Armin Klein und Prof. Dr. Bernd Günter

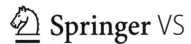

Markus Lutz
Dresden, Deutschland

Zgl. Dissertation an der Pädagogischen Hochschule Ludwigsburg, 2012

ISBN 978-3-658-02111-5   ISBN 978-3-658-02112-2 (eBook)
DOI 10.1007/978-3-658-02112-2

Die Deutsche Nationalbibliothek verzeichnet diese Publikation in der Deutschen Nationalbibliografie; detaillierte bibliografische Daten sind im Internet über http://dnb.d-nb.de abrufbar.

Springer VS
© Springer Fachmedien Wiesbaden 2013
Das Werk einschließlich aller seiner Teile ist urheberrechtlich geschützt. Jede Verwertung, die nicht ausdrücklich vom Urheberrechtsgesetz zugelassen ist, bedarf der vorherigen Zustimmung des Verlags. Das gilt insbesondere für Vervielfältigungen, Bearbeitungen, Übersetzungen, Mikroverfilmungen und die Einspeicherung und Verarbeitung in elektronischen Systemen.

Die Wiedergabe von Gebrauchsnamen, Handelsnamen, Warenbezeichnungen usw. in diesem Werk berechtigt auch ohne besondere Kennzeichnung nicht zu der Annahme, dass solche Namen im Sinne der Warenzeichen- und Markenschutz-Gesetzgebung als frei zu betrachten wären und daher von jedermann benutzt werden dürften.

Gedruckt auf säurefreiem und chlorfrei gebleichtem Papier

Springer VS ist eine Marke von Springer DE. Springer DE ist Teil der Fachverlagsgruppe Springer Science+Business Media.
www.springer-vs.de

Geleitwort

Schon 2001 stellte der Theaterkritiker der ZEIT, Gerhard Jörder, fest: „Es ist schon eigenartig mit dem Theaterpublikum. Ist es da, interessiert sich keiner dafür. Bleibt es weg, sprechen alle von ihm. Erst wenn es sich verweigert, ist es wieder wer. Ein ‚Phänomen'. Ein Problemfall. Jetzt ist es wieder wer." In der Tat: Betrachtet man die Besuchszahlen der Musiktheater der letzten beiden Jahrzehnte (zusammengestellt und berechnet vom Deutschen Musikinformationszentrum nach den Theaterstatistiken des Deutschen Bühnenvereins, Jahrgänge 1993/94-2009/10), so ergibt sich folgendes besorgniserregendes Bild:

- Besuche Musiktheater insgesamt (Oper, Operette, Musical und Tanz): *1993/94*: 9.829.868; *2009/10*: 7.643.282, d.h. ein Rückgang von -2.186.586 Besuchen;
- Besuche Oper: *1993/94*: 5.117.015; *2009/10*: 4.316.526, d.h. ein Rückgang von -800.489 Besuchen.

Aus ganz unterschiedlichen Gründen verlieren die öffentlichen Theater seit Jahren immer mehr Besucher. Eine Rolle spielen sicherlich der demographische Faktor, ein sich wandelnder Kulturbegriff, eine stärkere Event- (und damit Festival-)Orientierung und nicht zuletzt die digitalen Angebote, die mittlerweile Operngenuss auf höchstem Niveau im Kino um die Ecke ermöglichen.

Ein ähnlich negativer Trend zeigt sich auch hinsichtlich der Besucherbindung, also der Abonnenten und der über Besucherorganisationen vermittelten Besucher (bezieht sich jeweils auf alle öffentliche Theater; Quelle DBV-Theaterstatistiken):

- Anteil Abonnenten an Gesamtbesuchen: *1993/94*: 22,1%; *2009/10*: 19,0%, ein Rückgang um fast 3%;
- Anteil Besucher über Besucherorganisationen: *1993/94*: 17,8%; *2009/10*: 7,7%, ein Rückgang um mehr als 10%.

Die Theaterbesucher generell sind also ganz offensichtlich immer weniger bereit, sich längerfristig an ein Haus zu binden, auch wenn ihnen dadurch die entsprechenden Vorteile, wie eine starke Preisreduzierung, entgehen. Umgekehrt ist dementsprechend der Trend bei den Einzelkartenkäufen bzw. den Vollpreiskarten: *1993/94* lag hier der Anteil an verkauften Karten noch bei 32,9%, in der Spielzeit *2009/10* dagegen waren es schon 40,3%, also eine Zunahme von fast 7%. Aus rein betriebswirtschaftlicher Sicht ist diese Entwicklung für die Theater sicherlich erfreulich, da sie durch den Verzicht auf eine entsprechende Rabattierung höhere Einnahmen erzielen können.

Unter dem Aspekt der Besucherbindung (und damit einer langfristigen Marketingplanung) sind die Ergebnisse jedoch besorgniserregend: offensichtlich werden die Zuschauer immer flexibler, sind immer weniger Besucher bereit, sich dauerhaft an „ihr" Haus zu binden. Doch woran liegt dies bzw. umgekehrt gefragt: Was sind jene Faktoren, jene „Klebstoffe", die gewährleisten, dass Besucher sich nach wie vor dauerhaft binden?

In der Besucherforschung gibt es bislang wenige belastbare Erkenntnisse über die „treuen" Besucher, die Stammkunden – in der Regel gibt es nur die quantitativen, d.h. die erfassten Globaldaten der Theaterstatistik. Das große Verdienst der vorliegenden Pionierarbeit von Markus Lutz, die im Sommer 2012 am Institut für Kulturmanagement der PH Ludwigsburg als Promotion angenommen wurde, ist es, hier Licht ins Dunkel zu bringen und Faktoren herauszuarbeiten, die möglicher Weise zu einer dauerhaften Besucherbindung beitragen können. Er geht dabei sowohl qualitativ wie quantitativ vor, um entsprechenden Motiven auf die Spur zu kommen und deren Wirksamkeit zu überprüfen.

Die Ergebnisse dieser Studie ermöglichen es den Marketingverantwortlichen in den Musiktheatern, entsprechende Strategien zur längerfristigen Bindung „treuer" Besucher an ihre Häuser zu entwickeln. Um das vielfältige Theaterangebot in Deutschland auch in Zukunft zu erhalten und zu legitimieren, wird dies notwendig sein.

Ludwigsburg und Düsseldorf im Frühjahr 2013

Prof. Dr. Armin Klein   Prof. Dr. Bernd Günter

Für meine Eltern

Vorwort

Veranlasst durch den gesamtgesellschaftlichen Wandel und damit einhergehender Herausforderungen sind öffentliche Opernhäuser seit den 1990er Jahren verstärkt dazu angehalten, sich um die Bedürfnisse ihrer Besucher und den Aufbau und die Pflege von stabilen Beziehungen zu bemühen. Vor diesem Hintergrund ist auch die Besucherbindung in den letzten Jahren zunehmend in den Fokus von Forschung und Praxis gerückt. Hierbei ist allerdings der Blick auf den Anbieter und die Instrumente der Besucherbindung bisher weiter verbreitet als die Sichtweise der Besucher. Eine Auseinandersetzung mit der Besucherbindung und ihren Einflussfaktoren im Rahmen einer besucherbezogenen Perspektive erfolgt bislang kaum. Letztlich ist es aber alleine der Besucher, der darüber entscheidet, ob er die Geschäftsbeziehung zu einem Opernhaus aufrechterhält oder nicht. Im Fokus dieser Arbeit steht daher die Betrachtung der Besucherbindung aus Besuchersicht. Das Forschungsinteresse gilt dem Bindungsverhalten von Opernbesuchern und der Erklärung verschiedener Verhaltensvoraussetzungen. Im Zentrum steht die Frage: Was ist es, das Besucher an ein bestimmtes Opernhaus bindet – was ist der Kitt, der Klebstoff in der Beziehung zwischen einem Opernhaus und seiner Kundschaft? (vgl. Günter 2000: 68). Mittels eines differenzierten, theoretischen und empirischen Forschungsansatzes soll ein Beitrag zur Aufdeckung und Systematisierung von Wiederbesuchsgründen aus Besuchersicht und ihren dahinter stehenden Einflussfaktoren sowie zur Charakterisierung von Wiederbesuchern geleistet werden, mit dem Ziel, den Verantwortlichen in den Opernhäusern im Sinne einer anwendungsorientierten Forschung aufschlussreiche Informationen und einen Orientierungsrahmen für die Gestaltung ihres Besucherbindungsmanagements an die Hand zu geben (vgl. hierzu auch Föhl 2010: 4).

Ohne die stete Unterstützung, die mir von vielen Seiten entgegengebracht wurde, wäre die vorliegende Arbeit nicht in der Form und dem zeitlichen Rahmen zur Vollendung gelangt. Mein Dank gilt besonders meinem Doktorvater und Mentor Prof. Dr. Armin Klein, der mir diese Dissertation am Institut für Kulturmanagement der Pädagogischen Hochschule Ludwigsburg ermöglichte und mich während des gesamten Erstellungsprozesses fundiert und konstruktiv beraten hat sowie hilfreiche Anregungen gab. Herzlich sei an dieser Stelle auch Prof. Dr. Bernd Günter (Heinrich-Heine-Universität Düsseldorf) gedankt, der sich trotz seiner arbeitsreichen Tätigkeit als Dekan und Lehrstuhlinhaber zur Übernahme des Zweitgutachtens bereit erklärte und mich von Anfang an wie einen seiner eigenen Doktoranden am Lehrstuhl aufnahm und betreute. Große Unterstützung erfuhr ich auch seitens der wissenschaftlichen Mitarbeiter des Lehrstuhls für Betriebswirtschaftslehre, insbesondere Marketing der Heinrich-Heine-Universität, die mir die Möglichkeit einräumten, an ihren Doktorandenkolloquien teilzunehmen und dabei einen kritischen Reflexions- und Diskussionsrahmen boten. Ebenso danke ich meinen Doktorandenkollegen am Institut für Kulturmanagement für den Austausch und wichtige Impulse zu meiner Arbeit. Dank gebührt auch all den Kolleginnen und Kollegen der in dieser Arbeit betrachteten Opernhäuser, die mir durch ihre tatkräftige Hilfe erst ermöglichten, meine empirischen Erhebungen erfolgreich durchzuführen. Namentlich seien erwähnt: Martin Künanz, Anna Kleeblatt, Barbara Kern, Matthias Forster, Bruni Marx und Rosemarie Fasbender. Auch meinen Vorgesetzten an der Deutschen Oper Berlin Dr. Axel Baisch und Thomas Fehrle möchte ich für ihr Verständnis und die gewährten Freiräume zur Verfassung der Dissertation danken. Ebenso danke ich meinen lieben Kollegen Marion Mair, Ute Behrmann, Dr. Matthias Rädel und Nicole Sachse-Handke für das konstruktive Feedback zu meiner Arbeit aus der Praxis. Für die Unterstützung bei den mathematisch-statistischen Analysen der Fragebogenergebnisse mittels des Statistikprogramms Stata gebührt mein besonderer Dank Herrn Dipl.-Volkswirt Christoph Skupnik, akademischer Mitarbeiter am Lehrstuhl für Finanzwissenschaft mit dem Schwerpunkt Internationale Finanzpolitik an der Freien Universität Berlin. Meinem freundschaftlich verbundenen Kollegen Tobias Werner, Betriebsdirektor an der Oper Köln, habe ich für das kritische Gegenlesen der vorliegenden Dissertation zu danken. Gedankt sei auch meinem Freund Dr. Patrick S. Föhl, der den Fortgang der Arbeit mit Anregungen, Hinweisen und aufmunternden Worten unterstützte. Großer Dank gebührt schließlich meiner Partnerin Doreen Habicht, die neben der Übernahme der akribischen Abschlusskorrektur im Zuge des mehrjährigen Erstellungsprozesses der Arbeit stets Verständnis aufbrachte und auf deren Unterstützung ich immer zählen konnte. Meine Eltern, Else und Werner Lutz, haben mir eine akademische Ausbildung ermöglicht und mich auf meinem bisherigen Lebensweg tatkräftig unterstützt. Ich bin ihnen dafür aus tiefstem Herzen dankbar. Ihnen soll die vorliegende Arbeit gewidmet sein. Schließlich sei all denen ein Dank ausgesprochen, die nicht namentlich Erwähnung fanden, aber zum Gelingen der Arbeit beigetragen haben.

Berlin, im Juni 2012   Markus Lutz

Inhaltsverzeichnis

Tabellenverzeichnis 17

Abbildungsverzeichnis 21

Abkürzungen und Siglen 23

1 Konzeptionelle Grundlagen 25

    1.1   Einführung in die Problemstellung 25
    1.2   Wissenschaftstheoretische Grundpositionen 29
        1.2.1   Kulturmanagement als Bezugslehre 29
        1.2.2   Realwissenschaften als Bezugsrahmen 31
        1.2.3   Kritischer Rationalismus versus Wissenschaftlicher Realismus. 32
        1.2.4   Theorienpluralismus 34
    1.3   Zielsetzung, These und Forschungsfragen der Arbeit 36
    1.4   Aufbau der Arbeit und methodische Vorgehensweise 38

2 Das öffentliche Opernhaus als Untersuchungsgegenstand 49

    2.1   Die deutsche Theater- und Opernlandschaft: Überblick und Charakteristika 49
    2.2   Abgrenzung des Untersuchungsgegenstandes 55
    2.3   Grundgesamtheit der empirischen Erhebungen 62
    2.4   Ziele von öffentlichen Opernhäusern 65
    2.5   Stakeholder von öffentlichen Opernhäusern 74

3 Grundlagen der Besucherbindung 81

    3.1   Besucherbindung im Kontext der gegenwärtigen Herausforderungen 81
        3.1.1   Auslöser einer zunehmenden Relevanz von Besucherbindung ... 81
        3.1.2   Nutzen und Grenzen von Besucherbindung 91

3.2	Basiskonzepte der Besucherbindung	95
3.2.1	Vom Transaktions- zum Beziehungsmarketing	95
3.2.2	Theatermarketing und Besuchermanagement	97
3.2.3	Grundlegende Prämissen des Besuchermanagements	98
3.2.4	Bausteine des Besuchermanagements	101
3.2.5	Phasen des Besuchermanagements	109
3.3	Definitionen der Besucherbindung	112
3.3.1	Besucherbindung als Aktivität des Kulturanbieters	113
3.3.2	Besucherbindung als komplexes Merkmal des Besuchers	114
3.3.3	Besucherbindung als komplexes Merkmal der Geschäftsbeziehung	115
3.3.4	Begriffsverständnis der vorliegenden Arbeit	116
3.4	Qualitative Ausprägungsformen der Besucherbindung	117
3.4.1	Erscheinungsformen der Besucherbindung in öffentlichen Opernhäusern	118
3.4.2	Bindungszustände von Opernbesuchern	125

4 Stand der Forschung zu den Einflussfaktoren der Kunden-/Besucherbindung 129

4.1	Stand der Kundenbindungsforschung im Überblick	129
4.1.1	Entwicklung und Untersuchungsbereiche	129
4.1.2	Ursachen der Kundenbindung auf konzeptioneller Ebene	132
4.1.3	Einflussfaktoren der Kundenbindung aus theoretischer Perspektive	135
4.1.4	Einflussfaktoren der Kundenbindung aus empirischer Perspektive	141
4.2	Stand der Forschung zur Besucherbindung und ihren Einflussfaktoren	148
4.3	Stand der Publikumsforschung: Bestimmungsgrößen der Besuchshäufigkeit	153
4.3.1	Soziodemografische/-ökonomische Bestimmungsgrößen	155
4.3.2	Einstellungs-, motiv- und wirkungsbezogene Bestimmungsgrößen	157
4.4	Zusammenfassende Betrachtung und Forschungslücken	161

Inhaltsverzeichnis 13

5	Potenzielle Einflussfaktoren der Besucherbindung in Opernhäusern	165
5.1	Ansatzpunkte für potenzielle Einflussfaktoren	165
5.1.1	Bisheriger Forschungsstand als theoretische Bezugsquelle	165
5.1.2	Experteninterviews auf der Anbieterseite	166
5.2	Qualität der künstlerischen Produkte	170
5.2.1	Zum Produktbegriff in öffentlichen Opernhäusern	171
5.2.2	Qualitätsbegriff und Zusammenhang mit der Besucherzufriedenheit	176
5.2.3	Ausprägungsformen der Qualität der künstlerischen Produkte	177
5.3	Zufriedenstellende Serviceangebote	180
5.3.1	Zufriedenstellende Serviceleistungen im Vorfeld von Opernbesuchen	181
5.3.2	Zufriedenstellende Serviceleistungen während Opernbesuchen	182
5.3.3	Zufriedenstellende Serviceleistungen nach Opernbesuchen	184
5.3.4	Besucherorientierte Servicemitarbeiter	185
5.4	Begleitangebote	185
5.5	Bevorzugte Behandlung von organisierten Wiederbesuchern	187
5.6	Biographie und kulturelle Sozialisation	189
5.7	Affinität	192
5.8	Identifikation	193
5.8.1	Identifikation mit dem Selbstverständnis des Opernhauses	194
5.8.2	Identifikation mit Protagonisten	196
5.8.3	Regionale Identifikation	198
5.8.4	Guter Ruf des Opernhauses in der Öffentlichkeit	199
5.9	Personale Elemente	200
5.9.1	Persönliche Ansprache von Besuchern	201
5.9.2	Vertrauensvolle Beziehungen zu Mitarbeitern	202
5.9.3	Soziale Interaktion zwischen den Besuchern	203
5.10	Faktische Wechselbarrieren	207
5.10.1	Vertragliche Bindungsursachen	208
5.10.2	Ökonomische Bindungsursachen	208
5.11	Zusammenfassende Betrachtung	209

6 Design und Ergebnisse der empirischen Erhebungen ... 213

- 6.1 Qualitative Vorstudie ... 215
  - 6.1.1 Zielsetzung, explorative Untersuchungsfragen und angewandte Methodik ... 215
  - 6.1.2 Stichprobe ... 216
  - 6.1.3 Ablauf der Interviews ... 219
  - 6.1.4 Auswertung der Interviews ... 221
  - 6.1.5 Ergebnisse der Vorstudie ... 223
- 6.2 Design der quantitativen Fragebogenerhebung ... 233
  - 6.2.1 Zielsetzung und explorative Untersuchungsfragen ... 233
  - 6.2.2 Angewandte Methodik ... 234
  - 6.2.3 Aufbau und Gestaltung des Fragebogens ... 235
  - 6.2.4 Pretest des Fragebogens ... 250
  - 6.2.5 Stichprobe und Ablauf der Erhebung ... 251
  - 6.2.6 Datenaufbereitung, Gütekriterien und Analyseverfahren ... 257
- 6.3 Ergebnisse der quantitativen Fragebogenerhebung ... 265
  - 6.3.1 Datenstruktur der Erhebung und univariate Ergebnisse ... 265
  - 6.3.2 Bivariate Zusammenhänge zwischen den Untersuchungsvariablen ... 296
  - 6.3.3 Bestimmung von Einflussfaktoren der Besucherbindung ... 345
  - 6.3.4 Segmentierung der Wiederbesucher ... 370

7 Implikationen für das Besucherbindungsmanagement ... 399

- 7.1 Besucherbindungsprogramm als Systematisierungsrahmen ... 400
- 7.2 Implikationen für die Publikumsforschung ... 401
- 7.3 Implikationen für Besucherbindungsstrategien ... 405
  - 7.3.1 Besuchersegmentierung ... 405
  - 7.3.2 Auswahl von attraktiven Besuchersegmenten ... 407
  - 7.3.3 Positionierung gegenüber den Besuchersegmenten ... 409
- 7.4 Implikationen für Besucherbindungsinstrumente ... 416
  - 7.4.1 Produktpolitik ... 416
  - 7.4.2 Servicepolitik ... 421
  - 7.4.3 Preispolitik ... 425
  - 7.4.4 Kommunikationspolitik ... 431
  - 7.4.5 Distributionspolitik ... 437
- 7.5 Audience Development als grundlegende Voraussetzung für Besucherbindung ... 444

Inhaltsverzeichnis

8 Schlussbetrachtung **449**

    8.1   Beantwortung der ersten Forschungsfrage 450
    8.2   Beantwortung der zweiten Forschungsfrage 452
    8.3   Beantwortung der dritten Forschungsfrage 455
    8.4   Beantwortung der vierten Forschungsfrage 458
    8.5   Weitere Forschungsfelder 463

Quellenverzeichnis **467**

    Literaturverzeichnis 467
    Weitere Quellen 494

Anhang **497**

    Anhang 1: Interviewleitfaden der qualitativen Vorstudie 497
    Anhang 2: Fragebogen der quantitativen Erhebung 501
    Anhang 3: Operationalisierung der Untersuchungsvariablen 511
    Anhang 4: Bivariate Zusammenhänge zwischen Wiederbesuchsgründen
               und Eigenschaften der Befragten 517
    Anhang 5: Korrelationsmatrix 550
    Anhang 6: Rotierte Komponentenmatrix mit allen Faktorladungen ... 551

Tabellenverzeichnis

Tabelle 1:	Übersicht des sequentiellen Forschungsdesigns der Arbeit (in Anlehnung an Föhl 2010: 180)	43
Tabelle 2:	Aufbau der vorliegenden Arbeit (in Anlehnung an Föhl 2010: 27)	46
Tabelle 3:	Ausgewählte Kennzahlen der öffentlichen Musiktheater im Zeitvergleich	58
Tabelle 4:	Grundgesamtheit der empirischen Erhebungen	64
Tabelle 5:	Zentrale Auslöser einer zunehmenden Relevanz von Besucherbindung	81
Tabelle 6:	Gründe für eine Intensivierung von Besucherorientierung und Besucherbindung	91
Tabelle 7:	Unterschiede zwischen Transaktions- und Beziehungsmarketing	96
Tabelle 8:	Elemente der Besucherorientierung (in Anlehnung an Hausmann 2005: 27)	104
Tabelle 9:	Besucherbindung und Commitment (in Anlehnung an Diller 1996: 88)	127
Tabelle 10:	Besucherbindung und Involvement (in Anlehnung an Diller 1996: 87)	127
Tabelle 11:	Untersuchungsbereiche der Kundenbindungsforschung (in Anlehnung an Wallenburg 2004: 10 f.)	131
Tabelle 12:	Bindungsursachen auf konzeptioneller Ebene	132
Tabelle 13:	Erklärungsbeitrag der theoretischen Ansätze zu den Bindungsfaktoren	140
Tabelle 14:	Übersicht zu den bisher am häufigsten empirisch identifizierten Einflussfaktoren	146
Tabelle 15:	Bisherige Erkenntnisse hinsichtlich Besucherbindungsdeterminanten	150
Tabelle 16:	Bestimmungsgrößen der Häufigkeit von Theaterbesuchen	161
Tabelle 17:	Stichprobe der Experteninterviews	167
Tabelle 18:	Beispiele von VAS für organisierte Wiederbesucher	188
Tabelle 19:	Potenzielle Einflussfaktoren und ihre Wiederbesuchsgründe	210

Tabelle 20:	Phasen der empirischen Erhebungen	213
Tabelle 21:	Stichprobe der qualitativen Vorstudie	218
Tabelle 22:	Genannte Gründe 1 bis 10 für Wiederbesuche (Statement-Highlights)	224
Tabelle 23:	Genannte Gründe 11 bis 19 für Wiederbesuche	226
Tabelle 24:	Genannte Gründe 20 bis 28 für Wiederbesuche	228
Tabelle 25:	Genannte Gründe 29 bis 34 für Wiederbesuche	229
Tabelle 26:	Genannte Gründe 35 bis 40 für Wiederbesuche (Schlusslichter)	230
Tabelle 27:	Struktur des eingesetzten Fragebogens	235
Tabelle 28:	Indikatoren der Kundenbindung (in Anlehnung an Eggert 1999: 34 und Laukner 2008: 100)	242
Tabelle 29:	Erhebung der Wiederbesuchsgründe im Fragebogen (Indikatoren und Items)	246
Tabelle 30:	Skalenniveaus (in Anlehnung an Backhaus et al. 2011: 12)	249
Tabelle 31:	Befragungstermine und ausgewählte Aufführungen	253
Tabelle 32:	Die statistischen Analyseverfahren der Arbeit im Überblick	265
Tabelle 33:	Wiederbesuchsgründe mit den höchsten Zustimmungen (TOP-10)	273
Tabelle 34:	Wiederbesuchsgründe 11 bis 15	277
Tabelle 35:	Wiederbesuchsgründe 16 bis 25	278
Tabelle 36:	Wiederbesuchsgründe 26 bis 31	282
Tabelle 37:	Wiederbesuchsgründe mit den niedrigsten Zustimmungen (FLOP-10)	284
Tabelle 38:	Kreuztabelle für die Variablen Besuchshäufigkeit und Geschäftsbeziehungsdauer	297
Tabelle 39:	Kreuztabelle für die Variablen Besuchshäufigkeit und regionale Herkunft	300
Tabelle 40:	Kreuztabelle für die Variablen Besuchshäufigkeit und Wohndauer	302
Tabelle 41:	Kreuztabelle für die Variablen Besuchshäufigkeit und berufliche Stellung	304
Tabelle 42:	Kreuztabelle für die Variablen Besuchshäufigkeit und Bildungsabschluss	305
Tabelle 43:	Kreuztabelle für die Variablen Besuchshäufigkeit und Einkommen	307
Tabelle 44:	Zusammenhänge zwischen Besuchshäufigkeit und Soziodemografika	308

Tabellenverzeichnis

Tabelle 45:	Charakteristika der Erscheinungsformen der Besucherbindung	323
Tabelle 46:	Zusammenhänge Wiederbesuchsgründe und Eigenschaften der Befragten	339
Tabelle 47:	Eigenwerte der Faktoren und erklärte Gesamtvarianz	352
Tabelle 48:	Kommunalitäten	356
Tabelle 49:	Rotierte Komponentenmatrix (Faktorladungen > 0,4)	359
Tabelle 50:	Agglomerationstabelle für die letzten 16 Clusterstufen	374
Tabelle 51:	Ergebnisse der Diskriminanzfunktionen zur Bewertung der Modellgüte (I)	377
Tabelle 52:	Ergebnisse der Diskriminanzfunktionen zur Bewertung der Modellgüte (II)	379
Tabelle 53:	F-Werte für die 4-Clusterlösung	381
Tabelle 54:	t-Werte für die 4-Clusterlösung	382
Tabelle 55:	Mittelwerte und Standardabweichungen für die 4-Clusterlösung	383
Tabelle 56:	Typische Wiederbesuchsgründe der Leidenschaftlichen	385
Tabelle 57:	Typische Wiederbesuchsgründe der Serviceorientierten	388
Tabelle 58:	Typische Wiederbesuchsgründe der Sozial-Interagierenden	390
Tabelle 59:	Typische Wiederbesuchsgründe der Traditionellen	392
Tabelle 60:	Die vier ermittelten Wiederbesuchersegmente im Überblick	395
Tabelle 61:	Strategieoptionen zur Positionierung gegenüber den Wiederbesuchersegmenten	415

Abbildungsverzeichnis

Abbildung 1:	Zielsystem eines öffentlichen Opernhauses	67
Abbildung 2:	Stakeholder eines öffentlichen Opernhauses (in Anlehnung an Klein 2005a: 16)	76
Abbildung 3:	Elemente des Besuchermanagements in öffentlichen Theatern	99
Abbildung 4:	Zusammenhang zwischen den Bausteinen des Besuchermanagements (in Anlehnung an Laukner 2008: 67 und Hausmann 2001: 203)	102
Abbildung 5:	Modell der Besucherzufriedenheit (in Anlehnung an Butzer-Strothmann et al. 2001: 52 und Hausmann 2001: 71)	106
Abbildung 6:	Abstufung von Besuchern nach ihrer Bindungsintensität	108
Abbildung 7:	Phasen des Besucherbeziehungslebenszyklus (in Anlehnung an Bruhn 2009: 48 und Stauss 2000: 16)	111
Abbildung 8:	Besucherbindungsdefinitionen (in Anlehnung an Diller 2000: 30 und Diller 1996: 82 f.)	113
Abbildung 9:	Kategorien von Erscheinungsformen der Besucherbindung	118
Abbildung 10:	Ebenen der Kundenbindung (in Anlehnung an Tomczak/Dittrich 1997: 16)	134
Abbildung 11:	Das Produkt eines Opernhauses (in Anlehnung an Almstedt 1999: 71)	175
Abbildung 12:	Konzeptualisierung der Besucherbindung gemäß vorliegender Begriffsdefinition	240
Abbildung 13:	Operationalisierung der Besucherbindung in öffentlichen Opernhäusern	245
Abbildung 14:	Aufteilung der auswertbaren Fragebögen nach Opernhäusern	258
Abbildung 15:	Wiederbesuchergruppen nach Besuchshäufigkeit	266
Abbildung 16:	Dauer der Geschäftsbeziehung des Samples	268
Abbildung 17:	Erscheinungsformen der Besucherbindung im Sample	269
Abbildung 18:	Häufigkeitsverteilung der TOP-5 Wiederbesuchsgründe im Sample	274

Abbildung 19:	Häufigkeitsverteilung der TOP-6 bis -10 Wiederbesuchsgründe im Sample	276
Abbildung 20:	Häufigkeitsverteilung der FLOP-5 Wiederbesuchsgründe im Sample	285
Abbildung 21:	Häufigkeitsverteilung der FLOP-6 bis -10 Wiederbesuchsgründe im Sample	286
Abbildung 22:	Mittelwertvergleich der untersuchten Opernhäuser	287
Abbildung 23:	Altersstruktur im Sample	289
Abbildung 24:	Regionale Herkunft der Befragten	291
Abbildung 25:	Wohndauer im Sample	292
Abbildung 26:	Berufliche Stellung der Befragten	293
Abbildung 27:	Höchster Bildungsabschluss im Sample	294
Abbildung 28:	Monatliches Haushaltsnettoeinkommen der Wiederbesucher	295
Abbildung 29:	Zusammenhang zwischen Erscheinungsformen und Besuchshäufigkeit	312
Abbildung 30:	Zusammenhang zwischen Erscheinungsformen und Geschäftsbeziehungsdauer	314
Abbildung 31:	Zusammenhang zwischen Erscheinungsformen und Alter	315
Abbildung 32:	Zusammenhang zwischen Erscheinungsformen und regionaler Herkunft	317
Abbildung 33:	Zusammenhang zwischen Erscheinungsformen und Wohndauer	318
Abbildung 34:	Zusammenhang zwischen Erscheinungsformen und beruflicher Stellung	320
Abbildung 35:	Zusammenhang zwischen Erscheinungsformen und Bildungsabschluss	321
Abbildung 36:	Zusammenhang zwischen Erscheinungsformen und Einkommen	322
Abbildung 37:	Scree-Plot des Datensatzes	355
Abbildung 38:	Identifizierte Einflussfaktoren gemäß Faktorenanalyse	362
Abbildung 39:	Einflussfaktoren im Vergleich	366
Abbildung 40:	Aufteilung der befragten Wiederbesucher auf die vier Cluster	384
Abbildung 41:	Dimensionen eines Besucherbindungsprogramms (in Anlehnung an Klein 2008a: 38)	400

Abkürzungen und Siglen

Abb.	Abbildung
Abi	Abitur
AG	Arbeitsgemeinschaft
bspw.	beispielsweise
bzgl.	bezüglich
bzw.	beziehungsweise
ca.	circa
C/D	Confirmation/Disconfirmation
CRM	Customer Relationship Management
DBV	Deutscher Bühnenverein
d. h.	das heißt
DOK	Deutschsprachige Opernkonferenz
DOV	Deutsche Orchestervereinigung
d. Verf.	der Verfasser
engl.	englisch
et al.	und andere
etc.	et cetera
exempl.	exemplarisch
f.	folgende
ff.	fortfolgende
FH	Fachhochschule
GdBA	Genossenschaft deutscher Bühnenangehöriger
ggf.	gegebenenfalls
HGrG	Haushaltsgrundsätzegesetz
Hrsg.	Herausgeber
INTHEGA	Interessengemeinschaft der Städte mit Theatergastspielen
Iw	Interview
k. A.	keine Angabe(n)
KGSt	Kommunale Gemeinschaftsstelle für Verwaltungsvereinfachung
MCAR	missing completely at random
Mio.	Millionen
Mrd.	Milliarden
MSA	measure of sampling adequacy

o. a.	oben angeführte(n)
ÖPNV	Öffentlicher Personennahverkehr
PCA	Principal Component Analysis
u.	und
u. a.	unter anderem
u. a. O.	und andere Orte
Uni	Universität
usw.	und so weiter
S.	Seite
SD	Standard Deviation (Deutsch: Standardabweichung)
sog.	so genannte(s, n, r)
v. a.	vor allem
VAS	Value-Added Service(s)
VdO	Vereinigung deutscher Opernchöre und Bühnentänzer
ver.di	Vereinte Dienstleistungsgewerkschaft
vgl.	vergleiche
ZAD	Zentrum für Audience Development
z. B.	zum Beispiel
ZfKf	Zentrum für Kulturforschung

1 Konzeptionelle Grundlagen

1.1 Einführung in die Problemstellung

Die Bedeutung der Themen Kundenorientierung und Kundenbindung[1] hat seit den 1990er Jahren in Deutschland sowohl in der Praxis von privatwirtschaftlichen Unternehmen als auch in der wirtschaftswissenschaftlichen Forschung stark zugenommen (vgl. hierzu und im Folgenden Homburg/Bruhn 2008: 5 ff. und Wallenburg 2004: 7 ff.).[2] Auf Unternehmensseite ist diese Entwicklung hauptsächlich auf den verschärften Wettbewerb, eine stagnierende oder rückläufige Nachfrage und auf Veränderungen im Konsumverhalten zurückzuführen. Stand in den 1970er und 80er Jahren noch die Gewinnung neuer Kunden im Vordergrund, so rückte in den vergangenen Jahren zunehmend die Bindung der vorhandenen Kunden in das Zentrum der marketingpolitischen Überlegungen (vgl. Bruhn 2007: 109 f. und Braunstein 2001: 3). Innerhalb der wirtschaftswissenschaftlichen Forschung gewannen die beiden Themen an Relevanz, da sich das transaktionsorientierte Marketing-Paradigma als Ansatz zunehmend als ungeeignet erwies und durch das Beziehungsmarketing erweitert wurde, mit dem auch die Konzepte der Kundenorientierung und Kundenbindung Eingang in die Literatur gefunden haben (vgl. Wallenburg 2004: 7 ff. und Kapitel 3.2.1, 4.1.1). Zusätzlich stieg die Bedeutung der Kundenbindung durch die parallel dazu einsetzende Beschäftigung mit den Fragen der Zufriedenheitsforschung (vgl. Homburg/Bruhn 2008: 6 und Kapitel 4.1.1).

Auch vielen Kultureinrichtungen in Deutschland sind die Vorteile von Besucherorientierung und Besucherbindung schon seit einigen Jahren bekannt, und sehr früh entwickelten vor allem die großen Institutionen entsprechende Bindungsprogramme (vgl. Klein 2008a: 147). Allerdings konzentrierten sich „bis in

---

[1] Im englischsprachigen Raum wird die Kundenbindung unter den Begriffen Customer Bonding (vgl. Cross/Smith 1996), Customer Retention (vgl. Lowenstein 1995) und Customer Loyalty (vgl. Reichheld 1996) diskutiert (vgl. Rams 2001: 5).

[2] Beleg hierfür sind nicht nur zahlreiche Kundenclubs und -karten sowie vielfältige andere Kundenbindungsmaßnahmen (für einen Überblick vgl. die zahlreichen Beiträge in Bruhn/Homburg 2008), mit denen Kunden nahezu täglich in Kontakt kommen, sondern auch ihre intensive Diskussion innerhalb der Marketingforschung (vgl. Wallenburg 2004: 1 ff.). Insofern findet sich auch eine kaum mehr überschaubare Anzahl von Publikationen zu diesen und verwandten Themenbereichen.

die 1990er Jahre (…) viele der öffentlichen Theaterbetriebe [vgl. zum Begriff des öffentlichen Theaters Kapitel 2.1] nahezu ausschließlich auf ihr künstlerisches Produkt und die eigene Organisation (sog. innenzentrierte Produktions- oder Organisationsorientierung[3])" (Föhl/Lutz 2011: 53; siehe auch zu den folgenden Ausführungen Föhl/Lutz 2011: 53) und gestalteten in diesem Sinne auch ihr Besuchermanagement. Das Thema Publikum fand – von Ausnahmen abgesehen – wenig Beachtung (vgl. Günter 1998a: 18 und Klein 2008a: 7).[4] Glogner und Rhein sehen diese Entwicklung dem nach wie vor überaus großen Förderengagement der öffentlichen Hand im Kulturbereich geschuldet und konstatieren: „Wenn Kultur in Deutschland im Wesentlichen öffentlich geförderte Kultur ist, so führt diese – aus kulturpolitischer Sicht richtige und wichtige – Erfüllung des Kulturauftrags zu einer Angebotsorientierung, die gleichzeitig die Nachfrager von Kunst und Kultur (…) in den Hintergrund treten lässt" (Glogner/Rhein 2005: 432). Gerade weil die öffentlichen Bühnen so sehr von ihrer inhaltlichen und organisatorischen Zielsetzung, dem kulturpolitischen Auftrag oder dem eigenen künstlerischen Anspruch überzeugt sind, besteht die Gefahr, die Besucher mit ihren Bedürfnissen und Interessen nicht ausreichend zu berücksichtigen (vgl. Klein 2005a: 66). Das Konzept der *Neuen Kulturpolitik* beeinflusste diesen Sachverhalt zusätzlich. So wandte sich die Neue Kulturpolitik seit Mitte der 1970er Jahre in aufklärerischer Tradition und durchweg guten Absichten mit ihren Angeboten unter dem Schlagwort einer *Kultur für alle* ausdrücklich an jede Bürgerin und jeden Bürger (vgl. Hoffmann 1981: 29 f.). Wer sich allerdings mit seinen Angeboten explizit an alle wendet, kann schnell den Blick auf den Einzelnen und dessen Bedürfnisse sowie Rezeptionsverhalten verlieren (vgl. Klein 2008a: 8).

Veranlasst durch den gesamtgesellschaftlichen Wandel und damit einhergehender Herausforderungen (vgl. Kapitel 3.1.1) sind Kultureinrichtungen im Allgemeinen und öffentliche Opern- und Theaterbetriebe im Speziellen jedoch verstärkt dazu angehalten, sich um die Bedürfnisse ihrer Besucher und den Aufbau sowie die Pflege von stabilen Beziehungen zu bemühen (vgl. auch Lutz 2011b). Vor diesem Hintergrund ist der (potenzielle) Besucher und damit auch die Besucherorientierung und Besucherbindung in den letzten Jahren zunehmend in den Fokus von Forschung und Praxis gerückt. So entstand eine Vielzahl von Publikationen, die sich mit Fragen der Besucherorientierung, mit Möglichkeiten der Besucherbindung, mit der neuen Bedeutung des Kulturpublikums, mit Publi-

---

3   Vgl. Klein 2005a: 67 und Schwarz et al. 1995.
4   „So offenbarte noch 1987 eine Untersuchung des Zentrums für Theaterforschung der Universität Hamburg an 106 befragten öffentlichen und privaten Bühnen in Deutschland deutliche Defizite hinsichtlich der Kenntnis ihres Publikums (vgl. Müller-Wesemann/Brauneck 1987)" (Föhl/Lutz 2011: 53).

1.1 Einführung in die Problemstellung

kumsforschung, Audience Development, Kulturvermittlung, kultureller Bildung sowie mit der Kulturnutzung in der Bevölkerung befassen (vgl. Glogner-Pilz/Föhl 2011: 9).[5] Ferner wurde eine Reihe an Tagungen und Konferenzen initiiert – wie beispielsweise der Bundeskongress der Kulturpolitischen Gesellschaft im Jahr 2005 zum Thema *publikum.macht.kultur* mit über 500 Teilnehmern – sowie im Jahr 2007 an der Freien Universität Berlin ein eigenes Zentrum für Audience Development (ZAD) eröffnet (vgl. hierzu und im Folgenden Glogner-Pilz/Föhl 2011: 9). In der Praxis von Opernbetrieben lässt sich das hohe Interesse an Besucherorientierung und Besucherbindung exemplarisch an einem steigenden Bedarf an Fortbildungen und Beratungen in den Bereichen Marketing und Marktforschung, in einer stetig steigenden Anzahl an durchgeführten Besucherumfragen und sonstigen Projekten der Publikumsforschung (vgl. auch Kapitel 4.3), an vielfältigen Vermittlungsaktivitäten, sowie der zunehmenden Einführung und Weiterentwicklung von Instrumenten zur Ausgestaltung von Besucherbeziehungen (z. B. Direktmarketing, Customer Relationship Management, Kundenkarten, Modernisierung der Abonnementsysteme, Web 2.0/Social Media) beobachten.

In der kulturmanagerialen Literatur sowie in der Praxis von Kulturbetrieben ist hierbei allerdings der Blick auf den Anbieter und die Maßnahmen der Besucherbindung bisher weiter verbreitet als die Sichtweise der Wiederbesucher (vgl. Kapitel 4.2). Oftmals wird davon ausgegangen, dass mit entsprechenden Besucherbindungsmaßnahmen das erwünschte Resultat eines Wiederbesuchs quasi automatisch eintrifft (vgl. Laukner 2008: 29). Besucherbindung wird in diesem Sinne häufig oberflächlich implementiert, durch die Schaffung einzelner Instrumente. So konstatiert auch Diller mit Blick auf die Kundenbindung: „Kundenbindung wird heute häufig zum Gegenstand von Aktionsprojekten, mit denen ganz im Stile eines instrumentellen Marketingverständnisses mit Hilfe ganz bestimmter Marketinginstrumente möglichst kurzfristig eine engere Anbindung der Kunden an das Unternehmen bewerkstelligt werden soll. (...) Ein solches rein instrumentelles Verständnis der Kundenbindung entspricht jedoch nicht derem strategischen Kern." (Diller 1995: 50) Allerdings zeigen einige der besucherbindenden Aktivitäten von öffentlichen Opernhäusern (z. B. Abonnements) nicht mehr die erhoffte Wirkung, verlieren im Zuge der gesellschaftlichen Veränderungsprozesse in ihrer tradierten Form vielerorts fortlaufend an Bindungskraft

---

5   Vgl. hierzu exempl. Glogner-Pilz/Föhl 2011, Günter/John 2000, Günter 2004, Günter 2006a, Günter/Hausmann 2009, Hausmann 2001, Hausmann/Helm 2006, Höhne 2009: 119 ff., Keuchel/Wiesand 2006 und 2008, Klein 2001, 2008a und 2011a, Knava 2009, Koch 2002, Laukner 2008, Lutz 2011a und 2011b, Mandel 2005b und 2008b, Preiß 2005 und 2008, Siebenhaar 2009, Vogt 2003 und 2004, Wagner 2005a, Wiedmann et al. 2007 und Wittgens 2005.

und sind damit immer weniger in der Lage den Herausforderungen des 21. Jahrhunderts gerecht zu werden (vgl. Kapitel 2.2 und 3.4.1). Damit stehen Opernhäuser nicht alleine. Entsprechend der hohen Bedeutung von loyalen und gebundenen Kunden investieren auch privatwirtschaftliche Unternehmen viel in Kundenbindungsprogramme wie Bonussysteme oder Kundenkarten (vgl. hierzu und im Folgenden Geleitwort von Bieger in Conze 2007). Meistens sind solche Systeme auch in der Lage, kurzfristig die Kundenbindung zu erhöhen. Längerfristig stellt sich jedoch bei einigen dieser Unternehmen eine gewisse Enttäuschung ein, da viele der Kundenbindungsprogramme in der Praxis scheitern (vgl. Bliemel/ Eggert 1998a: 38 und Eggert 1999: 3). Die mangelnde Erfolgswirksamkeit mancher Bindungsinstrumente wirft die Frage auf, weshalb diese Maßnahmen bei gewissen Besuchern nicht (mehr) greifen. Ein Grund dafür kann sein, dass die Besucherbindung bislang mehrheitlich aus Sicht der Anbieter diskutiert und den inneren Zuständen der Besucher wenig Beachtung geschenkt wurde (vgl. Kotler/Bliemel 2001: 84 und Jeker 2002: 6). Nachfrage- und Rezeptionsprozesse von Kunst und Kultur können aber vollkommen anders ablaufen als es sich Kulturanbieter und -vermittler vorstellen, da vielfältige Möglichkeiten der Nutzung seitens der Besucher bestehen (vgl. Glogner/Klein 2006: 51 und 57). Nicht jedes Instrument, das aus Sicht eines Opernhauses dazu dient, aus einem Besucher einen Wieder- oder Stammbesucher zu machen, muss folglich aus Besuchersicht auch tatsächlich zu dem gewünschten Ziel führen. Erst durch die Einbeziehung der Sichtweise von Besuchern können die Fragen beantwortet werden, warum z. B. verschiedene Bindungsinstrumente nicht erfolgreich sind, warum manche Maßnahmen von Kunden sogar abgelehnt werden und welche überhaupt als geeignet erscheinen, den Wiederbesuch zu fördern (vgl. Diller 1995: 31 ff.). Besteht anbieterseitig das Ziel, eine Verbesserung der Besucherbindung zu erreichen oder eingesetzte Maßnahmen effektiver zu gestalten, so müssen sich Opernhäuser noch viel stärker als bisher die Frage stellen, aus welchen Beweggründen ihre Besucher eine Geschäftsbeziehung aufrecht erhalten und was für dauerhaft erfolgreiche Beziehungen wesentlich ist (vgl. Rams 2001: 13). Es sind demnach die Einflussfaktoren der Besucherbindung aus Besuchersicht zu identifizieren, um die entsprechenden Bereiche in den Vordergrund der Marketingaktivitäten zu stellen und sie innerhalb der Beziehung priorisieren zu können. Es muss also nach Bedingungen und Faktoren gesucht werden, die Besucher zu ‚Wiederholungstätern' bzw. ‚Serientätern' machen (vgl. Günter 2004: 55). Günter bezeichnet diese Faktoren als Klebstoffe der Besucher- bzw. Publikumsbindung und konstatiert: „Was ist der Klebstoff, der Besucher veranlasst, immer wieder ihr Theater aufzusuchen, sich innerlich dafür zu engagieren – ‚high involvement' zu zeigen, wie es die Kaufverhaltensforschung nennt? (…)

Welches sind die Besonderheiten, die das Publikum binden (sollen)? Sind es Werke, Inszenierungen oder Schauspieler-/Sängerpersönlichkeiten? (...) Wäre es nicht interessant, darüber durch präzisere Forschungen mehr zu erfahren?" (Günter 1998a: 16) Die vorliegende Arbeit nimmt sich der Erforschung dieser Klebstoffe in öffentlichen Opernhäusern an. Die Untersuchung der Einflussfaktoren setzt genau dort an, wo die Bindung eines Besuchers an ein Opernhaus entsteht – beim Besucher. Im Rahmen dieser besucherorientierten Perspektive geht es vor allem darum, die Voraussetzungen der Besucherbindung beim Nachfrager zu identifizieren und die bei ihm ablaufenden Prozesse zu verstehen, um praktische Ansatzpunkte für eine Beeinflussung zu finden (vgl. Gröppel-Klein et al. 2008: 43). Die Identifikation der Determinanten bildet insofern die zentrale Voraussetzung für eine ‚erfolgreiche' Gestaltung des Besucherbindungsmanagements, denn über den Erfolg einer Maßnahme entscheidet letztlich nur der Besucher (vgl. Georgi 2008: 257).

1.2 Wissenschaftstheoretische Grundpositionen

Bei der Verfolgung eines jeden Forschungsvorhabens stellt sich die Frage nach der wissenschaftstheoretischen Ausrichtung (vgl. Peter 1999: 70). Aufgrund der Vielschichtigkeit der Untersuchungsthematik und der unterschiedlichen Theorieansätze, die für dieses Forschungsgebiet existieren, wird es in Anlehnung an Föhl als notwendig erachtet, an dieser Stelle das wissenschaftstheoretische Grundverständnis bzw. den Bezugsrahmen und die Wissenschaftssystematik der Arbeit zu erläutern (vgl. hierzu und auch zu den folgenden Ausführungen ausführlich Föhl 2010: 14 ff.). „Damit können die Forschungsergebnisse entsprechend ihrer Zielsetzung und Vorgehensweise (...) eingeordnet und bewertet sowie die intersubjektive Nachvollziehbarkeit der eigenen Forschung ermöglicht werden." (Föhl 2010: 14, vgl. auch Schnell et al. 2008: 121). Das wissenschaftstheoretische Grundverständnis gibt damit einen Orientierungsrahmen für den Erkenntnisprozess innerhalb einer Forschungsarbeit vor und konstituiert die Anforderungskriterien für das wissenschaftliche Problemlösungsverhalten (vgl. Hausmann 2001: 91).

1.2.1 Kulturmanagement als Bezugslehre

Die vorliegende Arbeit entstammt dem Fachbereich Kulturmanagement, dem ein Verständnis als interdisziplinäre und querschnittsorientierte Bezugslehre zugrunde gelegt wird (vgl. hierzu Föhl 2010: 15 f. und Klein 2008b: 3 f.). Das Fachgebiet Kulturmanagement[6] „befindet sich nach wie vor in einem Entwicklungsprozess und stellt bislang keine traditionelle wissenschaftliche Disziplin dar, für die [bereits] ein umfassendes [oder einheitliches] theoretisches Fundament zur Verfügung stünde" (Föhl 2010: 15).[7] In diesem Sinne konstatiert auch Siebenhaar: „Bis auf weiteres bleibt (...) Kulturmanagement eine reflexive Collagendisziplin, die sich in der Praxis zu beweisen und aus ihr zu entwickeln hat" (Siebenhaar 2003: 11). Für ein kulturmanageriales Forschungsanliegen wie die vorliegende Arbeit bedeutet dies, dass ein adäquater wissenschaftstheoretischer Zugang erst definiert und herausgearbeitet werden muss (vgl. Föhl 2010: 15). „Dabei werden jeweils eine oder mehrere Bezugsdisziplinen[8] und entsprechende Theoriekonzepte auf die spezifischen Erfordernisse (...) des Forschungsgegenstandes angewendet und unter Berücksichtigung der Spezifika des öffentlichen Kulturbetriebes weiterentwickelt." (Föhl 2010: 15) Daneben existieren Problemfelder, die bislang kaum aufgearbeitet wurden und/oder sich durch eine besondere Kulturimmanenz auszeichnen, die einen eigenen kulturmanagerialen Zugang erfordern, da die Bezugsdisziplinen keine adäquate Theoriegrundlage offerieren (vgl. Föhl/Glogner 2008: 16 und Föhl 2010: 15). Bezogen auf die vorliegende Untersuchungsthematik ergeben sich einerseits umfangreiche Erkenntnisse und Anhaltspunkte aus der Betriebswirtschaftslehre, insbesondere des Marketings und der Geschäftsbeziehungsforschung, sowie aus der Kundenbindungsforschung als relevante Bezugsdisziplinen. Ihre vielfältigen Erkenntnisse werden in dieser Arbeit auf die spezifischen Erfordernisse des Forschungsgegenstandes angewendet und unter Berücksichtigung der Spezifika von öffentlichen Opernhäusern weiterentwickelt. Andererseits existieren für den Untersuchungsbereich spezifische Fragestellungen und Sachverhalte, die nicht allein mit dem betriebswirtschaftlichen Instrumentarium erklärt werden können, sondern einen eigenen

---

6   „Das Fach Kulturmanagement ist in den angelsächsischen Ländern bereits seit den 1960er Jahren ausgewiesene Hochschuldisziplin (...). Im deutschsprachigen Raum entstanden zunächst in Wien (seit 1979), dann 1989 in Hamburg, 1990 in Ludwigsburg und Berlin und an der Fernuniversität Hagen entsprechende Studiengänge. Mittlerweile ist die Vielzahl der Angebote in Deutschland kaum noch überschaubar (vgl. hierzu Siebenhaar 2003: 17-32). Zu Beginn des 21. Jahrhunderts kamen entsprechende Angebote in der deutschsprachigen Schweiz (hier vor allem an der Universität Basel und der Wirtschaftsfachhochschule Zürich/Winterthur) hinzu." (Klein 2008b: 2)

7   Vgl. zur aktuellen Diskussion um das Forschungs- und Wissenschaftsverständnis des Fachs Kulturmanagement Fachverband Kulturmanagement 2009, Föhl/Glogner 2008, Föhl/Glogner 2009 sowie Keller et al. 2008.

8   Als primäre Bezugsdisziplinen von Kulturmanagement bezeichnen Heinrichs und Klein je nach Arbeits- bzw. Forschungskontext, neben der Betriebswirtschaftslehre, die Kultursoziologie, Kunstlehre, Kulturpolitik und Kulturanthropologie (vgl. Heinrichs/Klein 2001: 38 f.). Ähnlich Föhl und Glogner, die vor allem die Kultur-, Kunst- und Sozialwissenschaften sowie die Betriebs- und Volkswirtschaftslehre als wissenschaftliche Bezugsdisziplinen betrachten (vgl. Föhl/Glogner 2008: 16).

kulturmanagerialen Zugang erfordern, der vor allem mit der zum Themengebiet bereits vorliegenden kulturmanagerialen Literatur und den im Rahmen dieser Arbeit durchgeführten Forschungsmethoden erarbeitet wird (vgl. hierzu und im Folgenden Föhl 2010: 15). Aus den beschriebenen Sachverhalten und dem bislang geringen Forschungsstand zur Untersuchungsthematik folgt auch, dass einige Grundlagen für diese Arbeit erstmalig und grundsätzlich aufgearbeitet, systematisiert sowie definiert werden müssen.

1.2.2 Realwissenschaften als Bezugsrahmen

Bei der Erstellung einer Wissenschaftssystematik lassen sich laut Hausmann unter Berücksichtigung der zu untersuchenden Erkenntnisobjekte und der verfolgten Erkenntnisziele zwei Arten von Wissenschaften unterscheiden: Die *Realwissenschaften*, welche eine Beschreibung, Erklärung oder Gestaltung empirisch wahrnehmbarer Wirklichkeitsausschnitte zum Ziel haben, und die *Formalwissenschaften*, die sich mit der Konstruktion von Zeichensystemen sowie der Zuordnung von Regeln zur Verwendung dieser Zeichen beschäftigen (vgl. Hausmann 2001: 91 und hierzu auch Ulrich/Hill 1979: 163).[9] Die Realwissenschaften lassen sich weiter untergliedern in die Grundlagen- und Handlungswissenschaften (vgl. Hausmann 2001: 91). Die Sozial- und Wirtschaftswissenschaften werden in der Literatur nach vorherrschender Auffassung als anwendungsorientierte Wissenschaften verstanden, die der Kategorie der Handlungswissenschaften zuzuordnen sind.[10] Aufbauend auf den getroffenen Aussagen zum Fachbereich Kulturmanagement ist dieses anwendungsorientierte Verständnis von Forschung auch für die vorliegende Arbeit prägend. Primäres Bestreben der anwendungsorientierten Wissenschaften ist es, über die empirische Beschreibung und Erklärung wahrnehmbarer Wirklichkeitsausschnitte hinaus auch praxeologische Gestaltungshinweise zu formulieren (vgl. Ulrich/Hill 1979: 163 f. zitiert nach Föhl 2010: 16). Gleichwohl stellen theoretische Erkenntnisse, Methoden und Modelle ein wichtiges Fundament für eine realwissenschaftliche Forschung dar, um eine Überprüfung der logischen und faktischen ‚Wahrheiten' der gewonnenen Ergebnisse zu ermöglichen (vgl. Föhl/Glogner 2009: 191). Die Ausführungen verdeutlichen eine Interdependenz zwischen praxisorientierten

---

9 „Kulturmanagement ist aufgrund seiner sozial- und kulturwissenschaftlichen Orientierung den Realwissenschaften zuzuordnen." (Föhl/Glogner 2009: 191) Die Formalwissenschaften (z. B. Logik und Mathematik) finden in dieser Arbeit keine weitere Berücksichtigung (vgl. hierzu auch Hausmann 2001: 91).

10 Vgl. hierzu Eggert 1999: 55, Hausmann 2001: 92, Schanz 1988: 14 ff. und Ulrich/Hill 1979: 164.

und theoretischen Fragestellungen und Zielsetzungen innerhalb der anwendungsorientierten Forschung (vgl. Schanz 1988: 6 ff. zitiert nach Föhl 2010: 16), welche auch den Ausgangspunkt der Zielstellungen dieser Arbeit darstellen (vgl. Kapitel 1.3).

1.2.3 Kritischer Rationalismus versus Wissenschaftlicher Realismus

Als wissenschaftstheoretisches Orientierungssystem, das der vorliegenden Arbeit zu Grunde liegt, kommt zunächst der in der Betriebswirtschaftslehre lange Zeit dominante *Kritische Rationalismus*, der von Popper in Auseinandersetzung mit den Vertretern des Logischen Empirismus entwickelt wurde, in Frage (vgl. Peter 1999: 70, Hausmann 2001: 93 und ausführlich Popper 1963: 42 ff.). Die Denkrichtung des Kritischen Rationalismus, die in einem naturwissenschaftlich geprägten Umfeld entstand, lehnt unter Berufung auf David Hume (einem bedeutenden Vertreter des klassischen Empirismus des 18. Jahrhunderts) die Vorstellung der Verifizierbarkeit einer wissenschaftlichen Aussage bzw. Hypothese auf empirischen Wegen ab (vgl. hierzu und im Folgenden Eggert 1999: 57). An die Stelle der Verifizierbarkeit tritt im Kritischen Rationalismus das Falsifikationsprinzip. Danach kann eine wissenschaftliche Aussage durch empirische Überprüfung nur widerlegt, niemals aber ihre Richtigkeit bewiesen werden. Solange eine Aussage nicht falsifiziert wurde, gilt sie lediglich als vorläufig wahr; eine endgültige Gewissheit wird jedoch per definitionem ausgeschlossen (vgl. Peter 1999: 70). „Eine falsifizierte Theorie wird durch eine neue, vorläufig wahre Theorie ersetzt." (Eggert 1999: 57) Wissenschaftlicher Erkenntnisfortschritt erfolgt im Kritischen Rationalismus somit als ein iterativer Prozess der Entwicklung von Hypothesen und ihrer Konfrontation mit der Realität, wobei im Falle der Falsifikation neue Hypothesen zu erarbeiten sind (vgl. Peter 1999: 70). Zur Formulierung neuer Theorien lehnt Popper die induktive und folglich nichtdeterministische Vorgehensweise ab, bei der von singulären, wenn auch mit einer gewissen Regelmäßigkeit wiederkehrenden Beobachtungen auf Theorien und Hypothesensysteme geschlossen wird (vgl. Schanz 1988: 40 und Ulrich/Hill 1979: 176), und erklärt allein die deduktive Schlussweise – verstanden als das logische Schließen vom Allgemeinen (nomologisches Aussagensystem) zum Besonderen – für zulässig (vgl. Hausmann 2001: 93 und Föhl 2010: 18). Popper steht demnach für einen radikalen Deduktivismus, d. h. die alleinige Akzeptanz der streng logischen Deduktion (vgl. hierzu Opp 2005: 46 ff. zitiert nach Föhl 2010: 18).

Obgleich dem Kritischen Rationalismus ein wesentlicher Einfluss auf die wissenschaftstheoretische Orientierung der Betriebswirtschaftslehre zugespro-

1.2 Wissenschaftstheoretische Grundpositionen

chen wird, besteht bislang kein Einvernehmen darüber, in welchem Umfang er zu berücksichtigen ist, und es unterbleibt in der Regel auch eine strenge Ausrichtung der Forschungstätigkeiten an seinen Prinzipien (vgl. Hausmann 2001: 93). Begründet wird dies vor allem mit dem Hinweis darauf, dass die methodologischen Leitideen Poppers in einem naturwissenschaftlichen Umfeld entwickelt wurden, damit der Realität in den Sozial- und Wirtschaftswissenschaften nur unzulänglich Rechnung tragen und als wissenschaftstheoretischer Orientierungsrahmen in diesem Feld kaum hilfreich sind (vgl. hierzu Hausmann 2001: 94, Braunstein 2001: 22 und Peter 1999: 70). Bezogen auf die hier vorliegende Untersuchungsthematik lässt sich konstatieren, dass das theoretische Niveau des Fachbereichs Kulturmanagement im Allgemeinen und in der Besucherbindungsforschung im Speziellen noch nicht hinreichend ausgebildet ist, um eine rein deduktive Vorgehensweise zu ermöglichen. Eine konsequente Orientierung am Kritischen Rationalismus würde daher schon an der bislang fehlenden theoretischen Durchdringung des Phänomens Besucherbindung und seiner Determinanten sowie der daraus resultierenden Notwendigkeit im weiteren Forschungsprozess zumindest in begrenztem Umfang auch induktiv zu arbeiten, scheitern. Demnach greift dieser Denkansatz für die vorliegende Arbeit zu kurz und es ist die Suche nach einem Orientierungsrahmen aufzunehmen, der den anwendungsorientierten Forschungsbedingungen der Untersuchungsthematik besser entsprechen kann.

Eine gute Anpassung an die vorherrschenden Forschungsbedingungen besitzt hingegen der *Wissenschaftliche Realismus* (engl.: scientific realism oder modern empiricism). Diese Denkrichtung verkörpert im Gegensatz zum Kritischen Rationalismus keine in sich geschlossene, mit einer zentralen Arbeit verknüpfte wissenschaftstheoretische Konzeption, sondern ist vielmehr schrittweise aus der kritischen Auseinandersetzung verschiedener Autoren[11] mit den Problemen der Methodologie Poppers hervorgegangen und zeichnet sich durch eine enge Orientierung an den Gegebenheiten in den anwendungsbezogenen Sozialwissenschaften aus (vgl. Eggert 1999: 58, Peter 1999: 71 und Hausmann 2001: 95). „Im Gegensatz zum Kritischen Rationalismus akzeptiert der Wissenschaftliche Realismus die induktive Schlussweise." (Braunstein 2001: 23) Da das Konstrukt der Besucherbindung und seine Einflussfaktoren in öffentlichen Opernhäusern bislang nicht Gegenstand wissenschaftlicher Abhandlungen sind (vgl. Kapitel 4), handelt es sich um einen bislang kaum theoretisch durchdrungenen Sachverhalt. Folglich kann in erster Linie auf die für solche Sachverhalte der deduktiven Argumentation überlegene induktive Vorgehensweise zurückgegriffen werden und mit dieser kombiniert werden (vgl. Braunstein 2001: 23). Gerade

---

11 Als Vertreter gelten laut Eggert u. a. Boyd (1984), Harré (1986), Leplin 1986 und Levin (1984) (vgl. Eggert 1999: 58).

die Kombination von induktiver und deduktiver Schlussweise wird in großen Teilen der sozial- und wirtschaftswissenschaftlichen Forschung als vielversprechend für den Erkenntnisfortschritt angesehen (vgl. Peter 1999: 71). So wird hier auch vermehrt auf das Prinzip der Triangulation – verstanden als Kombination qualitativer und quantitativer analytischer Zugänge (vgl. hierzu Kapitel 1.4) – zurückgegriffen (vgl. Föhl/Glogner 2009: 192). Vor diesem Hintergrund „spannt der Wissenschaftliche Realismus nicht nur den geeigneten wissenschaftstheoretischen Rahmen für die vorliegende Untersuchung auf, sondern er erscheint auch als eine Konzeption, die den erfolgreichen Verlauf zukünftiger, an den Erkenntnissen dieser Arbeit ansetzender Forschungsaktivitäten besonders zu fördern vermag" (Hausmann 2001: 96).

1.2.4 Theorienpluralismus

„Ausgehend von der Bestimmung des Wissenschaftlichen Realismus als methodologischem Fundament ist in einem nächsten Schritt das Prinzip festzulegen, unter Berücksichtigung dessen im Folgenden die Auswahl der Theorien (...) vorgenommen wird" (Hausmann 2001: 96), die zur Erklärung und Modellierung des zu untersuchenden Sachverhalts dienen sollen. Greift der Forscher lediglich auf ein Theoriegebäude zurück (so z. B. Braunstein mit der Anwendung der Einstellungstheorie zur Erklärung von Kundenbindung) folgt er der Leitidee des Theorie-Monismus (vgl. Braunstein 2001: 24). Da zum speziellen Themengebiet dieser Arbeit kaum bzw. nur in sehr begrenztem Ausmaß theoretische Vorüberlegungen existieren, wird nicht auf einen einzigen Ansatz Bezug genommen, sondern es werden mehrere Theorieansätze berücksichtigt bzw. als zielführend und notwendig erachtet (vgl. Rams 2001: 20). Ein monokausaler Erklärungsversuch würde Gefahr laufen, der Neuartigkeit und Komplexität des Untersuchungsgegenstandes nicht gerecht zu werden (vgl. Föhl 2010: 20). Als besonders geeignet, die Forschungsbemühungen in dieser Arbeit zu unterstützen, erscheint deshalb das von Feyerabend maßgeblich ausgearbeitete Konzept des Theoretischen Pluralismus, bei dem im Interesse des Erkenntnisfortschritts die Suche nach miteinander konkurrierender Theorien, die aus einem unterschiedlichen Entdeckungs- und Verwertungszusammenhang stammen, aufzunehmen ist, um sie anschließend einander kritisch gegenüberzustellen (vgl. Hausmann 2001: 96 und Feyerabend 1965). „Allerdings müssen Theorien nicht grundsätzlich in einem antagonistischen Verhältnis zueinander stehen, sondern sie können auch koexistieren bzw. einander ergänzen." (Hausmann 2001: 96) Fritz spricht in diesem Zusammenhang von einem konkurrenzfreien, komplementären Theorienpluralismus, der auf einen möglichst hohen Grad der Erklärung des interes-

1.2 Wissenschaftstheoretische Grundpositionen

sierenden Phänomens abstellt: „Gemeint ist damit, dass in diese Untersuchung theoretische Ansätze einbezogen werden sollen, die sich bei der Erklärung der interessierenden Sachverhalte gegenseitig ergänzen können, ohne zwangsläufig miteinander zusammenzuhängen oder gar ineinander überführbar zu sein, und die sich ferner zu empirisch gehaltvollen Erklärungsmodellen kombinieren lassen." (Fritz 1995: 27 zitiert nach Hausmann 2001: 96, vgl. hierzu auch Föhl 2010: 20) „Diese pluralistische Vorgehensweise erfreut sich in der Marketing- und Kundenbindungsforschung zunehmender Beachtung. Insbesondere die Forschungsarbeiten im Rahmen der nachfrageorientierten Kundenbindungsforschung beruhen auf dieser methodologischen Leitidee." (Braunstein 2001: 24) Schließlich fordert schon das praxisorientierte Forschungsinteresse der Betriebswirtschaftslehre die Integration von Theorieansätzen aus einem jeweils unterschiedlichen Entdeckungs- und Verwertungszusammenhang, um die Reichweite und den Gehalt von Handlungsempfehlungen für die Praxis zu erhöhen (vgl. Peter 1999: 73). Auch das Selbstverständnis von Kulturmanagement, als interdisziplinäre Bezugslehre bzw. Querschnittswissenschaft und das Fehlen eines umfassenden theoretischen Unterbaus aufgrund der noch jungen Tradition und Ausrichtung des Fachgebiets, rechtfertigen die Integration theoretischer Aussagen aus verschiedenen Teildisziplinen für die Erlangung eines Erkenntnisfortschritts (vgl. Föhl 2010: 21).[12]

Im Rahmen der vorliegenden Arbeit wird dieser Leitgedanke aufgegriffen. Dadurch wird die Erklärung der Forschungsobjekte aus verschiedenen theoretischen Sichtweisen möglich. „Durch die Integration von verschiedenen disziplinären und theoretischen Ansätzen soll eine mehrdimensionale Sicht auf das Forschungsgebiet erarbeitet und damit der Aussagegehalt für die Kulturmanagementtheorie und -praxis, [bezogen auf die Einflussfaktoren der Besucherbindung in öffentlichen Opernhäusern], erhöht werden." (Föhl 2010: 21) Die Erklärungsansätze der Kundenbindungsforschung stellen die primäre theoretische Bezugsquelle für diese Arbeit dar (vgl. hierzu und im Folgenden Kapitel 4). Da sich in der Kundenbindungsforschung noch keine allgemein anerkannten Erklärungsmuster herausgebildet haben, und bislang keine geschlossene Theorie existiert, sollen verschiedene Beiträge aus den neuen mikroökonomischen, verhaltenswissenschaftlichen bzw. (sozial-) psychologischen Theorien betrachtet werden, die je nach Forschungsausrichtung unterschiedliche Einflussfaktoren der

---

12 In diesem Sinne konstatieren auch Föhl und Glogner, dass kulturmanageriale Fragestellungen aufgrund der vielschichtigen gesamtgesellschaftlichen Umwälzungen und Herausforderungen sowie aufgrund der häufig zu leistenden Pionierarbeit (erstmalige Aufarbeitung einzelner Themenfelder) von hoher Komplexität geprägt sind, und daher nicht selten ein multidisziplinärer, -thematischer und -theoretischer Erklärungsansatz vonnöten ist (vgl. Föhl/Glogner 2009: 192).

Kundenbindung erklären können (vgl. Kapitel 4.1.3). Diese interdisziplinäre Bestandsaufnahme von existierenden Theorien sowie von weiteren Erkenntnissen aus der konzeptionellen Literatur (vgl. Kapitel 4.1.2) und aus empirischen Studien (vgl. Kapitel 4.1.4) erlaubt das zu untersuchende Phänomen aus verschiedenen Blickwinkeln zu betrachten, um das Konstrukt Kundenbindung bestmöglich zu beschreiben, und erfolgt mit der Absicht, erste Anknüpfungspunkte für eine Erklärung der Bindung von Opernbesuchern zu ermitteln. Dabei sollen die berücksichtigten Ansätze nicht konkurrierend, sondern vielmehr komplementär betrachtet und damit einer pluralistischen Vorgehensweise gefolgt werden. Die dadurch identifizierten Determinanten sind allerdings aufgrund der hohen Spezifität von öffentlichen Opernhäusern nicht ausreichend, um die Besucherbindung im Opernbetrieb zufriedenstellend beschreiben zu können. Ergänzend werden daher auch erste Erkenntnisse zu den Einflussfaktoren der Besucherbindung im Kultur- und Theaterbereich (vgl. Kapitel 4.2) sowie Ergebnisse aus der Publikumsforschung zu den Bestimmungsgrößen der Besuchshäufigkeit von Opern und Theatern (vgl. Kapitel 4.3) näher betrachtet.

1.3 Zielsetzung, These und Forschungsfragen der Arbeit

Die einleitenden Ausführungen in Kapitel 1.1 zur Problemstellung verdeutlichen, dass die Besucherbindung für öffentliche Opernhäuser in Deutschland eine zunehmende Relevanz einnimmt und künftig wohl noch verstärkt einnehmen wird. Ebenso kann konstatiert werden, dass die Besucher für die Fortführung und den Erfolg einer Geschäftsbeziehung bestimmend sind und sich die kulturmanageriale Forschung mit der Untersuchung von Einflussfaktoren der Besucherbindung in öffentlichen Opernhäusern aus Besuchersicht beschäftigen sollte. Im Mittelpunkt dieser Arbeit steht daher die Betrachtung der Besucherbindung aus Besucher- und nicht aus Anbietersicht. Das Forschungsinteresse gilt dem Bindungsverhalten von Opernbesuchern und der Erklärung verschiedener Verhaltensvoraussetzungen (vgl. auch Jeker 2002: 10). Im Zentrum steht die Frage: Was ist es, das Besucher an ein bestimmtes Opernhaus bindet – was ist der Kitt, der Klebstoff in der Beziehung zwischen einem Opernhaus und seiner Kundschaft? (vgl. Günter 2000: 68). Die Beantwortung erfordert die Analyse eines ganzen Bündels von Einzelfragestellungen. So bedarf es z. B. der Klärung, was sich hinter dem Begriff der Besucherbindung verbirgt, welche Einflussgrößen in Zusammenhang mit dem Zielphänomen stehen, ob unterschiedliche Segmente an Wiederbesuchern gebildet werden können und welche praktischen Maßnahmen von einem Anbieter zu ergreifen sind, um Besucherbindung herbeizuführen. Das zentrale Forschungsanliegen der vorliegenden Arbeit besteht in der erstmaligen

1.3 Zielsetzung, These und Forschungsfragen der Arbeit

Identifikation und Systematisierung von Einflussfaktoren der Besucherbindung in öffentlichen Opernhäusern. Die Arbeit geht von der These aus, dass sich bestimmte Determinanten identifizieren lassen, die erklären, warum Besucher die Angebote eines bestimmten Opernhauses wiederholt nachfragen. Damit soll eine Forschungslücke für den Bereich der öffentlichen Opernhäuser in Deutschland geschlossen werden, die aufgrund des bisherigen Stands der Forschung weitestgehend vorherrscht (vgl. Kapitel 4). Dabei wird allerdings nicht der Anspruch erhoben, die Forschungslücke mit dieser Arbeit vollständig schließen zu wollen. Vielmehr soll in Anlehnung an Föhl mittels eines differenzierten, theoretischen und empirischen Forschungsansatzes ein Beitrag zur erstmaligen umfassenden Beschreibung und Analyse von Wiederbesuchsgründen aus Besuchersicht und ihren dahinter stehenden Einflussfaktoren sowie zur Charakterisierung von Wiederbesuchern geleistet werden, mit dem Ziel, den Verantwortlichen in den Opernhäusern im Sinne einer anwendungsorientierten Forschung aufschlussreiche Informationen und einen Orientierungsrahmen für die Gestaltung ihres Besucherbindungsmanagements an die Hand zu geben (vgl. hierzu Föhl 2010: 4). Leitgedanke ist es, Geschäftsbeziehungen zwischen öffentlichen Opernhäusern und ihren Wiederbesuchern zu analysieren, mit dem Ziel, für die Besucherbindung relevante Einflussgrößen zu bestimmen und daraus praktische Implikationen abzuleiten. Aus dieser Zielsetzung ergeben sich vier Forschungsfragen, die im Rahmen dieser Arbeit beantwortet werden sollen:

1. Wie kann das Konstrukt der Besucherbindung in öffentlichen Opernhäusern definiert bzw. konzeptualisiert und empirisch gemessen werden?
2. Welches sind die Einflussfaktoren, die Besucher an ein öffentliches Opernhaus binden?
3. Lassen sich unterschiedliche Segmente von Wiederbesuchern (Bindungs-Typen) innerhalb des Opernpublikums identifizieren?
4. Welche praktischen Implikationen können aus den Untersuchungsergebnissen für das Besucherbindungsmanagement abgeleitet werden?

Das Forschungsanliegen lässt sich demnach in Anlehnung an Conze in ein Erklärungsziel und in ein Gestaltungsziel unterteilen (vgl. hierzu und im Folgenden Conze 2007: 5): In den ersten drei Forschungsfragen kommt das Erklärungsziel zum Ausdruck, das Konstrukt der Besucherbindung, seine Einflussfaktoren und ihre Auswirkungen auf das Zielphänomen zu verstehen. Dadurch soll ein Beitrag zur Durchdringung und Erklärung von Besucherbindung auf der Nachfragerseite geleistet werden. Dem Verständnis von Besucherbindung auf der Nachfragerseite schließt sich ein Gestaltungsziel an, das sich in der vierten Forschungsfrage manifestiert. Die praktischen Implikationen sollen einen Beitrag zum Erkenntnisfortschritt leisten, wie Opernhäuser ihre Besucherbindung erhöhen oder bestehende Maßnahmen effektiver gestalten können. Die Arbeit zielt insgesamt aber nicht nur auf einen Erkenntnisfortschritt und die Theorieentwicklung in der Kulturmanagementforschung sondern auch in der Marketing- und Kundenbindungsforschung ab, indem die Betrachtung von Opernhäusern als speziellem Objektbereich des Marketings erfolgt.

Die vorliegende Arbeit ist aufgrund der bisher nicht erfolgten theoretischen und empirischen Durchdringung des Forschungsgegenstandes deskriptiv-explorativ ausgerichtet (vgl. hierzu und im Folgenden Reussner 2010: 111 f.): Die bislang vorhandenen theoretischen und empirischen Grundlagen und Kenntnisse werden in Anlehnung an Reussner als unzureichend erachtet für die Aufstellung und Prüfung spezifischer Hypothesen, die den Gegenstand adäquat und umfassend abbilden würden. Vielmehr erscheint eine breite Erkundung der Forschungsfragestellungen angebracht. Daraus ergibt sich nach Reussner die grundsätzliche Anlage der Arbeit als deskriptiv-explorative Untersuchung, mit dem Ziel der Theoriengenerierung zu den Einflussfaktoren der Besucherbindung in öffentlichen Opernhäusern. Dennoch kommt laut Reussner auch eine solch angelegte Studie nicht ohne theoretische Vorarbeit und Fokussierung des Erkenntnisinteresses aus. Daher wird als Ausgangspunkt der empirischen Untersuchungen in den Kapiteln 1 bis 5 ein konzeptioneller Rahmen entwickelt, welcher der Strukturierung und begrifflichen Präzisierung des Untersuchungsfeldes dient. Auch wenn diese Arbeit damit von einem gewissen theoretischen Vorverständnis ausgeht, wird dieses bewusst als vorläufig und eventuell lückenhaft betrachtet.

1.4 Aufbau der Arbeit und methodische Vorgehensweise

Auf Basis der zuvor getroffenen Aussagen hinsichtlich der wissenschaftstheoretischen Grundpositionen sowie der formulierten Zielstellungen, These und Forschungsfragen, sind Entscheidungen hinsichtlich des strukturellen Aufbaus und der methodischen Vorgehensweise einer Forschungsarbeit zu treffen (vgl. Föhl 2010: 17). Dazu bieten sich für diese Arbeit in Anlehnung an Ulrich und Hill sowie Föhl die Explikation und der Aufbau des wissenschaftlichen Forschungsprozesses nach den Kriterien des Entdeckungs-, Begründungs- und Verwertungszusammenhangs an (vgl. hierzu und im Folgenden Ulrich/Hill 1979: 165 ff., Föhl 2010: 17 ff. und ergänzend Friedrichs 1990: 50 ff.):

Beim *Entdeckungszusammenhang* (Kapitel 1 bis 5) handelt es sich um den gedanklichen Bezugsrahmen der Forschungsarbeit bzw. ihre konzeptionelle Basis, in welchem das Ziel und die Motivation der Untersuchung erklärt bzw. begründet werden (vgl. Föhl 2010: 17 und Atteslander 2006: 18). Da für die

1.4 Aufbau der Arbeit und methodische Vorgehensweise

Untersuchung eines Forschungsgegenstandes verschiedene Herangehensweisen denkbar sind, muss eine Entscheidung und Begründung für den am besten geeigneten Forschungsprozess bzw. dessen Zweckmäßigkeit formuliert werden (vgl. Ulrich/Hill 1979: 166 zitiert nach Föhl 2010: 17). Hierzu zählen die Formulierung von Problemstellung, Zielsetzungen, These und Forschungsfragen, die Abgrenzung des Forschungsthemas, die Aufarbeitung des Forschungsstandes sowie die Definition bzw. Beschreibung von relevanten Begriffen, Konzepten und Variablen, in denen der Objektbereich erfasst wird (vgl. hierzu auch Föhl 2010: 17).

Unter *Begründungszusammenhang* (Kapitel 6) sind die methodischen Schritte zu verstehen, mit deren Hilfe das Forschungsproblem untersucht werden soll (vgl. Raithel 2008: 26). Auf Grundlage der Ausführungen und Erkenntnisse aus den Kapiteln 1 bis 5, befasst sich dieser Zusammenhangsbereich mit der Aufstellung, Spezifizierung und Systematisierung von explorativen Untersuchungsfragen, den anzuwendenden Forschungsregeln/-methoden, dem Einsatz von Erhebungsinstrumenten und der Datenverarbeitung (vgl. Atteslander 2006: 18). In dieser Phase wird der formulierte Konzeptionsrahmen einer empirischen Untersuchung unterzogen und es werden Ergebnisse generiert, zusammengefasst und interpretiert (vgl. Föhl 2010: 18).

Wie in Kapitel 1.2.2 dargestellt, besteht ein wesentliches Ziel der anwendungsorientierten Wissenschaften darin, über die empirische Beschreibung und Erklärung wahrnehmbarer Wirklichkeitsausschnitte hinaus auch praxeologische Gestaltungshinweise zu formulieren (vgl. Föhl 2010: 19). Im Rahmen des *Verwertungszusammenhangs* (Kapitel 7) sollen daher, auf Grundlage der theoretischen sowie empirischen Erkenntnisse, Implikationen abgeleitet werden, um Anregungen für praktisches Handeln im Rahmen des Besucherbindungsmanagements von öffentlichen Opernhäusern geben zu können.[13] „Damit entspricht diese Vorgehensweise dem Anspruch des Fachgebietes Kulturmanagement, empirisch fundierte Gestaltungsempfehlungen für die strategische Ausrichtung und das operative Handeln von Kultureinrichtungen anzubieten." (Föhl 2010: 20, vgl. hierzu auch Bendixen 2001: 137-140)

Vor diesem Hintergrund orientiert sich die Forschungssystematik der vorliegenden Arbeit in Anlehnung an Föhl an den folgenden vier Maturitätsstufen bzw. Aussagenbereichen (vgl. hierzu und im Folgenden Föhl 2010: 26):[14]

---

13 „Dabei gibt der Forscher auf Grundlage der gewonnen Informationen seine Sachkenntnis in beratender Funktion an die Praxis weiter, in deren Aufgabenbereich die abschließende Bildung eines Werturteils über die wissenschaftlichen/ praxeologischen Erkenntnisse bzgl. der eigenen Arbeitswirklichkeit fällt." (Schanz 1988: 104-111 zitiert nach Föhl 2010: 20)

14 „Diese vier Stufen werden u. a. von Grochla und Rößl zur Einteilung von Aussagenkategorien als Elemente eines Bezugsrahmens für Forschungsarbeiten angewendet (vgl. Grochla 1976: 633, 1978: 68 ff. und Rößl 1990: 100)." (Föhl 2010: 26)

1. Die *begrifflichen Aussagen* stellen die Grundlage einer jeden wissenschaftlichen Arbeit dar. Ihr Gegenstand ist die Erarbeitung eines begrifflichen Instrumentariums bzw. einer Terminologie, auf deren Fundament der Untersuchungsbereich theoretisch und empirisch erfasst werden soll.
2. Diese Begrifflichkeiten werden anschließend dazu verwendet, in Form von *deskriptiven Aussagen* den Realitätsbereich der Untersuchung zu beschreiben und abzugrenzen.
3. *Explanatorische Aussagen* enthalten die gedankliche Konstruktion von Beziehungen zwischen den für die Forschungsziele relevanten konzeptionellen Größen und die Erläuterung bzw. Erforschung damit verbundener Sachverhalte mittels Hypothesen und – im Fall der vorliegenden Arbeit – explorativer Untersuchungsfragen (empirische Beantwortung der aufgestellten Untersuchungsfragen). Sie dienen letztlich dazu, bestimmte Beziehungszusammenhänge transparent zu machen bzw. aufzudecken.
4. Abschließend bilden *praxeologische Aussagen* betriebswirtschaftliche bzw. in diesem Fall explizit kulturmanageriale Anregungen bei der Lösung praktischer Probleme.

Um zu diesen Aussagen zu gelangen, basiert die vorliegende Arbeit auf der Anwendung verschiedener *Forschungsmethoden*. So erfolgte während der gesamten Arbeitsphase eine Recherche und Auswertung der relevanten deutschsprachigen Literatur zur Untersuchungsthematik, sowie zu ergänzenden bzw. verwandten Themenbereichen wie z. B. zum Kultur- und Theatermarketing, Theatermanagement, Audience Development, Kulturvermittlung oder zur Kultursoziologie. Zudem wurden speziell die bisher im deutschsprachigen Raum geleisteten Aktivitäten der Publikumsforschung (veröffentlichte wissenschaftliche Grundlagenstudien und anwendungsbezogene Erhebungen) im Bereich von Oper und Theater in die Betrachtungen mit einbezogen. Allerdings befinden sich die Literatur und Forschung zur Besucherbindung noch in einem überwiegend exploratorischen Stadium, in dem es vor allem darum geht, ein wenig durchdrungenes Phänomen auf vornehmlich konzeptioneller Ebene näher zu beleuchten.[15] Folglich ist ein umfassender theoretischer Unterbau bisher noch nicht vorhanden. Und auch für die Aktivitäten der Publikumsforschung lässt sich feststellen, dass diese gegenwärtig ebenfalls noch in einem Anfangsstadium stehen und viele Fragen noch unbeantwortet sind bzw. vorhandene Befunde einer weiteren empirischen Absicherung und Vertiefung bedürfen (vgl. auch Glogner/Klein 2006: 55). Im Rahmen der vorliegenden Arbeit wurde daher ergänzend auf die vielfältige Literatur und die zahlreichen empirischen Studien der Kundenbindungs- und

---

15 Vgl. ähnlich bei Hausmann (2001) für das Konstrukt der Besucherorientierung.

1.4 Aufbau der Arbeit und methodische Vorgehensweise

Geschäftsbeziehungsforschung, des Kundenmanagements, zum Beziehungsmarketing bzw. Relationship Marketing sowie zur Konsumentenverhaltens- und Marktforschung zurückgegriffen, um deren Erkenntnisse in modifizierter Weise auf das Untersuchungsgebiet anzuwenden und damit den Aussagegehalt der vorliegenden Arbeit zu erhöhen. Zusätzlich wurde sog. „graue Literatur" (Föhl 2010: 26) (z. B. Theaterstatistiken des Deutschen Bühnenvereins, Publikationen, Broschüren und Informationen auf den Internetseiten von Opernhäusern) recherchiert, ausgewertet und in die Arbeit eingebunden. Die Auswertung der Dokumente richtete sich dabei vor allem auf die Analyse und den Vergleich der Inhalte. Des Weiteren werden zum Aufbau einer breiten empirischen Basis im Sinne einer *Methodentriangulation* (vgl. hierzu vertiefend Flick 2008) verschiedene qualitative und quantitative Untersuchungsmethoden der empirischen Sozialforschung durchgeführt und miteinander kombiniert. „Diese Herangehensweise wird angesichts der bislang nicht erfolgten empirischen Durchdringung des Forschungsgegenstandes als besonders geeignet erachtet, da auf diese Weise verschiedenartige empirische Zugänge zur Thematik erarbeitet werden können." (Föhl 2010: 156)

Um das zu untersuchende Feld vorzustrukturieren, abzugrenzen und ein grundlegendes bzw. vertieftes Verständnis für das Forschungsproblem zu bekommen, werden in einem ersten Schritt sechs qualitative *Experteninterviews* mit acht Gesprächspartnern (Marketing-/Vertriebsleiter und Leiter des Besucherdienstes) an fünf öffentlichen Opernhäusern geführt (vgl. Kapitel 5.1.2). Diese Interviews auf der Anbieterseite nehmen hier allerdings keine zentrale, sondern lediglich eine Randstellung im Forschungsdesign ein: „Mit einer Randstellung haben wir es dort zu tun, wo Experteninterviews z. B. explorativ-felderschließend eingesetzt werden, wo sie zusätzliche Informationen wie Hintergrundwissen und Augen-zeugenberichte liefern und zur Illustrierung und Kommentierung der Aussagen des Forschers zum Untersuchungsgegenstand dienen" (Meuser/Nagel 2005: 75). Darauf aufbauend werden im Rahmen einer explorativen Vorstudie insgesamt 18 qualitative *Einzelgespräche mit Wiederbesuchern* (Kombination aus narrativem und problemzentrierten Interview) an vier öffentlichen Opernhäusern durchgeführt, um das zu untersuchende Feld aus Besuchersicht einer tiefergehenden Analyse zuzuführen und genauer zu spezifizieren (vgl. Kapitel 6.1). So werden die qualitativen Methoden primär dazu genutzt, auf Grundlage der begrifflichen und deskriptiven Aussagen der Kapitel 1 bis 5 das Forschungsfeld explorativ weiter zu entdecken, psychologische und soziologische Zusammenhänge zu verstehen und zu präzisieren, Hinweise für nicht direkt beobachtbare Phänomene herauszuarbeiten und vorläufige Klassifikationen zu definieren (vgl. Föhl 2010: 157). Darüber hinaus dienen sie vor allem der Erarbeitung bzw. thematischen Zuspitzung der quantitativen Forschungsmethode.

Eine quantitative Erhebung in Form einer *standardisierten schriftlichen Befragung* an vier öffentlichen Opernhäusern, an der sich von 1.472 befragten Wiederbesuchern insgesamt 734 Personen beteiligten – von denen sich 667 Fragebögen auswerten ließen (Netto-Rücklauf: 45,31%) –, bildet den Abschluss und den Schwerpunkt der durchgeführten Forschungsmethoden (vgl. Kapitel 6.2).

Die Zielsetzung der quantitativen Fragebogenerhebung besteht darin, auf breiter Basis zu verallgemeinerbaren und vergleichbaren Aussagen zu gelangen, die über die bislang ermittelten einzelfallbezogenen Ergebnistendenzen der qualitativen Methoden hinausgehen (vgl. Glogner 2006: 67). Allerdings werden die qualitativen Methoden in Anlehnung an Föhl nicht ausschließlich als „reine Vorstufe für die empirische Exploration des Forschungsfeldes bzw. als Grundlage der quantitativen Forschung verstanden. Neben dieser zentralen Funktion qualitativer Forschung im Rahmen dieser Arbeit sollen hierbei gewonnene Erkenntnisse (...) außerdem zur Stützung, zur Ausdifferenzierung und zur praxeologischen Zuspitzung punktuell hinzugezogen werden (vgl. Flick 2008: 71)." (Föhl 2010: 157).

Die Forschungsmethoden dieser Arbeit stehen in einem systematischlogischen Zusammenhang und bauen aufeinander auf (sog. sequentielle Verbindung bzw. sequentielles Forschungsdesign, vgl. hierzu Flick 2008: 81 f.), generieren aber auch für sich stehend jeweils spezifische Untersuchungsergebnisse (vgl. Föhl 2010: 180):

1.4 Aufbau der Arbeit und methodische Vorgehensweise

Tabelle 1: Übersicht des sequentiellen Forschungsdesigns der Arbeit (in Anlehnung an Föhl 2010: 180)

	Grundlagen	Methodentriangulation		
		Qualitative Methoden		Schwerpunkt: Quantitative Methode
Kapitel	Ergebnisse und Aussagen der Kapitel 1 bis 5	Kapitel 5	Kapitel 6.1	Kapitel 6.2 und 6.3
Phasen		Phase 1	Phase 2	Phase 3
Methode	und Forschungs- und explorative Untersuchungsfragen (vgl. Kapitel 1.3, 6.1.1 und 6.2.1) Dokumenten- und Literaturstudium	Experteninterviews auf Anbieterseite	Narrative/ problem-zentrierte Einzelinterviews	Standardisierter schriftlicher Fragebogen
Ziele		Vorstrukturierung und Präzisierung	Gewinnung qualitativer Daten, Spezifizierung/ Präzisierung	Gewinnung quantitativer Daten, verallgemeinerbare Aussagen
Aussagenbereich	Begriffliche und deskriptive Aussagen		Explanatorische Aussagen	
Zusammenhang	Entdeckungszusammenhang		Begründungszusammenhang	

Aus der zuvor geschilderten Herangehensweise ergibt sich für diese Arbeit im Einzelnen der folgende strukturelle Aufbau: Im Bereich der *begrifflichen Aussagen* werden neben den konzeptionellen Grundlagen der Arbeit (Kapitel 1) sowie einer Definition und Abgrenzung des öffentlichen Opernhauses als Untersuchungsgegenstand (Kapitel 2) vor allem die Grundlagen der Besucherbindung (Kapitel 3) und der bisherige Stand der Forschung zu den Einflussfaktoren der Kunden- und Besucherbindung (Kapitel 4) umfassend beschrieben.

Kapitel 1 führt in die Problemstellung ein und erläutert die wissenschaftstheoretischen Grundpositionen, Zielsetzungen, These und Forschungsfragen sowie den Aufbau und die methodische Vorgehensweise der Untersuchung. *Kapitel 2.1* gibt einen Überblick über die deutsche Theater- und Opernlandschaft und ihre Charakteristika. Während *Kapitel 2.2* den für die vorliegende Arbeit relevanten Untersuchungsgegenstand abgrenzt, definiert *Kapitel 2.3* die Grundgesamtheit für die empirischen Erhebungen. *Kapitel 2.4* kategorisiert die verschiedenen Ziele und Funktionen von öffentlichen Opernhäusern und thematisiert die Stellung bzw. Bedeutung des Publikums wie auch der Besucherbindung in diesem Zielsystem. *Kapitel 2.5* geht schließlich näher auf das Stakeholderkonzept von öffentlichen Opernhäusern ein und definiert bzw. differenziert in diesem Zusammenhang im Interesse der Eindeutigkeit der weiteren Ausführungen die beiden Begrifflichkeiten Kunde und Besucher (und hierbei auch die Gruppe der Wiederbesucher).

Kapitel 3.1 thematisiert zunächst verschiedene Ursachen für die in den letzten Jahren gestiegene Relevanz der Besucherbindung und gibt einen Überblick, welche Nutzen, aber auch Grenzen die Besucherbindung für Opernbetriebe mit sich bringt. Während *Kapitel 3.2* auf die zugrundeliegenden Basiskonzepte eingeht und die grundlegenden Prämissen, Bausteine und Phasen des Besuchermanagements sowie die Stellung der Besucherbindung innerhalb dieses Konzepts betrachtet, stellt *Kapitel 3.3* drei unterschiedliche Kategorien von Definitionen der Besucherbindung vor und formuliert ein eigenes Begriffsverständnis für die vorliegende Arbeit. *Kapitel 3.4* erläutert die qualitativen Ausprägungsformen der Besucherbindung (Erscheinungsformen und Bindungszustände), anhand derer sich eine differenzierte Definitorik erreichen und ihre Wirkungseffekte auf Besucherseite verdeutlichen lassen.

Als primäre theoretische Bezugsquelle für die Einflussfaktoren der Besucherbindung in öffentlichen Opernhäusern dienen die langjährigen Erkenntnisse aus der Kundenbindungsforschung, die sich schwerpunktmäßig mit der Identifikation von Bindungsfaktoren aus Kundensicht und der Erklärung ihrer zugrundeliegenden Wirkungsmechanismen beschäftigt (vgl. hierzu auch Kapitel 1.2.4). *Kapitel 4.1* stellt den diesbezüglichen Stand der Forschung auf konzeptioneller Ebene (Kapitel 4.1.2), aus theoretischer Perspektive (Kapitel 4.1.3) und aus em-

1.4 Aufbau der Arbeit und methodische Vorgehensweise

pirischer Perspektive (Kapitel 4.1.4) im Überblick dar. Die dadurch identifizierten Determinanten sind allerdings aufgrund der hohen Spezifität von öffentlichen Opernhäusern nicht ausreichend, um die Besucherbindung im Opernbetrieb zufriedenstellend beschreiben zu können. Ergänzend werden daher auch erste Erkenntnisse zu den Einflussfaktoren der Besucherbindung im Kultur- und Theaterbereich (*Kapitel 4.2*) sowie Ergebnisse aus der Publikumsforschung zu den Bestimmungsgrößen der Besuchshäufigkeit von Opern und Theatern (*Kapitel 4.3*) näher betrachtet.

Das *Kapitel 5* stellt den Rahmen für die *deskriptiven Aussagen* dar. Angesichts der bislang nicht erfolgten empirischen Durchdringung des Forschungsgegenstandes muss zur Identifikation von potenziellen Einflussfaktoren der Besucherbindung in öffentlichen Opernhäusern auf unterschiedliche Ansatzpunkte zurückgegriffen werden. Hierfür wird zunächst in einem deduktiven Schritt anhand der vielfältigen Erkenntnisse aus Kapitel 4 auf bereits bekannte theoretische Konzepte zurückgegriffen, die in einem induktiven Prozess durch sechs qualitative Experteninterviews auf Anbieterseite schrittweise bestätigt, weiterentwickelt, erweitert, modifiziert oder für öffentliche Opernhäuser als irrelevant verworfen werden (Kapitel 5.1). Dadurch kann eine vorläufige Systematik an möglichen Wiederbesuchsgründen in öffentlichen Opernhäusern herausgearbeitet werden, die sich zu einzelnen potenziellen Einflussfaktoren konzeptionell zuordnen bzw. gruppieren lassen (vgl. Kapitel 5.2 bis 5.11). Dieser Konzeptionsrahmen wird in Kapitel 6 einer empirischen Analyse auf der Besucherseite unterzogen.

Die *explanatorischen Aussagen* werden in *Kapitel 6* erarbeitet. Auf Grundlage der Ausführungen und der Erkenntnisse aus den Kapiteln 1 bis 5 werden – zusätzlich zu den in Kapitel 1.3 formulierten Forschungsfragen – explorative Untersuchungsfragen für die sich jeweils anschließenden empirischen Untersuchungen entwickelt und ausdifferenziert, anhand derer das Forschungsproblem der Arbeit strukturiert und systematisch untersucht werden kann (Kapitel 6.1.1 und 6.2.1). Diese werden mittels einer Methodentriangulation auf einer breiten empirischen Basis beantwortet. Hier finden die bereits beschriebenen qualitativen Methoden (Einzelinterviews mit Wiederbesuchern) und quantitativen Methoden (standardisierter Fragebogen) Anwendung. Nach der Beschreibung und Begründung der empirischen Forschungsdesigns (Kapitel 6.1.1 bis 6.1.4 und 6.2) werden die einzelnen Ergebnisse der qualitativen und quantitativen Untersuchungen in den Kapiteln 6.1.5 und 6.3 vorgestellt und interpretiert.

Den Abschluss dieser Arbeit bilden *praxeologische Aussagen*. Hier werden auf Grundlage der Untersuchungsergebnisse Implikationen für die Ausgestaltung des Besucherbindungsmanagements in öffentlichen Opernhäusern formuliert (*Kapitel 7*). In *Kapitel 8* werden in einer Schlussbetrachtung die wesentlichen

Erkenntnisse zusammengefasst (Beantwortung der Forschungsfragen) und der Blick auf weitere Forschungsfelder gerichtet. Tabelle 2 gibt abschließend einen Überblick über den vorgestellten Aufbau der Arbeit:

Tabelle 2: Aufbau der vorliegenden Arbeit (in Anlehnung an Föhl 2010: 27)

Aufbau	Hauptinhalt	Aussagenbereich	Zusammenhänge	Methoden
Kapitel 1	Konzeptionelle Grundlagen	Begriffliche Aussagen	Entdeckungszusammenhang	Literatur- und Dokumentenanalyse
Kapitel 2	Das öffentliche Opernhaus als Untersuchungsgegenstand			
Kapitel 3	Grundlagen der Besucherbindung			
Kapitel 4	Stand der Forschung zu den Einflussfaktoren der Kunden- und Besucherbindung			
Kapitel 5	Potenzielle Einflussfaktoren der Besucherbindung in öffentlichen Opernhäusern	Deskriptive Aussagen		Literatur- und Dokumentenanalyse *und* Experteninterviews auf Anbieterseite
Kapitel 6	Design und Ergebnisse der empirischen Erhebungen	Explanatorische Aussagen	Begründungszusammenhang	Narrative/problemzentrierte Interviews *und* schriftliche Fragebogenerhebung

1.4 Aufbau der Arbeit und methodische Vorgehensweise 47

Tabelle 2 (Fortsetzung): Aufbau der vorliegenden Arbeit
(in Anlehnung an Föhl 2010: 27)

Aufbau	Hauptinhalt	Aussagen-bereich	Zusammen-hänge	Methoden
Kapitel 7	Implikationen für das Besucherbindungsmanagement	Praxeologische Aussagen	Verwertungszusammenhang	Interpretation und Transfer der Forschungsergebnisse
Kapitel 8	Schlussbetrachtung und weitere Forschungsfelder			

2 Das öffentliche Opernhaus als Untersuchungsgegenstand

2.1 Die deutsche Theater- und Opernlandschaft: Überblick und Charakteristika

In der Bundesrepublik Deutschland existiert aufgrund der föderalen Struktur eine vielfältige und weltweit einmalig dicht besetzte Theater- und Opernlandschaft, welche sich historisch vor allem auf die frühere Zersplitterung des heutigen Staatsgebiets in zahlreiche Kleinfürstentümer zurückführen lässt und das Ergebnis einer Entwicklung von über 200 Jahren darstellt (vgl. Röper 2001: 9 und 12). So konstatieren Heinrichs und Klein, dass „anders als in stark zentralistisch organisierten Ländern (wie etwa Frankreich, Schweden etc.) (…) aus der historischen Tradition der deutschen Kleinstaaterei eine Vielzahl von zunächst höfischen Theaterzentren gewachsen [ist], die durch bürgerliche Theatergründungen, vor allem im letzten Drittel des 19. Jahrhunderts, ergänzt wurden" (Heinrichs/Klein 2001: 372). Das Bild der aktuellen Theaterlandschaft wird laut den Informationen des Deutschen Bühnenvereins, dem Bundesverband der deutschen Theater und Orchester (im Folgenden kurz: DBV), wesentlich durch die rund 145 öffentlich getragenen Theater geprägt, also durch Stadttheater, Staatstheater und Landesbühnen (vgl. hierzu und im Folgenden Deutscher Bühnenverein 2012). Hinzu kommen rund 280 Privattheater (darunter auch die großen, kommerziellen Musicaltheater), etwa 40 Festspiele, rund 150 Theater- und Spielstätten ohne festes Ensemble sowie um die 100 Tournee- und Gastspielbühnen ohne festes Haus. Insbesondere viele der kleineren Städte „unterhalten Gastspieltheater mit einem kontinuierlichen Programmangebot oder bieten ihren Bürgern in Mehrzweckhallen zumindest hin und wieder gastierende Theateraufführungen an" (Röper 2001: 13). So ist ein dichtes Netz von über 600 Städten und Gemeinden entstanden, in denen Theater regelmäßig gastieren und die zu einem großen Teil in der Interessengemeinschaft der Städte mit Theatergastspielen (INTHEGA) zusammengeschlossen sind (vgl. Wagner 2004b: 19). Darüber hinaus gibt es noch ca. 2.000 professionelle freie Theatergruppen und 1.800 Theatervereine (darunter 350 Kinder- und Jugendtheatergruppen) (vgl. Wagner 2004b: 19). Diese Vielfalt ist charakteristisch für die deutsche Theaterlandschaft.

An die Stelle eines einzigen, übermächtigen Theaterzentrums wie z. B. in Paris, New York oder London, tritt in Deutschland eine Fülle von Häusern und privaten Initiativen (vgl. Deutscher Bühnenverein 2012).[16] Vor diesem Hintergrund wird deutlich, dass sich die deutsche Theaterlandschaft sehr heterogen darstellt. Unterschiede sind laut Butzer-Strothmann et al. sowie Heinrichs und Klein (mindestens) auf fünf Ebenen zu erwarten (vgl. Butzer-Strothmann et al. 2001: 15 und Heinrichs/Klein 2001: 372):

1. Trägerschaft

In Anlehnung an Ohnesorg lassen sich Theaterbetriebe dem Zweig der darstellenden Künste (engl.: performing arts) zuordnen (vgl. Ohnesorg 1993: Sp. 2469) und weiter anhand ihrer Trägerschaft unterteilen in einerseits öffentliche und andererseits private Theater (vgl. Heinrichs/Klein 2001: 373). Bei den öffentlichen Theatern treten Länder und Kommunen als rechtliche und primär auch finanzielle Träger auf (vgl. hierzu und im Folgenden Föhl 2010: 35). Darüber hinaus gibt es eine zunehmende Anzahl an Mehrträgerschaften durch die öffentlichen Gebietskörperschaften. Diese Trägerschaftsmodelle „werden nicht selten durch Fusionen oder Finanzierungskooperationen der beteiligten öffentlichen Gebietskörperschaften vollzogen, da die Kommunen und teilweise auch die Länder alleine nicht mehr in der Lage sind, ein Theater in Eigenverantwortung zu tragen" (Föhl 2010: 37). Privattheater sind demgegenüber Theater, „deren rechtliche und wirtschaftliche Träger Privatpersonen oder juristische Personen sind und deren Gesellschafter oder Mitglieder ausschließlich Privatpersonen sind" (Deutscher Bühnenverein 2011: 231). Ein eindeutiges Unterscheidungskriterium zu den öffentlichen Theatern liegt bei Privattheatern laut Heinrichs und Klein im Ökonomischen begründet. Demnach sind dies „privatwirtschaftliche Betriebe mit allen finanziellen Risiken für den jeweiligen Betreiber, während in öffentlichen Theatern (...) das volle finanzielle Risiko vom jeweiligen [öffentlichen] Träger (Kommune/Land) getragen wird." (Heinrichs/Klein 2001: 319)[17]

---

16 Weitere Informationen zur Theater- und Opernlandschaft können hier aufgrund ihres Umfangs nicht dargestellt werden. Dies betrifft insbesondere die Theatergeschichte, zu welcher allerdings zahlreiche Zusammenfassungen (vgl. exempl. Brauneck 1996: 335-368 und 415-423, Greve 2002: 20-25 und Röper 2001: 9-12) und vertiefende Untersuchungen sowie Beschreibungen (vgl. u. a. Heinrichs 2006: 197 ff.) vorliegen, auf die verwiesen wird (vgl. Föhl 2010: 30).
17 Vgl. zu den Formen der privat finanzierten Theater bei Heinrichs/Klein 2001 und Deutscher Bühnenverein 2011: 231 ff.

2. Betriebstyp

Analog zur Aufschlüsselung nach den verschiedenen Trägerschaftsformen kann auch eine Kategorisierung von Theaterhäusern nach dem Betriebstyp angeführt werden: einerseits in öffentliche Staats- und Stadttheater und private Bühnen mit festem Haus (sog. stehende Bühnen) sowie andererseits in öffentliche Landes- und private Tourneetheater (sog. Wanderbühnen). Die Bezeichnung Staats- bzw. Stadttheater resultiert weitgehend aus unterschiedlichen historischen Entwicklungen und ist zunächst von den jeweils höfischen bzw. bürgerlichen Gründungen herzuleiten (vgl. hierzu und im Folgenden Föhl 2010: 37). Beim Staatstheater, das aus den früheren Hof- und Residenztheatern hervorgegangen ist, liegt die Trägerschaft beim jeweiligen Bundesland und es wird zu mindestens 50% aus dem Landeshaushalt finanziert. Das Stadttheater geht auf die bürgerlichen Bühnen des 18. und 19. Jahrhunderts zurück und wird von den jeweiligen Kommunen getragen. Werden öffentliche Theater von zwei oder mehreren Städten gemeinsam betrieben, spricht man von Städtebundtheatern (vgl. Jacobshagen 2002: 368 ff.). Neben den Staats- und Stadttheatern sind die Landestheater bzw. Landesbühnen der dritte Typus der öffentlich-rechtlichen Theater.[18] Gemäß der Satzung des DBV sind sie Theaterunternehmen, die Staats- und Stadttheater wären, wenn sie einen stehenden Betrieb hätten, und gelten folglich als sog. Wanderbühnen bzw. „Stadttheater auf Rädern" (Heinrichs/Klein 2001: 239). Ihre Aufgabe besteht darin, in Kommunen innerhalb eines bestimmten Spielgebietes zu gastieren, die sich kein eigenes Theater leisten, aber einen Spielort (Theatergebäude, Stadt-/Mehrzweckhallen) zur Verfügung stellen können (vgl. Jacobshagen 2002: 232 und Hausmann 2005: 3). Dabei muss über die Hälfte der Zahl der Vorstellungen außerhalb des Stammhauses (d. h. dem Sitz der Landesbühne) stattfinden (vgl. Heinrichs/Klein 2001: 355). „Sie verfügen über ein festes Ensemble und werden vorwiegend von dem jeweiligen Bundesland unter besonderer Beteiligung der bespielten Gemeinden sowie des Landesbühnensitzortes getragen. Teilweise haben sich auch mehrere kommunale Gebietskörperschaften zum Zweck der Unterhaltung einer Landesbühne als Rechtsträger zusammengeschlossen (…)." (Föhl 2010: 37) Im Gegensatz zu den öffentlichen Landesbühnen sind private Tourneetheater „privatrechtlich verfasste, am Gewinn orientierte gewerbliche Bühnenunternehmungen ohne festes Haus" (Heinrichs/Klein 2001: 376). Sie unterscheiden sich von den Landestheatern dadurch, „dass sie meist über keinen festen Produktionsort (…) sowie über kein festver-

---

18 Laut Jacobshagen spielen die Landestheater für das Musiktheater allerdings nur eine untergeordnete Rolle. So verfügen lediglich die Landesbühnen in Coburg, Detmold, Radebeul, Rudolstadt und Schleswig über eine eigene Musiktheatersparte (vgl. Jacobshagen 2010: 3).

pflichtetes Ensemble verfügen und fast jede Inszenierung an einem anderen Ort und mit meist eigens dafür zusammengestellten künstlerischen Ensembles erarbeiten lassen" (Heinrichs/Klein 2001: 376 f.).

3. Rechtsform

Unabhängig von der Trägerschaft und dem Betriebstyp kann bei den Rechtsformen nach Heinrichs und Klein zwischen öffentlich-rechtlichen und privatrechtlichen Rechtsformen unterschieden werden (vgl. hierzu und im Folgenden Heinrichs/Klein 2001: 374):[19] Zu den öffentlich-rechtlichen Rechtsformen des Theaters zählen vornehmlich der Regiebetrieb, der kommunale Eigenbetrieb, der Zweckverband sowie schließlich die Anstalt und die Stiftung öffentlichen Rechts. Zu den Privatrechtlichen gehören die Gesellschaft mit beschränkter Haftung (GmbH), die BGB-Gesellschaft, der eingetragene Verein und die Stiftung privaten Rechts. Die Rechtsform eines Theaters definiert seine gesetzlichen Rahmenbedingungen, z. B. welche Anforderungen an den Betrieb und die Geschäftsführung gestellt werden und welche Haftungsregeln zur Anwendung gelangen (vgl. Föhl 2010: 38). „Die jeweilige Rechtsform gibt Aufschluss darüber, wie das Verhältnis zwischen Träger(n) und Theaterbetrieb geregelt ist." (Föhl 2010: 38) Das gilt insbesondere für den Grad der Kontroll- und Einflussmöglichkeiten seitens des Trägers bzw. für den Eigenständigkeitsgrad des Theaters (vgl. Hausmann 2005: 6). Als Ergebnis langjähriger Diskussionen über die Notwendigkeiten administrativer Veränderungen im öffentlichen Theaterbereich und die mit einem Wechsel der Rechtsform – z. B. von einem Regiebetrieb in eine GmbH – verbundenen Hoffnungen auf weitreichende Struktur- und Handlungsverbesserungen identifiziert Föhl einen deutlichen Veränderungstrend innerhalb der letzten Jahre weg vom klassischen Regiebetrieb als bislang dominierende Theaterrechtsform hin zu anderen öffentlichen und privaten Rechtsformen, insbesondere zur GmbH (vgl. Föhl 2010: 39).

4. Art und Anzahl der Sparten

Der Theaterbetrieb in Deutschland ist durch die drei klassischen künstlerischen Sparten Musiktheater, Schauspiel bzw. Sprechtheater sowie Tanztheater und Ballett geprägt (vgl. Heinrichs 2006: 212). Das Musiktheater (Oper, Singspiel,

---

19 Vgl. zu den verschiedenen Rechtsformen im Einzelnen exempl. bei Heinrichs/Klein 2001 und Schneidewind 2008: 206 ff.

2.1 Die deutsche Theater- und Opernlandschaft

Operette und Musical) wird in Deutschland besonders gepflegt und ist zugleich aufgrund seiner Struktur die teuerste bzw. aufwendigste Theatersparte (vgl. Föhl 2010: 39). „Zum Musiktheater gehören alle theatralischen Formen, die eine dramatische Handlung, ausgedrückt in Bewegung und Sprache, in Verbindung mit Musik erbringen." (Heinrichs 2006: 212 zitiert nach Föhl 2010: 39) Musiktheater ist so „eine Verbindung von Musik, Dichtung, Dramatik, Malerei, Bühnenbild, Beleuchtung, Tanz, Gestik und Mimik" (Hoegl 1995: 137). Das Schauspiel wird laut Föhl auch als Sprechtheater bezeichnet, „um den Gegensatz zum Musiktheater zu verdeutlichen" (Föhl 2010: 40). Dabei ist nach Föhl der Begriff unabhängig von der Gattung (z. B. Tragödie, Komödie, Melodram oder Posse). Der Tanzbereich kann in zwei Angebote unterteilt werden: „Das Ballett findet hauptsächlich in der Tradition des späten 19. Jahrhunderts statt, wobei es teilweise Weiterentwicklungen gibt. Das Tanztheater ist aus dem Ausdruckstanz des frühen 20. Jahrhunderts entstanden und wird auch als ‚Modern Dance' beschrieben" (Föhl 2010: 40). Zudem sind in der Praxis auch Mischformen zwischen klassischem Ballett und Tanztheater in der Angebotsgestaltung anzutreffen. Hinzu kommt das Kinder- und Jugendtheater, wobei es sich hier um keine separate Sparte handelt, sondern entweder um eigenständige Organisationen oder Zusatzangebote, welche sich speziell an Kinder und Jugendliche richten (vgl. Föhl 2010: 40).[20] Des Weiteren gibt es mehrere Puppenbühnen in Deutschland. Ebenso machen zahlreiche Theater Angebote ohne Bühnengeschehen (z. B. Konzerte). Zunehmend bieten Theater weitere Formate an (z. B. Reden und Lesungen) (vgl. Föhl 2010: 40). Die Theaterlandschaft wird in diesem Zusammenhang im Wesentlichen von drei Theatertypen dominiert (vgl. hierzu und im Folgenden Föhl 2010: 40 und Röper 2001: 13-15): Allen voran finden sich die Mehrspartentheater, gefolgt von den Schauspielhäusern und den reinen Musiktheatern (darunter vor allem die großen und mittleren Opernhäuser in den deutschen Großstädten, die auch als Zweispartenbetriebe (Musiktheater und Ballett) ausgestaltet sein können). Darüber hinaus ist auf spezialisierte Häuser zu verweisen wie z. B. auf Kinder- und Jugendtheater, Tanzbühnen sowie die dargestellten Puppentheater.

---

20 Das Kinder- und Jugendtheater bedient sich hauptsächlich dem Schauspiel, teilweise aber auch dem Musiktheater und dem Tanz. Bei diesen Aufführungen sind die Kinder und/oder Jugendlichen zuschauend tätig, aber teilweise auch selbst aktiv (Nickel/Dreßler 1992: 493 f. zitiert nach Föhl 2010: 40).

5. *Spielplanprinzip*

Im Rahmen des sog. Spielplanprinzips, das an den Theatern in Deutschland realisiert wird, können drei unterschiedliche Betriebsformen bzw. Arten der Bespielung differenziert werden, die sich auch auf das Ensemble, die engagierten Künstler, auswirken: Repertoiresystem, Stagione- bzw. En Suite-Betrieb und Serien- bzw. Block-System (vgl. hierzu und im Folgenden Deutscher Bühnenverein 2012, Jacobshagen 2009: 6 und Föhl 2010: 41). Das Repertoiresystem ist das traditionell übliche und am häufigsten verbreitete Betriebssystem der öffentlichen Theater in Deutschland. Es ist durch einen beinahe ganzjährigen Spielbetrieb mit täglichen Stückwechseln sowie durch eine geringe Zahl von Schließtagen gekennzeichnet. „Die Häuser spielen im Repertoirebetrieb eine Vielzahl verschiedener Werke (…). Dieses Repertoire wird durch mehrere neue Inszenierungen pro Saison (…) ergänzt. So erhält der Zuschauer die Möglichkeit, eine große Bandbreite der Theaterliteratur in abwechslungsreicher Vielfalt kennenzulernen." (Deutscher Bühnenverein 2012) Das Repertoiresystem bedingt die Notwendigkeit, mit einem festen Ensemble zu arbeiten, also einer Gruppe von über einen längeren Zeitraum bzw. meist über mehrere Spielzeiten hinweg engagierten Sängern, Tänzern und Schauspielern, in dessen Reihen nach Möglichkeit alle Rollenfächer vertreten sind (vgl. Heinrichs/Klein 2001: 338). Anders wäre die Stückvielfalt des Repertoires nicht oder nur eingeschränkt zu realisieren (vgl. Abfalter 2010: 134 und Deutscher Bühnenverein 2012). Dieses kontinuierlich aufeinander eingespielte Ensemble prägt das unverwechselbare Profil und die künstlerische Qualität des Hauses. Trotz der damit verbundenen Kostenprobleme vor allem im Bereich der Bühnendienste (z. B. tägliche Neueinrichtung der Bühne, Rotation der Ausstattungen unterschiedlicher Produktionen zwischen Bühne und Magazin) gilt das historisch gewachsene Repertoire- und Ensembletheater noch vielfach als Errungenschaft von besonderer Qualität (vgl. Hausmann 2005: 6), da „nur ein Repertoire-Theater (…) die Vielfalt der Häuser in Deutschland, die Variationsbreite der Spielpläne, die Vielzahl der Neuinszenierungen und letztlich auch den Publikumserfolg [garantiert]" (Nevermann 2004: 199 zitiert nach Föhl 2010: 41). Aus der Sicht der Besucherbindung verfügt ein solcher Spielbetrieb des Weiteren über den Vorteil, dass ein ausdifferenziertes Abonnementsystem eingerichtet werden kann. Der Stagione-Betrieb (im Schauspiel als En Suite-System bezeichnet) stellt den Gegensatz zum reinen Repertoiresystem dar. Dieses Spielplanprinzip sieht die ununterbrochene Aufführung ein und desselben Stückes über mehrere Wochen bzw. innerhalb eines längeren Spielzeitabschnitts – mit entsprechenden Ruhetagen für die Akteure bzw. Doppelbesetzungen – vor (vgl. Föhl 2010: 41). „Im Anschluss an die Absetzung einer Produktion erfolgt eine längere Schließphase, in der ein neues Stück geprobt und zur Premiere vorbereitet wird." (Hausmann 2005: 4) Theater mit Stagionebetrieb spielen daher in der Regel erheblich weniger Vorstellungen je Spielzeit und bieten dem Publikum damit ein deutlich geringeres Angebot als die Repertoirebühnen (vgl. Röper 2001: 420). Zudem wird ein entsprechend großes Einzugsgebiet benötigt, um das Theater jeden Abend mit Publikum füllen zu können (vgl. Heinrichs/Klein 2001: 90). Das Stagionesystem findet sich in Deutschland vor allem bei privaten Boulevard- und Musicaltheatern, die ihre Stücke meist mehrere Jahre unverändert anbieten (vgl. Heinrichs/Klein 2001: 90). Das Serien- bzw. En Bloc-System (auch als Semistagione-System bezeichnet) stellt eine Mischform bzw. Verbindung aus den zuvor genannten beiden Spielplanprinzipien dar und hat sich in den vergangenen Jahren insbesondere an vielen der großen Musiktheaterbetriebe in Deutschland etablieren können (vgl. Heinrichs 2006: 214 f.). Dabei wird die Spielzeit in mehrere Programmblöcke geteilt, innerhalb derer jeweils eine geringe Anzahl verschiedener Produktionen abwechselnd gezeigt wird (vgl. Jacobshagen 2002: 357). Der Spielplan ist in der Regel so aufgebaut, dass Stücke eine Spieldauer von bis zu drei Wochen haben (Serien), wobei die einzelnen Produktionen nicht täglich gespielt werden (vgl. Hausmann 2005: 4). „Die sich hierdurch ergebenden Lücken im Programm führen jedoch nicht zu Schließtagen, sondern sie werden für andere (eigene oder eingekaufte) Produktionen genutzt, die entweder ebenfalls in Serie oder auch als Einzelvorstellungen gespielt werden." (Hausmann 2005: 5, vgl. auch Röper 2001: 421). Das Seriensystem versucht demnach die Vorteile beider zuvor genannter Spielplanprinzipien (regelmäßiger Programmwechsel, geringe Zahl von Schließtagen beim Repertoiretheater und geringere Umbaukosten, Engagement von Gastsolisten beim En Suite-System) miteinander zu vereinen (vgl. Heinrichs/Klein 2001: 89).

2.2 Abgrenzung des Untersuchungsgegenstandes

Aufgrund der in Kapitel 2.1 beschriebenen heterogenen Situation kann nicht von *den* Wiederbesuchern von Theatern gesprochen werden, sondern es sind je nach Theater und den jeweils dafür geltenden Rahmenbedingungen ganz unterschiedliche Bindungsverhalten sowie divergierende Präferenzen, Ansprüche, Einstellungen und Meinungen von Wiederbesuchern anzunehmen. Eine Einbeziehung aller genannten Theatertypen und ihrer Wiederbesucher in die vorliegende Untersuchung würde folglich die getroffenen Aussagen aufgrund einer unzureichenden Vergleichsbasis verzerren. Aus Vergleichbarkeitsgründen ist daher eine Fokussierung bzw. Abgrenzung des Untersuchungsgegenstandes vorzunehmen. Die vorliegende Arbeit beschränkt sich einerseits auf die *öffentlichen Theater*, das heißt jene Häuser, deren rechtliche und/oder wirtschaftliche Träger Länder, Gemeinden oder Gemeindeverbände sind, unabhängig davon in welcher Rechtsform sie betrieben werden (vgl. Deutscher Bühnenverein 2011: 9). Des Weiteren konzentriert sich die Arbeit auf das *öffentliche Musiktheater* als stehende Bühne in Deutschland, welches laut Boerner organisatorisch auf zweierlei Weise verankert sein kann: als Teilbereich eines Mehrspartentheaters oder als selbstständige Organisation (insgesamt 13 Betriebe bzw. rund 15% der öffentlichen Musiktheater in Deutschland) in Form eines Ein- oder Zweispartenbetriebes (Musiktheater und Ballett) (vgl. Boerner 2002: 21). Neben den öffentlich getragenen Musiktheatern gibt es eine Reihe meist kleinerer Musiktheater in privater Trägerschaft wie Kammeropern und Operettentheater, die in dieser Arbeit unberücksichtigt bleiben. Darüber hinaus werden private Musiktheateranbieter, freie Opern-, Ballett- und Musicalkompanien, Laienmusiktheater, Landesbühnen und Tourneetheater sowie Festivals bzw. Festspiele nicht miteinbezogen, selbst wenn sie öffentlich gefördert werden. Veranstaltungen, für die ein privater Veranstalter ein Opernhaus gemietet hat, bleiben ebenfalls außen vor. Damit bildet in Anlehnung an Hoegl die Institution öffentliches Opernhaus mit ihrem Output von in der Hauptsache Produktionen und Aufführungen von Opern und Balletten und daneben Operetten und Musicals den Untersuchungsbereich dieser Arbeit (vgl. Hoegl 1995: 9).[21]

Aktuell prägen 84 öffentliche Musiktheater (davon 22 Staatstheater und 52 Stadt- bzw. Städtebundtheater mit eigenem Musiktheaterbetrieb) das Kulturleben Deutschlands (vgl. hierzu Jacobshagen 2010: 1 ff.), deren Bedeutung sich im internationalen Vergleich offenbart: Weltweit gibt es laut Bovier-Lapierre rund 560 permanente und professionelle Opernhäuser, von denen sich etwa jedes zweite innerhalb der Europäischen Union und jedes siebte in Deutschland befindet (vgl. Bovier-Lapierre 2006: 231 ff.). Kategorisiert nach dem Sitzplatzangebot ihrer jeweiligen Hauptspielstätten, befindet sich das kleinste öffentliche Musiktheater in Neubrandenburg, das größte mit über 2.000 Plätzen ist die Bayerische Staatsoper in München. Betrachtet man weitere ausgewählte Daten für den Bereich der öffentlichen Musiktheater in ihrer Entwicklung, so wird aus der Theaterstatistik des DBV im Zeitvergleich unter anderem ersichtlich, dass sich diese Branche im Umbruch befindet und mit spezifischen Herausforderungen umzugehen hat (vgl. für eine tiefergehende Analyse auch Kapitel 3.1.1).

---

21 Diese der Klarheit und Einheit des Untersuchungsgegenstands geschuldete Trennung bedeutet jedoch nicht, dass sich die in der vorliegenden Arbeit getroffenen Aussagen in der Musiktheaterpraxis nicht auch – unter Berücksichtigung der jeweils örtlichen Gegebenheiten und spezifischen Rahmenbedingungen – in modifizierter Weise auf die nicht untersuchten Musiktheateranbieter anwenden lassen. Viele Erkenntnisse der Untersuchung sind durchaus auch auf diese Betriebe übertragbar.

2.2 Abgrenzung des Untersuchungsgegenstandes

Aus den Kennzahlen in Tabelle 3 wird ersichtlich, dass sich im Vergleichszeitraum die Zuweisungen und Zuschüsse an die öffentlichen Theater zwar um insgesamt 235 Mio. Euro auf 2,168 Mrd. Euro erhöht haben, auf der anderen Seite aber allein deren Personalausgaben im gleichen Zeitraum um 330 Mio. Euro auf 2,019 Mrd. Euro angestiegen sind. Vielerorts stehen demnach den kontinuierlichen Kostensteigerungen der Theater (vornehmlich bei den Personalkosten, deren Anteil sich aktuell auf 73,8% an den Gesamtausgaben beläuft) keine entsprechend höheren öffentlichen Zuwendungen mehr gegenüber (vgl. hierzu auch Föhl/Lutz 2011: 56). Aufgrund dieser schwierigen ökonomischen Bedingungen haben viele Bühnen in den letzten Jahren durch Sparmaßnahmen und ein effizientes Management bestehende Rationalisierungsspielräume genutzt (vgl. Jacobshagen 2010: 3). So wurde z. B. von den Musiktheaterbetrieben aus Kostengründen seit der Spielzeit 1993/94 kontinuierlich das ständig beschäftigte Personal abgebaut (4.378 Mitarbeiter insgesamt, davon 1.989 ständig künstlerisch Beschäftigte), während gleichzeitig die Anzahl der Gastverträge um insgesamt 5.474 stark zunahm. Zudem konnten die öffentlichen Theater ihre Einspielergebnisse (d. h. die durch Eigeneinnahmen gedeckten prozentualen Anteile an den Gesamtausgaben des Theaters) von durchschnittlich 13,2% in der Spielzeit 1993/94 auf 18,2% in der Spielzeit 2009/10 steigern, was allerdings durch einen erhöhten Zuschussbedarf an den Betriebskosten flankiert wird. Neben der bereits erwähnten Erhöhung der öffentlichen Zuweisungen stieg der Betriebszuschuss pro Theaterbesucher und Vorstellung im Spielzeitenvergleich um insgesamt 27,58 Euro auf 109,47 Euro. Somit sind immer noch rund 80% der Ausgaben nicht durch Kasseneinnahmen gedeckt, d. h. Theaterbetriebe können aus strukturellen Gründen heraus allein durch Umsatzerlöse nicht vollständig kostendeckend arbeiten und sind aufgrund dieses strukturellen Finanzierungsproblems notwendigerweise Zuschussbetriebe, deren Unterhalt durch die Erfüllung ihres kulturpolitischen Auftrags legitimiert wird (vgl. Jacobshagen 2010: 4 sowie hierzu auch Kapitel 2.4 und 3.1.1).

Tabelle 3: Ausgewählte Kennzahlen der öffentlichen Musiktheater im Zeitvergleich[22]

Bereich	1993/1994	2009/2010	*Veränderung*
Personalausgaben			
- Personalausgaben insgesamt in Mio. Euro*[23]	1.689	2.019	*+330*
- Anteil der Personal- an den Gesamtausgaben in Prozent*	75,8	73,8	*-2,0*
Personal			
- Ständig beschäftigtes Personal insgesamt	40.752	36.374	*-4.378*
- Davon ständig beschäftigtes künstlerisches Personal	17.423	15.434	*-1.989*
- Künstlerisches Personal aus Gastverträgen	7.740	13.214	*+5.474*

---

22   Leider sind die Daten der Theaterstatistik für einen Zeitvergleich im Bereich des Musiktheaters mit Problemen behaftet (vgl. Röper 2001: 456). So sind „die Daten in der Zeitreihe nur bedingt miteinander vergleichbar, da zum Teil einzelne Häuser wegen Baumaßnahmen [zeitweise] nicht bespielt werden konnten oder die Datenerfassung aufgrund fehlender Meldungen nicht vollständig ist" (Jacobshagen 2010: 9). Zudem werden die Daten immer erst mehr als zwei Jahre nach Abschluss einer Spielzeit veröffentlicht (vgl. Röper 2001: 458). Des Weiteren beziehen sich einige der vom Deutschen Musikrat zusammengestellten und berechneten Daten (vgl. Deutsches Musikinformationszentrum 2011) lediglich gemeinsam auf Musik- *und* Sprechtheater und liegen nicht separat für den Bereich der Musiktheater vor. Grundsätzlich ist bei Statistiken zu den Musiktheatern auch zu berücksichtigen, „dass es sich teilweise um sehr unterschiedliche Häuser handelt. So reicht die Bandbreite [z. B.] von Einspartenhäusern, die in Kommunen mit 20.000 Einwohnern ansässig sind, bis hin zu den großen Opernhäusern [in Ballungszentren]." (Föhl 2010: 31) Bei den angeführten Zahlenvergleichen ist ergänzend darauf hinzuweisen, dass die dargestellten Entwicklungen nicht graduell verlaufen sind, sondern es in diesem Zeitraum verschiedene Schwankungen gab (vgl. Föhl 2010: 32). Wegen solcher Schwierigkeiten kann die Theaterstatistik für eine Analyse und Interpretation nur ein erster Anhaltspunkt sein und es müssen gezielt zusätzliche Daten direkt bei den Musiktheatern zusammengestellt werden, wenn detailliertere und repräsentativere Aussagen getroffen werden sollen (vgl. Röper 2001: 458). Die Kennzahlen liefern jedoch einen guten Ein- bzw. Überblick über allgemeine Spannungsfelder sowie generelle Tendenzen und skizzieren denkbare Entwicklungen für die Zukunft der Musiktheater in Deutschland. Da hier der Zeitvergleich lediglich Tendenzen nachzeichnen soll, wird daher auch auf eine durchgängige Verlaufsstatistik verzichtet (vgl. Föhl 2010: 32).

23   Die mit ‚*' gekennzeichneten Daten beziehen sich auf das Musik- *und* Sprechtheater.

2.2 Abgrenzung des Untersuchungsgegenstandes 59

Tabelle 3 (Fortsetzung): Ausgewählte Kennzahlen der öffentlichen Musiktheater im Zeitvergleich

Bereich	1993/1994	2009/2010	*Veränderung*
Eigene Veranstaltungen am Standort			
- Insgesamt	15.502	12.091	*-3.411*
- *Oper*	*7.064*	*6.221*	*-843*
- *Ballett*	*2.654*	*2.553*	*-101*
- *Operette*	*2.079*	*1.070*	*-1.009*
- *Musical*	*3.705*	*2.247*	*-1.458*
Besucher der Veranstaltungen am Standort[24]			
- Insgesamt	9.829.868	7.643.282	*-2.186.586*
- *Oper*	*5.117.015*	*4.316.526*	*-800.489*
- *Ballett*	*1.677.453*	*1.484.238*	*-193.215*
- *Operette*	*1.073.712*	*562.755*	*-510.957*
- *Musical*	*1.961.688*	*1.279.763*	*-681.925*
Auslastung in Prozent			
- Oper	77,1	75,7	*-1,4*
- Ballett	73,2	82,3	*+9,1*
- Operette	74,8	74,9	*+0,1*
- Musicals	72,8	79,3	*+6,5*
Absatzwege und [Erlöse der Absatzwege] in Prozent[25]			
- Vollpreiskarten	32,9 / [59,2]	40,3 / [62,8]	*+7,4 / [+3,6]*
- Abonnements	22,1 / [24,8]	19,0 / [20,1]	*-3,1 / [-4,7]*
- Besucherorganisationen	17,8 / [13,2]	7,7 / [5,8]	*-10,1 / [-7,4]*
- Schüler-, Studenten-, Kinder- und Jugendkarten	15,6 / [2,7]	15,9 / [6,0]	*+0,3 / [+3,3]*
- Sonstige rabattierte Karten	6,4 / [k. A.]	8,3 / [5,3]	*+1,9 / [k. A.]*
- Sonstiges (z. B. Ehren-, Freikarten etc.)	5,2	8,9	*+3,7*

---

24 Gezählt wurden die Besuche, nicht die Besucher (vgl. Klein 2004: 127).
25 Die Daten beziehen sich insgesamt auf das öffentliche Theater.

Tabelle 3 (Fortsetzung): Ausgewählte Kennzahlen der öffentlichen Musiktheater im Zeitvergleich

Bereich	1993/1994	2009/2010	*Veränderung*
Zuweisungen und Zuschüsse* - Insgesamt in Mio. Euro - Vom Gesamtetat in Prozent	1.933 87,0	2.168 79,6	*+235* *-7,4*
Betriebszuschuss pro Besucher in Euro*	81,89	109,47	*+27,58*
Einspielergebnis in Prozent*	13,2	18,2	*+5,0*

Das Musiktheater steht in Deutschland unter den Theaterformen mit seinen insgesamt 7,6 Millionen Besuchen in der Spielzeit 2009/10, gegenüber 5,3 Millionen Besuchen im Schauspiel, in der Publikumsgunst an erster Stelle (vgl. Jacobshagen 2010: 1): Insgesamt 4,3 Millionen Besuche entfallen dabei in dieser Saison auf über 6.200 Opernvorstellungen, gefolgt vom Ballett mit rund 1,5 Millionen Besuchen, dem Musical mit 1,3 Millionen und der Operette mit 562.755 Besuchen. Die Zahl der Besuche an öffentlichen Theatern nimmt jedoch laut Wagner seit drei Jahrzehnten kontinuierlich ab, wobei die Rückgänge in den einzelnen Sparten dabei sehr unterschiedlich sind (vgl. Wagner 2004b: 29 f.). Für den Bereich der öffentlichen Musiktheater zeigt allein der Vergleich zwischen den Spielzeiten 1993/94 und 2009/10, dass der Publikumszuspruch um insgesamt 2.186.586 Besuche zurückgegangen ist. Eine weitergehende Ausdifferenzierung für die einzelnen Gattungen des öffentlichen Musiktheaters zeigt, dass die Gesamtzahl der Besuche zwar in allen vier Gattungen rückläufig ist, diese aber unterschiedlich stark von dem beschriebenen Rückgang betroffen sind: vor allem in der Oper (-800.489 Besuche) und im Musical (-681.925 Besuche) sind starke Besuchsrückgänge zu verzeichnen. Allerdings ist darauf hinzuweisen, dass bei einer solchen Darstellung nur allgemeine Tendenzen wiedergegeben werden können und der Besuchsschwund keineswegs alle Betriebe gleichmäßig trifft, sondern es durchaus Gewinner und Verlierer hinsichtlich der Publikumsgunst gibt. Dennoch wird deutlich, dass trotz Schwankungen im Verlauf der einzelnen Spielzeiten innerhalb eines relativ langen Betrachtungszeitraums eine allgemeine Tendenz hinsichtlich eines Besucherrückgangs im öffentlichen Musiktheater vorhanden ist, die bereits weitreichende Züge angenommen hat. Die rückläufigen Gesamtzahlen der Besuche innerhalb des öffentlichen Musiktheaters spiegeln nach Jacobshagen aber keineswegs ein nachlassendes Publikumsinteresse, sondern vielmehr ein reduziertes Angebot wider (vgl. Jacobshagen 2010: 9). Mertens begründet dies mit „dem allgemeinen Einspa-

2.2 Abgrenzung des Untersuchungsgegenstandes

rungsdruck und dem Abbau von Produktionskapazitäten im Musiktheaterbereich der vergangenen Jahre" (Mertens 2004: 4). Die Anzahl der Veranstaltungen verringerte sich an den öffentlichen Musiktheatern im Vergleichszeitraum tatsächlich insgesamt um 3.411 Veranstaltungen. Da der Besuchsrückgang im gleichen Zeitraum jedoch stärker ist als der Rückgang der Veranstaltungszahlen, lässt sich dieser nicht lediglich mit einem reduzierten Angebot rechtfertigen. Dies mag zwar für einzelne Gattungen wie z. B. für das Musical durchaus zutreffen, bei dem insgesamt 1.458 Veranstaltungen weniger gegeben wurden, dennoch ist für die anderen drei Gattungen sowie insgesamt betrachtet gleichzeitig von rückläufigen bzw. stagnierenden Besucherzahlen auszugehen. Der Besucherschwund im öffentlichen Musiktheater zeigt sich tendenziell auch in der Entwicklung der Vorstellungsauslastung (Besucher der Veranstaltungen in Prozent der verfügbaren Plätze). So ist z. B. die Auslastung von Opernaufführungen innerhalb des Betrachtungszeitraums insgesamt um 1,4% zurückgegangen.

Betrachtet man die einzelnen Absatzwege näher, d. h. wie die Besuche zustande kommen, so fällt auf, dass an den öffentlichen Bühnen die häufigsten Besuche mit 40,3% der Gesamtbesuche auf die Einzel- bzw. Tageskartenverkäufe zurückzuführen sind. Insgesamt 26,7% der gesamten Karten von öffentlichen Theatern wurden über die traditionellen Bindungsformen Abonnements und Besucherorganisationen abgesetzt, die damit für viele Theater nach wie vor das Rückgrat ihres Besucherbindungsmanagements sind. Die Abonnenten stellen dabei mit 19,0% Abonnentenanteil an den Gesamtbesuchen neben den Einzelkartenkäufern die zweitgrößte Besuchergruppe dar. Während aber die Besuche über den Einzelkartenverkauf seit der Spielzeit 1993/94 insgesamt gesteigert werden konnten (+7,4%), ist der Abonnentenanteil an den Gesamtbesuchen hingegen im gleichen Zeitraum von 22,1% auf 19,0% zurückgegangen. Besonders drastisch sind die Entwicklungen bei den Besucherorganisationen, deren Anteile an den Gesamtbesuchen sich seit der Spielzeit 1993/94 mehr als halbiert haben. Diese Tendenzen entsprechen einem Besuchertyp, der sich im Zuge der gesellschaftlichen Veränderungsprozesse anscheinend immer weniger über die klassischen Formen binden lässt und nach Möglichkeit ‚last minute' bucht (vgl. hierzu ausführlich Kapitel 3.4.1). Die Rückgänge bei den klassischen Bindungsformen fanden zudem bei gleichzeitig rückläufigen Gesamtbesuchszahlen statt, d. h. die wegbleibenden organisierten Wiederbesucher sind nur zum Teil zu Einzelkartenkäufern geworden, der Rest geht nicht mehr in die Theater. Ein ähnliches Bild ergibt sich für die erzielten Kartenerlöse: Betrachtet man auch hier die einzelnen Absatzwege näher, d. h. wie die Gesamteinnahmen aus dem Kartenverkauf zustande kommen, so fällt auf, dass der überwiegende Teil der Karteneinnahmen (62,8%) durch Vollpreiskarten erlöst wird. Die durch die traditionellen Bindungsformen erzielten Erlöse belaufen sich in 2009/10 auf 25,9% der gesamten

Kartenerlöse und stellen damit den zweitwichtigsten Einnahmeweg neben dem Einzelkartenverkauf dar. Die entsprechenden Erlösanteile der Abonnements und Besucherorganisationen sind im Zeitverlauf jedoch ebenfalls deutlich zurückgegangen (-4,7% und -7,4%), während die Erlöse über den Einzelkartenverkauf gesteigert werden konnten (+3,6%).

2.3 Grundgesamtheit der empirischen Erhebungen

Aus Vergleichbarkeits- sowie aus forschungspragmatischen Gründen wird innerhalb des Untersuchungsbereichs für die empirischen Erhebungen (vgl. Kapitel 5.1.2 und 6) eine weitergehende Fokussierung auf die elf *großen* öffentlichen Opernhäuser vorgenommen, die zum Teilnehmerkreis der im Jahr 1957 gegründeten deutschsprachigen Opernkonferenz (im Folgenden kurz: DOK) zählen.[26] Für eine Vergleichbarkeit der Teilnehmer der DOK und damit einhergehend auch ihre Eignung als Grundgesamtheit für die empirischen Erhebungen dieser Arbeit sprechen u. a. die folgenden Kriterien:

- Bei den Mitgliedern der DOK handelt es sich um die *großen* Opernhäuser in Deutschland. Ausschlaggebend für die Größe einer Opernbühne sind insbesondere die Planstellenzahl bzw. Eingruppierung des Orchesters und des Chores (dessen Einstufung an die des Orchesters gekoppelt ist). Es handelt sich bei allen DOK-Teilnehmern mindestens um sog. A-Häuser mit 99 bis 129 Planstellen im Orchester. Die meisten Musiktheater in Deutschland verfügen hingegen über ein B-Orchester mit lediglich 66 bis 98 Planstellen (vgl. hierzu Jacobshagen 2010: 6).

---

26 Diese Konferenz der großen deutschsprachigen Opernbühnen wurde auf Initiative von Prof. Carl Ebert, dem Intendanten der damaligen Städtischen Oper Berlin (heute: Deutsche Oper Berlin) gegründet, um sich gerade in den Nachkriegsjahren mit anderen Städten auszutauschen, die ihre Opernhäuser wieder aufbauen und ihnen nach dem Naziterror neue demokratische Strukturen geben wollten. Laut § 1 der Geschäftsordnung der DOK (in der Fassung vom 07. November 2009), ist die Konferenz „der freiwillige Zusammenschluss der im nachfolgenden genannten Mitgliedsbühnen zum Zweck der Zusammenarbeit und der gegenseitigen Information in der Absicht, durch gemeinsame Maßnahmen die Leistungsfähigkeit der Opernbühnen zu erhalten und zu steigern mit dem Ziel, die Opernkunst als Bestandteil der unverzichtbaren Werte europäischer Kultur für die Zukunft zu sichern". Die DOK diskutiert und berät zweimal jährlich (im Frühjahr und Herbst an einem Mitgliedsbühnenort im Rotationsprinzip) die gegenwärtige Situation der großen Opernhäuser, ihre künstlerischen, organisatorischen und wirtschaftlichen Aspekte und Herausforderungen. Sie gliedert sich in die Arbeitsgruppe der Intendanten, die Arbeitsgruppe der künstlerischen Betriebs- und Operndirektoren, die Arbeitsgruppe der Verwaltungs- und Geschäftsführenden Direktoren sowie in das Plenum.

2.3 Grundgesamtheit der empirischen Erhebungen

- Durch diese Planstellenzahl sind die DOK-Häuser erst in der Lage bestimmte Werke in größerer Anzahl aufzuführen, die an kleineren Häusern aufgrund der geringeren Planstellenzahl nicht oder nur mit zusätzlichem Aufwand (z. B. Einsatz von Aushilfen) gegeben werden können. Die Schwerpunkte des Kernrepertoires liegen daher bei den DOK-Bühnen eher auf den großformatigen Opern und auf Kompositionen von z. B. Strauss, Wagner, Verdi, Puccini. Bei kleineren Häusern liegt der Fokus hingegen eher auf kleinformatigeren Werken wie z. B. Spielopern von Mozart oder Rossini.
- Die meisten DOK-Betriebe arbeiten im Serien- bzw. En Bloc-System, während viele der mittleren und kleinen Häuser nach wie vor am Repertoiresystem festhalten, was sich auch in der Anzahl der Neuinszenierungen niederschlägt, die an mittleren und kleinen Theatern deutlich höher liegt als an den großen Opernhäusern.
- Die Inszenierungen verfügen an den DOK-Institutionen in der Regel über eine deutlich längere Haltbarkeitszeit im Repertoire als an kleineren Institutionen. Dies ist sowohl auf größere Lagerkapazitäten als auch auf wechselnde Sängerbesetzungen zurückzuführen.
- Die meisten Häuser in der DOK arbeiten mit wechselnden Sängerbesetzungen, besetzen ihre Hauptrollen in der Regel mit namhaften Gästen bzw. internationalen Opernstars (neben Sängern auch Regisseure und Dirigenten) und definieren sich vielfach über bekannte Künstlernamen. Anders an kleineren Opernhäusern, an denen fast ausschließlich aus dem eigenen Ensemble heraus besetzt wird und Dirigenten sowie Regisseure häufig ebenfalls festangestellte Mitarbeiter sind. Dies bedingt sich auch dadurch, dass häufig die hohen Gagen an internationale Gäste bei der Stückvielfalt des Repertoires nicht bezahlt werden können.
- Zudem sprechen auch die wirtschaftlichen Grunddaten der DOK-Betriebe (wie z. B. Sitzplatzangebot, Besucherzahlen, Veranstaltungszahlen, Beschäftigtenzahl, Eigenerträge, Personal- und Sachaufwendungen, öffentliche Zuschüsse und sonstige Budgets) für eine Vergleichbarkeit und unterscheiden sich von denen an kleineren Opernhäusern oder sonstigen Mehrspartentheatern.

Vor diesem Hintergrund wird an dieser Stelle auch eine Vergleichbarkeit der Wiederbesucher dieser DOK-Institutionen angenommen, sprich eine Vergleichbarkeit hinsichtlich ihrer Strukturmerkmale, ihres Bindungsverhaltens sowie ihrer Präferenzen, Einstellungen und Meinungen. Zudem wird deutlich, dass sich die Wiederbesucher eines kleinen oder mittleren Stadttheaters aufgrund der unterschiedlichen institutionellen Rahmenbedingungen von denen der großen Opernbühnen in mancherlei Hinsicht unterscheiden und demnach wohl auch über anders gelagerte Wiederbesuchsgründe verfügen werden. Eine Einbeziehung der Wiederbesucher aller 84 öffentlicher Musiktheater in die Grundgesamtheit würde folglich die getroffenen Aussagen aufgrund einer unzureichenden Vergleichsbasis verzerren. Im Rahmen der vorliegenden Untersuchung ist es neben der Problematik einer unzureichenden Vergleichsbasis auch aus forschungspragmatischen, d. h. aus finanziellen, zeitlichen und organisatorischen Gründen nicht möglich, alle öffentlichen Musiktheater in die empirischen Erhebungen mit einzubeziehen und in diesen Institutionen in einem definierten Zeitraum alle Wiederbesucher bzw. eine ausreichend große Stichprobe zu den interessierenden Merkmalen zu befragen. Ausgehend von dieser Bestimmung erstreckt sich die Grundgesamtheit für die empirischen Erhebungen in der vorliegenden Arbeit auf alle Wiederbesucher der elf Opernhäuser in der DOK:

Tabelle 4: Grundgesamtheit der empirischen Erhebungen[27]

Nr.	Opernhaus
1	Deutsche Oper Berlin
2	Deutsche Staatsoper Berlin
3	Komische Oper Berlin
4	Sächsische Staatsoper Dresden
5	Deutsche Oper am Rhein Düsseldorf/Duisburg
6	Oper Frankfurt am Main
7	Hamburgische Staatsoper
8	Oper Köln
9	Oper Leipzig
10	Bayerische Staatsoper München
11	Staatsoper Stuttgart

Als Grundgesamtheit wird bei einer empirischen Untersuchung die Gesamtheit der Untersuchungselemente (hier: Wiederbesucher der elf Opernhäuser in der DOK) bezeichnet, über die bestimmte Aufschlüsse gewonnen werden sollen bzw. auf die sich die Aussagen der Untersuchung beziehen sollen (vgl. Kromrey 2009: 255 und Berekoven et al. 2006: 49 ff.). Danach gelten die Aussagen einer Untersuchung zunächst bestenfalls nur für die Objekte der definierten Grundgesamtheit: gehören bestimmte Elemente nicht zur Grundgesamtheit, kann über diese Objekte nichts gesagt werden (vgl. Raithel 2008: 55). Viele innerhalb der

---

27 Folgende Teilnehmer der DOK werden hingegen nicht in die Grundgesamtheit mit einbezogen, da sich ihr Sitz nicht in Deutschland befindet: Staatsoper Wien und das Opernhaus Zürich, sowie die assoziierten Mitglieder ohne Stimmrecht Opéra National de Paris und Royal Opera House Covent Garden London.

2.4 Ziele von öffentlichen Opernhäusern

empirischen Erhebungen gewonnenen Erkenntnisse werden jedoch in modifizierter Form und auf Basis weitergehender empirischer Erhebungen auch auf die nicht in die Grundgesamtheit einbezogenen Wiederbesucher von öffentlichen Musiktheatern übertragbar sein. Diejenigen Wiederbesucher, die aus der Grundgesamtheit in die empirischen Erhebungen einbezogen werden, bilden die jeweiligen Stichproben (vgl. hierzu Kapitel 5.1.2, 6.1.2 und 6.2.5).

2.4 Ziele von öffentlichen Opernhäusern

Das Zielsystem[28] von öffentlichen Opernhäuser leitet sich im Gegensatz zu privatwirtschaftlichen Unternehmen, bei denen häufig die langfristige Gewinnmaximierung als oberste Zielsetzung verfolgt wird, aus den übergeordneten Zielen der öffentlichen Träger sowie aus den (kultur-)politischen Vorgaben ab (vgl. Schwarzmann 2000: 45). Ausgangspunkt ist daher bei den öffentlichen Opernhäusern niemals der erwartete finanzielle Gewinn, sondern stets ein *öffentlicher bzw. kulturpolitischer Auftrag*[29], der im Allgemeinen durch den jeweiligen Träger vorgegeben wird (vgl. Klein 2004: 135). Im Vordergrund der Arbeit öffentlicher Bühnen steht demnach immer die möglichst optimale Erfüllung ihres jeweiligen kulturpolitischen Auftrages als Organisationszweck (vgl. Klein 2008a: 22)[30]. „Denn nur aus ihm heraus sind sie kulturpolitisch legitimiert und somit von dem Zwang befreit, gewinnorientiert arbeiten zu müssen." (Klein 2008a: 22) Schwierigkeiten treten in der Praxis bei der Interpretation des öffentlichen Auf-

---

28 „Ziele bezeichnen einen in der Zukunft liegenden erwünschten [bzw. erstrebenswerten] Zustand" (Schneck 2003: 1091 zitiert nach Föhl 2010: 48), der zur Handlung auffordert und zugleich eine Begründung der Handlung enthalten kann (vgl. Hoegl 1995: 23). „Jedes Ziel sollte seinem sachlichen Inhalt, seinem angestrebten Ausmaß und seinem zeitlichen Bezug nach eindeutig beschrieben sein. Dazu ist eine Formulierung zu wählen, die eine Messung des Zielerreichungsgrades zulässt." (Hoegl 1995: 23).

29 Unter einem öffentlichen Auftrag ist nach Almstedt „die Übernahme von Aufgaben eines Trägers, auch Auftraggeber genannt, durch den beauftragten öffentlichen Betrieb zu verstehen" (Almstedt 1999: 51). „Dieser Auftrag wiederum ist Ausfluss eines umfangreichen Prozesses, der durch die politische Willensbildung und die Einflussaktivitäten von Bürgern, Parteien, Parlament und Regierung geprägt ist." (Reichard 1987: 36-38 zitiert nach Schwarzmann 2000: 48). Er wird im Regelfall in Errichtungsgesetzen oder Satzungen formuliert und gibt dem Opernbetrieb eine Richtschnur für sein Handeln vor (vgl. Föhl 2010: 53). „Am Grad der Erfüllung des öffentlichen Auftrags misst der Träger den Grad der Aufgabenerfüllung. Die vielfältigen Motive, die Länder und Gemeinden mit (...) öffentlichen Theaterbetrieben verfolgen, finden sich somit im öffentlichen Auftrag wieder." (Almstedt 1999: 51)

30 Heinrichs macht speziell für den Kulturbetrieb darauf aufmerksam, dass Ziele und Zwecke voneinander abgegrenzt werden müssen: „Der Betriebs- bzw. Organisationszweck ist von allgemeinerer Art. Ziele sind sowohl bei der Zieldefinition als auch bei der Aussage zur Zielerreichung konkreter." (Heinrichs 1999: 133).

trags auf, der in der Regel von den jeweiligen Trägern bzw. der Kulturpolitik lediglich relativ allgemein formuliert wird (vgl. Schwarzmann 2000: 48).[31] In diesem Sinne konstatiert auch Hoegl: „Die Intendanten erhalten im gegenwärtigen System praktisch freie Verfügung über den ihnen anvertrauten Musiktheaterbetrieb und sind nur durch sehr allgemeine Formulierungen angehalten, seine ‚künstlerische Leistungsfähigkeit' zu mehren. Es ist damit Aufgabe des Intendanten, den vor allem künstlerisch-konzeptionellen Freiraum auszufüllen." (Hoegl 1995: 23) Als Ursache für diesen hohen Grad an Zielbildungsautonomie wird neben dem Eingriff in die künstlerische Freiheit häufig angeführt, dass öffentliche Opernhäuser Zwecke verfolgen, „die sich auf geistige, kulturelle und gesellschaftliche Werte beziehen und sich damit einer verbindlichen Definition und einer intersubjektiv nachprüfbaren Messung weitgehend entziehen" (Hausmann 2005: 78).

Zur Legitimation der Institution Opernhaus müssen die sich aus dem öffentlichen Auftrag ergebenden Vorgaben im Theater-Zielsystem wieder zu finden sein, und es müssen im Zusammenhang mit der Zweckerfüllung konkrete Ziele verfolgt und erreicht werden (vgl. Almstedt 1999: 51 und Schneidewind 2006: 21). Innerhalb der Literatur finden sich unterschiedliche Kategorisierungen hinsichtlich der inhaltlichen Ausgestaltung des Zielsystems von Kultureinrichtungen. Speziell für den Bereich der öffentlichen Opern und Theater unterscheidet die Mehrzahl der Autoren in der Literatur in Sach- und Formalziele[32]:

---

31 Dies spiegelt sich auch in der Literatur wieder, wo sich eine große Zahl an unterschiedlichen Ansatzpunkten zur Definition des theaterspezifischen öffentlichen Auftrages wiederfindet (vgl. exempl. Bayón-Eder/Burgtorf 1993: 116, KGSt 1989: 23, Klein 2004: 135 und Ossadnik 1987: 277).

32 Vgl. hierzu ausführlich bei Almstedt 1999: 47-55, Föhl 2010: 48-54, Greve 2002: 37-70, Hoegl 1995: 23-29. Die Autoren folgen mit ihrer Unterteilung in Sach- und Formalziele Erich Kosiol, der diese Unterscheidung in die Literatur einführte (vgl. Kosiol 1976 zitiert nach Föhl 2010: 49). Eine leicht abweichende Unterteilung legt die KGSt vor, mit der Unterscheidung von Leistungs- und Finanzzielen im Theaterbetrieb (vgl. KGSt 1989: 26-33 zitiert nach Föhl 2010: 49). Auf Ausführungen zur Erarbeitung, Operationalisierung und Messung von Sach- und Formalzielen wird im Rahmen dieses Kapitels bewusst verzichtet, da es gilt, Ziele öffentlicher Opernhäuser in ihren begrifflichen Grundlagen zu erfassen (vgl. Föhl 2010: 54).

2.4 Ziele von öffentlichen Opernhäusern

Abbildung 1: Zielsystem eines öffentlichen Opernhauses

Organisations-zweck	Erfüllung des kulturpolitischen/öffentlichen Auftrags	
Zielkategorien	Sachziele	Formalziele
Ziele	- Künstlerische Ziele - Nachfrage-/Besucherziele - Soziale und Bildungs-Ziele - Regionale Ziele - Politische Ziele - Finanzziele	- Gemeinwohlorientierung - Rechtmäßigkeit - Wirtschaftlichkeit - Sparsamkeit

Sachziele (auch als Leistungsziele bezeichnet) „beziehen sich auf die Aufgabe von öffentlichen Theatern, eine bestimmte Art und Menge einer spezifischen Leistung, also vor allem das Theaterstück, zu einem festgelegten Zeitpunkt zu produzieren und auf dem Markt anzubieten bzw. zu präsentieren" (Föhl 2010: 49).[33] Sachziele von Opernhäusern lassen sich im Kontext der beschriebenen Leistungserstellung nach Greve in folgende sechs Bereiche unterteilen: künstlerische Ziele, Nachfrage-/Besucherziele, Soziale und Bildungs-Ziele, regionale Ziele, politische Ziele sowie Finanzziele (vgl. Greve 2002: 52-61).

Künstlerische Ziele: Laut Föhl fallen in diesen Zielbereich „neben dem grundsätzlichen Ziel, eine möglichst hohe Qualität der Aufführungen sicherzustellen, u. a. der Innovationsgrad des Opernhauses wie z. B. die Aufführung bislang eher unbekannter Stücke und interessante Kooperationen" (Föhl 2010: 49). Hoegl nennt als vorherrschende künstlerische Ziele ebenfalls eine möglichst hohe Qualität der Aufführungen und Produktionen (sog. performance excellence), die Verpflichtung, den konkreten Bedarf des Publikums nach Musiktheatervorstellungen zu decken, sowie die Pflege eines hinsichtlich der Stilarten hetero-

---

33 Öffentliche Institutionen werden regelmäßig wegen der Sachzielerfüllung gegründet und daher steht das Leistungsangebot bei ihnen meistens auch im Vordergrund (vgl. Greve 2002: 49). Insbesondere die verschiedenen Sachziele werden laut Föhl derzeit „von Kulturpolitikern, Theatervertretern und -verbänden und weiteren Stakeholdern des deutschen Theaterwesens kontrovers diskutiert (z. B. Definition und Messung künstlerischer Ziele)" (Föhl 2010: 48). Diese Diskussionen können in ihren Ausmaßen in dieser Arbeit nicht aufgegriffen werden (vgl. hierzu Burmeister 2005, Schöne 1996 und Wagner 2004a).

genen Repertoires (vgl. Hoegl 1995: 24 f.). Ossadnik sieht das Sachziel öffentlicher Theater darin, „dem Publikum künstlerisch wertvolle Bühnenstücke zu präsentieren" (Ossadnik 1987: 146). Ein Opernhaus muss somit stets den künstlerischen Anspruch wahren und ist in diesem Sinne nach Almstedt „als eine Produktionsstätte zu verstehen, die künstlerisch Wertvolles oder Hochwertiges hervorbringt" (Almstedt 1999: 49). Häufig findet sich zur Charakterisierung der künstlerischen Ziele auch der Begriff der künstlerischen Qualität. „Die Definition und Bewertung bzw. Messung von künstlerischer Qualität und damit verbundener inhaltlicher Ziele ist allerdings schwierig, da es an einer allgemeingültigen, operationalen Definition fehlt (...)." (Föhl 2010: 49)[34] Zudem ist sie durchaus umstritten, da die direkte Vorgabe inhaltlich-künstlerischer Ziele durch die Kulturpolitik die künstlerische Freiheit der Theaterschaffenden gefährden könnte (vgl. Föhl 2010: 49, Greve 2002: 52 und Klein 2007b: 91). Allerdings wird aufgrund der zunehmenden Konkurrenz um öffentliche Gelder verstärkt gefordert, dass die Empfänger öffentlicher Kulturförderung und die Kulturpolitik gemeinsam inhaltliche (und weitere) Leistungsziele vereinbaren, an deren Einhaltung sich beide Seiten messen lassen müssen (vgl. Föhl 2010: 49 und hierzu auch Klein 2007b: 91).

Nachfrage-/Besucherziele: Konzentrierten sich noch bis in die 1990er Jahre hinein viele der öffentlichen Opernhäuser nahezu ausschließlich auf ihre künstlerischen Ziele und die eigene Organisation und fand das Thema Publikum – von Ausnahmen abgesehen – in ihrem Zielsystem wenig Beachtung (vgl. hierzu Kapitel 1.1), so haben insbesondere der gesamtgesellschaftliche Wandel und die damit einhergehenden Herausforderungen (vgl. Kapitel 3.1.1) dazu geführt, dass Nachfrage-/Besucherziele als eine Komponente des Zielsystems in den letzten Jahren zunehmend in den Mittelpunkt der Überlegungen von Verantwortlichen in Opernbetrieben gerückt sind. Zwar überwiegt bei einigen Theaterschaffenden nach wie vor die Auffassung, dass die Berücksichtigung von Nachfrage-/Besucherzielen – konkret die Einbeziehung der Besucher und deren Erwartungen in strategische und operative Überlegungen – die künstlerische Autonomie gefährde und mit einer unbegrenzten Kommerzialisierung gleichzusetzen sei (vgl. Föhl 2010: 50 und Klein 2007b: 97-99). Andererseits wird laut Föhl „ein breiter Diskurs im öffentlichen Kultur-/Theaterbereich über die Notwendigkeit einer verstärkten Besucherorientierung geführt, die eine endgültige Abkehr von der reinen Angebotsorientierung forciert" (Föhl 2010: 50).[35] Vor diesem Hintergrund wird vielen Theaterschaffenden deutlich, dass „ein wie auch immer formu-

---

34 Ergänzend sei auf Boerner verwiesen, die erstmals ein Konzept zur Definition künstlerischer Qualität in Opernhäusern vorgelegt und verschiedene Aspekte zur Messung der künstlerischen Qualität identifiziert hat (vgl. Boerner 2002).
35 Vgl. hierzu exempl. Brauerhoch 2005 und Wagner 2005a.

2.4 Ziele von öffentlichen Opernhäusern

lierter ‚kulturpolitischer Auftrag' nicht nur aus inhaltlichen Gründen verfehlt werden kann, sondern dass er vor allem auch dann nicht erfüllt wird, wenn die anvisierten Zielgruppen nicht oder nur unzulänglich erreicht werden" (Klein 2007b: 63). Für öffentliche Opernhäuser ergibt sich die Bedeutung des Publikums bzw. einer entsprechenden Nachfrageorientierung allein schon aus ihrem Wesen heraus sowie aus ihren verschiedenen Funktionen (vgl. Almstedt 1999: 53). „Denn was auch immer man sich von einem öffentlichen Theater für die Besucher an positiven Wirkungen erwartet, seien sie ästhetischer, bildungspolitischer, [sozialer,] kultureller oder allgemein künstlerischer Art, kann nur stattfinden, wenn es auch Besucher gibt." (Föhl/Lutz 2011: 59) Und je mehr Zuschauer mit dem Opernhaus in Kontakt kommen, je regelmäßiger und langfristiger sie dessen Angebot wahrnehmen, umso besser kann dieses auch seine Funktionen und Ziele sowie die Erwartungen des Trägers erfüllen. „Folgt man den Überlegungen von Umberto Eco in seinem Buch *Das offene Kunstwerk*, so vollendet sich jedes künstlerische Werk aufgrund seiner fundamentalen Ambiguität überhaupt erst in der Rezeption durch den jeweiligen Betrachter." (vgl. Eco 1977 zitiert nach Föhl/Lutz 2011: 59 f.). Max Hermann, Mitbegründer der deutschen Theaterwissenschaft, schreibt in diesem Sinne: „Das Publikum ist als mitspielender Faktor beteiligt. Das Publikum ist sozusagen Schöpfer der Theaterkunst" (Hermann 1981: 19 zitiert nach Schulenburg 2006: 45). „Das Vorhandensein von Publikum ist die Voraussetzung für den Wirkungsprozess des Theaters. Zwischen dem Theaterspiel und dem Publikum besteht eine dialektische Spannung, aus der heraus sich die Theaterhandlung erst ereignet." (vgl. Körner 1992: 761 zitiert nach Almstedt 1999: 53) Neben der Opernproduktion und -aufführung stellt demnach die Anwesenheit eines Publikums ein Wesenselement des Musiktheaters dar (vgl. Beutling 1993: 159 zitiert nach Föhl 2010: 50). Die Publikumsnachfrage bzw. Nachfrageentwicklung berührt zudem die finanzielle Lage eines Opernhauses und dient zunehmend als dessen Legitimationsgrundlage (vgl. hierzu auch bei den Finanzzielen sowie Kapitel 3.1). Die gemachten Ausführungen verdeutlichen, dass ein Opernhaus, das seine Besucher bzw. allgemein die Bevölkerung nicht mehr erreicht, in jeglicher Hinsicht seinen Existenzgrund verliert (vgl. Almstedt 1999: 53). Öffentliche Theater haben somit nicht nur für ein Angebot von Bühnenaufführungen in möglichst hoher Qualität zu sorgen, sondern auch für eine entsprechende Nachfrage nach diesem (vgl. Almstedt 1999: 53).

Soziale und Bildungs-Ziele: Ein Opernhaus „dient als Bildungsstätte und als Ort, an dem Werte und Normen vermittelt werden können" (Föhl 2010: 52, vgl. auch Greve 2002: 57). Häufig wird auch von der moralischen Anstalt oder vom Seismograph gesellschaftlicher Veränderungen gesprochen (vgl. hierzu und im Folgenden Arbeitsgruppe Zukunft von Theater und Oper in Deutschland 2004:

344). Die Oper ist „ein Ort, an dem nach dem Sinn des Lebens, nach Werten und Orientierungen für [die eigene Lebenssituation und] das Zusammenleben gefragt und gesucht wird, an dem das Bewusstsein für gesellschaftliche Probleme und Entwicklungen, politische Konflikte und soziale Missstände geschärft werden kann" (Arbeitsgruppe Zukunft von Theater und Oper in Deutschland 2004: 344). „Die Aufgabe der Theaterarbeit besteht in der Auseinandersetzung mit gesellschaftlich bedingten Krisen- und Mangelzuständen im Hinblick auf eine angestrebte Gesellschaftsordnung." (Harth 1982: 57 f. zitiert nach Almstedt 1999: 67). Entsprechend dem definierten Sozial- und Bildungsziel eines Opernhauses eröffnet sich hier laut Föhl ein weiteres Ziel, „nämlich möglichst vielen Menschen den Zugang zu diesem Angebot der Bildung und Reflexion zu ermöglichen" (Föhl 2010: 52). Die Beschäftigung mit Oper kann positive Auswirkungen auf die Reflexions-, Kreativitäts- und Innovationsfähigkeit sowie den Zusammenhalt und die Weiterentwicklung der Gesellschaft haben, jedoch nur dann, wenn diese über die kleine Gruppe der Vielnutzer des Opernbetriebs hinausgeht (vgl. Mandel 2005a: 13). „Deswegen ist es nicht nur für die Individuen und ihre Lebensqualität, sondern auch für die Entwicklung der Gesellschaft wichtig, dass möglichst viele Menschen in jenen kulturellen Diskurs einbezogen werden, der mit dem Medium der Künste stattfindet" (Deutscher Bundestag 2008: 49). Oper könnte dann nach Mandel für breitere Kreise der Bevölkerung zum Ort der Selbstverwirklichung und zur Teilhabe am gesellschaftlichen Leben werden, einer sozialen Spaltung der Gesellschaft entgegenwirken und zur konstruktiven Mitgestaltung der gesamtgesellschaftlichen Veränderungen auch in der privaten Lebenswelt beitragen (vgl. hierzu und im Folgenden Mandel 2005a: 13). Es geht dabei laut Mandel um eine Generierung von Besuchern für kulturelle Angebote nicht nur als Kultur-Nutzer, sondern auch im Sinne einer Mitgestaltung des kulturellen Lebens gemäß dem Leitbild der Kulturgesellschaft[36], in der die vorhandenen kreativen Ressourcen möglichst breiter Bevölkerungsteile für die Gesellschaft aktiviert bzw. mobilisiert werden. Dies bedeutet, die Anstrengungen von Opernhäusern zur Erhöhung der Nachfrage sind nicht nur auf ohnehin kulturaffine Bevölkerungsgruppen zu richten, sondern es gilt, gezielt auch schwieriger zu erreichende Zielgruppen, die bisher aus dem kulturellen Leben herausfallen bzw. kaum Zugang zum öffentlichen Leben haben, in den Fokus zu nehmen (vgl. Reussner 2010: 68 und Kapitel 3.2.3). Dies gilt gerade auch mit Blick auf das Publikum von morgen und seiner zielgerichteten Entwicklung. Es wird dabei zwar kaum gelingen, alle Menschen gleich stark für eine Teilhabe zu gewinnen, dennoch müssen Opernbetriebe und Kulturpolitik gemeinsam verstärkt versu-

---

36 Das Leitbild der Kulturgesellschaft wurde von Richard Florida in die internationale Debatte eingebracht und in Deutschland u. a. von Adrienne Goehler angeregt (vgl. Florida 2002 und Goehler 2006 zitiert nach Mandel 2008a: 19).

2.4 Ziele von öffentlichen Opernhäusern

chen, Zugangsvoraussetzungen anzugleichen und Möglichkeiten zur individuellen Nutzung zu schaffen (vgl. Weichel 2008: 163).

Regionale Ziele: „Unter regionalen Zielen werden [diejenigen] Ziele zusammengefasst, die auf eine Stärkung der Region durch die Theaterunternehmung abzielen. Dabei geht es zunächst um die Imagepflege der Gemeinde, welche insbesondere wegen mittelbarer ökonomischer Wirkungen von Bedeutung sind." (Greve 2002: 49) „Die Attraktivität und das Image einer (...) Region werden im hohen Maße von ihrer kulturellen Infrastruktur mitbestimmt." (Almstedt 1999: 68) Öffentliche Opernhäuser sind ein wesentlicher Bestandteil kommunaler Kultur bzw. Imageträger einer regionalen Identität und werden häufig als weicher Standortfaktor[37] benannt (vgl. Allmann 1997: 163 zitiert nach Föhl 2010: 52). „In diesem Zusammenhang hat das Theater die Zielstellung, durch eine entsprechende Präsenz und Qualität einen wichtigen Beitrag zur Imagepflege der Gemeinde zu leisten (vgl. KGSt 1989: 27) und diese möglicherweise durch Gastspiele auch überregional zu betreiben." (Föhl 2010: 52 und auch im Folgenden). Zusätzlich kann das öffentliche Opernhaus auch direkte ökonomische Wirkungen für die Region entfalten, z. B. in Form der Umwegrentabilität[38] sowie als Arbeitgeber und Wirtschaftssubjekt (vgl. Föhl 2010: 52). Opern können somit auch als Instrumente der Wirtschaftspolitik angesehen werden, „da sie eine ökonomische Belebung der Region (...) bewirken und letztendlich hierdurch auch die finanziellen Rückflüsse an die öffentlichen Haushalte erhöhen" (Almstedt 1999: 68).

Politische Ziele: Öffentliche Opernhäuser haben laut Föhl in mehrfacher Hinsicht Berührungspunkte mit politischen Zielen und sind bedeutsam als Instrument zu deren Erreichung (vgl. Föhl 2010: 52).[39] „So sind sie selbst Teil politischer Ziele, einerseits hinsichtlich ihrer potenziellen regionalen und sozia-

---

37 Unter weichen Standortfaktoren versteht Föhl Determinanten für die Standortwahl eines Unternehmens und die Anziehungskraft für hochqualifizierte Beschäftigte wie z. B. das Image der Stadt und das lokale/regionale Kultur- und Freizeitangebot (vgl. Föhl 2010: 52). Laut Hausmann hat sich jedoch in verschiedenen empirischen Studien gezeigt, dass die Bedeutung öffentlicher Theater als positiver Standortfaktor (vor allem auch in den Relation zur erforderlichen Bezuschussung durch den Träger) nicht überschätzt werden darf. Erst mit einem Kulturangebot von überregionaler Bedeutung können das Image und die Attraktivität eines Standorts wirksam beeinflusst werden (vgl. Hausmann 2005: 9 f.)

38 „Die Umwegrentabilität beschreibt u. a. den Effekt von öffentlichen [Opernhäusern], wenn sie Gäste zum Besuch einer Region oder Stadt aktivieren und zusätzliche Ausgaben veranlassen (...), die sonst nicht oder in anderen Regionen getätigt worden wären." (Föhl 2010: 52) Hierbei sprechen Heinrichs und Klein von Multiplikatoreffekten, die u. a. zu steuerlichen Mehreinnahmen führen können (vgl. Heinrichs/Klein 2001: 382).

39 Vgl. vertiefend zum Verhältnis von Kulturpolitik und öffentlichen Opernhäusern bei Scheytt 2004.

len Funktionen (...) und anderseits in Bezug auf Wirtschaftlichkeitsziele." (Föhl 2010: 52 f., vgl. ausführlich Greve 2002: 58 f.)
Finanzziele: Das in den letzten Jahren gestiegene Interesse am Publikum bzw. an Nachfrage-/ Besucherzielen ist auch aus dem Wunsch bzw. der Notwendigkeit zur Erhöhung der Eigeneinahmen von Opernhäusern zu erklären, was in einem begrenzten Umfang auch durch die Steigerung der Besuchszahlen erreicht werden kann (vgl. Kapitel 3.1.1). Dieses Ansinnen ist laut Föhl allerdings nur eines von vielen Finanzzielen, die ein öffentliches Opernhaus verfolgen kann (vgl. Föhl 2010: 51). Grundsätzlich sind unter Finanzzielen alle Aussagen darüber zu verstehen, in welcher Höhe und aus welchen Quellen das Opernhaus finanzielle Ressourcen erwirtschaften soll (vgl. Greve 2002: 59). „Die Erreichung von Finanzzielen dient bei öffentlichen [Opernhäusern] vornehmlich zur Einhaltung der Leistungsfähigkeit für die Erfüllung anderer Sachziele. Das Finanzziel hat damit einen unterstützenden Charakter zur Erfüllung von Sachzielen und wird selbst als Sachziel angesehen." (Greve 2002: 59)

Neben den beschriebenen Sachzielen, haben öffentliche Opernhäuser auch *Formalziele* (auch als Lenkungs-, Effizienz- und monetäre Ziele bezeichnet) zu berücksichtigen. Sie beschreiben im Gegensatz zu den Sachzielen überwiegend keinen zu erreichenden Endzustand, sondern geben an, in welcher Weise die Sachziele erreicht werden sollen (vgl. Greve 2002: 49, Hoegl 1995: 26 und Föhl 2010: 53).[40] Für öffentliche Opernhäuser lassen sich im Wesentlichen Gemeinwohlorientierung, Rechtmäßigkeit, Wirtschaftlichkeit und Sparsamkeit als formale Zielbereiche anführen.

Gemeinwohlorientierung: Die Leistungen von öffentlichen Opernhäusern zählen zu den sog. meritorischen Gütern[41] und müssen demnach im Sinne einer Gemeinwohlorientierung ihrem vorgegebenen öffentlichen Auftrag gerecht werden (vgl. Almstedt 1999: 51 und Föhl 2010: 53). Öffentlich geförderte Opernhäuser sind daher gehalten, sich in ihrer inhaltlichen Ausrichtung von nicht-

---

40 Formalziele stehen bei Opernhäusern, die einen öffentlichen Auftrag zu erfüllen haben, in der Regel hinter den Sachzielen zurück. Eine absolute Dominanz der Sachziele gegenüber den Formalzielen ist aber nicht zu befürworten, denn auch öffentliche Opernbetriebe sind zur sparsamen und wirtschaftlichen Mittelverwendung der stets nur beschränkt verfügbaren Mittel verpflichtet und unterliegen besonderen Anforderungen an die Rechtmäßigkeit ihres Handelns (vgl. Greve 2002: 50 und Schwarzmann 2000: 45).

41 Meritorische Güter bedürfen der besonderen Förderung des Staates, da wenn die Versorgung mit diesen Gütern den Marktkräften allein überlassen würde, unerwünschte Ergebnisse erzielt werden bzw. der Markt die Versorgungsaufgabe nicht zu akzeptablen Bedingungen leisten kann (sog. Marktversagen; vgl. Brede 2005: 13-17 zitiert nach Föhl 2010: 53). „Ebenso werden verschiedene meritorische Güter vom Staat zur Verfügung gestellt, da er aufgrund verzerrter Präferenzen der Bürger vermuten muss, dass diese Güter nicht ausreichend nachgefragt werden, wie dies für einen gesellschaftlich wünschenswerten Versorgungsgrad notwendig wäre (...)." (Föhl 2010: 53, vgl. hierzu auch Heinrichs/Klein 2001: 275 f.)

2.4 Ziele von öffentlichen Opernhäusern

meritorischen Güterproduzenten zu unterscheiden und ihre Gemeinwohlorientierung deutlich und messbar zu definieren (vgl. Föhl 2010: 53).

Rechtmäßigkeit: Jede Tätigkeit eines öffentlichen Opernhauses muss in jeder Beziehung geltendem Recht entsprechen (vgl. hierzu und im Folgenden Greve 2002: 64 und Föhl 2010: 53): Bezogen auf den Bereich der Haushaltsführung, verstößt so z. B. eine Überschreitung der Ausgaben über die im Haushalts- oder Wirtschaftsplan vorgesehene Höhe gegen das Gebot der Rechtmäßigkeit, da für öffentliche Einrichtungen die Haushaltsordnung Gültigkeit besitzt, welche eine externe Kontrolle der Rechtmäßigkeit über die Verwendung von öffentlichen Finanzmitteln ermöglicht.

Wirtschaftlichkeit: Öffentliche Opernhäuser sind generell dazu verpflichtet, die ihnen zur Verfügung gestellten Mittel wirtschaftlich zur Erreichung ihrer Sachziele einzusetzen (vgl. Almstedt 1999: 54 und Föhl 2010: 54). Dies schreibt u. a. das Haushaltsgrundsätzegesetz (HGrG) vor und wird auch in der Literatur vielfach gefordert. Das Formalziel der Wirtschaftlichkeit ist dabei wertmäßiger Ausdruck des sog. ökonomischen Prinzips, das sich in ein Maximal- und Minimalprinzip unterteilen lässt (vgl. hierzu und im Folgenden Schneidewind 2006: 197 f.). Damit wird im Sinne einer Zweck-Mittel-Relation ausgedrückt, dass mit vorgegebenen Ressourcen möglichst viel erzielt werden soll (Maximalprinzip) oder ein vorgegebenes Ziel mit möglichst geringem Mitteleinsatz erreicht werden soll (Minimalprinzip) (vgl. Greve 2002: 49). Aufgrund der meist starren Bindung an wenig veränderbare Haushaltsansätze scheint laut Hoegl die Orientierung am Maximalprinzip für öffentliche Opernhäuser adäquat (vgl. Hoegl 1995: 26 und Föhl 2010: 54). Dies bedeutet, „dass mit den vorhandenen Mitteln eine möglichst wirtschaftliche Realisierung von Sachziele zu erfolgen hat" (Föhl 2010: 53). Laut Almstedt bedeutet das Handeln nach dem Wirtschaftlichkeitsprinzip eine Nichtverschwendung von Ressourcen: „Dieses impliziert für das Theater einen zielgerichteten und koordinierten Einsatz aller Einsatzfaktoren, die für die Erstellung von Inszenierungen und Aufführungen notwendig sind." (Almstedt 1999: 55)

Sparsamkeit: „Das Prinzip der Sparsamkeit knüpft an das Wirtschaftlichkeitsprinzip an." (Föhl 2010: 54 und auch im Folgenden). Es bezieht sich vornehmlich auf das Ausgabeverhalten eines Opernhauses und soll unwirtschaftliches Verhalten vermeiden. „Sparsamkeit heißt, [dass das Opernhaus] bei der Erfüllung von Aufgaben Zurückhaltung übt, d. h. nur solche Aufgaben ausführt, zu denen [es] verpflichtet ist" (Greve 2002: 63), um die öffentlichen Zuwendungen auf das für die Zielerreichung erforderliche Maß zu beschränken. „Zu prüfen ist dabei auch, ob den Zielvorstellungen nicht auch durch andere Maßnahmen mit geringerer finanzieller Belastung für die öffentliche Hand nachgekommen werden kann." (Greve 2002: 63)

Die vorherigen Ausführungen haben die Bandbreite der Ziele für öffentliche Opernhäuser veranschaulicht. Deutlich wird, dass die Ziele häufig miteinander in interdependenten Beziehungen stehen, die sich auch in Zielkonflikten auswirken können (vgl. Föhl 2010: 54). Darüber hinaus sollte die Relevanz der aufgeführten Ziele für diese Arbeit dargelegt werden. Durch die Ausführungen wird deutlich, dass Besucherorientierung und Besucherbindung keinen Selbstzweck darstellen, sondern wesentlich zur Erreichung der Sach- und Formalziele (insbesondere Nachfrage-/Besucherziele, Soziale und Bildungs-Ziele, Regionale Ziele, Gemeinwohlorientierung und Finanzziele) und in Folge zur Erfüllung des kulturpolitischen/ öffentlichen Auftrags von Opernhäusern beitragen können.

2.5 Stakeholder von öffentlichen Opernhäusern

Im Interesse der Eindeutigkeit der weiteren Ausführungen erscheint es notwendig, die beiden Begrifflichkeiten Kunde und Besucher näher zu beleuchten. Nach Peter wird ein Kunde als „tatsächliche, im weiteren Sinne auch als potenzielle Partei auf der Nachfrageseite eines Marktes definiert, die aus einer Einzelperson, einer Institution oder einer Organisation mit mehreren Entscheidungsträgern bestehen kann" (Peter 1999: 7). „Aus der Sicht der Marketingtheorie sind Besucher nicht zwingend die einzigen Kunden des Theaters." (Schulenburg 2006: 34) So gibt es eine Reihe von weiteren einflussreichen Gruppen (z. B. rechtlicher Träger, (Kultur-)Politik, Sponsoren, Medien, Mitarbeiter), die in ihren jeweiligen Austauschbeziehungen zum Opernhaus ebenfalls als Kunden bezeichnet werden können (vgl. hierzu und im Folgenden Schulenburg 2006: 33 f.). Legt man folglich ein umfassendes Marketingverständnis zugrunde, so lässt sich der Kundenbegriff laut Schulenburg neben den Besuchern als originäre Kunden eines Opernhauses auch auf andere interne und externe Personengruppen ausweiten, die für den Erfolg einer Organisation bedeutsam sind. In der Literatur werden die unterschiedlichen Kunden eines Kulturbetriebes auch als *Stakeholder* bezeichnet.[42] „Stakeholder ist, wer auf die Entscheidungen einer Organisation in irgendeiner Art und Weise Einfluss nehmen kann oder selbst durch die Verfolgung der Organisationsziele betroffen ist." (Freeman 1984 zitiert nach Schulenburg 2006: 35).[43] Jede Organisation hat ihre eigenen Stakeholder. Die Definition dieser

---

42 Vgl. zum Stakeholder-Ansatz exempl. bei Freeman 1984, Günter/Hausmann 2009: 12 f., Klein 2005a: 15 ff., Klein 2008d: 535, Mitchell et al. 1997 und Schulenburg 2006.
43 Für den Begriff Stakeholder findet sich keine adäquate Übersetzung ins Deutsche. Auch ein alle Aspekte des Begriffs umfassender Ausdruck deutschen Ursprungs existiert in der Literatur nicht. *To have a stake* kann laut Klein mit ‚interessiert sein, Anteil haben' übersetzt werden. Stakeholder können daher auch als die Interessenten- oder Anspruchsgruppen einer Organisation bezeichnet werden (vgl. Klein 2005a: 17 und Hausmann 2005: 13).

2.5 Stakeholder von öffentlichen Opernhäusern

Bezugsgruppen ist damit immer abhängig vom Unternehmenstyp und Organisationszweck, aber auch vom spezifischen Kontext (vgl. Schulenburg 2006: 35). Die vielfältigen Interessengruppen eines öffentlichen Opernhauses verdeutlicht beispielhaft Abbildung 2. Sie lassen sich nach Klein entsprechend ihrer Funktion in fünf unterschiedliche Kategorien einteilen (hierzu und im Folgenden Klein 2008d: 535):

1. Zu den *Input-Gruppen* zählen alle jene Stakeholder, die dem Opernhaus Ressourcen zur Verfügung stellen, wie z. B. Lieferanten aus der Wirtschaft, Sponsoren, Förderer.
2. Inputorientiert sind ebenfalls die *regulierenden Organe*, die Verhaltensregeln festlegen und Einfluss auf deren Durchsetzung nehmen. Hierzu zählen z. B. die Träger von Opernhäusern und allgemein die Kulturpolitik, aber auch die verschiedenen Berufsverbände und Gewerkschaften wie der Deutsche Bühnenverein (DBV), die Genossenschaft deutscher Bühnenangehöriger (GdBA), die Vereinigung deutscher Opernchöre und Bühnentänzer (VdO), die Deutsche Orchestervereinigung (DOV) und ver.di.
3. Die *internen Gruppen* bzw. Mitarbeiter sind dagegen outputorientiert, sie sind für die Leistungserstellung, also die verschiedenen Produkte des Opernhauses, verantwortlich.
4. Der Output, d. h. die von den internen Gruppen erstellte Leistung, wird den Abnehmergruppen mit Hilfe von *Übermittlergruppen* zugeführt. Hierzu zählen Abonnenten- und Besucherorganisationen.
5. Unter die *Abnehmergruppen* fallen alle jene, die die erstellten Leistungen nachfragen: vor allem also die Besucher. Hierzu zählen aber auch alle allgemeinen Interessengruppen, die von der Leistung zwar betroffen sind, diese aber nicht direkt nachfragen, wie z. B. der Fremdenverkehr und die Medien.

Der Stakeholder-Ansatz umfasst allerdings mehr als die bloße Identifikation der Einflussgruppen. Das Konzept geht davon aus, dass eine Organisation immer dann erfolgreich ist, wenn es dem Management gelingt, die Ansprüche und Interessen der verschiedenen Stakeholder gegeneinander abzuwägen und für die eigenen Ziele zu nutzen (vgl. Schulenburg 2006: 35). Übertragen auf ein öffentliches Opernhaus bedeutet dies, dass es dann seinen Fortbestand sichern kann, wenn es gelingt, alle relevanten Einflussgruppen zu identifizieren, ihre Ansprüche zu erkennen, zu gewichten und entsprechende Strategien und Maßnahmen zum Umgang mit diesen Gruppen zu entwickeln (vgl. Schulenburg 2006: 36).

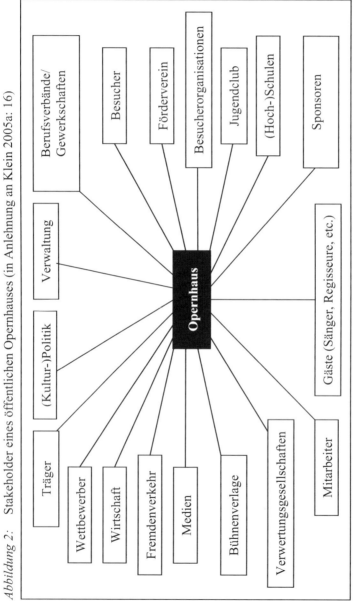

Abbildung 2: Stakeholder eines öffentlichen Opernhauses (in Anlehnung an Klein 2005a: 16)

2.5 Stakeholder von öffentlichen Opernhäusern

Während sich das Konzept des Theatermarketings mit allen internen und externen Beziehungen eines Opernhauses zu seinen verschiedenen Stakeholdern befasst (vgl. Kapitel 3.2.2), fokussiert sich die vorliegende Arbeit ausschließlich auf die Besucher dieser Institution. Die Gestaltung der Beziehungen zu anderen Partnern bzw. Stakeholdern und gesellschaftlichen Anspruchsgruppen eines öffentlichen Opernhauses ist folglich nicht Gegenstand der weiteren Ausführungen. Die Besucher sind eine wesentliche, wenn nicht sogar die wichtigste Kundengruppe eines öffentlichen Opernhauses (vgl. Abfalter 2010: 106). „Sie sind für das Theater als kulturellen *Betrieb* ebenso wichtig wie für das Theater als *Kultur*betrieb." (Schulenburg 2006: 48) Sie sind es, die durch ihre Besucherzahlen eine weitere Förderung des Opernhauses aus öffentlichen Mitteln legitimieren, die finanzielle Unterstützung durch Sponsoren und Mäzene rechtfertigen und durch den Verzicht auf alternative Veranstaltungen die Stärke eines Opernhauses gegenüber seinen Konkurrenten manifestieren (vgl. hierzu und im Folgenden Schulenburg 2006: 47 f.). Durch ihren regelmäßigen Besuch sorgen sie zudem dafür, dass ein Opernhaus auch seine gesellschaftliche Funktion, kulturelle Werke und Inhalte an viele Menschen zu vermitteln, wirksam erfüllen kann. Und auch für den künstlerischen Prozess sind Besucher unverzichtbar: Ohne ihr Zutun kann Oper nicht geschehen (vgl. Kapitel 2.4 und 3.1.2). Unter dem Gesichtspunkt des Verwendungsstatus bzw. der Verwendungsrate lassen sich nach Klein fünf Besuchergruppen von Opernhäusern unterscheiden (vgl. hierzu und zu den folgenden Ausführungen ausführlich Klein 2002, Klein 2005a: 149 ff. und Klein 2008a: 65 ff.):

1. *Kulturferne Nicht-Besucher*: Unter Nicht-Besucher werden laut Klein all jene Personen verstanden, die nie Kultur- bzw. Opernangebote nachfragen und sich hierfür auch nicht interessieren. Diese Gruppe ist heute mit über 50% in der Bevölkerung nach wie vor recht groß (vgl. Klein 2008a: 67)[44], zumal die große Gruppe der Migranten mit ihren kulturellen Traditionen, Werten und künstlerischen Ausdrucksformen durch die Einrichtungen der Hochkultur so gut wie gar nicht repräsentiert werden (vgl. Sievers 2005: 48).[45] Vor diesem Hintergrund kann konstatiert werden, dass dem wachsenden Bedarf, Opernhäuser mit Publikum zu füllen, die Erfahrung gegenüber

---

44 Aus einer empirischen Bevölkerungsuntersuchung von Reuband geht für den Opernbereich hervor, dass sich die Gruppe an Personen, die von sich sagt, sie würde nie Opernaufführungen besuchen und daher wohl auch kaum für Opernbesuche mobilisierbar ist, je nach Stadt auf Werte zwischen 29% und 44% in der Bevölkerung beläuft (vgl. Reuband 2002).

45 Allerdings sind die Nicht-Besucher laut Klein nur zu einem geringen Teil völlig inaktiv (wie z. B. sehr häufig ältere, isoliert lebende Menschen), sondern durchaus aktiv engagiert in Vereinen, beim Sport, als Nachfrager von Wellness-Angeboten oder in sonstigen gesellschaftlichen Aktivitäten – aber eben nicht auf dem Sektor von Kunst und Kultur (vgl. Klein 2005c: 388).

steht, dass kulturelles Interesse kein unbegrenzt verfügbares Gut ist, sondern eine knappe Ressource (vgl. auch Kapitel 3.1.1).
2. *Noch-Nicht-Besucher bzw. potenzielle Besucher*: Hierunter werden nach Klein all diejenigen Personen verstanden, die zwar im Gegensatz zu strikten Nicht-Besuchern über eine grundsätzliche Kulturaffinität verfügen und demnach die Möglichkeit bzw. ein Interesse daran haben, die von einem Opernhaus angebotenen Leistungen nachzufragen, diese Angebote aber bisher nicht in Anspruch nehmen oder durch bestimmte Zugangsbarrieren bzw. Hürden an einem Gebrauch gehindert werden (vgl. Klein 2008a: 75). Zwischen der nach wie vor kleinen Gruppe der Vielnutzer auf der einen Seite und der sehr großen Gruppe von nur schwer erreichbaren kulturfernen Nicht-Besuchern auf der anderen Seite, besteht für Opernhäuser demnach ein relativ großes und bislang noch nicht voll ausgeschöpftes Potenzial an neuen Zielgruppen, die über geeignete Maßnahmen und eine entsprechende Ansprache gewonnen werden können (vgl. Klein 2008a: 72).
3. *Erstbesucher*: Entscheidet sich der potenzielle Besucher zu einem erstmaligen Besuch des Opernhauses, da er das Angebot für vielversprechend hält – sprich besteht ein konkreter Besuchervorteil –, so wird aus ihm ein Erstbesucher (vgl. hierzu Klein 2005a: 156 f.).
4. *Wiederbesucher*: „Hierunter sind all jene zu verstehen, die mit [einem Opernhaus] mehr oder weniger regelmäßig in Kontakt treten, sei es, dass sie (…) Stammbesucher sind, sei es, dass sie nur gelegentlich kommen bzw. die sog. Laufkundschaft bilden." (Klein 2005a: 157). Insgesamt muss davon ausgegangen werden, dass nur ein kleiner Bevölkerungsanteil zu den tatsächlichen Kernnutzern des öffentlichen Kulturangebotes zählt, der sich ausdrücklich für den Bereich Kultur interessiert und Angebote sehr intensiv nachfragt. Der Anteil dieser Stammnutzergruppen, die sich in der Kulturszene häufig oder regelmäßig engagieren, liegt, unterschiedlich nach Kultursparten, lediglich zwischen 5 und 10% der deutschen Bevölkerung (vgl. Keuchel 2005a: 112 und Klein 2008a: 67). Die Gruppe von Personen, die kulturelle und künstlerische Angebote nur gelegentlich bzw. sporadisch nachfragt, liegt hingegen im Bereich von 35 bis 40% der deutschen Bevölkerung (vgl. Klein 2008a: 67).[46] Gestützt werden diese Aussagen für den Bereich von Oper und Theater durch einige empirische Publikumsstudien, die aufzeigen, dass ein Großteil der Besuche von Theater und Oper auf einen relativ kleinen und zudem schrumpfenden Kreis besonders operninteressierter Stammbesucher in der Bevölkerung zurückgeführt werden

---

46 Keuchel geht sogar von einem Anteil von knapp zwei Dritteln der Bevölkerung aus, der im Sinne eines breiten Kulturbegriffs für kulturelle Angebote erreichbar ist und diese zumindest punktuell nutzt (vgl. Keuchel 2005a: 112).

kann, während sich der Anteil der gelegentlichen bzw. sporadischen Nutzer zunehmend erhöht (vgl. hierzu und im Folgenden Föhl/Lutz 2011: 82 f.): So stellt z. B. Wiesand in seiner Studie fest, dass sich die maximale Reichweite von Konzerten der E-Musik und Musiktheater in der Bevölkerung in den letzten zehn Jahren vergrößert hat (vgl. Wiesand 1995). Er merkt allerdings an, dass hierbei speziell für die Stammbesucher und Abonnenten eine negative Entwicklung beobachtet werden kann. Demnach betrug der Anteil der häufigen Opernbesucher im Jahr 1994 lediglich 4% der deutschen Bevölkerung und hat im Vergleich zu 20 Jahren vorher geringfügig abgenommen. Wohingegen sich der Anteil der gelegentlichen Nutzer im gleichen Zeitraum von 16 auf 30% deutlich erhöht hat. Auch aus einer Untersuchung von Reuband geht hervor, dass der Anteil derer, die häufig die Oper besuchen, relativ klein und die Zahl der sporadischen und seltenen Besucher weitaus größer ist (vgl. Reuband 2002). Eckhardt et al. sprechen in ihrer Untersuchung von Besucherpotenzialen und identifizieren neben einem weiten (etwa jährlichen) Potenzial, ein enges (etwa monatliches) Potenzial, welches aus häufigen oder regelmäßigen Konzert- und Opernbesucherschaften besteht (vgl. Eckhardt et al. 2006). Auch hier zeigt sich, dass der Anteil der Stammbesucher in der Bevölkerung (enges Potenzial) mit 6% relativ klein und die Zahl der sporadischen Besucher (weites Potenzial) mit 38% weitaus größer ist. Über die Fragestellung, welches Besuchsverhalten eine Person zum häufigen bzw. regelmäßigen Besucher macht, bestehen in der Publikumsforschung unterschiedliche Auffassungen. Während etwa Insel, Robinson sowie Berger von häufigen bzw. stärker interessierten Besuchern sprechen, wenn diese dreimal oder häufiger pro Jahr das Theater aufsuchen, vergeben Wiesand sowie Gerdes dieses Prädikat erst ab vier, Wiesand und Fohrbeck erst ab fünf und Henrichsmeyer et al. bzw. Staatliche Pressestelle Hamburg erst ab sechs Besuchen pro Jahr.[47] Einig sind sich die genannten Autoren hingegen im Prinzip darin, dass, wer die Bühnen ein- bis zweimal pro Jahr aufsucht, zu den seltenen Theatergängern zählt. Von diesen lediglich die häufigen Besucher abzugrenzen, erscheint Martin allerdings zu undifferenziert (vgl. hierzu und im Folgenden Martin 1999: 144): Sie unterscheidet daher zunächst zwischen Nicht-Besuchern, seltenen Besuchern (ein bis zwei Besuche pro Jahr), häufigen Besuchern (drei bis vier Besuche pro Jahr) und regelmäßigen Besuchern (mehr als vier Besuche pro Jahr) und differenziert diese Einordnung im Laufe ihrer Untersuchungen weiter in fünf Besuchergruppen. Als seltener Besucher gilt nach Martin, wer maximal zweimal im Jahr Angebote der darstellenden Kunst nutzt. Die Kontrast-

---

47 Vgl. Insel 1992, Robinson 1986, Berger 1977, Wiesand 1995, Gerdes 2000, Wiesand/Fohrbeck 1975, Henrichsmeyer et al. 1989 und Staatliche Pressestelle Hamburg 1977.

gruppe bilden die Enthusiasten die man öfter als einmal pro Monat in einer Spielstätte findet. Dazwischen bewegen sich die quartalsweisen Besucher (drei bis vier Besuche pro Jahr), die Besucher im Zwei-Monats-Rhythmus (fünf bis sechs Besuche pro Jahr) sowie die monatlichen Besucher (sieben bis zwölf Besuche pro Jahr), deren Benennung sich jeweils an der maximalen Besuchshäufigkeit orientiert.

5. *Nicht-Mehr-Besucher*: Hierunter fallen alle Besucher, die irgendwann einmal mit einem Opernhaus in Verbindung standen und dessen Angebote in irgendeiner Form nachgefragt haben (vgl. hierzu und im Folgenden Klein 2002: 14, Klein 2005a: 152-155 und Klein 2008a: 72-75). Entscheidend ist, dass sie nun auf Grund äußerer Bedingungen (z. B. Wohnortwechsel, Alter), expliziter organisatorischer Bestimmungen oder negativer Erfahrungen mit dem Opernhaus (z. B. Unzufriedenheit) dessen Angebote nicht mehr nachfragen. Hierzu zählen aber auch all jene Besucher die im Guten vom Opernhaus geschieden sind (z. B. aufgrund veränderter Lebensbedingungen wie Familiengründung oder starker beruflicher Belastung).

Da der Schwerpunkt der Betrachtung der vorliegenden Arbeit auf diejenigen Personen gelegt ist, die ein und dasselbe Opernhaus mehrfach bzw. wiederholt besuchen, wird bei den folgenden Ausführungen die Gruppe der *Wiederbesucher* in den Vordergrund gestellt. Die Gestaltung der Beziehungen zu den anderen vier Besuchergruppen von öffentlichen Opernhäusern ist hingegen nicht Schwerpunkt der weiteren Ausführungen.

3 Grundlagen der Besucherbindung

3.1 Besucherbindung im Kontext der gegenwärtigen Herausforderungen

3.1.1 Auslöser einer zunehmenden Relevanz von Besucherbindung

Es existieren zahlreiche Publikationen, die sich mit den gegenwärtigen Herausforderungen und Umwälzungen im öffentlichen Kultur- und Theaterbetrieb auseinandersetzen (vgl. für einen Überblick Föhl 2010: 83). Mit Verweis auf diese Publikationen und die Ausführungen in Kapitel 2.2 zur aktuellen Situation der öffentlichen Musiktheater werden im Folgenden die zentralen Auslöser einer zunehmenden Relevanz von Besucherbindung im Kontext der gegenwärtigen Herausforderungen öffentlicher Opernhäuser überblicksartig vorgestellt (vgl. hierzu und im Folgenden insbesondere auch Föhl 2010: 83 ff. und Föhl/Lutz 2011: 55 ff):

Tabelle 5: Zentrale Auslöser einer zunehmenden Relevanz von Besucherbindung

1.	Kontinuierliche Verschlechterung der Finanzsituation der öffentlichen Träger und kostenintensive Struktur der Musiktheaterbetriebe
2.	Immer stärker werdender Legitimationszwang der öffentlichen Zuschüsse
3.	Bedeutungsverlust des (Musik-)Theaters in der postmodernen Gesellschaft
4.	Diversifikation und Erosion des Bildungsbürgertums
5.	Zunehmend kompetitives Wettbewerbsumfeld: Rückläufige oder stagnierende Besuchszahlen
6.	Überalterung des Opernpublikums
7.	Intensivierte und differenzierte Kulturnachfrage, aber keine angemessene Vermehrung der Nutzer
8.	Veränderung in der Struktur und im Verhalten des Publikums
9.	Mangelnde Erfolgswirksamkeit der traditionellen Bindungsformen

„Die öffentlichen Theater in Deutschland waren in ihrer langen Tradition immer wieder zentralen Herausforderungen ausgesetzt." (Föhl 2010: 84) Dazu zählten im vergangenen Jahrhundert eine Vielzahl finanzieller Einschnitte im Kontext politischer und marktwirtschaftlicher Umwälzungen sowie inhaltliche bzw. konzeptionelle Auseinandersetzungen, die u. a. einen Höhepunkt in der Mitbestimmungsdebatte zu Beginn der 1970er fanden (vgl. Föhl 2010: 84). Die öffentlichen Bühnen stehen allerdings seit einigen Jahren vor einer grundlegend neuen Situation. So vollziehen sich seit zwei Jahrzehnten tiefgreifende und weitreichende gesellschaftliche Veränderungsprozesse, die traditionelle Institutionen und Einrichtungen verändern, vertraute Gewissheiten auflösen und den Wohlfahrtsstaat alten Musters zunehmend obsolet werden lassen (vgl. Wagner/Zimmer 1997: 11). „Neben den immensen Transferleistungen im Rahmen der deutschen Wiedervereinigung und den – teilweise daraus resultierenden – zunehmenden Schwierigkeiten bei der Finanzierung der sozialen Sicherungssysteme (vgl. Butterwegge 2006: 125 ff.) sind hier unter anderem die Auswirkungen der Globalisierung (vgl. ausführlich Fäßler 2007), des demografischen Wandels (vgl. ausführlich Deutscher Bundestag 2002 und 2008) und der bürokratische Aufbau der öffentlichen Gebietskörperschaften selbst (vgl. exempl. Blanke 2005) zu nennen. Gemeinsam schränken diese – in interdependenten Beziehungen stehenden – Faktoren die monetäre Bewegungsfreiheit des Wohlfahrtsstaates zunehmend ein und implizieren einen radikalen Systemwandel." (Föhl/Lutz 2011: 56) All diese Entwicklungen werfen neue Probleme für Staat und Gesellschaft auf und lassen auch öffentliche Opernhäuser nicht unberührt, weder in finanzieller noch in konzeptioneller Hinsicht (vgl. Föhl/Lutz 2011: 56 und ausführlich Burmeister 2005, Kulturpolitische Mitteilungen 1995 und 2004, Wagner 2004a).[48]

Im Zuge dieser Entwicklungen hat sich auch die Finanzsituation der öffentlichen Kulturträger, insbesondere der Gemeinden, seit den 1990er Jahren kontinuierlich verschlechtert, womit auch die Sparzwänge der Kuturetats zunahmen (vgl. Lausberg/Notz 2010: 1 und Schneider 2004: 51).[49] Zu den schwierigen finanziellen Rahmenbedingungen kommt die kostenintensive Struktur der Musiktheaterbetriebe erschwerend hinzu. Die öffentlichen Theater sind sehr personalintensive Einrichtungen (vgl. Kapitel 2.2), was sich hauptsächlich darauf zurückführen lässt, dass sie einerseits im Rahmen ihres Repertoire- oder En Bloc-Systems ein wechselndes Programm anbieten und andererseits die Ausstat-

---

48 Diese Entwicklungen dürften u. a. durch die Auswirkungen der aktuellen Wirtschafts-, Banken- und Finanzkrise und der im Grundgesetz normierten Schuldenbremse in den kommenden Jahren noch verstärkt werden.

49 Da die Gemeinden als Hauptträger von öffentlichen Musiktheatern (vgl. Kapitel 2.2) aufgrund eines ansteigenden Kommunalisierungsgrads durch sinkende Steuereinnahmen und steigende Kosten belastet werden, ist der öffentliche Opernbetrieb als sog. freiwillige Aufgabe von diesen Entwicklungen besonders intensiv berührt (vgl. Föhl 2010: 36). Insbesondere, da Theater den größten Teil öffentlicher Kulturausgaben benötigen und bei diesen wiederum die Aufwendungen für das Musiktheater an erster Stelle stehen (vgl. Jacobshagen 2010: 3).

3.1 Besucherbindung im Kontext der gegenwärtigen Herausforderungen 83

tung für Neuproduktionen selbst herstellen (vgl. Föhl 2010: 86 und Röper 2001: 249). „Eine Reduzierung der hohen Personalausgaben ist unter Fortschreibung der bestehenden Rahmenbedingungen [allerdings] nur schwer möglich. Während in anderen Branchen durch technologischen Fortschritt höhere Produktivitätsraten erzielt werden können, bleibt die Produktivität der vorwiegend handwerklichen und personalintensiven Arbeit in den künstlerischen Bereichen gleich – bei tarifbedingt steigenden Personalausgaben (sog. Baumolsche Kostenkrankheit; vgl. Baumol/ Bowen 1966)." (Föhl/Lutz 2011: 56) Die sich öffnende Schere zwischen annähernd gleich bleibender Produktivität im Opernbetrieb und steigenden Lohnkosten kann nur durch steigende Eigeneinnahmen oder durch entsprechend wachsende öffentliche Zuschüsse geschlossen werden (vgl. Klein 2007b: 28 f. und Föhl/Lutz 2011: 56). Seit den 1990er Jahren besteht allerdings aufgrund der verschärften Finanzsituation seitens der Träger eine Tendenz, die finanziellen Mittel für Opernhäuser vor allem auf dem bisherigen Niveau festzuschreiben, nur noch geringfügig zu erhöhen oder sogar zu kürzen (vgl. hierzu und im Folgenden Föhl/Lutz 2011: 56). Vielerorts stehen demnach den kontinuierlichen Kostensteigerungen der Musiktheater keine entsprechend höheren öffentlichen Zuwendungen mehr gegenüber, wodurch die finanzielle Situation einiger Betriebe angespannt ist. Aufgrund dieser ökonomischen Bedingungen haben viele Bühnen in den letzten Jahren durch Sparmaßnahmen und ein effizientes Management bestehende Rationalisierungsspielräume genutzt (vgl. Jacobshagen 2010: 3).[50] Gleichzeitig haben „die Debatten um fehlende, zu geringe oder gekürzte Kulturmittel (…) zwangsläufig auch das Augenmerk auf eine Steigerung der Eigeneinnahmen der Theater- und Operninstitutionen gelenkt, was in einem begrenzten Umfang auch durch die Steigerung der Besuchszahlen erreicht werden kann" (Föhl/Lutz 2011: 56). Zwar ist es illusorisch anzunehmen, die Finanzierungslücke könnte allein mit Eigeneinnahmen geschlossen werden,[51] dennoch sollten alle geeigneten Möglichkeiten – insbesondere die Aufrechterhal-

---

50 In diesem Rahmen musste von den Betrieben auch kontinuierlich ständig beschäftigtes Personal abgebaut werden, während gleichzeitig die Anzahl der Gastverträge stark zunahm (vgl. Kapitel 2.2).

51 Zwar konnten die öffentlichen Theater ihre Einspielergebnisse von durchschnittlich 13,2% in der Spielzeit 1993/94 auf 18,2% in der Spielzeit 2009/10 steigern (vgl. Kapitel 2.2). Gleichwohl sind damit immer noch rund 80% der Ausgaben nicht durch Kasseneinnahmen gedeckt, d. h. der relative Anteil der Eigeneinnahmen ist bei weitem zu gering, um die Gesamtkostensteigerungen durch Einnahmesteigerungen vollständig auffangen zu können (vgl. Röper 2001: 251). Da zudem der Höhe der Eintrittspreise für Theateraufführungen aus sozial- und kulturpolitischen Gründen Grenzen gesetzt sind, können sie auch nicht in einem Maße erhöht werden, das die Kompensation der steigenden Kosten sicherstellt. Theaterbetriebe sind aufgrund ihres strukturellen Finanzierungsproblems daher notwendigerweise Zuschussbetriebe, deren Unterhalt durch die Erfüllung ihres kulturpolitischen/öffentlichen Auftrags (vgl. hierzu Kapitel 2.4) legitimiert wird (vgl. Jacobshagen 2010: 4).

tung sowie Steigerung der Besuchszahlen – ausgenutzt werden, um die Einnahmensituation der Opernhäuser kontinuierlich zu verbessern (vgl. Röper 2001: 251 und 260). Der Nachweis, dass alles getan wird, um den größtmöglichen Teil des Finanzbedarfs aus eigenen Einnahmen zu decken, und dass nicht mehr öffentliche Mittel in Anspruch genommen werden als wirklich notwendig sind, ist für die Akzeptanz in der Öffentlichkeit und die politische Durchsetzung der Zuschüsse wichtig (vgl. Röper 2001: 260). „Denn häufig werden die öffentlichen Mittel nicht nur generell knapper, sondern es entsteht auch ein immer stärkerer Zwang sich zu legitimieren, warum die öffentlichen Bühnen überhaupt weiterhin sehr privilegiert bezuschusst werden sollen." (Föhl/Lutz 2011: 56)

Unter dem Druck drängender konkurrierender Aufgaben der öffentlichen Hand besteht im Gegensatz zu früher über diesen Sachverhalt kein selbstverständlicher politischer Konsens mehr (vgl. Röper 2001: 613). „Zunehmend stellt sich also nicht nur die Frage, ob man sich die Bezuschussung der öffentlichen Theater noch im gewohnten Umfang leisten *kann*, sondern stattdessen und viel grundsätzlicher kommt es zu der Diskussion, ob man sich diese Bezuschussung weiterhin leisten *will*, selbst wenn man es könnte." (Röper 2001: 487) „In dieser angespannten (…) Situation, in der ‚Kosten und Nutzen' verschiedener gesellschaftlicher Bereiche zunehmend stärker gegeneinander gestellt werden, ist es zwangsläufig, dass auch im Kulturbereich intensiver danach gefragt wird, für wen und für was die sparsamer fließenden Mittel ausgegeben werden." (Wagner 2005b: 11f.) „Zur Legitimation eines (…) Opernhauses reichen [folglich] dessen bloße Existenz und auch der Nachweis künstlerischer Innovationsbereitschaft nicht mehr aus, immer häufiger wird von den politischen Entscheidungsträgern auch zusätzlich nach der Publikumsresonanz dieser Einrichtungen gefragt, und es werden Forderungen nach Mindestauslastungen oder einer Steigerung der Besucherzahlen laut." (Föhl/Lutz 2011: 57) Opernhäuser werden ihre Existenz und die zu gewährenden öffentlichen Mittel daher künftig sehr viel stärker diskursiv rechtfertigen und legitimieren müssen als in der Vergangenheit (vgl. Klein 2007b: 63).

Verschärfend kommt hinzu, dass sich der Stellenwert der Existenz eines öffentlichen Opernhauses und seines Angebots für die Bürger und dadurch mittelbar auch gesellschaftspolitisch verändert hat (vgl. Wagner 2004b: 28). Das Theater hat in der heutigen postmodernen Gesellschaft seine herausragende Bedeutung als Leitmedium der gesellschaftlichen Selbstverständigung und zentralem kommunikativen Ort des Gemeinwesens weitestgehend verloren (vgl. Hippe 2004: 111 und Wagner 2004b: 21). „Inzwischen haben sich diese Funktionen pluralisiert und verteilen sich auf verschiedene Kulturformen – z. B. auf Fernsehen, Kino und für die jüngere Generation auf die interaktiven elektronischen Medien." (Föhl/Lutz 2011: 57 und auch im Folgenden) Selbst der bereits einge-

3.1 Besucherbindung im Kontext der gegenwärtigen Herausforderungen 85

schränkten These, ein Opernhaus spiele zumindest weiterhin eine entscheidende Rolle für die gesellschaftliche Schicht des Bildungsbürgertums, ist der Boden entzogen. Denn das ehemals fest etablierte und sich reproduzierende klassische Bildungsbürgertum, aus dem sich vor allem die Theater- und Opernbesucher rekrutiert haben, befindet sich ebenfalls in einem Prozess der Diversifikation und Erosion (vgl. Sievers 2005: 45 und Wagner 2004b: 31). Während sich bislang das Konzert- und Opernpublikum vor allem aus gebildeten Schichten konstituierte, scheint bei den jetzigen jungen Bildungsträgern von morgen das Interesse an Konzert- und Opernbesuchen zunehmend abzubröckeln (vgl. Gembris 2011: 72). Mit dieser Entwicklung geht notwendig einher, dass zum einen ehemals nicht ernstlich in Frage gestellte kulturpolitische Konsenspositionen nun verstärkt zur Disposition stehen, wie beispielsweise der Betrieb und die abgesicherte Finanzierung eines öffentlichen Opernhauses (vgl. Röper 2001: 485-560).[52] Dies kann bedeuten, dass Prioritäten gesetzt werden, die zu Lasten der Opernhäuser gehen, wenn diese nicht über einen ausreichenden Rückhalt und Publikumszuspruch verfügen. Zum anderen nimmt damit für die Bühnen auch der Grundbestand an Zuschauern ab, der in der Vergangenheit inhaltlicher Bezugspunkt und ökonomische Größe für die Theaterarbeit war (vgl. Wagner 2004b: 31). Wenn die Schicht, die bislang zuverlässig einen erheblichen Teil des Opernpublikums darstellte, künftig weniger Interesse zeigt, bricht ein für die Bühnen lebenswichtiger Teil des Publikums weg, was langfristig strukturelle Probleme mit sich bringt. „Anders als das Bildungsbürgertum als Kerngruppe der Theaterbesucher und Stamm des Abonnementpublikums müssen heutige Besucher vielfach immer wieder aufs Neue gewonnen [und gebunden] werden." (Föhl/Lutz 2011: 57)

Wie privatwirtschaftliche Unternehmen stehen auch öffentliche Opernhäuser in einem zunehmend kompetitiven Wettbewerbsumfeld (vgl. Wiedmann et al. 2007: 19 f.). „Die Erweiterung des Kulturbegriffs, sowie die enorme Steigerung und Diversifikation des künstlerischen und kulturellen Angebots im Zuge der Neuen Kulturpolitik [vgl. hierzu bei Glogner-Pilz 2011], die zunehmende Konkurrenz der kommerziellen Privatanbieter im Freizeit- und Kulturbereich und vor allem die Aufmerksamkeit, welche die audiovisuellen Medien und neuen Kommunikationstechnologien an sich binden, haben eine Situation geschaffen, welche die Bedeutung der öffentlichen Theater relativiert und gleichzeitig den Wettbewerb um das Freizeit- und Finanzbudget der Kulturnachfrager stark verschärft." (Föhl/Lutz 2011: 57 f.). Diese Entwicklung geht einher mit einer hohen Flexibilität und Mobilität der Bevölkerung, welche die Auswahl zwischen deut-

---

52 So wird in diesem Sinne z. B. seit einiger Zeit von Seiten der Wirtschaft eine höchst problematische Debatte über die Legitimation der staatlichen Zuschüsse an Opern- und Theaterbetriebe angefacht (vgl. hierzu exempl. Kloepfer 2005 zitiert in Klein 2008c: 91 und Mertens 2010). Vgl. zu dieser Diskussion auch vertiefend Haselbach et al. 2012.

lich mehr Freizeitaktivitäten ermöglicht als bisher (vgl. Liebing/Lutz 2007: 113 und Klein 2005a: 48). Vor diesem Hintergrund wird nicht nur die Gewinnung neuer Besucher zunehmend schwerer, die starke Konkurrenz wirkt auch besucherbindungsreduzierend (vgl. Föhl/Lutz 2011: 58). Opernhäuser können sich des Erhalts der Beziehungen zu ihren Besuchern daher längst nicht mehr sicher sein, was sich auch in einem Besucherrückgang bemerkbar machen kann (vgl. Föhl/Lutz 2011: 58). So konstatiert auch Wagner, dass die Zahl der Besuche an öffentlichen Theatern seit drei Jahrzehnten kontinuierlich abnimmt, wobei die Rückgänge in den einzelnen Sparten sehr unterschiedlich sind (vgl. Wagner 2004b: 29 f.). Für den Bereich der öffentlichen Musiktheater hat allein der Vergleich zwischen den Spielzeiten 1993/94 und 2009/10 gezeigt, dass der Publikumszuspruch um insgesamt 2.186.586 Besuche zurückgegangen ist (vgl. Kapitel 2.2). „Damit nimmt diese Entwicklung Züge an, die die Theater künftig nicht nur vor legitimatorische und konzeptionelle Herausforderungen stellt, sondern auch eine weitere finanzielle Problemperspektive eröffnet." (Föhl 2010: 90)

Die wenig erfreuliche Besucherentwicklung im Musiktheater würde wohl bei altersspezifischer Untergliederung noch drastischer ausfallen (vgl. Wagner 2004b: 30): Ein dringliches Problem auf der Nachfragerseite liegt für Opernhäuser darin, dass vor allem junge Menschen nicht mehr ausreichend erreicht werden (vgl. Gembris 2011: 67). Zieht man die Ergebnisse von unterschiedlichen Studien zur Altersstruktur des Opernpublikums heran, so droht dieses zu vergreisen (vgl. exempl. Brauerhoch 2004, Gembris 2011, Reuband 2005b).[53] Diese Entwicklung erklärt sich nicht nur aus dem generell größeren Interesse älterer Menschen an dieser Kunstform, sondern auch an einem wachsenden Desinteresse der Jüngeren (vgl. Sievers 2010: 225).[54] Daher besteht die Gefahr, dass sich

---

53 Hauptsächlich die Untersuchungsergebnisse von Reuband zeigen, dass sich das Durchschnittsalter des Opernpublikums in den letzten Jahren erheblich nach oben hin verschoben hat. Demnach sind die heutigen Opernbesucher weitaus älter als die Opernbesucher im Jahr 1980 und dieser Alterungsprozess ist stärker ausgeprägt als die Verschiebung des Durchschnittsalters in der Bevölkerung (vgl. Reuband 2005b: 129). „Der Besucherrückgang bei jüngeren und auch mittleren Altersgruppen [im öffentlichen Musiktheater] ist in Ansätzen schon seit 1965 zu beobachten. Lag beispielsweise der Anteil der 40-jährigen und Jüngeren unter denjenigen, die mindestens einmal jährlich eine Oper besuchten, 1965 noch bei 58%, liegt er heute nur noch bei 26%." (Keuchel 2005b: 2, vgl. hierzu auch bei Keuchel 2005a).

54 Gembris sieht das wachsende Desinteresse vor allem in der verschiedenen kulturellen Sozialisation bzw. einem Generationeneffekt begründet: „Die Generationen, die in ihrer Jugend Popmusik noch nicht kannten (...) und die zwangsläufig stärker mit klassischer Musik sozialisiert wurden als die heutige Jugend, entwachsen nach und nach dem Publikum. Die nachrückenden Generationen haben eine völlig andere musikalische Sozialisation erlebt, in der Pop- und Rockmusik in der Regel die Hauptrolle spielt und der Bezug zu klassischer Musik tendenziell immer geringer wird" (Gembris 2011: 67 f.). Man entdeckt also nicht, wie oftmals die These vertreten wird, im Alter den Geschmack an Klassik (wieder), sondern behält

die öffentlichen Opernhäuser tendenziell von der jüngeren Generation abkoppeln oder abgekoppelt werden. Noch hat sich die generationsspezifische Verlagerung des Opernpublikums nicht in einem dramatischen Einbruch der Gesamtbesucherzahlen niedergeschlagen (vgl. hierzu und im Folgenden Reuband 2005b, Keuchel 2005a und 2005b). Die Ursache liegt in der wachsenden Größe der älteren Bevölkerungsgruppen, die die vorhandenen Kapazitäten im Musiktheater durchaus füllen können (vgl. Klein 2007b: 21). Doch ein langfristiger sinkender Trend ist unverkennbar, das belegen auch die dargestellten rückläufigen Entwicklungen der Besuche. Das Wegbrechen insbesondere der mittleren Besuchergruppen kann mittelfristig fatale Folgen haben, da es sich hier um die Elterngeneration handelt und damit die Heranführung von Kindern und Jugendlichen durch das Elternhaus an die Oper unterbleiben kann, womit die nächste Generation für den Opernbetrieb verloren gehen würde. Die Überalterung oder Unterjüngung des Publikums ist demnach nicht nur ein legitimatorisches Problem, sondern kann in absehbarer Zeit auch existenziell bedeutsam werden (vgl. Sievers 2005: 50). Für Opernhäuser bedeutet dies, dass sie sich künftig nicht mehr darauf verlassen können, dass ihnen ihr Publikum durch Generationswechsel zuwächst. Vielmehr müssen sie sich auch um dieses Besucherpotenzial verstärkt bemühen.

Dem quantitativen Wachstum und der Vielfalt der Angebote steht heute eine intensivierte und differenzierte Nachfrage gegenüber, aber nicht unbedingt eine angemessene Vermehrung der Nutzer insgesamt (vgl. Sievers 2006: 10). Es gibt demnach zwar mehr Besuche (vor allem der großen Kulturbetriebe und Kulturevents), aber nicht unbedingt mehr Besucher (vgl. Sievers 2010: 224). So nimmt ein vergleichsweise kleiner Kreis von Vielnutzern immer mehr Kulturangebote auf öffentliche Kosten in Anspruch (vgl. Sievers 2005: 51). Die Gruppe der kulturfernen Nicht-Besucher, die nie oder selten kulturelle Angebote nachfragen und sich hierfür auch nicht interessieren, ist heute mit über 50% in der Bevölkerung nach wie vor recht groß (vgl. Kapitel 2.5). Damit einher geht auch die Gefahr einer „kulturellen Zweiklassengesellschaft" (Keuchel 2005a) bzw. der „kulturellen Spaltung" (Opaschowski 2005), da der Zugang zu Kunst und Kultur immer noch erheblich vom Bildungsgrad und der sozialen Herkunft bzw. dem sozialen Milieu abhängig ist (vgl. hierzu exempl. bei Mandel 2008b). Diese Befunde sind umso bemerkenswerter, als sich die Voraussetzungen für kulturelle Partizipation (mehr Kaufkraft, mehr Freizeit, höhere formale Schulabschlüsse und ein überproportional gewachsenes Angebot) in den letzten Jahrzehnten erheblich verbessert haben (vgl. Scheytt/Sievers 2010: 30). Deutlich wird einerseits, dass die Bereitstellung eines großen öffentlichen Kulturangebotes allein

---

vielmehr die Musikgewohnheiten, die sich in der Jugend entwickelt haben, auch im Alter bei (vgl. Keuchel 2011: 87).

nicht ausreicht, um eine breite Bevölkerung am kulturellen Leben zu beteiligen (vgl. Mandel 2008a: 21). Die Zugangsbarrieren sind weniger finanzieller und infrastruktureller Art als vielmehr psychische, soziale und Bildungsbarrieren (vgl. Mandel 2005a: 81). Andererseits kann konstatiert werden, dass dem wachsenden Bedarf, Opernhäuser mit Publikum zu füllen, die Erfahrung gegenüber steht, dass kulturelles Interesse kein unbegrenzt verfügbares Gut ist, sondern eine knappe Ressource (vgl. Scheytt/Sievers 2010: 30 und Kapitel 2.5). Damit sich die Schere zwischen Besuchern und Nicht-Besuchern nicht immer weiter öffnet, muss demnach zukünftig verstärkt versucht werden, auch diejenigen für die Musiktheaterangebote zu gewinnen und an diese zu binden, die diese bislang nicht oder kaum nutzen, was nicht nur normativ aus kulturpolitischen Gründen, sondern auch aus Eigeninteresse der Opernhäuser im Hinblick auf ihre Legitimation dringend notwendig ist (vgl. Klein 2005c: 388).

Neben diesen Aspekten lässt sich auch eine Veränderung in der Struktur und im Verhalten des Publikums beobachten (vgl. hierzu und im Folgenden Föhl/Lutz 2011: 58): „Die umfassende Modernisierung der Gesellschaft führt zu einer zunehmenden Erlebnisorientierung, Individualisierung und Pluralität der Lebensstile von Besuchern (vgl. Schulze 2005)." (Föhl/ Lutz 2011: 58) In engem Zusammenhang mit diesen Prozessen stehen eine abnehmende Bereitschaft zur Bindung in vielen Bereichen des menschlichen Lebens und ein ausgeprägtes Unabhängigkeitsstreben. Beispiele dieser Entwicklung sind laut Rogall sowie Bliemel und Eggert der wachsende Anteil von Wechselwählern in der Bevölkerung, sinkende Mitgliederzahlen bei Parteien, Verbänden, Vereinen, Gewerkschaften und Kirchen aber auch eine rückläufige Bereitschaft, sich dauerhaft an einen Lebenspartner zu binden (vgl. Rogall 2000: 78 und Bliemel/Eggert 1998a: 38). Bindungen werden in der postmodernen Gesellschaft ständig überprüft, aus dauerhaften Festlegungen sind Verbindungen auf Zeit geworden (vgl. Rogall 2000: 78). Es geht unter den heutigen Bedingungen der „Multioptionsgesellschaft" (Gross 1994) nicht mehr darum, sich mit Blick auf ein bestimmtes Ziel zu entscheiden, sondern vielmehr um die ständige Aufrechterhaltung von Optionen ohne bindenden Charakter (vgl. Heinrichs 1997: 38). Wiesand hat für dieses Verhalten bereits 1995 die Begriffe des Kulturflaneurs sowie des jugendlichen Gelegenheitsbesuchers geprägt und beschreibt damit einen Besucher-Typus, für den der beiläufige Kulturkonsum mit einem wechselhaften Sparteninteresse charakteristisch ist (vgl. Wiesand 1995: 13). Die meisten Kulturnutzer sind demnach immer weniger an eine bestimmte Form oder Sparte gebunden, sondern begeistern sich für ganz unterschiedliche Angebote aus Hoch-, Sozio-, Populäroder sonstiger Kultur (vgl. Günter/Hausmann 2009: 123). Besucher werden in ihrem Verhalten damit immer weniger berechenbar (vgl. Peter 1999: 3). Es wird ein Lebensstil praktiziert, der sich durch Abwechslung, Vielfältigkeit, durch sprunghaftes, zum Teil paradoxes und damit sehr komplexes Verhalten auszeichnet. Diese hybriden und multioptionalen Verhaltensstrukturen erweisen sich als zunehmend problematisch für Opernhäuser, da sie eine Instabilität der Besucherbeziehung zur Folge haben und die Prognostizierbarkeit der Nachfrage somit deutlich erschwert wird (vgl. Meffert 2008: 160). Das Bedürfnis eines Individuums nach Abwechslung wird in der verhaltenswissenschaftlichen Literatur auch als Variety Seeking bezeichnet.[55] Auch wenn Kunden mit ihrem Anbieter zufrieden sind, wechseln sie nur der Abwechslung und der von der Wahl der neuen Lösung ausgehenden Reize willen bzw. um Monotonie und Langeweile einer einseitigen Produkt- bzw. Markenwahl zu vermeiden (vgl. Gröppel-Klein et al. 2008: 6). Das Wechselstreben von Besuchern kann als ein entscheidendes Hindernis für den Aufbau, die Sicherung und Intensivierung der Besucherbindung angesehen werden (vgl. Rogall 2000: 126). Die skizzierten Entwicklungen in Struktur und Verhalten des Publikums bedeuten für Opernhäuser somit zum einen neue Publikumsschichten mit nur schwer vorhersehbaren, multidimensionalen und scheinbar inkonsistenten Verhaltensweisen (vgl. Geffroy 2005: 17 f. und Klein 1999: 15 f. zitiert nach Föhl/Lutz 2011: 58). Zum anderen zeigen die bisherigen Publikumsgruppen ebenfalls immer häufiger Änderungen in ihrem Verhalten, ihren Ansprüchen und Bedürfnissen auf (vgl. Müller-Wesemann 1995: 31 zitiert nach Föhl/Lutz 2011: 58). Opernhäuser können damit immer weniger Beständigkeit und Verlässlichkeit ihrer Besucherbeziehungen voraussetzen und sich oft nicht mehr ohne weiteres auf ihre zugeneigten Interessengruppen verlassen (vgl. Butzer-Strothmann et al. 2001: 117). Diese Tendenzen spiegeln sich auch in einer zunehmend mangelnden Erfolgswirksamkeit der klassischen Bindungskonzepte (z. B. Abonnements, Besucherorganisationen) wider, die in ihrer tradierten Form vielerorts fortlaufend an Bindungskraft verlieren (vgl. hierzu Kapitel 2.2 und 3.4.1).

„Die Ausführungen verdeutlichen, dass es sich nicht um ein temporäres Problem handelt, sondern um ein breites Bündel an mitunter existentiellen Herausforderungen von öffentlichen Theatern und deren Trägern." (Föhl 2010: 92 und auch im Folgenden) Dabei ist zu beachten, dass die beschriebenen Herausforderungen und Zustände an den einzelnen Opernhäusern aufgrund ihrer heterogenen Strukturen und Rahmenbedingungen stark variieren können. „Konsens dürfte jedoch bestehen, dass alle öffentlichen Theater – mehr oder weniger – von den dargestellten Entwicklungen betroffen sind (vgl. exempl. Burmeister 2005 und Wagner 2004a)." (Föhl 2010: 93) Mit den skizzierten Entwicklungen geht

---

55 Seit Mitte der 1990er Jahre wird das Phänomen des Variety Seeking in Zusammenhang mit der Kundenbindung im deutschsprachigen Raum intensiv diskutiert (vgl. exempl. Conze 2007, Giering 2000, Giloth 2003 und Rams 2001). Vgl. zur Definition und zum Stand der Forschung insbesondere Helmig 1997: 8-47.

notwendigerweise einher, dass (potenzielle) Opernbesucher auf der einen Seite sehr viel mehr Aufmerksamkeit und eine aktivere Ansprache als bisher fordern, um diese zu interessieren, immer wieder aufs Neue zu gewinnen und langfristig zu binden (vgl. hier und im Folgenden Föhl et al. 2011: 14) Auf der anderen Seite nimmt ihre Zahl aber auch – u. a. verursacht durch den sich abzeichnenden demografischen Wandel (vgl. hierzu Hausmann/Körner 2009) – langfristig mit hoher Wahrscheinlichkeit ab, wenn auch regional in verschiedener Weise. Spätestens ab dem Jahr 2030, wahrscheinlich aber schon in zehn Jahren, wird der demografische Effekt vermutlich in der Auslastung vieler Institutionen durchschlagen (vgl. Sievers 2010: 226), wenn der operninteressierte Anteil in der Bevölkerung nicht deutlich gesteigert werden kann. Für Opernhäuser impliziert dies Anpassungsnotwendigkeiten in der Zielgruppenansprache. Andererseits wird sichtbar, dass der Wettbewerb um den Besucher weiterhin zunehmen wird (vgl. hierzu auch bei Günter/Hausmann 2009).

Diese Umstände machen deutlich, dass es im Musiktheaterbetrieb vermehrt darum geht, den (Nicht-)Besucher, seine Erwartungen, Wünsche und Anforderungen und nicht zuletzt sein Verhalten besser zu verstehen (vgl. hierzu und im Folgenden Föhl/Lutz 2011: 58 f.). Das in den letzten Jahren gestiegene Interesse an der Besucherbindung ist vermutlich auch auf die Überzeugung zurückzuführen, dass vertiefte Kenntnisse über Besucher sowie der Aufbau langfristiger Beziehungen für Opernhäuser einen Beitrag zur Verbesserung der beschriebenen Situation leisten können. Ein enger Kontakt zum Publikum und eine Forcierung von Besucherorientierung und Besucherbindung sowie eine Erweiterung ihrer Ansätze und Fragestellungen können wichtige Hilfestellungen leisten, um auf die oben beschriebenen Entwicklungen zu reagieren. Durch eine konsequente Besucherorientierung und Besucherbindung sind öffentlichen Opernhäusern zahlreiche Türen geöffnet, die Arbeit der eigenen Einrichtung auf eine sichere Grundlage für die Zukunft zu stellen (vgl. hier und im Folgenden Lutz 2011a: 93). Gerade in einer Zeit des Umbruchs können sie ihre Existenz langfristig sichern, wenn sie sich dem Wandel stellen und die Beziehungen zu ihren (Nicht-) Besuchern aktiv (neu-)gestalten. Hierfür sind als grundlegende Voraussetzung – im Kontext des Forschungsanliegens der vorliegenden Arbeit – auch die unterschiedlichen Wiederbesuchsgründe bzw. Einflussfaktoren der Besucherbindung zu identifizieren, um die entsprechenden Bereiche in den Vordergrund der Marketingaktivitäten zu stellen und sie innerhalb der jeweiligen Beziehung priorisieren zu können.

3.1.2 Nutzen und Grenzen von Besucherbindung

Besucherorientierung und Besucherbindung stellen insbesondere vor dem Hintergrund einer zunehmend stärker hinterfragten Legitimation öffentlicher Kulturaufwendungen und einer sich verschärfenden Konkurrenzsituation hervorragende Instrumente für Opernhäuser dar, um ihre Legitimation stets aufs Neue zu erwerben. „Denn öffentliche Gelder werden auf Dauer (...) nur dorthin fließen, wo ausreichend Interesse und Nachfrage vorhanden sind." (Klein 2007a: 19) Über die grundsätzliche Legitimationsbeschaffung hinaus machen eine ganze Reihe weiterer gewichtiger Argumente deutlich, welchen konkreten Nutzen die Besucherorientierung und vor allem die intensive Besucherbindung mit sich bringen:[56]

Tabelle 6: Gründe für eine Intensivierung von Besucherorientierung und Besucherbindung

Besucherorientierung	**Besucherbindung**
- Erreichen der inhaltlich-künstlerischen Ziele - Vermeidung von Unzufriedenheit - Steigerung der Besucherzahlen - Erzielung von positiver Mundwerbung - Erhalt von Gegenleistungen der Besucher (z. B. Engagement im Freundeskreis) - Mitarbeiter fühlen sich bestätigt und sind mit ihrer Tätigkeit zufrieden - Bessere Akquise finanzieller Mittel (öffentliche Hand, Sponsoren) - Engagement der Besucher für die Einrichtung (z. B. in kulturpolitischen Diskussionen) - Leistungsverbesserung durch regelmäßiges Besucherfeedback	- Reduzierte Absatzschwankungen, genauere Einschätzung der Nachfrage und erhöhte Planungs- und Finanzierungssicherheit - Höhere Stabilität der Beziehungen - Intensiver Besucherkontakt als wertvolle Basis zur Informationsbeschaffung - Besucherintegration, starkes Besucherengagement - Wachstumseffekte: Steigerung der Besuchsintensität und Zusatzkauf, Weiterempfehlungen - Steigerung der Eigeneinnahmen und Senkung der Besucherbetreuungskosten - Steigerung des Besucherwertes

---

56 Die folgenden Ausführungen fokussieren sich – entsprechend des Untersuchungsbereichs der vorliegenden Arbeit – lediglich auf die Darstellung der Nutzen und Grenzen von Besucherbindung für öffentliche Opernhäuser. Zur ausführlichen Darstellung der Gründe für eine Intensivierung von Besucherorientierung sei an dieser Stelle verwiesen auf Günter 1998b: 51 und 1999: 110, Helm/Hausmann 2006: 20, Hausmann 2001: 67 und Klein 2005a: 157 ff.

Besucherbindung kommt den *Sicherheitsbedürfnissen* von Opernhäusern entgegen. So führen langfristige Besucherbeziehungen zu reduzierten Absatzschwankungen, zur genaueren Einschätzung der Nachfrage sowie einer erhöhten Planungs- und Finanzierungssicherheit, die auch dem zunehmenden Legitimationsdruck positiv gegenüber stehen (vgl. Klein 2005a: 157 f., Klein 2008a: 26 und Wallenburg 2004: 24). Ein Stamm an treuen Besuchern ermöglicht Opernhäusern eine größere Unabhängigkeit vom Publikumserfolg einzelner Produktionen sowie das Eingehen von Risiken bei der Zusammenstellung des Spielplans, was Freiheiten schafft, um die künstlerische Modernisierung von Spielplänen in eine kontinuierliche Entwicklung zu bringen (vgl. Röper 2001: 272 und 298). Besucherbindung erhöht die Stabilität von Geschäftsbeziehungen – was in einer Zeit zunehmender Wettbewerbsintensität von besonderer Bedeutung für Opernhäuser ist, indem sie die Motivation der Besucher zur Suche nach alternativen Anbietern verringert und Wettbewerbern weniger Gelegenheit zu Kontakten mit den Besuchern gegeben werden (vgl. Eggert 1999: 46, Dittrich 2000: 15 und Diller 1995: 33). Wer sich einem Opernhaus verbunden fühlt, wird sich demnach nicht so schnell durch Konkurrenzangebote abwerben lassen und beachtet diese auch weniger stark. Ein weiterer Stabilisierungsfaktor für die Geschäftsbeziehung ergibt sich aus der üblicherweise größeren Toleranz gebundener Besucher gegenüber Fehlern bzw. einer einmal nicht zufriedenstellend erbrachten Leistung des Opernhauses oder gegenüber ggf. auftretenden Komplikationen (vgl. Klein 2008a: 26-28 und Dittrich 2000: 15). Der intensivierte Kontakt zu seinen Besuchern stellt für ein Opernhaus eine *wertvolle Basis zur Informationsbeschaffung* dar (vgl. Wallenburg 2004: 24). „Entsprechende Kenntnisse über das Publikum sind die wesentliche Grundlage für die Vermittlung von Kunst und Kultur sowie für ein zielgruppengerechtes Marketing (…)." (Föhl/Lutz 2011: 59) Durch das Feedback ihrer treuen Besucher gewinnen Opernhäuser „bessere Kenntnisse hinsichtlich (veränderter) Bedürfnisse und Wünsche, (Un-)Zufriedenheit, Verbesserungsmöglichkeiten sowie anderer marketingpolitisch relevanter Tatbestände (…); diese Hinweise kann das Theater entsprechend seiner künstlerischen Intentionen berücksichtigen" (Föhl/Lutz 2011: 59). Darüber hinaus können Wieder- und Stammbesucher ein wichtiges Frühwarnsystem z. B. für mögliche Fehlentwicklungen des Opernhauses sein (vgl. Klein 2005a: 157-160). „Ein verstärkter Informationsfluss beinhaltet aber nicht nur die passive Auskunftsbereitschaft der Kunden, sondern auch ihre Bereitschaft zur aktiven und kreativen Mitarbeit (…)." (vgl. Diller 1995: 36 f.) Dem Publikum wird so eine Mitwirkung am Theatergeschehen angeboten (sog. *Besucherintegration*, vgl. hierzu Günter 2000: 67 ff.), welche die Motivation für einen Opernbesuch steigern und zur Besucherbindung beitragen kann. Einige Opernhäuser nutzen dieses kooperative Verhalten ihrer treuen Besucher bereits gezielt, indem sie den Informationsaustausch z. B.

3.1 Besucherbindung im Kontext der gegenwärtigen Herausforderungen

in Form eines Besucherforums institutionalisieren, bei dem gemeinsam über die Stärken und Schwächen des Angebots, Beschwerdeanlässe und Verbesserungsmöglichkeiten diskutiert werden kann (vgl. Peter 1999: 41 ff. und Klein 2005a: 157 ff.). Darüber hinaus engagieren sich viele der Stammbesucher über den bloßen Besuch hinaus für ihr Opernhaus: durch finanzielle Förderungen oder die Übernahme ehrenamtlicher Tätigkeiten (vgl. Helm/Hausmann 2006: 20). Besucherbindung bringt auch *Wachstumseffekte* für Opernhäuser mit sich, was vor dem Hintergrund eines seit einigen Jahren zunehmend stagnierenden bzw. tendenziell rückläufigen Publikumszuspruchs und einer immer schwieriger werdenden Besuchergewinnung von zentraler Bedeutung erscheint (vgl. Wallenburg 2004: 24). Zwei mögliche Wachstumsquellen sind dabei eine erhöhte Besucherpenetration (Steigerung der Besuchsintensität und Cross-Selling) sowie die Ausweitung des Besucherstamms durch Weiterempfehlungen (vgl. Klein 2008a: 28 und 2005a: 157 ff. und Diller 1995).[57] Berücksichtigt man darüber hinaus, dass unzufriedene Besucher sehr viel häufiger darüber im Bekanntenkreis berichten als zufriedene, so kann auch von Opportunitätsgewinnen der Besucherbindung gesprochen werden, weil loyale Besucher keine negativen Ausstrahlungseffekte auf den Besucherbestand ausüben (vgl. hierzu auch Kapitel 5.3.3). Die Besucherbindung kann direkte *Steigerungen der Eigeneinnahmen* zur Folge haben, in dem sie dazu beiträgt, einerseits komparative Kosten der Besucherbetreuung zu senken und andererseits besucherspezifische Erlöse zu steigern (vgl. hierzu u. a. Diller 1995: 48). So sind Wiederbesucher weitaus kostengünstiger zu betreuen als Neukunden, da Beziehungen mit ihnen im Laufe der Jahre zur Routine werden (vgl. Klein 2008a: 29). Kosteneinsparend wirken sich andererseits die geringeren Streuverluste bei den Marketingaktivitäten aus (vgl. Braunstein 2001: 3). Betrachtet man die Erlöskomponente, so ist zu erkennen, dass Stammbesucher häufig eine höhere Preisbereitschaft aufweisen (vgl. Klein 2005a: 65). Damit verfügt ein Opernhaus mit einem treuen Besucherstamm über einen größeren preispolitischen Spielraum, was ihm zum einen eine stabile Preispolitik ermöglicht und zum anderen die Durchsetzung von Aufschlägen erleichtert (vgl. Peter 1999: 41 ff.). Weitere positive Effekte auf den Erlös resultieren aus der im Rah-

---

57 So fand z. B. Fischer heraus, dass bei den von ihm untersuchten sechs Opern- und Konzertveranstaltern rund zwei Drittel aller verkauften Karten an ein Publikum abgesetzt werden, das häufiger als sechs Mal jährlich eine Veranstaltung besucht. Eine Steigerung und Sicherung des Absatzes von Opernaufführungen ist nach Fischer auf der Grundlage dieser Ergebnisse insbesondere durch eine Konzentration auf Besucher mit höherer Besuchshäufigkeit Erfolg versprechend (vgl. Fischer 2006: 218). Durch das aufgebaute Vertrauen zum Opernhaus sind die Besucher zudem eher bereit, auch zusätzliche Angebote zu nutzen (sog. Cross-Selling) (vgl. Jeker 2002: 4 f. und 11). Das Wachstum wird dadurch verstärkt, dass Wiederbesucher eine erhöhte Referenzbereitschaft aufweisen und häufiger ihren Anbieter weiterempfehlen (vgl. Wallenburg 2004: 24).

men der Wachstumseffekte genannten Ausweitung des Besucherstamms sowie der stärkeren Besucherpenetration. Durch eine zunehmende Anzahl an Besuchen sowie die Möglichkeit, die Preise zu erhöhen, können in der Folge die Eigeneinnahmen eines Opernhauses steigen (vgl. Homburg/Bruhn 2008: 17 f.). Die aufgezeigten positiven Effekte der Besucherbindung lassen sich ferner an gestiegenen *Besucherwerten* ablesen (vgl. hierzu auch Kapitel 3.2.4.4 und ausführlich bei Günter 2006b).

Für öffentliche Opernhäuser besteht der Anreiz einer intensiven Auseinandersetzung mit ihren Besuchern allerdings nicht nur in den beschriebenen Vorteilen, sondern betrifft auch ihre Funktionen und Ziele sowie das Wesen der Oper (vgl. ausführlich Kapitel 2.4). Laut Klein erhellt sich aus dieser Perspektive heraus die grundlegende Bedeutung der intensiven Beschäftigung mit dem Publikum weit über jedes ökonomische Nützlichkeitsdenken hinaus: „Wenn sich (...) das künstlerische Produkt, die kulturelle Produktion erst im Besucher vollenden, dann sind Besucherorientierung und Besucherbindung nicht etwas von außen an das ansonsten autonome künstlerische Produkt Herangetragenes, sondern sind ganz wesentlich mit ihm verbunden" (Klein 2008a: 26). Ebenso wird deutlich, dass Besucherorientierung und Besucherbindung keinen Selbstzweck darstellen, sondern wesentlich zum Erreichen der Sach- und Formalziele und in Folge zur Erfüllung des kulturpolitischen/ öffentlichen Auftrags von Opernhäusern beitragen.

Bei aller Hervorhebung der Vorteile von Besucherbindung darf nicht übersehen werden, dass damit auch Nachteile bzw. Grenzen verbunden sein können. So erzeugen Bindungen auch Abhängigkeiten, die letztlich zur Inflexibilität des Opernhauses, aber auch der Besucher führen können (vgl. Jeker 2002: 4 f.). Negative Effekte der Besucherbindung auf das Wachstum eines Opernhauses können sich aus einer übermäßigen Fokussierung auf den vorhandenen Besucherstamm ergeben (vgl. hier und im Folgenden Eggert 1999: 44 ff.). Eine selbst auferlegte Beschränkung auf nur eine bzw. mehrere bestimmte Besuchergruppen kann so zu einer einseitigen Besucherstruktur und zur Trägheit führen, neue Besucherpotenziale zu erschließen. Ein weiterer Nachteil kann sich dann auftun, wenn die Besucher auf die Bemühungen um ihre Bindung mit Reaktanz[58] reagieren – falls die Abhängigkeiten zum Opernhaus zu stark sind bzw. als zu stark empfunden werden – und damit statt enger weniger an das Opernhaus gebunden

---

58 Das sozialpsychologische Phänomen der Reaktanz geht insbesondere auf Brehm zurück und bedeutet einen erregten Gefühlszustand, der vor allem in Aggressionen und negativer Mundwerbung münden kann (vgl. hierzu und im Folgenden Stahl 2006: 95 f.). Reaktanz entsteht laut Stahl dann, wenn sich Personen in ihrer Verhaltensfreiheit blockiert fühlen. Sie wird umso höher sein, je mehr Alternativen durch die Bindung ausgeschlossen werden und je wichtiger die eingeengte Freiheit für die Person erscheint.

werden können. Vielfach wird übersehen, dass der Besucher im Gegensatz zum Anbieter nicht unbedingt an einer engeren Bindung interessiert ist. Ähnlich verhält es sich, wenn sich durch eine bevorzugte Behandlung bestimmter Kundenkreise andere Besuchersegmente benachteiligt und übergangen fühlen und abwandern (vgl. Dittrich 2000: 17 ff.). Gleichzeitig öffnen die in Kapitel 3.1.1 beschriebenen veränderten Verhaltensphänomene des Publikums (z. B. Variety-Seeking) den Blick dafür, dass einem Opernhaus bei der Bemühung um Besucherbindung stets Grenzen gesetzt sind, die im individuellen Verhalten der Besucher begründet liegen.

3.2 Basiskonzepte der Besucherbindung

3.2.1 Vom Transaktions- zum Beziehungsmarketing

Der transaktionsbezogene Ansatz prägte über viele Jahre das Marketing. Er bildete sich Mitte des letzten Jahrhunderts heraus und war bis in die 1990er Jahre hinein vorherrschend (vgl. Wallenburg 2004: 8). Das Transaktionsmarketing geht von einem standardisierten Leistungsaustausch mit anonymen Kunden aus und orientiert sich überwiegend an der Realisation von Erstverkäufen (vgl. Meffert 2008: 161 und Jeker 2002: 2). Seit Anfang der 1990er Jahre setzt sich die wirtschaftswissenschaftliche Forschung in Deutschland intensiv mit der Entwicklung vom Transaktions- zum Beziehungsmarketing auseinander.[59] Das Beziehungsmarketing orientiert sich am Kunden als Bezugsobjekt der Marketingaktivitäten und hat die Schaffung, den Erhalt und den Ausbau langfristiger Geschäftsbeziehungen zwischen Anbietern und ihren Kunden zur Aufgabe (vgl. Jeker 2002: 2 und Conze 2007: 19). Alle Marketingaktivitäten richten sich auf die Geschäftsbeziehung als Fokus und nicht, wie bislang üblich, lediglich auf einzelne Parameter wie z. B. Preis oder Produkt. Die Beziehung zwischen den Marktteilnehmern wird als kontinuierlicher Austauschprozess aufgefasst. Das Management dieses Prozesses mit dem Ziel, eine langfristige Beziehung zwischen Kunde und Anbieter zu erreichen, steht dabei im Vordergrund des Beziehungsmarketings (vgl. Rams 2001: 6).

---

59 Im angelsächsischen Sprachraum fand die Fokussierung auf das Beziehungsmarketing bereits einige Jahre früher statt als in Deutschland (vgl. hierzu und im Folgenden Wallenburg 2004: 8 f.). Zu Beginn der 1980er Jahre führte Berry den synonymen Begriff des Relationship-Marketings ein (vgl. Berry 1983: 25). Initiiert und wesentlich vorangetrieben wurde die Berücksichtigung von Kundenbeziehungen durch Arbeiten der Vertreter der Nordic School of Services, vor allem durch Grönroos und Gummesson (vgl. exempl. Grönroos/Gummesson 1985). Im deutschsprachigen Raum waren die Arbeiten von Diller und Plinke prägend für den Bereich des Beziehungsmarketings (vgl. exempl. Diller 1995 und Plinke 1989).

Tabelle 7: Unterschiede zwischen Transaktions- und Beziehungsmarketing[60]

Unterscheidungskriterium	Transaktionsmarketing	Beziehungsmarketing
Ziel	Realisation von Erstverkäufen und einseitige Transaktion	Aufbau und Etablierung einer langfristigen Geschäftsbeziehung
Bezugsobjekt	Produkt und Preis	Kunde und Beziehung
Kundenverständnis	Anonymer Kunde	Kenntnis einzelner Kunden
Strategische Stoßrichtung	Akquisition neuer Kunden	Kundenbindung
Zeithorizont	Kurzfristig	Mittel- bis langfristig
Interdependenzen	Unabhängig	Gegenseitig abhängig
Fokus der Aktivitäten	Orientierung am Produkt	Orientierung am Kundennutzen
Bedeutung der Kundenorientierung	Gering	Hoch
Interaktionsniveau	Gering	Hoch

Das Konzept der Kundenbindung hat zeitgleich mit dem Beziehungsmarketing Eingang in die deutschsprachige Marketingliteratur gefunden und gilt seither als eines seiner zentralen Konstrukte (vgl. Eggert 1999: 9). Dabei lässt sich die Kundenbindung laut Rams als eine Zielvorgabe im Beziehungsmarketing auffassen, anhand derer sich der Erfolg bzw. Misserfolg von Maßnahmen des Beziehungsmarketings überprüfen lässt (vgl. Rams 2001: 10).[61] Kundenbindung stellt in diesem Verständnis einen Beziehungszustand zwischen Kunde und Anbieter als Ergebnis des Beziehungsmarketings dar (vgl. Eggert 1999: 18, Bruhn 2009: 3).

---

60 In Anlehnung an Conze 2007: 19, Jeker 2002: 3, Peter 1999: 59 und Eggert 1999: 16.
61 Vgl. hierzu auch den Titel der Arbeit von Diller ‚Kundenbindung als Zielvorgabe im Beziehungsmarketing' (Diller 1995) und in ähnlicher Weise Peter ‚Kundenbindung als Marketingziel' (Peter 1999).

3.2.2 Theatermarketing[62] und Besuchermanagement

Obgleich die Übertragung des Marketingansatzes auf Kultureinrichtungen in der Forschung als nicht mehr umstritten gilt und sich bereits eine Vielzahl von Publikationen ausführlich mit diesem Themengebiet auseinandergesetzt hat (vgl. Kapitel 4.2), wird Marketing in der Theaterpraxis zum Teil immer noch skeptisch beurteilt bzw. für unvereinbar mit den klassischen öffentlichen Aufgaben gehalten und eine unbegrenzte Kommerzialisierung befürchtet (vgl. Hausmann 2001: 57 f.). Diese Kritik ist durchaus berechtigt, wird Marketing im klassischen Sinne eines *give the market what it wants* verstanden, bei dem Zielgruppen genau das angeboten bekommen, was diese erwarten, und dem folglich eine eindimensionale Orientierung am Ziel der Gewinnmaximierung zugrunde liegt (vgl. Günter/Hausmann 2009: 9). An dieser Stelle gilt es daher anzumerken, dass Theatermarketing hier nicht als eine unterschiedslose Übertragung des Marketings auf den Opernbetrieb verstanden wird, sondern als Anwendung dieser Denkhaltung unter besonderer Berücksichtigung der relevanten Rahmenbedingungen und Spezifika von öffentlichen Opernhäusern (vgl. Hausmann 2001: 58). Ein wesentlicher Unterschied zwischen dem Marketing in öffentlichen Opernhäusern und dem kommerziellen Marketing besteht darin, „dass für die kommerziellen Transaktionen primär ökonomische Ziele relevant sind" (Meffert 2000: 11), während im Theatermarketing das vornehmliche Ziel die Erfüllung eines öffentlichen Interesses darstellt (vgl. auch Kapitel 2.4).[63] Folglich muss Theatermarketing in öffentlichen Einrichtungen laut Klein immer zwei Ziele möglichst optimal verwirklichen: Einerseits sind die künstlerischen und kulturellen Zielsetzungen so gut wie möglich zu realisieren, andererseits muss der anvisierte Interessentenkreis so weit wie möglich erreicht werden (vgl. Klein 2007b: 112). Ein so verstandenes Theatermarketing lässt sich nach Colbert auch als die Kunst verstehen, diejenigen Zielgruppen zu erreichen, die aussichtsreich für die Produkte des Theaters interessiert werden können, indem die entsprechenden Austauscheigenschaften (wie Preis, Distribution, Kommunikation und Service) an die künstlerischen Leistungen möglichst optimal angepasst werden, um diese mit einer möglichst großen Anzahl von Interessenten erfolgreich in Kontakt zu bringen und um die mit dem kulturpolitischen Auftrag verbundenen Ziele des Theaters zu verwirklichen (vgl. Colbert 1999: 16 ff. zitiert nach Klein 2004: 137 f.).

---

62 Theatermarketing kann als ein Element des Kulturmarketings gesehen werden, welches sich neben dem Marketing von Opernhäusern bzw. Theatern auch mit dem Marketing von weiteren Kulturinstitutionen wie Museen, Bibliotheken, Musik- und Volkshochschulen auseinandersetzt (vgl. Laukner 2008: 55 und zum Kulturmarketing bei Klein 2011a, 2005a und Günter/Hausmann 2009). Da jeder Kulturbereich seine Besonderheiten aufweist, ist das Theatermarketing in dieser Arbeit gesondert zu betrachten (vgl. Laukner 2008: 55)..

63 Vgl. hierzu auch Klein 2004: 133 ff., Klein 2007b: 107 ff. und Günter/Hausmann 2009: 9.

Im Hinblick auf die Entscheidungs- und Auswahlmöglichkeiten der Nachfrager im Wettbewerb kann das Theatermarketing als die Gestaltung von Beziehungen zu den Adressaten bzw. Stakeholdern (vgl. zum Stakeholder-Ansatz Kapitel 2.5) definiert werden mit dem Ziel, Akzeptanz und Präferenz zu erreichen (vgl. Günter/Hausmann 2009: 11 und Günter 2007). Theatermarketing impliziert damit, die eigenen Leistungen und die Beziehungen zu relevanten Austauschpartnern so zu gestalten, dass diese in der ‚Landschaft der Kultur- und Freizeitangebote' anderen Angeboten gegenüber vorgezogen werden (vgl. Günter/Hausmann 2009: 11).

Während sich das Konzept des Theatermarketings mit allen internen und externen Beziehungen eines Theaters zu seinen verschiedenen Stakeholdern befasst, wendet sich das Besuchermanagement als „konkreter Aufgabenbereich des Marketing" (Diller et al. 2005: 32) explizit den (Nicht-)Besuchern einer Theatereinrichtung zu und wird hier als das ‚Herzstück' eines besucherorientierten Theatermarketings verstanden (vgl. hierzu und im Folgenden auch Lutz 2011b). Besuchermanagement wird im Sinne des Theatermarketings zur Gestaltung von Austauschprozessen eingesetzt, bei der versucht wird, die künstlerischen und kulturellen Ziele eines Theaters mit den Bedürfnissen seiner unterschiedlichen (Nicht-)Besuchergruppen in Einklang zu bringen (vgl. Klein 2005a: 31 und 40). Es will erklären, wie Austauschprozesse zustande kommen, Hinweise zur Ausgestaltung dieser Beziehungen ableiten und diese anschließend in Maßnahmen umsetzen, die den Aufbau, die Aufrechterhaltung und die Verstärkung der Beziehungen zu den (Nicht-)Besuchern zum Inhalt haben (vgl. Müller-Hagedorn 1990: 18 zitiert nach Klein 2007b: 110). Eine zentrale Frage ist dabei, ob und wie ein Opernhaus Besuchervorteile erzeugen und ein von anderen Anbietern unterscheidbares, unverwechselbares und attraktives Angebot für seine unterschiedlichen Zielgruppen vorhalten kann (vgl. Günter/Hausmann 2009: 12). Opernbesucher werden ihre Entscheidung, sich an ein Opernhaus zu binden, demnach davon abhängig machen, wie viel Nutzen ihnen das bestehende Angebot im Wettbewerbsvergleich stiftet (vgl. hierzu auch Kapitel 5.2.1). Je höher dieser von den Nachfragern eingeschätzt wird, desto besser werden tendenziell das Zufriedenheitsurteil und die Besucherbindung ausfallen.

3.2.3 Grundlegende Prämissen des Besuchermanagements

Trotz der vielfältigen Veröffentlichungen und Forschungsaktivitäten zum Kulturpublikum und zur Gestaltung von Besucherbeziehungen (vgl. hierzu Kapitel 1.1, 4.2 und 4.3) fehlt es bislang noch an einem systematischen Rahmen, der die bereits bestehenden Ansätze und Perspektiven darstellt, zueinander in Beziehung

3.2 Basiskonzepte der Besucherbindung

setzt und in einen übergreifenden Gesamtzusammenhang einordnet. Eine geeignete Konzeption, welche die in der Literatur thematisierten vielfältigen Einzelansätze nicht nur separat behandelt, sondern auch zu einem in sich schlüssigen Gesamtmodell zusammenführt, stellt das bereits im vorherigen Kapitel skizzierte Besuchermanagement dar. Eine strukturierte Herangehensweise bei der Konzeption des Besuchermanagements ist die Abgrenzung seiner einzelnen Voraussetzungen, Konzepte und Ziele (vgl. hierzu und zu den folgenden Ausführungen auch Lutz 2011b):

Abbildung 3: Elemente des Besuchermanagements in öffentlichen Theatern

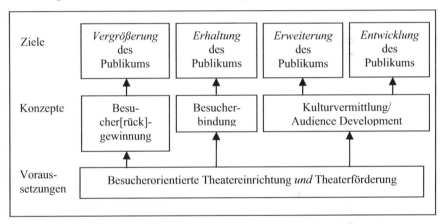

Erste elementare *Voraussetzung des Besuchermanagements* ist die Etablierung des Konzepts der Besucherorientierung bzw. die konsequent besucherorientierte Ausrichtung des Theaterbetriebs, deren zentraler Anspruch darin besteht, den (Nicht-)Besucher in den Mittelpunkt des Geschehens der Theaterorganisation zu stellen (vgl. Klein 2005a: 71 und Kapitel 3.2.4.1). Zwar ist die Bereitschaft vieler Opernbetriebe in den letzten Jahren gewachsen, die Besucherorientierung in das Zentrum ihrer Aktivitäten zu stellen. Beobachten lässt sich in der Praxis allerdings auch, dass noch nicht in jeder Einrichtung auch dementsprechend gehandelt wird (vgl. Fuchs 2005: 36). Gerne werden dann laut Schmidt-Ott terminlich, programmatisch, besetzungstechnisch induzierte Entscheidungen als besucherorientiert etikettiert, aber: „der Betrieb wird viel zu wenig um das Publikum, den Zuhörer, Zuschauer, Kunden und Besucher herum gebaut, basiert zu wenig auf einer umfassenden Besucher- und Nicht-Besucherforschung, ist nicht nachfrage- sondern angebotsorientiert" (Schmidt-Ott 2009: 73). Daher sollten nach Fuchs seitens der Kulturpolitik künftig verstärkt auch Überlegungen angestellt werden, die Berücksichtigung von Besucherorientierung nicht allein in das Belieben der Institutionen zu stellen, sondern durch eine entsprechende Ausrichtung der Kulturförderpraxis gezielt dazu beizutragen (vgl. Fuchs 2005: 36).

Basierend auf seinen beiden Voraussetzungen unterscheidet das Besuchermanagement drei *Konzepte*, welche zur Erreichung seiner vier zentralen *Ziele* beitragen können. Zum einen geht es um eine Erhaltung und Vergrößerung der knappen Ressource ‚Publikum' von Opernhäusern. Die erste Konzeption der Besucher(rück)gewinnung beschäftigt sich im Rahmen der Zielstellung einer Vergrößerung des Publikums mit der Gewinnung von bereits kulturaffinen Noch-Nicht- bzw. Nicht-Mehr-Besuchern (vgl. hierzu auch Kapitel 3.2.5). Das zweite Konzept der Besucherbindung fokussiert sich auf die bereits vorhandenen Besucher und hat deren Erhalt zum Ziel (vgl. Kapitel 3.2.4.3). Die Bemühungen des Besuchermanagements konzentrieren sich in der Praxis allerdings noch zu häufig lediglich auf die kleine, seit mehreren Jahren kontinuierlich schrumpfende Gruppe derjenigen, die bereits regelmäßig Opernangebote nutzt. Obwohl von den Verantwortlichen in den Opernbetrieben mitunter permanent wiederholt wird, wie überlebensnotwendig es sei, neue Publikumsschichten zu gewinnen, findet eine Auseinandersetzung mit der Lebenswelt der Nicht-Besucher bislang nur äußerst selten statt. Zu stark ist die Orientierung am bereits vorhandenen Publikum. In diesem Sinne erreichen die Kulturangebote auch längst noch nicht alle Teile der Gesellschaft gleichermaßen (vgl. hierzu Kapitel 3.1.1). Ein am Leitbild der *Nachhaltigen Entwicklung* (vgl. ausführlich Föhl et al. 2011 und Klein 2005b) orientierter Umgang mit dem Publikum, welcher sich dem sozial- und kulturpolitischen Ziel eines uneingeschränkten Zugangs und umfassender Teilhabe verpflichtet sieht, hat darüber hinaus aber auch gerade diejenigen Personen für kulturelle Angebote zu gewinnen, die diese bislang nicht oder kaum nutzen. Dies bedeutet, die Anstrengungen von Opernbetrieben zur Erhöhung der Nachfrage sollten sich nicht nur auf ohnehin kulturaffine Bevölkerungsgruppen richten (vgl. hierzu und im Folgenden Reussner 2010: 68). Verstärkt sind laut Reussner auch schwieriger zu erreichende Zielgruppen in den Fokus zu nehmen, die bisher aus dem gesellschaftlichen und kulturellen Leben herausfallen bzw. kaum Zugang zum öffentlichen Leben haben. Demnach steht nach Reussner die Erweiterung des Publikums im Sinne einer gezielten Erschließung neuer Zielgruppen aus bisher in der Besucherschaft unterrepräsentierten (z. B. aus sozial benachteiligten) Bevölkerungsteilen als weiteres Ziel im Zentrum des Besuchermanagements. Wenn Opernhäuser auch weiterhin Bestand haben wollen, kommen sie zudem an der Frage nicht vorbei, wer diese Institutionen in Zukunft in Anspruch nehmen soll (vgl. Klein 2007b: 127). Die Aufmerksamkeit sollte daher laut Klein auch dem Publikum von morgen und seiner zielgerichteten Entwicklung gelten. Vor diesem Hintergrund stehen innerhalb der dritten Kon-

3.2 Basiskonzepte der Besucherbindung

zeption der Kulturvermittlung bzw. des Audience Development die Erweiterung des Publikums um neue bzw. kulturferne Zielgruppen sowie die Entwicklung von zukünftigen Besuchern im Fokus der Betrachtung (vgl. auch Kapitel 3.2.5 und 7.5).

Mit dieser Gesamtkonzeption des Besuchermanagements wird eine partizipatorische und gesellschaftsorientierte Sichtweise verbunden (vgl. Reussner 2010: 68 und Kapitel 2.4). Zugleich wird dabei aber auch deutlich, dass der Anspruch, sich als Opernhaus im Sinne einer „Kultur für alle" (Hoffmann 1981) mit seinen Angeboten an *alle* richten zu wollen, uneinlösbar ist, da man es beim erreichbaren Publikum immer mit „wechselnden Minderheiten" (Scheytt 2005: 25) zu tun hat (vgl. Scheytt 2005: 25). Auch scheint der Möglichkeitsrahmen nur begrenzt, die an einem Opernbesuch gar nicht interessierten Bevölkerungsteile in missionarischer Weise umzustimmen, und ist nur mit entsprechend hohem zeitlichen, personellen und finanziellen Aufwand zufriedenstellend realisierbar (vgl. Reussner 2010: 76). „Es wird [daher] zwar kaum gelingen, alle Menschen gleich stark für eine kulturelle Teilhabe zu gewinnen." (Weichel 2008: 163) Und es kann auch nicht das ausgewiesene Ziel einer Kultureinrichtung sein, ein beliebiges Angebot, zusammengestückelt aus diffusen Bedürfnissen potenzieller Besuchergruppen, zum Maßstab für die Teilhabe aller zu erheben (vgl. Maedler 2008a: 104). Gleichwohl sollten Opernhäuser und Kulturpolitik laut Weichel künftig gemeinsam noch viel stärker als bisher versuchen, Zugangsvoraussetzungen anzugleichen, Möglichkeiten zur individuellen Nutzung und ein Verständnis möglichst großer Bevölkerungsteile zu schaffen sowie Kunst und Kultur neu in den Alltag breiter Bevölkerungsgruppen einzubringen (vgl. Weichel 2008: 163). Das Hauptanliegen sollte dabei sein, ein Publikum für Kunst und Kultur aufzubauen, das repräsentativer für die Gesellschaft als Ganzes ist, sprich die Vielfalt der Gesellschaft auch in der Besucherstruktur der Opernhäuser widerzuspiegeln (vgl. hierzu u. a. bei Mandel 2005c: 205).

3.2.4 Bausteine des Besuchermanagements

Als vier Bausteine des Kundenmanagements (vier K) bezeichnen Helm und Günter die Kundenorientierung, die Kundenzufriedenheit, die Kundenbindung und den Kundenwert (vgl. Helm/Günter 2006: 11). Übertragen auf den Opernbetrieb lassen sie sich als die *vier B* des Besuchermanagements bezeichnen: Besucherorientierung, Besucherzufriedenheit, Besucherbindung und Besucherwert (vgl. hierzu auch Laukner 2008: 67). Dabei kann folgender funktionale Zusammenhang zwischen den ersten drei Bausteinen zugrunde gelegt werden:

Abbildung 4: Zusammenhang zwischen den Bausteinen des Besuchermanagements (in Anlehnung an Laukner 2008: 67 und Hausmann 2001: 203)

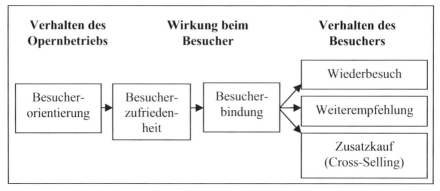

Besucherorientierung führt somit über die Erfüllung der Besuchererwartungen und die Schaffung von Besuchervorteilen zu Besucherzufriedenheit, die wiederum die Bindung des Besuchers an ein Opernhaus begünstigt und das zukünftige Besucherverhalten (tendenziell) in Form von Wiederbesuch, Weiterempfehlung und Zusatzkauf (sog. Cross-Selling) positiv beeinflusst (vgl. Laukner 2008: 67 und Hausmann 2001: 203).[64] Die ersten drei Bausteine werden darüber hinaus als zentrale Voraussetzungen für den Erfolg des Besucher-managements angesehen, der sich im vierten B manifestiert: dem Besucherwert.

3.2.4.1 Besucherorientierung

Als Ausgangspunkt des Besuchermanagements gilt die Besucherorientierung.[65] Die Forderung nach mehr Besucherorientierung und das Bewusstsein für ihre Vorteile und Notwendigkeit haben – auch aufgrund der in Kapitel 3.1.1 beschriebenen veränderten Rahmenbedingungen – an Opernhäusern in den letzten Jahren stetig an Bedeutung gewonnen (vgl. Hausmann 2005: 25). Die Umset-

---

64 Hinsichtlich des Einflusses der Besucherzufriedenheit auf die Besucherbindung wird anhand des Forschungsstandes allerdings deutlich, dass die Zufriedenheit zwar oft als Grundvoraussetzung für langfristige Geschäftsbeziehungen angesehen wird, aber darüber hinaus noch weitere Einflussgrößen beachtet werden müssen (vgl. Kapitel 4). Gerade diese Erkenntnis erfordert in der vorliegenden Arbeit eine umfassende Betrachtung der Besucherbindung und die Berücksichtigung weiterer Determinanten, die eine besucherbindende Wirkung aufweisen.
65 Vgl. zum Konzept der Besucherorientierung exempl. Günter 1997, 1998b und 2000, Hausmann 2001 und Klein 2008a.

3.2 Basiskonzepte der Besucherbindung

zung der Besucherorientierung im öffentlichen Opernbetrieb ist jedoch aufgrund der Autonomie des künstlerischen Produktes (vgl. Kapitel 5.2.1) nicht in allen Funktionsbereichen möglich, wie dies bei kommerziellen Unternehmen der Fall ist (vgl. Laukner 2008: 58). Besucherorientierung wird demnach hier keineswegs so verstanden, dass das Angebot uneingeschränkt an den Wünschen, Anforderungen und Bedürfnissen der Besucher ausgerichtet wird (vgl. Hausmann 2005: 25). „Konsequente Besucherorientierung bedeutet vielmehr, dass [das jeweilige Opernhaus] tatsächlich alle Anstrengungen unternimmt, das, was [es] künstlerisch-ästhetisch produziert, einem größtmöglichen Kreis von Interessenten nahe zu bringen." (Klein 2007b: 101). So gilt es z. B. alle Maßnahmen, mit denen die Theaterziele erreicht werden sollen, daraufhin zu prüfen, welche Wirkung sie bei den (Nicht-)Besuchern erzeugen und ob sie geeignet sind, die Akzeptanz gegenüber dem Opernhaus zu erhöhen oder eher Barrieren aufzubauen (vgl. Günter 2000: 68 f.). „Es geht darum, in dem Sinne besucherorientiert zu handeln, dass zum einen die Rahmenbedingungen eines Opernbesuches an die Bedürfnisse der Besucher angepasst werden können, z. B. hinsichtlich Zugänglichkeit, Freundlichkeit des Personals und Serviceangeboten. Zum anderen sollen die künstlerischen Intentionen verdeutlicht bzw. die Inhalte für den Besucher attraktiv und verständlich gemacht werden. Ein derartiges besucherorientiertes Handeln setzt aber voraus, dass ein Opernhaus sein Publikum mit dessen ganz unterschiedlichen Bedürfnissen kennt bzw. erkennt, wo Barrieren bestehen (vgl. Klein 2008a: 45-85)" (Föhl/Lutz 2011: 60), „und dies bei der Planung der eigenen Aktivitäten berücksichtigt, um die Angebote nicht am Adressaten vorbei zu planen" (Günter/Hausmann 2009: 17). Zusammenfassend lässt sich mit Kotler und Scheff wie folgt konstatieren: „Eine Kultureinrichtung arbeitet dann besucherorientiert, wenn sie – im Rahmen ihrer künstlerischen, kulturellen und kulturpolitischen Zielsetzungen und finanziellen Bedingungen – jede Anstrengung unternimmt, sensibel Besucherwünsche und Bedürfnisse wahrzunehmen, zu bedienen und vor allem langfristig zu befriedigen" (Kotler/Scheff 1997: 36). Die in Tabelle 8 aufgeführten Voraussetzungen, Maßnahmen und Ziele der Besucherorientierung verdeutlichen überblicksartig die einzelnen Elemente dieses umfangreichen Ansatzes:[66]

---

66 Vgl. zu den Elementen der Besucherorientierung Hausmann 2001: 67 ff. und 2005: 27 ff. sowie Lutz 2011a: 86 f.

Tabelle 8: Elemente der Besucherorientierung (in Anlehnung an Hausmann 2005: 27)

Voraussetzungen für Besucherorientierung	**Denk- und Führungsstil**	- Konzeptionelle Denk- und Verhaltensweise der Besucherorientierung (vom Besucher her). - Etablierung von Besucherorientierung als durchgängige Grundhaltung aller Mitarbeiter und Führungskräfte.
	Besucheranalyse und Besuchersegmentierung	- Gewinnung von (Nicht-)Besucherinformationen, um Segmente zu bilden und Marketingmaßnahmen zielgruppenspezifisch auszurichten.
Maßnahmen der Besucherorientierung	**Besucherbehandlung**	- Besucherbehandlung in der Form, dass deren Bedürfnisse möglichst umfassend berücksichtigt werden. - Im Vordergrund sämtlicher Aktivitäten steht die Schaffung von Präferenzen und damit die Realisierung von Besuchervorteilen.
Ziele der Besucherorientierung	**Besucherzufriedenheit und Besucherbindung**	- Herstellung von Besucherzufriedenheit und -bindung. - Förderung von Wiederbesuchsabsicht, Zusatzkauf und Weiterempfehlungsverhalten.

3.2.4.2 Besucherzufriedenheit

Das Resultat einer besucherorientierten Vorgehensweise stellt die Besucherzufriedenheit dar (vgl. Laukner 2008: 59). In engem Zusammenhang mit der großen Anzahl an Publikationen zum Thema Kunden- und Besucherzufriedenheit steht auch die Vielfalt an entwickelten Erklärungsansätzen (vgl. hierzu und im Folgenden Giering 2000: 7). Ein Großteil der Veröffentlichungen weist dabei eine eindeutige Tendenz im Hinblick auf den Erklärungsansatz des Confirma-

3.2 Basiskonzepte der Besucherbindung

tion/Disconfirmation-Paradigma (im Folgenden kurz: C/D-Paradigma) auf.[67] Die Modellierung von Besucherzufriedenheit durch das C/D-Paradigma basiert auf dem Grundgedanken, dass dem Zufriedenheitsurteil des Besuchers ein komplexer psychischer Soll/Ist-Vergleichsprozess zugrunde liegt (vgl. Hausmann 2001: 70 und Abbildung 5). In einem subjektiven Bewertungsprozess vergleicht der Besucher seine tatsächlichen Erfahrungen bei der Inanspruchnahme von Leistungen des Opernhauses (Ist-Komponente) mit dem, was er zuvor hinsichtlich seiner Besuche erwartet hat (Soll-Komponente) (vgl. Krüger-Strohmayer 1997: 42).[68] Besucherzufriedenheit entsteht als emotionale Reaktion beim Besucher, wenn die vom Besucher subjektiv wahrgenommenen Leistungen seine Erwartungen bestätigen (Konfirmation) oder übertreffen (positive Diskonfirmation) (vgl. Jeker 2002: 126 und Giering 2000: 7). Konnte das Opernhaus die Erwartungen des Besuchers sogar deutlich übertreffen, besteht die Möglichkeit, Begeisterung beim Besucher hervorzurufen (vgl. Schneider 2006: 53 und Laukner 2008: 60). Enttäuschung und somit Unzufriedenheit kann dann entstehen, wenn die erfahrenen Leistungen hinter den Erwartungen des Besuchers zurückbleiben (negative Diskonfirmation) (vgl. Giering 2000: 7 und Laukner 2008: 60 f.). Klaffen Leistungserfahrungen und -erwartungen nur unerheblich auseinander, kann dies beim Besucher auch ein indifferentes Gefühl, also weder Zufriedenheit noch Unzufriedenheit, hervorrufen (vgl. Butzer-Strothmann et al. 2001: 53).

---

67 Als weitere Erklärungsansätze lassen sich neben dem C/D-Paradigma insbesondere die Assimilations-/Kontrasttheorie sowie die Equity- und Attributionstheorie nennen (vgl. hierzu Homburg/Stock-Homburg 2006 für einen Überblick sowie zu den folgenden Ausführungen zum C/D-Paradigma).

68 Die tatsächliche Leistungserfahrung beruht auf eigenen Nutzungserfahrungen sowie auf dem Erfahrungsaustausch mit anderen Personen. Die Erwartungen des Besuchers werden dabei vor allem durch eigene Wünsche, persönliche Bedürfnisse, Idealvorstellungen, das Wissen um alternative Angebote und bisher gemachte eigene Erfahrungen, durch anbieterseitige Kommunikationsmaßnahmen und durch den Austausch mit anderen Besuchern (interpersonelle Kommunikation) beeinflusst (vgl. Hausmann 2005: 29, Hausmann 2001: 70, Laukner 2008: 60 und Butzer-Strothmann et al. 2001: 52).

Abbildung 5: Modell der Besucherzufriedenheit (in Anlehnung an Butzer-Strothmann et al. 2001: 52 und Hausmann 2001: 71)

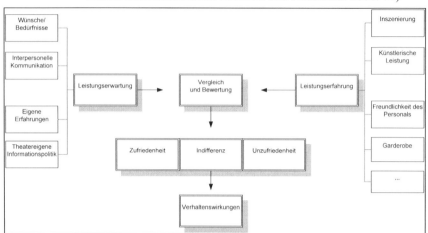

Lange Zeit wurde Kundenzufriedenheit in der Literatur hauptsächlich als transaktionsspezifisches Phänomen betrachtet, das sich lediglich auf einen ganz spezifischen Kauf bzw. ein einzelnes Erlebnis innerhalb der Geschäftsbeziehung bezieht (vgl. hierzu Homburg et al. 2008: 108). In diesem Sinne grenzen auch Butzer-Strothmann et al. für den Theaterbereich die Zufriedenheit von der Einstellung ab und sehen den entscheidenden Unterschied in dem langfristigen Charakter letzterer (vgl. Butzer-Strothmann et al. 2001: 61).[69] Im Fokus des Interesses der aktuellen Zufriedenheitsforschung steht allerdings nicht mehr ausschließlich die einzelne Transaktion, sondern im Sinne des Beziehungsmarketings die übergreifende Zufriedenheit mit der gesamten Geschäftsbeziehung (sog. Beziehungszufriedenheit).[70] Grundvoraussetzung für eine langfristige Beziehung ist danach eine stabile Zufriedenheit mit dem gesamten Austauschprozess (vgl. hierzu und im Folgenden Wallenburg 2004: 94). Die Beziehungszufriedenheit bildet sich zwar nicht losgelöst von den einzelnen Transaktionen und der Zufriedenheit mit ihnen (vgl. Bauer 2000: 33). Mit wachsender Anzahl der Transaktio-

---

69 Zufriedenheit oder Unzufriedenheit entsteht demnach in konkreten Erfahrungssituationen. „Sie misst mehr die kurzfristigen Wirkungen als die langfristigen Effekte auf die Einstellung zum Theater" (Butzer-Strothmann et al. 2001: 51). Daher kann sich z. B. Zufriedenheit, sobald neue Erfahrungen gesammelt werden, schlagartig in Unzufriedenheit wandeln. Die Einstellung eines Besuchers bildet sich dagegen über einen längeren Zeitraum heraus, so dass sich eine Veränderung hier auch nur langfristig vollziehen kann (vgl. Butzer-Strothmann et al. 2001: 51).
70 Vgl. hierzu exempl. Bauer 2000: 33 und Stauss 2008: 375.

3.2 Basiskonzepte der Besucherbindung

nen sinkt allerdings die Wahrscheinlichkeit, dass ein Kunde gedanklich noch eine Trennung und Unterscheidung der einzelnen Transaktionen vornimmt. Die jeweiligen transaktionsspezifischen Erfahrungen verdichten sich zu einer Einschätzung der Geschäftsbeziehung zum Opernhaus. „Zudem sind für die Zufriedenheit mit der Geschäftsbeziehung auch solche Aspekte relevant, die sich nicht an einzelnen Transaktionen festmachen lassen, sondern die Beziehung als Ganzes betreffen." (Wallenburg 2004: 94) Für Wiederbesucher erscheint es wahrscheinlicher, dass ein Zufriedenheitsurteil, welches auf der Summe der gesammelten Erfahrungen innerhalb der bisherigen Geschäftsbeziehung beruht, einen größeren Einfluss und damit einen höheren Aussagegehalt bezüglich der Besucherbindung aufweist als die Zufriedenheit mit einer singulären Besuchserfahrung (vgl. Giloth 2003: 99). Daher wird in der vorliegenden Arbeit die Besucherzufriedenheit als einstellungsähnliche und transaktionsübergreifende Größe verstanden, die auf die gesamte bisherige Beziehung als Bezugsobjekt abstellt. Im Sinne von Homburg et al. lässt sie sich als kognitive und affektive Evaluierung der gesamten Erfahrungen mit einem bestimmten Opernhaus und den von ihm erbrachten Leistungen definieren (vgl. Homburg et al. 2008: 108).

Eine wiederholte, zufriedenstellende Erfahrung führt laut Meyer et al. neben Zufriedenheit auch zum Aufbau von Vertrauen, das zu einem noch unbekannten Anbieter nicht besteht: „Der Konsument entwickelt Glaubwürdigkeit in die Kompetenz und Verlässlichkeit des Anbieters, die dem Nachfrager den Nutzen der Vermeidung von Unsicherheit bezüglich nicht erprobter Alternativen und damit der Reduktion des wahrgenommenen Risikos bietet." (Meyer et al. 2006: 75, vgl. hierzu auch Kapitel 4.1.3)

3.2.4.3 Besucherbindung

Die Besucherbindung steht neben der Besucherorientierung und der Besucherzufriedenheit als weiterer Baustein des Besuchermanagements zwar erst am Ende eines dreistufigen Entwicklungsprozesses – sollte als strategisches Entwicklungsziel einer Kultureinrichtung allerdings von Anfang an alle Entscheidungen beeinflussen (vgl. Klein 2008a: 31). Trotz einer Vielzahl von Veröffentlichungen zum Thema Kunden- und Besucherbindung konnte sich bisher in der Literatur kein einheitliches Begriffsverständnis durchsetzen. Während Kapitel 3.3 auf die unterschiedlichen Kategorien von Definitionen eingeht und daraus ein eigenes Begriffsverständnis für die vorliegende Arbeit ableitet, widmet sich Kapitel 3.4 den qualitativen Ausprägungsformen der Besucherbindung und Kapitel 6.2.3.2 befasst sich mit der Frage, wie Besucherbindung konzeptualisiert und empirisch gemessen werden kann.

3.2.4.4 Besucherwert

Hinter einer Bewertung von Besuchern steht der Gedanke, dass die Dauer einer Besucherbeziehung die Profitabilität[71] der Besucherbeziehung determiniert. In anderen Worten: „Je länger ein Kunde gehalten werden kann, desto wertvoller wird er damit für den Anbieter" (Helm/Günter 2006: 11). Ein Wieder- bzw. Stammbesucher hat für ein Opernhaus demnach in der Regel einen höheren Wert als ein Erstbesucher (vgl. Laukner 2008: 57). Leitgedanke eines wertorientierten Besuchermanagements sollte folglich immer sein, den Besucher auf einer sog. Loyalitätstreppe bzw. -leiter vom Nicht-Besucher, über den Erstbesucher zum Wieder- sowie Stammbesucher und schließlich zum aktiven Empfehler bzw. Förderer zu machen, der die Oper und ihre angebotenen Leistungen aus Überzeugung weiterempfiehlt und fördert:

Abbildung 6: Abstufung von Besuchern nach ihrer Bindungsintensität

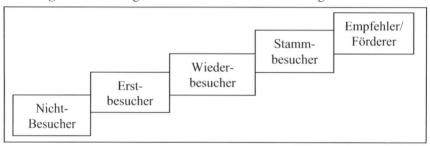

Das amerikanische Kulturmanagement spricht hier laut Klein von einer *Visitor-Value-Chain*, d. h. einer Besucherwertschöpfungskette, die von den Kultureinrichtungen mit dem Ziel einer nachhaltigen Publikumsentwicklung aktiv aufgebaut werden sollte (vgl. Klein 2007b: 126). Für jede dieser Stufen gelten andere Anforderungen, die in der jeweiligen Marketingstrategie zu berücksichtigen sind. Zu jedem Zeitpunkt der Beziehung ist daher genau zu ermitteln, auf welcher Stufe sich der (Nicht-)Besucher gerade befindet und mit welchen loyalitätsfördernden Maßnahmen er dazu bewegt werden kann, eine Stufe höher zu steigen, um ihn dadurch immer enger an das Opernhaus zu binden. Ziel kann dabei sein, so viele Besucher wie möglich auf die Empfehler-Stufe zu heben und auf diesem

---

71 Profitabilität ist hier zu verstehen als periodenbezogener Saldo „aus Einzahlungen (durch Erst-, Wieder-, Zusatzkauf sowie Weiterempfehlungen) und Auszahlungen (Akquisitions- und Betreuungskosten)" (Helm/Günter 2006: 13).

3.2 Basiskonzepte der Besucherbindung 109

Weg so wenig Besucher wie möglich zu verlieren (vgl. Schüller/Fuchs 2007: 187).

Vor diesem Hintergrund wird deutlich, dass es aus der Sicht eines Opernbetriebes mit Blick auf die diskutierten Konstrukte nicht darum gehen kann, Besucherorientierung *um jeden Preis*, *maximale* Besucherzufriedenheit und das Halten *aller* Besucher zu erreichen (vgl. hierzu und im Folgenden Helm/Günter 2006: 14 f.). Vielmehr liegt die Leitlinie darin, die richtigen Besucher zu finden und zu binden (sog. Besucherfokussierung), also die Besuchergewinnung und die nachfolgende Pflege von Besucherbeziehungen auch unter wertorientierten Gesichtspunkten vorzunehmen. Daher scheint es auch nicht sinnvoll, dass alle Besucher identisch vom Opernhaus behandelt werden, sondern die Kosten der Besucherpflege müssen stets mit Blick auf den Erfolgsbeitrag von Besuchern abgewogen werden. Allerdings ist eine ausschließliche Ausrichtung des Besuchermanagements am Besucherwert für öffentliche Kultureinrichtungen kritisch zu betrachten, da diese im Hinblick auf ihre Sozial- und Bildungsziele sowie insbesondere im Sinne von sozial-kultureller Teilhabe und Chancengerechtigkeit auch diejenigen Personen anzusprechen haben, die sich ihren Leistungen gegenüber eher ablehnend verhalten (vgl. Helm/Hausmann 2006: 21).

3.2.5 Phasen des Besuchermanagements

Das Besuchermanagement unterscheidet drei Phasen, welche sich aus dem Konzept des Kundenbeziehungslebenszyklus ableiten und die verschiedenen Stadien einer idealtypischen Besucherbeziehung aufzeigen (vgl. Abbildung 7).[72] Die erste Phase der *Besuchergewinnung* beschreibt die Initiierung der Beziehung zwischen Opernhaus und (Nicht-)Besucher. In der Anbahnungsphase hat noch kein Besuch stattgefunden. Allerdings holt der potenzielle bzw. Noch-Nicht-Besucher (vgl. Kapitel 2.5) ggf. diverse Informationen über das Opernhaus ein und vergleicht dessen Leistungen mit den Konkurrenzangeboten. Wird das Angebot für vielversprechend gehalten, sprich besteht ein Besuchervorteil, wird die Leistung erstmalig in Anspruch genommen. Die Anbahnungsphase schließt mit einem ersten Besuch, der die Sozialisationsphase einläutet, in der sich beide Austauschpartner aneinander gewöhnen. Im Rahmen der Besuchergewinnung geht es einerseits um die Erschließung von kulturaffinen Noch-Nicht-Besuchern für die Angebote von Opernbetrieben.[73] Andererseits dürfen sich die Anstren-

---

72 Vgl. zum Modell des Kundenbeziehungslebenszyklus und zu den folgenden Ausführungen in diesem Kapitel ausführlich Stauss 2000, Bruhn 2009: 47 ff. und Georgi 2008: 251 f.
73 Vgl. zur Vorgehensweise und den Maßnahmen der Gewinnung von Noch-Nicht-Besuchern Lutz 2011b sowie ausführlich Bruhn 2009: 132 ff. und 175 ff.

gungen von Opernhäusern zur Erhöhung der Nachfrage aber nicht nur auf ohnehin kulturaffine Zielgruppen richten, sondern sie haben sich auch verstärkt um die kulturfernen Bevölkerungsteile zu bemühen, um damit ein Publikum aufzubauen, das repräsentativer für die Gesellschaft als Ganzes ist (vgl. hierzu Kapitel 3.2.3). Wenn Opern und Theater auch weiterhin Bestand haben wollen, müssen sie sich zudem die Frage stellen, wer diese Institutionen in Zukunft in Anspruch nehmen soll. Innerhalb der Kulturvermittlung bzw. des Audience Development geht es um die Entwicklung von zukünftigen Besuchern sowie die Erweiterung des Publikums um neue bzw. kulturferne Zielgruppen (vgl. auch Kapitel 7.5).

Gelingt es, den Besucher mit den erstmals in Anspruch genommenen Leistungen zufriedenzustellen, steigt seine Loyalität zum Opernhaus und er tritt in die *Besucherbindungsphase* ein. Die Wachstumsphase ist aus Perspektive des Opernhauses durch die Ausschöpfung der Besucherpotenziale gekennzeichnet, indem eine Ausweitung der Beziehung in Form einer Steigerung der Leistungsnutzung durch den Besucher angestrebt wird. In der Reifephase sind die Potenziale des Besuchers weitgehend ausgeschöpft. Nun geht es aus Sicht des Opernhauses darum, die Besuchshäufigkeit und die damit in Verbindung stehenden Erlöse auf dem erreichten Niveau zu halten. Schließlich betrifft die *Phase der Besucherrückgewinnung* die Beendigung von Beziehungen durch den Besucher und umfasst die Gefährdungs-, die Auflösungs- sowie die Abstinenzphase. In Gefährdungsphasen spielt der Besucher aufgrund bestimmter Ereignisse, die zur Unzufriedenheit führen, mit dem Gedanken, das Opernhaus künftig nicht mehr oder nur noch in reduzierter Form zu besuchen. In der Auflösungsphase trifft der Besucher die letztendliche Entscheidung, die Institution nicht mehr zu besuchen und bricht die Beziehung ab. Als Folge trifft die Abstinenzphase ein, in der der Besucher keine Leistungen mehr in Anspruch nimmt. Entweder aufgrund von besucherseitigen Argumenten oder durch Rückgewinnungsmaßnahmen[74] des Opernhauses kann es zu einer Wiederaufnahme der beendeten Beziehung kommen. Allerdings muss mit Klein konstatiert werden, dass die Rückgewinnung von Besuchern stets nur die zweitbeste Strategie darstellt. Im Sinne von langfristiger Besucherbindung ist es laut Klein besser, bereits proaktiv auf die Bedürfnisse und Wünsche der Besucher einzugehen (vgl. Klein 2008a: 243). Hierzu ist es u. a. erforderlich, ein aktives Beschwerdemanagement aufzubauen (vgl. Kapitel 5.3.3 und Klein 2008a: 222 ff.). Auch die Etablierung von entsprechenden Frühwarn-Systemen, die eine drohende Besucherabwanderung anzeigen (sog. proaktives Monitoring), ist empfehlenswert.

---

74 Vgl. zu möglichen Besucherrückgewinnungsstrategien Lutz 2011b und Klein 2008a: 241 ff. sowie allgemein zum Kundenrückgewinnungsmanagement Bruhn/Michalski 2008: 271 ff., Michalski 2002 und Sieben 2002.

3.2 Basiskonzepte der Besucherbindung

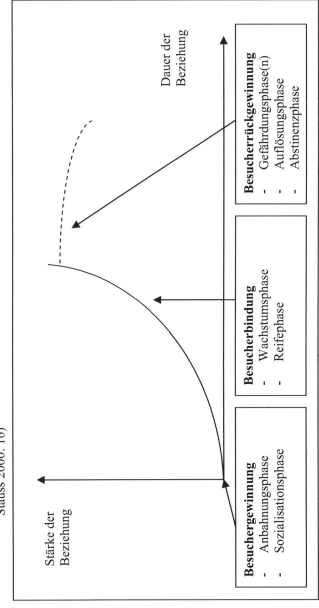

Abbildung 7: Phasen des Besucherbeziehungslebenszyklus (in Anlehnung an Bruhn 2009: 48 und Stauss 2000: 16)

Da sich Besucherbeziehungslebenszyklen dadurch auszeichnen „Geburts- und Sterbezeitpunkte" (Diller et al. 2005: 28) zu besitzen, verweisen sie auf die Notwendigkeit des Besuchermanagements, stets für Nachschub an Besuchern zu sorgen sowie durch eine Streckung des Lebenszyklus (Verlängerung der Beziehungsdauer) und die Intensivierung des Geschäftsniveaus (Steigerung der Besuchshäufigkeit) eine optimale Ausschöpfung der Besucherbeziehung im Hinblick auf den Besucherwert zu bewerkstelligen (vgl. Diller et al. 2005: 28). Auch wenn die verwendeten Terminologien auf eine Relevanz der Besucherbindung nur in der Besucherbindungsphase hinweisen, ist diese auch in den beiden anderen Phasen von Bedeutung (vgl. Georgi 2008: 252). In der Gewinnungsphase gilt es, die Besucherbindung zu fundieren, während sie in der Rückgewinnungsphase wiederhergestellt werden soll (vgl. Georgi 2008: 252). Die Vergänglichkeit von Beziehungen, die im Besucherbeziehungslebenszyklus zum Ausdruck kommt, verweist darauf, langfristig trotz aller Bemühungen um die Besucherbindung für ein ausgewogenes Besucherportfolio zu sorgen (vgl. Diller 1995: 60). Auch darf nicht übersehen werden, dass mit einer reinen Fokussierung auf die Besucherbindung durchaus negative Effekte verbunden sein können (vgl. Kapitel 3.1.2). Entsprechend sind neben einer Bindung vorhandener Besucher in der Erstbesuchergewinnung sowie in der Rückgewinnung von Nicht-Mehr-Besuchern wesentliche Bestandteile des Besuchermanagements zu sehen.

3.3 Definitionen der Besucherbindung

Trotz einer Vielzahl von Veröffentlichungen zum Thema Kunden- und Besucherbindung konnte sich bisher in der Literatur kein einheitliches Begriffsverständnis durchsetzen (vgl. Eggert 1999: 4). Die verschiedenen Definitionsversuche spiegeln engere und weitere Begriffsauffassungen wider, die entweder den Anbieter oder die Kundenseite in den Vordergrund stellen und mehr oder weniger stark von theoretischen oder praxisorientierten Überlegungen geprägt sind (vgl. Jeker 2002: 19). Vor diesem Hintergrund formuliert Diller drei Konzepttypen der Kundenbindung, die sich auf den *Anbieter* (Kapitel 3.3.1), die *Kunden* (Kapitel 3.3.2) oder die *Geschäftsbeziehung* (Kapitel 3.3.3) beziehen können und somit zu drei unterschiedlichen Kategorien von Definitionen führen (vgl. hierzu und zu den Ausführungen der folgenden Kapitel bei Diller 2000: 30, Diller 1995: 5 ff. und Diller 1996: 82 f.):[75]

---

75 Die überwiegende Mehrzahl der Kundenbindungsforscher folgt dieser Konzeptualisierung von Diller, weshalb sie auch in dieser Arbeit als Systematisierungsrahmen zugrunde gelegt wird.

3.3 Definitionen der Besucherbindung

Abbildung 8: Besucherbindungsdefinitionen (in Anlehnung an Diller 2000: 30 und Diller 1996: 82 f.)

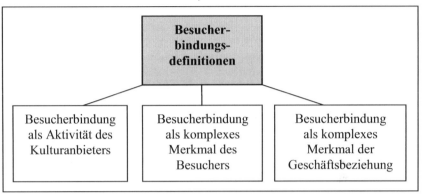

3.3.1 Besucherbindung als Aktivität des Kulturanbieters

Unter Besucherbindung wird in der ersten Kategorie ein Bündel von *Aktivitäten des Kulturanbieters* verstanden, mittels derer die Herstellung und Intensivierung der Bindung eines Besuchers vollzogen werden kann. „Im Vordergrund stehen hier der Anbieter und die Frage, wie Kunden an diesen zu binden sind." (Wallenburg 2004: 12) Klein überträgt das anbieterorientierte Begriffsverständnis auf den Kulturbetrieb und versteht unter Besucherbindung „sämtliche Maßnahmen einer Organisation (...), die darauf abzielen, sowohl die bisherigen als auch die zukünftigen Verhaltensabsichten eines Besuchers gegenüber dieser Kultureinrichtung und ihren Leistungen positiv zu gestalten, um die Beziehung zu diesem Besucher für die Zukunft zu stabilisieren bzw. sogar auszuweiten" (Klein 2008a: 32 f.). In vergleichbarer Weise definieren Laukner sowie Günter für den Museumsbereich: „Besucherbindung aus Anbietersicht ist zu verstehen als die Gesamtheit der Maßnahmen, die ein Museum ergreift, um Besucher an sich zu binden" (Laukner 2008: 70), demnach „jede Aktivität, die geeignet ist, Besucher (...) an das Haus und seine Leistungen zu binden, also eine (Management-)Aktivität gegenüber den Zielgruppen" (Günter 2000: 70). Die anbieterorientierte Definition wird in der Literatur auch unter dem Begriff der *Kundennähe* geführt (vgl. Wallenburg 2004: 12 f.). Kundennähe stellt das Spiegelbild der Kundenbindung auf der Anbieterseite dar und charakterisiert das Bemühen bzw. den Erfolg der Bemühungen um enge und intensive Beziehungen zu Kunden (vgl. Diller/Müllner 1998: 1222 und ausführlich bei Homburg 2000). Häufig werden die Bindungsaktivitäten der Anbieter auch mit dem Begriff des Kundenbindungsmanagements belegt (vgl. exempl. Homburg/Bruhn 2008). Heinrichs und Klein definieren *Besucherbindungsmanagement* als „die systematische Analyse, Planung, Durchführung und Kontrolle aller auf den aktuellen Besucherstamm gerichteten Maßnahmen einer Kultureinrichtung mit dem Ziel, mit diesen Besuchern auch in Zukunft Austauschbeziehungen aufrechtzuerhalten und/oder diese noch intensiver zu pflegen" (Heinrichs/Klein 2001: 32).

3.3.2 Besucherbindung als komplexes Merkmal des Besuchers

Im Rahmen der besucherorientierten Definition formuliert Diller die *Kundenbindung als komplexes Merkmal des Kund*en, das sowohl kognitive (mit Wissen und gedanklichen Prozessen verbundene) als auch affektive (mit Werthaltungen und Emotionen verbundene) und intentionale (mit Handlungsabsichten verbundene) Aspekte beinhaltet (vgl. Diller 1996: 82 f.). Diller zeigt zwei unterschiedlich weit gefasste Begriffsabgrenzungen auf (vgl. hierzu und im Folgenden auch Laukner 2008: 71): Werden die kognitiven, affektiven und intentionalen Aspekte der Kundenbindung zu einem gemeinsamen Konstrukt zusammengefasst, dann bezeichnet sie im weiteren Sinne die „Einstellung eines Kunden zur Geschäftsbeziehung mit einem Anbieter (...), die sich in dessen Bereitschaft zu Folgetransaktionen niederschlägt" (Diller 1996: 83). Werden die Verhaltensabsichten als ein Aspekt der Kundenbindung als eigenes Konstrukt abgetrennt, dann kann die Kundenbindung im engeren Sinne definiert werden als „Bereitschaft von Kunden zu Folgekäufen bei einem bestimmten Anbieter" (Diller 1996: 83).[76] Einige Forscher wie Bliemel und Eggert gehen noch einen Schritt weiter und vertreten ein *zustandsorientiertes Verständnis* (vgl. Bliemel/ Eggert 1998a und 1998b). Kundenbindung wird hier nicht am Wiederkaufverhalten oder der Wiederkaufabsicht des Kunden festgemacht, sondern an seinem inneren Zustand (vgl. Kapitel 3.4.2): „Aus Kundensicht liegt immer dann eine Kundenbindung vor, wenn der Kunde eine Bindung wahrnimmt, d. h. wenn sich der Kunde in dem inneren Zustand der Verbundenheit und/oder Gebundenheit befindet" (Eggert 1999: 130). Von manchen Autoren wird Kundenbindung auf der Nachfragerseite auch mit *Kundenloyalität* bzw. *Kundentreue* gleichgesetzt.[77] Eine solche Gleichsetzung der Begriffe ist jedoch kritisch zu sehen, da Loyalität stets auf einer positiven Einstellung des Kunden basiert, Kundenbindung hingegen aber auch im

---

76   Diese beruht laut Diller dann ihrerseits entweder auf entsprechenden Verpflichtungen oder auf einer Einstellung (mit kognitiven und affektiven Komponenten), die als separates Konstrukt modellierbar ist. Die überwiegende Mehrzahl der Kundenbindungsforscher folgt dieser engeren Begriffsdefinition von Diller.
77   Vgl. exempl. Giering 2000: 18 und Homburg et al. 2008: 110.

3.3 Definitionen der Besucherbindung

Falle neutraler oder negativer Einstellungen vorliegen kann (vgl. Giloth 2003: 55). Von Kundenloyalität kann folglich nur dann gesprochen werden, wenn sich ein Kunde freiwillig an einen Anbieter bindet, weil er das möchte, wohingegen Kundenbindung auch Zwangscharakter annehmen kann (vgl. Nieschlag et al. 2002: 1183 und Laukner 2008: 73). Insofern ist der Begriff Kundenbindung umfassender und wird auch von vielen Autoren in ähnlicher Form definiert (vgl. Meyer/Oevermann 1995: Sp. 1341, Dittrich 2000: 44 und Tomczak/Dittrich 1997: 14).

Innerhalb der kulturmanagerialen Literatur unternimmt bisher lediglich Günter eine Definition der Besucherbindung aus Besuchersicht für den Museumsbereich. Von dieser kann in einer weiten Sicht bereits gesprochen werden, „wenn es zu mehrfachen Besuchen desselben Hauses oder – in bestimmten Fällen – derselben Ausstellung kommt" (Günter 2000: 70). In einer engeren Sichtweise versteht er unter Besucherbindung „eine psychologische Affinität des Besuchers zu den Museumsleistungen, eine im Zeitablauf möglicherweise zunehmende psychische Festlegung (Commitment) auf die Angebote eines Hauses" (Günter 2000: 70). Besucher, die in diesem Sinne gebunden sind bzw. sich verbunden fühlen, haben laut Günter eine stabilere und aktivere Bindung an ein Haus als die reinen Wiederholungsbesucher der weiten Definition. Wohingegen bei der weiteren Sicht eine unfreiwillige Bindung noch nicht ausgeschlossen werden kann, schließt die engere Sichtweise dies aus. Diese innere Form ist mit einer freiwilligen Bindung bzw. Verbundenheit gleichzusetzen (vgl. Laukner 2008: 74).

3.3.3 Besucherbindung als komplexes Merkmal der Geschäftsbeziehung

Im Gegensatz zur besucherbezogenen Sichtweise orientiert sich die beziehungsorientierte Definition nicht an den Eigenschaften der Besucher, sondern an den *Merkmalen der Geschäftsbeziehung*. Im Sinne dieses Begriffsverständnisses umfasst die Besucherbindung bestimmte Merkmale des Transaktionsgeschehens (Austauschprozesse) und der darauf aufbauenden Transaktionsatmosphäre (vgl. Eggert 1999: 29). Bezogen auf die einzelnen Austauschprozesse wird die Kundenbindung von Diller als das „tatsächliche (overte) Kontakt- und Kauf- bzw. Einkaufsverhalten von Kunden gegenüber dem Anbieter" (Diller 1996: 83) charakterisiert. Neben dem Interaktionsgeschehen ist auch die Transaktionsatmosphäre mit ihren emotionalen bzw. psychologischen Aspekten wie z. B. Stimmung, Zufriedenheit, Vertrauen, Commitment für die Kundenbindung von Bedeutung (vgl. Diller 1996: 83).

3.3.4 Begriffsverständnis der vorliegenden Arbeit

Alle drei vorgestellten Definitionen lassen sich zu einer *integrierten Definition der Besucherbindung* zusammenfassen (vgl. Laukner 2008: 76). Besucherbindung ist dann zu verstehen als ein „System von Aktivitäten des Anbieters zur Verbesserung des Transaktionsgeschehens (Interaktion und Atmosphäre) auf der Grundlage positiver Einstellungen der Kunden und daraus resultierender Bereitschaft zu Folgekäufen" (Diller 1996: 84). Dadurch wird allerdings das Konzept „in der Begriffsextension so weit und komplex, dass es praktisch dem Beziehungs-Marketing gleichkommt" (Diller 1996: 84). Aus diesem Grund erscheint eine griffige, jedoch nicht allzu eng gefasste *Arbeitsdefinition* am zweckmäßigsten. In diesem Sinne formuliert Laukner in Anlehnung an Diller folgende Arbeitsdefinition der Besucherbindung für den Museumsbereich: „Besucherbindung liegt vor, wenn innerhalb eines zweckmäßig definierten Zeitraums wiederholte Besuche des betreffenden Museums stattgefunden haben (ex-post-Betrachtung) bzw. geplant sind (ex-ante-Betrachtung) und diese auf einer inneren psychologischen Affinität des Besuchers zu den Museumsleistungen beruhen" (Laukner 2008: 77). In Ergänzung hierzu vertreten Meyer und Oevermann ein *erweitertes Verständnis der Kundenbindung* (vgl. Meyer/Oevermann 1995: Sp. 1341). Dadurch tragen sie dem Phänomen Rechnung, dass sich die Bindung nicht allein im Wiederkaufverhalten widerspiegelt, sondern auch im bindungsnahen Verhalten der Weiterempfehlung und des Zusatzkaufs. Die Kundenbindung umfasst in diesem Verständnis „einerseits das bisherige Kauf- und Weiterempfehlungsverhalten und andererseits die zukünftigen Wiederkauf-, Zusatzkauf- und Weiterempfehlungs-Absichten eines Kunden gegenüber einem Anbieter oder dessen Leistungen" (Meyer/Oevermann 1995: Sp. 1341). Diesem Begriffsverständnis schließt sich auch Klein für die Besucherbindung im Kulturbetrieb an (vgl. Klein 2008a: 32).

Obwohl das erweiterte Begriffsverständnis, welches in der Literatur breite Anerkennung findet, eine adäquate Erfassung des facettenreichen Konstrukts Kundenbindung ermöglicht, wird in der vorliegenden Arbeit – auch zur Erleichterung der Operationalisierung und Erhöhung der Praktikabilität der empirischen Untersuchungen – ein enges Begriffsverständnis der Besucherbindung zugrunde gelegt:

> Besucherbindung liegt vor, wenn innerhalb eines zweckmäßig definierten Zeitraums wiederholte Besuche des betreffenden Opernhauses stattgefunden haben bzw. geplant sind.

3.4 Qualitative Ausprägungen der Besucherbindung

„Im Mittelpunkt der vorliegenden Arbeit steht die Besucherbindung aus Besuchersicht, bei der die Kundenbindung am Wiederbesuchsverhalten (…) festgemacht werden kann, und zwar zum einen an dem tatsächlichen Wiederbesuch und zum anderen an dem geplanten (…) Wiederbesuch, also der Wiederbesuchsabsicht." (Laukner 2008: 77). Im Gegensatz zur Arbeitsdefinition von Laukner wird hier bewusst auf das Vorhandensein einer „inneren psychologischen Affinität des Besuchers" als konstitutiver Bestandteil der Besucherbindungsdefinition verzichtet. Wohingegen bei der Begriffsbestimmung für den Opernbetrieb eine unfreiwillige Bindung nicht ausgeschlossen werden soll, schließt die Definition von Laukner dies aus: Bindungen, die nicht auf einer positiven Einstellung basieren, werden von ihr nicht als Besucherbindung anerkannt.[78] Das vorliegende Begriffsverständnis ist weiter gefasst als bei Laukner und basiert auf der Erkenntnis, dass Besucherbindung nicht unbedingt auf Freiwilligkeit des Besuchers beruhen muss. Besucherbindung liegt auch dann vor, wenn der Besucher – zumindest temporär – nicht wechseln kann (z. B. aufgrund einer vertraglichen Abonnementvereinbarung). Eine ausschließliche Fokussierung auf die Loyalität führt dazu, dass sich einerseits verschiedene Bindungstypen nicht mehr ausreichend differenzieren lassen und andererseits bindungsverstärkende Einflussfaktoren, die nicht in eine positive Einstellung gegenüber dem Opernhaus münden ignoriert würden. Um die hinter einem Wiederbesuch stehenden unterschiedlichen Einflussfaktoren besser verstehen zu können, ist daher eine möglichst umfassende Begriffsbestimmung notwendig.

3.4 Qualitative Ausprägungsformen der Besucherbindung

Durch die Kenntnis der qualitativen Ausprägungsformen der Besucherbindung lässt sich eine differenzierte Definitorik erreichen und ihre Wirkungseffekte können auf Besucherseite verdeutlicht werden (vgl. Diller 1996: 87). Diesbezüglich wird in den folgenden Ausführungen auf die Erscheinungsformen der Besucherbindung in öffentlichen Opernhäusern (Kapitel 3.4.1) sowie auf die unterschiedlichen Bindungszustände von Opernbesuchern (Kapitel 3.4.2) eingegangen.

---

[78] Allerdings behält Laukner diese Begriffsauffassung aus forschungspragmatischen Gründen weder im Rahmen ihrer Operationalisierung noch der empirischen Untersuchungen bei, sondern stellt lediglich auf das tatsächliche Wiederbesuchsverhalten ab.

3.4.1 Erscheinungsformen der Besucherbindung in öffentlichen Opernhäusern

Zu einer differenzierten Darstellung der Besucherbindung bietet es sich an, die Variationsbreite des Phänomens anhand seiner einzelnen Erscheinungsformen bzw. der verschiedenen Arten eines Wiederbesuchs in Opernhäusern näher zu beschreiben. Zur Systematisierung der Erscheinungsformen werden diese in drei Kategorien aufgegliedert:

Abbildung 9: Kategorien von Erscheinungsformen der Besucherbindung

Zur ersten Kategorie der *organisierten* Wiederbesuche zählen alle Wiederbesucher, die einem organisierten, sozialen Netzwerk des Opernhauses angehören, also z. B. durch Verträge an die Bühne gebunden sind. Demnach alle Abonnenten, Mitglieder von Fördervereinen bzw. Freundeskreisen, Mitglieder von Besucherorganisationen und eines Besucherclubs (z. B. der Jugendclub des Opernhauses) sowie Inhaber von Theatercards (vgl. ausführlich zu den einzelnen Formen der Besucherbindung Klein 2001 und 2008a). Der zweiten Kategorie der *nicht-organisierten* Wiederbesuche werden hingegen all jene Wiederbesucher zugerechnet, deren Besuche auf den Erwerb von Tages- bzw. Einzelkarten an der Abendkasse und/oder im Vorverkauf zurückzuführen sind und die demnach auch nicht innerhalb eines speziellen Bindungsprogramms des Opernhauses organisiert sind. Zur dritten Kategorie der *(kultur-)touristischen* Wiederbesuche zählen schließlich alle Wiederbesucher, die das Opernhaus im Rahmen ihrer (kultur-)touristischen Aufenthalte in der jeweiligen Stadt wiederholt besuchen (vgl. zu den Kulturtouristen ausführlich Pröbstle 2011a und 2011b).[79] Obwohl sich die

---

[79] Hierzu werden sowohl diejenigen Wiederbesucher gezählt, die den Besuch des Opernhauses als zentrales Reisemotiv erachten (sog. Specific Cultural Tourists oder Kulturtouristen) als auch jene, die ihr Reiseziel nicht primär aufgrund des Opernangebots auswählen und demzufolge während ihrer Reise auch Aktivitäten ausüben, die nicht ausschließlich kulturell motiviert sind. Zu dieser zweiten Gruppe der „Auch-Kulturtouristen" (Lohmann 1999: 64 zitiert nach Pröbstle 2011a: 279) können auch Geschäftsreisende zählen, die ihren beruflichen

3.4 Qualitative Ausprägungen der Besucherbindung

Erscheinungsformen der Besucherbindung separat darstellen lassen, erweist sich die gewählte Differenzierung als idealtypisch. In der Realität dürfte in einigen Fällen wohl auch eine Kombination aus mehreren Erscheinungsformen vorliegen bzw. es existieren zahlreiche Verbindungen und Überschneidungen. So ist es z. B. durchaus denkbar, dass ein Wiederbesucher, der im Rahmen seiner touristischen Aufenthalte das Opernhaus wiederholt besucht, auch ein Abonnement abgeschlossen hat und damit gleichzeitig organisierter Wiederbesucher des Opernhauses ist. Dabei kann durchaus auch eine Erscheinungsform dominieren oder sich die Bedeutung einzelner Erscheinungsformen im Verlauf der Beziehung zum Opernhaus verschieben. In diesem Sinne ist es z. B. denkbar, dass ein nicht-organisierter Wiederbesucher sich nach einigen Jahren entschließt in den Förderverein des Opernhauses einzutreten.

Im Folgenden wird, aufgrund ihrer hohen Bedeutung im Rahmen des Besucherbindungsmanagements von Opernhäusern, etwas ausführlicher auf die einzelnen Ausprägungsformen des organisierten Wiederbesuchs und ihre Entwicklung eingegangen. Traditionelle Bindungskonzepte wie Abonnements, Besucherorganisationen und Fördervereine bzw. Freundeskreise sind in Deutschland teilweise bereits seit mehreren hundert Jahren wirksam.[80] Sie haben in der künstlerischen Entwicklung vieler Einrichtungen eine bedeutende Rolle gespielt und spielen sie größtenteils auch heute noch (vgl. Klein 2008a: 147). „Das *Abonnement*, abgeleitet vom französischen s'abonner à (sich etwas ausbedingen, eine periodisch wiederkehrende Leistung vereinbaren) beruht auf dem festen Anrecht auf einen Sitzplatz [in der Oper]." (Klein 2008a: 147) Ein Abonnement in der Oper wird daher oft auch als Anrecht, Platz- oder Stammmiete bezeichnet, gemeint ist aber immer dasselbe: „[ein, *d. Verf.*] Vertrag auf Zeit (…) über die Abnahme von Karten für eine vorher festgelegte Anzahl von Vorstellungen zu einem ermäßigten Preis, in der Regel auf der Grundlage der Vorauszahlung, meist verbunden mit der Zusicherung eines festen Platzes" (Trilse et al. 1977: 24). Die Vorteile des Abonnements liegen für Opernhäuser vor allem in der sanften Nötigung ihrer Klientel zum relativ häufigen Besuch und in der größeren Gewissheit über die zu erwartenden Einnahmen, d. h. langfristige Planungs- und Finanzierungssicherheit und, damit verbunden, eine dauerhafte und langfristig angelegte Besucherbindung (vgl. hierzu und im Folgenden Klein 2008a: 148 ff., Heinrichs/Klein 2001: 2 f. und Hoegl 1995: 159): „Das frühzeitige Wissen über

---

Aufenthalt in der Stadt mit einem Opernbesuch verbinden (vgl. zu dieser Unterscheidung sowie den gemachten Ausführungen Pröbstle 2011a: 279 ff.).

80 Bereits im Jahre 1706 wird das Theaterabonnement in Deutschland erstmals urkundlich erwähnt (vgl. Meyer 1939: 17). Insbesondere seit dem 19. Jahrhundert engagieren sich Bürgerinnen und Bürger in Fördervereinen für Opern und Theater und seit mehr als hundert Jahren gibt es Besucherorganisationen in Deutschland (vgl. zur historischen Entwicklung der traditionellen Bindungskonzepte ausführlich bei Heinrichs 1997, Heinrichs/Klein 2001 und Klein 2008a).

die Platzausnutzung, die durch Abonnements erzielt wird, ist hilfreich. (...) Die Musiktheaterbetriebe können wenig ausgelastete Vorstellungen rechtzeitig bewerben und werden so seltener von schlechten Abendkassenergebnissen überrascht." (Hoegl 1995: 159) „In direktem Zusammenhang damit steht eine entsprechende finanzielle Absicherung und Liquidität durch die in aller Regel vorab zu entrichtenden Gebühren (...)." (Klein 2008a: 148) In den meisten Abonnementformen lassen sich populäre mit weniger gängigen Stücken mischen, wodurch neben der fortlaufenden Erneuerung des Spielplans auch eine Politik des kalkulatorischen Ausgleichs am Markt durchgesetzt werden kann (vgl. Hoegl 1995: 159). Allerdings ist das Abonnement auch mit spezifischen Schwierigkeiten behaftet. Opernhäuser erzielen wegen der Abonnementnachlässe von durchschnittlich 20 bis 30% geringere Einnahmen pro Karte als im Einzelkartenverkauf (vgl. Klein 2008a: 149). Ein weiterer Nachteil sind die starken Auswirkungen der Abonnements auf den Spielplan: „Populäre Produktionen können nicht so oft gegeben werden, wie es die freie Nachfrage erlaubt" (Hoegl 1995: 159), Inszenierungen, die sich bei der Premiere als künstlerisch weniger zufriedenstellend erwiesen haben, müssen durch das ganze Abonnement ‚geschleift werden' und Vorstellungen dürfen nicht ausfallen (dadurch werden ggf. Zwei- und Dreifachbesetzungen nötig) (vgl. Klein 2008a: 149). Durch Abonnements wird deshalb die Flexibilität des Opernbetriebes eingeschränkt und weitgehend die Produktionsabfolge bestimmt (vgl. Klein 2008a: 149 und Röper 2001: 298). Diese Nachteile, welche die Gestaltungsmöglichkeiten der Disposition einschränken, lassen sich aber durch eine ergänzende Einführung von flexibleren Abonnementformen verringern.

Fördervereine bzw. *Freundeskreise* sind neben den Abonnements eine weitere Ausprägungsform des organisierten Wiederbesuchs. Die vorrangigen Aufgaben und Ziele von Fördervereinen sind in aller Regel die finanzielle Unterstützung des Opernhauses durch Beiträge und Spenden der Mitglieder, die Einwerbung von Spenden Dritter und Sponsoringmitteln, die Gewinnung von neuen Besuchern sowie Mitgliedern für den Förderverein, die Kontaktpflege und Lobbyarbeit bei Entscheidungsträgern, die ehrenamtliche Übernahme von Aufgaben, für die innerhalb des Opernbetriebes kein Personal zur Verfügung steht oder für die keine Strukturen vorhanden sind, sowie die kostenlose und kompetente Beratung des Opernhauses durch das Expertenwissen einzelner Mitglieder (vgl. Klein 2008a: 171 und Heinrichs/Klein 2001: 113). Die Bereitschaft, diese Potenziale in die Arbeit des Fördervereins einzubringen, kommt allerdings meistens nicht von allein, sondern die Mitglieder wollen gezielt angesprochen und entsprechend ‚betreut' werden (vgl. Klein 2008a: 178). Daher erhalten sie oft gewisse exklusive Gegenleistungen, die weniger in einem materiellen Nutzen als vielmehr in

3.4 Qualitative Ausprägungen der Besucherbindung 121

Formen persönlicher Bevorzugung gegenüber sonstigen Besuchern und einem individuellerem Service bestehen (vgl. hierzu auch Kapitel 5.5).

Besucherorganisationen sind eine weitere Erscheinungsform innerhalb des organisierten Wiederbesuchs und stellen wichtige Vermittler dar, die durch ihre Mitglieder ein größeres, wenn auch schrumpfendes Potenzial an regelmäßigen Opernbesuchern organisieren und neue Zielgruppen erschließen können (vgl. Röper 2001: 305). Mit ihrem Prinzip der Vermittlung von preisermäßigten Eintrittskarten, durch zusätzliche Hintergrundinformation sowie Foren des gegenseitigen Austauschs und der Reflexion wird für ein breiteres Interesse und eine Teilhabe am Theater und um ein tieferes Verständnis dafür geworben (vgl. hierzu und im Folgenden Heinrichs/Klein 2001: 33 f. und Klein 2008a: 162 ff.). Die Besonderheit im Angebot von Besucherorganisationen liegt darin, dass sie meistens nicht an eine bestimmte Bühne gebunden sind, sondern ihren Mitgliedern die Vielfalt des kulturellen (Theater-)Lebens einer Stadt zugänglich machen können. Die Eintrittskarten werden den Mitgliedern nach einem demokratischen Rotationssystem abwechselnd in unterschiedlichen Preiskategorien zugewiesen. In einigen Organisationen gibt es auch freie Wahlangebote, mit deren Hilfe sich die Mitglieder ihren individuellen Spielplan aus dem Angebot zusammenstellen können.

Aufgrund der Veränderungen in der Struktur und im Verhalten des Publikums (vgl. Kapitel 3.1.1), haben in den letzten Jahren zunehmend auch neue Konzepte wie z. B. Theatercards und Besucherclubs ihren Eingang in das Bindungsmanagement von Opernhäusern gefunden. Eine flexible Form der Besucherbindung, die dem Wunsch entgegenkommt, bei allen Individualisierungs- und Unabhängigkeitsbestrebungen doch irgendwo dazuzugehören, ohne sich gleich fest und langfristig binden zu müssen, sind die von Opernhäusern inzwischen zunehmend angebotenen *Theatercards* (vgl. exempl. die OpernCard der Oper Frankfurt, die FamilienCard der Hamburgischen Staatsoper und die institutionsübergreifenden Angebote ClassicCard in Berlin und KultTourCard in Dresden) (vgl. Klein 2008a: 182). Die Zielgruppe von Theatercards sind hauptsächlich preisbewusste Wiederbesucher, die auf eine flexible und individuelle Planung Wert legen (vgl. Röper 2001: 296). Darüber hinaus lassen sich Theatercards aber auch in Kombination mit den traditionellen Bindungsformen einsetzen (vgl. hierzu und im Folgenden Knava 2009: 266). So können sie z. B. ein zusätzliches Bindungsinstrument für Abonnenten darstellen, wenn durch den Kauf der Theatercard weitere Vorteile erworben werden, die das Abonnement alleine nicht anbietet (vgl. exempl. die TreueCard der Deutschen Oper Berlin). Theatercards funktionieren meistens nach dem Prinzip der Bahncard. Der Grundpreis muss sofort mit Erwerb der Theatercard bezahlt werden (z. B. einmalig 30 Euro), die ermäßigten Opernkarten (z. B. 20% Ermäßigung je Opernkarte) erst später beim jeweiligen Besuch der ausgewählten Vorstellung. Die Theatercard garantiert neben der angestrebten Ungebundenheit zwei weitere Dinge: zum einen gewisse materielle Vorteile bzw. Zusatznutzen (z. B. Einladung zu Sonderveranstaltungen, spezieller Newsletter) auf der anderen Seite – eher immateriell – ein gewisses Zugehörigkeitsgefühl (vgl. Klein 2008a: 182 und Kapitel 5.5). Für das Opernhaus bestehen durch den Einsatz von Theatercards zwar die Vorteile einer Stärkung der durchschnittlichen Auslastung und einer geringeren Einschränkung der Dispositionsfreiheit beim Spielplan (vgl. Röper 2001: 296). Es ist allerdings immer unklar, wie viele Karten jeder Theatercard-Inhaber in einer Spielzeit tatsächlich abnehmen wird und wie stark sich die Einnahmen dadurch für die Bühne vermindern (vgl. Röper 2001: 296).

Besucherclubs sind eine weitere Ausprägungsform der Besucherbindung innerhalb der organisierten Wiederbesuche. An Opernhäusern wurden in den letzten zehn Jahren Besucherclubs vor allem in Form von sog. *Jugendclubs* bzw. *Jungen Opernfreundeskreisen* ins Leben gerufen, um die Besucher bereits so früh wie möglich an das jeweilige Haus zu binden.[81] Dies sind laut Vizy „Organisationen, die sich auf Initiative von Opernhäusern, Fördervereinen und jungen Opernbegeisterten gegründet haben. Ihr Ziel ist es, jungen Erwachsenen bis 30 Jahren einen attraktiveren Zugang zur Kunstform Oper und dem jeweiligen Opernhaus, gerade vor dem Hintergrund rückläufiger Besucherzahlen bei jungem Opernpublikum, zu ermöglichen" (Vizy 2008: 2). Dieses Besuchersegment hat dabei andere Bedürfnisse und verlangt nach anderen Angeboten als diejenige, welche hauptsächlich durch die musiktheaterpädagogischen Programme der Opernhäuser unterbreitet werden und sich vornehmlich an Kinder und Jugendliche richten (vgl. hierzu und im Folgenden Vizy 2008: 13). Die Angebote der Jugendclubs haben zu großen Teilen den Charakter der unterstützenden Rezeption von Oper in der Gemeinschaft von Gleichgesinnten bzw. nehmen eine kulturvermittelnde Funktion wahr (z. B. Hintergrundgespräche mit Künstlern und Mitarbeitern der Bühne, gemeinsame Vorstellungs-/Probenbesuche). Zudem ermöglichen sie ihren Mitgliedern oft finanzielle Vergünstigungen.

Trotz der steigenden Bedeutung dieser neuen Erscheinungsformen stellen die traditionellen Konzepte für die meisten Opernhäuser und Theater nach wie vor das Rückgrat ihres Besucherbindungsmanagements dar. So wurden in der Spielzeit 2009/10 insgesamt 26,7% der gesamten Karten von öffentlichen Thea-

---

81 Die meisten dieser Vereinigungen sind in der Juvenilia organisiert, der europäischen Vereinigung Junger Opernfreunde. Die Juvenilia wurde im Jahr 2000 gegründet und hat zurzeit 22 Mitglieder aus den meisten europäischen Ländern, davon sechs Mitglieder aus Deutschland. Das Ziel der Juvenilia ist es u. a. Kontakt und Austausch der Vereinigungen Junger Opernclubs, aber auch die jeweiligen Mitglieder untereinander zu fördern und zu erneuern (vgl. für weitere Informationen unter http://www.juvenilia.org).

3.4 Qualitative Ausprägungen der Besucherbindung

tern allein über ihre Abonnements und die Besucherorganisationen abgesetzt (vgl. hierzu und im Folgenden Kapitel 2.2). Die Abonnenten stellen dabei mit 19,0% Abonnentenanteil an den Gesamtbesuchen neben den Einzelkartenkäufern (40,3%) die zweitgrößte Besuchergruppe der öffentlichen Bühnen dar. Die durch die traditionellen Formen erzielten Erlöse belaufen sich in 2009/10 auf 25,9% der gesamten Kartenerlöse und stellen damit den zweitwichtigsten Einnahmeweg neben dem Einzelkartenverkauf (62,8%) dar. Allerdings verlieren diese klassischen Bindungsformen im Zuge der gesellschaftlichen Veränderungsprozesse in ihrer tradierten Form vielerorts an Bindungskraft und sind damit immer weniger in der Lage, den neuen Herausforderungen des 21. Jahrhunderts gerecht zu werden. So ist der Abonnentenanteil an den Gesamtbesuchen seit der Spielzeit 1993/94 von 22,1% auf 19,0% in 2009/10 zurückgegangen, während der Anteil der über den Einzelkartenverkauf abgegebenen Theaterbesuche im gleichen Zeitraum von 32,9% auf 40,3% angestiegen ist.[82] Besonders drastisch sind aber die Besucherorganisationen von den Veränderungen betroffen, deren Anteile an den Gesamtbesuchen sowie Kartenerlösen sich seit der Spielzeit 1993/94 mehr als halbiert haben. Die skizzierten Entwicklungen lassen sich zeitlich noch länger zurückverfolgen. So hat sich nach einer Analyse der Theaterstatistik von Seiten des Zentrums für Kulturforschung (ZfKf) der Anteil der Theaterbesucher mit Einzelkarten seit der Spielzeit 1967/68 deutlich erhöht, während Abonnentenanteile und der Anteil der Besucherorganisationen zurückgingen (vgl. hierzu und im Folgenden Keuchel 2005a: 120 f. und Wiesand 1995: 6 f.): Betrug bspw. der Anteil der Tageskarten 1967/68 nur 25%, waren noch 29% der abgegebenen Karten Abonnements. Interessant ist laut Keuchel bei diesem Trend, dass er sich gerade in den letzten 15 bis 20 Jahren immer deutlicher abzeichnet, während die Veränderungen in den 1960er und siebziger Jahren noch minimal erschienen. Diese Tendenz weg von verbindlichen Arrangements kann laut Keuchel auch im Generationenvergleich sehr deutlich beobachtet werden. Das Interesse der jungen Generation an Abonnements ist deutlich geringer als vergleichsweise bei der älteren Generation, hier besonders der Altersgruppe der 50- bis 64-jährigen. Dabei ist jedoch zu beachten, dass die beschriebenen Entwicklungen an den einzelnen Bühnen aufgrund ihrer heterogenen Strukturen und Rahmenbedingungen stark variieren können. So sind die rückläufigen Tendenzen keineswegs für alle Häuser zwangsläufig, sondern es gibt auch hier Gewinner und Verlierer hinsichtlich der Publikumsgunst. Konsens dürfte jedoch dahingehend bestehen, dass alle öffentlichen Opern und Theater – mehr oder weniger – von den dargestellten Entwicklungen betroffen sind.

---

82 Der entsprechende Erlösanteil der Abonnements ist ebenfalls von 24,8 auf 20,1% zurückgegangen, während die Erlöse über den Einzelkartenverkauf von 59,2 auf 62,8% anstiegen.

Die Gründe für diese zunehmend mangelnde Erfolgswirksamkeit der klassischen Bindungskonzepte sind vielfältig und ergeben sich neben anderen (und für jedes Opernhaus separat zu überprüfenden) Gründen insbesondere auch aus den gewandelten Lebensstilen vieler Wiederbesucher. So ist die Erlebnisorientierung ein vorherrschendes Prinzip in der postmodernen Gesellschaft und die feste Bindung an Regelmäßigkeiten ist unattraktiv geworden und wird von einigen Besuchern, insbesondere von jungen Menschen, als nicht mehr zeitgemäß angesehen (vgl. hierzu Kapitel 3.1.1). In diesem Sinne konstatiert auch Klein mit Blick auf das Abonnement: „Der Hang zur Multioptionalität bzw. die permanente Suche nach der Chance, Entscheidungen so weit wie möglich hinauszuschieben, lässt vielen Theaterbesuchern das Abonnement als unzeitgemäße Fessel erscheinen" (Klein 2005a: 391). Denn vorgegebene Termine für eine ganze Spielzeit stehen im Widerspruch zu einer spontanen Freizeitgestaltung. Um nichts zu verpassen und angesichts der vielfältigen Optionen nicht falsch zu entscheiden, zögert man die Entscheidung bis zum Schluss hinaus. „Mehr und mehr Besucher mögen sich erst kurzfristig für Theaterbesuche entscheiden" (Günter 1998a: 19). Neben der Neigung zur Spontaneität verbirgt sich hinter der abnehmenden Bindungsbereitschaft über die traditionellen Erscheinungsformen noch ein weiteres Phänomen: der verstärkte Trend zu einem spartenübergreifenden Kulturinteresse (vgl. Kapitel 3.1.1). Nicht mehr das Expertenwissen in einer Kultursparte ist gefragt bei den Nutzern, sondern ein breiter spartenübergreifender Erkenntnisgewinn, also abwechslungsreiche Erlebnisse, dem die bisherigen Ausgestaltungen der klassischen Konzepte mit der vornehmlichen Bindung an lediglich eine Sparte oder einen Kulturbetrieb häufig nicht mehr gerecht werden. Daneben fordert der Arbeitsmarkt auch immer mehr Flexibilität und Mobilität von Seiten der Berufstätigen, die eine langfristige Freizeitplanung zunehmend erschwert (vgl. Keuchel 2007: 175). „Auch dieser Umstand hat Auswirkungen auf die Wahrnehmung von Kulturbesuchen vor allem bei den jüngeren und mittleren Bevölkerungsgruppen, die vielfach zu spontanen Entscheidungen in der Freizeitgestaltung neigen (…)." (Keuchel 2007: 175) Andererseits kann gerade aber auch der gewisse Zwang, den die klassischen Bindungsformen entfalten, für Menschen die unter beruflichem Termindruck stehen ein Argument für einen Abschluss sein, da die einzelnen Vorstellungstermine in aller Regel langfristig feststehen und quasi Meilensteine im gehetzten Terminablauf darstellen (vgl. Klein 2008a: 150). Innerhalb der Gruppe der Wiederbesucher scheint es demnach auch ein Teilpublikum zu geben, das auch weiterhin an einer festen Planung seiner Opernabende im Voraus interessiert ist, da sie aufgrund ihres engen Terminplans sonst viel weniger in die Oper gehen würden. Zu diesem Segment sind daneben aber wohl auch Teile des älteren Publikums zu zählen, die sich durchaus weiterhin über die klassischen Formen binden. Speziell für die Besu-

3.4 Qualitative Ausprägungen der Besucherbindung

cherorganisationen lässt sich laut Röper als weiterer Grund für die mangelnde Erfolgswirksamkeit anführen, dass sich bei vielen von ihnen ihre Funktion heute im Wesentlichen auf die Vermittlung stark vergünstigter Theaterkarten an ihre Mitglieder beschränkt (vgl. hierzu und im Folgenden Röper 2001: 305). Mit diesem Angebot stehen die Besucherorganisationen in direkter Konkurrenz zu den Abonnementangeboten der Opernhäuser, weshalb viele Häuser in den letzten Jahren dazu übergegangen sind, die an die Mitglieder der Besucherorganisationen gewährten Preisnachlässe schrittweise auf das Niveau abzusenken, das von der Oper selbst für Abonnenten und Besuchergruppen angeboten wird. Die negativen Absatzentwicklungen der Besucherorganisationen sind daher sicherlich auch eine Folge dieser Bemühungen, da zunehmend das wichtigste Argument für den Bezug von Karten über die Besucherorganisationen wegfällt. Darüber hinaus pflegen viele Bühnen ein eher distanziertes Verhältnis zu den Besucherorganisationen (vgl. Hägele 1998: 19 f.). Ein weiterer Grund kann darin vermutet werden, dass es sich bei den klassischen Formen vornehmlich um sog. Gebundenheitsstrategien handelt. Die Gebundenheitsstrategie mit ihrer Einführung von entsprechenden Hürden denkt vor allem von den Interessen des Opernhauses her und nicht von denjenigen des Besuchers (vgl. hierzu und im Folgenden Klein 2001 und Klein 2008a: 30). Die Erfolgswirksamkeit der Gebundenheitsstrategie ist vor dem Hintergrund des in Kapitel 3.1.1 konstatierten Strebens der Wiederbesucher nach Dispositionsfreiheit und Autonomie neu zu bewerten. Die negative Entwicklung der über Abonnements und Besucherorganisationen abgegebenen Besuche zeigen, dass viele Wiederbesucher anscheinend immer weniger bereit sind, solche Gebundenheitsstrategien zu akzeptieren. Unter den heutigen Bedingungen der Multioptionsgesellschaft bieten daher wohl Verbundenheitsstrategien den besseren strategischen Ansatz, um Besucher langfristig zu binden (vgl. Jeker 2002: 30 und Klein 2008a: 30). Während das Interesse an der Gebundenheit des Besuchers vom Opernhaus ausgeht, ist das Bindungsinteresse im Zustand der Verbundenheit beim Besucher verortet (vgl. hierzu ausführlich im folgenden Kapitel).

3.4.2 Bindungszustände von Opernbesuchern

Wie in Kapitel 3.3.2 aufgezeigt werden konnte, resultieren die Wirkungseffekte der Besucherbindung auf Besucherseite entweder in einem inneren Zustand der Ge- oder Verbundenheit: „Die Wirkung der Gebundenheit beruht auf einem Nicht-Wechseln-Können des Kunden, die Verbundenheit des Kunden spiegelt sich dagegen in einem Nicht-Wechseln-Wollen wider" (Eggert 1999: 52 f.).[83] Besucherbindung setzt demnach voraus, dass der Besucher entweder ein Eigeninteresse am Wiederbesuch hat, weil es für ihn vorteilhaft ist und er es freiwillig möchte (*Verbundenheit*) oder weil er aus bestimmten Gründen bzw. durch anbieterseitige Maßnahmen (z. B. Abonnementvertrag, Vergünstigungen) veranlasst wird, die Beziehung zum Opernhaus (zumindest temporär) fortzusetzen (*Gebundenheit*) (vgl. Laukner 2008: 79).

Verbundenheit entsteht oftmals in Verbindung mit einer inneren Verpflichtung (sog. Commitment) des Kunden zur Aufrechterhaltung der Geschäftsbeziehung (vgl. Meffert 2008: 129 und Günter 2004: 55). Für Opernhäuser bedeutet Commitment eine besonders intensive und enge Form der Besucherbindung, welche ein hohes Maß an Sicherheit verleiht (vgl. Jeker 2002: 119). Je höher das Commitment eines Besuchers gegenüber seinem Anbieter ist, desto wahrscheinlicher ist auch seine Wiederbesuchsentscheidung. Die stärkste Form der Besucherloyalität (sog. belastbare Loyalität) wird immer dann entstehen, wenn die freiwillige Bindung durch ein hohes Commitment gestützt wird, also Anhängerschaft besteht (vgl. Stahl 2006: 88 und Tabelle 9). Ein Besucher mit niedrigem Commitment bleibt entweder bei dem Anbieter weil er an ihn ‚gefesselt' ist (unfreiwillige Besucherbindung) oder er wandert ab (keine Besucherbindung) (vgl. Laukner 2008: 88). Von einer Zweckbindung spricht Diller hingegen bei einem erkauften Commitment (vgl. Diller 1996: 88). Der Anbieter erkauft sich die Bindung des Besuchers durch entsprechende Gegenleistungen wie Bonusprogramme und/oder Preisnachlässe (vgl. Laukner 2008: 88). Ist die Besucherbindung gering und das Commitment der Besucher gegenüber ihrem Anbieter stark ausgeprägt, besteht eine geteilte Loyalität (vgl. Eggert 1999: 50): Der Besucher fühlt in diesem Fall eine innere Selbstverpflichtung gegenüber mehreren Anbietern und unterhält zu mehreren Anbietern gleichzeitig Geschäftsbeziehungen (vgl. Stahl 2006: 88 und Diller 1996: 89).

---

83 Ähnlich wie Eggert argumentieren Diller, wenn er von Fesselung versus freiwilliger Bindung spricht (vgl. Diller 1996: 88 und Diller et al. 2005: 107), Dittrich, die zwischen Abhängigkeit und Attraktivität unterscheidet (vgl. Dittrich 2000: 59 ff.) sowie Plinke, der zwischen der Fan- und Ausbeutungs-Position von Kunden differenziert (vgl. Plinke 1997: 50).

3.4 Qualitative Ausprägungen der Besucherbindung

Tabelle 9: Besucherbindung und Commitment (in Anlehnung an Diller 1996: 88)

Commitment Besucherbindung	Niedrig	‚Erkauft'	Hoch
Hoch	Unfreiwillige Besucherbindung (Fesselung)	Erkaufte Bindung (Zweckbindung)	Freiwillige Besucherbindung (belastbare Loyalität)
Niedrig	Keine Besucherbindung		Geteilte Loyalität

Neben dem Commitment erfordert Verbundenheit ein Involvement des Besuchers, also einen gewissen Grad wahrgenommener persönlicher Wichtigkeit und/oder persönlichen Interesses gegenüber der Beziehung zum Opernhaus (vgl. Jeker 2002: 117 und Dittrich 2000: 40). In der Regel wird in der Literatur zwischen den Ausprägungen eines durch Low-Involvement (niedriges Involvement) oder High-Involvement (hohes Involvement) bestimmten Kundenverhalten unterschieden (vgl. Rogall 2000: 108 und Tabelle 10). Diller geht davon aus, dass die Bindungsbereitschaft und -stärke anhand des Grades an Involvement bei einem Kunden variiert (vgl. Diller 1996: 87). Bei einem hohen Involvement steckt hinter der Bindung des Kunden eine ausführliche und unter Umständen auch emotional intensive Hinwendung, die im günstigsten Fall bis zur Begeisterung oder Anhängerschaft reichen kann (sog. heiße Kundenbindung) (vgl. Kroeber-Riel/Weinberg 2003: 371 und Diller et al. 2005: 107). Geht ein Kunde eine Bindung mit nur geringem oder ohne Involvement ein (sog. kalte Kundenbindung)[84], kann diese entweder auf Zufälligkeit beruhen oder lediglich aus kurzfristigen Zweckmäßigkeitsüberlegungen heraus eingegangen worden sein (vgl. Diller et al. 2005: 107).

Tabelle 10: Besucherbindung und Involvement (in Anlehnung an Diller 1996: 87)

Involvement Besucherbindung	Niedrig	Hoch
Hoch	Kalte Besucherbindung (Gleichgültigkeit/ auf Absprung)	Heiße Besucherbindung (Begeisterung)
Niedrig	Keine Besucherbindung	Keine Besucherbindung

---

84 Die kalte Kundenbindung wird in der Literatur auch als „Gleichgültigkeit" (Eggert 1999: 49) oder „Beziehung auf Absprung" (Stahl 2006: 94) bezeichnet.

Gebundenheit entsteht durch den anbieterseitigen Aufbau so genannter faktischer Wechselbarrieren (vgl. hierzu Kapitel 5.10) und wird in der Literatur auch als unfreiwillige oder passive Kundenbindung bezeichnet (vgl. Laukner 2008: 89). Durch faktische Wechselbarrieren ist der Besucher im Zustand der Gebundenheit für einen bestimmten Zeitraum an das Opernhaus fixiert (vgl. Laukner 2008: 90). Der Besucher kann sich von diesen Bindungen meist nicht unmittelbar, oder nur mit Verlust lösen, da sie mit Belohnungen oder Sanktionen verbunden sind (vgl. Tomczak/Dittrich 1997: 14). Zwar konnte er mehr oder weniger freiwillig in die Beziehung eintreten, aber aufgrund von bestimmten Parametern (z. B. Abonnementvertrag, Mitgliedschaft in einer Besucherorganisation, Vergünstigungen) ist er innerhalb dieses Zeitraums in seiner Wahl- und Entscheidungsfreiheit hinsichtlich der Nutzung von Alternativangeboten eingeschränkt (vgl. Bruhn 2009: 74 und Laukner 2008: 90). Die Angebote von Kultureinrichtungen führen laut Helm und Hausmann in der Regel nicht zu einer unfreiwilligen Gebundenheit von Besuchern (vgl. Helm/Hausmann 2006: 20). Traditionelle Bindungskonzepte (wie z. B. das Abonnement) können „allerdings als eine Form der (…) Gebundenheit angesehen werden. Es besteht zwar kein Zwang zur Inanspruchnahme der im Voraus bezahlten Leistungen [bzw. Vorstellungen], aber bei Nichtinanspruchnahme nimmt der Abonnent einen ökonomischen Verlust wahr" (Helm/Hausmann 2006: 20).

Zusätzlich zu den beiden generischen Bindungszuständen werden in der Literatur noch verschiedene *Zwischenformen* beschrieben. So liegt z. B. nach Bliemel und Eggert eine idealisierte Gebundenheit bei einem Kunden vor, der wiederkauft, weil er einen Vorteil bei diesem Anbieter hat (und damit zufrieden ist), zusätzlich aber auch Bindungen an den Anbieter empfindet (vgl. Bliemel/Eggert 1998b: 2). Laut Plinke befindet sich ein solcher Kunde in einer Soll-Position, in der neben der freiwilligen Bindung auch faktische Wechselbarrieren eine Rolle spielen (vgl. Plinke 1997: 59). Gebundenheit kann in einem solchen Fall demnach auch freiwillig sein, wenn bei ohnehin guter Einstellung einem Anbieter gegenüber mit diesem auch ein Vertrag abgeschlossen wird (vgl. Gröppel-Klein et al. 2008: 48).

4 Stand der Forschung zu den Einflussfaktoren der Kunden-/Besucherbindung

4.1 Stand der Kundenbindungsforschung im Überblick

4.1.1 Entwicklung und Untersuchungsbereiche

Seit Beginn der 1990er Jahre erfreut sich das Konstrukt Kundenbindung eines ausgeprägten Interesses in der wirtschaftswissenschaftlichen Forschung (vgl. Kapitel 1.1). Die zunehmende Bedeutung lässt sich insbesondere darauf zurückführen, dass sich das auf spezifische Transaktionen ausgerichtete Marketing-Verständnis (sog. Transaktionsmarketing) als Ansatz im Laufe der Zeit als immer ungeeigneter erwies und daher um eine Forschungsperspektive, die Geschäftsbeziehungen in den Mittelpunkt der Betrachtungen stellt, erweitert wurde (vgl. hierzu Kapitel 3.2.1). Das Konzept der Kundenbindung hat mit dem Beziehungsmarketing Eingang in die Marketingliteratur gefunden. Zeitgleich mit diesem Perspektivenwechsel fand eine intensive Auseinandersetzung zu Fragen der Zufriedenheitsforschung statt, die ihrerseits dazu beigetragen hat, dass die Kundenbindung an Bedeutung gewann (vgl. Homburg/Bruhn 2008: 6). Obwohl die Kundenbindung somit erst in jüngerer Vergangenheit große Brisanz erlangt hat, beschäftigt sich die Wissenschaft schon seit den frühen 1920er Jahren mit der Untersuchung des Wiederkaufverhaltens von Kunden (vgl. hierzu und im Folgenden Wallenburg 2004: 10 und Homburg/Bruhn 2008: 7).[85] Im Zuge dieser Forschungsanstrengungen haben sich immer wieder neue Schwerpunkte ergeben. Bis weit in die 1970er Jahre war die Forschung von behavioristischen Ansätzen geprägt. Erst später, ausgehend von Jacoby und Kyner (Jacoby/Kyner 1973), wechselte der Fokus hin zu neobehavioristischen Modellen der Kundenbindung.[86] In der Folgezeit wurden diese verhaltenswissenschaftlichen Modelle und

---

85 Die Anfänge der Kundenbindungsforschung gehen dabei auf die Überlegungen Copelands zurück, der in seiner Arbeit die Treue von Konsumenten gegenüber Marken untersuchte (vgl. Copeland 1923 zitiert nach Homburg/Bruhn 2008: 7).

86 Während die Vertreter eines behavioristischen Kundenbindungsverständnisses nur am tatsächlichen Verhalten und damit an beobachtbaren und direkt messbaren Größen ansetzen, greifen die Vertreter des Neobehaviorismus zusätzlich auch auf das Innere des Kunden, seine Einstellungen und Absichten zurück (vgl. Wallenburg 2004: 10).

hierbei insbesondere das Konzept der Kundenloyalität vertieft (vgl. Homburg/ Bruhn 2008: 7). Ausgehend von der Arbeit von Reichheld und Sasser wurde die Betrachtung um den Aspekt des Kundenbindungsmanagements ergänzt (vgl. Reichheld/Sasser 1990 zitiert nach Wallenburg 2004: 10). „Dabei geht es aufbauend auf den Erkenntnissen zu den Einstellungen, den Intentionen und dem tatsächlichen Verhalten der Kunden um die Identifizierung und Umsetzung geeigneter Maßnahmen und Instrumente zur Steigerung der Kundenbindung." (Wallenburg 2004: 10). In den letzten Jahren wird in Literatur und Praxis häufig der Ausdruck Customer Relationship Management (CRM) verwendet.[87] „Obwohl diese wörtliche Übersetzung für den Begriff Kundenbeziehungsmanagement sich oftmals auf den informationstechnologischen Rahmen dieses Managements bezieht [vgl. auch Kapitel 7.2], beschäftigt sich dieser Ansatz im Kern letztlich mit der Kundenbindung." (Homburg/ Bruhn 2008: 7)

Bei der Kundenbindungsforschung handelt es sich nach Wallenburg um kein komplett eigenständiges Forschungsfeld, sondern es sind vielmehr enge Verknüpfungen mit verwandten Themenkomplexen, insbesondere der Geschäftsbeziehungsforschung, vorhanden (vgl. hierzu und im Folgenden Wallenburg 2004: 10). Im deutschsprachigen Raum ist die Kundenbindungsforschung laut Wallenburg wesentlich durch die konzeptionellen Arbeiten von Diller geprägt, der eine umfassende Abgrenzung und Charakterisierung der Kundenbindung vorgenommen und verschiedene Typologisierungsansätze vorgeschlagen hat (vgl. hierzu Kapitel 3). Die konzeptionelle Kundenbindungsforschung wird durch stärker praxisorientierte Arbeiten flankiert und erhält einen zusätzlichen empirisch fundierten Unterbau durch Studien, bei denen vor allem die Ursachen von Kundenbindung untersucht werden. Als Untersuchungsbereiche der Kundenbindungsforschung lassen sich nach Wallenburg vier Ausrichtungen identifizieren (vgl. hierzu Wallenburg 2004: 10 f.):

---

87 Vgl. zum CRM und seinen Komponenten exempl. bei Holland 2004 und Bruhn 2007.

4.1 Stand der Kundenbindungsforschung im Überblick

Tabelle 11: Untersuchungsbereiche der Kundenbindungsforschung
(in Anlehnung an Wallenburg 2004: 10 f.)

(1) **Geschäftsbeziehung und Kundenbindung**	(2) **Auswirkungen von Kundenbindung**
- Untersuchung der Bereiche des Beziehungsmarketings, die sich mit der Entstehung und Entwicklung von Geschäftsbeziehungen befassen. - Untersuchung, was unter Kundenbindung verstanden wird und wie ihre Messung erfolgen kann.	- Untersuchung, welchen Einfluss die Kundenbindung auf den Erfolg eines Unternehmens hat.
(3) **Kundenbindungsmanagement**	(4) **Einflussfaktoren der Kundenbindung**
- Untersuchung, welche Maßnahmen zur Steigerung der Kundenbindung geeignet sind und wie sie zu einem effizienten Kundenbindungssystem kombiniert werden können. - Literatur ist stark von Praktikerbeiträgen dominiert, die sich aus der anbieterbezogenen Perspektive mit einzelnen Kundenbindungsinstrumenten auseinandersetzen und an den Problemstellungen der Praxis orientiert sind.	- Schwerpunkt innerhalb der Kundenbindungsforschung. - Identifikation von Einflussfaktoren aus Kundensicht und Erklärung der zugrundeliegenden Wirkungsmechanismen. - Aus den Determinanten werden Implikationen für die Gestaltung des Kundenbindungsmanagement abgeleitet.

Entsprechend der hohen Bedeutung von Einflussfaktoren für die Erklärung der Kundenbindung und die erfolgreiche Ausgestaltung des Kundenbindungsmanagements haben sich insbesondere seit den 1990er Jahren viele Forscher vornehmlich mit dem vierten Untersuchungsbereich auseinandergesetzt. Es mangelt daher nicht an konzeptionell-theoretischen sowie empirischen wissenschaftlichen Beiträgen zu den Determinanten der Kundenbindung in verschiedenen Branchen und Sektoren. Auch finden sich bereits einige branchenübergreifende und ländervergleichende Untersuchungen.[88] In den folgenden Kapiteln 4.1.2 bis 4.1.4 werden hierzu überblicksartig die wichtigsten Erkenntnisse vorgestellt.

4.1.2 Ursachen der Kundenbindung auf konzeptioneller Ebene

Auf der konzeptionellen Ebene unterteilen Meyer und Oevermann die Ursachen der Kundenbindung in fünf Kategorien: psychologische, vertragliche, ökonomische, technisch-funktionale und situative Bindungsursachen (vgl. Meyer/Oevermann 1995: Sp. 1341 f.).[89] Ergänzend tragen laut Peter auch soziale Bindungsursachen zur Kundenbindung bei (vgl. Peter 1999: 24 und 122):

Tabelle 12: Bindungsursachen auf konzeptioneller Ebene

Kategorien	Bindungsursachen
Psychologisch	- Reputation des Anbieters - Zufriedenstellendes Leistungs-/Serviceangebot - Kundenzufriedenheit - Kundenvertrauen - Vorteilhafte, bevorzugte Behandlung - Tradition, bei einem bestimmten Anbieter zu kaufen - Gewachsene Werte
Sozial	- Kundenintegration - Zwischenmenschliche Kontakte zwischen Kunden und/oder Kunde/Anbieter
Vertraglich	- Vertrag - Juristische Sanktionen
Ökonomisch	- Preisvorteile, finanzielle Vergünstigungen - Wechselkosten
Technisch-funktional	- Produkt- und Servicekomponenten können ausschließlich bei einem bestimmten Anbieter erworben werden
Situativ	- Gesamtbeschaffenheit des Marktes - Günstiger Standort des Anbieters

---

[88] Laut Paul und Hennig-Thurau sind „in den vergangenen 25 Jahren in den international führenden Zeitschriften der Marketingwissenschaft nicht weniger als 65 Studien veröffentlicht worden, die mehr als 90 unterschiedliche Determinanten der Kundenbindung zu Tage gefördert haben" (Paul/Hennig-Thurau 2010: 83).

[89] Meffert und Backhaus vertreten hingegen einen Typologisierungsansatz, der faktische und emotionale Bindungsursachen unterscheidet (vgl. Meffert/Backhaus 1994 zitiert nach Homburg/Bruhn 2008: 11). Die fünf Bindungsursachen von Meyer und Oevermann lassen sich nach Homburg und Bruhn dieser Systematisierung ebenso zuordnen (vgl. Homburg/Bruhn 2008: 11): Während die psychologischen Bindungsursachen mit der emotionalen Bindung gleichgesetzt werden können, beinhaltet die faktische Kundenbindung die übrigen vier Bindungsursachen.

4.1 Stand der Kundenbindungsforschung im Überblick

Kann ein Kunde den Anbieter wechseln und will es aber gar nicht, liegt eine freiwillige Kundenbindung bzw. Verbundenheit vor (vgl. Kapitel 3.4.2), die auf *psychologischen Bindungsursachen* basiert. Als psychologische Bindungsursachen werden in der Literatur insbesondere die Reputation des Anbieters, ein zufriedenstellendes Leistungs-/Serviceangebot, Kundenzufriedenheit, Kundenvertrauen, die Erwartung, als einzelner Kunde vorteilhaft behandelt zu werden, die Tradition, bei einem bestimmten Anbieter zu kaufen, sowie sog. gewachsene Werte, die im Laufe einer Beziehung entstehen, genannt.[90] Bei einer psychologischen Bindung zieht ein Kunde aus einer dauerhaften Beziehung keinen materiellen Vorteil, stattdessen schlägt sie sich in einer positiven emotionalen Empfindung, Identifikation oder Affinität gegenüber dem derzeitigen Anbieter nieder (vgl. hierzu und im Folgenden Peter 1999: 120 ff. und 24). Ebenfalls zu einer Verbundenheit tragen laut Peter *soziale Bindungsursachen* bei. Diese beruhen im weitesten Sinne auf der Integration von Kunden. Zwischenmenschliche Kontakte bis hin zu einem freundschaftlichen Verhältnis zwischen Kunden oder zwischen Kunde und Anbieter lassen sich ebenfalls als soziale Bindungsursachen charakterisieren. Faktische Wechselbarrieren zielen hingegen auf eine Bindung im Sinne einer Gebundenheit des Kunden (vgl. Kapitel 3.4.2). Faktische Wechselbarrieren, die *vertragliche, ökonomische* oder *technisch-funktionale Ursachen* haben können, werden in Kapitel 5.10 gesondert betrachtet. „*Situative Bindungsursachen* sind äußere Faktoren, z. B. die Beschaffenheit des Marktes oder der günstige Standort eines Anbieters (...)." (Homburg/Bruhn 2008: 11) Sie werden für sich alleine genommen weder für Verbundenheit noch für Gebundenheit als ursächlich angesehen (vgl. Laukner 2008: 97). Die genannten Ursachen der Kundenbindung lassen sich lediglich idealtypisch voneinander trennen. In der Realität liegt in den meisten Fällen eine Kombination aus mehreren vor (vgl. Peter 1999: 26).

Die verschiedenen Bindungsursachen knüpfen an unterschiedlichen Bezugsobjekten an, die in der Literatur auch als *Bindungsebenen* bezeichnet werden und einen Ansatzpunkt für Einflussfaktoren darstellen. In Anlehnung an Tomczak und Dittrich lassen sich vereinfacht drei Bindungsebenen unterscheiden (vgl. auch im Folgenden Tomczak/Dittrich 1997: 15 f.):

---

90 Vgl. exempl. Homburg/Bruhn 2008: 11, Meffert 2008: 172, Jeker 2002: 30, Peter 1999: 26, 121 und Giering 2000: 29 ff.

Abbildung 10: Ebenen der Kundenbindung (in Anlehnung an Tomczak/ Dittrich 1997: 16)

Bindungen zwischen Kunde und Anbieter auf der ...	
Organisationsebene	- Bindung an das Unternehmen; transaktionsübergreifende Strukturen (z. B. Reputation und Marke, Tradition, herausragendes Image)
Leistungsebene	- Ausgetauschte Leistungen und Prozesse führen zur Bindung (z. B. Produkt überlegener Qualität oder herausragender Service)
Personenebene	- Beziehungen der handelnden Personen auf Anbieter- und Kundenseite (personenbezogene Bindung) - Kompetenz und Freundlichkeit von Mitarbeitern - Persönliche Bekanntschaft oder Sympathie

Die *Personenebene* betrifft die Beziehungen der handelnden Personen auf Anbieter- und Kundenseite. Auf der Personenebene entstehen sozialpsychologische Bindungen zwischen zwei oder mehreren Individuen. Die Bindung kann in Affinitäten zu bzw. zwischen Personen bestehen (vgl. Peter 1999: 27). Plinke spricht von Personentreue auf der Kunden- und/oder Anbieterseite sowie von persönlichen Beziehungen, wenn die Affinität wechselseitig gegeben ist (vgl. Plinke 1997: 24). Personenbezogene Bindung vermag laut Peter aus der Kompetenz und Freundlichkeit von Mitarbeitern des Opernhauses, aber auch aus individuellen, privaten Gründen, wie persönlicher Bekanntschaft oder Sympathie, resultieren (vgl. Peter 1999: 27). Auch Günter konstatiert, dass personenbezogene Verbindungen und Kontakte zu Mitarbeitern, aber auch die Identifikation mit den Protagonisten einer Kultureinrichtung, dazu beitragen können, Besucher an ein Haus zu binden (vgl. Günter 2004: 57). Wiedmann et al. vertreten sogar die These, „dass sich Theaterbesucher vielfach der Intendanz, bestimmten Regisseuren oder Schauspielern gegenüber gebunden verhalten, und damit die Bindung abhängig ist von der Präsenz dieser Personen im Hause" (Wiedmann et al. 2007: 25). Auf der *Leistungsebene* führen die ausgetauschten Leistungen und Gegenleistungen sowie die damit verbundenen Prozesse zu Bindungen. Dabei kann es sich z. B. um ein Produkt überlegener Qualität oder einen herausragenden Service handeln, der zur Bindung beiträgt (vgl. Peter 1999: 27). Die *Organisationsebene* betrifft die Bindung an das Unternehmen selbst sowie transaktionsübergreifende Strukturen zwischen Anbieter und Kunde. So können hier laut Dittrich z. B. durch Reputation und Markenaufbau sozialpsychologische Bindungen entstehen (vgl. Dittrich 2000: 73). „Oftmals beruht eine unternehmensbezogene Bindung auch auf der Tradition oder dem herausragenden Image eines Unternehmens." (Peter 1999: 28)

4.1.3 Einflussfaktoren der Kundenbindung aus theoretischer Perspektive

„Mit (...) einer zunehmenden Zahl an Veröffentlichungen etablierten sich in der wissenschaftlichen Diskussion Versuche einer theoriebasierten Ableitung von Determinanten der Kundenbindung" (Bakay 2003: 70). In erster Linie sind dies verhaltenswissenschaftliche Ansätze, die sich in psychologische (Risiko-, Lern-, Dissonanztheorie) und sozial-psychologische Ansätze (soziale Austauschtheorie, soziale Beziehungslehre) gliedern und neue mikroökonomische Ansätze wie die Transaktionskostentheorie oder die Theorie von Hirschman, die sich zur Erklärung unterschiedlicher Einflussfaktoren eignen (vgl. Wallenburg 2004: 62). Auf eine ausführliche und detaillierte Darstellung der theoretischen Ansätze wird im Rahmen dieser Arbeit bewusst verzichtet. Es existieren bereits einige Untersuchungen, die sich damit ausführlich beschäftigt haben und auf die an dieser Stelle verwiesen werden kann (vgl. hierzu sowie zu den folgenden Ausführungen zu den einzelnen Theorien ausführlich bei Wallenburg 2004: 63-88, Rams 2001: 42 ff., Peter 1999: 82-104, Borrmann 2007: 100-126, Conze 2007: 27-40, Homburg/Bruhn 2008: 12-15 und Krafft 2007: 30 ff.). Im Folgenden werden lediglich die Grundannahmen der am häufigsten diskutierten Theorien kurz skizziert und dabei insbesondere auf ihren Erklärungsbeitrag für die Kundenbindung eingegangen.

4.1.3.1 Psychologische Theorien

Die *Risikotheorie* geht auf Bauer zurück und stellt das subjektiv wahrgenommene Kaufrisiko in den Mittelpunkt der Überlegungen (vgl. Bauer 1960 zitiert nach Wallenburg 2004: 73). „Die Theorie geht davon aus, dass das Kaufverhalten eines Kunden im Wesentlichen durch den Versuch zur Risikoreduktion bestimmt wird." (Wallenburg 2004: 73 f.) „Zur Erklärung der Kundenbindung ist die Risikotheorie (...) von Relevanz, als loyales Kaufverhalten eine mögliche Risikoreduktionsstrategie darstellt." (Wallenburg 2004: 74 und auch im Folgenden) Ein Kunde wird eine Geschäftsbeziehung mit einem bekannten Anbieter demnach gegenüber einem ansonsten unbekannten Anbieter als weniger riskant einschätzen. Dies gilt allerdings nicht, wenn er mit seinem bisherigen Anbieter unzufrieden ist. Zufriedenheit wirkt hingegen risikosenkend. „Neben der Zufriedenheit erklärt die Risikotheorie aber auch den kundenbindungsfördernden Einfluss anderer risikosenkender Faktoren. Insbesondere kann hier das Vertrauen des Kunden in den Anbieter genannt werden." (Wallenburg 2004: 74)

Menschliche Lernprozesse sind sehr vielschichtig und differenziert. Daher verwundert es nicht, dass sich bisher keine geschlossene *Lerntheorie* herausgebildet hat, sondern im Laufe der Zeit ein ganzes Spektrum von Theorien entwickelt wurde, um Lernverhalten von Individuen zu erklären (vgl. Nieschlag et al. 2002: 613 ff.). Auf eine umfassende Darstellung der unterschiedlichen Ansätze wird an dieser Stelle verzichtet und stattdessen auf das Lernen durch operante bzw. instrumentelle Konditionierung nach Skinner (vgl. Skinner 1953) – das auch als Lernen nach dem Verstärker- bzw. Abschwächungsprinzip bezeichnet wird – fokussiert, da vornehmlich dieser Teilbereich der Lerntheorie Relevanz zur Erklärung von Kundenbindung hat (vgl. hierzu Wallenburg 2004: 75 f. und Borrmann 2007: 114). „Diesem Ansatz liegt die Annahme zugrunde, dass Konsequenzen, die auf eine Person aufgrund ihres Verhaltens einwirken, einen Einfluss auf das zukünftige Verhalten (…) haben. Diese Konsequenzen, die von der Person als Belohnung oder Bestrafung aufgefasst werden, lösen Lernprozesse aus." (Borrmann 2007: 114) Die Wahrscheinlichkeit, dass ein bestimmtes Verhalten gezeigt wird, steigt demnach bei Belohnung bzw. einem positiven Resultat, während Bestrafung oder ein negatives Ergebnis diese Wahrscheinlichkeit senken. Die Lerntheorie bietet insbesondere einen Erklärungsbeitrag für die Bedeutung der Kundenzufriedenheit (vgl. Borrmann 2007: 115). „Wenn ein Kunde mit dem erworbenen Produkt zufrieden ist, kann diese Zufriedenheit als ein positiver Verstärker wirken und somit zur Folge haben, dass die Wahrscheinlichkeit ansteigt, dass der Kunde das Produkt abermals kauft. Wird diese Zufriedenheit mit dem Produkt in Folgekäufen wiederholt, so erfährt der Kunde eine kontinuierliche Verhaltensverstärkung, die ihn immer enger an den entsprechenden Produktanbieter bindet." (Borrmann 2007: 115) Eine andere Konsequenz der Anwendung der Lerntheorie kann sein, dass Kunden für ihr Bindungsverhalten an einen Anbieter bevorzugt behandelt werden (vgl. Borrmann 2007: 115). Eine bevorzugte Behandlung kann z. B. durch spezielle Zusatzleistungen, die lediglich Stammkunden angeboten werden und ihnen für die eingegangene Bindung bzw. ihre Treue zum Anbieter gewährt werden, erfolgen.

„Die Theorie der kognitiven Dissonanz, kurz *Dissonanztheorie*, geht auf Festinger zurück und gilt als eine der am besten erforschten Theorien der Psychologie. Sie lässt sich in eine Reihe von Theorien der sog. kognitiven Konsistenz einordnen, der die Annahme gemein ist, dass Menschen eine Tendenz zur

Reduktion interner Widersprüche (...) haben." (Wallenburg 2004: 72)[91] Ist ein Kunde mit einem Angebot nicht zufrieden, so entstehen bei ihm laut Wallenburg kognitive Dissonanzen, weil sein Urteil zunächst nicht mit dem Geschäftsabschluss in Einklang steht. Dissonanzen können reduziert werden, indem das Verhalten in folgenden Situationen angepasst und das Produkt nicht mehr gekauft wird (vgl. Wallenburg 2004: 73). „Zufriedenheit hingegen führt zu einem psychologischen Gleichgewicht, welches dem Kunden keinen Anlass zu einer Verhaltensänderung gibt. Vielmehr wird dieser bestrebt sein, auch weiterhin das gleiche Produkt beim gleichen Anbieter zu kaufen, um sein kognitives Gleichgewicht zu erhalten. Auch ansonsten wird er zur Vermeidung von kognitiven Dissonanzen bestrebt sein, ein konsistentes Verhalten an den Tag zu legen." (Wallenburg 2004: 73) Kundenbindung erklärt die Dissonanztheorie demnach damit, „dass Kunden durch den Verbleib bei einem Anbieter kognitive Dissonanzen vermeiden können" (Conze 2007: 31).

4.1.3.2 Sozialpsychologische Theorien

Die *soziale Austauschtheorie* (auch: sozialpsychologische Interaktionstheorie) subsumiert verschiedene Ansätze, deren Fokus menschliche Austauschbeziehungen bilden (vgl. hierzu und im Folgenden Wallenburg 2004: 77).[92] Die Theorie basiert auf der Anreiz-Beitrags-Theorie, nach der Personen nur so lange bereit sind Beiträge zu leisten, wie sie im Gegenzug ausreichend hohe Anreize erhalten.[93] Die Grundgedanken der sozialen Austauschtheorie lassen sich laut Lambe et al. auf vier wesentliche Punkte reduzieren: „(1) Austauschbeziehungen resultieren in einem Nutzen, für den sowohl ökonomische als auch soziale Aspekte maßgeblich sind. (2) Die Bewertung von Nutzen und Kosten erfolgt bzgl. der eigenen Erwartungen und der Erwartungen an alternative Austauschpartner. (3) Ein zufriedenstellendes Kosten-Nutzen-Verhältnis führt zur Beibehaltung oder Ausdehnung der Beziehung und verstärkt im Laufe der Zeit das Vertrauen in den Austauschpartner und das Commitment in die Beziehung. (4) Ein zufriedenstellendes Kosten-Nutzen-Verhältnis führt im Laufe der Zeit zu Normen des relationalen Austausches, die als Governancestrukturen dienen" (Lambe et al. 2001: 6 zitiert nach Wallenburg 2004: 77). „Die soziale Austauschtheorie macht [demnach] die Fortsetzung einer Beziehung von der Zufriedenheit mit vergangenen

---

91 Vgl. auch Festinger 1957. Zu einer umfassenden Darstellung der Dissonanztheorie sei auf Frey/Gaska 1993 verwiesen.
92 Für einen ausführlichen Überblick der sozialen Austauschtheorie vgl. bei Lambe et al. 2001.
93 Die Anreiz-Beitragstheorie wurde laut Wallenburg wesentlich geprägt durch die Arbeiten von Barnard 1938 und March/Simon 1958 (vgl. Wallenburg 2004: 77).

Interaktionen im Vergleich mit einem Vergleichsniveau für eine alternative Interaktion abhängig." (Homburg/Bruhn 2008: 12) „Als Weiterentwicklung der sozialen Austauschtheorie fragt die *soziale Beziehungslehre* verstärkt nach den Determinanten, die einen Einfluss auf den Verbleib in Beziehungen haben." (Borrmann 2007: 118 und auch im Folgenden) Im Investmentmodell von Rusbult wird Bindung (in Form von Commitment) laut Borrmann durch die Faktoren Zufriedenheit, beziehungsspezifische Investitionen, die unterschiedliche Wechselbarrieren darstellen, und das Vergleichsniveau für attraktive Alternativen erklärt. Rusbult kommt zu dem Schluss, dass die Bindung bei hoher Zufriedenheit, hohen Investitionen in die Beziehung (Wechselbarrieren) und niedriger Attraktivität der Alternativen am intensivsten ist (vgl. Rusbult 1983: 102 zitiert nach Borrmann 2007: 118).

4.1.3.3 Neue mikroökonomische Theorien

„Die *Transaktionskostentheorie* bildet zusammen mit der Property-Rights- und der Principal-Agent-Theorie die Hauptpfeiler der Neuen Institutionenlehre." (Richter/Furubotn 1996 zitiert nach Wallenburg 2004: 64) Dieser theoretische Ansatz „beschäftigt sich mit der Frage, warum der Austausch von Leistungen in bestimmten institutionellen Arrangements (…) mehr oder weniger effizient abgewickelt und organisiert wird" (Borrmann 2007: 120). Die Wahl einer bestimmten Austauschbeziehung wird von den Transaktionskosten[94] beeinflusst. Die Theorie „ermöglicht damit Aussagen über Bedingungen des Zustandekommens dauerhafter Geschäftsbeziehungen und zwar unter dem Gesichtspunkt der (transaktionskosten-) ökonomischen Effizienz" (Peter 1999: 90). „Aus der Transaktionskostentheorie kann für die Kundenbindung zunächst der (…) Schluss gezogen werden, dass Kunden dazu neigen, sich an die Unternehmen zu binden, bei denen die empfundenen Transaktionskosten relativ gering sind. Dies erhöht die Chance, dass die Kunden die Aufrechterhaltung einer Geschäftsbeziehung als transaktionskostenökonomisch effizienter betrachten als ein Leistungstausch mit wechselnden Geschäftspartnern." (Borrmann 2007: 120) Hierbei spielen spezifische Investitionen eine wichtige Rolle (vgl. Schütze 1992: 104). Spezifische Investitionen in eine Geschäftsbeziehung binden an diese Partnerschaft, da sie nur schwer oder nur mit Wertverlusten auf andere Partner übertragbar wären (vgl. hierzu und im Folgenden Borrmann 2007: 120 f.). Dabei sind die Investitionen durchaus nicht nur materieller Natur. Auch immaterielle Investitionen kön-

---

94 „Transaktionskosten setzen sich aus den Kosten für die Anbahnung, Abwicklung, Kontrolle, Anpassung und Auflösung von Verträgen sowie aus den Opportunitätskosten zusammen." (Homburg/Bruhn 2008: 16)

nen eine starke Bindungswirkung entfachen. So sind z. B. die positiven Erfahrungen, die Verwendung einer gemeinsamen Sprache und die persönliche Verbundenheit eines Kunden mit einem bestimmten Mitarbeiter aus der Sicht des Kunden eine spezifische Investition. Auch das zwischen den Parteien entstehende Vertrauen fällt in diese Kategorie. Letztlich würden dem Kunden bei einem Wechsel Kosten entstehen, die er versucht zu vermeiden. Daher verbleibt er in der Regel in der Geschäftsbeziehung. Kosten eines Wechsels können psychischer oder sozialer Art sein, z. B. wenn bei einem Wechsel eine vertrauensvolle persönliche Beziehung zu einem Mitarbeiter verloren geht, „die nicht aufgrund ihrer ökonomischen Vorteilhaftigkeit, sondern aufgrund ihrer menschlichen Qualität geschätzt wurde" (Borrmann 2007: 121). „Spezifische Investitionen sind jedoch nicht die einzige Ursache für Wechselkosten. Darüber hinaus fallen bei einem Anbieterwechsel direkte Wechselkosten an. Diese entstehen beispielsweise durch das zeitaufwendige Suchen, Beurteilen und Kaufen der Alternativen. (…) Darüber hinaus können auch vergangene Kosten [sog. sunk costs], die für den gegenwärtigen Kauf eigentlich keine Rolle mehr spielen, bei Kunden immer noch nachwirken und ihr gegenwärtiges Verhalten beeinflussen." (Borrmann 2007: 121) „Somit umfasst das Phänomen Wechselkosten sowohl ökonomische als auch psychische oder soziale Facetten, so dass die Bezeichnung Wechselbarrieren treffender erscheint." (Peter 1999: 94) Zusammenfassend lässt sich mit Peter festhalten, „dass Kundenbindung aufgrund von Effizienzvorteilen, die der Leistungsaustausch im Rahmen von Geschäftsbeziehungen mit sich bringt, zustande kommen kann. Diese Effizienzvorteile verkörpern [für die Kunden] Wechselbarrieren, welche sich in vergleichsweise geringen Transaktionskosten niederschlagen" (Peter 1999: 95).

Hirschman beschäftigt sich mit den Reaktionsmöglichkeiten von Kunden bei Unzufriedenheit (vgl. Hirschman 1970 und 1974 zitiert nach Borrmann 2007: 123). In seinem Ansatz, der im englischsprachigen Raum als Exit-Voice-Theorie bezeichnet wird, verdeutlicht er, dass neben der Möglichkeit einer Abwanderung bei Unzufriedenheit der Widerspruch von Kunden eine ebenfalls bedeutsame Handlungsoption sein kann (vgl. hierzu und im Folgenden Borrmann 2007: 123 und Peter 1999: 83 f.). Hirschman sieht demnach in der Zufriedenheit mit der Leistung eine entscheidende Determinante für den Erhalt von Geschäftsbeziehungen. Gleichzeitig zeigt sich aber, dass Unzufriedenheit nicht zwangsläufig zu deren Beendigung führen muss. In einem solchen Fall kann der Kunde seine Unzufriedenheit in Form einer Beschwerde zum Ausdruck bringen und damit das Ziel verfolgen, eine Änderung der Unzufriedenheit auslösenden Verhaltensweisen oder Faktoren beim Anbieter zu erreichen. „Ein Kunde, der bei eigener Unzufriedenheit nicht sofort abwandert, weist eine gewisse Kundenbindung auf. So er Widerspruch äußert, versucht er, aktiv auf die Gestaltung der Geschäftsbeziehung Einfluss zu nehmen." (Wallenburg 2004: 70) Der Erklärungsbeitrag Hirschmans für die Kundenbindung ist darin zu sehen, dass er eine theoretische Begründung für die Kundenzufriedenheit als zentrale Determinante liefert (vgl. hierzu und im Folgenden Peter 1999: 87 ff. und Borrmann 2007: 125). „Die Verhaltensoptionen Abwanderung oder Widerspruch stellen sich nach Hirschman erst im Kontext von Kundenunzufriedenheit." (Borrmann 2007: 125) Zudem betont Hirschman die Bedeutung von Wechselbarrieren in ihren verschiedenen Erscheinungsformen für die Kundenbindung. Dabei geht es zum einen um ökonomische Abwanderungshindernisse in Form von Wechselkosten und zum anderen um psychische sowie soziale Hemmnisse in Form von persönlichen Kontakten oder Vertrauen zu einem Anbieter. Ein weiterer Punkt, der sich aus den Überlegungen Hirschmans ableiten lässt, ist die Bedeutung eines Beschwerdemanagements für die Kundenbindung. Zudem kommt der Attraktivität des Konkurrenzangebotes besondere Bedeutung als negativ wirkende Determinante der Kundenbindung zu.

4.1.3.4 Überblick zu den Einflussfaktoren aus theoretischer Perspektive

Die aus den Theorien ableitbaren Einflussfaktoren verdeutlicht überblicksartig Tabelle 13:

Tabelle 13: Erklärungsbeitrag der theoretischen Ansätze zu den Bindungsfaktoren

Theorien Einflussfaktoren	Risikotheorie	Lerntheorie	Dissonanztheorie	Soziale Austauschtheorie	Soziale Beziehungslehre	Transaktionskostentheorie	Theorie Hirschmans
Zufriedenheit	x	x	x	x	x	x	x
Vertrauen	x					x	
Commitment			x				x
Bevorzugte Behandlung		x					
Wechselbarrieren						x	x	x
Attraktive Alternativen						x	x
Beschwerdezufriedenheit							x

4.1 Stand der Kundenbindungsforschung im Überblick   141

Die Bedeutung der Zufriedenheit lässt sich aus allen dargestellten Theorien ableiten (vgl. hierzu und im Folgenden auch Wallenburg 2004: 89 ff.). Die Wirkung des Vertrauens lässt sich aus der Risiko- und der Transaktionskostentheorie ableiten, die des Commitment aus der Theorie Hirschmans und der Dissonanztheorie. Die Lerntheorie führt zur Ableitung der bevorzugten Behandlung als Einflussfaktor. Ökonomische, soziale und psychische Wechselbarrieren werden von der sozialen Beziehungslehre, der Transaktionskostentheorie sowie der Theorie Hirschmans identifiziert. Darüber hinaus hat nach der Theorie Hirschmans und der sozialen Beziehungslehre der Umfang der attraktiven Alternativen bzw. Konkurrenzangebote einen negativen Einfluss auf die Kundenbindung. Zudem lässt sich aus den Überlegungen Hirschmans die Bedeutung eines Beschwerdemanagements für die Kundenbindung ableiten.

4.1.4 Einflussfaktoren der Kundenbindung aus empirischer Perspektive

Basierend auf den konzeptionell-theoretischen Erklärungsansätzen aber auch mittels explorativer Vorgehensweise hat bereits eine Vielzahl potenzieller Einflussfaktoren Eingang in verschiedenste empirische Untersuchungen gefunden (vgl. Wallenburg 2004: 30). Dadurch ließ sich bislang ein großes Set an Determinanten der Kundenbindung identifizieren, das jedoch nicht den Anspruch auf Vollständigkeit erhebt (vgl. Braunstein 2001: 18). Aufgrund der enormen Fülle der bisherigen empirischen Erhebungen können in der vorliegenden Arbeit nicht alle Studien im Detail vorgestellt werden, so dass sich die folgenden Ausführungen auf einen systematischen Überblick an ausgewählten Studien im deutschsprachigen Raum ab den 1990er Jahren beschränken werden. Hierbei sollen im Folgenden die bislang am häufigsten identifizierten Einflussfaktoren vorgestellt werden. Um einen systematischen Überblick zu gewährleisten, werden diese in Anlehnung an Rams und Wallenburg hinsichtlich ihres Bezugs in anbieterbezogene (Kapitel 4.1.4.1), kundenbezogene (Kapitel 4.1.4.2), beziehungsbezogene (Kapitel 4.1.4.3) und marktbezogene Einflussfaktoren (Kapitel 4.1.4.4) kategorisiert (vgl. hierzu und zu den folgenden Kapiteln Rams 2001: 13 ff. und Wallenburg 2004: 30 ff.).[95]

---

[95] Wie die folgenden Kapitel zeigen, lassen sich die Einflussfaktoren nicht immer eindeutig einer Gruppe zuordnen. Dies kann hier aber in Anlehnung an Wallenburg als unproblematisch angesehen werden, „da die Struktur innerhalb der Forschung nicht die Basis weiterer Überlegungen bildet, sondern lediglich dazu dient, die große Zahl an Determinanten übersichtlicher darzustellen" (Wallenburg 2004: 30).

4.1.4.1 Anbieterbezogene Einflussfaktoren

Ausgangspunkt für Einflussfaktoren ist häufig das angebotene Produkt. Voraussetzung für die Kundenbindung ist es, dass das Produkt beim Kunden einen Nutzen stiftet, wofür seine Einschätzung der Qualität von Relevanz ist. Als Einflussfaktoren konnten in diesem Rahmen bislang die *wahrgenommene Qualität*, der *Produktnutzen* und die Generierung von *Zusatznutzen* identifiziert werden.[96] Insbesondere im Zusammenhang mit Dienstleistungen wird der *Servicequalität* bzw. dem *zufriedenstellenden Serviceangebot* eine zentrale Rolle für die Kundenbindung eingeräumt.[97] Über die Kosten-Nutzen-Relation steht der Nutzen in enger Verbindung zum Preis. Im Rahmen der Preisgestaltung werden in den empirischen Studien insbesondere die *ökonomischen Wechselbarrieren* und vereinzelt auch die anbieterseitige *Preissetzung*, die *subjektive Preisbewertung* sowie die *Preiszufriedenheit* als Bindungsfaktoren genannt.[98] Der Abgleich von anbieterbezogenen Aspekten mit den Erwartungen des Kunden führt unmittelbar zur *Zufriedenheit des Kunden*, die bislang als die am meisten untersuchte Kundenbindungsdeterminante angesehen werden kann (vgl. Wallenburg 2004: 31).[99] Im Rahmen der Kundenzufriedenheitsforschung wird auch die *Beschwerdezufriedenheit* als Bestimmungsfaktor der Kundenbindung angesehen.[100] Ausgehend von den Erkenntnissen der Nutzenforschung innerhalb des Relationship Marketings – die als Treiber der Kundenbindung vor allem den aus verschiedenen Dimensionen bestehenden Kundennettonutzen betrachtet – identifiziert Vogel in ihrer Arbeit u. a. einen *funktionalen Kundennettonutzen*, der von den Determinanten Produktqualität, Servicequalität und Preiseinstellung tangiert wird. Er

---

96 Vgl. u. a. Wallenburg 2004, Jeker 2002, Giering 2000, Gerpott/Rams 2000, Paul/Hennig-Thurau 2010 und Georgi 2008.
97 Vgl. exempl. Grund 1998, Jeker 2002, Paul/Hennig-Thurau 2010 und Rapp 1995.
98 Vgl. exempl. Kindermann 2006, Giloth 2003, Bakay 2003, Siems 2003 und Rams 2001.
99 Wie eine Bestandsaufnahme der diesbezüglichen Literatur zeigt, gehen die meisten Beiträge von der Annahme aus, dass die Zufriedenheit einen wesentlichen Einflussfaktor der Kundenbindung darstellt. Trotz der mehrfachen empirischen Bestätigung eines positiven Zusammenhangs zwischen Kundenzufriedenheit und -bindung zeigen die Resultate der Studien auf den zweiten Blick große Unterschiede, sowohl hinsichtlich der Stärke des Zusammenhangs als auch was den Anteil an erklärter Varianz des Kundenbindungskonstrukts durch die Zufriedenheit anbelangt (vgl. hier und im Folgenden Peter 1999: 114 f. zitiert nach Jeker 2002: 133). Letzteres zeigt deutlich, dass die Zufriedenheit nicht die alleinige Kundenbindungsdeterminante ist, sondern die Bindung der Kunden daneben auch noch von weiteren Faktoren bestimmt wird. Im Rahmen der Beschäftigung mit den Bindungsfaktoren genügt es also nicht, sich ausschließlich mit der Zufriedenheit von Kunden zu beschäftigen (vgl. bei Homburg/Fürst 2005). Wertvolle Erkenntnisse zur Zufriedenheit lieferten insbesondere Arbeiten einer Forschungsgruppe um Homburg. Vgl. zum Forschungsstand Giering 2000, Homburg/Giering 2000 und Homburg et al. 2008.
100 Vgl. exempl. Homburg et al. 2008, Homburg/Fürst 2005 und Stauss/Seidel 2007.

4.1 Stand der Kundenbindungsforschung im Überblick

wirkt als Einflussfaktor direkt positiv auf die Kundenzufriedenheit, die sie als erste Stufe der Kundenbindung (sog. affektive Loyalität) versteht und die ihrerseits positiv auf die konative Loyalität (Wiederkauf-, Weiterempfehlungs-, Cross-Buying-Absicht) als zweite Stufe der Kundenbindung wirkt (vgl. hierzu ausführlich Vogel 2006). Der Einfluss der *Reputation* eines Unternehmens auf die Loyalität von Kunden stellt ein innovatives Forschungsfeld dar, für das bislang kaum konkrete konzeptionelle und empirische Arbeiten vorliegen. Ausnahmen sind z. B. die Arbeiten von Helm sowie von Wiedmann et al., welche empirisch die Bedeutung des guten Rufs bzw. des Ansehens des Unternehmens in der Öffentlichkeit für die Loyalität von Kunden untersuchen (vgl. Wiedmann et al. 2003 und 2004 sowie Helm 2007).

4.1.4.2 Kundenbezogene Einflussfaktoren

Die kundenbezogenen Determinanten[101] beeinflussen ebenfalls die Dauer und die Qualität einer Geschäftsbeziehung. Hierbei werden von der Kundenbindungsforschung einerseits psychographische Merkmale diskutiert. Als relevant werden die *Einstellungen, Erwartungen* und *Erfahrungen* des Kunden angesehen, die auch die Entstehung von Kundenzufriedenheit beeinflussen.[102] Daneben wird das *Kundeninvolvement* als ausschlaggebend betrachtet.[103] Zudem werden auch *Persönlichkeitsmerkmale* und die *Prädisposition des Kunden*[104] als Kundenbindungsdeterminanten diskutiert (vgl. Jeker 2002). Hauptsächlich das individuelle Abwechslungsstreben, als *Variety-Seeking* bezeichnet, wirkt kundenbindungsabträglich und findet deshalb laut Rams zum Teil intensive Berücksichtigung im Rahmen der Kundenbindungsforschung (vgl. Rams 2001: 14).[105] Da die Forschung den psychischen Variablen eine höhere Prädiktionskraft hinsichtlich des Wiederkaufverhaltens zuschreibt als den *soziodemografischen Größen*, erfuhren Letztere laut Homburg und Giering nur geringe Beachtung (vgl. Homburg/Giering 2001).[106] Als Begründung für die Relevanz der soziodemografi-

---

101 Als kundenbezogene Einflussfaktoren werden von Rams solche Merkmale des Kunden verstanden, die das Wiederkaufverhalten beeinflussen, ohne dass der Anbieter direkten Einfluss darauf ausüben kann (vgl. Rams 2001: 156).
102 Vgl. exempl. Braunstein 2001, Krafft 2007, Kindermann 2006 und Giloth 2003.
103 Vgl. exempl. Giering 2000, Jeker 2002 und Homburg/Kebbel 2001.
104 „Bei den Prädispositionen handelt es sich um grundlegende dispositionale Gefühlszustände, die determinieren, wie sich eine Person in einer spezifischen Situation fühlt bzw. verhält." (Jeker 2002: 108) Wesentlich sind hierbei u. a. die Risikobereitschaft, die Bequemlichkeit, Gewohnheitsbedürfnis und das Abwechslungsstreben (vgl. Jeker 2002: 144 ff.).
105 Vgl. exempl. Giering 2000, Grund 1998, Borrmann 2007, Giloth 2003 und Conze 2007.
106 Ausnahmen stellen die Studien von Jeker, Rams sowie Homburg und Giering dar, die die Bedeutung sozio-demografischer Merkmale für die Kundenbindung und/oder deren moderie-

schen Merkmale bei der Erklärung der Kundenbindung führen Homburg und Giering an, dass in vielen Situationen diese Charakteristika den psychischen Zustand und das Verhalten des Individuums reflektieren oder gar beeinflussen (vgl. Homburg/Giering 2001).

4.1.4.3 Beziehungsbezogene Einflussfaktoren

Auch aus den Geschäftsbeziehungen selbst ergeben sich Wirkungen auf die Kundenbindung. Von großer Bedeutung für die Kundenbindung ist die Art und Weise der Interaktion, wobei insbesondere die *Intensität* und die *Qualität der Kommunikation*, der *direkte persönliche Kontakt von Mitarbeitern und Kunden* und *zwischen den Kunden* sowie das *Vertrauen* als wichtige Determinanten erachtet werden.[107] Peter identifiziert in ihrer Studie *soziale* und *psychische Wechselbarrieren*, die es dem Kunden aus sozialen oder psychischen Gründen erschweren, eine bestehende Beziehung zu beenden (vgl. Peter 1999). Unter den sozialen Wechselbarrieren versteht Peter Formen der sozialen Integration des Kunden und zwischenmenschliche Kontakte zwischen Kunden und Mitarbeitern des Anbieters bis hin zu persönlichen Freundschaften. Als psychische Wechselhemmnisse identifiziert sie positive Empfindungen gegenüber einem Anbieter, z. B. in Form des Vertrauens, gewachsene Werte, die Tradition bei einem Anbieter zu kaufen, die bevorzugte Behandlung als Stammkunde sowie die Identifikation mit dem Anbieter. Conze untersucht in seiner Arbeit den Einfluss von *Beziehungsvorteilen* auf die Kundenloyalität (vgl. Conze 2007). Dabei identifiziert er drei positive Beziehungsvorteile: Vertrauensvorteile, soziale Vorteile (persönlicher Kontakt zwischen Kunde und Anbieter, soziale Integration des Kunden, soziale Interaktion mit anderen Kunden) und Bevorzugungsvorteile (Zusatzleistungen, Besserstellung gegenüber anderen Kunden) haben einen positiven, signifikanten Einfluss auf die Kundenloyalität. In ähnlicher Weise identifiziert Vogel einen *beziehungsbasierten Kundennettonutzen*, der von den Determinanten Vertrauen, allgemeine Wertschätzung, besondere Behandlung und sozialer Kontakt/soziale Interaktion tangiert wird und als wichtigster Einflussfaktor positiv auf die affektive Loyalität wirkt (vgl. Vogel 2006). Als zentrale Größe innerhalb von Geschäftsbeziehungen gilt weiterhin das *Commitment*, welches als Ausdruck emotionaler Nähe und moralisch-normativer Verpflichtungen positiv auf die Kundenbindung wirkt.[108] Empfehlungen von zufriedenen Kunden gelten laut

---

renden Einfluss auf die Beziehung zwischen der Kundenzufriedenheit und der Kundenbindung untersuchten (vgl. Jeker 2002, Rams 2001, Homburg/Giering 2001).
107 Vgl. exempl. Bauer et al. 2006, Neumann 2007, Paul/Hennig-Thurau 2010 und Jeker 2002.
108 Vgl. exempl. Eggert 1999, Zimmer 2000, Giloth 2003, Wallenburg 2004 und Jeker 2002.

Helm in vielen Branchen als ein zentraler Faktor der Neukundengewinnung (vgl. Helm 2008: 137). Ihr Bezug zur Kundenbindung wird dagegen bislang selten untersucht. Ausnahmen stellen insbesondere die empirischen Arbeiten von Wangenheim und Helm dar, welche die Auswirkungen von *Kundenempfehlungen* auf die Kundenzufriedenheit und -bindung analysieren (vgl. Wangenheim 2003 und Helm 2000). In neuerer Zeit wird auch das Konstrukt *Beziehungsqualität* in die Kundenbindungsdiskussion eingeführt und zumindest ansatzweise theoretisch und empirisch geprüft.[109]

4.1.4.4 Marktbezogene Einflussfaktoren

In einer weiteren Kategorie von Arbeiten werden primär Aspekte, die sich außerhalb der Geschäftsbeziehung zwischen Kunde und Anbieter vollziehen, als Kundenbindungsdeterminanten analysiert (vgl. Wallenburg 2004: 32). Diese auch als exogene Einflussfaktoren bezeichneten Aspekte des Wettbewerbsumfeldes wirken zwar auf die Kundenbindung, können aber von den Anbietern und Kunden in der Regel selbst nicht unmittelbar beeinflusst werden (vgl. Jeker 2002: 105). Zentral ist hier der *Umfang und die Attraktivität vorhandener Alternativen von Konkurrenzanbietern.*[110] „Die Anzahl von Alternativen bestimmt die Abhängigkeit der Kunden mit bzw. zeigt auf, wie viele Wahlmöglichkeiten den Kunden zur Verfügung stehen. Attraktive Alternativen bezeichnen einen möglichen Grund, weshalb Kunden trotz Zufriedenheit abwandern (…)." (Jeker 2002: 105) Neben der Konkurrentenattraktivität werden auch die *Reife eines Marktes*, die *Markthomogenität* oder vorhandene *marktspezifische Wechselanreize* als relevante Einflussfaktoren erachtet.[111] Die Bindungsstärke hängt aber auch von der *Dynamik und Komplexität des Wettbewerbsumfelds* ab, die in der Regel eine Kaufentscheidung erhöht und damit die Kundenbindung fördert.[112]

4.1.4.5 Überblick zu den empirisch identifizierten Einflussfaktoren

Tabelle 14 gibt einen Überblick der bislang am häufigsten innerhalb von empirischen Studien identifizierten Einflussfaktoren der Kundenbindung im deutschsprachigen Raum seit den 1990er Jahren. Bereits diese systematische Aufzäh-

---

109 Vgl. exempl. Hennig 1996, Hennig-Thurau et al. 1999, Hennig-Thurau 2000 und Hadwich 2003.
110 Vgl. exempl. Peter 1999, Giloth 2003, Kindermann 2006, Wallenburg 2004 und Rams 2001.
111 Vgl. exempl. Georgi 2000 und Gerpott/Rams 2000.
112 Vgl. exempl. bei Giering 2000.

lung zeigt, dass eine sehr große Zahl von Determinanten für die Kundenbindung relevant ist. Gleichzeitig kann aber auch mit Wallenburg festgehalten werden, dass sich kein allgemeiner Konsens zu den Einflussfaktoren herausgebildet hat (vgl. Wallenburg 2004: 32). „Die Uneinheitlichkeit der identifizierten Kundenbindungsdeterminanten ergibt sich bereits aus dem jeweils zugrunde gelegten Kundenbindungsverständnis, wobei die Unterschiede zwischen den Determinanten umso größer sind, je stärker sich die Konzeptualisierung und Operationalisierung der Kundenbindung unterscheidet." (Wallenburg 2004: 32)

Tabelle 14: Übersicht zu den bisher am häufigsten empirisch identifizierten Einflussfaktoren

Kategorien	Einflussfaktoren der Kundenbindung
Anbieterbezogen	- Produktnutzen (Kern- und Zusatznutzen), Qualität der Produkte/Qualitätswahrnehmung - Servicequalität/zufriedenstellendes Serviceangebot - ökonomische Wechselbarrieren, Preise/Konditionen - Kundenzufriedenheit, Beschwerdezufriedenheit - Funktionaler Kundennettonutzen - Reputation
Kundenbezogen	- Einstellungen, Erwartungen und Erfahrungen - Involvement - Persönlichkeitsmerkmale - Prädispositionen des Kunden - Variety-Seeking - Soziodemografische Merkmale
Beziehungsbezogen	- Intensität und Qualität der Kommunikation - Persönlicher Kontakt zwischen Mitarbeiter und Kunde sowie zwischen den Kunden - Vertrauen - Soziale und psychische Wechselbarrieren - Beziehungsvorteile - Beziehungsbasierter Kundennettonutzen - Commitment - Kundenempfehlungen - Beziehungsqualität

4.1 Stand der Kundenbindungsforschung im Überblick

Tabelle 14 (Fortsetzung): Übersicht zu den bisher am häufigsten empirisch identifizierten Einflussfaktoren

Kategorien	Einflussfaktoren der Kundenbindung
Marktbezogen	- Attraktivität des Konkurrenzangebotes, Alternativen - Marktreife, Markthomogenität, marktspezifische Wechselanreize - Dynamik und Komplexität des Wettbewerbsumfelds

Zudem lassen sich die Einflussfaktoren hinsichtlich der Art ihrer Wirkung auf die Kundenbindung klassifizieren. So lassen sich drei Wirkungsformen unterscheiden: die direkte und die indirekte Wirkung (z. B. als Determinanten von Kundenzufriedenheit) sowie die Wirkung als moderierende Variable.[113] Darüber hinaus lässt sich beobachten, dass sich einige der empirischen Studien vornehmlich auf einen oder wenige Einflussfaktoren konzentrieren bzw. sich spezifischen Aspekten widmen, die für die Kundenbindung eine Bedeutung haben (vgl. Borrmann 2007: 49). Insbesondere zeigt sich eine dominierende Stellung der Kundenzufriedenheit innerhalb der Erforschung von Einflussfaktoren der Kundenbindung (vgl. Wallenburg 2004: 35). So gibt es verhältnismäßig viele Schriften, die sich isoliert mit dem Thema Kundenzufriedenheit und ihrer Wirkung auf die Kundenbindung auseinandersetzen (vgl. Borrmann 2007: 49). Entsprechende Studien, die versuchen ein umfassendes Modell zur Erklärung der Kundenbindung zugrunde zu legen, findet man in der Fülle der wissenschaftlichen Veröffentlichungen zur Kundenbindung nicht in dem Ausmaß, wie man es zunächst vermuten könnte (vgl. Borrmann 2007: 49 und Wallenburg 2004: 35) Laut Wallenburg ist es jedoch auch „nachvollziehbar und zum Teil auch notwendig, dass sich Forscher auf einzelne Bereiche von Einflussfaktoren konzentrieren, um diesen in ihrer Komplexität gerecht zu werden. Durch die Fokussierung können zudem spezielle Kenntnisse eingebracht werden, die aus der Forschungsrichtung und den individuellen Interessen der einzelnen Forscher resultieren" (Wallenburg 2004: 36). Zudem kann es laut Wallenburg nicht zielführend sein, in einer wissenschaftlichen Arbeit alle Faktoren zu berücksichtigen, denen ein wie auch immer gearteter Erklärungsbeitrag zur Kundenbindung zugeschrieben werden kann (vgl. Wallenburg 2004: 86). Welche Einflussfaktoren letztlich in eine Un-

---

113 Letztere sind solche Faktoren, die auf einen bestehenden Zusammenhang, hier insbesondere zwischen Kunden-zufriedenheit und Kundenbindung, einwirken, indem sie seine Stärke beeinflussen (vgl. exempl. Giering 2000).

tersuchung einfließen, hängt von ihrer Relevanz für die zugrundeliegenden Forschungsfragestellungen und den Untersuchungsgegenstand ab.

4.2 Stand der Forschung zur Besucherbindung und ihren Einflussfaktoren

Im Vergleich zur langjährigen Tradition der Kundenbindungsforschung kann die wissenschaftliche Untersuchung der Besucherbindung und ihrer Einflussfaktoren im deutschsprachigen Kulturbetrieb nur auf eine relativ kurze Forschungshistorie zurückblicken und steht noch am Anfang des Erkenntnisfortschritts. So befindet sich die Forschung zur Besucherbindung noch in einem überwiegend explorativen Stadium, in dem es bislang vor allem darum geht, ein wenig durchdrungenes Phänomen näher zu beleuchten. Aufgrund der zunehmenden Bedeutung von Besucherbindung für den Kulturbetrieb ist insbesondere in jüngster Zeit eine Reihe von Arbeiten zum Themengebiet entstanden.[114] Diese Publikationen sind überwiegend als (Praxis-)Handbücher, Lehrbücher und Grundlagenwerke erschienen und setzen sich vornehmlich auf einer konzeptionellen Ebene mit dem Gegenstand sowie seinen einzelnen Aspekten wissenschaftlich auseinander. In den Arbeiten geht es schwerpunktmäßig um die Schaffung von Grundlagen und die Definition von Begrifflichkeiten, die Sensibilisierung für die Relevanz der Thematik, um die Darstellung des Status quo der Thematik im Kulturbetrieb sowie um eine Aufarbeitung des Erkenntnisstandes von Konzepten, Modellen und Instrumenten aus der allgemeinen Kundenbindungs- und Relationship-Marketing-Literatur und deren Anpassung an die Besonderheiten des Kulturbetriebes. Die Veröffentlichungen sind mit Problemen aus der Kulturbetriebspraxis konfrontiert, für die sie Lösungen und Verbesserungsmöglichkeiten zu bieten versuchen. Sie setzen sich mit der Besucherbindung in erster Linie aus einer anbieterbezogenen Perspektive des Besucherbindungsmanagements auseinander, die um Praxiserfahrungen und Fallbeispiele aus den Kultureinrichtungen und der Wirtschaft angereichert werden. Betrachtet man speziell den Bereich der theatermanagerialen Literatur, so lässt sich konstatieren, dass innerhalb der deutschsprachigen Arbeiten eine explizite Auseinandersetzung mit der Bindung des Theaterpublikums bisher nur von wenigen Autoren vorgenommen wird.[115] Die überwiegende Zahl an Publikationen und Beiträgen zum Theatermanagement gibt vornehmlich einen Einblick in Rahmenbedingungen, Probleme, Strukturen, Besonderheiten, Arbeitsfelder und Reformbedarfe des Theaterbetriebs in

---

114 Vgl. exempl. Günter/John 2000, Günter 2004, Klein 2001 und 2008a, Knava 2009, Laukner 2008, Lutz 2011a und 2011b, Preiß 2005 und 2008, Wiedmann et al. 2007 und Wittgens 2005.
115 Vgl. exempl. Hausmann 2005, Almstedt/Sellke 2006, Reichart 2006, Krämer 2006, Knava 2009, Wiedmann et al. 2007.

Deutschland und versucht konstruktive Lösungen und Verbesserungsmöglichkeiten für die aktuellen Herausforderungen zu entwickeln.[116] Dabei zeigen sie u. a. auf, wie eine Übertragung und Anwendung von in der Betriebswirtschaftslehre bewährter Managementfunktionen und -methoden auf theaterspezifische Sachverhalte gelingen kann und entwickeln eigene Ansätze für ein Theatermanagement. Die Publikationen und Beiträge zum Theatermarketing zeigen in der Regel die Notwendigkeit der Herausbildung eines Theatermarketings auf, gehen auf Möglichkeiten, Probleme und Grenzen einer systematischen Verwirklichung des Marketinggedankens in Theaterbetrieben ein, bieten einen Überblick über die Grundlagen und Gestaltungsmöglichkeiten des Marketings und beschreiben umfassend den Aufbau und die Umsetzung einer spezifischen Marketingkonzeption für Theater.[117]

Vor diesem Hintergrund lässt sich mit Laukner feststellen, dass in der kulturmanagerialen Literatur der Blick auf den Anbieter und die Instrumente der Besucherbindung als Maßnahmen eines Kulturbetriebes bisher weiter verbreitet sind als die Sichtweise des Besuchers (vgl. Laukner 2008: 29). Eine Auseinandersetzung mit der Besucherbindung im Rahmen einer besucherbezogenen Perspektive erfolgt bislang kaum. So gehen lediglich einige wenige Autoren in ihren Beiträgen unter anderem auch auf unterschiedliche Einflussfaktoren oder Wiederbesuchsgründe im Kulturbetrieb ein (vgl. Tabelle 15). Die Auseinandersetzung mit den Determinanten erfolgt hierbei allerdings oft nur am Rande sowie fast ausschließlich auf einer rein konzeptionellen Ebene und beschränkt sich meistens auf deren Nennung und Beschreibung, ohne diese jedoch beim Besucher hinreichend empirisch zu überprüfen oder durch Wissenschaftstheorien zu belegen. In diesem Sinne konstatiert Günter: „Die Wirkungsweise dieser Klebstoffe ist letztlich allerdings noch nicht hinreichend untersucht, es fehlt bedauerlicherweise in erheblichem Maße an Grundlagenforschung zum Thema Museen und Besucher, die nicht zuletzt hilfreiche Hinweise für Museumsmanagement und Kulturpolitik geben könnte" (Günter 2000: 73). Was hier für den Bereich der Museen postuliert wird, lässt sich auch ganz allgemein für Kultureinrichtungen und für Opernhäuser im Besonderen festhalten. Diesem Forschungsdefizit nimmt sich bisher lediglich Laukner für den Bereich der Kunstmuseen an, in dem sie erstmalig in Deutschland eine großzahlige, wenn auch nicht streng repräsentative empirische Basis erhoben hat, aus der zehn Bindungsfaktoren ableitbar sind und fünf Typen von Wiederbesuchern segmentiert werden können (vgl. Laukner 2008).

---

116 Vgl. exempl. Wagner 2004a, Jacobshagen 2002, Greve 2002, Röper 2001, Nowicki 2000, Hoegl 1995 und Schugk 1996.
117 Vgl. exempl. Hausmann 2005 und 2011, Klein 2004, Ayen 2002, Müller-Wesemann 1995 und Hilger 1985.

Tabelle 15: Bisherige Erkenntnisse hinsichtlich Besucherbindungsdeterminanten

Autor(en)	Art der Arbeit	Determinanten der Besucherbindung
Almstedt/ Sellke (2006)	konzeptionell	Bindung von Theaterbesuchern begründet sich durch: - Persönliche Bekanntheit einzelner Darsteller und Regisseure - Inhaltlich-thematische Bindung an einzelne Stücke - Vorliebe für einen bestimmten Inszenierungsstil - Kulturellen Lokalpatriotismus
Günter (2000 und 2004)	konzeptionell	Acht Klebstoffe der Publikumsbindung: - Attraktivität und Unverwechselbarkeit der Leistung - Verbundangebote - Vergünstigungen - Affinität und Identifikation - Personale Elemente - Präsenz im Alltag - Externe Anlässe - Positive Erfahrung und Zufriedenheit
Hausmann (2001 und 2005)	konzeptionell	- Entwicklung spezieller Leistungsbündel für Besucher - Psychologische Regelungen (z. B. Publikumsbeteiligung) - Sachliche Regelungen (z. B. begleitende Serviceleistungen) - Vertragliche Regelungen (z. B. Abonnement) - Institutionelle Regelungen (z. B. Pflichtbesuch mit Schule) - Persönlicher Kontakt und individuelle Ansprache - Besucherzufriedenheit

4.2 Stand der Forschung zur Besucherbindung und ihren Einflussfaktoren   151

Tabelle 15 (Fortsetzung):   Bisherige Erkenntnisse hinsichtlich
Besucherbindungsdeterminanten

Autor(en)	Art der Arbeit	Determinanten der Besucherbindung
Klein (2001 und 2008a)	konzeptionell	Wesentliche Voraussetzungen für dauerhaft erfolgreiche Beziehungen: - Emotionale Bindung und Zufriedenheit - Qualität und Nutzenstiftung der künstlerischen Produkte - Funktionierender Besucherservice - Mitarbeiter der Kulturinstitution - Individuelle Ansprache von Besuchern
Knava (2009)	konzeptionell/ empirisch (Anbieter- und Besuchersicht)[118]	- Qualität der künstlerischen Produkte, Programmgestaltung - Zufriedenstellender Besucherservice - Vergünstigungen/Ermäßigungen - Bevorzugte Behandlung von Wiederbesuchern, Zusatzleistungen - Persönliche, direkte Ansprache - Weiterempfehlungen/Mund-zu-Mund-Werbung - Kulturelle Prägung/Sozialisation - Begleitangebote (Führungen, Blick hinter die Kulissen, etc.) - Persönlicher Kontakt zwischen Leitung/Mitarbeitern/Besuchern - Bindung an bestimmte Künstler/Protagonisten

---

118   Knava führt in ihrer als Arbeitsbuch konzipierten Veröffentlichung viele besucherrelevanten Themen für den Bereich der Darstellenden Kunst praxisnah zusammen und schafft somit einen Überblick, was zur Besucherbindung dazugehört. 64 qualitative Interviews mit Intendanten, Geschäftsführern und Marketingleitern deutschsprachiger Bühnen und Veranstalter (vornehmlich in Österreich) ergänzen und vertiefen den Inhalt und geben Anregungen für Umsetzungsmöglichkeiten in der Praxis. Darüber hinaus gewähren zwölf Besucher aus Wien in Form von qualitativen Interviews Einblick in ihr Leben mit und um die Darstellende Kunst und erzählen vom Stellenwert und von der Bedeutung des Theaters in ihrem Leben, warum sie sich dafür begeistern, was sie sich von einem Besuch erwarten und was für sie einen guten Theaterabend ausmacht.

Tabelle 15 (Fortsetzung): Bisherige Erkenntnisse hinsichtlich Besucherbindungsdeterminanten

Autor(en)	Art der Arbeit	Determinanten der Besucherbindung
Laukner (2008)	empirisch (Besuchersicht)[119]	Einflussfaktoren der Besucherbindung von Kunstmuseen: - Attraktivität/Unverwechselbarkeit der Exponate und deren Inszenierung - Umfang und Vielfalt der Ausstellung - Verbundangebote - Innen- und Außenarchitektur - Vergünstigungen - Personale Elemente - Regionale Identifikation - Externe Anlässe - Positiver Erlebniswert - Direkt gerichtete Aufmerksamkeit Typen von Wiederbesuchern: - Langfristig Verbundene - Nach Abwechslung Suchende - Leidenschaftliche - Anspruchsvolle - Beständige
Reichart (2006)	konzeptionell	- Persönliche Kontaktpflege, Ansprache und Betreuung - Treueangebote/Zusatzleistungen für gebundene Besucher
Vogt (2003 und 2004)	konzeptionell	- Aufbau eines Vertrauensverhältnisses - Besucherzufriedenheit

---

[119] Die Studie von Laukner setzt sich aus einer qualitativen Vorstudie (Einzelinterviews mit 25 Wiederbesuchern) sowie einer schriftlichen Befragung von über 650 Wiederbesuchern von sieben ausgewählten Kunstmuseen im Rheinland zusammen.

Tabelle 15 (Fortsetzung): Bisherige Erkenntnisse hinsichtlich Besucherbindungsdeterminanten

Autor(en)	Art der Arbeit	Determinanten der Besucherbindung
Wiedmann et al. (2007)	empirisch (Anbietersicht)[120]	Bindungsobjekte der Besucher aus Sicht von Theateranbietern: - Image/Marke des Theaters - Intendant - Inszenierungen - Regisseur - Schauspieler - Service/Zusatzleistungen und Angebote - Spielstätte/Örtlichkeit/Atmosphäre - Verkaufs-/Beratungspersonal
Wittgens (2005)	konzeptionell	Notwendige Voraussetzungen für ein erfolgreiches Bindungsprogramm: - Inhalt - Persönlicher Kontakt

4.3 Stand der Publikumsforschung: Bestimmungsgrößen der Besuchshäufigkeit

Die Publikumsforschung im Bereich von Oper und Theater befindet sich immer noch in einem Anfangsstadium (vgl. Reuband 2005a: 253), und die Erhebungen sind zudem meist lokal bzw. regional begrenzt (vgl. Günter 2006a: 175) und können daher nur schwer als empirischer Indikator für alle Theater in Deutschland angesehen werden (vgl. hier und zu den folgenden Ausführungen auch Föhl/Lutz 2011). Dennoch ist durch die in den letzten zwanzig Jahren zunehmende Anzahl wissenschaftlicher (Grundlagen-)Studien und anwendungsbezogener Erhebungen bereits ein recht differenziertes Bild über das aktuelle sowie potenzielle Theaterpublikum und generell über Trends sowie Veränderungsprozesse in der Hochkulturpartizipation entstanden. Die Publikumsfor-

---

120 Die Studie gibt in Form einer schriftlichen Befragung von 34 öffentlichen Theaterbetrieben in Deutschland einen Einblick in den aktuellen Stand des Besuchermanagements in der Praxis und leitet daraus Gestaltungsperspektiven ab. Die Ansprech-partner für die Befragung waren die Leiter der Besucherservice- oder Vertriebsabteilungen sowie die Mitarbeiter der Kundenzentren der einzelnen Theaterbetriebe.

schung fristet heute an den öffentlichen Bühnen kein Schattendasein mehr – wie dies noch bis Anfang der 1990er Jahren vielerorts der Fall war – sondern nimmt in der Theaterpraxis einen wachsenden Stellenwert ein.[121]

Da der Fokus der vorliegenden Arbeit auf diejenigen Personen gelegt ist, die dasselbe Opernhaus mehrfach besuchen, werden im Folgenden ausschließlich die bisherigen Erkenntnisse der empirischen Publikumsforschung zu den Wiederbesuchern von öffentlichen Opern und Theatern im deutschsprachigen Raum (Schwerpunkt: Deutschland) thematisiert.[122] Betrachtet man die bisher geleisteten Forschungsaktivitäten, so lässt sich zunächst feststellen, dass bislang keine veröffentlichten Spezialstudien vorliegen, die sich ausschließlich mit der empirischen Untersuchung von Wiederbesuchern in öffentlichen Opern und Theatern beschäftigen. Die forschungsleitenden Fragestellungen und Ergebnisse zu diesem Personenkreis nehmen entweder nur einen kleinen Teilbereich bzw. Themenkomplex im Rahmen von allgemeinen empirischen Publikumsstudien ein oder diese Zielgruppe wird in den meisten Untersuchungen erst überhaupt nicht gesondert betrachtet. So konstatieren auch Föhl und Lutz: „Die Mehrzahl der betrachteten Studien hat häufig noch zu undifferenziert das gesamte (potenzielle) Theaterpublikum im Fokus" (Föhl/Lutz 2011: 86). Folglich liegen bislang nur wenige empirische Ergebnisse zu den Wiederbesuchern im Bereich von Theater und Oper vor (vgl. hierzu ergänzend auch Kapitel 2.5). Viele Fragen sind gegenwärtig noch unbeantwortet bzw. bedürfen vorhandene Befunde einer weiteren empirischen Absicherung und Vertiefung, so dass sich bisher ein deutliches Defizit der empirischen Forschung hinsichtlich der Kenntnis dieses Publikumssegments konstatieren lässt. Dies wird besonders offensichtlich, betrachtet man im Vergleich die in Kapitel 4.1 dargestellten umfangreichen Erkenntnisse und die relativ lange Historie der Kundenbindungsforschung. Die existierenden Be-

---

121 „Der hohe Stellenwert, den die Publikumsforschung heute an den öffentlichen Bühnen einnimmt, zeigt sich auch anhand einer empirischen Erhebung des Zentrums für Audience Development (ZAD) aus dem Jahr 2007 (vgl. Zentrum für Audience Development 2007). Danach führten 63,8% der befragten 127 öffentlichen deutschen Theater, Opernhäuser und Orchester im Zeitraum von 2002 bis 2006 Besucherforschungsprojekte durch (…). Seit 2002 ist ein steigender Anteil an Besucherforschungsprojekten zu verzeichnen. Zudem schätzt auch die überwiegende Mehrzahl der befragten Institutionen selbst die gegenwärtige und zukünftige Bedeutung von Besucherforschung für ihre Institution als sehr wichtig bzw. wichtig ein und sieht eine steigende Relevanz in den nächsten fünf Jahren." (Föhl/Lutz 2011: 55) „Im Gegensatz zur Theaterpraxis besteht in der wissenschaftlichen (Theater-)Forschung bereits eine längere Tradition der Besucherforschung. Dabei waren diesbezügliche Aktivitäten im vergangenen Jahrhundert verschiedenartig stark ausgeprägt, haben [aber ebenfalls seit] Anfang der 1990er Jahren erkennbar zugenommen." (Föhl/Lutz 2011: 54)

122 Für eine systematische und ausführliche Bestandsaufnahme zu den bisher im deutschsprachigen Raum geleisteten Forschungsaktivitäten, Entwicklungstendenzen, Fragestellungen und Ergebnissen der Publikumsforschung im öffentlichen Theater- und Opernbereich sei auf den Beitrag von Föhl und Lutz verwiesen (vgl. Föhl/Lutz 2011).

4.3 Stand der Publikumsforschung 155

funde, die Rückschlüsse auf potenzielle Wiederbesuchsdeterminanten im Bereich von Theater und Oper zulassen, beschränken sich auf einige wenige Studien, welche Bestimmungsgrößen der Besuchshäufigkeit identifizieren. Die weiteren Ausführungen werden sich auf diese Erkenntnisse fokussieren, wobei keine einzelnen Studien separat dargestellt, sondern Schwerpunkte gebildet werden, um entsprechende Trends, Richtungen und Inhalte gemeinsam abbilden zu können. Die vorliegenden Ergebnisse lassen sich danach zwei Kategorien zuordnen, die in den folgenden beiden Kapiteln überblicksartig vorgestellt werden: soziodemografische/-ökonomische Bestimmungsgrößen (Kapitel 4.3.1) und einstellungs-, motiv- und wirkungsbezogene Bestimmungsgrößen (Kapitel 4.3.2).

4.3.1 Soziodemografische/-ökonomische Bestimmungsgrößen

Innerhalb der soziodemografischen/-ökonomischen Kategorie kommt nach den Erkenntnissen von Martin, Reuband und Kirchberg dem *Alter* für die unterschiedliche Besuchsintensität keine Bedeutung zu (vgl. Martin 1999, Reuband 2002 und Kirchberg 1992). Auch Robinson zeigt, dass zwischen Alter und Besuchshäufigkeit lediglich ein schwach negativer Zusammenhang besteht (vgl. Robinson 1986: 10). Demgegenüber stehen die Ergebnisse von Fischer, Gerdes, Eckhardt et al., Rössel et al., Reuband und Mishkis (für die Besucher von Boulevardtheatern) sowie Reuband (für die untersuchten Theater in Westdeutschland), bei deren Erhebungen die Besuchsintensität mit steigendem Alter zunimmt.[123] Laut Martin ist das *Geschlecht* ein noch ungeeigneterer Prädikator, wenn es darum geht, die Zahl der Theaterbesuche vorherzusagen. Laut ihrer eigenen Studie sowie der Untersuchung von Robinson lassen sich keine signifikanten Unterschiede aufdecken, weshalb es verfehlt wäre, von der Geschlechtszugehörigkeit auf die Besuchshäufigkeit zu schließen (vgl. Martin 1999 und Robinson 1986: 11). Reuband, Eckhardt et al. und Fischer weisen allerdings nach, dass mit der Häufigkeit des Opernbesuches der Anteil männlicher (Fischer 2006) bzw. weiblicher Besucher (Reuband 2002 und Eckhardt et al. 2006) ansteigen. Die *Bildung* ist als sozio-ökonomische Größe in allen betrachteten Studien die wichtigste Variable für die Häufigkeit des Opernbesuchs. Mit zunehmender Häufigkeit des Opernbesuchs steigt in der Regel der Anteil der besser Gebildeten an (vgl. Reuband 2002, 2005b, Rössel et al. 2002, Frank et al. 1991), sprich je besser der formale Bildungsabschluss einer Person ist, desto öfter besucht sie eine Opernbühne (vgl. Kirchberg 1992: 189, Hallek 1991: 130 ff. und Robinson 1986: 14 und 41) und desto wahrscheinlicher ist es, dass sie auch künftig ein

---

123 Vgl. Fischer 2006, Gerdes 2000, Eckhardt et al. 2006, Rössel et al. 2002, Reuband/Mishkis 2005 und Reuband 2002.

Theater besucht. Auch Eckhardt et al. kommen zu dem Ergebnis, dass weit mehr als jeder vierte Erwachsene der regelmäßigen Besucher die Hochschulreife besitzt oder ein Studium absolvierte und dies damit klar über dem Schnitt der deutschen Bevölkerung liegt (vgl. Eckhardt et al. 2006: 275). Derweil zahlreiche Studien lediglich belegen, dass der Bildungsabschluss zwischen seltenen und häufigen Besuchern zu diskriminieren vermag, kann Martin zeigen, dass er auch vergleichsweise intensive Besuchergruppen trennt. Als entscheidendes Split-Kriterium erweist sich dabei das Abitur (vgl. Martin 1999).[124] Weil die Ausbildung in der Regel die spätere Berufswahl prägt, lässt sich in einigen Studien auch ein Zusammenhang zwischen *Berufsgruppe* und Besuchshäufigkeit nachweisen.[125] Allerdings ist die Prognosekraft des Prädikators beruflicher Status weit geringer als die der formalen Bildung und die Befunde sind teilweise inkonsistent. Wie stark die *Höhe des Einkommens* mit der Zahl der jährlichen Theaterbesuche korreliert, ist umstritten. Während einige ältere Studien belegen, dass mit steigendem Einkommen die Besuchshäufigkeit zunimmt (vgl. Kirchberg 1992: 175 und Staatliche Pressestelle Hamburg 1977: 135), stellen neuere Studien hingegen keinen signifikanten oder lediglich schwachen Einfluss fest (vgl. z. B. Martin 1999 und Reuband 2002). Die *regionale Herkunft* (städtische oder ländliche Region) ist gleichfalls ein entscheidender Bestimmungsfaktor der Besuchsintensität.[126] So bestehen z. B. laut Martin große Nutzungsunterschiede zwischen denjenigen Besuchern, die aus der Stadt Dresden und der umliegenden Region kommen.[127] Ferner nimmt mit der *Dauer*, die eine Person an einem Ort wohnt, auch die Zahl der Theaterbesuche bzw. die Wahrscheinlichkeit, Oper, Konzert und Schauspiel zu besuchen, zu (vgl. Kirchberg 1992: 201). Je heimischer sich also jemand in der Region fühlt, umso mehr integriert er sich in das gesellschaftliche und kulturelle Leben.

Zusammenfassend lässt sich festhalten, dass das Gros der betrachteten Studien belegt, dass die soziodemografischen/-ökonomischen Merkmale die Zahl der Theaterbesuche beeinflussen können. Während die Befunde, die sich auf Alter, Geschlecht, Einkommen und Beruf beziehen, teilweise inkonsistent sind, gelten die Bildung, die regionale Herkunft und die Wohndauer von allen Variablen als entscheidende Prädikatoren der Besuchshäufigkeit.

---

124 Jene, die zumindest das Gymnasium abgeschlossen haben, suchen laut Martin durchschnittlich 8,9-mal pro Jahr eine Spielstätte auf, Besucher ohne Abitur dagegen nur 6,7-mal.
125 Vgl. Hallek 1991: 144, Robinson 1986: 12, Martin 1999 und Reuband 2002.
126 Vgl. Martin 1999; Reuband 2002, Rössel et al. 2002, Wiesand 1995, Gerdes 2000, Frank et al. 1991 und Robinson 1986.
127 Das Publikum aus Dresden geht im Durchschnitt 10,4-mal pro Jahr ins Theater und die Besucher aus der umliegenden Region nur 6,5-mal. Besucher, die in relativer Nähe des Theaters wohnen gehen demnach häufiger zu den Vorstellungen. Mit zunehmender Entfernung sinkt hingegen die Wahrscheinlichkeit eines Besuchs (vgl. Martin 1999).

4.3.2 Einstellungs-, motiv- und wirkungsbezogene Bestimmungsgrößen

Ob und wie häufig jemand ein Theater besucht, kann auch von einstellungs-, motiv- und wirkungsbezogenen Faktoren abhängen. Anhaltspunkte, wie sehr ein Motiv dazu beitragen kann, die unterschiedliche Besuchshäufigkeit zu erklären, liefert die Studie von Robinson. Nach Robinson ergeben sich fünf Antriebskräfte für einen Theaterbesuch: *intrinsisches Vergnügen, Festlichkeit, Bildung, Publikum* und *Verständnis* (vgl. hierzu und im Folgenden Robinson 1986: 56 ff.):[128] Die Befunde belegen, dass die Motive – ausgenommen der Faktor Festlichkeit – die Besuchshäufigkeit sowie das Interesse, wieder einmal ein Theater zu besuchen (sog. aktives Interesse), signifikant beeinflussen. Je mehr die Befragten das Gefühl haben, dabei mit Gleichgesinnten zusammen zu sein und das Stück zu verstehen, und je mehr sie aus dem Stück etwas lernen bzw. Vergnügen schöpfen wollen, umso häufiger besuchen sie das Theater bzw. umso größer ist ihr aktives Interesse. Den stärksten Einfluss übt dabei das intrinsische Vergnügen aus gefolgt von dem Wunsch nach sozialer Integration. Darüber hinaus identifiziert Robinson mit der *Vereinsamung*, dem *Zeitmangel*, der *Langeweile*, der *Sättigung* und *Pflegepflichten* fünf Faktoren, die sich mehr oder weniger hemmend auf die Besuchshäufigkeit auswirken können.

Martin identifiziert bei den befragten Besuchern der Sächsischen Staatsoper Dresden drei Arten von Motiven sowie zwei Gruppen von Hinderungsgründen, die immerhin knapp ein Viertel der Varianz der Besuchshäufigkeit erklären können (hierzu und im Folgenden Martin 1999: 156 ff.): Das Bedürfnis, an einem *gesellschaftlichen Ereignis* teilzunehmen, verdeutlicht die soziale Dimension des Theaterbesuchs. Festliche Kleidung gehört hier ebenso dazu wie ein außergewöhnliches Ambiente, gute Unterhaltung sowie geselliges Beisammensein, welches sich etwa darin äußert, dass man das Erlebnis lieber in Begleitung genießt. Auch die Tendenz, ins Theater zu gehen, um dem Partner eine Freude zu bereiten, ist laut Martin Ausdruck der Soziabilität und damit des Wunsches nach ge-

---

128 *Intrinsisches Vergnügen* ist nach Robinson „die Vorstellung, Vergnügen an dem Stückerlebnis zu haben, und zwar abgesehen von allen Schwierigkeiten, die bestehen mögen, einen Besuch zu bewerkstelligen, und abgesehen von anderen Einstellungen, etwa zum Publikum" (hier und im Folgenden Robinson 1986: 56 ff.): „*Festlichkeit* bezeichnet die Erwartung, das Sehen und das Gesehen werden im Theater anlässlich eines Besuches attraktiv zu finden (vergleichbar mit Prestigestreben), Spannung im Publikum zu empfinden und eine festliche Atmosphäre im Theater vorzufinden. (…) *Bildung* als Erwartung an einem Theaterbesuch bezieht sich auf die Hoffnung, aus einem Theaterstück etwas für die eigene Lebensführung zu lernen. (…) Mit *Publikum* wird die Erwartungshaltung gekennzeichnet, sich bei einem Theaterbesuch mit dem dort anwesenden Publikum verbunden zu fühlen bzw. sich unter den Menschen im Theater wohl zu fühlen (vergleichbar mit dem Streben nach sozialen Kontakten). (…) *Verstehen* bezieht sich auf die in der Bevölkerung unterschiedlich stark ausgeprägte Befürchtung, ein Bühnenstück oder eine Oper unverständlich zu finden."

sellschaftlichem Umgang. Hinter dem Bedürfnis nach Festlichkeit, Geselligkeit und Unterhaltung verbirgt sich laut Martin durchaus auch der Wunsch nach sozialer Entfaltung und dem Streben nach sozialem Prestige. Die Tendenz, mit den Darstellern auf der Bühne mitzufühlen, das Bedürfnis nach einem Live-Erlebnis und der Wunsch, den Alltag hinter sich zu lassen, fügen sich bei Martin zum Faktor *emotionale Stimulierung* zusammen. Wer sich von einem Theaterbesuch eine emotionale Stimulierung erwartet, sucht Spielstätten häufiger auf.[129] Ein Theaterbesuch befriedigt auch das *Bedürfnis nach geistiger und kultureller Entwicklung der Persönlichkeit.* Dieses Bedürfnis äußert sich laut Martin etwa in der Überzeugung, mit einem Theaterbesuch etwas für die Allgemeinbildung zu tun, während die kulturelle Entfaltung selbst durch eine entsprechende Sozialisation in Elternhaus, Freundeskreis und Schule befördert wird. Das Motiv an einem *gesellschaftlichen Ereignis* teilzunehmen, beeinflusst die Besuchshäufigkeit in der Arbeit von Martin am stärksten. Je mehr allerdings einem Besucher an Geselligkeit, Festlichkeit und Prestige gelegen ist, umso seltener besucht er das Theater. Im Umkehrschluss zeigt dies, dass vor allem jene solch einen Abend als ein festliches Ereignis erleben, für die er nicht selbstverständlich ist. Darauf folgen bei Martin die *emotionale Stimulierung* und das *Bedürfnis nach geistiger und kultureller Entwicklung der Persönlichkeit*. Der wichtigste Hinderungsgrund für einen Theaterbesuch ist der *Zeitmangel*.[130] *Objektive Barrieren* wie empfundene Unsicherheit auf dem Heimweg, ein beschränktes Budget oder Ermüdung nach einem langen Arbeitstag mindern schließlich die Besuchshäufigkeit gleichfalls.

Besucher mit hoher Besuchsintensität scheinen laut Fischer eher geistige bzw. ästhetisch-künstlerische Auseinandersetzung zu suchen im Gegensatz zu Besuchern mit geringer Besuchsintensität, die eher Unterhaltung und Zerstreuung suchen (vgl. Fischer 2006: 221). Damit liegt es laut Fischer nahe, Besucher höherer Besuchsintensitäten mittels der Betonung von Anregung bzw. Auseinandersetzung im Zusammenhang mit einer Opernvorstellung anzusprechen. Darüber hinaus stellt er einen Gravitationseffekt zwischen Besuchsintensität und Bedarf fest: Mit zunehmenden Besuch wächst auch der Bedarf und nimmt nicht

---

129 Vergleichbar ist dieser Faktor laut Martin mit dem von Robinson als ‚intrinsisches Vergnügen' benannten Faktor, der ebenfalls Statements verbindet, die sowohl die ideelle als auch die emotionale Seite der Motivation ansprechen.
130 Dieser wird von Martin aber weiter ausgelegt und steht danach auch für den Hang zur Häuslichkeit bzw. der Unlust außer Haus zu gehen. Auch das Gefühl, keine Zeit zu haben, und andere Freizeitinteressen (wie z. B. der Besuch von Kinos, Restaurants, Diskotheken oder Freunden), die dem Theaterbesuch vorgezogen werden, lassen sich hier subsumieren.

4.3 Stand der Publikumsforschung

ab, wie anzunehmen wäre (vgl. Fischer 2006: 224).[131] Auch bei Hoegl finden sich indirekt Hinweise auf einen solchen Zusammenhang (vgl. Hoegl 1995: 17). So führt nach Hoegl ein einmal erworbenes Verständnis von Musiktheater zu einer Ausweitung der Nachfrage nach Musiktheater. Eine derzeitige Nachfrage verringert somit nicht zukünftige Nachfrage, sondern führt ganz im Gegenteil zu stärkerer Nachfrage in der Zukunft (vgl. Krebs 1996: 26-30).

Behr analysiert in seiner Studie die *Wirkung von Musiktheater auf das Publikum* anhand von sechs entwickelten Wirkungskategorien: archetypisierende, emotionalisierende, kritisch-rationalisierende, ideologisierende, stabilisierende und ästhetisch-sensibilisierende Wirkung (vgl. hierzu und im Folgenden Behr 1983): Mit steigender Anzahl der Besuche nimmt laut Behr die ästhetisch-sensibilisierende Wirkung von Musiktheater zu. Je größer die Erfahrung und Gewöhnung ist, desto eher verlagern sich Interesse und Sensibilität der Besucher auf die ästhetischen Prozesse. Wer häufig ins Musiktheater geht, neigt nach Behr zudem eher zum Hören als zum Sehen und eher zur Gesangsmelodie als zur Textverständlichkeit. Unterhaltsamkeit und Bezug zu gesellschaftlichen Problemen wünscht sich laut Behr eher, wer nicht so oft die Oper besucht. Darüber hinaus stellt er fest, dass Abonnenten die ideologisierende und vor allem die kritisch-rationalisierende Wirkung von Musiktheater weniger wahrnehmen als andere Besucher. Diese offensichtlich geringere Sensibilität für thematisch-inhaltliche Aspekte geht laut Behr mit der Tatsache einher, dass sie selbst keinen Einfluss darauf nehmen, in welche Stücke sie eigentlich gehen.

Als *produktspezifische Einstellungen/Präferenzen der Besucher* bzw. überdurchschnittlich wichtigste Rahmenbedingungen des Theaterbesuchs identifiziert Martin in ihrer Studie in ausgeprägter Weise die künstlerische Besetzung und den Spielplan bzw. das Veranstaltungsangebot, d. h. die primären Leistungsebenen, sowie die Höhe der Eintrittspreise, das Ambiente der Spielstätte[132] und der Bestell- bzw. (Vor-)Verkaufsservice für Karten (vgl. hierzu und im Folgenden Martin 1999: 151 ff.). Die Leistungen, die einen Zusatznutzen versprechen, wie ein guter Sitzplatz, die Gastronomie oder die Freundlichkeit des Personals sind zwar den von Martin befragten Besuchern insgesamt nur unterdurchschnittlich wichtig, für den einen oder anderen spielen diese Rahmenbedingungen aber dennoch eine beträchtliche Rolle. Je häufiger die Befragten ein Theater besu-

---

131 Der Bedarf nach kulturellen Veranstaltungen erlischt laut Fischer allerdings wenn die Besuchsintensität unter einen Mindestwert sinkt (sog. Bedarfsabriss). Das zugrunde liegende Bedürfnis wird dann durch andere Angebote befriedigt (vgl. Fischer 2006: 224).

132 Der besondere Stellenwert des Ambientes ist laut Martin zum einen insofern verständlich, als gerade die Semperoper mit ihrer allseits bewunderten Außen- und Innenarchitektur zahlreiche Touristen – und damit auch Besucher – anzieht. Zum anderen geben 83% der Befragten bei Martin an, dass für sie ein schönes Ambiente immer wieder ein Grund für einen Theaterbesuch sei (vgl. Martin 1999: 151 ff.).

chen, umso wichtiger sind ihnen die künstlerische Besetzung, der Spielplan bzw. das Veranstaltungsangebot, die Informationspolitik und die Zusammensetzung des Publikums. Dagegen nimmt mit der Besuchsintensität der Stellenwert von Sitzplatz, Ambiente, Verkehrsanbindung, Anfangszeiten, Gastronomie und Kartenpreis ab. Auch nach den Ergebnissen von Robinson spielt für die häufigen Besucher insbesondere die Qualität eines Theaterangebots eine besondere Rolle in der Wahl zwischen unterschiedlichen Theaterangeboten (vgl. Robinson 1986: 167). Darüber hinaus verdeutlicht er, dass die häufigen Opernbesucher eine große Affinität bzw. ein persönliches Interesse an Oper haben (vgl. Robinson 1986: 173). Kirchberg zeigt, dass die Besuchshäufigkeit mit dem wahrgenommenen Nutzen des Besuchs einer Kultureinrichtung steigt (vgl. Kirchberg 1992: 122). Auch nach den Ergebnissen von Behr geht es erfahrenen Publikumskreisen mehr um künstlerisch-inhaltliche Aspekte wie musikalische Aussagen und Bedeutungen, Diskussionen mit den Künstlern, das Regie-Konzept sowie um die musikalische Qualität (stimmliche und Orchester-/Dirigentenleistung). Insbesondere Abonnenten sind laut Behr stimmliche und schauspielerische Leistungen wichtiger als anderen Besuchern (vgl. Behr 1983). Fischer identifiziert bei häufigen Besuchern ebenfalls eine höhere Relevanz von Interpreten (vgl. Fischer 2006: 221). Zudem kann laut Fischer eine erhöhte Besuchsintensität sowohl die Ursache als auch die Konsequenz einer gesteigerten Identifikation sein (vgl. Fischer 2006: 205).

Tabelle 16 fasst abschließend nochmals die bisher in den empirischen Studien identifizierten Bestimmungsgrößen der Besuchshäufigkeit zusammen:

Tabelle 16: Bestimmungsgrößen der Häufigkeit von Theaterbesuchen

Soziodemografisch/-ökonomisch - Bildungsabschluss - Regionale Herkunft - Wohndauer **Motiv- und wirkungsbezogen** - Bildung - Verständnis, Bedarf - Publikum, Gleichgesinnte - Intrinsisches Vergnügen/emotionale Stimulierung - Geistige/kulturelle Entfaltung - Ästhetische Auseinandersetzung - Festlichkeit/gesellschaftliches Ereignis **Hemmnisse** - Sättigung - Vereinsamung - Zeitmangel - Langeweile - Pflegepflichten - Objektive Barrieren	**Produktspezifische Einstellungen/Präferenzen** - Künstlerische Besetzung, Interpreten - Spielplan/Veranstaltungsangebot - Qualität des Angebots - Nutzen - Informationen des Theaters - Begleitangebote (z. B. Diskussionen/Hintergrundgespräche mit Künstlern) - Zusammensetzung des Publikums - Affinität/persönliches Interesse - Identifikation - Sitzplatz (Bequemlichkeit, Klimatisierung) - Ambiente des Theaters - Verkehrsanbindung/Parkmöglichkeiten - Anfangszeiten - Gastronomische Betreuung - Eintrittspreise - Bestellservice/Kartenerwerb - Freundlichkeit des Servicepersonals

4.4 Zusammenfassende Betrachtung und Forschungslücken

Wie obige Ausführungen gezeigt haben, ist der Forschungsstand hinsichtlich der Ermittlung der Wiederbesuchsgründe von Opernbesuchern und ihren dahinter stehenden, nicht direkt beobachtbaren Einflussfaktoren zum gegenwärtigen Zeitpunkt in Deutschland noch äußerst gering, so dass bislang keine detaillierten Kenntnisse darüber vorliegen, welches die Ursachen sind, aus denen ein Besucher ein bestimmtes öffentliches Opernhaus wiederholt besucht. Möglicherweise liegen diese Erkenntnisse für einzelne Institutionen vor, sind aber nicht publiziert worden oder haben bestenfalls lokale bzw. regionale Gültigkeit. Zusammenhängende Betrachtungen über mehrere Opernhäuser hinweg sind bisher nicht bekannt. So befinden sich auch die Literatur und Forschung zur Besucherbindung im Kultur- und Theaterbereich noch in einem überwiegend explorativen Stadium, in dem es bislang vor allem darum geht, ein wenig durchdrungenes Phänomen auf vornehmlich konzeptioneller Ebene näher zu beleuchten, ohne dies jedoch hinreichend empirisch zu überprüfen oder durch Wissenschaftstheorien zu belegen. Eine Auseinandersetzung mit der Besucherbindung und ihren Determinanten im Rahmen einer besucherbezogenen Perspektive erfolgt dabei bislang kaum. Lediglich einige wenige Autoren thematisieren in ihren Beiträgen unter anderem und meist nur am Rande ihrer Ausführungen auch potenzielle Bindungsgründe, die allerdings erste Rückschlüsse auf möglicherweise relevante Bindungsdeterminanten im Opernbereich zulassen. Es fehlt bedauerlicherweise bislang in erheblichem Maße an empirischer Grundlagenforschung, sowie an Spezialstudien zu den Einflussfaktoren der Besucherbindung in Kultureinrichtungen und den damit verbundenen Fragestellungen. Diesem Forschungsdefizit nimmt sich bisher lediglich Laukner für den Bereich der Kunstmuseen an. Wissenschaftliche Veröffentlichungen, die sich speziell mit den Einflussfaktoren der Besucherbindung bzw. den verschiedenen Wiederbesuchsgründen in öffentlichen Opernhäusern und deren Besonderheiten auseinandersetzen, existieren in Deutschland hingegen nicht. Betrachtet man speziell die bisher im deutschsprachigen Raum geleisteten Aktivitäten der Publikumsforschung im Bereich von Oper und Theater, so lässt sich feststellen, dass diese gegenwärtig ebenfalls noch in einem Anfangsstadium stehen und viele Fragen noch unbeantwortet sind bzw. vorhandene Befunde einer weiteren empirischen Absicherung und Vertiefung bedürfen. Daher liegen bislang nur sehr wenige empirische Erkenntnisse zu den Wiederbesuchern sowie insbesondere zu ihren Wiederbesuchsdeterminanten vor. Zudem entstammen einige dieser Befunde bereits aus Studien älteren Datums, so dass deren Aussagekraft auf die heutigen Verhältnisse nur eingeschränkt übertragbar ist. Die vorgestellten Bestimmungsgrößen der Besuchshäufigkeit lassen allerdings weitere Rückschlüsse auf potenzielle Wiederbesuchsgründe bzw. Einflussfaktoren zu.

Der aufgezeigte Mangel an konzeptionellen und empirischen Arbeiten zur Besucherbindung in öffentlichen Opernhäusern und ihren Einflussfaktoren ist allerdings nur relevant, wenn die langjährigen Erkenntnisse aus der Kundenbindungsforschung, die sich schwerpunktmäßig mit der Identifikation von Bindungsfaktoren aus Kundensicht und der Erklärung ihrer zugrunde liegenden Wirkungsmechanismen beschäftigt, nicht ohne Weiteres auf die Situation von Opernhäusern übertragbar sind. Öffentliche Opernhäuser weisen eine hohe Spezifität auf, die eine direkte Übertragung der Erkenntnisse der Kundenbindungsforschung teilweise problematisch machen, da sich die relevanten Einflussfaktoren und ihre Wirkungszusammenhänge im Opernbereich in ihrer Struktur und

4.4 Zusammenfassende Betrachtung und Forschungslücken

Stärke von den Ergebnissen bisheriger Untersuchungen wohl größtenteils unterscheiden werden. Allerdings ergeben sich aus dem bisherigen Forschungsstand ebenfalls vielfältige Anhaltspunkte für denkbare Determinanten in Opernhäusern, weshalb diese Erkenntnisse auch im Folgenden ihre Berücksichtigung finden werden bzw. die primäre theoretische Bezugsquelle für diese Arbeit darstellen. Darüber hinaus kann festgehalten werden, dass sich die Kundenbindungsforschung selbst bisher noch nicht mit den Einflussfaktoren der Besucherbindung in öffentlichen Opernhäusern auseinandergesetzt hat.

Kombiniert man das dargestellte Forschungsdefizit mit der hohen Relevanz, die Besucherbindung für Opernhäuser bereits einnimmt und künftig wohl noch verstärkt einnehmen wird, und folgt man der Ansicht, dass letztlich der Besucher für die Fortführung und den Erfolg einer Geschäftsbeziehung bestimmend ist, so kommt man zu der Erkenntnis, dass sich die kulturmanageriale Forschung mit der Untersuchung von Einflussfaktoren der Besucherbindung in öffentlichen Opernhäusern beschäftigen sollte. Mit der vorliegenden Arbeit soll damit eine Forschungslücke für den Bereich der öffentlichen Opernhäuser in Deutschland geschlossen werden, die aufgrund des bisherigen Stands der Forschung weitgehend vorherrscht (vgl. hierzu auch ergänzend Kapitel 1.3).

5 Potenzielle Einflussfaktoren der Besucherbindung in Opernhäusern

5.1 Ansatzpunkte für potenzielle Einflussfaktoren

5.1.1 Bisheriger Forschungsstand als theoretische Bezugsquelle

Welche Bedingungen und Gründe führen dazu, dass Besucher ein bestimmtes Opernhaus wiederholt besuchen, dass sie sogar regelmäßige Stammbesucher werden? Wie in Kapitel 4 aufgezeigt werden konnte, ist dies für öffentliche Opernhäuser bisher nur partiell erforscht, so dass theoretische und empirische Erkenntnisse bislang weitgehend fehlen. Daher muss zur Identifikation möglicher Einflussfaktoren zunächst auf unterschiedliche Ansatzpunkte zurückgegriffen werden und darauf aufbauend werden dann diejenigen Variablen ausgewählt, die sich besonders für die Erklärung der Besucherbindung in Opernhäusern zu eignen scheinen. Vielfältige Anhaltspunkte für denkbare Determinanten ergeben sich insbesondere aus dem bisherigen Stand der Forschung (vgl. Kapitel 4), weshalb diese Ergebnisse auch in den folgenden Kapiteln 5.2 bis 5.10 ihre Berücksichtigung finden werden. Allerdings stellt sich aufgrund der Spezifität von öffentlichen Opernhäusern eine direkte Übertragung der bislang identifizierten Bindungsfaktoren teilweise als problematisch dar und kann daher nur in einer auf die besonderen Gegebenheiten von Opernhäusern modifizierten Art realisiert werden. Zudem erscheint es als nicht zielführend, in dieser Arbeit sämtliche bisherigen Ergebnisse zu berücksichtigen, denen ein wie auch immer gearteter Erklärungsbeitrag zur Kundenbindung zugeschrieben werden kann (vgl. hierzu auch Wallenburg 2004: 86). Nicht alle der bislang bestehenden Forschungsergebnisse sind auch für die Erklärung des Bindungsverhaltens von Opernbesucher von Relevanz. Dementsprechend sollen im Folgenden nur diejenigen Ergebnisse Berücksichtigung finden, die am meisten zur Erklärung des Untersuchungsgegenstandes beitragen können.

5.1.2 Experteninterviews auf der Anbieterseite

Um das zu untersuchende Feld genauer zu spezifizieren und ein grundlegendes Verständnis für das Forschungsproblem zu bekommen, werden zusätzlich Gespräche mit mehreren Experten an öffentlichen Opernhäusern geführt (vgl. hierzu und im Folgenden auch Laukner 2008: 133 ff.).[133] Diese explorative Herangehensweise kann und will nicht einen repräsentativen Anspruch im statistischen Sinne erheben, sondern dient in erster Linie dazu, die Thematik vorzustrukturieren und eine erste Einschätzung dafür zu erhalten, was aus Sicht der Experten mögliche Gründe für Wiederbesuche sein können. Zudem ist es das Ziel der Interviews zu überprüfen, welche der in Kapitel 4 bislang sowohl theoretisch-konzeptionell als auch empirisch identifizierten Bindungsgründe aus Sicht bzw. Erfahrung der Experten vornehmlich für Opernhäuser von Relevanz sein können. Des Weiteren gilt es herauszufinden, ob darüber hinaus evtl. weitere (bisher in der Literatur nicht identifizierte) Gründe, die Opernbesucher zum Wiederbesuch anregen, vermutet werden. Hierbei sollte allerdings nichts Neues erfunden werden, sondern aus dem Erlebten jedes einzelnen Experten Ideen für mögliche Wiederbesuchsgründe generiert werden. In diesem Sinne zielt das Erkenntnisinteresse auf die Rekonstruktion des Expertenwissens (vgl. Pfadenhauer 2007: 451). Als Methode qualitativer Sozial- bzw. Marktforschung erscheint hierfür die direkte Befragung in Form von Experteninterviews am besten geeignet, da sie einen hohen Freiheitsgrad bei der Erfassung der gewünschten Informationen ermöglicht (vgl. Kepper 1994: 33 zitiert nach Laukner 2008: 133 f.).[134] Es wurden insgesamt sechs Interviews (im Folgenden kurz: Iw) mit acht Experten im Zeitraum von Mai bis September 2009 durchgeführt:

---

133 Als Experten werden nach Jeker Personen bezeichnet, die aufgrund ihres Fachwissens eine bestimmte fachliche Autorität inne haben (vgl. Jeker 2002: 174).
134 Vgl. zum Experteninterview Pfadenhauer 2007: 451 ff., Flick 2006: 139 ff., Bogner et al. 2005 und Meuser/Nagel 1991.

5.1 Ansatzpunkte für potenzielle Einflussfaktoren

Tabelle 17: Stichprobe der Experteninterviews

Nr.	Opernhaus	Interview	Gesprächspartner	Datum Interview
1	Deutsche Oper Berlin	Iw1	- Stellvertretender Geschäftsführender Direktor	28.05.2009
		Iw2	- Direktorin Vertrieb und Marketing - Mitglied der Geschäftsleitung Deutsche Oper Berlin Vermarktungs GmbH	09.06.2009
2	Hamburgische Staatsoper	Iw3	- Leitung Marketing	10.07.2009
3	Bayerische Staatsoper München	Iw4	- Leitung Vermarktung, Vertrieb und Steuerung Development - Leitung Abonnement und zentraler Kartenverkauf der Bayerischen Staatstheater	21.07.2009
4	Sächsische Staatsoper Dresden	Iw5	- Leitung Besucherdienst	23.07.2009
5	Oper Leipzig	Iw6	- Marketingreferent	11.09.2009

Als Gesprächspartner wurden diejenigen Personen angesprochen, die in ihrer täglichen Arbeit in direktem Besucherkontakt stehen: vornehmlich Marketing-/Vertriebsleiter und Leiter des Besucherdienstes. Bei der Auswahl der Experten wurde in diesem Rahmen keine Zufallsstichprobe gezogen, sondern eine begründete Auswahl getroffen, da es im Ergebnis nicht um repräsentative Aussagen, sondern um die Generierung von Ideen und die Erhebung typischer Strukturen und Gegebenheiten geht (vgl. Kurz et al. 2007: 468). Die Auswahl richtete sich vielmehr nach ihrer Eignung für die der Untersuchung zugrundeliegenden Fragestellungen. In der vorliegenden Arbeit ist es von Bedeutung, dass sich die ausgewählten Personen mit Fragen der Besucherorientierung und -bindung im

Opernbetrieb auskennen und über gute Erfahrungen bzw. Kenntnisse im Umgang mit Wiederbesuchern und deren Einstellungen und Verhaltensweisen verfügen. Die Experten sind demnach nicht selbst die Zielgruppe der Untersuchung, und die Interviews sind nicht darauf angelegt, dass die Experten Auskunft über ihr eigenes Handlungsfeld geben (vgl. Meuser/Nagel 2005: 75). Vielmehr „repräsentieren die ExpertInnen eine zur Zielgruppe [Wiederbesucher] *komplementäre* Handlungseinheit, und die Interviews haben die Aufgabe, Informationen über die Kontextbedingungen des Handelns der Zielgruppe zu liefern" (Meuser/Nagel 2005: 75). Die jeweiligen Interviews dauerten im Schnitt zwischen einer und eineinhalb Stunden.

Im Vorfeld eines jeden Gesprächs erhielten die Experten einige Hinweise, „um sie zum einen nochmals über die allgemeine Thematik des Untersuchungsvorhabens zu informieren. Zum anderen wurde bezweckt, mögliche Verzerrungen der Antworten durch Zusage von Anonymität zu reduzieren sowie zu große thematische Abschweifungen jenseits (…) der Untersuchung während der Gespräche zu vermeiden und damit den zeitlichen Umfang der Interviews in einem angemessenen Rahmen zu halten" (Glogner 2006: 69). Die Befragten wurden zu Beginn des Gesprächs in Anlehnung an die narrative Interviewmethode[135] mit einer offenen Fragestellung konfrontiert (*Was sind nach Ihren bisherigen Erfahrungen die möglichen Gründe von Besuchern für einen wiederholten Besuch Ihres Opernhauses?*), wodurch sie zu Erzählungen angeregt werden sollten, um auch neuen Aspekten nachgehen zu können (vgl. Kurz et al. 2007: 472 f.). In dieser Phase des Gesprächs blieben die Befragten möglichst ungestört. Sie entwickelten dessen Ablauf selbst, setzten Schwerpunkte und entschieden eigenständig, mit welchen Aspekten ihre Ausführungen endeten (vgl. hierzu auch Föhl 2010: 158). Die Rolle des Interviewers war in dieser Phase die des aufmerksamen und bestätigenden Zuhörers, der den Informationsfluss, das Gespräch in Gang hielt (vgl. Atteslander 2006: 124). In einem zweiten Schritt wurde den Experten eine schriftliche Übersicht sämtlicher bislang in der Literatur identifizierter Bindungsdeterminanten (vgl. Kapitel 4) zur weiteren Diskussion vorgelegt, mit der Bitte aus ihrer Erfahrung heraus einzuschätzen, welche dieser Ergebnisse auch für Opernhäuser von Relevanz sein können.

Insgesamt wurden in diesen Gesprächen allgemeine Informationen, Stellungnahmen und Meinungen zum interessierenden Untersuchungsgegenstand erhoben (vgl. Laukner 2008: 134 f.), die während der Gespräche mit einem Digital Voice Recorder aufgezeichnet und anschließend vom Verfasser selbstständig

---

135 Vgl. zur narrativen Interviewmethode Kapitel 6.1.1 und 6.1.3

5.1 Ansatzpunkte für potenzielle Einflussfaktoren

transkribiert wurden.[136] Es sei an dieser Stelle ergänzend darauf hingewiesen, dass die in den folgenden Kapiteln 5.2 bis 5.10 zitierten Interviewpassagen aus Gründen der Lesbarkeit vorsichtig sprachlich ‚geglättet' wurden (vgl. Glogner 2006: 107). Um die Gesprächsergebnisse anschließend auswerten zu können, kommt in der vorliegenden Arbeit nicht explizit eine bestimmte Analysemethode wie z. B. die qualitative Inhaltsanalyse nach Mayring (vgl. Mayring 2010) zur Anwendung. Das angewandte Auswertungsverfahren wurde vielmehr in Anlehnung an Glogner nach eingehender Auseinandersetzung mit verschiedenen qualitativen Analysemethoden der Sozial- und Marktforschung entwickelt, die insbesondere auch mit stärker theoriegeleiteten qualitativen Forschungsansätzen vereinbar sind bzw. diese nicht von vornherein ausschließen (vgl. hierzu und im Folgenden Glogner 2006: 107 f.). Um das „umfangreiche Interviewmaterial in eine Form zu bringen, die es erlaubt, alle Daten im Sinne des Untersuchungsinteresses zu überblicken, miteinander zu vergleichen und daraufhin zu interpretieren, wurden mehrere Auswertungsschritte durchlaufen" (Glogner 2006: 108). „In einem ersten Schritt wurden die Interviews mehrmals durchgelesen, um den Gesamteindruck von den jeweiligen Interviewpartnern wieder ins Gedächtnis zu rufen." (Glogner 2006: 108) Anschließend wurde eine Reduktion des Materials auf das Wesentliche zur besseren Überschaubarkeit angestrebt, wobei innerhalb der jeweiligen Experteninterviews die für das Untersuchungsinteresse weniger relevanten Inhalte (z. B. nebensächliche Abschweifungen oder ausschmückende Wendungen) und bedeutungsgleichen Passagen und Wiederholungen gestrichen sowie ähnliche Textteile gebündelt und zusammengefasst wurden. Um die Aussagen der Befragten miteinander vergleichen und interpretieren zu können, wurden sie geordnet und in Kategorien zusammengefasst. Dazu muss zunächst eine Definition der Kategorien vorgenommen werden bzw. ein Kategorienschema festgelegt werden, das eine möglichst eindeutige Zuordnung der einzelnen Textstellen zu den Kategorien sicherstellt. Die Konstruktion von geeigneten Kategorien erfolgt dabei „stets im Spannungsverhältnis zwischen Vorwissen und Empirie, wobei der Schwerpunkt unterschiedlich gesetzt werden kann" (Srnka 2007: 170). Für die vorliegende Arbeit erscheint in Anlehnung an Srnka ein kombiniertes, deduktiv-induktives Vorgehen am besten geeignet (vgl. hierzu und im Folgenden Srnka 2007: 169 f.): Der Forscher identifiziert hierbei zunächst in einem deduktiven Schritt bereits bekannte theoretische Konzepte und fasst diese in einem vorläufigen Kategorienschema zusammen. Dieses deskriptive System leitet sich in der vorliegenden Arbeit von den bereits in Kapitel 4 identifizierten Bindungsdeterminanten ab, die den befragten Experten zur Diskussion vorgelegt

---

136 Die Transkripte werden aufgrund ihres Umfangs nicht im Anhang aufgeführt. Sie stehen jedoch im Archiv des Verfassers jederzeit zur Einsicht zur Verfügung.

wurden, und nun als Ausgangskategorien an das Textmaterial herangetragen wurden. In diesem Rahmen erfolgte eine Zuordnung von Aussagen der Befragten zu den entsprechenden Kategorien. Dieses Verfahren ermöglicht es laut Glogner, alle Antworten im Zusammenhang mit der jeweiligen Kategorie miteinander vergleichen zu können, um deren Gemeinsamkeiten und Unterschiede zu erkennen (vgl. Glogner 2006: 108). Dabei zeigte sich, dass einige der bereits zuvor von den Experten im narrativen Gespräch genannten Gründe durchaus denen in der Literatur identifizierten Determinanten entsprechen oder in abgewandelter Form für Opernhäuser sinnvoll erscheinen. Allerdings wurde auch deutlich, dass manche der in der Literatur identifizierten Gründe anscheinend für den Opernbetrieb keine Relevanz besitzen und darüber hinaus noch weitere, bisher in der Literatur nicht genannte Wiederbesuchsgründe, vermutet werden können. Die einzelnen Kategorien wurden somit in einem induktiven Prozess am vorliegenden Material entweder bestätigt, mussten modifiziert oder für Opernhäuser als irrelevant verworfen werden. So ergaben sich in diesem Rahmen durch die konkrete Zuordnung der Aussagen zu den Kategorien auch teilweise noch Änderungen in deren Benennung oder systematischer Aufgliederung. Die Kategorien wurden in Anlehnung an Srnka so lange schrittweise erweitert und modifiziert, bis alle Textteile des qualitativen Datenmaterials auf Basis des derart weiterentwickelten Kategorienschemas möglichst eindeutig zugeordnet werden konnten (vgl. hierzu und im Folgenden Srnka 2007: 167). Eine anschließende Gegenüberstellung der Ergebnisse mit den Ausgangskategorien verdeutlicht, wie groß der Wissenszuwachs durch die Experteninterviews ist. Dies zeigt sich neben der Bestätigung von einzelnen Kategorien auch darin, welche der ursprünglich bekannten Kategorien sich als nicht relevant erwiesen haben (d. h. zu welchen keine Einheiten des Datenmaterials zugeordnet werden konnten oder die von den Experten als ‚nicht brauchbar' für Opernhäuser eingestuft wurden) und welche Kategorien neu hinzugekommen sind. Durch die Auswertung der Expertengespräche konnte damit schrittweise eine vorläufige Systematik von 39 möglichen Wiederbesuchsgründen in öffentlichen Opernhäusern herausgearbeitet werden, die sich zu zehn potenziellen Einflussfaktoren konzeptionell zuordnen bzw. gruppieren lassen und auf die im Einzelnen in den folgenden Kapiteln 5.2 bis 5.10 eingegangen wird.

5.2 Qualität der künstlerischen Produkte

Innerhalb der Kundenbindungsforschung konnte mehrfach die wahrgenommene Qualität von Produkten als wichtige Determinante der Kundenbindung identifiziert werden (vgl. Kapitel 4.1.2 und 4.1.4.1). Nach Meinung der befragten Ex-

5.2 Qualität der künstlerischen Produkte

perten sowie laut der kulturmanagerialen Literatur (vgl. Kapitel 4.2 und 4.3.2) wird der künstlerischen Qualität für die Besucherbindung ebenfalls eine große Bedeutung beigemessen. Aufgrund ihrer schweren Beschreib- und Bewertbarkeit wurde sie bisher allerdings nur sehr selten definiert und operationalisiert (vgl. Kapitel 2.4). Die künstlerischen Kernleistungen eines Opernhauses lassen sich nach Ossadnik und Hoffmann in zwei Aspekte unterteilen: Die Zusammenstellung verschiedener Aufführungen im Spielplan einerseits und die Produktion und Aufführung von Bühnenwerken andererseits (vgl. Ossadnik/Hoffmann 1984: 441 zitiert nach Boerner 2002: 64). In Anlehnung an diese Systematisierung unterscheidet Boerner ihrerseits die Qualität des Leistungsprogramms von der Qualität der Ausführung dieses Leistungsprogramms als Ausprägungsformen der künstlerischen Qualität (vgl. Boerner 2002: 64). Basierend auf dieser Kategorisierung lassen sich sieben der im Rahmen der Expertengespräche herausgearbeiteten Wiederbesuchsgründe den beiden potenziellen Einflussfaktoren *Qualität der künstlerischen Aufführungen* (vgl. Kapitel 5.2.3.1) und *Zufriedenstellende Spielplangestaltung* (vgl. Kapitel 5.2.3.2) konzeptionell zuordnen. Zunächst sollen allerdings – für ein besseres Verständnis der folgenden Ausführungen zu den Einflussfaktoren – der dieser Arbeit zugrundeliegende Produkt- sowie Qualitätsbegriff in den Kapiteln 5.2.1 und 5.2.2 einer näheren Bestimmung zugeführt werden.

5.2.1 Zum Produktbegriff in öffentlichen Opernhäusern

In der theaterspezifischen Literatur bleibt das Produkt eines Opernhauses häufig beschränkt auf die Inszenierung und Aufführung von Opernwerken (vgl. exempl. Harth 1982: 261 zitiert nach Almstedt 1999: 69). Ganz in diesem Sinne wird in der Theaterpraxis – insbesondere von den künstlerischen Abteilungen – häufig immer noch die Meinung vertreten, dass es Besuchern lediglich um die künstlerischen Produkte an sich ginge. Übersehen wird bei dieser Sichtweise allerdings, dass als Produkt eines Opernhauses ein ganzes Bündel von verschiedenen dinglichen wie immateriellen Leistungen, die erst zusammen das ganze Produkt konstituieren (vgl. Brockhoff 1999: 13 und Almstedt 1999: 69), zu sehen ist. Das vom Besucher wahrgenommene Komplett-Paket, die Summe aus allen Einzelleistungen des Opernhauses, ist bestimmend für die Besucherzufriedenheit und -bindung (vgl. Laukner 2008: 65 und Günter 2001: 342). Entscheidend ist der Nutzen des entsprechenden Gesamtangebots aus der Wahrnehmung des einzelnen Besuchers (vgl. Klein 2008a: 88). Betrachtet man das Produkt unter diesem Gesichtspunkt, so besteht dieses aus mehreren Nutzendimensionen. Neben dem künstlerischen Kernnutzen verfügt es laut Klein (mindestens) auch über einen sozialen, symbolischen bzw. affektiven und Service-Nutzen (vgl. Klein 2005a: 20 ff. und Glogner/Klein 2006), wobei der einzelne Besucher entscheidet, welcher Aspekt für ihn im Vordergrund steht. Es geht also vorrangig um die Einschätzung und Überzeugung des Besuchers bezüglich der Fähigkeit des Produktes, seine individuellen und unterschiedlichen Bedürfnisse befriedigen zu können (vgl. Kotler/Bliemel 2001: 15). Besucher werden ihre Entscheidung, sich an ein Opernhaus zu binden, folglich davon abhängig machen, wie viel Nutzen ihnen das Angebot im Wettbewerbsvergleich stiftet (vgl. hierzu auch Kapitel 3.2.2). Je höher dieser von den Besuchern eingeschätzt wird, desto besser werden tendenziell das Zufriedenheitsurteil und die Besucherbindung ausfallen (vgl. Jeker 2002: 52 f.).

Obwohl vor diesem Hintergrund deutlich wird, dass das Leistungsangebot von Opernhäusern neben den immateriellen auch materielle Bestandteile in unterschiedlicher Zusammensetzung enthält und daher auf eine Dichotomie von Sach- und Dienstleistungen streng genommen verzichtet werden könnte, werden Opern und Theater aufgrund des hohen immateriellen Anteils vieler Leistungen in der Literatur weitgehend als Dienstleistungsbetriebe bezeichnet (vgl. Günter/Hausmann 2009: 54 und Hausmann 2005: 18). Auch wenn trotz einer Vielzahl von Veröffentlichungen zum Dienstleistungsbegriff bislang kein Konsens hinsichtlich einer einheitlichen Definition erzielt werden konnte (vgl. Hausmann 2001: 51), so wird in der kulturmanagerialen Literatur als konstitutiv für öffentliche kulturelle Dienstleistungen die gleichzeitige Existenz folgender Merkmale angesehen:[137]

- *Autonomie der künstlerischen Leistung:* Kunstwerke werden – anders als im kommerziellen Bereich – weitgehend ohne Rücksichten auf etwaige Nachfrage-, Geschmacks- oder Marktsituationen produziert, sondern orientieren sich ausschließlich an inhaltlich-ästhetischen Zielsetzungen bzw. an einem vorgegebenen kulturpolitischen Auftrag (vgl. Fischer 2006: 20 und Kapitel 2.4). Laut Fischer lässt sich eine Autonomie in zweierlei Hinsicht ausmachen: „Zum einen die Autonomie der künstlerischen (Ur-)Produktion durch Künstler und zum anderen die Auswahl aus diesen Kunstwerken durch (in der Regel subventionierte) autonome Veranstalter, so dass das Veranstaltungsprogramm auch einer gewissen Autonomie unterliegt anstelle einer Anpassung an Erwartungen oder Geschmack des Publikums" (Fischer 2006: 20). Der öffentliche Auftrag von Opernhäusern bringt demnach eine Einschränkung von Marktmechanismen mit sich. Damit ist für Opernhäuser der

---

[137] Vgl. hierzu und im Folgenden ausführlich bei Fischer 2006: 14 ff., Günter/Hausmann 2009: 54, Hausmann 2001: 51 ff., Hausmann 2005: 19 ff., Klein 2005: 26 ff., Laukner 2008: 48 ff. und Nowicki 2000: 63 ff.

5.2 Qualität der künstlerischen Produkte 173

Weg einer beliebigen Produktanpassung an den jeweiligen Publikumsgeschmack versperrt, denn sie würden geradezu die Legitimation der öffentlichen Subventionierung verlieren, wenn sie ihre künstlerischen Leistungen bzw. ihr meritorisches Gut der jeweiligen Nachfrage unterordnen (vgl. Klein 2008a: 22).

- *Intangibilität:* Das Ergebnis der Leistungserstellung eines Opernhauses ist für den Besucher in der Regel nicht greifbar bzw. gegenständlich, d. h. das Angebot kann üblicherweise vor dem Kauf weder betrachtet noch ausprobiert werden wie andere Ge- oder Verbrauchsgüter und am Ende des kulturellen Leistungserstellungsprozesses liegt kein materielles Gut vor (vgl. Günter/Hausmann 2009: 54 und Klein 2005a: 28).
- *Einmaligkeit des Ergebnisses:* „Gegenüber rein kommerziellen Dienstleistungen zielt eine Musiktheateraufführung als künstlerisches Ereignis auf Einmaligkeit ab." (Hoegl 1995: 139) Im Gegensatz zu standardisierten Produkten besteht eine Opernproduktion aus Elementen, die der Anbieter nicht oder nur zum Teil kontrollieren kann (vgl. Klein 2005a: 28). Durch die in den allermeisten Fällen notwendige Interpretationsleistung entstehen jeweils völlig unterschiedliche Aufführungen (vgl. Klein 2005a: 28).
- *Nichtlagerfähigkeit:* Zwischen der Erstellung und Inanspruchnahme bzw. Rezeption einer theatralen Leistung herrscht häufig Synchronität, d. h. wesentliche Teile der Produktion und des Konsum fallen örtlich und zeitlich zusammen (vgl. Günter/Hausmann 2009: 54). „Dieses sog. ‚uno-actu-Prinzip' ergibt sich daraus, dass kulturelle (Kern-)Leistungen ‚live' stattfinden, nicht auf Lager produziert und für eine beliebige Inanspruchnahme durch den Besucher vorgehalten werden können, sondern [vergänglich sind und] zum Zeitpunkt ihrer Erstellung am Ort der Dienstleistungsproduktion vom Besucher unmittelbar in Anspruch genommen [und verbraucht] werden müssen (…)." (Günter/Hausmann 2009: 54) „Bis zum Zeitpunkt der [Opern-]Aufführung nicht verkaufte Tickets können somit nicht der weiteren Nutzenstiftung zu einem späteren Zeitpunkt dienen." (Hausmann 2005: 19) Aus der rigiden räumlichen und zeitlichen Bindung des Angebots von Opernhäusern bzw. der starren Bindung des Konsums an vorgegebene Zeiten und Orte lässt sich laut Fischer eine besondere Knappheit kultureller Veranstaltungen herleiten (vgl. Fischer 2006: 16).
- *Hoher Ausschließlichkeitsgrad im Konsum:* Opernaufführungen zeichnen sich dadurch aus, dass während ihres Konsums beinahe jegliche andere Aktivität ausgeschlossen wird (vgl. Fischer 2006: 15).
- *Gemeinschaftlichkeit des Konsums:* Die Dienstleistung Opernaufführung wird nur für mehrere Besucher gleichzeitig erbracht, d. h. es findet ein kollektiver Verbrauch statt (vgl. Fischer 2006: 15).

- *Integration des externen Faktors:* Der Beteiligung bzw. Einbeziehung des Publikums als externer Faktor bei der Leistungserstellung von Opernhäusern wird ein besonderer Stellenwert zugewiesen (vgl. hierzu und im Folgenden Fischer 2006: 14 f.). Zum einen sind Opernaufführungen ohne die Anwesenheit der Publikums im Zuschauerraum nicht denkbar (vgl. Kapitel 2.4 und 3.1.2), und zum anderen sind die dargebotenen Werke auf entsprechende Wahrnehmungsakte der Besucher angewiesen. So sind die Reaktionen des Publikums auf die jeweiligen Darbietungen ein wesentlicher Faktor, der nicht nur die künstlerische Leistung, sondern auch die Atmosphäre einer Veranstaltung positiv oder negativ beeinflussen kann. Der Einbezug des Besuchers zeigt die hohe Abhängigkeit zu den Gegebenheiten der Person, die die Inszenierung besucht (vgl. Wiedmann et al. 2007: 22). „Wenn Theater emotional berühren, Leidenschaften wecken, bewegen, unterhalten oder bilden soll (…), so geschieht dies immer im Zusammenspiel mit den jeweiligen Erfahrungen, Einstellungen und Stimmungen des Publikums." (Wiedmann et al. 2007: 22, vgl. auch Boerner 2002: 42)
- *Wahrgenommenes Risiko:* „Das Kauf- bzw. Besuchsrisiko resultiert aus einer Qualitätsunsicherheit auf Seiten des Besuchers. Es ist ihm in der Regel vor dem Kauf einer Eintrittskarte für eine bestimmte Kulturveranstaltung bzw. vor dem (Erst-)Besuch nicht möglich abzuschätzen, inwiefern diese Veranstaltung auch tatsächlich seine Erwartungen erfüllen wird." (Günter/Hausmann 2009: 54) Damit geht er ein erhebliches Risiko ein, denn er kann unter Umständen völlig andere Erwartungen an die Produktion gestellt haben und nach dem Besuch der Vorstellung enttäuscht sein (vgl. Klein 2005a: 26). Um mit diesen wahrgenommenen Risiken umgehen zu können und zu Entscheidungsergebnissen zu kommen, werden in der Regel Risikoreduktionsstrategien angewandt (vgl. Fischer 2006: 19 f. und hierzu auch Kapitel 4.1.3.1). So lassen z. B. der Ruf der auftretenden Künstler, die Kritiken und eigene Erfahrungen mit der jeweiligen Institution den Opernbesucher das Risiko einschätzen, das er mit dem Kauf einer Eintrittskarte eingeht (vgl. Hoegl 1995: 139).

Das Produkt eines Opernhauses lässt sich nach Almstedt grundsätzlich in den Produktkern bzw. das Produktinnere und das Produktäußere unterteilen (vgl. Almstedt 1999: 70 ff. und Abbildung 11), wobei beide Bereiche eng miteinander verwoben sind, sie bilden zusammen das Kultur- und Freizeiterlebnis Opernbesuch und prägen den Gesamteindruck der Besucher (vgl. Hausmann 2005: 18).[138]

---

138 Scheff Bernstein sowie Kotler und Scheff unterscheiden im gleichen Sinne nach Marketinggesichtspunkten zwischen dem Kernprodukt und dem formalen bzw. erweiterten Produkt des Theaters (vgl. Scheff Bernstein 2007: 90 ff. und Kotler/Scheff 1997: 192 f.).

5.2 Qualität der künstlerischen Produkte

Abbildung 11: Das Produkt eines Opernhauses (in Anlehnung an Almstedt 1999: 71)

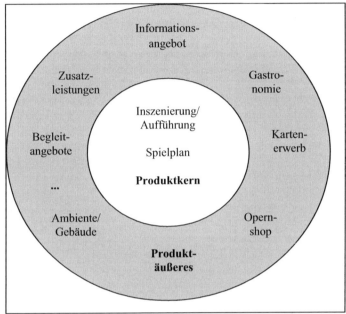

Unter dem Kernprodukt bzw. Produktinneren wird das verstanden, was ein Besucher mit dem Erwerb seiner Eintrittskarte erhält, die musikalische und szenische Gestaltung einer Opernaufführung (vgl. Schmidt-Ott 1998: 149). Die Gesamtheit aller innerhalb einer Spielzeit von einem Opernhaus angebotenen künstlerischen Leistungen bildet dessen Angebotspalette bzw. Produktprogramm, welches sich im jeweiligen Spielplan des Opernhauses manifestiert. Neben dem Produktinneren, dem Leistungskern, in Form der Opernaufführung bzw. dem gesamten Spielplan, umfasst das Produktäußere sämtliche Service- und Begleitangebote sowie Zusatzleistungen des Opernhauses (vgl. Almstedt 1999: 70 und Hausmann 2005: 17 ff.). Die Beschäftigung mit der wahrgenommenen Qualität des Kernprodukts steht im Mittelpunkt der folgenden Betrachtungen (Einflussfaktoren 1 und 2: ‚Qualität der künstlerischen Aufführungen' und ‚Zufriedenstellende Spielplangestaltung'). Das Produktäußere, in Form von Service- und Begleitangeboten sowie Zusatzleistungen, wird gesondert in den Kapiteln 5.3 bis 5.5 beschrieben (Einflussfaktoren 3 bis 5: ‚Zufriedenstellende Serviceangebote', ‚Begleitangebote' und ‚Bevorzugte Behandlung von organisierten Wiederbesuchern').

5.2.2 Qualitätsbegriff und Zusammenhang mit der Besucherzufriedenheit

Innerhalb der betriebswirtschaftlichen Literatur existiert – aufgrund der seit Jahrzehnten geführten Qualitätsdiskussion – eine Fülle unterschiedlicher Definitionsansätze, um die Qualität zu erfassen (vgl. Stauss 1992: 6 und Jeker 2002: 46). Der in dieser Arbeit in Anlehnung an Jeker verwendete besucherorientierte Ansatz geht nicht vom Produkt des Opernhauses aus, sondern vom Besucher und nimmt eine begriffliche Gleichsetzung von Qualität und Qualitätswahrnehmung vor (vgl. hierzu und im Folgenden Jeker 2002: 46). Die wahrgenommene Qualität wird dementsprechend ausschließlich durch die subjektive Einschätzung bzw. Bewertung des Besuchers bestimmt. Für die Besucher ist es wichtig, dass die Qualität der von einem Opernhaus erbrachten Leistungen ihre Erwartungen übertrifft oder zumindest erfüllt (vgl. Bruhn 2009: 60). Insofern ergibt sich das Qualitätsniveau entsprechend dem C/D-Paradigma als Ausmaß der Diskrepanz zwischen den Erwartungen und Wünschen der Besucher und ihren Eindrücken bzw. Wahrnehmungen von den tatsächlichen Leistungen (vgl. Jeker 2002: 46). „Die Zusammenhänge zwischen Qualitätswahrnehmung, Zufriedenheit und dem Bindungsverhalten sind erst seit wenigen Jahren Gegenstand intensiver Untersuchungen." (Jeker 2002: 59) Betrachtet man die Ausführungen in der Literatur, so lassen sich laut Krüger-Strohmayer zwei unterschiedliche Ansätze differenzieren (vgl. hierzu und im Folgenden Krüger-Strohmayer 1997: 42): Während einige Autoren die wahrgenommene Qualität mit der Kundenzufriedenheit gleichsetzen oder als miteinander verknüpfte Konstrukte betrachten, sehen andere Forscher diese als völlig unabhängige Phänomene an. Ohne an dieser Stelle näher auf die verschiedenen Ansätze und ihre definitorischen Unterscheidungen einzugehen, kann resümiert werden, dass sich in der wissenschaftlichen Diskussion ein direkter Bezug zwischen Qualität und Kundenzufriedenheit durchgesetzt hat (vgl. Jeker 2002: 59). Die Qualitätswahrnehmungen der Leistungen eines Opernhauses durch die Besucher determinieren folglich deren Gesamtzufriedenheit mit ihrer Geschäftsbeziehung zum Opernhaus (Besucherzufriedenheit, vgl. Kapitel 3.2.4.2) und haben damit einen direkten Einfluss auf ihr Bindungsverhalten.

5.2.3 Ausprägungsformen der Qualität der künstlerischen Produkte

5.2.3.1 Qualität der künstlerischen Aufführungen

Die Qualität der künstlerischen Aufführungen umfasst die aus Besuchersicht zufriedenstellende Produktion (Inszenierung und musikalische Konzeption) sowie Aufführung von Opernwerken (vgl. Boerner 2002: 64). Im Fokus des Interesses steht – ausgehend von dem hier zugrundeliegenden Qualitätsbegriff – nicht die Betrachtung der künstlerischen Qualität einer einzelnen Opernaufführung, sondern die Wahrnehmung der künstlerischen Qualität in Bezug auf die gesamte bisherige Geschäftsbeziehung zwischen Besucher und Opernhaus. Es wird hierbei davon ausgegangen, dass es für Wiederbesucher wahrscheinlicher erscheint, dass ein Urteil, welches auf der Summe der gesammelten Erfahrungen beruht, einen höheren Aussagegehalt bezüglich der Besucherbindung aufweist als die Bewertung einer singulären Opernaufführung (vgl. auch Boerner/Jobst 2009 und Kapitel 3.2.4.2). Opernaufführungen stellen mehrdimensionale Werke dar und sind sicht- und hörbar das Ergebnis der Zusammenarbeit einer Vielzahl von Mitwirkenden (vgl. Boerner/Jobst 2009: 34). Laut der befragten Experten ist für die subjektive Bewertung der künstlerischen Qualität durch die Besucher der Gesamteindruck von Aufführungen entscheidend, der sich aus verschiedenen Aspekten zusammensetzt. Dabei kann der ein oder andere Aspekt bei der jeweiligen Aufführung einen größeren Stellenwert für den Besucher einnehmen wie z. B. die Qualität der künstlerischen Besetzung, ein großartig musizierendes Orchester, das begeisternde Bühnenbild oder eine schlüssige Inszenierung, die dann den Gesamteindruck insgesamt positiv werden lassen, auch wenn andere Aspekte aus Besuchersicht nicht zufriedenstellend waren. Angesichts der Fülle musikalischer und szenischer Eindrücke während Opernaufführungen stellt sich die Frage, welche einzelnen Leistungsmerkmale für die Entscheidung, ein Opernhaus wiederholt zu besuchen, ausschlaggebend sein können (vgl. Boerner/Jobst 2009: 34). Zu einer besseren Identifikation entscheidungsrelevanter Wiederbesuchsgründe erscheint in Anlehnung an Boerner eine Aufteilung der Qualität der künstlerischen Aufführungen in die beiden Dimensionen ‚szenische Qualität' und ‚musikalische Qualität' sinnvoll (vgl. Boerner 2002: 79).

Im Rahmen der szenischen Qualität nennen die befragten Experten die *Inszenierungs-* sowie die *Ausstattungsqualität* als mögliche Wiederbesuchsgründe. Immer mehr wird die Opernbranche auch in den Feuilletons der Zeitungen von den Regisseuren und ihren Inszenierungen bestimmt (vgl. Reuband 2005a: 266). Vermehrt versuchen Opernhäuser aufgrund des relativ ähnlichen Repertoires[139],

---

139 Häufig wird im Opernbetrieb der hohe Anteil des Standardrepertoires und die Gleichförmigkeit bzw. Parallelität der Spielpläne moniert (vgl. exempl. Schugk 1996: 181 und Hoegl 1995: 149).

sich gezielt durch unterschiedliche Interpretationen derselben Bühnenwerke voneinander zu unterscheiden, wodurch die Inszenierung als eigenständige Kunstform zunehmend an Bedeutung gewinnt (vgl. hierzu auch Boerner 2002). Dies erklärt auch, warum im 20. und 21. Jahrhundert die Inszenierungen eine solch starke Identität entwickelt haben (vgl. Bovier-Lapierre 2006: 241). Zudem werden Regisseure an den Opernhäusern in der Mehrzahl als Gäste engagiert, die allein schon deshalb die Neugier der Besucher wecken können (vgl. hierzu und im Folgenden Boerner/Jobst 2009: 36). Das gilt insbesondere für Regisseure, die für ungewöhnliche Ansätze bekannt sind oder für spektakuläre Inszenierungen, die in der Presse Furore machen. Vor diesem Hintergrund kann in vielen Fällen die Inszenierungsqualität von Opern den Anreiz für einen Wiederbesuch darstellen. Laut Ansicht der befragten Experten frequentieren Besucher bestimmte Operninszenierungen insbesondere dann mehrmals, wenn sie ihnen aus ihrer Sicht heraus als qualitativ hochwertig bzw. attraktiv erscheinen. In diesem Sinne sehen auch Günter und Laukner in der Attraktivität und Unverwechselbarkeit der künstlerischen Leistungen einen entscheidenden Grund dafür, dass ein Besucher nicht nur einmal erscheint, sondern wiederkommt (vgl. Günter 2004: 55 und Laukner 2008: 108).[140] Darüber hinaus leben Opernaufführungen ganz entscheidend von der Bühnenausstattung, die die Inszenierungen mit sich bringen (vgl. Boerner/Jobst 2009: 36). Eine positive Qualitätswahrnehmung von Bühnenbildern, Kostümen, Requisiten und Lichttechnik (sog. Ausstattungsqualität) kann demnach ebenfalls zur Zufriedenheit sowie einem Wiederbesuch des Opernhauses beitragen.

Einer fortlaufenden hohen musikalischen Qualität messen die befragten Experten allerdings eine höhere Bedeutung für den Wiederbesuch eines Opernhauses bei als der szenischen Qualität.[141] Als Wiederbesuchsgründe im Rahmen der

---

Im Vergleich zum Bestand an spielbaren Opern hat sich ein relativ kleiner Kern an aufgeführten Werken, die vorwiegend aus dem 19. Jahrhundert stammen, herauskristallisiert (vgl. Jacobshagen 2010: 10 ff. und Bovier-Lapierre 2006: 239). Das kann zu der schwierigen Situation führen, dass die einzelnen Häuser kaum mehr zu unterscheiden sind und damit austauschbar werden.

140 Unter Attraktivität wird in der vorliegenden Arbeit in Anlehnung an Laukner die Anziehungskraft verstanden, die Operninszenierungen auf den Besucher besitzen und unter Unverwechselbarkeit die Nicht-Austauschbarkeit dieser Inszenierungen (vgl. Laukner 2008: 108). Laukner konnte in ihrer Arbeit empirisch zeigen, dass die Attraktivität und Unverwechselbarkeit der Exponate und deren Inszenierung einen hohen Stellenwert im Rahmen der Besucherbindung in Kunstmuseen einnimmt (vgl. Laukner 2008: 237).

141 Diese Vermutung unterstreicht auch eine Fallstudie von Reuband an der Kölner Oper (vgl. Reuband 2005a: 254 ff.): Gefragt was für die Besucher beim Besuch der Oper „im Allgemeinen besonders wichtig sei", stufen 81% das „musikalische Erleben" als sehr wichtig ein. An zweiter Stelle folgen mit 68% die „sängerischen Leistungen". Nicht-musikalische Aspekte wie das Bühnenbild werden im Vergleich dazu als weniger bedeutsam erachtet. Dies gilt auch für die Inszenierung. Sie wird lediglich von 33% als sehr wichtig erachtet. Für die

5.2 Qualität der künstlerischen Produkte

musikalischen Qualität lassen sich laut der Experten die *Qualität der künstlerischen Besetzungen*, die *Orchesterqualität* und die *Chorqualität* nennen.[142] Für alle befragten Experten ist ein hohes künstlerisches Niveau der Besetzungen (Sänger und Dirigenten) ausschlaggebend für den Wiederbesuch eines Opernhauses. Seit jeher stehen die Sänger im Mittelpunkt von Opernaufführungen und prägen durch ihre stimmlichen und schauspielerischen Leistungen die Qualitätswahrnehmung der künstlerischen Aufführungen. Der Dirigent leitet die musikalische Aufführung der Werke und prägt dadurch ebenfalls entscheidend ihre künstlerische Interpretation und Qualität (vgl. Jacobshagen 2002: 136). Neben der Qualität der künstlerischen Besetzungen sehen die Experten sowohl beim Orchester als auch beim Chor eine positive Qualitätswahrnehmung als ausschlaggebend für die Entscheidung an, ein Haus wiederholt zu besuchen.

5.2.3.2 Zufriedenstellende Spielplangestaltung

Das Leistungsprogramm eines Opernhauses wird hauptsächlich durch sein künstlerisches Profil bzw. Selbstverständnis bestimmt (vgl. hierzu Kapitel 5.8.1), das sich im jeweiligen Spielplan konkretisiert (vgl. Boerner 2002: 67). Der Spielplan beinhaltet sämtliche angebotenen Veranstaltungen eines Opernhauses: Neuinszenierungen, Wiederaufnahmen und Repertoirevorstellungen. „Die Spielplangestaltung umfasst einerseits die inhaltlich-konzeptionelle, andererseits die personal-planerisch-finanzielle Disposition einer Spielzeit oder eines darüber hinausgehenden Zeitraums." (Cloot 2002: 362). Im Unterschied zu kommerziellen Betrieben orientiert sich die Spielplangestaltung bei öffentlichen Opernhäusern nicht nur an ökonomischen, sondern vorwiegend an kulturpolitischen bzw. künstlerischen Zielsetzungen. Allerdings kann das künstlerische Konzept nicht völlig losgelöst von den Erwartungen und Bedürfnissen der Besucher festgelegt werden, da die Auswirkungen der Spielplangestaltung auf die Nachfrage mitunter gravierend sind (vgl. Schmidt-Ott 1998: 149, Giller 1995: 103 und Föhl/Lutz 2011: 60). So muss der Spielplan eines Opernhauses immer auch vielfältigsten Publikumsgruppen gerecht werden, die sich in diesem wiederfinden, sprich ihre Interessen, Bedürfnisse und Vorlieben berücksichtigt sehen wollen (vgl. Cloot 2002: 364). Nach Ansicht der befragten Experten lassen sich im Rahmen der

---

Mehrheit der Befragten gilt laut Reuband das Interesse in erster Linie der Musik, den Sängern und/oder dem Dirigenten.

142 In diesem Sinne spiegelt sich auch nach Lausberg die musikalische Qualität der Bayerischen Staatsoper München hauptsächlich in dem hohen künstlerischen Niveau des Bayerischen Staatsorchesters, des Chores und der engagierten Dirigenten und Sänger (vgl. Lausberg 2007: 86).

Spielplangestaltung insbesondere zwei Wiederbesuchsgründe vermuten. Einerseits ein *abwechslungsreicher Spielplan* und andererseits *Schwerpunktsetzungen im Spielplan*. Als abwechslungsreich werden hier insbesondere das Angebot eines umfangreichen Repertoires ggf. aus mehreren zeitlichen Epochen sowie eine Unterschiedlichkeit in den Inszenierungsstilen bzw. Regiehandschriften verstanden.[143] Zu einem vielseitigen Spielplan können laut der Experten aber auch das Angebot von modernen und experimentellen Aufführungsformen oder die Erprobung neuer Aufführungsorte beitragen.[144] Als Schwerpunktsetzungen im Spielplan können z. B. thematische Fokussierungen (z. B. auf Wiederentdeckungen, Raritäten), Überblicke über verschiedene Stilepochen, Schwerpunkte in Bezug auf bestimmte Komponisten und deren Werke sowie eine spezielle programmatische Orientierung des Opernhauses zählen. Eine Besonderheit der Schwerpunktsetzung stellt die Präferenz von Besuchern für ein besonderes Opernverständnis dar, wie dies z. B. im Fall des Staatstheaters am Gärtnerplatz in München oder der Komischen Oper Berlin vorliegt (vgl. Boerner 2002: 70). Eine vollständige Spezialisierung, etwa in Form einer ausschließlichen Konzentration auf das barocke oder das zeitgenössische Opernschaffen, scheint laut Experten aufgrund des kulturpolitischen Auftrags und der verschiedenen Publikumsinteressen jedoch in den seltensten Fällen und wenn dann meist nur in den größeren Städten mit mehreren Opernangeboten oder im Rahmen von Festspielen möglich und erfolgversprechend.

5.3 Zufriedenstellende Serviceangebote

Wie bereits in Kapitel 5.2.1 aufgezeigt, werden Opernbesuche vom Publikum als Gesamterlebnis wahrgenommen, und zu diesem tragen die Serviceangebote maßgeblich bei (vgl. Günter/Hausmann 2009: 53). Der Besuch von Opernaufführungen ist somit sehr viel mehr als die bloße Rezeption von szenisch-musikalischen Darstellungen (vgl. Glogner/Klein 2006: 52). Besucher sind daran interessiert, neben einer zufriedenstellenden Kernleistung auch anderweitige Vorteile (sog. Service-Nutzen) aus einer Geschäftsbeziehung zu erhalten (vgl.

---

143 In diesem Sinne bestand z. B. Sir Peter Jonas in seiner Zeit als Intendant bei der Bayerischen Staatsoper in München auf die Bedeutung der Repertoirebreite: von Barock bis zu zeitgenössischer Oper, mit einem Repertoireumfang von mehr als 30 unterschiedlichen Produktionen pro Spielzeit (vgl. Lausberg 2007: 86).

144 Bovier-Lapierre merkt hierzu an, dass die Versuche im letzten Drittel des 20. Jahrhunderts, die Oper neu zu positionieren, durch die Erprobung neuer Aufführungsorte (z. B. an ungewöhnlichen Spielstätten, Open-Air-Veranstaltungen), eine stärkere Bindung an das Zeitgeschehen sowie durch neue Aufführungsformen des bestehenden Repertoires wenigstens teilweise gelungen sei (vgl. Bovier-Lapierre 2006: 240).

5.3 Zufriedenstellende Serviceangebote

Jeker 2002: 52). Häufig sind es gerade diese Rahmenbedingungen, die im Wettbewerb mit ähnlichen Kernprodukten darüber entscheiden, ob sich beim Besucher ein Gefühl der Zufriedenheit einstellt und sich dieser langfristig an ein Opernhaus bindet (vgl. Schmidt-Ott 1998: 152 und Schugk 1996: 181). In diesem Sinne konnte innerhalb der Kundenbindungsforschung die Servicequalität bzw. ein zufriedenstellendes Serviceangebot als wichtiger Einflussfaktor der Kundenbindung identifiziert werden (vgl. Kapitel 4.1.2 und 4.1.4.1). Auch nach Aussage der Experten spielen zufriedenstellende Serviceleistungen eine große Rolle für viele ihrer Wiederbesucher und können als ein Entscheidungsfaktor bei der Frage angesehen werden, welche Institution regelmäßig frequentiert wird. Da die Wahrnehmung und Beurteilung eines Opernhauses und seiner einzelnen Serviceleistungen durch den Besucher während des Nutzungsprozesses stattfindet, kommt der Betrachtung dieses Prozesses zur Identifikation von Wiederbesuchsgründen eine große Bedeutung zu. Der Besucherprozess in Opernhäusern lässt sich in Anlehnung an Hausmann idealtypisch in die drei Teilphasen Vor-Besuch (Kapitel 5.3.1), Besuch (Kapitel 5.3.2) und Nach-Besuch (Kapitel 5.3.3) gliedern (vgl. hierzu und zu den Ausführungen der folgenden Kapitel Hausmann 2001: 239 f. und Klein 2008d: 551 f.).[145] Das Gesamtbild der Servicequalität einer Einrichtung entsteht aus dem Zusammenspiel aller Serviceaspekte in den unterschiedlichen Phasen.

5.3.1 Zufriedenstellende Serviceleistungen im Vorfeld von Opernbesuchen

Unter die Teilphase des Vor-Besuch lassen sich all diejenigen Serviceleistungen subsumieren, die vom Opernhaus im Vorfeld von Opernbesuchen erbracht werden. Zu einem zufriedenstellenden Serviceangebot können in dieser Phase nach Meinung der befragten Experten hauptsächlich die folgenden zwei Aspekte beitragen:

1. *Zufriedenstellendes Informationsangebot:* Bezogen auf das Aufführungsangebot eines Opernhauses bedeutet dies, Besucher umfangreich, aktuell, regelmäßig und zielgerichtet durch verschiedene Medien zu informieren (vgl. hierzu auch Almstedt 1999: 72 ff.). Eine gute Informationsversorgung über die Produktionen im Vorfeld kann entscheidend dazu beitragen, mit welchen Erwartungshaltungen Besucher in Aufführungen gehen und ob sich Zufriedenheit einstellt oder nicht.

---

145 Klein unterscheidet in ähnlicher Weise nach dem Zeitpunkt der Bereitstellung bzw. der Inanspruchnahme von Serviceleistungen in die drei Phasen Pre-Sales-Service, Sales-Service und After-Sales-Service (vgl. Klein 2008d: 551 f.).

2. *Unkomplizierter Kartenerwerb*: Hierunter sind die Wege zu fassen, auf denen der Opernbesucher unkompliziert Eintrittskarten erwerben kann. Der Kartenvertrieb bzw. das Ticketing eines Opernhauses kann auf direktem oder indirektem Wege erfolgen (vgl. hierzu und im Folgenden Günter/Hausmann 2009: 68, Almstedt 1999: 72 ff. und ausführlich zum Ticketing Glaap 2011). Bei der direkten Distribution (z. B. Tages- und Abendkasse, theatereigenes Call-Center, Vertriebsbüro für Abonnements und Gruppenbuchungen, Online-Buchung über die Website) wird der Vertrieb der Eintrittskarten vom Opernhaus selbst übernommen. Demgegenüber werden beim indirekten Vertrieb externe Distributionsorgane bzw. Absatzmittler eingeschaltet (z. B. Vorverkaufsstellen, Besucherorganisationen, Reiseveranstalter, Ticketing-Plattformen), auf die der Absatz des Leistungsversprechens übergeht. Durch einen besucherorientierten Kartenvertrieb kann der Aufwand für den Besucher verringert und gleichzeitig der Zugang zum Opernhaus erleichtert bzw. bequem gestaltet werden.

5.3.2 Zufriedenstellende Serviceleistungen während Opernbesuchen

Die zweite Phase eines Besucherprozesses umfasst den eigentlichen Besuch. Hierunter werden alle angebotenen Serviceleistungen während den Aufenthalten am Opernhaus verstanden. Zu einem zufriedenstellenden Serviceangebot können in dieser Phase nach Ansicht der befragten Experten hauptsächlich die folgenden vier Aspekte beitragen:

1. *Ambiente und Atmosphäre:* Das Publikum besucht Aufführungen auch um die besondere Opernatmosphäre, das spezielle Ambiente zu spüren (vgl. Knava 2009: 51 f., 154 ff. und Almstedt 1999: 72 ff.). So geben auch in der Untersuchung von Martin 83% der Befragten an, dass für sie ein schönes Ambiente immer wieder ein Grund für einen Opernbesuch sei (vgl. Kapitel 4.3.2). Dieser von einem der befragten Experten auch als „Rundum-Erleben" (Iw2) bezeichnete Wiederbesuchsgrund, beginnt mit der Atmosphäre in Kassenhalle und Eingangsbereich und geht über die Ausgestaltung der Foyers und des Zuschauerraums bis hin zur Qualität der gastronomischen und sanitären Einrichtungen (vgl. Röper 2001: 281).
2. *Architektonische Gestaltung:* Insbesondere das Opernhaus selbst bzw. dessen Architektur kann eine wichtige Rolle spielen, wenn es um die Zufriedenheit und den Wiederbesuch geht.[146] „Nicht nur, dass von jedem [Opern-

---

146 Eine von der studentischen Forschungsgruppe Artamis der Heinrich-Heine-Universität Düsseldorf unter der Leitung von Professor Günter durchgeführte Untersuchung, die sich u. a. mit

5.3 Zufriedenstellende Serviceangebote 183

haus] das Gebäude selbst und die unmittelbare Umgebung als erstes von den Besuchern wahrgenommen wird, sondern dieser äußere Eindruck kann auch darüber entscheiden, ob der Besucher sich hier willkommen fühlt und neugierig darauf wird, was ihn drinnen erwartet." (Laukner 2008: 114). Insbesondere beeindruckende oder außergewöhnliche Opernbauten wie z. B. die Sächsische Staatsoper Dresden oder die Bayerische Staatsoper München können demnach durchaus Gründe für einen Wiederbesuch sein.

3. *Gastronomie am Opernhaus:* Zu einem gelungenen Opernabend gehört auch eine angenehme Pausengestaltung bzw. zufriedenstellende Besucherverpflegung (vgl. Knava 2009: 164 f. und Röper 2001: 281). Viele Besucher möchten darüber hinaus ihre Abendgestaltung nicht nur auf den Opernbesuch beschränken, sondern verbinden diesen mit der Nutzung gastronomischer Einrichtungen vor und/oder nach den Vorstellungen (vgl. Almstedt 1999: 72 ff.). Da sich einige der öffentlichen Opernhäuser meistens in attraktiver Lage befinden und durch den Vorstellungsbetrieb eine hohe Besucherfrequenz entsteht, eignen sie sich gut als Standort für den Betrieb eines in sich geschlossenen Opernrestaurants oder Cafés (vgl. Röper 2001: 328). Eine hervorragende Bewirtung in einem anspruchsvollen Ambiente eines Opernrestaurants kann ein Anreiz zum Wiederbesuch des Hauses auch außerhalb der Vorstellungszeit sein (vgl. Laukner 2008: 117).

4. *Opernshopangebot:* Auch Opernshops können als zufriedenstellendes Serviceangebot möglicherweise Chancen zum Wiederbesuch bieten. Durch das Vorhandensein eines Shops guter Qualität kann sich das Opernhaus nicht nur im Wettbewerb von anderen Kulturanbietern abheben, es rundet auch das Gesamterlebnis des Opernbesuchs für den Besucher ab (vgl. hier und im Folgenden Laukner 2008: 116). Führt der Shop Produkte in seinem Sortiment, die eine thematische Nähe zu gerade auf dem Spielplan stehenden Produktionen oder gastierenden Sängern besitzen, kann beim Käufer die positive Erinnerung an den Opernbesuch und auch die Auseinandersetzung mit dem Erlebten nachwirken. Darüber hinaus kann ein Opernshop zusätzliche Anlässe bieten, das Opernhaus aufzusuchen. Das Herumstöbern in solchen Läden auch außerhalb von Opernvorstellungen, kann eine beliebte Freizeitbeschäftigung von Besuchern sein (vgl. Munro 1999: 1832 zitiert nach Laukner 2008: 116).

---

dem Zusammenhang zwischen Museumsarchitektur und Wiederbesuch beschäftigt, ergab, dass 28% der Befragten häufig und weitere 28% immerhin selten ein Museum gerade deswegen zum wiederholten Mal besucht haben, weil ihnen dessen architektonische Gestaltung gefiel (vgl. Günter/artamis 2003: 93 f. zitiert nach Laukner 2008: 114). Laukner identifizierte in ihrer Arbeit die Innen- und Außenarchitektur eines Museums als einen Bindungsfaktor bei Kunstmuseen (vgl. Kapitel 4.2).

5.3.3 Zufriedenstellende Serviceleistungen nach Opernbesuchen

Das zufriedenstellende Serviceangebot endet laut Klein keineswegs mit der möglichst gut erbrachten Dienstleistung, d. h. dem erfreulichen Opernabend. Unter dem Gesichtspunkt der Besucherbindung kommt der Zeit nach dem Besuch von Opernaufführungen ebenfalls eine wichtige Bedeutung zu (vgl. Klein 2008a: 110). Nach überwiegender Ansicht der Experten kommt in dieser Phase hauptsächlich die *Beschwerdezufriedenheit*[147] als möglicher Wiederbesuchsgrund zum tragen. Während Besucherzufriedenheit zu Kontinuität in der Beziehung führt, stellt die Unzufriedenheit der Besucher einen Risikofaktor für die Stabilität von Beziehungen dar (vgl. Jeker 2002: 126). Risiken bestehen dabei nicht nur durch die Abwanderung der Besucher, sondern durch das Phänomen der Diffusion von Unzufriedenheit (vgl. Günter/Hausmann 2009: 83). Das Gefährdungspotential liegt darin, dass die artikulierte Unzufriedenheit gegenüber Dritten (sog. negative Mund-zu-Mund-Kommunikation) auch weitere Besucher dazu animieren kann, ihre Geschäftsbeziehung aufzugeben (vgl. Günter/ Platzek 1992: 111 zitiert nach Jeker 2002: 126). Dabei zeigt sich oft, dass die Vorfälle, die zu Unzufriedenheit führen, wesentlich häufiger kommuniziert werden als positive Erlebnisse (vgl. Stauss 2008: 387). Diese Asymmetrie im Kommunikationsverhalten macht deutlich, wie wichtig es für Opernhäuser ist, sich durch ein Beschwerdemanagement aktiv mit der Unzufriedenheit ihrer Besucher auseinanderzusetzen. Das Beschwerdemanagement, welches bereits Anfang der 1980er Jahre intensiv in der Literatur diskutiert wurde, wird in jüngster Zeit immer stärker in den Kundenbindungszusammenhang gestellt (vgl. Stauss 2008: 371 ff. und Kapitel 4.1.3.3 und 4.1.4.1). Gelingt es dem Opernhaus, den ursprünglich unzufriedenen Besucher durch eine adäquate Reaktion auf Beschwerden zufriedenzustellen, so führt diese Beschwerdezufriedenheit nach Auffassung zahlreicher Autoren dazu, dass die Bindung des Besuchers an das betreffende Opernhaus erhöht wird.[148] „In diesem Zusammenhang wurde bereits mehrfach das sog. ‚Beschwerdeparadoxon' nachgewiesen, das besagt, dass Kunden nach einer Beschwerde, die zu ihrer Zufriedenheit bearbeitet wurde, zufriedener sind, als sie zuvor ohne das Auftreten des Beschwerdegrundes waren." (Bruhn 2007: 177, vgl. hierzu auch bei

---

147 Für die Erklärung der Entstehung von Beschwerdezufriedenheit greift die überwiegende Mehrheit in der Literatur auf das C/D-Paradigma zurück (vgl. hierzu und im Folgenden Stauss 2008: 376). Dementsprechend verbindet laut Stauss ein unzufriedener Besucher seine Beschwerde mit einer bestimmten Erwartung in Bezug auf die Antwort des Opernhauses und die angestrebte Lösung. Werden die Erwartungen durch eine hervorragende Beschwerdebearbeitung erfüllt oder übertroffen, tritt nach Stauss beim Besucher Beschwerdezufriedenheit, andernfalls Beschwerdeunzufriedenheit ein.
148 Vgl. exempl. Homburg et al. 2008: 109, Homburg/Fürst 2005, Stauss/Seidel 2007: 74 ff. und Klein 2008a: 227.

Stauss 2008). Diese erhöhte Zufriedenheit „führt zu einer verstärkten Bereitschaft, sich in seinem sozialen Umfeld positiv über das Unternehmen zu äußern und an der Geschäftsbeziehung festzuhalten" (Stauss 2008: 373).

5.3.4 Besucherorientierte Servicemitarbeiter

Insbesondere bei Geschäftsbeziehungen, die wie im Opernbetrieb mit einem hohen Maß an persönlicher Interaktion zwischen dem Anbieter und seinen Kunden verbunden sind, nehmen besucherorientierte Servicemitarbeiter im gesamten Besucherprozess einen hohen Stellenwert für ein zufriedenstellendes Serviceangebot ein (vgl. auch Knava 2009: 131 ff.). Laut Stauss wird die Qualitätswahrnehmung wesentlich vom Verhalten des Kundenkontaktpersonals bestimmt, und zwar nicht nur bei Serviceaktivitäten mit hoher Interaktionsintensität (z. B. Abonnementberatung). Auch Besucher, die nur kurzzeitigen Kontakt mit Mitarbeitern des Opernhauses haben (z. B. bei der Abgabe der Garderobe oder Pausenbestellung am Buffet), machen laut Stauss ihre qualitative Einschätzung der Serviceleistungen und ihr Wiederbesuchsverhalten davon abhängig, wie positiv oder negativ sie diese Kontakte erlebt haben, obwohl die eigentliche Kernleistung des Opernhauses davon oft gar nicht tangiert wird (vgl. Stauss 1992: 10). Auch nach den Ergebnissen des Forschungsstandes (vgl. Kapitel 4.1.2, 4.1.4.1, 4.2 und 4.3.2) sowie laut den Aussagen der befragten Experten kann ein freundliches und zuvorkommendes Auftreten des Servicepersonals zum Wiederbesuch beitragen. Die Wichtigkeit der Servicemitarbeiter im direkten Besucherkontakt erschließt sich laut Koci aber nicht nur in ihrem unmittelbaren Verhalten den Besuchern gegenüber, sondern sie gelten oftmals auch als das Aushängeschild bzw. die Visitenkarte eines Opernhauses, „d. h. die Wahrnehmung der Qualität und Zufriedenheit mit der gesamten Organisation seitens des Kunden wird direkt auf die Leistungen bzw. das Verhalten dieser Mitarbeiter reduziert und zurückgeführt" (Koci 2005: 44, vgl. hierzu auch Haefs 2000 zitiert bei Klein 2008a: 106).

5.4 Begleitangebote

Begleitangebote können zur Besucherbindung beitragen, weil sie zusätzliche Anlässe zum Opernbesuch schaffen (vgl. Günter 2000: 71). Bezogen auf ein Theater bezeichnet sie Günter auch als „Theater plus…" (Günter 2004: 55), da sie Leistungen und Kombi-Angebote beinhalten, die über den eigentlichen Besuch der Opernaufführung hinausgehen (vgl. Laukner 2008: 112). Laut Almstedt handelt es sich bei diesen Angeboten „um Aktionen, die die Kernleistung fördern, in dem sie den Besucher befähigen, die eigentliche Aufführung aufmerksamer zu verfolgen, Inhalte besser zu decodieren und das Gesehen und Gehörte besser zu reflektieren" (Almstedt 1999: 71). Es sind demnach „alle Leistungen, die dazu dienen können, dem Publikum die Hauptleistung, also die Aufführung, näher zu bringen" (Hilger 1985: 246) und können dazu führen, dass die Besucher dadurch mit dem Haus vertrauter werden und auch häufiger die Aufführungen selbst ansehen (vgl. Laukner 2008: 112). Beispiele für Begleitangebote die zu einem Wiederbesuch des Opernhauses beitragen können, sind nach Meinung der befragten Experten insbesondere die *Teilnahme an Probenbesuchen, Einführungsveranstaltungen* und *Hintergrundgespräche mit Künstlern*.[149]

Der Besucher hat die Chance, sich über die Begleitangebote auf mehreren Wegen Zugang zu den Produktionen, den Protagonisten und dem Opernhaus selbst zu verschaffen, ein Verständnis für Grundgedanken und Hintergründe aufzubauen sowie an neue Hör- und Sehgewohnheiten herangeführt bzw. mit diesen vertraut gemacht zu werden (vgl. hierzu und im Folgenden Wiedmann et al. 2007: 46). Damit werden dem Zuschauer auch komplexere Stücke, schwierige Inszenierungen oder zeitgenössisches Musiktheater besser verständlich. Begleitangebote arbeiten hierbei mit der Idee der Übersetzung, der Erklärung des Sinns von künstlerischen Produktionen in einer autorisierten Fassung, ausgehend von der Prämisse, dass sich Oper ohne ein gewisses Vorwissen nicht erschließen lässt (vgl. Mandel 2008a: 17 und Kapitel 5.6). Als Voraussetzung für die Opernrezeption liefern sie die Hintergründe und „Codes" (Bourdieu 1970), um Kunst zu entschlüsseln und Besucher mit diesen Codes vertraut zu machen (vgl. Mandel 2005a: 12). Durch das wachsende Verständnis kann beim Opernbesucher das Bedürfnis nach weiteren Opernerlebnissen größer werden (vgl. Giller 1995: 110 und Mandel 2008a: 43).[150] Des Weiteren eignen sich einige dieser Angebote auch sehr gut, um bereits langjährigen Stammbesuchern trotz bereits bekanntem Repertoire und Vertrautheit des Opernhauses und seiner Protagonisten, Anreize für einen fortlaufenden Besuch zu bieten (vgl. Klein 2008a: 98).[151] Darüber hinaus wird laut Günter den Besuchern durch Begleitangebote eine aktive und kreative Mitwirkung am Operngeschehen angeboten (sog. Besucherintegration). Die Einbeziehung und Mitwirkung von Besuchern über die passive Rolle im Opern-

---

149 Vgl. zu den vielfältigen Möglichkeiten von Begleitangeboten im Theater auch Knava 2009: 95 ff.

150 Robinson kommt in seiner Untersuchung zu dem Schluss, dass je mehr die Befragten das Gefühl haben, das Stück zu verstehen, und je mehr sie aus dem Stück etwas lernen, umso häufiger besuchen sie das Theater bzw. umso größer ist ihr aktives Interesse (vgl. Kapitel 4.3.2).

151 Laut der Untersuchung von Behr haben gerade erfahrene Publikumskreise an künstlerisch-inhaltlichen Aspekten wie z. B. an Diskussionen mit den Künstlern oder der Regie über ihre Konzeption ein großes Interesse (vgl. Kapitel 4.3.2).

5.5 Bevorzugte Behandlung von organisierten Wiederbesuchern

geschehen hinaus kann eines der Hilfsmittel sein, um die Motivation für einen Wiederbesuch zu steigern und zur Bindung beizutragen (vgl. Günter 2000: 68).

5.5 Bevorzugte Behandlung von organisierten Wiederbesuchern

Laut der befragten Experten kann insbesondere bei organisierten Wiederbesuchern (vgl. Kapitel 3.4.1) die bevorzugte Behandlung gegenüber den sonstigen Besuchern eines Opernhauses zur Schaffung von Zusatznutzen beitragen und damit einen Anreiz zum Wiederbesuch darstellen. Eine bevorzugte Behandlung lässt sich vornehmlich durch das Angebot von sog. Value-Added Services[152] (im Folgenden kurz: VAS) erreichen. Sie umfassen alle zusätzlichen Leistungen und Aufmerksamkeiten, die nur organisierten Wiederbesuchern zugute kommen und ihnen für ihre Treue gewährt werden (vgl. Conze 2007: 71 und Jeker 2002: 57). Tabelle 18 zeigt überblicksartig eine exemplarische Auswahl häufig angebotener VAS für organisierte Wiederbesucher an öffentlichen Opernhäusern in der Spielzeit 2010/2011.[153] Diese Bevorzugungsvorteile[154] können dazu führen, dass sich die Wiederbesucher wegen der außergewöhnlichen Behandlung besser und wichtiger als die breite Masse der Durchschnittsbesucher fühlen (vgl. de Wulf et al. 2001: 36 zitiert nach Vogel 2006: 109). „Aus dem Gefühl, etwas Besonderes zu sein, kann eine psychologische Bindung resultieren, die mit einem emotionalen sowie sozialen Nutzen (…) für den Kunden einhergeht, aber auch ökonomische Aspekte nicht ausschließt." (Vogel 2006: 110 und Kapitel 4.1.2 und 4.1.4.3.).

---

152 Vgl. hierzu exempl. Meffert 2000: 444 ff., Klein 2005a: 476 ff. und Klein 2008a: 99 ff.
153 Die Auswahl der Zusatzleistungen erfolgte durch eine Auswertung und Zusammenstellung von in der Spielzeit 2010/2011 angebotenen VAS an den Opernhäusern der Grundgesamtheit (vgl. Kapitel 2.3) sowie ihrer Fördervereine/Freundeskreise anhand der zugänglichen Informationen auf den Internetseiten. Zudem anhand der im Internet öffentlich zugänglichen Informationen von Besucherorganisationen mit lokaler Verankerung an den jeweiligen Standorten dieser Bühnen.
154 Gwinner et al. bezeichnen diese Vorzüge als Bevorzugungsvorteile (sog. special treatment benefits), die einerseits monetärer oder nicht monetärer Natur sein können (vgl. Gwinner et al. 1998: 109). Auch Conze identifiziert in seiner Arbeit Bevorzugungsvorteile als positiven Beziehungsvorteil, die einen signifikanten Einfluss auf die Kundenloyalität ausüben (vgl. Kapitel 4.1.4.3).

Tabelle 18: Beispiele von VAS für organisierte Wiederbesucher

Zusatzleistungen im Abonnement - Preisermäßigungen - Sicherheit fester Aufführungstermine - Fester Sitzplatz - Kartenumtauschrecht - Kostenloser Versand des Monatsspielplans - Kombiticket ÖPNV - Rabatt im freien Kartenverkauf	Zusatzleistungen von Fördervereinen/Freundeskreisen - Preisermäßigungen - Exklusivbesuche von General- und Arbeitsproben - Begleitreisen bei Gastspielen - Kostenlose Zusendung von Informationsmaterial - Kartenvorkaufsrechte - Namensnennung (z. B. in Publikationen und Internet) - Kartenreservierungen aus speziellen Kontingenten
Zusatzleistungen von Besucherorganisationen - Preisermäßigungen bei mehreren Kulturinstitutionen - Eigene Veranstaltungsreihen - Mitgliedermagazin/Monatsprogramme - Theater- und Kulturreisen - Zusätzliche Kartenbestellungen	Zusatzleistungen von Jugendclubs/Jungen Opernfreunden - Preisermäßigungen - Probenbesuche, Führungen, Workshops, Gespräche - Treffen/Austausch mit anderen Jugendclubs Zusatzleistungen von Theatercards - Preisermäßigungen - Vorkaufsrechte für Einzelkarten und Abonnements - Kostenloser Versand des Monatsspielplans

Organisierte Wiederbesucher identifizieren sich laut Vogel stärker mit dem Opernhaus als die sonstigen Besucher, da sie sich durch ihre bevorzugte Behandlung vergleichsweise privilegiert fühlen (vgl. Vogel 2006: 109). Sie werden zum ausgewählten Partner des Opernhauses, es entstehen persönliche Beziehungen, Vertrauen wird aufgebaut und sie können sich als Mitglied einer sozialen Gemeinschaft (sog. Kunden-Community, vgl. hierzu unter Kapitel 5.9.3) definieren, deren Angehörigkeit sie als lohnenswert empfinden. Die bevorzugte Behandlung bietet den organisierten Wiederbesuchern demnach zweierlei Zusatznutzen: zum einen exklusive Vorteile in Form von VAS, auf der anderen Seite – eher immateriell – ein Gefühl etwas Besonderes zu sein, verbunden mit einem gewissen Zugehörigkeitsgefühl zu einer ausgewählten Gruppe.

5.6 Biographie und kulturelle Sozialisation

Zwei der im Rahmen der Expertengespräche herausgearbeiteten Wiederbesuchsgründe lassen sich dem sechsten potenziellen Einflussfaktor ‚Biographie und kulturelle Sozialisation' zuordnen. Welchen Stellenwert die Kunstform Oper und damit auch Opernhäuser im Leben eines Menschen einnehmen, wird bereits früh in der Kindheit bzw. Jugend durch die kulturelle Sozialisation beeinflusst und bestimmt die spätere Besuchshäufigkeit wesentlich (vgl. Mende/Neuwöhner 2006: 247 und Günter 2004: 57). Laut Colbert haben verschiedene Studien gezeigt, dass vier Faktoren, die mit der Kindheit verbunden sind, die Vorlieben des Erwachsenen stark beeinflussen und seine spätere Nachfrage nach künstlerischen Angeboten erklären (vgl. hierzu auch Klein 2005b): „(1) Wertvorstellungen, die von der Familie vermittelt werden, (2) Wertvorstellungen, die von der Schule vermittelt werden, (3) in jungen Jahren mit Kunst konfrontiert worden zu sein und (4) das Praktizieren einer Form von Kunst als Amateur" (Colbert 2002: 44). Colbert schlussfolgert hieraus: „Alle Maßnahmen, die darauf ausgerichtet sind, Kinder für Kunst zu interessieren, sind demnach von entscheidender Wichtigkeit. Kaum ein Erwachsener ohne diese Wertvorstellungen oder Bildungshintergrund wird Oper oder Ballett mit fünfzig Jahren für sich entdecken. Dies mag natürlich vorkommen, aber dies sind eher Ausnahmen als das allgemeine Muster." (Colbert 2002: 45)[155] Oper versteht sich somit nicht von selbst (vgl. hierzu und im Folgenden Mandel 2005a: 12 und Behne 2004). Die Teilnahme an bzw. Rezeption von Oper erfordert immer die Kenntnis bestimmter kultureller Codes, damit sich ihre Bedeutung erschließt. Erst die gelungene Aneignung von Oper lässt beim Kulturnutzer eine intrinsische Motivation entstehen, die das Bedürfnis nach Wiederholung weckt (vgl. Mandel 2008a: 43). Hoegl ergänzt in diesem Sinne: „Einmal erworbenes Verständnis von Musiktheater führt zu einer Ausweitung der Nachfrage nach Musiktheater" (Hoegl 1995: 16). Das Verständnis und das Interesse für Oper entwickeln sich danach erst durch die Beschäftigung mit derselben. Kontakt mit Oper ist demnach zunächst wenig nutzenstiftend, sondern nimmt erst im Zeitablauf mit zunehmender Berührung zu. Eine frühzeitige Nachfrage verringert laut Krebs somit nicht zukünftige Nachfrage, sondern führt ganz im Gegenteil zu stärkerer Nachfrage in der Zukunft (vgl. Krebs 1996: 26-30).

---

155 Laut Behne hat sich der Musikgeschmack bereits bis zum elften Lebensjahr gefestigt: „Die entscheidenden prägenden Erfahrungen sind also heute, stärker als in der Vergangenheit, bereits in der Kindheit zu suchen" (Behne 2004: 48).

Werden demnach nicht bestimmte Wissensstände und Kompetenzen in der Familie, der Schule oder im Freundeskreis frühzeitig vermittelt, fehlt das Selbstbewusstsein, sicher in einem ungewohnten sozialen Umfeld auftreten zu können, und „dann wird sich auch die bisherige Annahme nicht erfüllen, dass es bei den heute Heranwachsenden nach ihrer Teilnahme an der gängigen Jugendkultur in späteren Jahren eine Rückkehr zur Klassik geben wird, denn in ihrer Biographie hat es dann kaum Möglichkeiten für Erstkontakte gegeben" (Mertens 2006: 9). Nach Klein scheint es sich hierbei um einen Teufelskreis zu handeln: „Wer selbst als Kind nicht mit Kunst- und Kulturangeboten in Kontakt kam, wird aller Voraussicht nach auch seine Kinder nicht hierfür begeistern können." (Klein 2008a: 71).

Die Grundvoraussetzung für ein verstärktes Operninteresse und den regelmäßigen Wiederbesuch eines Opernhauses scheint folglich einerseits in der *frühzeitigen Begegnung bzw. Heranführung von Kindern* an die Kunstform und Institution Oper sowie in einer musikalischen Bildung in Elternhaus und Schule zu liegen. Dies deckt sich auch mit den Erfahrungen der befragten Experten, was folgende Aussage exemplarisch verdeutlicht:

> Iw4: „Vor einiger Zeit haben wir unsere Vielbesucher befragt, wie sie zur Oper gekommen sind. Es stellte sich heraus, dass die echten Fans ausnahmslos während ihrer Jugend oder Schulzeit an die Oper herangeführt wurden, teilweise durch das Elternhaus oder durch die Schule. Das bestätigt uns in unserem Engagement, junge Menschen schon sehr früh für die Oper zu begeistern."

Bourdieu hat in seinen Studien *Die feinen Unterschiede* (Bourdieu 1987) auch die Mechanismen untersucht, die Personen zu bestimmten Kunstangeboten greifen lassen (vgl. Fuchs 2005: 35). Danach ist es in erster Linie die Familie, wo sie ihre erste ästhetische Sozialisation erfahren (vgl. Fuchs 2005: 35). Frank et al. konnten bereits Anfang der 1990er Jahre in ihrer Studie die wesentliche Rolle der kulturellen Sozialisation durch das Elternhaus empirisch nachweisen (vgl. Frank et al. 1991): Demnach existiert ein eindeutiger Zusammenhang zwischen der Häufigkeit des Veranstaltungsbesuches mit den Eltern und der Intensität des kulturellen Interesses als Erwachsener. Auch das 1. Jugend-KulturBarometer macht deutlich, dass das Elternhaus in Deutschland eine entscheidende Rolle bei der Vermittlung klassischer Musik spielt (vgl. hierzu Keuchel/Wiesand 2006 und Mertens 2006). Laut Knava sind Kindergarten und Schule nach der Familie der zweitwichtigste Faktor der kulturellen Prägung, da sie als zusätzlicher Multiplikator die Anregungen, die bereits über das Elternhaus und die Familie gesetzt werden, verstärken können. Darüber hinaus bringen sie nach Knava diejenigen Kinder und Jugendlichen mit der Oper in Berührung, die über ihre Familie keine Möglichkeiten haben, Theateraufführungen zu besuchen (vgl. Knava 2009: 78).

5.6 Biographie und kulturelle Sozialisation

Diese Institutionen bieten folglich große Chancen, kulturelle Partizipation zu verwirklichen, denn hier lassen sich alle Kinder und Jugendliche, unabhängig von sozialen Unterschieden, erreichen (vgl. Mandel 2005a: 18). Neben der kulturellen Primärsozialisation durch die Eltern bzw. entsprechende Bezugspersonen ist für Klein vor allem die Sekundärsozialisation durch Gleichaltrige (sog. Peer-Groups) von großer Bedeutung für die Nähe (bzw. Ferne) zu kulturellen Angeboten (vgl. Klein 2007b: 125). Auch laut Knava sind gerade für Jugendliche der eigene Freundeskreis, die Clique und gemeinsame Aktivitäten mit dieser besonders wichtig. Theater, Oper oder Tanz sind bei den meisten Jugendlichen jedoch kein Thema und stehen als Freizeitbeschäftigung nicht zur Debatte (vgl. Knava 2009: 82).[156]

Als ein weiterer zentraler Schlüssel für die Besucherbindung erscheint laut der befragten Experten die *eigene künstlerische Tätigkeit als Amateur*, insbesondere in der Kindheit und Jugend. So haben unterschiedliche Studien aus der Neurobiologie, der Psychologie und der Pädagogik nachgewiesen, dass eigene künstlerische Aktivitäten ein entscheidender Stimulus für die Nutzung kultureller Veranstaltungen sind, besonders dann, wenn die Zugänge zu Kultur maßgeblich in Kindheit und Jugend herausgebildet werden (vgl. Mandel 2008a: 63).[157] Laut Knava sind „Kinder, die selber musizieren, im Chor singen, in den Ballettunterricht gehen oder eine Theatergruppe besuchen, (…) im späteren Leben aufgeschlossener gegenüber Kunst und Kultur und werden eher Theater-Fans als Menschen, die nie kulturell aktiv waren" (Knava 2009: 84). Wenn Kinder unterschiedliche Kunstformen selber ausüben, werden dadurch laut Knava Hemmschwellen abgebaut und sie haben einen ganz anderen Zugang zu Oper bzw. klassischer Musik (vgl. hierzu und im Folgenden Knava 2009: 84). Diese werden nicht als mühsam, sondern als lustvoll empfunden. Kinder können sich an den Vorbildern auf der Bühne messen bzw. diese bewundern, Erfolgserlebnisse bei eigenen Aufführungen feiern und integrieren dadurch die Kunstform Oper sowie den Opernbesuch auf natürliche Art und Weise in ihr Leben. Viele der heutigen Musikliebhaber haben laut Behne in ihrer Kindheit oder Jugend die Erfahrung

---

156 In diesem Sinne ergab auch eine im Frühjahr 2002 vom Deutschen Bühnenverein in Zusammenarbeit mit der Heinrich-Heine-Universität Düsseldorf durchgeführte repräsentative Befragung von Nicht-Besuchern deutscher Theater im Alter von 16 bis 29 Jahren für zwei Drittel der Befragten als Haupthinderungsgründe für einen Theaterbesuch: „In meinem Freundeskreis wird nicht über Theater gesprochen, so dass keine Empfehlung gegeben werden kann" (65% Zustimmung) und „Im Theater trifft man nur selten Bekannte" (58% Zustimmung) (vgl. Deutscher Bühnenverein 2002: 16 f.).

157 So belegen auch unterschiedliche Publikumsstudien, dass diejenigen, die selbst als Amateur künstlerisch tätig sind, das aktivste Kulturpublikum darstellen und vornehmlich zu den häufigen Besuchern bzw. dem Kernpublikum zählen (vgl. hierzu u. a. Eckhardt et al. 2006, Oehmichen 2007 und Frank et al. 1991).

gemacht, dass es so etwas gab wie das Überwältigtsein durch eigene musizierende Erfolge und waren diese auch noch so klein (vgl. Behne 2004: 50). Auch bei der künstlerischen Aktivität hat das Elternhaus laut Knava Vorbildwirkung: „Kinder, deren Eltern selber künstlerisch aktiv sind bzw. waren, spielen auch selber eher ein Instrument oder besuchen einen Tanzkurs." (Knava 2009: 84)

5.7 Affinität

Zwei weitere potenzielle Bindungsfaktoren (Einflussfaktoren 7 und 8) könnten das sein, „was man aus psychologischer Sicht Affinität und Identifikation nennen kann" (Günter 2004: 57). Durch Affinität (vgl. hierzu im Folgenden), noch stärker durch Identifikation (vgl. Kapitel 5.8), wird die Bindung des Besuchers an ein Opernhaus möglicherweise erzeugt bzw. verstärkt. „Wiederbesuche, die aufgrund von Affinität oder Identifikation mit dem [Opernhaus] erfolgen, sind stark psychologisch begründet und basieren auf einer stark positiv emotionalen Empfindung beim Besucher." (Laukner 2008: 121 und Kapitel 4.1.2) Affinität beschreibt nach Laukner die Verbindung, die ein Besucher aufgrund einer positiven Einstellung und seiner Vorerfahrungen zu einem Kulturbetrieb hat (vgl. Laukner 2008: 120) und soll hier als Nähe zur Kunstform Oper generell und/oder zu einem bestimmten Opernhaus verstanden werden. Sie zeigt sich laut der befragten Experten durch eine *regelmäßige Beschäftigung* und ein überdurchschnittlich persönliches *Interesse* an opernbezogenen Themen sowie an dem wiederholt besuchten Opernhaus, einhergehend mit umfassenden Werkkenntnissen und umfangreichen Rezeptionserfahrungen, die über das geläufige Repertoire hinaus auch Stücke mit besonderem Anspruch einschließen (vgl. hierzu auch Frank et al. 1991: 223 und Kapitel 4.2, 4.3.2). Aus der Affinität kann sich laut der befragten Experten auch eine *Vorliebe* entwickeln, die sich z. B. auf bestimmte vom Opernhaus angebotene Werke, Stilepochen oder Komponisten beziehen kann, was folgende Aussage verdeutlicht:

> Iw5: „Es lässt sich beobachten, dass viele unserer Wiederbesucher eine große Vorliebe für bestimmte Komponisten wie z. B. für Richard Wagner oder Giuseppe Verdi haben. Aber auch eine Affinität zu einer bestimmten Werkepoche, z. B. zur barocken Musik oder zum romantischen Repertoire ist bei einigen Besuchern vorhanden."

Auch laut Almstedt und Sellke begründet sich die Bindung von Theaterbesuchern u. a. durch die inhaltlich-thematische Bindung an einzelne Stücke oder die

Vorliebe für einen bestimmten Inszenierungsstil[158] (vgl. Almstedt/Sellke 2006: 254 und Kapitel 4.2). In diesem Sinne deuten auch die Ergebnisse mehrerer Publikumsstudien darauf hin, dass die angebotenen Werke einen wichtigen Einfluss auf das Besuchs- und Bindungsverhalten ausüben können.[159]

5.8 Identifikation

„Eine sehr starke Form des persönlichen Interesses ist die Identifikation des Besuchers, ein ‚sich einfühlen' in das [Opernhaus]" (Laukner 2008: 121 und im Folgenden) bzw. sich hierzu zugehörig fühlen. Daraus resultieren Aussagen wie z. B. *mein* Opernhaus oder das ist *meine* Oper, die die innere Überzeugung, den Stolz des Opernbesuchers ausdrücken, Teil des Hauses zu sein. Die Identifikation ist laut Herbst jener Faktor, der die langfristige Bindung von Kunden an ein Unternehmen am besten erklären kann (vgl. Herbst 2009: 35). Fischer konstatiert in ähnlicher Weise für den Theaterbereich, das eine erhöhte Besuchsintensität sowohl als Ursache als auch als Konsequenz einer gesteigerten Identifikation betrachtet werden kann (vgl. Fischer 2006: 205 und Kapitel 4.3.2). Nach dem Stand der Forschung (vgl. Kapitel 4.1.2, 4.1.4.1, 4.2 und 4.3.2) sowie den Aussagen der Experten kann sich die Identifikation eines Besuchers auf unterschiedliche Objekte beziehen, vornehmlich auf das Selbstverständnis eines Opernhauses (vgl. Kapitel 5.8.1) und dessen Protagonisten (vgl. Kapitel 5.8.2). Identifikation kann zudem durch räumliche Nähe bzw. regionale Identifikation (vgl. Kapitel 5.8.3) sowie durch den guten Ruf des Opernhauses in der Öffentlichkeit erreicht werden (vgl. Kapitel 5.8.4).

---

158 Almstedt und Sellke bezeichnen die Vorliebe eines Zuschauers für eine bestimmte Art der Umsetzung oder einen Inszenierungsstil auch als ästhetische Bindung (vgl. Almstedt/Sellke 2006: 254).

159 In der von Fischer an der Oper Frankfurt durchgeführten Publikumsbefragung gaben 67,5% der Befragten an, dass Werke für den Besuch einer Opernvorstellung relevant sind (vgl. Fischer 2006: 184). Für 74% der Befragten am Staatstheater in Schwerin sind ebenfalls die dargebotenen Werke (hier bezeichnet als Thematik) der Hauptgrund für einen Theaterbesuch (vgl. Mecklenburgisches Staatstheater Schwerin 2000). Und schließlich ergab eine Untersuchung der Australian Opera, dass das präsentierte Werk der wichtigste Faktor für die Entscheidung zu einem Besuch ist (vgl. Kotler/Scheff 1997: 67).

5.8.1 Identifikation mit dem Selbstverständnis des Opernhauses

Die Bedeutung von Corporate Identity[160] – sprich die Frage nach der Identität eines Opernhauses, seinem Wesen und Selbstverständnis – war jahrelang und ist auch vielerorts heute noch an den öffentlichen Bühnen nur wenig bekannt oder wird häufig lediglich auf das Corporate Design (wie stellt sich die Organisation *optisch* dar) reduziert (vgl. Klein 2007a: 20 und Rädel 2002: 125). Im Kontext der beschriebenen Herausforderungen (vgl. Kapitel 3.1.1) ist die Gegenwart von Opernhäusern jedoch zunehmend von der Notwendigkeit zur Profilierung geprägt (vgl. Rädel 2002: 125). Eine unverwechselbare Corporate Identity trägt zur Profilierung des Opernhauses bei. Die Besucher erfahren, welches Selbstverständnis dem organisationalen Handeln zugrunde liegt, was zu einer stärkeren Orientierung und Sicherheit führt (vgl. Herbst 2009: 9). Dies ermöglicht Identifikation und schafft Glaubwürdigkeit sowie Vertrauen, welches langfristige Beziehungen sichert (vgl. Herbst 2009: 15). Das Konzept der Corporate Identity weist laut Burmann und Zeplin große Ähnlichkeit zur Markenidentität auf (vgl. Burmann/Zeplin 2004: 32).[161] Im Falle einer Unternehmensmarke (sog. Corporate Branding) sind beide Konzepte deckungsgleich (vgl. Meffert/Bierwirth 2005: 144 ff.). Geht man vor diesem Hintergrund davon aus, dass es sich auch bei einem Opernhaus um eine Marke handelt bzw. handeln kann, entsteht durch die Identifikation des Besuchers mit der Markenidentität ein Zugehörigkeitsgefühl zu einer Gruppe, die die Marke trägt (vgl. Burmann et al. 2005: 12). Demnach bietet eine starke Markenidentität für ein Opernhaus vor allem die Gelegenheit zur Differenzierung und Profilierung gegenüber dem Wettbewerb sowie zur Bildung von Präferenzen und zur Schaffung von Loyalität (vgl. Günter/Hausmann 2009: 44).

Die Identität bzw. das Selbstverständnis eines Opernhauses repräsentiert sich nach Rädel hauptsächlich durch sein künstlerisches bzw. inhaltliches Profil (sog. Corporate Philosophy) und/oder seine spezifische Tradition bzw. Geschich-

---

160 Auf der jeweils spezifischen Organisationskultur eines Opernhauses, die sich über die Jahre seines Bestehens herausgebildet hat, basiert die Corporate Identity einer Einrichtung (vgl. Klein 2008d: 541 und Günter/Hausmann 2009: 28). „Sie zeigt sich im Denken, Handeln, Verhalten und in der Wahrnehmung sowohl von außen als auch innen und spiegelt den gegenwärtigen Zustand der Organisation, ihre Tradition, die bisherige Organisationspolitik sowie Einstellungen, Werte und Normen ihrer Führungskräfte und Mitarbeiter wider." (Klein 2005a: 113)

161 Die Marke bzw. das Markenmanagement gilt heute weltweit als bedeutendes Thema im Marketing (vgl. exempl. Esch 2005 und Meffert et al. 2005) und ist auch für Kulturinstitutionen im 21. Jahrhundert zu einem vieldiskutierten Thema geworden, was sich insbesondere in einer zunehmenden Anzahl an entsprechenden Tagungen, Symposien und Publikationen zeigt (vgl. exempl. Günter/Hausmann 2009: 44 ff., John/Günter 2008, Höhne/Ziegler 2006 und 2009, Klein 2007a).

5.8 Identifikation

te und personifiziert sich durch die künstlerische Spitze (Intendant und ggf. Generalmusikdirektor) (vgl. Rädel 2002: 125). Ähnlich sieht Lausberg die Markensubstanz eines Opernhauses im Wesentlichen determiniert über seine Tradition, die künstlerische Programmatik sowie die beschäftigten Künstler-persönlichkeiten (vgl. Lausberg 2007: 85 f.). Die Mehrheit der befragten Experten vermutet in der *Identifikation der Besucher mit dem künstlerischen bzw. inhaltlichen Profil* des Hauses einen Wiederbesuchsgrund, was folgende zwei Aussagen exemplarisch verdeutlichen:

> Iw1: „Eine Identifikation des Besuchers kann stattfinden mit der künstlerischen Ausrichtung, welche sich im Spielplan des Opernhauses und in der Person des Intendanten zeigt."

> Iw3: „Der Spielplan und die künstlerische Linie sind Ausdruck des Selbstverständnisses eines Theaters. Die Identifikation des Besuchers damit ist meines Erachtens ein wichtiger Wiederbesuchsgrund."

Dass dabei durchaus auch ein anspruchsvolles, ungewöhnliches oder sogar ein polarisierendes künstlerisches Profil zur Identifikation der Besucher und damit zu ihrem Wiederbesuch beitragen kann, zeigt laut Klein die erfolgreiche Arbeit ambitionierter Häuser, wie z. B. die Staatsoper Stuttgart unter der Intendanz von Klaus Zehelein, das Theater Basel unter Georges Delnon oder die Salzburger Festspielzeit von Gerard Mortier (vgl. Klein 2007b: 100).

Wie bereits erwähnt kann aber nicht nur das aktuelle künstlerische Profil eines Opernhauses, sondern auch dessen spezifische *Geschichte* bzw. *Tradition* einen wichtigen Identität prägenden Faktor für Besucher darstellen.[162] So finden sich nach Lausberg z. B. in der Tradition der Bayerischen Staatsoper Aspekte wie Uraufführungen von Werken am Opernhaus, berühmte Inszenierungen und auch das Opernhausgebäude selbst wieder (vgl. Lausberg 2007: 86). In diesem Zusammenhang lässt sich laut der befragten Experten auch beobachten, dass nicht nur die Identifikation mit einem aktuell tätigen Intendanten bzw. dessen künstlerischer Ausrichtung zur Bindung beitragen kann, sondern bei einigen der seit längerem einem Theater treu verbundenen Besucher auch die Identifikation mit einer prägenden Führungspersönlichkeit vergangener Zeiten (bis hin zum nachträglichen, teils verklärenden Personenkult) immer noch zum Stolz und damit zur Verbundenheit mit dessen alter Wirkungsstätte beiträgt, was die folgenden beiden Aussagen verdeutlichen:

---

162 Auch in der Kundenbindungsliteratur wird die Kundenbindung von einigen Autoren mit der Tradition eines Unternehmens begründet (vgl. Kapitel 4.1.2).

Iw4: „Dabei kann bei manchen Besuchern durchaus auch ein ‚stolz sein' auf die große Tradition unseres Hauses und seine spezifische Geschichte festgestellt werden. Auch eine Verbundenheit mit Führungspersönlichkeiten früherer Jahre und den damit einhergehenden Geschichten und Mythen kann beobachtet werden."

Iw6: „Die Erinnerung an bestimmte Intendanten oder vergangene herausragende Epochen kann zur Identifikation beitragen. Diese dienen umso mehr als Identifikationsanker, wenn sich Besucher mit dem derzeitigen künstlerischen Selbstverständnis nicht identifizieren wollen."

5.8.2 Identifikation mit Protagonisten

Neben der künstlerischen Spitze (vgl. Kapitel 5.8.1) können nach dem Stand der Forschung (vgl. Kapitel 4.1.2 und 4.2) sowie laut Aussage der befragten Experten auch am Opernhaus tätige Protagonisten für Opernbesucher wichtige Identifikationsfiguren darstellen und somit die Wahrscheinlichkeit von Wiederholungsbesuchen erhöhen. Dabei kann es sich zum einen um die *Mitglieder des eigenen Opernensembles* handeln (z. B. Sympathieträger bzw. Publikumslieblinge aus dem Sängerensemble). Zum anderen arbeitet der Opernbetrieb traditionell mit *Gästen*, die an einem Haus, ohne ihm fest anzugehören, eine bestimmte Anzahl von Abenden auftreten (vgl. Hoegl 1995: 108). Unter den Künstlern, die an mehreren Opernhäusern engagiert sind, bilden sich dabei laut Hoegl fast gesetzmäßig *Stars* heraus (vgl. Hoegl 1995: 108).[163] Die Faszination der großen Stars in der Welt der Oper ist und bleibt nach Bovier-Lapierre eine Eigenheit des Genres und gehört seit Beginn der Operngeschichte wesentlich zum Opernbetrieb (vgl. Bovier-Lapierre 2006: 236). Insbesondere große und renommierte Opernhäuser können auf eine international sehr mobile Besucherklientel zurückgreifen, die ihren Lieblingen über sehr weite Strecken nachreist bzw. regelrecht hinterher pilgert (vgl. Hoegl 1995: 15). Internationale Opernstars wie Anna Netrebko, Placido Domingo, Elīna Garanča oder Jonas Kaufmann zeigen dabei deutlich den positiven Einfluss, den die Popularität dieser Künstler auf die Nachfrage

---

163 Fischer definiert Stars als „Interpreten, die überdurchschnittlich bekannt sind, in ihrem Bereich dominieren, extreme Einkommen verzeichnen können und die sich auf eine sehr kleine Zahl beschränken" (Fischer 2006: 177). Nach Borgstedt lassen sich Erfolg, Bekanntheit, feste Anhängerschaft sowie ein als öffentlicher Gesamteindruck etabliertes Image als Basis-Komponenten von Stars identifizieren (vgl. Borgstedt 2008: 127 ff.). Zu denken ist hier in erster Linie an Opernsänger. Aber auch Dirigenten und Regisseure können zu Stars avancieren. Auf dem Weltmarkt für Stars gibt es laut Bovier-Lapierre etwa vierzig Opernsänger, zehn Dirigenten und ein halbes Dutzend Regisseure und Bühnenbildner aller Nationalitäten, die zu dieser Kaste gehören (vgl. Bovier-Lapierre 2006: 236 f.).

5.8 Identifikation

nach Opernveranstaltungen ausüben kann.[164] Diese Beobachtungen unterstreichen exemplarisch auch die folgenden zwei Expertenaussagen:

> Iw3: „Wir haben eine große Anzahl an Besuchern die stark auf bestimmte Sänger fokussiert sind und für die der Auftritt dieser Persönlichkeiten am Haus immer wieder einen Grund für einen Besuch darstellt."

> Iw4: „Den Starfaktor, den spüren wir schon auch. Viele Besucher sind Fan eines bestimmten oder von mehreren Sängern bzw. Dirigenten und kommen immer dann wieder, wenn diese am Haus auftreten. Sie reisen ihnen sogar hinterher, um sie zu sehen."

Stars bieten laut Borgstedt für Besucher sowohl Identifikations- als auch Projektionsfläche und dienen demnach auch als Mittel zur Präsentation von Persönlichkeit (vgl. Borgstedt 2008: 24). Der Besucher kann sich mit den Eigenschaften seines Stars identifizieren, weil er diese Eigenschaften selbst besitzt oder gern besitzen möchte (vgl. Herbst 2003: 74). Für eine bestimmte soziale Gruppe spiegeln diese Figuren demnach die gerade relevanten oder angestrebten Gruppennormen auf diversen Ebenen perfekt wider und fungieren somit als Prototypen (vgl. Sommer 1997: 117 und Borgstedt 2008: 67). In diesen „Idealtypen des Publikums" (Faulstich 2000: 208) können sich die Mitglieder einer Gruppe nicht nur wiedererkennen, sondern sich im Extremfall – dem Fanclub – auch über den Star konstituieren (vgl. Borgstedt 2008: 67). Die grundsätzliche Vertrautheit mit dem vom Star verkörperten Werten ermöglicht überhaupt die Identifizierung (vgl. Sommer 1997: 118). Zusätzlich existiert laut Borgstedt immer auch das Moment der Andersartigkeit (vgl. hierzu und im Folgenden Borgstedt 2008: 67 ff.). Diese macht wiederum die geheimnisvolle Attraktivität von Stars aus, wodurch sie als optimale Projektionsflächen für eigene unerreichbare Träume genutzt werden können. Identifikation und Projektion repräsentieren demnach laut Borgstedt die zentralen Schlüsselbegriffe, die dem Startum in funktionaler Hinsicht zugeordnet werden können. Laut Faulstich tritt die Identifikation mit einem Star auf einer breiten Skala zutage, „zwischen extremer Idolaterie auf der einen und einer schüchternen, ganz und gar ‚privaten Vorliebe' auf der anderen Seite" (Faulstich 2000: 203).

---

164 Fischer konstatiert, dass der Einfluss von Stars auf die Nachfrage mit zunehmender Konkurrenz an Bedeutung gewinnt: „In einer Stadt wie Berlin oder München, in denen mehrere Konzert- und Opernhäuser Veranstaltungen anbieten, dürfte der Auftritt eines herausragenden Interpreten viel mehr den Ausschlag für eine Entscheidung zu einem Besuch einer bestimmten Veranstaltung geben als in Städten ohne solch vielfältiges Angebot, ohne solche Konkurrenz" (Fischer 2006: 179).

5.8.3 Regionale Identifikation

Handelt es sich bei dem Identifikationsobjekt des Besuchers um einen bestimmten Raum, so wird von lokaler bzw. regionaler Identifikation gesprochen (vgl. Fritzsche 2005: 36). Sie gilt als Teilbereich der persönlichen Identität, „mit der zum Ausdruck kommt, dass sich eine Person mit einer bestimmten Region, dem Wohn- und Geburtsort verbunden fühlt, bzw. die mit der Region assoziierten Merkmale als Bestandteil ihrer eigenen Identität wahrnimmt" (Johnson 2007: 32). „Der Grad der Verbundenheit wird daran sichtbar, inwieweit Menschen freiwillig bereit sind, an einem Ort zu bleiben." (Rinsdorf 2003: 25) Mit der durch die regionale Identifikation bei einem Besucher erzeugten emotionalen Beziehung zu seinem Wohnort geht unter Umständen auch ein stärkeres Interesse am lokalen Kulturangebot einher, welches ihn veranlassen kann, die Veranstaltungen des örtlichen Opernhauses wiederholt wahrzunehmen (vgl. Weichhart 1990: 73 zitiert nach Rinsdorf 2003: 29). Je stärker diese Beziehung ausgeprägt ist, desto höher dürfte laut Rinsdorf auch die Identifikation mit dem Opernhaus möglich sein (vgl. Rinsdorf 2003: 28). Laukner konnte in ihrer Untersuchung die ‚regionale Identifikation' als Einflussfaktor der Besucherbindung von Kunstmuseen empirisch nachweisen (vgl. Laukner 2008: 272 und Kapitel 4.2). Hierzu zählt sie drei Bestandteile, die laut der befragten Experten auch für Opernhäuser von Bedeutung scheinen (vgl. hierzu und im Folgenden Laukner 2008: 124): Dies sind einerseits Aspekte, die sich mit der *räumlichen Nähe* des Opernhauses befassen, wie z. B. die Nähe des Opernhauses zur Wohnung und/oder Arbeitsstätte des Besuchers. Es bietet sich sozusagen an, in das Opernhaus zu gehen, da man sowieso immer in der Nähe ist. Erreicht werden kann dies nach Laukner u. a. dadurch, dass ein Opernhaus im Blickfeld der Menschen ist, sei es auch nur, wenn man jeden Tag an dem Gebäude vorbeifährt oder als Passant auf dem Weg zur Arbeit daran vorbeigeht. „Die Lage des Hauses selbst ist dabei genauso entscheidend, wie auch die unmittelbare Nachbarschaft des [Opernhauses] oder eventuelle weitere Anziehungspunkte in der Umgebung." (Laukner 2008: 124). Auch die Ergebnisse der Publikumsforschung im Bereich von Oper und Theater sehen in der regionalen Herkunft bzw. Nähe der Besucher eine entscheidende Bestimmungsgröße der Besuchshäufigkeit: Besucher, die in relativer Nähe des Theaters wohnen, gehen demnach häufiger zu den Vorstellungen. Mit zunehmender Entfernung sinkt hingegen die Wahrscheinlichkeit eines Besuchs (vgl. Kapitel 4.3.1). Ferner nimmt mit der Dauer, die eine Person an einem Ort wohnt, auch die Zahl der Theaterbesuche bzw. die Wahrscheinlichkeit zu, Oper, Konzert und Schauspiel zu besuchen (vgl. Kapitel 4.3.1). Je heimischer sich also jemand in der Region fühlt, umso mehr integriert er sich in das gesellschaftliche und

5.8 Identifikation

kulterelle Leben.[165] Weitere zwei Bestandteile der regionalen Identifikation sind nach Laukner eine *gute Erreichbarkeit des Opernhauses* und der *Stolz auf das Opernhaus in „unserer" Stadt* (vgl. hierzu und im Folgenden Laukner 2008: 233). Die beiden ersten Punkte von Laukner beziehen sich folglich auf eine Präsenz des Opernhauses im Alltag des Besuchers. Hinzu kommt mit dem dritten Aspekt (Stolz auf das Museum in unserer Stadt) ein Element, das sich nach Laukner auf die Verbundenheit, eine Identifikation des Opernbesuchers mit seinem Opernhaus bezieht, die in Zusammenhang mit der räumlichen Nähe des Opernhauses steht. Die regionale Identifikation eines Besuchers kann sich dabei im Einzelfall auch bis hin zu einer Art kulturellen Lokalpatriotismus entwickeln. In diesem Sinne konstatieren Almstedt und Sellke: „Nicht zu unterschätzen ist die Bindung über die Stärkung eines gewissen kulturellen Lokalpatriotismus bzw. die Anerkennung des Stadttheaters als unverzichtbare, im Sinne der Stadt und ihrer Bürger wirkende Kulturinstitution" (Almstedt/ Sellke 2006: 254).

5.8.4 Guter Ruf des Opernhauses in der Öffentlichkeit

Das Bild, welches ein Besucher sich von seinem Opernhaus macht, entwickelt sich nicht nur aus den eigenen bisherigen Erfahrungen und Kenntnissen sowie aus der Identitätsvermittlung durch das Opernhaus selbst, sondern kann auch durch den wahrgenommenen Ruf des Opernhauses in der Öffentlichkeit tangiert werden.[166] Ein guter Ruf des Opernhauses in der Öffentlichkeit (z. B. verursacht durch eine positive Berichterstattung in den Medien oder eine positive Mund-zu-Mund-Kommunikation) kann zum Wiederbesuch beitragen (vgl. Kapitel 4.1.2, 4.1.4.1 und 4.2). Die von einem Opernhaus in der Öffentlichkeit herrschende Meinung beeinflusst damit den Eindruck, der aus den eigenen Erfahrungen resultiert und kann damit verstärkend oder abschwächend auf die Identifikation des Besuchers wirken (vgl. hierzu Helm 2007). Auch einige der befragten Experten betrachten ein positives Ansehen des Opernhauses und seiner Protagonisten in der Öffentlichkeit als möglichen identitätsstiftenden Wiederbesuchsgrund. Laut Klein kann es für bestimmte Opernbesucher von großer Bedeutung sein, welches Ansehen das Opernhaus in der Öffentlichkeit hat (vgl. Klein 2005a: 24). Dabei muss sich dieses sowohl in das Bild fügen, das der Besucher von sich selbst hat

---

165 In mehreren Untersuchungen konnte laut Fritzsche ein positiver Zusammenhang zwischen Wohndauer und Ortsverbundenheit bzw. lokaler Identifikation festgestellt werden. Demnach gilt, dass mit zunehmender Wohndauer auch die lokale Identifikation zunimmt (vgl. hierzu bei Fritzsche 2005: 36).

166 Der Ruf wird hier nach Eisenegger als das verstanden, was dem einzelnen Besucher im Sinne einer öffentlichen Meinung bekannt ist. Ein Ruf entsteht demnach außerhalb von persönlichen Beziehungen und Erfahrungen (vgl. Eisenegger 2005: 21).

oder anstrebt, als auch in das, welches er von sich nach außen vermitteln möchte (vgl. hierzu und im Folgenden Herbst 2003: 74 und Klein 2007b: 109). Der gute Ruf eines Opernhauses in der Öffentlichkeit kann demnach die Bindungsbereitschaft insbesondere derjenigen Besucher beeinflussen, die sich von einem Transfer des positiven Rufs auf die eigene Person einen Nutzen (sog. symbolischer Nutzen) versprechen. Cialdini et al. bezeichnen diese Form der Assoziation zwischen der eigenen Person und höchst erfolgreichen anderen auch als „Basking in Reflected Glory" (vgl. Cialdini et al. 1976 zitiert nach Tedeschi et al. 1998: 102): „Basking in Reflected Glory (sich im Ruhme anderer sonnen) beinhaltet den Anspruch einer Person, mit einem Menschen, einer Institution oder einem Symbol in Verbindung zu sein, was das Selbst des Akteurs im positiven Lichte erscheinen lässt." (Tedeschi et al. 1998: 102) Das positive Ansehen des Opernhauses erfüllt in diesem Zusammenhang laut Hellmann eine Prestige- und Identitätsfunktion innerhalb des sozialen Umfelds des Besuchers (vgl. Hellmann 2003: 16). Der wiederholte Opernbesuch kann so ganz gezielt eingesetzt werden, um die soziale Stellung des Nutzers aufzuwerten und entsprechendes Prestige zu erlangen (vgl. Klein 2007b: 117).

5.9 Personale Elemente

Personale Elemente stellen den neunten potenziellen Einflussfaktor dar, durch den eine psychologische und soziale Bindung und damit eine Verbundenheit des Opernbesuchers erreicht werden kann (vgl. Kapitel 4.1.3, 4.1.4.3, 4.2 und 4.3.2). Eine solche Bindung kann nach Günter durch Personifizierung, durch eine ‚Vermenschlichung' des Opernhauses gelingen (vgl. Günter 2004: 57). Es geht darum, dem Opernhaus ein Gesicht zu geben, Anonymität abzubauen, Vertrautheit aufzubauen und emotionale Verbundenheit zu erzeugen (vgl. Laukner 2008: 123 f.). Durch personale Elemente wird „die Sachdominanz moderner sozialer Systeme (…) überspielt durch die weiterhin in der menschlichen Sozialisation angelegte potentielle Glaubwürdigkeit personaler Beziehungen, das Vertrauen in Personen, die man doch schon länger kennt, immer wieder sieht und mit denen Mann und Frau fast ausschließlich schöne und außergewöhnliche Erlebnisse (…) verbindet" (Ludes 1997: 90). Personale Elemente können sehr unterschiedlich ausgeprägt sein. Für Opernhäuser lassen sich laut der befragten Experten insbesondere drei Ausprägungsformen identifizieren: die *persönliche Ansprache von Besuchern* (vgl. Kapitel 5.9.1), *vertrauensvolle Beziehungen zu Mitarbeitern* (vgl. Kapitel 5.9.2), sowie die *soziale Interaktion zwischen den Besuchern* (vgl. Kapitel 5.9.3).

5.9.1 Persönliche Ansprache von Besuchern

Eine Bindung kann durch einen *persönlichen Dialog* zwischen Besucher und Opernhaus erreicht werden (vgl. Kapitel 4.1.2, 4.1.4.3 und 4.2.). Gerade in Kulturinstitutionen stellt der persönliche Kontakt zu den Zielgruppen, der von den Besuchern auch besonders häufig erwartet wird, ein wichtiges Instrument der Besucherbindung dar (vgl. Günter/Hausmann 2009: 77). Die persönliche Ansprache von Besuchern erfreut sich an den öffentlichen Opernhäusern laut der befragten Experten daher auch in den letzten Jahren einer zunehmenden Bedeutung im Rahmen ihres Besucherbindungsmanagements. Der Hauptgrund für die steigende Brisanz ist zum einen in dem durch die Entwicklung zur Erlebnisgesellschaft ausgelösten Wertewandel zu sehen, der sich nach Schlemm insbesondere in dem Bedürfnis der Besucher niederschlägt, als Individuum wahrgenommen und behandelt zu werden, und der zu einer immer differenzierteren Nachfragestruktur führt (vgl. Schlemm 2003: 13). Durch diese Entwicklung erwartet ein Kunde heutzutage von seinem Anbieter, dass dieser seine Bedürfnisse genau kennt und darauf eingeht (vgl. Holland 2004: 166). Dies setzt einen kontinuierlichen persönlichen Dialog und eine systematische Interaktion mit dem Kunden voraus, was gleichzeitig den Einstieg in ein zielgruppenorientiertes Individualmarketing bedeutet (vgl. Klein 2005a: 415 und Holland 2004: 166). Hinzu kommt, dass die enorme Vielfalt attraktiver Freizeitangebote und die damit verbundene Zunahme des Wettbewerbs um die Aufmerksamkeit von Besuchern zu einer zunehmenden Informationsüberlastung (sog. information overload) führen.[167] Zudem „stehen mit dem Internet und anderen modernen Kommunikationstechnologien neue Medien bereit, die eine immer raschere und verzweigtere Informationsdiffusion ermöglichen" (Helm 2000: 3). Vor diesem Hintergrund kann laut der befragten Experten der Einsatz eines Direkt- bzw. Dialogmarketings einen entscheidenden Beitrag zum Aufbau von Vertrauen und Loyalität leisten. Dialogmarketing ist laut Holland auf eine persönliche Ansprache der einzelnen Besucher mit dem Ziel von Aktionen und Reaktionen und dem Aufbau einer individuellen Beziehung zwischen Anbieter und Nachfrager ausgerichtet und bietet dadurch die Möglichkeit, die Besucherbindung durch einen fortwährenden Dialog und den individuellen Umgang mit den Kunden zu intensivieren (vgl. hierzu Holland 2004: 12 ff.).

---

167 Vgl. hierzu exempl. bei Günter/Hausmann 2009: 79, Klein 2008a: 249, Holland 2004: 166 und Ramme 2004: 199.

5.9.2 Vertrauensvolle Beziehungen zu Mitarbeitern

Insbesondere bei Geschäftsbeziehungen, die wie in Opernhäusern mit einem hohen Maß an persönlichem Kontakt zwischen Anbieter und Kunden verbunden sind, können vertrauensvolle Beziehungen zu Mitarbeitern einen wichtigen Stellenwert für die Besucherbindung einnehmen (vgl. Conze 2007: 68 und Kapitel 4.1.2, 4.1.3.2, 4.1.4.3). Dies verdeutlichen exemplarisch auch die folgenden drei Expertenbeobachtungen:

> Iw1: „Wenn bestimmte Wiederbesucher im Kartenbüro nicht ihren persönlichen Kundenberater antreffen, dann kommen sie häufig an einem anderen Tag wieder, an dem ihre Bezugsperson Dienst hat. Hier besteht ein ganz spezifisches Vertrauensverhältnis."

> Iw2: „Einige unserer Kunden gehen bei ihrem Opernbesuch immer zu der gleichen Garderobenfrau, bei der sie bereits seit Jahren ihren Mantel abgeben."

> Iw3: „Gerade in der Abonnentenbetreuung, in der es sehr stark um vertrauensvollen Service geht, spielt die Bindung an eine oder mehrer persönliche Bezugspersonen eine große Rolle."

Bei wiederholten Transaktionen über einen längeren Zeitraum kann es sogar zu freundschaftsähnlichen Beziehungen zwischen bestimmten Besuchern und Mitarbeitern kommen, auch wenn diese nur geschäftlich miteinander in Kontakt stehen (vgl. Gwinner et al. 1998: 106 zitiert nach Conze 2007: 69 und Jeker 2002: 56). Auch Besucher, die nicht so weit gehen würden, im Zusammenhang mit Geschäftsbeziehungen von Freundschaften zu sprechen, können vertrauensvolle Beziehungen beim Opernhaus als sozialen Vorteil bzw. beziehungsspezifische Investition wahrnehmen, die zu ihrer Bindung beitragen oder es ihnen aus sozialen Gründen erschweren eine bestehende Geschäftsbeziehung zu beenden (vgl. Gwinner et al. 1998: 104 zitiert nach Conze 2007: 69).[168] Der durch den sozialen Kontakt entstehende Nutzen ist emotional geprägt und impliziert Gefühle von Vertrautheit, Nähe, Zugehörigkeit und sozialer Unterstützung (vgl. Vogel 2006: 26 und Jeker 2002: 56). Die Besucher fühlen sich wohl und sicher, weil sie idealerweise über die Jahre hinweg vertrauensvolle Beziehungen zu ihren Kontaktpersonen am Opernhaus aufgebaut haben (vgl. Jeker 2002: 55). Wiederholt positive Erfahrungen in vergangenen Interaktionssituationen und langlebige Beziehungen mit hoher Wiedersehensfrequenz können dazu beitra-

---

168 In der Kundenbindungsforschung konnte laut Vogel bereits mehrfach empirisch nachgewiesen werden, dass der durch den sozialen Kontakt entstehende Nutzen zwischen Verkaufspersonal und Kunde einen positiven Einfluss auf die Bindung des Kunden ausübt (vgl. Vogel 2006: 26 und Kapitel 4.1.4.3).

gen, Vertrauen bei Besuchern zu etablieren.[169] Der Aufbau von Vertrauen in diesen persönlichen Beziehungen hängt laut Ripperger entscheidend von der Vertrauenswürdigkeit der Mitarbeiter ab (vgl. hierzu und im Folgenden Ripperger 1998: 105 sowie zum personalen Vertrauen bei Neumann 2007). Besondere Relevanz zur Generierung von Vertrauen entfaltet die persönliche Kommunikation vor allem deshalb, weil der wichtigste Bezugspunkt zum Opernhaus für den Besucher häufig das Servicepersonal ist. Drückt vor diesem Hintergrund das Handeln der Servicemitarbeiter Verlässlichkeit, Leistungsbereitschaft und Sorgfalt aus, so werden diese Werte auch dem Opernhaus zugerechnet.

5.9.3 Soziale Interaktion zwischen den Besuchern

Als dritte Ausprägungsform der personalen Elemente lässt sich die soziale Interaktion zwischen den Besuchern anführen (vgl. Kapitel 4.1.4.3 und 4.3.2). Opernbesuche werden nicht isoliert nachgefragt, sondern in einem bestimmten sozialen Kontext (vgl. Klein 2008a: 88). Der Besucher kommt bei seinen Aufenthalten im Opernhaus vielfach mit anderen Besuchern in Kontakt. Wie diese Interaktionen zwischen den Besuchern ablaufen und erlebt werden, bestimmt wiederum das besucherseitige Opernerleben (vgl. Stauss 1992: 10). Vor diesem Hintergrund kann auch das Verhältnis der Besucher zueinander einen sozialen Nutzen stiften (vgl. Gwinner et al. 1998: 102 zitiert nach Vogel 2006: 25). Der ausschlaggebende Entscheidungsgrund für den Wiederbesuch eines Opernhauses hängt demnach vielleicht gerade davon ab, ob die Besucher sich dort zu Hause fühlen bzw. ihre Lebenswelt wiederfinden (vgl. Colbert 2008: 588). Die soziale Identität eines Besuchers kann laut Turner durch die Anwesenheit anderer Personen in einer Zuschauermenge salient gemacht werden, d. h. „solche Aspekte des individuellen Selbstkonzepts, die auf der Zugehörigkeit zu einer sozialen Gruppe (…) mit ihren emotionalen (…) und anderen psychologischen Korrelaten basieren" (Turner 1987: 29 zitiert nach Tedeschi et al. 1998: 96). Besucher möchten sich laut Sommer einer selbstdefinierten Gruppe (z. B. allgemein die der Opernbesucher oder speziell die der Abonnenten) als zugehörig empfinden, sich als Teil dieser Gruppe erleben und beziehen auch einen Teil der eigenen Identität aus dem Gefühl der Zugehörigkeit zu einer solchen Gruppe (vgl. Sommer 1998: 94). Die Notwendigkeit einer Betrachtung des Einflusses von sozialen Interaktionen auf das Besucherbindungsverhalten wird zusätzlich durch den beschriebenen Wertewandel intensiviert (vgl. Kapitel 3.1.1). Menschen orientieren sich laut

---

169 Vgl. zur Relevanz des Vertrauenskonstruktes für die Kundenbindung unter Kapitel 4.1.2, 4.1.3.1, 4.1.3.3 und 4.1.4.3.

Algesheimer zu Beginn des 21. Jahrhunderts wieder an Gemeinschaften, in welchen sie sozialen Anschluss, Akzeptanz und Selbstbestätigung finden (vgl. Algesheimer 2004).[170] Als mögliche Wiederbesuchsgründe im Rahmen der sozialen Interaktion zwischen den Besuchern, lassen sich laut der befragten Experten insbesondere fünf Elemente nennen, auf die im Folgenden näher eingegangen wird: (1) der gemeinsame Opernbesuch in Begleitung, (2) die Intention, beim Opernbesuch Gleichgesinnte bzw. bereits bekannte Gesichter zu treffen, (3) die Zugehörigkeit zu einer Kunden-Community, (4) Weiterempfehlungen zwischen den Besuchern und (5) die Selbstpräsentation vor anderen Besuchern.

Nach den Untersuchungen von Tauchnitz erfolgt bei der überwiegenden Mehrzahl der befragten Theaterbesucher (je nach Untersuchung zwischen 83% bis 90%) der *Theaterbesuch in Begleitung* (vgl. Tauchnitz 2000, 2003, 2004 und 2005 zitiert nach Föhl/Lutz 2011: 81).[171] Laut Knava wird rund ein Drittel aller Besucher von anderen Personen aus dem näheren Umfeld motiviert, in die Oper mitzukommen und trifft somit die Entscheidung für Kunst und Kultur nicht selbst (vgl. Knava 2009: 82). Und Gainer kommt in ihrer Studie zu dem Ergebnis, dass der gemeinsame Besuch von Theater für die Befragten auch die wichtige Funktion erfüllt, gemeinsame Lebenswelten mit ihnen nahe stehenden Personen aufzubauen (vgl. Gainer 1995 zitiert nach Glogner/Klein 2006: 53).

Der Wiederbesuch des Opernhauses kann zudem auch aus der Intention heraus erfolgen, *Menschen mit ähnlichen Interessen oder Charakteren wieder zu sehen bzw. kennen zu lernen* und mit anderen Personen der eigenen gesellschaftlichen Schicht zusammentreffen (vgl. Glogner/Klein 2006: 52 und Colbert 2008: 588).[172] Nach Meinung einiger der befragten Experten, lässt sich in der Praxis häufig beobachten, dass Wiederbesucher das Opernhaus auch vor allem deshalb besuchen, weil sie hier ihre hauptsächlichen sozialen Kontakte haben, dort

---

170 Die „Renaissance von Gemeinschaften" (Schlüter/Clausen 1990) wird dabei von vielen Autoren als Reaktion auf die Auflösung gemeinschaftlicher Lebensformen (verbunden mit einer Individualisierung und Entstrukturalisierung) in den 1980er und neunziger Jahren gesehen.

171 „Dabei handelt es sich bei mehr als der Hälfte der Begleiter um den (Ehe-)Partner. Daneben sind Freunde und Bekannte sowie die Familie von Bedeutung. Eine große Anzahl der Zuschauer geht regelmäßig sogar mit mehr als einer Person zu Theatervorstellungen." (Föhl/Lutz 2011: 81).

172 Dass eine Opernveranstaltung auch deshalb besucht wird, um Gleichgesinnte mit einem ähnlichen Lebensstil zu treffen, ist laut Keuchel „eine Erkenntnis, die schon Bourdieu beschrieb [vgl. Bourdieu 1987], die heute jedoch angesichts zunehmend differenzierter Lebensstile und Milieuzugehörigkeiten noch an Bedeutung gewinnt, wie dies auch Gerhard Schulze […] vertritt, in dem er darauf verweist, dass Milieus sich heute noch stärker über die Freizeitgestaltung und gewählte Lebensstile definieren" (Keuchel 2011: 88). Der Opernbesuch ist nach Keuchel also immer auch verbunden mit der Sehnsucht nach angenehmer Gesellschaft (vgl. Keuchel 2011: 88).

5.9 Personale Elemente

Gleichgesinnte antreffen, diese evtl. bereits seit vielen Jahren kennen (bis hin zum langjährigen immer gleichen Sitznachbarn), zu denen sie ein persönliches Vertrauensverhältnis aufgebaut haben und mit denen sie viele schöne gemeinsame Aufenthalte am Opernhaus verbinden.

In der Literatur wird auch dem Phänomen von *Kunden-Communities* zunehmend Beachtung für die Kundenbindung geschenkt.[173] In Opernhäusern finden sich diese laut der befragten Experten insbesondere innerhalb der organisierten Wiederbesucher (vgl. Kapitel 3.4.1), deren konstitutives Element ja gerade der Beitritt zu einer sozialen Gemeinschaft darstellt, was auch durch folgende Aussage verdeutlicht wird:

> Iw6: „Betrachten Sie z. B. unseren Förderkreis. Hier ist die Wahrscheinlichkeit groß, dass man allein schon wegen der langjährigen Mitgliedschaft in der Gemeinschaft der Förderer dem Haus verbunden bleibt, unabhängig davon, wie sich dieses künstlerisch ausrichtet."

Diese Communities von Wiederbesuchern sind laut Algesheimer geprägt durch gemeinsame Interessen, einen intensiven Dialog und den Austausch mit Gleichgesinnten, Zugehörigkeit und Abgrenzung gegenüber weiteren Gruppen und zeichnen sich durch ein jeweils eigenes kollektives Bewusstsein aus, welches sich in einem ausgeprägten ‚Wir-Gefühl' äußern kann (vgl. Algesheimer 2004: 54). Durch die Mitgliedschaft in einer Community des Opernhauses können gezielt die Bedürfnisse nach sozialem Kontakt, Akzeptanz, Identitätsvermittlung, Status, Prestige und Selbstverwirklichung angesprochen werden (vgl. hier und im Folgenden Belz/Bieger 2006: 129 und Vogel 2006: 207 ff.). Als Plattform für Wiederbesucher kann die Community das Opernerlebnis intensivieren und Anreize zum häufigeren Besuch schaffen. So können z. B. die Anregungen von Mitgliedern der Community dazu führen, dass bisher unbekannte Produktionen oder insgesamt mehr Aufführungen besucht werden und sich die positiven Erfahrungen durch Weiterempfehlungen vervielfältigen. Auch das Zugehörigkeitsgefühl kann durch den Austausch in diesem sozialen Netzwerk die Bindung an das Opernhaus erhöhen. Die Community des Opernhauses ist somit in der Lage, zum Aufbau eines psychologischen und sozialen Mehrwertes ihrer Mitglieder und demnach zur Verstärkung der emotionalen Besucherbindung beizutragen (vgl. Klein 2008a: 196).

Weiterempfehlungen zwischen den Besuchern (auch: Mund-zu-Mund-Kommunikation oder Mundwerbung) werden laut Günter und Hausmann als „informelle, positive oder negative Berichterstattung zwischen (potenziellen) Besuchern über Eigenschaften und Leistungen von Kulturanbietern" (Gün-

---

[173] Vgl. exempl. Conze 2007: 70, Belz/Bieger 2006 und Vogel 2006: 207 ff.

ter/Hausmann 2009: 83) verstanden. Diese Art der persönlichen Kommunikation ist keiner direkten Kontrolle seitens des Opernhauses unterworfen und somit anbieterunabhängig, aber auch von den Besuchern nicht direkt steuerbar. Dies lässt sie laut Fischer als Informationsquelle mit relativ hoher Glaubwürdigkeit erscheinen, vor allem da ihr keine Verkaufsabsichten unterstellt werden, so dass weniger Anlass besteht, diese Informationen zu diskontieren (vgl. Fischer 2006: 108). Die besondere Vertrauensstellung, die der Empfehlende in seinem Bekanntenkreis einnimmt, ermöglicht eine direkte und effiziente Ansprache von (potenziellen) Besuchern (vgl. Ramme 2004: 237 f.). Positiven Weiterempfehlungen kommt nach Helm und Kuhl eine immer größere Bedeutung zu, sie sind mittlerweile in verschiedensten Branchen die wichtigste Quelle der Neukundengewinnung (vgl. Helm 2008: 137) und dies gilt insbesondere auch für Kultureinrichtungen (vgl. Helm/Kuhl 2006). Bindungswirkungen von Empfehlungen können aber auch bei Personen verzeichnet werden, die bereits Kunde eines Anbieters sind (vgl. Kapitel 4.1.4.3). So belegt die Arbeit von Wangenheim, dass Kundenempfehlungen nicht nur ein effektives Mittel zur Gewinnung von Neukunden sind, sondern auch die Bindung vorhandener Kunden begünstigen (vgl. Wangenheim 2003: 73 ff.). Darüber hinaus konstatiert Helm, dass positive Empfehlungen die zufriedenstellenden eigenen Erfahrungen des Empfängers verstärken oder kognitive Dissonanzen aufgrund nicht zufriedenstellender Anbieterleistungen verringert werden und dadurch zur Bindung beitragen (vgl. Helm 2008: 137 ff.). In einer Befragung, die in den USA bereits Ende der 1970er Jahre unter Opernbesuchern durchgeführt wurde, konnten Semenik und Young allerdings eine signifikant negative Korrelation zwischen Kundenempfehlungen und Abonnenten nachweisen (vgl. Semenik/Young 1979 zitiert nach Fischer 2006). Danach werden Abonnenten weniger von Weiterempfehlungen beeinflusst als Besucher mit geringer Besuchshäufigkeit. Fischer konnte diese Ergebnisse in seiner Publikumsbefragung bestätigen, wonach mit steigender Besuchsintensität der Einfluss von Weiterempfehlungen bei Opernbesuchern zurückgeht (vgl. Kapitel 4.3.2).

In dem Ausmaß, in dem ‚Besuchersein' eine Gelegenheit für die Verleihung und Steigerung sozialer Identität bietet, kann auch die *Selbstpräsentation* von Besuchern eine zentrale Motivation für den Wiederbesuch eines Opernhauses darstellen (vgl. hierzu und im Folgenden Tedeschi et al. 1998). Der Opernbesuch ist ein evaluativer Rahmen, der den Kontext für die Selbstdarstellung einer Person bildet. Einzelne Besucher möchten sich demnach anderen Besuchern selbst präsentieren, oder sie möchten ihre Rolle als Besucher dafür benutzen, sich bestimmten Personen darzustellen, die nicht bei dem betreffenden Ereignis anwesend waren. In diesem Sinne konstatiert auch Klein: „Bei einem Theaterbesuch (…) ist es für viele Menschen wichtig, ‚wer sonst noch kommt': man sieht und will gesehen werden, (...) oder auch nur, um gegenüber Freunden und Bekannten renommieren zu können" (Klein 2005a: 23). Demnach kann für manche Besucher auch der symbolische Nutzenaspekt im Vordergrund eines Wiederbesuchs stehen. Für Besucher bestehen vielfältige Möglichkeiten, sich vor dem Beginn, während der Pausen oder nach dem Ende der Aufführungen selbst darzustellen. Tedeschi et al. bemerken zu diesem Phänomen:

> „Die großen Romanschreiber des 19. Jahrhunderts wie Stendhal und Tolstoi porträtieren Männer, die ungeniert den Damen durch ihr Opernglas zuschauten. Die Damen selbst kamen früh, damit ihnen zugeschaut werden konnte. Beide Geschlechter schlenderten offensichtlich durch die Lobbies und tranken Champagner während der Pausen. Am Ende des 20. Jahrhunderts wurde es für viele Brauch, nach der Vorstellung die Opernbesuchercafés aufzusuchen." (Tedeschi et al. 1998: 101)

Was auch immer die primäre Motivation zum Wiederbesuch des Opernhauses ist, es wäre laut Tedeschi et al. eine deutlich andersartige und wahrscheinlich weniger interessante Erfahrung, wenn nicht auch andere Besucher anwesend wären (vgl. hierzu und im Folgenden Tedeschi et al. 1998: 101 f.). Dies deutet darauf hin, dass Besucher bis zu einem gewissen Grad motiviert sind, Teil einer größeren Menschenmenge oder Kunden-Community zu sein. Darüber hinaus bieten die Anwesenheit anderer und die eigene Sichtbarkeit laut Tedeschi et al. Gelegenheit zur Selbstpräsentation. Diese Ausführungen verdeutlichen somit, dass der regelmäßige Wiederbesuch auch dazu dienen kann, Bedeutungen zu kommunizieren, und zwar nicht nur über das eigene Selbst, sondern auch über die Beziehungen untereinander, die die Individuen zusammen in ihre eigene kleine Welt einbinden (vgl. Colbert 2008: 588).

5.10 Faktische Wechselbarrieren

Faktische Wechselbarrieren zielen als zehnter potenzieller Einflussfaktor auf eine Gebundenheit des Besuchers, die diesen zumindest temporär an einem Anbieterwechsel hindert (vgl. hierzu Kapitel 3.4.2). Faktische Wechselbarrieren können rechtliche bzw. vertragliche (vgl. Kapitel 5.10.1), ökonomische (vgl. Kapitel 5.10.2) oder technisch-funktionale Ursachen haben. Technisch-funktionale Bindungsursachen spielen laut Klein im privatwirtschaftlichen Bereich (insbesondere bei Industrie- und Systemgütern, vgl. hierzu Giloth 2003: 19 ff.) eine sehr viel größere Rolle als im Kulturbetrieb (vgl. Klein 2008a: 41), weshalb sie im Folgenden auch nicht weiter berücksichtigt werden sollen.

5.10.1 Vertragliche Bindungsursachen

Die vertraglichen Bindungsursachen können nach Ansicht der befragten Experten ausschließlich für die Erklärung des Bindungsverhaltens der organisierten Wiederbesucher (vgl. Kapitel 3.4.1) einen Beitrag leisten. Diese sind in der Regel durch Verträge an das Opernhaus gebunden (entweder *direkt* z. B. im Rahmen eines Abonnements oder durch eine Theatercard oder *indirekt* z. B. über die Mitgliedschaft in einer Besucherorganisation oder einem Förderverein). Diese Besucher haben dadurch innerhalb einer bestimmten Frist (meistens für eine Spielzeit oder ein Jahr) nur eine eingeschränkte Möglichkeit sich von diesen Bindungen zu lösen, oder nur mit Verlust, da sie mit Belohnungen (z. B. Vergünstigungen, Zusatzleistungen) oder Sanktionen[174] verbunden sind (vgl. Tomczak/ Dittrich 1997: 14 und 25). Vertragliche Bindungsursachen bestehen demnach, wenn eine Kunde durch eine Vereinbarung mit einem bestimmten Anbieter in seiner Entscheidung über den Leistungsbezug beeinflusst wird (vgl. Giloth 2003: 19). Aus der durch die vertragliche Bindung verursachten Einschränkung in der Flexibilität ergibt sich für den Kunden in der Regel kein Nutzenzuwachs (vgl. Jeker 2002: 119 und Giloth 2003: 19). Er nimmt diese jedoch in Kauf, wenn im Wettbewerbsvergleich eine Überkompensation durch das Leistungsangebot des Anbieters erfolgt bzw. der Verlust an zukünftiger Wahlfreiheit durch andere Vorteile kompensiert wird (vgl. Bliemel/Eggert 1998a: 41). Daher stehen den vertraglichen Bindungen meistens auch Bevorzugungsvorteile gegenüber (vgl. Kapitel 5.5).

5.10.2 Ökonomische Bindungsursachen

Die ökonomische Bindung verschafft dem Besucher einen Preisvorteil oder es entstehen ihm bei Abbruch der Beziehung Wechselkosten[175] (vgl. Kapitel 4.1.3.3 und 4.1.4.1). Konkret bedeutet dies, dass bei der Etablierung ökonomischer Wechselbarrieren die Geschäftsbeziehung derart ausgestaltet wird, dass der Aus-

---

174 Somit lassen sich faktische Wechselbarrieren auch durch die vertragliche Vereinbarung von Sanktionen bei (vorzeitiger) Vertragsauflösung errichten (z. B. aufwendige Kündigungsverfahren, Ausschluss des Rückgabe- und/oder Umtauschrechts der erworbenen Karten, Verfallen der bezahlten Gebühr) (vgl. Tomczak/Dittrich 1997: 25).

175 Wechselkosten werden subjektiv vom Nachfrager bewertet und sind die „Werte, die nur im Hinblick auf einen bestimmten Beziehungspartner bestehen und die vollständig bzw. überwiegend verloren sind, wenn die Beziehung mit diesem Beziehungspartner aufgelöst wird" (Ricker 1995: 26 zitiert nach Laukner 2008: 95). Dabei stehen laut Plinke nicht nur monetäre Größen im Blickpunkt, sondern alles was der Kunde im Hinblick auf seinen Wechsel als anstrengend, unangenehm, riskant oder zeitaufwendig empfindet (vgl. Plinke 1997: 28).

tritt aus der Geschäftsbeziehung dem Kunden aufgrund zu hoch empfundener Kosten als wirtschaftlich unvorteilhaft erscheint und somit ein Anreiz besteht, die Geschäftsbeziehung aufrechtzuerhalten (vgl. Giloth 2003: 114 und Bliemel/Eggert 1998a: 39 ff.). So kann der Besucher einen ökonomischen Vorteil verlieren, in dem er z. B. durch Abbruch der Beziehung auf *Vergünstigungen* verzichtet, die ihm nur bei Fortdauer der Geschäftsbeziehung gewährt werden. Solche Vorteile stehen meist in Verbindung mit der Ausgestaltung des Preissystems (vgl. Meffert 2008: 128). Demnach lassen sich auch durch eine differenzierte Preissetzung ökonomische Bindungseffekte erzielen (vgl. Kapitel 4.1.4.1). Auch Günter vermutet als Klebstoff der Besucherbindung den Erhalt von Vergünstigungen und versteht darunter vor allem finanzielle Ermäßigungen bei Abonnements und bei anderen Arten von Verträgen (vgl. Günter 2004: 56). Laukner identifiziert in ihrer empirischen Untersuchung Vergünstigungen als relevanten Faktor der Besucherbindung von Kunstmuseen und konstatiert: „Hinter dem Faktor Vergünstigungen stehen Variablen, die in einem Zusammenhang mit finanziellen Anreizen wie ermäßigtem oder freiem Eintritt, dem Besitz einer Jahreskarte oder eines Kombi-Tickets stehen" (Laukner 2008: 271). Nach Ansicht der befragten Experten besitzt im Rahmen der ökonomischen Bindungsursachen ebenfalls die Gewährung von Vergünstigungen eine Bedeutung für den Wiederbesuch, was folgende drei Aussagen exemplarisch verdeutlichen:

Iw2: „Die Preisersparnis kann für einige Besucher ein wichtiges Argument für den Abschluss eines Abonnements darstellen."

Iw3: „Meiner Ansicht nach gibt es eine preissensible Besucherklientel, für die Ermäßigungen einen Anreiz darstellen unser Opernhaus wiederholt zu besuchen."

Iw6: „Gerade bei steigenden Kartenpreisen und Lebenshaltungskosten können monetäre Vergünstigung einen Anreiz für eine hohe Besuchshäufigkeit darstellen."

In der Kundenbindungsforschung herrscht nach Wallenburg Konsens dahingehend, dass ökonomische Bindungsursachen zwar nicht unbedingt in einer positiven Einstellung des Kunden resultieren, jedoch zur Folge haben, dass die Angebote des Anbieters gegenüber alternativen Angeboten vergleichsweise attraktiv erscheinen und daher an der Geschäftsbeziehung festgehalten wird (vgl. Wallenburg 2004: 114).

5.11 Zusammenfassende Betrachtung

Kapitel 5 stellte den Rahmen für die deskriptiven Aussagen dar. Angesichts der bislang nicht erfolgten empirischen Durchdringung des Forschungsgegenstandes musste zur Identifikation von potenziellen Einflussfaktoren der Besucherbindung in öffentlichen Opernhäusern auf unterschiedliche Ansatzpunkte zurückgegriffen werden. Hierfür wurde zunächst in einem deduktiven Schritt anhand der vielfältigen Erkenntnisse aus Kapitel 4 auf bereits bekannte theoretische Konzepte zurückgegriffen, die in einem induktiven Prozess durch sechs qualitative Experteninterviews auf Anbieterseite schrittweise bestätigt, weiterentwickelt, erweitert, modifiziert oder für öffentliche Opernhäuser als irrelevant verworfen wurden. Dadurch konnte eine vorläufige Systematik an möglichen Wiederbesuchsgründen in öffentlichen Opernhäusern herausgearbeitet werden, die sich zu einzelnen potenziellen Einflussfaktoren konzeptionell zuordnen bzw. gruppieren lassen. Vor diesem Hintergrund können vorerst zehn potenzielle Einflussfaktoren und 39 Wiederbesuchsgründe angenommen werden, die anscheinend einen relevanten Beitrag zur Erklärung des Wiederbesuchsverhaltens von Opernbesuchern leisten (vgl. Tabelle 19). Dieser Konzeptionsrahmen wird in Kapitel 6 einer empirischen Analyse auf der Besucherseite unterzogen.

Tabelle 19: Potenzielle Einflussfaktoren und ihre Wiederbesuchsgründe

Nr.	Potenzielle Einflussfaktoren	Konzeptionell zugeordnete Wiederbesuchsgründe
1	Qualität der künstlerischen Aufführungen	1. Inszenierungsqualität 2. Ausstattungsqualität 3. Qualität der künstlerischen Besetzungen 4. Orchesterqualität 5. Chorqualität
2	Zufriedenstellende Spielplangestaltung	6. Abwechslungsreicher Spielplan 7. Schwerpunktsetzungen im Spielplan
3	Zufriedenstellende Serviceangebote	8. Zufriedenstellendes Informationsangebot 9. Unkomplizierter Kartenerwerb 10. Ambiente und Atmosphäre 11. Architektonische Gestaltung 12. Gastronomie am Opernhauses 13. Opernshopangebot 14. Beschwerdezufriedenheit 15. Besucherorientierte Servicemitarbeiter

5.11 Zusammenfassende Betrachtung

Tabelle 19 (Fortsetzung): Potenzielle Einflussfaktoren und ihre Wiederbesuchsgründe

Nr.	Potenzielle Einflussfaktoren	Konzeptionell zugeordnete Wiederbesuchsgründe
4	Begleitangebote	16. Probenbesuche 17. Einführungsveranstaltungen 18. Hintergrundgespräche mit Künstlern
5	Bevorzugte Behandlung von organisierten Wiederbesuchern	19. Gewährung von Zusatzleistungen
6	Biographie und kulturelle Sozialisation	20. Heranführung an die Oper als Kind/Jugendlicher 21. Eigene künstlerische Tätigkeit als Amateur
7	Affinität	22. Regelmäßige Beschäftigung und Interesse an Oper 23. Vorliebe
8	Identifikation	24. Identifikation mit dem künstlerischen Profil 25. Identifikation mit Tradition/Geschichte 26. Identifikation mit Sympathieträgern des Hauses 27. Identifikation mit namhaften Gästen/Stars 28. Gute Erreichbarkeit/Räumliche Nähe 29. Stolz auf das Opernhaus in „unserer" Stadt 30. Guter Ruf des Opernhauses in der Öffentlichkeit

Tabelle 19 (Fortsetzung): Potenzielle Einflussfaktoren und ihre Wiederbesuchsgründe

Nr.	Potenzielle Einflussfaktoren	Konzeptionell zugeordnete Wiederbesuchsgründe
9	Personale Elemente	31. Persönlicher Dialog 32. Vertrauensvolle Beziehungen zu Mitarbeitern 33. Gemeinsamer Opernbesuch in Begleitung 34. Gleichgesinnte bzw. bekannte Gesichter treffen 35. Zugehörigkeit zu einer Kunden-Community 36. Weiterempfehlungen von anderen Besuchern 37. Selbstpräsentation
10	Faktische Wechselbarrieren	38. Vertragliche Bindung 39. Vergünstigungen

6 Design und Ergebnisse der empirischen Erhebungen

Der Ablauf der empirischen Erhebungen lässt sich nach Diekmann in die folgenden fünf Phasen einteilen (vgl. hierzu und zu den folgenden Ausführungen Diekmann 2006: 162 ff. und ergänzend Böhler 2004: 29 ff. und Glogner 2008):

Tabelle 20: Phasen der empirischen Erhebungen

Phasen		Teilschritte	Qualitative Vorstudie	Quantitative Erhebung
1	Formulierung und Präzisierung des Forschungsproblems	Zielsetzung und explorative Untersuchungsfragen	Kapitel 6.1.1	Kapitel 6.2.1
2	Planung und Vorbereitung der Erhebung	Festlegung der Untersuchungsmethodik	Kapitel 6.1.1	Kapitel 6.2.2
		Konstruktion des Erhebungsinstruments: Aufbau und Gestaltung des Leitfadens/ Fragebogens, Operationalisierung, Messung und Skalen	Kapitel 6.1.3	Kapitel 6.2.3
		Test des Erhebungsinstruments	Kapitel 6.1.3	Kapitel 6.2.4
		Stichprobenverfahren (Art und Umfang der Stichprobenziehung)	Kapitel 6.1.2	Kapitel 6.2.5
3	Datenerhebung	Ablauf der Interviews/Erhebung	Kapitel 6.1.3	Kapitel 6.2.5
4	Datenauswertung	Datenaufbereitung und Auswertungsmethoden	Kapitel 6.1.4	Kapitel 6.2.6
5	Berichterstattung	Ergebnisse der Erhebungen	Kapitel 6.1.5	Kapitel 6.3

In jeder dieser Phasen ist laut Diekmann eine Reihe von Entscheidungen zu treffen: Die erste Entscheidung betrifft die *Formulierung und Präzisierung des Forschungsproblems*. Ein Forschungsproblem klar definieren heißt, dass z. B. bei einer hypothesenprüfenden Untersuchung die einzelnen Forschungshypothesen präzise angegeben werden. Da das Forschungsanliegen dieser Arbeit nicht die Prüfung von Hypothesen, sondern deren Entwicklung anhand des empirischen Materials zum Ziel hat (vgl. Kapitel 1.3), werden explorative Untersuchungsfragen für die sich jeweils anschließenden empirischen Untersuchungen formuliert und ausdifferenziert, anhand derer das Forschungsproblem der Arbeit strukturiert und systematisch untersucht werden kann (vgl. Kapitel 6.1.1 und 6.2.1). Innerhalb der zweiten Phase der *Planung und Vorbereitung der Erhebung* ist zunächst die jeweils angewandte Untersuchungsmethodik festzulegen und ihre Auswahl zu begründen (vgl. Kapitel 6.1.1 und 6.2.2). In einem weiteren Teilschritt wird die Konstruktion der eingesetzten Erhebungsinstrumente beschrieben (vgl. Kapitel 6.1.3 und 6.2.3). Neben der Darstellung der narrativen Vorgehensweise in der qualitativen Vorstudie und des dabei kombinierend eingesetzten Interviewleitfadens (vgl. Kapitel 6.1.3) sowie der einzelnen Abschnitte des schriftlichen Fragebogens (vgl. Kapitel 6.2.3.1), sind im Rahmen der quantitativen Erhebung zusätzlich die in den vorangegangenen Kapiteln definierten und für die empirische Untersuchung relevanten theoretischen Begriffe zu operationalisieren und dadurch einer Messung zugänglich zu machen (vgl. Kapitel 6.2.3.2). Zur Messung der einzelnen Indikatoren bzw. Variablen bieten sich verschiedene Meß- und Skalierungsmethoden an (vgl. Kapitel 6.2.3.3). Angesichts der Unstimmigkeiten und Fehlerquellen, die bei der Entwicklung von Interviewleitfäden sowie insbesondere bei schriftlichen Fragebögen auftreten können, wurden diese beiden Erhebungsinstrumente vor dem Beginn der Datenerhebung einem Pretest unterzogen (vgl. Kapitel 6.1.3 und 6.2.4). Schließlich bezieht sich der vierte und letzte Teilschritt innerhalb der zweiten Untersuchungsphase auf die Bestimmung von Art und Umfang der Stichprobenziehung (vgl. Kapitel 6.1.2 und 6.2.5). Phase 3 umfasst die Feldarbeit, d. h. die *Erhebung der Daten* mit den in den Untersuchungen jeweils gewählten Methoden (vgl. Kapitel 6.1.3 und 6.2.5). Anschließend sind im Rahmen der *Datenauswertung* die erhobenen Daten zunächst zu erfassen bzw. aufzubereiten, d. h. in eine analysefähige Form zu übertragen und auf Fehler hin zu kontrollieren. Erst nach der Datenaufbereitung kann die Analyse der Daten unter Anwendung von verschiedenen Auswertungsmethoden erfolgen (vgl. Kapitel 6.1.4 und 6.2.6). In diesem Rahmen stellt sich auch die Frage nach der Qualität des Messvorgangs, welche die Aussagefähigkeit bzw. den Erklärungsgehalt der Ergebnisse entscheidend beeinflussen kann. Die Qualität der Messung wird daher anhand von verschiedenen Gütekriterien beurteilt (vgl. Kapitel 6.1.3 und 6.2.6). Abschließend werden in der fünften Phase der *Bericht-*

erstattung die empirischen Resultate vorgestellt und interpretiert (vgl. Kapitel 6.1.5 und 6.3). Bei den hier aufgeführten Phasen und Teilschritten handelt es sich allerdings nicht um eine logische Anordnung, die in einer strengen Reihenfolge zu durchlaufen ist (vgl. Böhler 2004: 30). Vielmehr stellt das Schema eine Orientierungs- bzw. Strukturierungshilfe dar, die aufzeigen soll, welche einzelnen Aspekte beim Design und der Durchführung der empirischen Erhebungen in systematischer Weise berücksichtigt wurden (vgl. Böhler 2004: 30).

6.1 Qualitative Vorstudie

6.1.1 Zielsetzung, explorative Untersuchungsfragen und angewandte Methodik

Angesichts der bislang nicht erfolgten empirischen Durchdringung des Forschungsgegenstandes wird eine explorative Annäherung im Rahmen einer qualitativen Vorstudie als sinnvoll erachtet, um das zu untersuchende Feld *aus Besuchersicht* einer tiefergehenden Analyse zuzuführen und genauer zu spezifizieren (vgl. Glogner 2008: 594 und Jeker 2002: 173). Inhalt dieser explorativen Vorstudie ist es, herauszuarbeiten, was aus Besuchersicht die unterschiedlichen Gründe für Wiederbesuche ein und desselben Opernhauses sein können (vgl. hierzu und im Folgenden auch Laukner 2008: 133). In diesem Rahmen gilt es auch zu untersuchen, ob noch weitere Gründe identifiziert werden können, die aus Besuchersicht zum Wiederbesuch anregen und bisher noch nicht im Rahmen der begrifflichen und deskriptiven Aussagen (vgl. Kapitel 4 und 5) genannt wurden. Darüber hinaus hat die Vorstudie vor allem die Erarbeitung bzw. thematische Zuspitzung der sich anschließenden quantitativen Forschungsmethode zum Ziel (empirische Präzisierung des Bezugs- bzw. Forschungsrahmens) (vgl. Föhl 2010: 26). Um diese Zielstellungen im Rahmen der Vorstudie strukturiert und systematisch erarbeiten zu können, ist die Formulierung von zwei explorativen Untersuchungsfragen notwendig:

- F_1: Was sind aus Besuchersicht die unterschiedlichen Gründe für Wiederbesuche ein und desselben Opernhauses?
- F_2: Lassen sich durch die explorative Vorstudie weitere Erkenntnisse für die quantitative Fragebogenerhebung gewinnen?

Die Vorstudie dient in erster Linie dem „Erkennen, Beschreiben und Verstehen psychologischer und soziologischer Zusammenhänge, nicht aber deren Messung" (Kepper 1994: 17 zitiert nach Laukner 2008: 133) und wird hier in Form einer direkten Befragung von Wiederbesuchern durchgeführt (vgl. Laukner

2008: 133). In der vorliegenden Arbeit konnten bereits erste begriffliche und deskriptive Aussagen über den zu untersuchenden Gegenstand getroffen werden (vgl. Kapitel 4 und 5), die es an dieser Stelle aus Besuchersicht weiter zu vertiefen gilt. In der Vorstudie wird daher im Rahmen der explorativ-felderschließenden Vorgehensweise auch ein Einbeziehen von und Anknüpfen an das bereits existierende Vorwissen und die getroffenen Annahmen als sinnvoll und notwendig für den gewünschten Erkenntnisfortschritt betrachtet (vgl. Srnka 2007: 164). Folglich erscheint die Anwendung einer Kombination aus narrativem und problemzentriertem Interview als Methoden qualitativer Sozialforschung am Besten geeignet.[176] Da mit dem narrativen Interviewteil das Untersuchungsfeld äußerst offen erkundet werden kann, um ggf. weitere Positionen und Einstellungen der Befragten zu lokalisieren, die bislang nicht berücksichtigt wurden, kann im weiteren Gesprächsverlauf durch den problemzentrierten Interviewteil eine thematisch engere Vorgehensweise vertreten werden, die an den bereits bestehenden begrifflichen und deskriptiven Aussagen anknüpft.

6.1.2 Stichprobe

In der vorliegenden Arbeit ist es von Bedeutung, dass ausschließlich Personen befragt werden, die schon mehrmals ein und dasselbe Opernhaus besucht haben (vgl. hierzu und im Folgenden auch Laukner 2008: 135). Dadurch, dass diese Personen Wiederbesucher sind, verfügen sie über die entsprechende Erfahrung, um an dem Interview teilnehmen zu können und sind nicht auf Spekulationen angewiesen. Bei der Auswahl der Befragten wurde in diesem Rahmen „keine Zufallsstichprobe gezogen, da es im Ergebnis nicht um repräsentative Aussagen sondern um die Erhebung typischer Strukturen und Gegebenheiten geht" (Kurz et al. 2007: 468). „Das Ziel qualitativer Forschungsarbeit ist im Gegensatz zur

---

176 Die Methode des *narrativen Interviews* besteht darin, den Interviewpartner nicht mit standardisierten Fragen zu konfrontieren, sondern frei zum Erzählen zu animieren. Es geht darum, die Befragten zum Erzählen eigenerlebter Erfahrungen zu bewegen, um dadurch die Orientierungsstrukturen ihres faktischen Handelns offenzulegen (vgl. Atteslander 2006: 133). Vgl. ausführlich zur Methode des narrativen Interviews bei Küsters 2009. Ähnlich wie beim narrativen Interview steht beim *problemzentrierten Interview* das Erzählprinzip im Vordergrund, allerdings gestaltet es sich weniger offen als die narrative Technik (vgl. Kurz et al. 2007: 463). Die den Interviews zugrundeliegende Problemstellung wird vom Forscher im Vorfeld der Gespräche formuliert und analysiert. „Die dabei erarbeiteten Aspekte werden in einem Interviewleitfaden zusammengestellt, um diese dann im [jeweiligen] Gesprächsverlauf anzusprechen." (Glogner 2006: 66) „Diese Interviewform geht auf Witzel zurück, der sie als Teil einer Methodenkombination aus [qualitativem] Interview, biographischer Methode, Gruppendiskussion, Fall- [und Inhalts]analyse im Rahmen eines problemzentrierten Forschungsprojektes entwickelte." (Kurz et al. 2007: 465, vgl. hierzu auch ausführlich Witzel 1985)

6.1 Qualitative Vorstudie

quantitativen Methodologie nicht die Häufigkeit bestimmter Handlungsmuster, sondern ein möglichst zutreffendes Set der relevanten Handlungsmuster in einer sozialen Situation herauszufinden (...)." (Lamnek 2005: 384) „Entsprechend sind hier auch andere Formen der Stichprobenziehung von Bedeutung, insbesondere Verfahren der absichtsvollen [bzw. bewussten] Stichprobenziehung [(sog. non-prohabilistische Verfahren)].[177] Dabei geht es in erster Linie darum, informationshaltige Fälle auszuwählen, die im Hinblick auf die [Untersuchungs-]Fragestellungen besonders (...) aufschlussreich sind." (Schreier 2007: 235) Die Stichprobe soll möglichst detailliert Aufschluss über das Phänomen des Wiederbesuchs geben, soll es möglichst umfassend und in all seinen Facetten abbilden (vgl. Merkens 2003: 291 zitiert nach Schreier 2007: 235).

Eine wichtige Quelle auf der Suche nach geeigneten Interviewpartnern sind die befragten Experten der Opernhäuser (vgl. Kapitel 5.1.2). Sie haben einen guten Überblick über die handelnden Akteure im beforschten Feld und können entsprechende Kontakte zu Wiederbesuchern vermitteln, die große Expertise besitzen (vgl. Kurz et al. 2007: 468). Die Auswahl der Probanden geschah folglich in Abstimmung mit den Experten der jeweiligen Opernhäuser und erfolgte nach dem Erkenntnisinteresse im Sinne des *theoretical sampling*[178] (vgl. hierzu Schreier 2007: 237 f. und Meyer/Reutterer 2007 241 f.). Nach der Methode des theoretical sampling „muss der Forscher im Rahmen der Selbstkontrolle ausschließen, dass nur solche Personen ausgewählt werden, deren Einstellungen seinen Vorüberlegungen entsprechen" (Kurz et al. 2007: 468). Es geht bei der Auswahl der Befragten folglich darum, das Feld in seiner Vielschichtigkeit durch möglichst viele und möglichst unterschiedliche Fälle abzubilden, um darüber Aussagen über die Verteilung von Wiederbesuchsgründen treffen zu können. Die wiederholte Anwendung der Prinzipien der maximalen und der minimalen Ähnlichkeit (vgl. hierzu Schreier 2007: 238) erlaubte es, sukzessive im Untersuchungsverlauf unterschiedliche Wiederbesuchsgründe zu identifizieren. Die befragten Wiederbesucher wurden somit schrittweise nach ihrem (zu erwartenden) Gehalt an Neuem aufgrund des bisherigen Standes der identifizierten Wiederbesuchsgründe in die Untersuchung einbezogen. Grundsätzlich kann dieser Prozess „unendlich weitergeführt werden. Daher bedarf es ein Entscheidungskriterium, das der Begriff ‚theoretische Sättigung' umschreibt: Man beendet die Analyse, wenn nicht mehr zu erwarten ist, dass die Untersuchung neuer [Probanden] noch etwas zur Weiterentwicklung der Kategorien bzw. der Theorien [beiträgt]." (Lueger 2007: 197) Es wurden demnach so lange neue Wiederbesucher

---

177 Vgl. zu den qualitativen Stichprobenverfahren bzw. -konzepten exempl. bei Schreier 2007: 231ff.
178 Das Verfahren des theoretical sampling wurde von Glaser und Strauss im Rahmen der Grounded Theory entwickelt (vgl. Glaser/Strauss 1967).

in die Stichprobe mit aufgenommen, bis die Berücksichtigung weiterer Besucher keine neuen Erkenntnisse hinsichtlich der einzelnen Wiederbesuchsgründe mehr erwarten ließ (vgl. Schreier 2007: 238). So konnten insgesamt 18 Einzelgespräche als persönliche Face-to-Face-Interviews mit Wiederbesuchern an vier unterschiedlichen Opernhäusern im Zeitraum von November 2009 bis Februar 2010 durchgeführt werden:

Tabelle 21: Stichprobe der qualitativen Vorstudie

Nr.	Opernhaus	Gesprächsdatum	Interviewpartner		Erscheinungsform der Besucherbindung
1	Deutsche Oper Berlin	13.11.2009	Iw1	70-jährige Pensionärin	Einzelkartenkäuferin
		16.11.2009	Iw2	69-jährige Pensionärin	Mitglied Förderkreis
		16.11.2009	Iw3	50-jähriger Selbstständiger	Mitglied Förderkreis
		17.11.2009	Iw4	44-jähriger Angestellter	Abonnent
		19.11.2009	Iw5	36-jähriger promovierter Angestellter	Mitglied Förderkreis
		20.11.2009	Iw6	73-jährige Pensionärin	Abonnentin
2	Oper Leipzig	11.12.2009	Iw7	80-jährige Pensionärin	Besucherorganisation
		11.12.2009	Iw8	71-jährige Pensionärin	Einzelkartenkäuferin
		11.12.2009	Iw9	20-jährige Auszubildende	Juniorcardinhaber
		11.12.2009	Iw10	37-jähriger Arbeiter	Abonnent

6.1 Qualitative Vorstudie

Tabelle 21 (Fortsetzung): Stichprobe der qualitativen Vorstudie

Nr.	Opernhaus	Gesprächsdatum	Interviewpartner		Erscheinungsform der Besucherbindung
3	Bayerische Staatsoper München	18.12.2009	Iw11	21-jährige Studentin	Jugendclubmitglied
		18.12.2009	Iw12	63-jährige Selbstständige	Einzelkartenkäuferin
		30.12.2009	Iw13	37-jähriger promovierter Angestellter	Abonnent
		01.01.2010	Iw14	58-jähriger promovierter Selbstständiger	Einzelkartenkäufer/Kulturtourist
4	Hamburgische Staatsoper	06.02.2010	Iw15	71-jährige Pensionärin	Abonnentin
		06.02.2010	Iw16	30-jährige Angestellte	Operncardinhaber
		06.02.2010	Iw17	49-jähriger Angestellter	Abonnent
		06.02.2010	Iw18	59-jähriger Selbstständiger	Abonnent

Die Interviews dauerten im Schnitt zwischen 45 und 90 Minuten, was im Einzelfall stark von den bereits gemachten Erfahrungen, dem Interesse der Befragten an der Thematik sowie der Artikulationsfähigkeit abhing (vgl. hierzu auch Laukner 2008: 135).

6.1.3 Ablauf der Interviews

Im Vorfeld eines jeden Gesprächs erhielten die Teilnehmer einige Hinweise, „um sie zum einen nochmals über die allgemeine Thematik des Untersuchungsvorhabens zu informieren. Zum anderen wurde bezweckt, mögliche Verzerrungen der Antworten durch Zusage von Anonymität zu reduzieren sowie zu große thematische Abschweifungen jenseits (…) der Untersuchung während der Gespräche zu vermeiden und damit den zeitlichen Umfang der Interviews in einem angemessenen Rahmen zu halten" (Glogner 2006: 69). Ein jedes der geführten Gespräche wurde in Anlehnung an die narrative Interviewmethode mit einer Eingangsfrage (Erzählaufforderung) eingeleitet: *Was sind für Sie die unterschiedlichen Gründe für einen wiederholten Besuch Ihres Opernhauses?* Sie besitzt wegen ihres erzählgenerierenden Charakters große Bedeutung. Zum einen können durch die Möglichkeit der freien und vollständigen Erzählung die Orientierungsmuster der Befragten hinsichtlich ihrer Entscheidungs- und Handlungsstrukturen noch am ehesten abgebildet werden (vgl. Kepper 1994: 41). Zum anderen wurde durch den narrativen Intervieweinstieg beabsichtigt, im Vorfeld der Untersuchung vom Verfasser möglicherweise nicht bedachte Einstellungen und Positionen der Befragten zu ermitteln, um so neuen Aspekten nachgehen zu können (vgl. Flick 2006: 147 und Glogner 2006: 66). In dieser Phase des Gesprächs blieben die Befragten möglichst ungestört. Sie entwickelten den Ablauf der Erzählung selbst, setzten Schwerpunkte und entschieden eigenständig, mit welchen Aspekten ihre Ausführungen endeten. Das Gespräch folgte damit nicht den Fragen des Interviewers, sondern die jeweils nächste Frage ergab sich aus den Aussagen der Befragten (vgl. Atteslander 2006: 124). Die Rolle des Interviewers war in dieser Phase die des aufmerksamen und bestätigenden Zuhörers, der den Informationsfluss, das Gespräch in Gang hielt (vgl. Atteslander 2006: 124).

Zur Strukturierung des weiteren Gesprächs kam ein Interviewleitfaden zum Einsatz, dessen Aufbau sich an den in Kapitel 5 bereits herausgearbeiteten Erkenntnissen und Annahmen zu möglichen Wiederbesuchsgründen in öffentlichen Opernhäusern orientierte.[179] Der Leitfaden wurde nach seiner Fertigstellung von drei dem Verfasser persönlich bekannten Wiederbesuchern der Deutschen Oper Berlin einem Pretest unterzogen, um mögliche Fehlerquellen und Unstimmigkeiten zu erkennen (vgl. hierzu und im Folgenden Föhl 2010: 160 und Raithel 2008: 62 f.). Der Pretest führte zu geringfügigen Umformulierungen von einzelnen Fragestellungen aus Verständlichkeitsgründen. Im Rahmen des Pretests konnte zudem sowohl die Interviewdauer gemessen als auch die Interviewsituation erprobt werden. Aufgrund des nur geringen Modifikationsbedarfs wurde in Anlehnung an Föhl von weiteren Pretests abgesehen.

„Trotz dieser Teilstandardisierung durch den Leitfaden darf dem Interviewten jedoch der Gesprächsverlauf nicht ‚aufgezwungen' werden." (Glogner 2006: 66) Die Befragten werden durch den Interviewleitfaden auf bestimmte Fragestellungen hingelenkt, sollen aber offen, ohne Antwortvorgaben darauf reagieren und ihre subjektiven Sichtweisen hierzu entwickeln. „Ziel ist es, eine Prädetermination durch den Forscher so weit wie möglich zu vermeiden und auf

---

179 In Anhang 1 findet sich der bei den Gesprächen eingesetzte Interviewleitfaden.

6.1 Qualitative Vorstudie

diese Weise auch unerwartete Informationen zu gewinnen." (Glogner 2008: 604) Zudem wurden in den Gesprächen die Fragefolge und der Wortlaut der Fragen variabel gehalten, um individuell auf die Befragten abgestimmt werden zu können (vgl. Laukner 2008: 134). In diesem Rahmen wurden auch Fragen, die bereits im narrativen Gespräch beantwortet wurden, weggelassen. Ebenso ist im Gesprächsverlauf individuell entschieden worden, ob und wann ggf. detaillierter nachgefragt und ausholende Ausführungen des Befragten unterstützt werden bzw. ob und wann bei Abschweifungen des Interviewten wieder zum Leitfaden zurückgekehrt werden musste. Im Anschluss an die Interviews wurden folgende allgemeine, soziodemografische Angaben zur befragten Person erhoben: Alter, Geschlecht, Beruf und Wohnort. Zudem wurde die jeweilige Erscheinungsform der Besucherbindung abgefragt. Dadurch konnten Daten, die für die Themen des eigentlichen Interviews weniger relevant waren, aus diesem herausgelassen werden, um den Erzählfluss durch entsprechendes Nachfragen nicht zu beeinträchtigen und die knappe Zeit der Gespräche für die wesentlichen Themen zu nutzen (vgl. Flick 2006: 137).

Insgesamt wurde bei den Gesprächen eine weiche Form der neutralen Interviewführung angewandt, um eine hemmende Gesprächsatmosphäre zu vermeiden (vgl. Atteslander 2006: 126 ff. und Föhl 2010: 163). Zudem ist insbesondere auf die Einhaltung folgender vier *Gütekriterien* im Rahmen der Interviewführung geachtet worden, um die Schwächen bzw. methodischen Nachteile von qualitativen Interviews zu minimieren (vgl. hierzu und im Folgenden Föhl 2010: 164 und Helfferich 2005): (1) Generell kontext-sensitives Verhalten des Interviewers, um die richtigen Entscheidungen u. a. hinsichtlich der Gesprächsführung zu treffen, (2) Vermeidung von Beeinflussung des Befragten trotz einer weichen Interviewführung, (3) kein Aufzwingen der formulierten Fragen und (4) seriöses Auftreten des Interviewer hinsichtlich der Vorbereitung und Durchführung der Interviews.

6.1.4 Auswertung der Interviews

In den 18 Interviews wurden allgemeine Informationen, Stellungnahmen und Meinungen zum interessierenden Untersuchungsgegenstand erhoben (vgl. Laukner 2008: 134 f.), die während der Gespräche mit einem Digital Voice Recorder aufgezeichnet und anschließend vom Verfasser selbstständig transkribiert wurden.[180] Das angewandte Auswertungsverfahren wurde in Anlehnung an Glogner nach eingehender Auseinandersetzung mit verschiedenen qualitativen Analysemethoden entwickelt (vgl. Glogner 2006: 107 f.) und entspricht größten-

---

180 Die Transkripte werden aufgrund ihres Umfangs nicht im Anhang aufgeführt. Sie stehen jedoch im Archiv des Verfassers jederzeit zur Einsicht zur Verfügung.

teils dem bereits beschriebenen Verfahren in Kapitel 5.1.2, weshalb an dieser Stelle hierauf weitestgehend verwiesen werden kann. Das Vorgehen im Auswertungsprozess war durch Offenheit gekennzeichnet. „Diese besteht in der Bereitschaft, bereits bekannte [Annahmen und] Konzepte nicht nur schrittweise besser verstehen zu wollen, sondern solche auch zugunsten neuer, besser geeigneter aufzugeben bzw. durch solche zu ergänzen." (Srnka 2007: 170) „In einem ersten Schritt wurden die Interviews mehrmals durchgelesen, um den Gesamteindruck von den jeweiligen Interviewpartnern wieder ins Gedächtnis zu rufen." (Glogner 2006: 108) Anschließend wurde eine Reduktion bzw. Zusammenfassung des Materials auf das Wesentliche zur besseren Überschaubarkeit vorgenommen. So ist in diesem Rahmen z. B. jeder genannte Wiederbesuchsgrund pro Person nur einmal in die Auswertung aufgenommen worden, um bei mehrfacher Nennung identischer Wiederbesuchsgründe von ein und derselben Person die Ergebnisse der Auswertung nicht zu verfälschen. Darauf aufbauend wurde eine Betrachtung dieser Inhalte über alle Untersuchungsfälle hinweg vorgenommen. Um die Aussagen der Befragten miteinander vergleichen und im Hinblick auf die Untersuchungsfragen interpretieren zu können, wurden sie geordnet und in Kategorien zusammengefasst. Für die Auswertung der Einzelinterviews am besten geeignet erscheint wiederum ein kombiniertes, deduktiv-induktives Vorgehen (vgl. hierzu und im Folgenden Srnka 2007: 169 f.), welches es erlaubt, die bestehenden deskriptiven Aussagen zu den einzelnen Wiederbesuchsgründen (vgl. Kapitel 5) aus Besuchersicht weiter zu vertiefen und genauer zu spezifizieren sowie ggf. zusätzliche Erkenntnisse für die quantitative Fragebogenerhebung zu gewinnen. Folglich leitet sich das deskriptive Kategoriensystem von den bereits in Kapitel 5 herausgearbeiteten Wiederbesuchsgründen ab, die auch zur Strukturierung des Interviewleitfadens zum Einsatz kamen, und nun als Ausgangskategorien an das Textmaterial herangetragen wurden. In diesem Rahmen erfolgte eine Zuordnung von Aussagen der Befragten zu den entsprechenden Kategorien. Die einzelnen Kategorien wurden anschließend in einem induktiven Prozess am vorliegenden Material entweder bestätigt, weiterentwickelt oder mussten modifiziert werden. Die Kategorien wurden so lange schrittweise erweitert, bis alle Textteile des qualitativen Datenmaterials auf Basis des derart weiterentwickelten Kategorienschemas möglichst eindeutig zugeordnet werden konnten.

6.1.5 Ergebnisse der Vorstudie

Bei der Auswertung der Interviews ließen sich insgesamt 143 Nennungen von Wiederbesuchsgründen identifizieren.[181] Die 18 Gesprächspartner nannten demnach pro Person durchschnittlich acht Gründe, weshalb sie ein und dasselbe Opernhaus wiederholt besuchen. Um die große Anzahl von Nennungen überschaubar zu machen und die Aussagen der Befragten miteinander vergleichen sowie im Hinblick auf die Untersuchungsfragen interpretieren zu können, wurden sie – wie bereits in Kapitel 6.1.4 beschrieben – geordnet und in Kategorien zusammengefasst (vgl. hierzu auch Laukner 2008: 138 ff.). Dadurch konnten insgesamt 40 unterschiedliche Wiederbesuchsgründe ermittelt werden (vgl. Tab. 22 bis 26).

Betrachtet man die Häufigkeit der genannten Wiederbesuchsgründe, so fällt auf, dass für die Mehrzahl der Befragten (16 Nennungen) die *Qualität der künstlerischen Besetzungen* einen zentralen Wiederbesuchsgrund desselben Opernhauses darstellt. Hierunter fallen Aussagen wie z. B. die einer 21-jährigen Studentin aus München (Iw11): „Ich mache meinen Wiederbesuch auch sehr von der Sängerbesetzung abhängig, wer singt, ist für mich entscheidend", die einer 69-jährigen Pensionärin aus Berlin (Iw2): „Ich bin ein großer Stimmenfan. Ich gehe hauptsächlich wegen der attraktiven Sängerbesetzungen wiederholt an die Deutsche Oper" oder die eines 59-jährigen Selbstständigen aus Hamburg (Iw18): „Insbesondere das hohe qualitative Niveau der Sänger und Dirigenten ist für mich ein wichtiger Grund, wiederholt an die Hamburgische Staatsoper zu gehen".

Am zweithäufigsten (14 Nennungen) nannten die Interviewpartner einen *abwechslungsreichen Spielplan, Vergünstigungen* und die *Heranführung an die Oper als Kind oder Jugendlicher*. Unter den ersten Grund fallen Aussagen wie z. B. die einer 30-jährigen Angestellten aus Hamburg (Iw16): „Ich finde einen breiten Spielplan attraktiv und versuche, offen zu bleiben auch für neue, unbekannte Stücke", die einer 70-jährigen Pensionärin aus Berlin (Iw1): „Ich bin dankbar für ein vielfältig angebotenes Repertoire. Es muss von allem etwas dabei sein einschließlich zeitgenössischer Stücke", sowie die eines 49-jährigen Angestellten aus Hamburg (Iw17): „Ich möchte des Öfteren auch etwas Neues sehen, als Ergänzung zum Altbekannten". Vergünstigungen (hier vornehmlich genannt: Studenten-/Seniorentickets, Preismäßigungen im Abonnement, Opern-/Treuecards, vergünstigte Steh-/Hörplatzkarten) sind ebenfalls wichtige Gründe dafür, ein Opernhaus wieder zu besuchen bzw. dieses dadurch überhaupt erst in einer gewissen Regelmäßigkeit frequentieren zu können. Ebenfalls 14

---

[181] Mehrfachnennungen von Wiederbesuchsgründen durch die Befragten sind hier eingeschlossen (vgl. hierzu auch Laukner 2008: 137 f.).

Interviewpartner besuchen das Opernhaus deshalb wiederholt, da sie bereits als Kind oder Jugendlicher mit der Oper in Kontakt kamen und dadurch in ihrem späteren Rezeptionsverhalten geprägt wurden. Die Heranführung erfolgte dabei vornehmlich über das Elternhaus (gemeinsamer Besuch mit (Groß-)Eltern, familiäre Verbundenheit mit der Oper seit Generationen), den Bekanntenkreis (befreundete Familien, Verwandte, Nachbarn) und die Schule (Projekte von Schule und Opernhaus, Besuch mit der Schulklasse), aber auch über Schulfreunde als Multiplikatoren, welche die Befragten mit in die Oper genommen haben.

Tabelle 22: Genannte Gründe 1 bis 10 für Wiederbesuche (Statement-Highlights)

Nr.	Wiederbesuchsgründe	Nennungen
1	Qualität der künstlerischen Besetzungen	16
2	Abwechslungsreicher Spielplan	14
3	Vergünstigungen	14
4	Heranführung an die Oper als Kind/Jugendlicher	14
5	Identifikation mit namhaften Gästen/Stars	13
6	Gleichgesinnte bzw. bekannte Gesichter treffen	13
7	Regelmäßige Beschäftigung und Interesse an Oper	13
8	Inszenierungsqualität	12
9	Vorliebe	12
10	Vertrauensvolle Beziehungen zu Mitarbeitern	12

Für 13 der befragten Besucher sind die Identifikation mit namhaften Gästen/Stars, die Möglichkeit am Opernhaus Gleichgesinnte bzw. bekannte Gesichter zu treffen sowie die regelmäßige Beschäftigung und das Interesse an Oper Gründe für einen Wiederbesuch. Dass ein Wiederbesuch stark mit namhaften Gästen oder Stars, die regelmäßig am Opernhaus auftreten, verknüpft sein kann, zeigen Aussagen wie die einer 20-jährigen Auszubildenden aus Leipzig (Iw9): „Ich stehe jeden Abend, an dem bekannte Sänger auftreten, nach der Vorstellung am Bühneneingang, um mir Autogramme zu holen", die einer 71-jährigen Pensionärin aus Hamburg (Iw15): „Wenn es ganz bestimmte Sänger sind wie z. B. Plácido Domingo oder Anja Harteros, dann gehe ich in jede Aufführung mit diesen bei uns am Opernhaus" und die eines 44-jährigen Angestellten aus Berlin (Iw4): „Ich habe eine Vorliebe für einzelne Sänger wie z. B. Edita Gruberova entwickelt. Damit hängt dann auch zusammen, dass ich nicht nur alle ihre Vorstellungen in Berlin besuche, sondern ihr auch an andere Opernhäuser nachreise." Neben Sängern werden von einem 37-jährigen promovierten Angestellten aus München auch Regiepersönlichkeiten genannt (Iw13): „Ich bin ein Fan von

6.1 Qualitative Vorstudie

Peter Konwitschny und Christof Loy. Ich schaue mir schon genau an, wer inszeniert, und suche mir danach die Stücke aus". Ein Wiederbesuch kann auch damit zusammenhängen, am Opernhaus Gleichgesinnte bzw. bekannte Gesichter zu treffen. Hierunter fallen Aussagen wie die eines 58-jährigen promovierten Selbstständigen (Iw14): „Ich treffe am Opernhaus Personen, die kenne ich zum Teil bereits seit 30 oder 40 Jahren. Viele meiner Freunde habe ich über die Oper gewonnen" und die eines 36-jährigen promovierten Angestellten aus Berlin (Iw5): „Für mich ist auch ein relevanter Punkt, dass ich mich am Haus wohl fühle. Ich treffe hier oft Gleichgesinnte und Bekannte, mit denen ich mich über das Erlebte austauschen kann". Auch nennen die Befragten die regelmäßige Beschäftigung und das Interesse an Oper als weiteren Wiederbesuchsgrund.

Jeweils zwölf der Befragten sehen in der *Inszenierungsqualität*, einer *Vorliebe* sowie in *vertrauensvollen Beziehungen zu Mitarbeitern* Wiederbesuchsgründe. Die Interviewpartner besuchen insbesondere dann wiederholt das Opernhaus mehrmals, wenn ihnen bestimmte Inszenierungen gefallen bzw. attraktiv erscheinen. Auch die Vorliebe insbesondere für bestimmte Werke und Komponisten (hier vornehmlich genannt: Wagner, Verdi, Strauss, Puccini, Rossini, Mozart), aber auch für Stilepochen (hier vornehmlich genannt: Barock, Romantik, französische Oper) stellt für diese Interviewpartner einen Wiederbesuchsgrund dar. Schließlich können auch vertrauensvolle Beziehungen zu Mitarbeitern einen wichtigen Stellenwert einnehmen. Hierunter fallen Aussagen wie z. B. die einer 80-jährigen Pensionärin aus Leipzig (Iw7): „Ich fühle mich einzelnen Mitarbeitern des Hauses, die ich schon seit vielen Jahren kenne, sehr verbunden. Da hat sich über den Lauf der Jahre ein persönliches Verhältnis aufgebaut" und die einer 69-jährigen Pensionärin aus Berlin (Iw2): „Das geht schon mit der Garderobiere los, die mich immer herzlich begrüßt. Es ist eine Vertrautheit, die ich nicht missen möchte. Ich fühle mich willkommen und gemocht". In diesem Rahmen schätzen es die Befragten auch, dass sie einen persönlichen Ansprechpartner am Haus haben, der ihnen bei ihren Anliegen weiterhelfen kann, und empfinden es als sehr angenehm, sich mit einzelnen Mitarbeitern des Hauses persönlich austauschen zu können.

Nach diesen zehn am Häufigsten von den Befragten genannten Gründen (sog. Statement-Highlights) folgen mit jeweils zehn Nennungen die *Identifikation mit der Tradition/ Geschichte*, die *Identifikation mit dem künstlerischen Profil*, *Besucherorientierte Servicemitarbeiter*, die *Orchesterqualität* und die *Gewährung von Zusatzleistungen*:

Tabelle 23: Genannte Gründe 11 bis 19 für Wiederbesuche

Nr.	Wiederbesuchsgründe	Nennungen
11	Identifikation mit Tradition/Geschichte	10
12	Identifikation mit dem künstlerischen Profil	10
13	Besucherorientierte Servicemitarbeiter	10
14	Orchesterqualität	10
15	Gewährung von Zusatzleistungen	10
16	Gute Erreichbarkeit/Räumliche Nähe	9
17	Gemeinsamer Opernbesuch in Begleitung	9
18	Weiterempfehlungen von anderen Besuchern	9
19	Identifikation mit Sympathieträgern des Hauses	9

Unter den ersten Punkt fallen Aussagen wie z. B. die eines 50-jährigen Selbständigen aus Berlin (Iw3): „Ich habe verschiedene Intendantenären erlebt, insbesondere die Zeit mit Prof. Götz Friedrich war sehr beeindruckend. Ich gehe somit auch regelmäßig in diese Oper, da sie für mich viele Jahre das erste Haus am Platze war", die einer 80-jährigen Pensionärin aus Leipzig (Iw7): „Ich bin mit diesem Opernhaus seit seiner Eröffnung nach dem Krieg verbunden. Wir haben eine lange gemeinsame Geschichte" und die einer 71-jährigen Pensionärin aus Hamburg (Iw15): „Ich identifiziere mich nicht so sehr mit der derzeitigen Intendanz, fühle mich aber aus Tradition mit dem Opernhaus verbunden". Für die Identifikation mit dem künstlerischen Profil stehen Aussagen wie die einer 69-jährigen Pensionärin aus Berlin (Iw2): „Das Thema ‚Große Oper' gehört an dieses Haus. Ich kann mich sehr gut mit dieser Profilgebung identifizieren", die eines 37-jährigen Arbeiters aus Leipzig (Iw10): „Mir ist in jedem Fall wichtig, wer Intendant ist, wie dessen künstlerische Linie aussieht und ob ich mich mit dieser anfreunden kann" und die eines 49-jährigen Angestellten aus Hamburg (Iw17) „Die künstlerische Ausrichtung ist für mich schon sehr ausschlaggebend dafür, das Haus häufiger zu besuchen, als wenn ich mit dieser nicht klar kommen würde". Dass besucherorientierte Servicemitarbeiter ebenfalls zum Wiederbesuch beitragen können, verdeutlichen Aussagen wie die einer 73-jährigen Pensionärin aus Berlin (Iw6): „Die Freundlichkeit und Flexibilität des Servicepersonals sind für mich entscheidende Punkte, um mich an einem Theater wohl zu fühlen" und die einer 30-jährigen Angestellten aus Hamburg (Iw16): „Die Mitarbeiter des Opernhauses sind überwiegend höflich und die meisten können auch kompetent Auskunft geben. Für meine Zufriedenheit ist dies schon wichtig". Dass die Orchesterqualität ausschlaggebend dafür sein kann, ein Opernhaus wiederholt zu besuchen, verdeutlichen Aussagen wie die eines 58-jährigen pro-

6.1 Qualitative Vorstudie

movierten Selbstständigen (Iw14): „Wir haben mittlerweile, das kann ich mit Stolz sagen, im Durchschnitt das beste Opernorchester in Deutschland. Es lohnt sich allein wegen des Orchesters, die Aufführungen zu besuchen" und die eines 44-jährigen Angestellten aus Berlin (Iw4): „Ich lege sehr großen Wert auf die Qualität unseres Orchesters, die wesentlich zu einem gelungen Opernabend beiträgt". Schließlich kann auch die Gewährung von Zusatzleistungen (hier vornehmlich genannt: fester Sitzplatz, Preisermäßigungen, Vorkaufsrechte, Umtauschrecht) dazu beitragen, ein Opernhaus wiederzubesuchen. Vier der Befragten geben explizit an, dass sie sich dadurch gegenüber anderen Besuchern bevorzugt behandelt fühlen. Stellvertretend hierfür stehen Aussagen wie z. B. die eines 50-jährigen Selbstständigen aus Berlin (Iw3): „Zusatzleistungen, die ich als Förderkreismitglied erhalte, spielen schon eine Rolle für meinen Wiederbesuch. Weil man sich dadurch einfach besser behandelt fühlt" oder die eines 59-jährigen Selbstständigen aus Hamburg (Iw18): „Ich schließe ein Abonnement auch wegen der Leistungen ab, die ich ohne Abonnement nicht erhalten würde, und ich dadurch das Gefühl habe, von der Oper eine Wertschätzung für meine Treue zu erfahren".

Für jeweils neun der befragten Wiederbesucher sind eine gute Erreichbarkeit/räumliche Nähe zum Opernhaus, der gemeinsame Opernbesuch in Begleitung, Weiterempfehlungen von anderen Besuchern und die Identifikation mit Sympathieträgern des Hauses Wiederbesuchsgründe. Eine gute Erreichbarkeit (hier vornehmlich genannt: gute Verkehrsanbindung, zentrale Lage das Opernhauses sowie nahe gelegene Parkplätze) bzw. die räumliche Nähe des Opernhauses zur Wohnung oder Arbeitsstätte beeinflussen die befragten Besucher in ihrer Entscheidung, ein Haus wiederholt und zudem häufiger als andere Theater in umliegenden Städten zu besuchen. Der gemeinsam erlebte Opernbesuch in Begleitung mit nahe stehenden Personen (hier genannt: Ehe-/Lebenspartner, Eltern, Familie, Freunde) stellt für einige der Befragten ebenfalls einen ausschlaggebenden Wiederbesuchsgrund dar. Aus den Gesprächen wird deutlich, dass eine positive Weiterempfehlung von anderen Besuchern aus dem eigenen sozialen Umfeld ebenfalls einen Grund sein kann das Opernhaus immer wieder aufs Neue zu besuchen. Darüber hinaus besitzen manche der Befragten selbst eine erhöhte Referenzbereitschaft und empfehlen ihr Opernhaus an andere Personen weiter. Neun der Interviewpartner identifizieren sich mit bestimmten Sympathieträgern des Opernhauses (hier vornehmlich genannt: Sänger des eigenen Ensembles). Die Verbundenheit mit diesen trägt zu ihrem wiederholten Besuch bei.

Auf den Plätzen 20 bis 28 folgen die von acht bis fünf Interviewpartnern genannten Gründe für Wiederbesuche desselben Opernhauses:

Tabelle 24: Genannte Gründe 20 bis 28 für Wiederbesuche

Nr.	Wiederbesuchsgründe	Nennungen
20	Ambiente und Atmosphäre	8
21	Eigene künstlerische Tätigkeit als Amateur	7
22	Zugehörigkeit zu einer Kunden-Community	7
23	Hintergrundgespräche mit Künstlern	7
24	Chorqualität	6
25	Schwerpunktsetzungen im Spielplan	6
26	Neuinszenierungen	6
27	Einführungsveranstaltungen	5
28	Zufriedenstellendes Informationsangebot	5

Acht der Befragten kommt gerne wieder aufgrund des *Ambientes und der Atmosphäre* ihres Opernhauses. Mit jeweils sieben Nennungen folgen die *eigene künstlerische Tätigkeit als Amateur*, die *Zugehörigkeit zu einer Kunden-Community* und *Hintergrundgespräche mit Künstlern*. Die Aussagen verdeutlichen, dass die eigene künstlerische Tätigkeit als Amateur, insbesondere in der Kindheit oder Jugend (hier vornehmlich genannt: Spielen eines Instruments, Gesangsunterricht, Mitwirkung im Kinderchor oder -statisterie eines Theaters, Musizieren im Laienorchester, Ballettunterricht) einen wichtigen Stimulus für den (späteren) Wiederbesuch eines Opernhauses darstellen kann. Dadurch haben die Befragten ihr Interesse für klassische Musik und einen wichtigen Einstieg in die Welt der Oper erhalten, ihren ganz eigenen Zugang dazu gefunden sowie eine Nähe bzw. Vertrautheit zu dieser Kunstform entwickelt. Die Zughörigkeit bzw. Mitgliedschaft in einer Community des Opernhauses (hier genannt: Förderverein/Freundeskreis, Abonnenten) kann ebenfalls dazu beitragen, ein Opernhaus wiederholt aufzusuchen. Schließlich schaffen auch Hintergrundgespräche mit Künstlern zusätzliche Anlässe zum Opernbesuch.

Mit jeweils sechs Nennungen folgen die *Chorqualität, Schwerpunktsetzungen im Spielplan* und *Neuinszenierungen* auf den Plätzen 24 bis 26 der genannten Wiederbesuchsgründe. Neben der Qualität des Orchesters ist für sechs Personen auch die Chorqualität ausschlaggebend. Hierfür steht stellvertretend die Aussage einer 69-jährigen Pensionärin aus Berlin (Iw2): „In so ein Haus gehören auch ein gutes Orchester und ein guter Chor. Ich genieße es natürlich, wenn der Chor so schön singt wie zurzeit. Da komme ich gerne wieder". Auch die Präferenz für bestimmte Schwerpunktsetzungen im Spielplan kann zum wiederholten Besuch beitragen. Schließlich stellen auch Neuinszenierungen für sechs Personen einen Anreiz zum Wiederbesuch dar. Stellvertretend hierfür steht die Aussage einer 20-jährigen Auszubildenden aus Leipzig (Iw9): „Ich gehe zu allen Premieren, weil ich gern bei den ersten Personen dabei bin, die diese neuen Produktionen sehen, auch um mitreden zu können. Gefällt mir eine Neuinszenierung, dann schaue ich mir diese auch mehrmals an".

Auf den weiteren Plätzen folgen mit jeweils fünf Nennungen *Einführungsveranstaltungen* und ein *zufriedenstellendes Informationsangebot*. So können Einführungsveranstaltungen (hier genannt: vor Premieren zum inhaltlichen Konzept, Werkeinführungen, als Sonderveranstaltung des Freundeskreises) einen zusätzlichen Anlass zum Opernbesuch darstellen. Ein zufriedenstellendes Informationsangebot durch unterschiedliche Medien (hier genannt: Spielzeitvorschau, monatliches Spielplan-Leporello, Programmhefte, Homepage des Opernhauses, Mailings) trägt ebenfalls zum Wiederbesuch bei.

Für vier der Interviewpartner stellt die *Selbstpräsentation* einen Grund für Wiederbesuche dar (vgl. Tabelle 25). Hierunter fällt z. B. die Aussage eines 37-jährigen promovierten Angestellten aus München (Iw13): „Beim Opernbesuch in München geht es auch schon darum, von anderen Besuchern gesehen zu werden. Zudem gehört es in der Münchener Gesellschaft einfach zum guten Ton, Abonnent des Opernhauses zu sein".

Tabelle 25: Genannte Gründe 29 bis 34 für Wiederbesuche

Nr.	Wiederbesuchsgründe	Nennungen
29	Selbstpräsentation	4
30	Ausstattungsqualität	3
31	Architektonische Gestaltung	3
32	Gastronomie am Opernhaus	3
33	Stolz auf das Opernhaus in „unserer" Stadt	3
34	Guter Ruf des Opernhauses in der Öffentlichkeit	3

Es folgen als weitere Nennungen von jeweils drei der Befragten: die *Ausstattungsqualität* (hier genannt: ansprechende Bühnenbilder und Kostüme), die *architektonische Gestaltung* des Opernhauses (hier genannt: imposantes äußeres Erscheinungsbild, wunderschönes Opernhaus, großzügige und offene Gestaltung der Innenräume) und die *Gastronomie am Opernhaus* (hier genannt: Opernrestaurant, um sich vor und nach den Aufführungen mit anderen Besuchern zu treffen). Weitere Wiederbesuchsgründe sind der *Stolz auf das Opernhaus in „unserer" Stadt* (hier genannt: Opernhaus als unverzichtbare Einrichtung in der Stadt, als Münchnerin ist es ein Muss in die Bayerische Staatsoper zu gehen) sowie ein *guter Ruf des Opernhauses in der Öffentlichkeit* (hier genannt: Stolz, Besucher

eines Opernhauses zu sein, das ein hohes Ansehen besitzt, bei negativem Ansehen wohl geringere Besuchsintensität).
Die Schlusslichter der genannten Wiederbesuchsgründe (vgl. Tabelle 26) bilden mit jeweils zwei Nennungen einerseits die *vertragliche Bindung* (hier genannt: vertragliche Bindung im Rahmen des Festabonnements), wobei die vorab fixierte Planung der Opernabende für die beiden Befragten nicht als Einschränkung sondern Anreiz zum kontinuierlichen Opernbesuch angesehen wird. Zudem merkt einer der Befragten an, dass er bewusst ein Abonnement mit vorgegebenen Stücken und Terminen wählt, um dadurch auch bislang noch unbekannte Werke kennenzulernen.

Tabelle 26: Genannte Gründe 35 bis 40 für Wiederbesuche (Schlusslichter)

Nr.	Wiederbesuchsgründe	Nennungen
35	Vertragliche Bindung	2
36	Persönlicher Dialog	2
37	Beschwerdezufriedenheit	2
38	Probenbesuche	2
39	Workshops, Sonderveranstaltungen	2
40	Unkomplizierter Kartenerwerb	2

Weitere Nennungen für einen Wiederbesuch sind die persönliche Ansprache bzw. der *persönliche Dialog*, wobei den beiden Befragten insbesondere die Kenntnis und das Eingehen des Opernhauses auf ihre Bedürfnisse, Wünsche und Vorlieben (z. B. durch entsprechende Angebote oder eine darauf abgestimmte individuelle Betreuung) wichtig ist. Auch die zufriedenstellende Handhabung von Beschwerden trägt laut der Interviewpartner zu ihrer Zufriedenheit (*Beschwerdezufriedenheit*) und dem wiederholten Besuch bei. Neben *Probenbesuchen* (hier genannt: moderierte Probenbesuche durch Regisseur/Intendant, Besuch von Generalproben) schaffen auch die Teilnahme an vom Opernhaus angebotenen *Workshops und Sonderveranstaltungen* (hier genannt: Opernrallye, Mit-Mach-Oper, produktionsbezogene Workshops mit dem Regieteam, Veranstaltungen des Opernstudios) zusätzliche Anlässe für einen Besuch. Zu guter Letzt stellt auch der *unkomplizierte Kartenerwerb* (hier genannt: Opernkasse, Call-Center, Online-Buchung im Internet und print@home, Abonnementbüro) für zwei der befragten Besucher einen Wiederbesuchsgrund dar.

Die dargestellten Ergebnisse verdeutlichen wie bereits in der Untersuchung von Laukner zu den Kunstmuseen, dass es sich bei den Gründen, die die Befragten für Wiederbesuche nennen, nicht um einen einzigen entscheidenden Grund handelt. Mit Laukner lässt sich demnach auch für Opernhäuser konstatieren: „Es

6.1 Qualitative Vorstudie

gibt somit nicht DEN Grund für den Wiederbesuch. Vielmehr ist hier jeweils ein ganzes Bündel von Wiederbesuchsgründen zu betrachten, wobei einzelne Gründe je nach Person mehr oder weniger überwiegen. Hier zeigt sich, dass das Spektrum der Anforderungen von Wiederbesuchern breit ist und es nicht nur Sinn macht unterschiedliche Wiederbesuchsgründe zu betrachten, sondern auch Wiederbesucher [für eine zielgruppengerechte Ansprache] hinsichtlich ihrer Wiederbesuchsgründe zu differenzieren bzw. zu segmentieren." (Laukner 2008: 143 f.)

Zusätzlich zu den begrifflichen und deskriptiven Aussagen über den zu untersuchenden Gegenstand konnten durch die qualitative Vorstudie zwei weitere Wiederbesuchsgründe identifiziert und zusätzliche Aspekte für die Spezifizierung herausgearbeitet werden. So ist es durch die Vorstudie möglich, sich dem Begriff der *Inszenierungsqualität* weiter anzunähern. Für die Beurteilung, ob Inszenierungen von den Befragten als attraktiv angesehen werden, können je nach Wiederbesucher unterschiedliche Aspekte beitragen (hier vornehmlich genannt: stimmige, unverwechselbare, einzigartige, innovative, klassische oder aussagekräftige Interpretation eines Opernwerkes). Zudem ist aus den Aussagen erkennbar, dass bei der *Qualität der künstlerischen Besetzungen* neben einem hohen künstlerischen Niveau auch abwechslungsreiche Besetzungen einen Anreiz zum Wiederbesuch darstellen können. Für den Wiederbesuchsgrund *Schwerpunktsetzungen im Spielplan* ließ sich ermitteln, welche Präferenzen zum Wiederbesuch beitragen können. Die Befragten nannten hier vornehmlich einzelne Stilepochen (Barock, Romantik, Belcanto) sowie bestimmte Komponisten (Händel, Wagner, Strauss, Puccini, Verdi) und deren Werke. Des Weiteren ist es durch die Vorstudie möglich, sich dem Wiederbesuchsgrund *Ambiente und Atmosphäre* weiter anzunähern. Hauptsächlich angenehme Sicht- und Luftverhältnisse, eine hervorragende Akustik, bequeme Sitzplätze, eine weitläufige Gestaltung der Räumlichkeiten sowie eine familiäre, private Atmosphäre sind wesentlich dafür, dass sich die Befragten im Opernhaus wohlfühlen. Für den Wiederbesuchsgrund *Hintergrundgespräche mit Künstlern* konnte ebenfalls eine nähere begriffliche Beschreibung vorgenommen werden. So eröffnen diese Gespräche laut der Befragten interessante Aspekte über Werke, Inszenierungen sowie zu einzelnen Künstlern und ihrem Werdegang und ermöglichen dadurch einen eigenen Zugang der Besucher, was zu einem Vertrauensaufbau, dem Abbau von Hemmschwellen, einem besseren Verständnis und einer Verbundenheit beitragen kann. Eine nähere Spezifizierung ist auch für den Wiederbesuchsgrund *regelmäßige Beschäftigung und Interesse an Oper* möglich, unter dem die Befragten vornehmlich die Lektüre von Opernfachzeitschriften, Fachbüchern und Werk-Libretti, die Rezeption von Opern-CDs/-DVDs und Rundfunkübertragungen, die Teilnahme an Opernreisen, ein großes Interesse an allen Zeitungsartikeln über ihr Stamm-Opernhaus, das Sammeln von Autogrammkarten und die Rezeption von eigenen Publikationen des Opernhauses (z. B. Spielzeitvorschau, Besucherzeitschrift des Opernhauses) verstehen. Im Rahmen des Wiederbesuchsgrundes *Gute Erreichbarkeit/Räumliche Nähe* werden von den Befragten Zeit-, Alters-, Kosten- sowie Bequemlichkeits- und Gewohnheitsaspekte als positive Argumente für den wiederholten Besuch des gut erreichbaren bzw. nahegelegenen Opernhauses genannt. Für die *Zugehörigkeit zu einer Kunden-Community* konnte ermittelt werden, dass insbesondere soziale Aspekte wie der gemeinsame Opernbesuch, das regelmäßige Zusammentreffen von Gleichgesinnten in der Gemeinschaft, die persönliche Verbundenheit und der Austausch unter den Mitgliedern, die mit der Mitgliedschaft verbundene herausgehobene Stellung und das Prestige wichtig für ein Engagement in der jeweiligen Community sind.

Neben der explorativen Präzisierung einzelner Wiederbesuchsgründe aus Besuchersicht konnte durch die Vorstudie als neuer Wiederbesuchsgrund *Neuinszenierungen* identifiziert werden. Der Neuigkeitsaspekt bzw. das Interesse an neuen Lesarten und Werkinterpretationen sowie das damit häufig verbundene Bedürfnis, frühzeitig ein neues Produkt zu rezipieren (auch um mitreden und vor anderen Besuchern renommieren zu können) wirken bei den Befragten als Anreiz für den Wiederbesuch. Zudem ließ sich durch die Vorstudie als weiterer Wiederbesuchsgrund die Teilnahme an vom Opernhaus angebotenen *Workshops und Sonderveranstaltungen* herausarbeiten. Hingegen wurde in der Vorstudie das innerhalb Kapitel 5.3.2 genannte *Opernshopangebot* von keinem der Interviewpartner als Grund für einen wiederholten Besuch genannt. Es soll aber dennoch in die quantitative Fragebogenerhebung mit aufgenommen werden.

Zusammenfassend kann festgehalten werden, dass die qualitative Untersuchung eine Anzahl von neuen Erkenntnissen gebracht hat, die letztendlich dazu geführt haben, dass die für die Vorstudie in Kapitel 6.1.1 formulierten zwei explorativen Untersuchungsfragen entsprechend beantwortet werden können. So konnte einerseits festgestellt werden, welches die unterschiedlichen Gründe für Wiederbesuche desselben Opernhauses aus Besuchersicht sein können. Darüber hinaus dienen die durch die Gespräche identifizierten Gründe für einen Wiederbesuch dazu, das grundlegende Verständnis für die quantitative Fragebogenerhebung zu verbessern, und helfen bei der Suche nach geeigneten Indikatoren.

6.2 Design der quantitativen Fragebogenerhebung

6.2.1 Zielsetzung und explorative Untersuchungsfragen

Aufbauend auf den begrifflichen und deskriptiven (vgl. Kapitel 4 und 5) sowie den ersten explanatorischen Aussagen (vgl. Kapitel 6.1) zu den Wiederbesuchsgründen und den potenziellen Einflussfaktoren der Besucherbindung im Opernbetrieb ist die Zielsetzung der quantitativen Fragebogenerhebung, zu verallgemeinerbaren und vergleichbaren Aussagen zu gelangen, die über die bislang ermittelten einzelfallbezogenen Ergebnistendenzen hinausgehen (vgl. hierzu Glogner 2006: 67). Es geht darum, das Verhalten der Wiederbesucher in Form von Modellen, Zusammenhängen und zahlenmäßigen Ausprägungen möglichst genau zu beschreiben. Leitgedanke ist dabei die Messbarkeit und Quantifizierung bestimmter Merkmale (vgl. Flick 2006: 13). Diese Messwerte werden miteinander oder mit anderen Variablen in Beziehung gesetzt. Erst im Rahmen der quantitativen Erhebung ist es möglich, Zusammenhänge zwischen einzelnen Variablen oder Objekten zu ermitteln (z. B. zwischen den Wiederbesuchsgründen und den dahinter stehenden, nicht beobachtbaren Einflussfaktoren), um so zu aussagekräftigen explanatorischen Aussagen für die vorliegende Arbeit zu gelangen. Damit die quantitative Fragebogenerhebung dem Forschungsanliegen der Arbeit (vgl. Kapitel 1.3) gerecht werden kann, ist zunächst die Formulierung von Hypothesen oder von spezifischen explorativen Untersuchungsfragen notwendig (vgl. hierzu und im Folgenden Srnka 2007: 170). In der vorliegenden Arbeit steht die Exploration im Vordergrund, weshalb sich das Aufstellen von Untersuchungsfragen empfiehlt. Konkrete Hypothesen können unter den gegebenen Bedingungen nicht ausreichend begründet formuliert werden bzw. deren Prüfung ist aufgrund mangelnder Erkenntnisse noch nicht durchführbar. Anhand der Untersuchungsfragen kann das Forschungsproblem der Arbeit strukturiert und systematisch analysiert werden (vgl. Srnka 2007: 165). Für die quantitative Erhebung lassen sich die folgenden zehn Untersuchungsfragen formulieren, die in Kapitel 6.3 beantwortet werden:

- F_1: Wie ist die Besucherbindung (Besuchshäufigkeit und Dauer der Geschäftsbeziehung) in der Stichprobe beschrieben?
- F_2: Wie häufig sind die verschiedenen Erscheinungsformen der Besucherbindung in der Stichprobe vertreten?
- F_3: Welche Zustimmung erfahren die unterschiedlichen Wiederbesuchsgründen durch die Befragten und welche sind für diese am entscheidensten (Ranking der Zustimmungen)?

- F_4: Wie ist die soziodemografische/-ökonomische Struktur des Samples beschrieben?
- F_5: Welche Zusammenhänge bestehen zwischen der Besuchshäufigkeit und der Dauer der Geschäftsbeziehung sowie zwischen der Besuchshäufigkeit und den soziodemografischen/-ökonomischen Strukturmerkmalen?
- F_6: Wie sind die Erscheinungsformen der Besucherbindung hinsichtlich Soziodemografika sowie Besuchshäufigkeit und Dauer der Geschäftsbeziehung beschrieben?
- F_7: Welche Zusammenhänge bestehen zwischen den Wiederbesuchsgründen und den Eigenschaften der Wiederbesucher? Lassen sich Unterschiede, Auffälligkeiten und Tendenzen beobachten?
- F_8: Lassen sich die Wiederbesuchsgründe (respektive die zwischen ihnen vorliegenden Beziehungen) auf einige wenige dahinter stehende latente, nicht beobachtbare Faktoren zurückführen? Wie sind diese Einflussfaktoren beschrieben?
- F_9: Ist die im Rahmen der deskriptiven Aussagen entwickelte vorläufige Faktorensystematik realistisch bzw. kann dieser Konzeptionsrahmen durch die empirischen Ergebnisse bestätigt werden? Ergeben sich Unterschiede und Auffälligkeiten?
- F_{10}: Lassen sich unterschiedliche Segmente von Wiederbesuchern (Bindungs-Typen) bilden? Wie sind diese Cluster beschrieben?

6.2.2 Angewandte Methodik

Zur Beantwortung der in Kapitel 6.2.1 formulierten Untersuchungsfragen ist die Durchführung einer quantitativen Erhebung notwendig. In der empirischen Sozial- und Marktforschung stehen dafür laut Glogner insbesondere drei Methoden zur Verfügung: die Befragung, die Beobachtung und das Experiment (vgl. hierzu Glogner 2008). Da hier personenbezogene Werte und Aussagen über nicht direkt beobachtbare Einstellungen und Meinungen von Wiederbesuchern untersucht werden sollen, eignet sich die Methode der schriftlichen Befragung am besten für die vorliegende Arbeit (vgl. Jeker 2002: 202 und Schnell et al. 2008: 299 ff.). Die Auskunftspersonen erhalten hierbei einen fünfseitigen, weitestgehend standardisierten schriftlichen Fragebogen, den sie selbstständig ausfüllen bzw. beantworten sollen.[182]

---

182 Ein Muster des eingesetzten Fragebogens findet sich im Anhang 2.

6.2.3 Aufbau und Gestaltung des Fragebogens

Die Entwicklung des eingesetzten Fragebogens erfolgte auf Basis der bislang herausgearbeiteten Erkenntnisse und unter Bezugnahme auf die formulierten Forschungs- und explorativen Untersuchungsfragen. Bei der Gestaltung des Fragebogens wurden die verschiedenen methodischen Handlungsregeln berücksichtigt.[183] Um Verständnisproblemen oder Interpretationsschwierigkeiten entgegenzuwirken und Antwortverzerrungen und Missing Values zu vermeiden, wurde versucht, den Fragebogen möglichst einfach und klar zu gestalten sowie übersichtlich und selbsterklärend zu halten (vgl. Glogner 2006: 68 und Diekmann 2006: 439). „Im Gegensatz zur qualitativen Vorstudie mit ihren weiten Spielräumen hinsichtlich Fragenformulierung, Fragenfolge und Interpretation der Antworten sind bei der quantitativen Fragebogenerhebung die Fragebogeninhalte fixiert und genormt (…)." (Berekoven et al. 2006: 98) Dies liegt darin begründet, möglichst von allen befragten Personen auf ein und dieselbe Frage miteinander vergleichbare Antworten zu erhalten (vgl. Böhler 2004: 86). Der Fragebogen gliedert sich insgesamt in fünf Abschnitte, die im folgenden Kapitel 6.2.3.1 näher vorgestellt werden und deren jeweilige Besonderheiten in diesem Rahmen konkreter erläutert werden:

Tabelle 27: Struktur des eingesetzten Fragebogens

Fragebogen-abschnitt	Inhalte der einzelnen Abschnitte
1	Allgemeine einführende Hinweise zum Fragebogen
2	*Fragenblock 1*: Konstrukt und Erscheinungsformen der Besucherbindung
3	*Fragenblock 2*: Wiederbesuchsgründe
4	*Fragenblock 3*: Soziodemografische/-ökonomische Fragestellungen
5	Hinweise zur Rückgabe des Fragebogens und ggf. zur Teilnahme an der Verlosung

---

183 Diese Regeln beziehen sich hauptsächlich auf den Aufbau des Fragebogens (Fragereihenfolge), auf die Fragenformulierung, die Form der Antwortgebung und die graphische Gestaltung des Fragebogens. Vgl. hierzu exempl. Atteslander 2006: 101 ff.; Butzer-Strothmann et al. 2001, Kuß 2004: 64 ff. und Porst 2008.

6.2.3.1 Die Fragebogenabschnitte im Einzelnen

Die *allgemeinen einführenden Hinweise* zu Beginn des Fragebogens sollen die Befragten zu den einzelnen Inhalten des Fragebogens hinführen und ihnen aufzeigen, worum es sich bei der Untersuchung handelt, wer sie durchführt und zu welchem Zweck. An wesentlichen Strukturmerkmalen enthält dieser Abschnitt am Anfang den deutlichen Hinweis, dass die Befragung sich ausschließlich an Wiederbesucher des betreffenden Opernhauses wendet.[184] Zudem finden die Befragten eine kurze Anmerkung zu den Inhalten bzw. der Zielstellung des Fragebogens und die Nennung der durchführenden Institutionen.[185] Auch wird auf die ungefähre Dauer zur Bearbeitung des Fragebogens hingewiesen, die mit ca. fünf Minuten bewusst kurz gehalten wurde, um die Antwortbereitschaft der Besucher nicht zu überfordern bzw. Verweigerung von vornherein zu minimieren. Des Weiteren wird die Anonymität der Befragung und Vertraulichkeit der Daten zugesichert, um eventuell bestehende Datenschutzbedenken der Befragten auszuräumen und somit die Motivation zur Teilnahme zu erhöhen. Darüber hinaus erhalten die Befragten einige Informationen zu den Rückgabemöglichkeiten des Fragebogens und ggf. zur Verlosung als Dankeschön für die Teilnahme an der Befragung. Um zu gewährleisten, dass der Fragebogen tatsächlich von der Person ausgefüllt wird, an die er sich richtet, wird sowohl bei den einführenden Hinweisen als auch im weiteren Verlauf des Fragebogens darauf hingewiesen, dass für die Untersuchung die persönlichen Einstellungen und Meinungen von Interesse sind und der Fragebogen deshalb nicht von einer anderen Person ausgefüllt werden sollte (vgl. hierzu auch Glogner 2006: 68).

Damit die Fragebogenauswertung erleichtert wird und eine Vergleichbarkeit der Antworten gewährleistet ist, kommen in den folgenden *Fragenblöcken 1 bis 3* hauptsächlich geschlossene Fragen zum Einsatz, für die feste Antwortkategorien vorgegeben sind (vgl. Laukner 2008: 162). Geschlossene Fragen haben gegenüber offenen Fragen allerdings den Nachteil, dass sie unter Umständen Antworten vorgeben, die für einzelne Befragte nicht zutreffen (vgl. hierzu und

---

184 Da es für die vorliegende Untersuchung entscheidend ist, dass ausschließlich Wiederbesucher des betreffenden Opernhauses in die Befragung eingehen, wurde zu Beginn des Fragebogens deutlich darauf hingewiesen. Eine Vorauswahl der befragten Personen wurde durch die Verteiler der Fragebögen durchgeführt, die nur solchen Opernbesuchern einen Fragebogen ausgeteilt haben, die das Opernhaus nicht zum ersten Mal besuchten (vgl. hierzu Kapitel 6.2.5).

185 Hierbei wurde bewusst darauf verzichtet, die Befragung ausschließlich als wissenschaftliches Forschungsprojekt bzw. als Teil einer Doktorarbeit auszuweisen. Die Betonung der gemeinsamen Durchführung der Befragung von Opernhaus und wissenschaftlichem Institut geht davon aus, dass das bestehende Vertrauen der Wiederbesucher zu ihrem Opernhaus zu einer höheren Unterstützung der Befragung führt als eine alleinige Untersuchung eines anonymen bzw. bei den Besuchern ggf. unbekannten Forschungsinstituts mit Sitz außerhalb ihres Wohnorts.

6.2 Design der quantitativen Fragebogenerhebung

im Folgenden Butzer-Strothmann et al. 2001: 22). Einer fehlenden Antwortvorgabe sollte beim eingesetzten Fragebogen vorgebeugt werden, in dem bei zwei Fragen eine Zeile mit *Sonstiges* zur freien Kommentierung angefügt wurde. Dadurch wurde auch bezweckt, Antworten zu erhalten, an die im Vorfeld der Befragung nicht gedacht oder die für nicht relevant gehalten wurden. Darüber hinaus ist zu berücksichtigen, dass bestimmte Fragestellungen von einzelnen Befragten überhaupt nicht ausgefüllt werden können, da diese über keine Erfahrung mit dem Beurteilungsgegenstand verfügen oder sie die Fragestellung nicht betrifft. Um zu verhindern, dass ein Befragter bestimmte Fragen ausfüllt, obwohl er eigentlich keine Kenntnis über das zu Beurteilende hat, enthält der Fragenblock 2 auch die Antwortkategorie *weiß ich nicht*.

Im *Fragenblock 1* wird zunächst das Konstrukt der Besucherbindung entsprechend den Erkenntnissen zu seiner Operationalisierung (vgl. Kapitel 6.2.3.2) anhand von zwei Indikatoren erhoben. Die beiden Fragen zur Besucherbindung wurden offen gestaltet und die Bildung von Gruppen erst im Rahmen der Auswertung vorgenommen, um zu vermeiden, dass bei einer Antwortvorgabe ggf. auffällige Strukturen verwischt werden. Damit etwaige auftretende Probleme durch eine exakte Beantwortung ausschließbar sind, und weil es sich bei der Beantwortung des zweiten Indikators auch um einen relativ langen Zeitraum handeln kann (was wiederum zu Einschätzungsschwierigkeiten bei den Befragten führen könnte), wird den Befragten die Möglichkeit eingeräumt, im Zweifelsfall auch eine ungefähre Schätzung abzugeben (vgl. hierzu auch Laukner 2008: 105). Neben der Erfassung des Konstrukts der Besucherbindung findet sich in diesem Abschnitt auch eine Fragestellung zu den unterschiedlichen Erscheinungsformen der Besucherbindung, die anhand von mehreren Indikatoren möglichst differenziert erfasst wurden (vgl. hierzu Kapitel 6.2.3.2).

Aufbauend auf den Erkenntnissen zu ihrer Operationalisierung (vgl. Kapitel 6.2.3.2) ist es im *Fragenblock 2* möglich, die einzelnen Wiederbesuchsgründe anhand von 41 Items auf die Fragestellung *Ich besuche das Opernhaus X zum wiederholten Mal (nicht nur heute, sondern ganz generell),...* zu erfassen. Die Indikatoren ‚Gewährung von Zusatzleistungen', ‚Zugehörigkeit zu einer Kunden-Community' und ‚vertragliche Bindung' (Indikatoren 21 bis 23) besitzen nach den bislang herausgearbeiteten Erkenntnissen (vgl. Kapitel 5 und 6.1.5) lediglich eine Relevanz für die organisierten Wiederbesucher. Befragte, die diesem Personenkreis nicht angehören, können damit diese Fragen nicht oder nicht sinnvoll beantworten. Um zu vermeiden, dass diese Personen mit Fragen konfrontiert werden, die auf sie nicht zutreffen, wird im eingesetzten Fragebogen mit einem Filter gearbeitet (vgl. Porst 2008: 151). Durch den Filter erhalten diese Befragten die Anweisung, bestimmte Fragen zu überspringen, also nicht zu beantworten (hier: Fragen 21. bis 23.), und die Befragung an einer späteren, durch den Filter festgelegten Stelle weiterzuführen (hier: → *weiter zu Frage 24*).

Neben der Betrachtung dieser untersuchungsrelevanten Variablen werden im *Fragenblock 3* die soziodemografischen Merkmale der Befragten, die zur Beschreibung der Wiederbesucher und ihres Bindungsverhaltens am interessantesten erscheinen, entsprechend ihrer Operationalisierung in Kapitel 6.2.3.2 erhoben. Hierbei werden das Alter und Geschlecht der Befragten sowie die regionale Herkunft und die Wohndauer erhoben. Ebenfalls zur Beschreibung der Wiederbesucher und ihres Verhaltens dient die Erfassung ihrer sozioökonomischen Daten, insbesondere ihres Bildungsstandes und die Höhe ihres Einkommens (vgl. Kapitel 6.2.3.2). Bei der Erfassung des Bildungsstandes wird hier auf die Erhebung des beruflichen Status und des höchsten Bildungsabschlusses zurückgegriffen. Darüber hinaus besteht die Vermutung, dass ein unterschiedliches Besuchsverhalten zwischen Befragten beobachtet werden kann, die das Opernhaus allein oder in Begleitung aufsuchen.

Im abschließenden *fünften Abschnitt des Fragebogens* findet sich einleitend eine offene Frage zur freien Kommentierung, um den Befragten Raum für weitergehende Meinungen, Anregungen, Kritikpunkte oder bislang nicht berücksichtigte Sachverhalte zu geben. Zudem finden sich konkrete Hinweise zu den verschiedenen Rückgabemöglichkeiten des Fragebogens, eine Kontaktadresse des Verfassers mit Telefonnummer und E-Mailadresse für eventuelle Rückfragen. Aus der Erfahrung mit Fragebogenerhebungen im Theaterbereich hat sich laut Butzer-Strothmann et al. gezeigt, dass der Rücklauf der Fragebögen durch Anreize erhöht werden kann (vgl. Butzer-Strothmann et al. 2001: 28). Vor diesem Hintergrund wurde bei den Erhebungen in Berlin, Frankfurt und Leipzig eine Verlosung aus dem Leistungsbereich der Opernhäuser durchgeführt.[186]

6.2.3.2 Operationalisierung der untersuchungsrelevanten Begriffe

Um im Rahmen der quantitativen Erhebung von den bislang nur theoretisch formulierten Begriffen zu konkreten empirischen Messwerten zu gelangen, sind laut Böhler zwei Probleme zu lösen: das der Operationalisierung und das der Messung (vgl. Böhler 2004: 106). Operationalisierung bedeutet, dass man „die theoretischen Begriffe (…) durch konkrete Indikatoren, Merkmale (bzw. Variablen) empirisch zu fassen versucht und dadurch messbar macht" (Atteslander 2006: 274). „Merkmale mit mindestens zwei Ausprägungen heißen Variable.

---

[186] Die Befragten erhielten die Möglichkeit, auf einem separaten Blatt ihre Adresse für die Verlosung anzugeben. Dieser Verlosungsabschnitt wurde zur Anonymisierung der Daten nach Rückgabe des Fragebogens von diesem abgetrennt und gesondert aufbewahrt.

6.2 Design der quantitativen Fragebogenerhebung

Direkt beobachtbare Variablen werden als manifeste, nicht beobachtbare als latente Variablen bezeichnet. Direkt beobachtbare (manifeste) Variablen [nennt man] Indikatoren." (Raithel 2008: 38) Indikatoren lassen sich im Prozess der Operationalisierung laut Jeker weiter unterteilen in Items, die als Oberbegriff für eine Frage oder Aussage im Rahmen der Messung stehen (vgl. Jeker 2002: 181). Liegt die Operationalisierung der relevanten Begriffe vor, so kann im Rahmen des Messprozesses festgestellt werden, ob ein Merkmalsträger (hier: Wiederbesucher eines Opernhauses) die betreffenden Merkmale aufweist bzw. welche Merkmalsausprägung im konkreten Fall gegeben ist. Es handelt sich folglich um einen Übersetzungsvorgang, bei dem durch die Operationalisierung der relevanten theoretischen Begriffe und die Messung der entsprechenden Indikatoren jene Daten erhoben werden, welche die Beantwortung der explorativen Untersuchungsfragen anhand der sozialen Wirklichkeit ermöglichen.

Operationalisierung der Besucherbindung

Die Besucherbindung stellt sich als ein hypothetisches bzw. theoretisch komplexes Konstrukt dar, dass sich einer direkten Beobachtung und Messung entzieht (vgl. Homburg 2000: 72 und Laukner 2008: 78). Zunächst bedarf es daher einer Konzeptualisierung auf der theoretischen Sprachebene, um ein Verständnis für die wesentlichen inhaltlichen Facetten und Aspekte des Konstrukts zu erlangen (vgl. Giloth 2003: 55). Die einzelnen Komponenten des Besucherbindungskonstrukts werden hier in Anlehnung an Laukner als ‚Bausteine' bezeichnet (vgl. Laukner 2008: 78). Ausgehend vom Begriffsverständnis der vorliegenden Arbeit (vgl. Kapitel 3.3.4) sind dies der ‚tatsächliche Wiederbesuch' und die ‚Wiederbesuchsabsicht':

240 6 Design und Ergebnisse der empirischen Erhebungen

Abbildung 12: Konzeptualisierung der Besucherbindung gemäß vorliegender Begriffsdefinition[187]

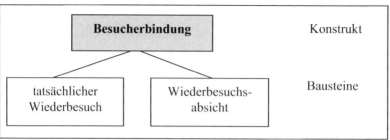

Um das Konstrukt Besucherbindung empirisch erfassbar und damit messbar zu machen, ist es notwendig, mehrere beobachtbare Tatbestände bzw. Indikatoren zu finden (vgl. Jeker 2002: 181). Mit der Frage nach messbaren Indikatoren, die das Konstrukt Besucherbindung repräsentieren können, stößt man in der theater- und kulturmanagerialen Literatur im Wesentlichen auf Neuland.[188] Somit liegen bisher nicht allzu viele Ansatzpunkte vor, die für die Identifikation von Messgrößen herangezogen werden können. Am vielversprechendsten erscheinen daher die bisherigen Erkenntnisse aus dem Bereich der Kundenbindungsforschung. Während hier auf theoretischer Ebene verschiedene Ansatzpunkte zur Definition bzw. Konzeptualisierung der Kundenbindung diskutiert werden (vgl. Kapitel 3.3), wird zur Operationalisierung überwiegend am gewünschten Resultat angesetzt und die Indikatoren in zwei Kategorien zusammengefasst (vgl. hierzu und im Folgenden Diller 1996: 84 ff., Eggert 1999: 33 ff. und Laukner 2008: 98 ff.):

- *vergangenheitsorientierte Indikatoren*: beschreiben das tatsächliche Wiederkaufverhalten des Kunden innerhalb eines bestimmten Zeitraums.
- *zukunftsorientierte Indikatoren*: beschäftigen sich mit den geplanten Wiederkaufabsichten des Kunden.

Als vergangenheitsorientierte Kundenbindungsindikatoren schlägt Diller vor: Kaufintensität, Kundendurchdringungsrate, Kundentreue, Kundenzuneigung, Dauer der Geschäftsbeziehung und Kontaktdichte. Die *Kaufintensität* betont laut Diller die Mengenkomponente und versteht darunter die Häufigkeit der Kaufakte, die ein Kunde pro Zeiteinheit bei einem bestimmten Anbieter tätigt

---

187 Abbildung in Anlehnung an Laukner 2008: 78.
188 Lediglich im Rahmen der Arbeit von Laukner wird diese Thematik bislang aufgegriffen (vgl. Laukner 2008: 97 ff.).

6.2 Design der quantitativen Fragebogenerhebung

(z. B. ein Kunde besucht sechs Mal pro Spielzeit ein Opernhaus). Die *Kundendurchdringungsrate* (sog. share of wallet) spiegelt den Anteil der wertmäßigen Bedarfsdeckung des Kunden bei einem bestimmten Anbieter wider. Die *Kundentreue* umfasst die Anzahl der Einkäufe bei einem Anbieter in unmittelbarer Folge, d. h. ohne zwischenzeitlichen Anbieterwechsel (z. B. Besuch Opernhaus A, Besuch Opernhaus A, Besuch Opernhaus B, Besuch Opernhaus A). Unter *Kundenzuneigung* versteht Diller den mengenmäßigen Anteil der Einkäufe eines Kunden bei einem bestimmten Anbieter bezogen auf die Summe seiner Einkäufe in dieser Zeiteinheit (z. B. ein Besucher tätigt 70% seiner gesamten Opernbesuche pro Spielzeit bei einem Opernhaus). Unter der *Dauer der Geschäftsbeziehung* versteht Diller den Zeitraum seit dem letzten Kaufakt eines Kunden bei dem Anbieter. Jeker versteht hierunter hingegen die Zeitdauer, seit der ein Kunde eine Geschäftsbeziehung zu einem bestimmten Unternehmen unterhält (z. B. Besucher A ist bereits seit 10 Jahren Kunde des Opernhauses) (vgl. Jeker 2002: 183). Die *Kontaktdichte* misst die Kontakthäufigkeit eines Kunden (z. B. im Rahmen von Anfragen, Beratungs- oder anderen Serviceleistungen) mit seinem Anbieter. Einige Autoren beziehen darüber hinaus die *Weiterempfehlungshäufigkeit* eines Kunden als vergangenheitsorientierten Indikator der Kundenbindung mit ein oder versuchen, die Kundenbindung über die *Berechnung von Wiederkaufwahrscheinlichkeiten* zu erfassen.[189]

Diese Interpretation von Kundenbindung als ein ausschließlich über das tatsächliche Wiederkaufverhalten operationalisierbares Konstrukt wurde in der Literatur seit Anfang der 1970er Jahre zunehmender Kritik ausgesetzt (vgl. Kapitel 4.1.1). Um Kundenbindung ganzheitlich abbilden zu können, genügt es daher den Vertretern eines neobehavioristischen Verständnisses nicht, diese rein an Hand von Vergangenheitsdaten zu operationalisieren, sondern es sind ergänzend *zukunftsorientierte Indikatoren* zur Messung heranzuziehen. Als zukunftsorientierte Indikatoren der Kundenbindung nennt Diller insbesondere: Kauf- und Besuchsabsicht, Kauf- und Besuchswahrscheinlichkeit und Einbezug des Anbieters in das Evoked Set. Durch die Erfragung der *Kauf- bzw. der Besuchsabsicht* können wichtige Indikatoren für die Kundenbindung gewonnen werden (vgl. Diller 1996: 85 f.). Mit der erfragten *Kauf- bzw. Besuchswahrscheinlichkeit* lassen sich subjektiv empfundene Verhaltensunsicherheiten berücksichtigen und damit intensitätsmäßig abstufbare Bindungsmaße erfassen (vgl. Eggert 1999: 34). Der Einbezug eines Anbieters in das *Evoked Set* des Kunden, also der Menge der bei einer Kaufentscheidung grundsätzlich in Frage kommenden Anbieter, sowie das Cross-Buying Potenzial und die Weiterempfehlungsabsicht werden ebenfalls als zukunftsorientierte Messindikatoren der Kundenbindung vorge-

---

189 Vgl. hierzu exempl. Meyer/Oevermann 1995: Sp. 1341 f. sowie Peter 1999: 76 und 183.

schlagen (vgl. exempl. Homburg/Fürst 2005: 559 und Peter 1999: 183). Tabelle 28 fasst nochmals die in der Literatur bisher am häufigsten genannten Indikatoren der Kundenbindung zusammen:

Tabelle 28: Indikatoren der Kundenbindung (in Anlehnung an Eggert 1999: 34 und Laukner 2008: 100)

	Indikatoren der Kundenbindung
Vergangenheitsorientiert	- Kaufintensität - Kundendurchdringung - Kundentreue - Kundenzuneigung - Dauer der Geschäftsbeziehung - Kontaktdichte - Weiterempfehlungshäufigkeit - Berechnete Wiederkaufwahrscheinlichkeit
Zukunftsorientiert	- Kauf- bzw. Besuchsabsicht - Kauf- bzw. Besuchswahrscheinlichkeit - Einbezug des Anbieters in das Evoked Set - Cross-Buying Potenzial/Zusatzkaufabsicht - Weiterempfehlungsabsicht

Fraglich ist, welche dieser Indikatoren sinnvoll bei der Messung des Bindungsverhaltens von Opernbesuchern angewendet werden können. Nicht alle Indikatoren können dabei in dieser Form in die empirischen Erhebungen einfließen. Eine Beschränkung auf die wichtigsten Indikatoren scheint erforderlich, d. h. auf diejenigen, welche das Bindungsverhalten von Opernbesuchern bestmöglich abbilden. Innerhalb der vergangenheitsorientierten Indikatoren bieten sich insbesondere die Kaufintensität und die Dauer der Geschäftsbeziehung (dem Begriffsverständnis von Jeker folgend) für die Messung der Besucherbindung an. In diesem Sinne gibt Krafft zu bedenken, dass die bislang innerhalb von empirischen Untersuchungen abgeleiteten Indikatoren sowie die in der Literatur geführte Diskussion darauf hin deuten, dass die Bindung von Abnehmern nicht zwangsläufig über große Item-Batterien gemessen werden muss. Vielmehr könnten das vergangene Wiederkaufverhalten sowie die bisherige Dauer der Ge-

6.2 Design der quantitativen Fragebogenerhebung

schäftsbeziehung als Indikatoren der Kundenbindung herangezogen werden (vgl. Krafft 2007: 86).[190]

Des Weiteren ist zu entscheiden, ob für eine Abbildung der Besucherbindung ergänzend auch zukunftsorientierte Indikatoren zur Messung heranzuziehen sind. Ein Hauptgrund für die Einbeziehung von zukunftsorientierten Indikatoren ist, dass bei rein vergangenheitsbezogener Betrachtung zufällige Wiederholungskäufe (sog. spurious loyalty) auf diese Weise nicht ausgeschlossen werden können und es folglich wesentlich erscheint zu erfahren, ob der Besucher die Leistung bewusst wiederholt nachfragt und auch in Zukunft nachzufragen beabsichtigt (vgl. Jeker 2002: 181 und Giloth 2003: 61). In diesem Zusammenhang stellt sich in Anlehnung an Laukner die Frage, ob diese Zufallskomponente auch bei Wiederbesuchern eines Opernhauses von entscheidender Bedeutung ist (vgl. Laukner 2008: 101). Laukner konstatiert für Museen, dass die Komponente des reinen Zufalls eine zu vernachlässigende Rolle zu spielen scheint und Entscheidungen bezüglich des Wiederbesuchs eines Museums bei Mehrfachbesuchern auf in der Vergangenheit gemachten Erfahrungen mit vorherigen Besuchen des Museums basieren (vgl. Laukner 2008: 101). Auch für öffentliche Opernhäuser kann postuliert werden, dass zufällige, ungeplante Wiederbesuche keine große Rolle spielen, sondern Wiederbesuche in der Regel eine bewusste Entscheidung voraussetzen, d. h. die Besucher nicht aus Versehen, Zufall oder aus Faulheit Folgebesuche tätigen, die beim Opernhaus den Eindruck von Besucherbindung erzeugen. Hinzu kommt, dass die Erfragung von Wiederbesuchsabsichten nicht unproblematisch ist, da der Befragte nicht nur seine grundsätzliche Einstellung zum Opernhaus, sondern auch die zu einem zukünftigen Zeitpunkt gültigen situativen Umstände reflektieren muss, die seine Entscheidung beeinflussen können (vgl. hierzu und im Folgenden Laukner 2008: 102 f.).[191] „In der Umsetzung wird damit der Befragung von Kunden eine Entscheidungssituation unterstellt, die von den tatsächlichen Gegebenheiten in der gegenwärtig bestehenden Geschäftsbeziehung abweicht." (Conze 2007: 75) Und je weiter der nächste Zeitpunkt des Opernbesuchs entfernt liegt, desto schwieriger wird es, da sich Absichten im Zeitablauf ändern können. Zu bedenken ist demnach, dass die geäußerte Absicht, ein Opernhaus zukünftig zu besuchen, nicht immer eine gute Vorhersage dafür ist, ob dies auch tatsächlich in der Zukunft geschieht. Laukner trifft vor diesem Hintergrund die Annahme, dass gerade im Kulturbereich die Erfassung von Besuchsabsichten problematisch und insbesondere für die Ermittlung der

---

190 Auch Jeker erachtet die Häufigkeit, mit der ein Kunde die Leistungen einer Unternehmung in Anspruch nimmt, sowie die Dauer der Geschäftsbeziehung als besonders wichtige Indikatoren zur Messung von Kundenbindung (vgl. Jeker 2002: 183).

191 Vgl. auch Diller 1996: 85, der in diesem Zusammenhang die Validität erfragter Kaufabsichten als oft zweifelhaft bewertet.

Besucherbindung nicht aussagekräftig genug ist und demnach das tatsächliche Verhalten in der Vergangenheit als ein besser geeigneter Indikator für die Bindung von Besuchern gesehen werden muss (vgl. Laukner 2008: 103). In diesem Sinne gibt Martin zu bedenken, dass das Theater in weiten Teilen der Gesellschaft, unabhängig vom tatsächlichen Handeln, einen hohen Stellenwert genießt, so dass bei der Frage nach der Besuchsabsicht sozial erwünschte Antworten vorprogrammiert sind. Verhaltensabsicht und tatsächliches künftiges Verhalten, könnten dann nach Martin zwangsläufig nicht miteinander kovariieren (vgl. Martin 1999: 110).

Die Aussagen verdeutlichen, dass das tatsächliche Wiederkaufverhalten einen guten Indikator der Kundenbindung darstellt und auch als Ersatzindikator für Folgekäufe in der Zukunft – insbesondere bei relativ stabilen Bindungsverhältnissen – herangezogen werden kann (vgl. Diller 1996: 85).[192] Folglich wird für die Operationalisierung der Besucherbindung in der vorliegenden Arbeit in Anlehnung an Laukner ein Baustein, und zwar der tatsächliche Wiederbesuch, herausgegriffen (vgl. Laukner 2008: 103). Gemessen wird der Baustein ‚tatsächlicher Wiederbesuch' durch die beiden Indikatoren (1) *Besuchshäufigkeit/ -intensität*: „Anzahl der bisher im Durchschnitt getätigten Besuche in dem betreffenden Opernhaus innerhalb einer Spielzeit" und (2) *Dauer der Geschäftsbeziehung*: „Zeitdauer, seit der ein Besucher eine Geschäftsbeziehung zu dem betreffenden Opernhaus unterhält".

Der Ausdruck *betreffendes Opernhaus* soll deutlich machen, dass sich der Wiederbesuch nicht auf Opernhäuser generell, sondern nur auf den Wiederbesuch eines bestimmten Opernhauses bezieht, also auf die Bindung an ein bestimmtes Haus (vgl. hierzu auch Laukner 2008: 104). Die Bestimmung des Zeitraums, innerhalb dessen sich eine Transaktion wiederholen muss, um dem Tatbestand der Kundenbindung gerecht zu werden, ist je nach Untersuchungsbereich stark unterschiedlich anzulegen. Da angenommen werden kann, dass Wiederbesucher hinsichtlich ihrer Opernbesuche eher in Spielzeiten planen und denken als in Kalenderjahren, wird der zweckmäßig definierte Zeitraum für die vorliegende Untersuchung auf eine Spielzeit festgelegt. Darüber hinaus wird eine Durchschnittsbetrachtung zugrunde gelegt, um Verzerrungen bzw. Schwankungen in den Besuchshäufigkeiten, die sich bei der Betrachtung von lediglich einer Spielzeit oder der vergangenen Spielzeit ergeben würden, auszuschließen.[193]

---

192 Auch Kotler und Scheff gehen davon aus, dass in den Performing Arts vergangenes Besuchsverhalten zukünftiges Verhalten am besten vorhersagt (vgl. Kotler/Scheff 1997: 103).

193 In diesem Sinne ist es durchaus vorstellbar, dass bestimmte Wiederbesucher gerade in der im Fragebogen betrachteten einen bzw. vergangenen Spielzeit aufgrund beruflicher oder privater Umstände nicht so häufig das Opernhaus besuchen konnten, wie sie dies in der Regel in der Vergangenheit getan haben und ggf. in Zukunft tun werden. Dies würde demnach zu verzerrten Darstellungen der tatsächlichen Besuchshäufigkeiten dieser Personen führen. Daher wird eine

6.2 Design der quantitativen Fragebogenerhebung

Abbildung 13: Operationalisierung der Besucherbindung in öffentlichen Opernhäusern[194]

Baustein	**Indikatoren**	**Fragen/Items**
Tatsächlicher Wiederbesuch	*Besuchshäufigkeit:* Anzahl der bisher im Durchschnitt getätigten Besuche in dem betreffenden Opernhaus innerhalb einer Spielzeit.	Wie häufig besuchen Sie das Opernhaus X innerhalb einer Spielzeit (im Durchschnitt)?
	Dauer der Geschäftsbeziehung: Zeitdauer, seit der ein Besucher eine Geschäftsbeziehung zu dem betreffenden Opernhaus unterhält.	Seit wie vielen Jahren besuchen Sie bereits das Opernhaus X?

Operationalisierung der Wiederbesuchsgründe

Aufbauend auf den begrifflichen und deskriptiven Aussagen dieser Arbeit (vgl. Kapitel 4 und 5) sowie den Erkenntnissen aus der qualitativen Vorstudie (vgl. Kapitel 6.1.5), lassen sich für die Wiederbesuchsgründe insgesamt 41 beobachtbare Indikatoren festlegen und anhand von Items im Fragebogen erfassen.[195] Tabelle 29 zeigt exemplarisch die Operationalisierung der ersten zehn Wiederbesuchsgründe und ihre entsprechende Erhebung im Fragebogen. Eine Übersicht mit den vollständigen Operationalisierungen aller 41 Wiederbesuchsgründe und ihrer jeweiligen Indikatoren und Items findet sich im Anhang 3.

Durchschnittsbetrachtung für diese Arbeit als objektiverer und realitätsgetreuerer Maßstab angesehen.

194 Darstellung in Anlehnung an Laukner 2008: 105
195 Bei der Erhebung in Leipzig wurden die Indikatoren 14 (Opernshopangebot), 15 (Beschwerdezufriedenheit), 17 (Probenbesuche) und 34 (Guter Ruf des Opernhauses in der Öffentlichkeit) auf Bitten des Opernhauses nicht in den Fragebogen aufgenommen, da die Bühne über kein entsprechendes Angebot verfügt oder sich die Intendanz gegen eine Aufnahme dieser Indikatoren aussprach.

Tabelle 29: Erhebung der Wiederbesuchsgründe im Fragebogen (Indikatoren und Items)

Nr.	Indikator	Items im Fragebogen
1	Inszenierungsqualität	wegen bestimmter Inszenierungen.
2	Ausstattungsqualität	wegen der Bühnenbilder und Kostüme.
3	Qualität der künstlerischen Besetzungen	wegen der Qualität der künstlerischen Besetzungen.
4	Orchesterqualität	wegen der Qualität des Orchesters.
5	Chorqualität	wegen der Qualität des Chores.
6	Abwechslungsreicher Spielplan	wegen des abwechslungsreichen Spielplans.
7	Schwerpunktsetzungen im Spielplan	wegen Schwerpunktsetzungen im Spielplan.
8	Neuinszenierungen	wegen der Neuinszenierungen bzw. Premieren.
9	Zufriedenstellendes Informationsangebot	weil ich mit dem Informationsangebot des Hauses zufrieden bin (z. B. Publikationen, Homepage, Rundschreiben).
10	Unkomplizierter Kartenerwerb	da ich unkompliziert Karten erwerben kann.

Operationalisierung der weiteren Begriffe

Aufbauend auf den Aussagen und Erkenntnissen zu den Erscheinungsformen der Besucherbindung (vgl. Kapitel 3.4.1) werden diese anhand von sieben Indikatoren operationalisiert (vgl. hierzu Anhang 3).[196] Zusätzlich zu sämtlichen untersuchungsrelevanten Variablen werden ferner noch solche soziodemografischen/ -ökonomischen „Hintergrundvariablen" (Diekmann 2006: 186) im Fragebogen berücksichtigt, die zur Beschreibung der Wiederbesucher für die quantitative Untersuchung am interessantesten sind. Dies wird deshalb als sinnvoll erachtet, da die Vermutung begründet ist, dass diese Merkmale mit dem untersuchten Verhalten der Wiederbesucher in Beziehung stehen bzw. um zu prüfen, ob sich

---

196 Die Anzahl der in den einzelnen Erhebungen berücksichtigten Indikatoren bzw. Antwortvorgaben variiert danach, wie viele Ausprägungsformen an den Opernhäusern im Vorfeld der Erhebung identifiziert werden konnten. Nach Absprache mit den an der Fragebogenerhebung beteiligten Opernhäusern musste leider auf eine separate Erfassung von Theatercards verzichtet werden. Eine Abbildung dieser Ausprägungsform soll jedoch im Rahmen der Auswertung unter der Kategorie *Sonstiges* erfolgen.

6.2 Design der quantitativen Fragebogenerhebung

bestimmte Gruppen von Befragten hinsichtlich der interessierenden Untersuchungsvariablen in typischer Weise voneinander unterscheiden oder nicht. Eine Übersicht zu den im Fragebogen berücksichtigten Hintergrundvariablen und ihre Operationalisierung bzw. Erfassung im Fragebogen findet sich ebenfalls in Anhang 3.

6.2.3.3 Skalierung des Fragebogens

Sind die beobachtbaren Indikatoren und Items im Rahmen der Operationalisierung festgelegt, geht es im nächsten Schritt darum, wie diese gemessen werden können, d. h. welche Arten von Daten zu den einzelnen Merkmalen erhoben werden müssen. Damit die Daten anhand des Fragebogens systematisch von den Befragten erhoben werden können, ist es notwendig, einen Maßstab zu definieren, mit dessen Hilfe eine Zuordnung von Zahlenwerten zu den Merkmalsausprägungen geleistet werden kann (vgl. hierzu und im Folgenden Berekoven et al. 2006: 70 und Laukner 2008: 162). Einen solchen Maßstab liefert die Skala, welche als Ziffernblatt eines Messinstrumentes aufzufassen ist, an dem die jeweiligen Merkmalsausprägungen zahlenmäßig abgelesen werden können. Je nachdem, in welcher Art und Weise eine Eigenschaft eines Objektes in Zahlen ausgedrückt (gemessen) werden kann, unterscheidet man Skalen mit unterschiedlichen Skalenniveaus (vgl. Butzer-Strothmann et al. 2001: 23). Unterschieden wird dabei zwischen den *nicht-metrischen* (kategorialen) und den *metrischen* (kardinalen) Skalen (vgl. Tabelle 30 und zu den folgenden Ausführungen Backhaus et al. 2011: 10 ff.): Die erstgenannten nicht-metrischen Skalen werden in Nominal- und Ordinalskalen untergliedert. Die *Nominalskala* dient zur Identifizierung von Merkmalsausprägungen (z. B. Geschlecht männlich/weiblich). Die Befragten geben an, welche der angeführten Merkmalsausprägungen jeweils zutrifft. Sie stellen also Klassifizierungen qualitativer Eigenschaftsausprägungen dar und sind in ihren Auswertungsmöglichkeiten eingeschränkt. „Sie lassen weder eine Rangreihenfolge zu noch lässt sich die Größe der Differenz zwischen den Kategorien feststellen." (Jeker 2002: 210) Die Erscheinungsformen der Besucherbindung (Fragenblock 1), die soziodemografischen/-ökonomischen Merkmale Geschlecht und derzeitige berufliche Stellung im Erwerbsleben sowie die Fragestellung nach der Art des Wiederbesuchs (alleine oder in Begleitung) (alle im Fragenblock 3) werden in der vorliegenden Arbeit auf einer Nominalskala gemessen. Die *Ordinalskala* stellt das nächsthöhere Messniveau dar. Bei der Ordinalskala ist es möglich, eine Rangfolge bzw. Rangordnung aufzustellen (vgl. Butzer-Strothmann et al. 2001: 74). Die Merkmalsausprägungen der Kategorien Entfernung des Heimatwohnorts zum Ort des Opernhauses und höchster

Bildungsabschluss (beide Frageblock 3) lassen sich in eine solche Rangfolge bringen. „Die *metrische Skala* setzt voraus, dass die Abstände zwischen den einzelnen Merkmalsausprägungen (Skalenwerten) angegeben werden können und gleich sind." (Butzer-Strothmann et al. 2001: 74) Um die Einstellungen und Meinungen der Befragten hinsichtlich der Gründe für ihren Wiederbesuch in eine messbare Form zu bringen, wird im Fragenblock 2 als Instrument der Messung eine *Ratingskala* verwendet (vgl. hierzu und im Folgenden Laukner 2008: 163 ff.). Durch diese Form der Skalierung wird es den Befragten ermöglicht, im Rahmen einer Selbsteinstufung die Ausprägung ihrer Meinungen auf einer vorgegebenen abgestuften Antwortskala vorzunehmen und auf die einzelnen Wiederbesuchsgründe mehr oder weniger zustimmend oder ablehnend zu reagieren. Damit ein breites Spektrum möglicher Varianten der Beantwortung abgedeckt und auch eine neutrale Mitte zur Verfügung gestellt werden kann, wird in der vorliegenden Untersuchung eine fünfstufige verbale Ratingskala verwendet. Dabei werden nur die Endpole der Antwortskala verbal definiert (*trifft überhaupt nicht zu* und *trifft voll zu*). Der Vorteil liegt darin, dass die einzelnen Zwischenstufen von den Befragten selbst interpretiert werden können und die Tendenz der Antwortmöglichkeiten offensichtlich ist. Mitsamt diesen Antwortkategorien werden den Befragten in Anlehnung an die Arbeit von Laukner 41 verschiedene, vorformulierte Items bzw. Statements zu den Wiederbesuchsgründen mit der Bitte vorgelegt, anzugeben, inwieweit diese Behauptungen ihrer persönlichen Meinung am nächsten kommen. Dabei geht es laut Laukner nicht nur darum, dass der Befragte die für ihn am wichtigsten empfundenen Wiederbesuchsgründe auswählt, sondern auch darum, dass er bei den ihm weniger wichtigen Statements eine Einschätzung innerhalb der möglichen Bandbreite der Skalierung abgibt. Darüber hinaus wird den Befragten durch die Ausweichkategorie *weiß ich nicht* die Möglichkeit eingeräumt, bei bestimmten Punkten, die sie nicht beantworten können oder wollen (weil sie z. B. über keine Erfahrung mit dem Beurteilungsgegenstand verfügen) keine Aussage treffen zu müssen.

6.2 Design der quantitativen Fragebogenerhebung

Tabelle 30: Skalenniveaus (in Anlehnung an Backhaus et al. 2011: 12)

Skala		Merkmale	Skalierung des Fragebogens
Nicht-metrische Skalen	Nominalskala	Klassifizierung qualitativer Eigenschaftsausprägungen	- Erscheinungsformen - Geschlecht - Berufliche Stellung - Art des Wiederbesuchs
	Ordinalskala	Rangwerte mit Ordinalzahlen	- Regionale Herkunft - Bildungsabschluss
Metrische Skalen	Intervallskala	Skala mit gleichgroßen Abschnitten ohne natürlichen Nullpunkt	- Wiederbesuchsgründe
	Ratioskala	Skala mit gleichgroßen Abschnitten und natürlichem Nullpunkt	- Besuchshäufigkeit - Dauer der Geschäftsbeziehung - Alter - Wohndauer - Haushaltsnettoeinkommen

Streng genommen liefern Ratingskalen allerdings nur ordinal skalierte Daten (vgl. Backhaus et al. 2011: 11). „Sie werden jedoch üblicherweise unter der Annahme als metrische Messdaten behandelt, dass die Abstände auf der Skala zwischen den Antwortmöglichkeiten als gleiche Intervalle wahrgenommen werden." (Jeker 2002: 210) Für die vorliegende Untersuchung wird in Anlehnung an Jeker angenommen, dass die Abstände zwischen den Antwortkategorien *trifft überhaupt nicht zu* und *trifft voll zu* gleich groß sind, weshalb hier von einer *Intervallskala* ausgegangen werden kann (vgl. Jeker 2002: 210). In der vorliegenden Ratingskala gibt es für die Zahlenwerte keinen natürlichen Nullpunkt, sie lassen sich in eine Rangordnung bringen und die Abstände zwischen den verschiedenen Merkmalsausprägungen lassen sich exakt bestimmen. Auf dem höchsten Messniveau, der *Verhältnis-* oder *Ratio-Skala*, werden die Merkmale Besuchshäufigkeit und Dauer der Geschäftsbeziehung (beide Fragenblock 1) sowie Alter, Wohndauer und Höhe des Einkommens (alle Fragenblock 3) erfasst. Die Ausprägungen dieser Merkmale besitzen einen natürlichen Nullpunkt und haben gleich große Abstände.

6.2.4 Pretest des Fragebogens

„Angesichts der zahlreichen Probleme und Fehlermöglichkeiten, die bei der Formulierung von Fragen und der Entwicklung von Fragebögen auftreten können" (Kuß 2004: 94), wurde der für die quantitative Erhebung entwickelte Fragebogen vor dem Beginn der Datenerhebung einem Pretest im Zeitraum von Mai bis Juni 2010 unterzogen. Der Pretest bezieht sich auf die Überprüfung der Brauchbarkeit bzw. Qualität des Fragebogens, d. h. in seinem Rahmen wird überprüft, ob und welche Probleme sich in der Anwendung des Erhebungsinstrumentes ergeben (vgl. Glogner 2008: 595). Die Erfahrungen aus dem Pretest fließen direkt in die Überarbeitung des Erhebungsinstrumentes ein und können zur Revision einzelner Fragen, ganzer Teile oder des gesamten Fragebogens führen (vgl. Schnell et al. 2008: 358). In einem ersten Schritt wurden fünf Markt- bzw. Sozialforschungsexperten aus der universitären Lehre[197] und zwei Praktiker aus dem Opernbetrieb mit hinreichenden Erfahrungen in der Publikumsforschung[198] gebeten, den Fragebogen auszufüllen und dabei gleichzeitig den Aufbau des Fragebogens auf Schlüssigkeit und Konsistenz gegenzulesen sowie sämtliche Frageformulierungen und Antwortvorgaben auf ihre Adäquanz, Stimmigkeit bzw. Suggestibilität zu überprüfen (vgl. hierzu Kirchhoff et al. 2003: 24). Hierbei zeigte sich unter anderem, dass einige der Fragen und Antwortkategorien zum Teil noch mit Redundanzen und doppelten Stimuli versehen sowie zu suggestiv formuliert waren und daher geändert werden mussten. In einem weiteren Schritt wurde dieser überarbeitete Fragebogen unter möglichst authentischen Bedingungen insgesamt zehn Wiederbesuchern aus der Deutschen Oper Berlin, der Hamburgischen Staatsoper, der Oper Leipzig sowie der Bayerischen Staatsoper München zur Bearbeitung vorgelegt.[199] Die Personen füllten den Fragebogen in Anwesenheit oder alternativ auf schriftliche Anweisung des Verfassers aus und wurden im Anschluss daran gebeten, ihre Gedankengänge zu den Fragestellungen und Antwortvorgaben offenzulegen (vgl. hierzu Jeker 2002: 211). Von Interesse waren hierbei insbesondere Äußerungen zur Verständlichkeit und Eindeutigkeit sowie zur Vollständigkeit und Komplexität bei Frage-

---

197 Diese Personengruppe aus dem persönlichen Umfeld des Verfassers besteht aus wissenschaftlichen Mitarbeitern der Pädagogischen Hochschule Ludwigsburg, der Heinrich-Heine-Universität Düsseldorf sowie der Freien Universität Berlin.
198 Diese Personengruppe aus dem beruflichen Umfeld des Verfassers besteht aus der Direktorin Vertrieb und Marketing der Deutschen Oper Berlin sowie einem Mitglied der Geschäftsleitung der Deutschen Oper Berlin Vermarktungs GmbH.
199 Der Pretest kann auf zehn Testpersonen beschränkt bleiben, da der Fragebogen auf Grundlage der Erfahrungen aus den geführten 18 qualitativen Interviews (vgl. Kapitel 6.1) entwickelt wurde. Diese im Rahmen des Pretest befragten Wiederbesucher sind nicht Teil der Stichprobe, um Lerneffekte zu vermeiden.

formulierungen, Antwortvorgaben und den allgemeinen Erläuterungen zum Fragebogen, um Unklarheiten oder Missverständnisse zu identifizieren (vgl. Butzer-Strothmann et al. 2001: 24). Daneben ging es um die Klärung von technischen Fragestellungen (vgl. Schnell et al. 2008: 358 f.) wie z. B. eine realitätsnahe Abschätzung der Dauer für die Bearbeitung des Fragebogens, die grafische Gestaltung des Fragebogens sowie die Übersichtlichkeit der Filterführung. Zudem sollte ermittelt werden, ob die Fragen auch tatsächlich Varianz (Unterschiedlichkeit) in den Antworten produzieren oder ob von allen Befragten dieselbe Antwortkategorie genannt wird, da eine Frage, auf die alle Befragten die gleiche Antwort geben, als informationslos angesehen werden kann (vgl. Schnell et al. 2008: 359 und Kuß 2004: 94). Hierbei zeigte sich, dass der Fragebogen von den Testpersonen insgesamt als gut verständlich, übersichtlich und nicht zu umfangreich bewertet wurde. Die Teilnehmer fühlten sich durch den Fragebogen nicht überfordert und das Ausfüllen nahm im Durchschnitt nicht mehr als ca. fünf bis zehn Minuten in Anspruch. Die einzelnen Frageformulierungen und Antwortvorgaben wurden mehrheitlich als eindeutig und vollständig beurteilt. Sämtliche Fragen produzierten im Pretest Varianz in den Antworten. Die Testpersonen haben insbesondere die Differenziertheit und Vielfältigkeit der im Bogen abgefragten Wiederbesuchsgründe positiv hervorgehoben, da sie ihre tatsächlichen Gründe für einen wiederholten Besuch ein und desselben Opernhauses sehr gut abbilden würden. Durch den Pretest mit den Wiederbesuchern konnten aber auch vereinzelt kleinere Schwierigkeiten beim Ausfüllen des Fragebogens identifiziert werden. Ein paar unklare Frageformulierungen mussten daraufhin aus Gründen der besseren Verständlichkeit nochmals überarbeitet bzw. durch klarstellende Erläuterungen ergänzt und teilweise die Reihenfolge der Fragen optimiert werden.

6.2.5 Stichprobe und Ablauf der Erhebung

Im Rahmen von Fragebogenerhebungen kommen laut Glogner grundsätzlich zwei Vorgehensweisen in Betracht (vgl. Glogner 2008: 608): Wenn alle Elemente einer Grundgesamtheit (vgl. Kapitel 2.3) untersucht werden, handelt es sich um eine Vollerhebung. Erfolgt eine Auswahl aus der Grundgesamtheit, so spricht man von einer Teilerhebung. Im Rahmen dieser Arbeit ist aus forschungspragmatischen Gründen (insbesondere zeitliche, organisatorische und finanzielle Gründe) eine Vollerhebung nicht realisierbar. Ferner wird nicht jeder Wiederbesucher den Fragebogen beantworten wollen, so dass die vollständige Erfassung aller Wiederbesucher von elf Opernhäusern in der Realität nur sehr schwer möglich ist (vgl. Butzer-Strothmann et al. 2001: 17). In der Praxis wird laut Butzer-Strothmann et al. daher fast immer eine Teilerhebung durchgeführt, d. h. aus der Grundgesamtheit aller Wiederbesucher wird eine Teilmenge (sog. Stichprobe) ausgewählt, die ein verkleinertes, aber möglichst genaues und wirklichkeitsgetreues Abbild der Grundgesamtheit darstellt (vgl. Butzer-Strothmann et al. 2001: 18). Soll gewährleistet werden, dass die Ergebnisse aus der Untersuchung dieser Stichprobe auch Aufschlüsse über die Grundgesamtheit geben, muss die Auswahl nach einem bestimmten Stichprobenverfahren erfolgen (vgl. Glogner 2008: 608). Dies bedeutet, dass bei einer Teilerhebung die Auswahl nicht willkürlich erfolgen darf, sondern nach nachvollziehbaren Regeln geschehen muss, um Verzerrungen möglichst zu vermeiden (vgl. Glogner 2008: 608). In der vorliegenden Arbeit kommt ein zweistufiges Auswahlverfahren zur Anwendung, d. h. die Stichprobenziehung erfolgt in zwei aufeinanderfolgenden Stufen.[200] In einem ersten Schritt wird eine Zwischenstichprobe von Primäreinheiten (vier Opernhäuser als Untersuchungsobjekte) aus der Grundgesamtheit gezogen, aus denen dann in einer zweiten Stufe die Sekundäreinheiten (Wiederbesucher der vier Opernhäuser) gewählt werden, bei denen die Datenerhebung vorgenommen wird.

Die *Stichprobenziehung der Primäreinheiten*, sprich der einbezogenen vier Opernhäuser aus der Grundgesamtheit, erfolgt mittels bewusster Auswahl. „Ob ein Element der Grundgesamtheit ausgewählt wird, hängt [demnach] nicht von der willkürlichen Entscheidung des [Verfassers] ab, sondern vom Zutreffen vorher festgelegter – also angebbarer und intersubjektiv nachvollziehbarer – Kriterien." (Kromrey 2009: 265 f.) Die bewusste Auswahl der vier Opernhäuser *Deutsche Oper Berlin, Oper Frankfurt am Main, Oper Leipzig* und *Bayerische Staatsoper München* lässt sich durch die Zielsetzung begründen, bei der Zusammenstellung der Erhebungsstichprobe eine möglichst repräsentative regionale Verteilung der Opernhäuser in Deutschland zu erreichen, um Aufschlüsse über die Grundgesamtheit in ihrer regionalen Variationsbreite zu erhalten. Dabei soll gewährleistet werden, dass die regionale Verteilung der Opernhäuser in der Stichprobe möglichst der Verteilung in der Grundgesamtheit entspricht, um ein verkleinertes, aber möglichst genaues Abbild bzw. einen Querschnitt der Grundgesamtheit zu erhalten. Vor diesem Hintergrund steht die Deutsche Oper Berlin stellvertretend für die besondere Situation des Sitzes von drei Opernhäusern aus der Grundgesamtheit in der Bundeshauptstadt Berlin, die Oper Frankfurt am Main repräsentiert die westliche bzw. mittlere Region von Deutschland in der Grundgesamtheit, die Oper Leipzig deckt als Repräsentant den östlichen Teil von Deutschland (sowie das ehemalige Staatsgebiet der DDR) in der Grundgesamtheit ab und die Bayerische Staatsoper München repräsentiert die südliche Region

---

200 Vgl. hierzu und zu den folgenden Ausführungen Kuß 2004: 56 ff., Berekoven et al. 2006: 58 und Kromrey 2009: 289.

6.2 Design der quantitativen Fragebogenerhebung

in der Grundgesamtheit. Damit wird die Grundgesamtheit durch diese Stichprobengröße mengenmäßig zu 36,4% erfasst.

Die *Stichprobenziehung der Sekundäreinheiten*, sprich die Auswahl der Wiederbesucher an den vier Opernhäusern bei denen die Datenerhebung vorgenommen wird, erfolgt mittels einer systematischen Zufallsauswahl, deren Besonderheit darin besteht, nur das erste Element zufällig auszuwählen und dann in gleich großen Schritten weiter zu gehen und damit die restlichen Stichprobenelemente auszuwählen (vgl. Kuß 2004: 56). Die Ausgestaltung der systematischen Zufallsauswahl ist abhängig von der jeweiligen Art der Fragebogenerhebung. In der vorliegenden Arbeit erfolgte die schriftliche Erhebung durch eine Verteilung von Fragebögen vor Ort an ausgewählten Aufführungstagen im Opernhaus (Vor-Ort-Erhebung).

Hierbei wurden innerhalb einer Feldphase von mehreren Monaten zwischen vier bis sechs unterschiedliche Aufführungen je Opernhaus ausgewählt (insgesamt erfolgte die Erhebung an 20 ausgewählten Vorstellungen), um tagesspezifische Besonderheiten auszuschließen, eine möglichst große Bandbreite an unterschiedlichen Typen von Wiederbesuchern in die Erhebung einzubeziehen und um den angestrebten Rücklauf an Fragebögen pro Opernhaus von ca. 150 bis 200 Stück (insgesamt angestrebt: 600 bis 800 Stück) zu erreichen:

Tabelle 31: Befragungstermine und ausgewählte Aufführungen

Opernhaus	Befragungstermine	Aufführungen
Deutsche Oper Berlin	Do, 24.06.2010	Otello, Giuseppe Verdi
	Sa, 26.06.2010	Carmen, Georges Bizet
	Mo, 28.06.2010	La Bohème, Giacomo Puccini
	Di, 29.06.2010	Carmen, Georges Bizet
	Mi, 22.09.2010	Cassandra/Elektra, Vittorio Gnecchi/Richard Strauss
	Di, 05.10.2010	Adriana Lecouvreur (konz. Premiere), Francesco Cilea
Oper Frankfurt	Do, 16.09.2010	Le nozze di Figaro, Wolfgang Amadeus Mozart
	Fr, 24.09.2010	Le nozze di Figaro, Wolfgang Amadeus Mozart
	Sa, 25.09.2010	Medea, Aribert Reimann
	Sa, 02.10.2010	Don Carlo, Giuseppe Verdi

Tabelle 31 (Fortsetzung): Befragungstermine und ausgewählte Aufführungen

Opernhaus	Befragungstermine	Aufführungen
Oper Leipzig	Sa, 04.09.2010	Il Barbiere di Siviglia, Gioachino Rossini
	So, 05.09.2010	Die Zauberflöte, Wolfgang Amadeus Mozart
	Sa, 11.09.2010	Eugen Onegin, Pjotr Iljitsch Tschaikowsky
	So, 26.09.2010	Il turco in Italia, Gioachino Rossini
	Do, 21.10.2010	Die Meistersinger von Nürnberg, Richard Wagner
	Sa, 23.10.2010	La Traviata, Giuseppe Verdi
Bayerische Staatsoper München	Do, 14.10.2010	Il Barbiere di Siviglia, Gioachino Rossini
	Do, 21.10.2010	La Traviata, Giuseppe Verdi
	So, 24.10.2010	La Traviata, Giuseppe Verdi
	Fr, 29.10.2010	Jenůfa, Leoš Janáček

Die Erhebungen erstreckten sich über den Zeitraum von Juni bis Oktober 2010, wobei darauf hinzuweisen ist, dass der Befragungszeitraum an jedem Opernhaus innerhalb dieses Zeitraums unterschiedlich lang war und sich auch hinsichtlich Start- und Endzeitpunkt unterschied. Bei der Auswahl der Opernaufführungen wurde in Anlehnung an Reuband – soweit hinsichtlich der Spielpläne der untersuchten Opernhäuser möglich – versucht, „eine gewisse Heterogenität bezüglich der musikalischen Epoche des Werkes, der jeweiligen Gattung, der Komponisten, der Art der Inszenierung und den Wochentagen zu erzielen" (Reuband 2007: 50). In der Regel wurde ein Werk nur einmal erfasst, in Ausnahmefällen gingen auch zwei oder mehr Aufführungen der gleichen Inszenierung in die Erhebung ein (vgl. Reuband 2007: 50).

Die Verteilung der Fragebögen erfolgte in Anlehnung an die bei Reuband beschriebene Vorgehensweise (vgl. hierzu Reuband 2005b und 2007) vor Beginn der Opernaufführungen (in der Regel innerhalb einer Stunde vor Vorstellungsbeginn) durch Praktikanten und ehrenamtliche Mitglieder des Jugendclubs (Deutsche Oper Berlin), durch Studierende (Bayerische Staatsoper München) oder durch das Servicepersonal (Oper Frankfurt und Oper Leipzig) der Opernhäuser. Die Besucher wurden unter Zufallsgesichtspunkten in der Kassenhalle bzw. am Eingang des Opernhauses oder an den Aufgängen zum Parkett und den Rängen kontaktiert und um Mitarbeit gebeten. Dabei wurde jeweils ein bestimmter Besucher beim Eintreten in das Opernhaus ausgewählt. Der Fragebogen wurde aber nicht dieser ausgewählten Person, sondern dem nächsten oder übernächsten Besucher, der nach der ausgewählten Person das Opernhaus betrat, übergeben (da-

6.2 Design der quantitativen Fragebogenerhebung

durch sollte jeder zweite bis dritte Besucher in die Befragung einbezogen werden). Durch diese Methode wird vermieden, dass die Austeilenden lediglich Besucher ansprechen, die freundlich und auskunftsbereit erscheinen, was die Befragungsergebnisse verzerren würde (vgl. Butzer-Strothmann et al. 2001: 19). Da es für die vorliegende Untersuchung entscheidend ist, dass ausschließlich Wiederbesucher des betreffenden Opernhauses in die Befragung eingehen, musste eine Vorauswahl getroffen werden (vgl. auch Laukner 2008: 167 f.). Diese Vorauswahl wurde durch die Verteiler der Fragebögen durchgeführt, in dem sie den jeweiligen Besucher darauf ansprachen, ob er das Opernhaus heute zum ersten Mal besucht. Nur wenn der Besucher dies verneinen konnte, also Wiederbesucher des Opernhauses ist, bekam er einen Fragebogen überreicht. Im Fall von Rückfragen seitens der Befragten wurden entweder nähere Erläuterungen gegeben und/oder auf die im Opernhaus aufgestellten Informationstafeln zur Erhebung, die einleitenden Erläuterungen des Fragebogens sowie die dort angegebenen Kontaktpersonen verwiesen. Damit die an der Erhebung involvierten Verteiler der Fragebögen sowie das Servicepersonal des Opernhauses den Ablauf der Befragung kennen und auch auf direkte Rückfragen der Besucher antworten konnten, wurde ihnen zuvor ein Instruktionsblatt ausgehändigt, auf dem die wichtigsten Punkte zur Befragung in Kurzform aufgeführt waren (vgl. auch Laukner 2008: 168). Zudem erfolgte eine persönliche Einweisung der beteiligten Mitarbeiter vor Ort. Die Fragebögen konnten nach dem Ausfüllen noch am Aufführungsabend selbst in die aufgestellten Fragebogenbehälter eingeworfen oder beim Servicepersonal des Opernhauses abgeben werden. Darüber hinaus bestand für die Besucher die Möglichkeit, den Fragebogen mit nach Hause zu nehmen, dort in Ruhe auszufüllen und bei ihrem nächsten Besuch vorbeizubringen oder per Post an das Opernhaus zurückzusenden.

Trotz der Anwendung des beschriebenen Stichprobenverfahrens erfüllt die Stichprobe nicht den im Zusammenhang mit der Durchführung einer quantitativen Forschungsmethode häufig erhobenen Anspruch der vollständigen statistischen Repräsentativität, da die Untersuchung durch eine Reihe von *Verzerrungsfaktoren* gekennzeichnet ist (vgl. auch Laukner 2008: 159):

- Die Auswahl der beteiligten Opernhäuser erfolgte keinem Zufallsprinzip, sondern mittels bewusster Auswahl.
- Obwohl es sich bei allen oben aufgeführten Opernhäusern um Teilnehmer der DOK handelt, unterscheiden sich die einzelnen Betriebe dennoch hinsichtlich ihrer exogenen Rahmenbedingungen. Bezogen auf ihren Standort wechseln die Gegebenheiten der Häuser von Stadt zu Stadt und weisen auch eine unterschiedliche Konzentration und verschiedene Strukturmerkmale der Wiederbesucher auf. Die Lokalisierung des Opernhauses in einem be-

stimmten Bundesland und einer bestimmten Stadt kann daher signifikanten Einfluss auf die Ergebnisse haben.
- In der ursprünglichen Stichprobenkonzeption sollte als weiteres Opernhaus aus der Grundgesamtheit noch die Hamburgische Staatsoper als Repräsentant für die nördliche Region in die Stichprobe mit einbezogen werden. Leider wurde jedoch die Anfrage des Verfassers hinsichtlich der Durchführung einer Fragebogenerhebung in Hamburg seitens des Opernhauses negativ beschieden, so dass für diese Region keine spezifischen Untersuchungsergebnisse vorliegen.
- An der Bayerischen Staatsoper in München wurde einige Monate vor dieser Untersuchung bereits eine weitere Fragebogenerhebung seitens des Opernhauses durchgeführt, so dass dieser Umstand auch negative Auswirkungen auf die Bereitschaft einiger Wiederbesucher erneut an einer Erhebung teilzunehmen haben kann.
- Im Rahmen der Erhebung an der Oper Leipzig konnten vier Wiederbesuchsgründe auf Bitten des Opernhauses nicht in den Fragebogen mit aufgenommen werden. Für diese Variablen sind somit keine spezifischen Untersuchungsergebnisse aus Leipzig vorhanden.
- Die Befragungszeiträume bzw. Zeitabläufe und die Anzahl der Befragungstermine an den vier untersuchten Opernhäusern sind unterschiedlich.
- Die Identität der Befragten ist nicht zweifelsfrei überprüfbar, so dass auch Mehrfachabstimmungen identischer Personen möglich sind (vgl. auch Laukner 2008: 159).
- Es ist nicht auszuschließen, dass der Fragebogen nicht von der Zielperson, sondern durch dritte Personen oder zumindest gemeinsam mit diesen ausgefüllt wurde.
- Besucher, die es ablehnten, einen Bogen auszufüllen (Antwortausfälle bei der Erhebung), konnten nicht statistisch erfasst werden (vgl. auch Laukner 2008: 159).
- Da die untersuchten Opernhäuser über keine Datenbank mit ihren sämtlichen Wiederbesuchern verfügen, handelt es sich bei der zugänglichen Auswahlbasis der Häuser, ihres Umfangs und ihrer Struktur um eine unbekannte Größe.

Anhand dieser exemplarisch angeführten Verzerrungsfaktoren wird deutlich, dass es in der vorliegenden Erhebung nicht um eine vollständige formale bzw. statistische Repräsentativität, sprich um ein repräsentatives Bild für Opernhäuser, gehen kann. Inferenzstatistisch korrekte Schlüsse von der Stichprobe auf die Grundgesamtheit sind damit nur schwer möglich. Aufgrund der explorativen Forschungszielsetzung muss es allerdings auch nicht darum gehen, sondern die

6.2 Design der quantitativen Fragebogenerhebung

Erhebungsergebnisse sind vielmehr als Erkenntniszugewinn, als Tendenzmeldung zu behandeln und geben einen vertieften Einblick in ein bisher unerforschtes Untersuchungsfeld (vgl. Laukner 2008: 160).[201]

6.2.6 Datenaufbereitung, Gütekriterien und Analyseverfahren

Nachdem die schriftlichen Daten erhoben wurden, sind die ausgefüllten Fragebögen formal und technisch aufzubereiten, d. h. in eine analysefähige Form zu übertragen, damit sie anschließend mit Hilfe statistischer Verfahren ausgewertet werden können (vgl. Böhler 2004: 159). Hierzu wurden mehrere Arbeitsschritte durchlaufen: die Editierung und Codierung der vorliegenden Erhebungsbögen, die Erstellung und die Eingabe der Fragebögen in eine Datenmatrix sowie abschließend eine Fehlerkontrolle (vgl. Böhler 2004: 159). Unter *Editierung* wird die Überprüfung und gegebenenfalls Korrektur der ausgefüllten Fragebögen verstanden, um eine möglichst große Genauigkeit zu gewährleisten (vgl. Kuß 2004: 149). In diesem Rahmen erfolgte eine Überprüfung auf Lesbarkeit, Vollständigkeit, Widerspruchsfreiheit und Verständlichkeit der Antworten in den Fragebögen. Hierbei wurden auch solche Fragebögen ausgesondert, die für eine Auswertung nicht verwendbar sind. Als denkbares Kriterium für eine solche Aussonderung schlagen Butzer-Strothmann et al. vor, einen Fragebogen, bei dem mehr als die Hälfte der Fragen nicht ausgefüllt oder nicht leserlich ist oder bei dem mehr als die Hälfte der Seiten fehlt, nicht in die Auswertung einzubeziehen (vgl. Butzer-Strothmann et al. 2011: 71). Dasselbe gilt für offensichtlich bewusst falsch ausgefüllte oder ungültig gemachte Fragebögen (z. B. alle Seiten durchgestrichen). Aufgrund der großen Bedeutung der im Fragebogen erhobenen 41 Wiederbesuchsgründe für das Forschungsanliegen wird hier in Anlehnung an Butzer-Strothmann et al. folgendes Aussonderungskriterium definiert: Ein Fragebogen wird immer dann nicht in die Auswertung einbezogen, bei dem mehr als die Hälfte der Fragen zu denjenigen Wiederbesuchsgründen, die von allen Befragten erhoben wurden (sog. Kernvariablen; insgesamt 34 Wiederbesuchsgrün-

---

201 Ergänzend anzumerken ist in diesem Zusammenhang, dass die Erfordernis repräsentativer Ergebnisse verschiedentlich auch mit Skepsis beurteilt wird: „Vielfach ist es (...) nicht die Absicht von empirisch arbeitenden Wissenschaftlern, repräsentative Untersuchungen durchzuführen. Ziel ihrer Arbeit ist vielmehr die Erforschung von Zusammenhängen, Ursache-Wirkungs-Beziehungen, Verhaltensregelmäßigkeiten" (Martin 1989: 8), für die keine Repräsentativstichprobe notwendig bzw. meist entbehrlich ist (vgl. Diekmann 2006: 369). Vor diesem Hintergrund merkt Diekmann kritisch an, „dass der weitverbreitete Glaube, sozialwissenschaftliche Untersuchungen sollten nach Möglichkeit auf *repräsentativen* Stichproben basieren, schlicht ein Mythos ist" (Diekmann 2006: 169).

de)[202], nicht ausgefüllt bzw. beantwortet sind. In diesem Sinne wurde ein Fragebogen immer nur dann in die Datenanalyse einbezogen, wenn mindestens 17 der 34 Kernvariablen im Fragebogen angekreuzt bzw. korrekt beantwortet wurden. Nach Ablauf des Erhebungszeitraums umfasste das Sample/die effektive Stichprobe insgesamt 734 Fragebögen (Brutto-Rücklauf: 49,86%). In die endgültige Analyse gingen 667 auswertbare Fragebögen ein (Netto-Rücklauf: 45,31%), 67 Fragebögen (9,13% der Fragebögen) wurden anhand des definierten Kriteriums aussortiert. Dies betraf 22 Fragebögen der Deutschen Oper Berlin, acht Bögen der Oper Frankfurt, 21 Bögen der Oper Leipzig und 16 Bögen der Bayerischen Staatsoper München. Mehr als ein Drittel der 667 auswertbaren Fragebögen stammen aus der Deutschen Oper Berlin (insgesamt 232 Fragebögen, 34,78%). 171 Bögen (25,64%) wurden im Opernhaus Frankfurt erhoben, gefolgt von der Oper Leipzig mit 168 Fragebögen (25,19%) und der Bayerischen Staatsoper München mit 96 auswertbaren Bögen (14,39%):

Abbildung 14: Aufteilung der auswertbaren Fragebögen nach Opernhäusern

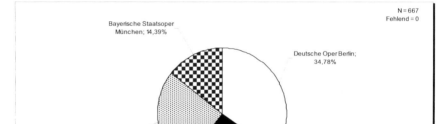

---

202 Zu den Kernvariablen sind folgende sieben Wiederbesuchsgründe/Indikatoren nicht zu zählen, da sie nicht von allen Befragten in der Gesamtstichprobe erhoben wurden: ‚Gewährung von Zusatzleistungen', ‚Zugehörigkeit zu einer Kunden-Community' und ‚Vertragliche Bindung' (Indikatoren 21. bis 23.). Diese drei Indikatoren besitzen nach den bestehenden Erkenntnissen lediglich eine Relevanz für die organisierten Wiederbesucher und wurden ausschließlich bei dieser Gruppe erhoben (vgl. Kapitel 6.2.3.1). Des Weiteren die vier Indikatoren 14 (Opernshopangebot), 15 (Beschwerdezufriedenheit), 17 (Probenbesuche) und 34 (Guter Ruf des Opernhauses in der Öffentlichkeit), die bei der Erhebung in Leipzig auf Bitten des Opernhauses nicht in den Fragebogen aufgenommen wurden (vgl. Kapitel 6.2.3.2).

6.2 Design der quantitativen Fragebogenerhebung

Da sich statistische Auswertungen in aller Regel auf Zahlen beziehen, wurden die erhobenen Daten anschließend im Rahmen der *Codierung* bzw. Verschlüsselung in ein numerisches System übersetzt (vgl. Kuß/Eisend 2010: 182). Unter dem Begriff Codierung versteht man demnach die Zuordnung von Ziffern oder Zahlen zu den einzelnen Ausprägungen von Untersuchungsvariablen (vgl. Schöneck/Voß 2005: 88). Diese Verschlüsselung bildet die Grundlage zur Übertragung der Rohdaten auf einen Datenträger und für deren anschließende Analyse mit dem Statistikprogramm Stata.[203] Alle Codierungsregeln wurden in einem Codeplan bzw. Codebuch festgelegt, um eine einheitliche Verfahrensweise zu gewährleisten (vgl. Kuß 2004: 151). Der Codeplan wiederum ist Grundlage für die Erstellung der *Datenmatrix* (vgl. Raithel 2008: 843). Bei der Datenmatrix handelt es sich um eine Tabelle, in welche die erhobenen Daten für die weitere Analyse eingegeben wurden, und deren Spalten die einzelnen Werte der verschiedenen Variablen enthalten und in deren Zeilen die Angaben jeweils einer Auskunftsperson stehen (vgl. Kuß 2004: 151).[204] Abschließend wurde der eingegebene Datensatz einer sorgfältigen *Fehlerkontrolle* unterzogen und auf Vollständigkeit, Tippfehler, Plausibilität sowie logische Konsistenz geprüft (vgl. Raithel 2008: 92 ff.). Nach diesen Aufbereitungsprozeduren liegt eine Datenmatrix vor, die der weiteren statistischen Auswertung zugrunde gelegt wird.

Bevor die aufbereiteten Daten analysiert werden, wird an dieser Stelle in Anlehnung an die Vorgehensweise von Laukner zunächst die Meßmethode hinsichtlich ihrer Qualität beurteilt (vgl. hierzu und im Folgenden Laukner 2008: 168 ff.): Es stellt sich hierbei die Frage, ob durch die durchgeführte quantitative Fragebogenerhebung tatsächlich das gewünschte Merkmal – das Wiederbesuchsverhalten der Opernbesucher – mit ausreichender Güte gemessen wird. Um zu überprüfen, ob die Messergebnisse und die daraus resultierenden Schlussfolgerungen verlässlich sind, wird die „Qualität der Messung (…) anhand von *Hauptgütekriterien* in sich ausschließender Reihenfolge (d. h. jede Stufe ist nur nach Erfüllung der vorhergehenden zu erreichen) bewertet. Diese Kriterien sind die Objektivität, Reliabilität und Validität der Messung" (Laukner 2008: 169).[205]

---

[203] Die eingegangenen Fragebögen wurden mit der Statistiksoftware Stata Version 11.0 ausgewertet (vgl. für weitergehende Informationen unter http://www.stata.com sowie Hamilton 2009 und Kohler/Kreuter 2008).

[204] Die ausgefüllten Fragebögen wurden zu Kontrollzwecken mit einer fortlaufenden Zahl (sog. Identifikationsnummer bzw. laufende Nummer) durchnummeriert, um zu gewährleisten, dass jederzeit bei Auffälligkeiten im Datensatz oder fehlenden Werten im Originalfragebogen nachgesehen werden kann bzw. um Dateneingaben im Nachhinein überprüfen zu können. Die Identifikationsnummer stellt zugleich die erste Spalte in der Datenmatrix dar.

[205] Vgl. hierzu und im Folgenden auch Himme 2009: 485-500, Lienert/Raatz 1998: 7 ff. und Rost 2004: 33 ff.

Bei der Beurteilung der *Objektivität* der Erhebung stellt sich die Frage, ob die Ergebnisse intersubjektiv, d. h. unabhängig von den Einflüssen der Untersucher oder der Untersuchungssituation zustande gekommen sind (vgl. Lienert/Raatz 1998: 7). „Objektive Messergebnisse liegen vor, wenn verschiedene Personen, die die Messungen unabhängig voneinander vornehmen, zu den gleichen Messergebnissen gelangen." (Himme 2009: 485) Die Objektivität wird über drei verschiedene Aspekte weiter differenziert: Durchführungs-, Auswertungs- und Interpretationsobjektivität (vgl. hierzu und im Folgenden Lienert/Raatz 1998: 7 f. und Laukner 2008: 169): Die *Objektivität bei der Durchführung* ist hier durch die schriftliche Befragung und die Standardisierung über den verwendeten Fragebogen gewährleistet. Zudem wurde den an der Erhebung involvierten Verteilern der Fragebögen vorab ein schriftliches Instruktionsblatt zur Verfügung gestellt und es erfolgte eine persönliche Einweisung vor Ort (vgl. Kapitel 6.2.5). Dadurch wurde die Untersuchungssituation soweit wie möglich standardisiert und die soziale Interaktion zwischen den Verteilern und den Befragten minimiert (vgl. Laukner 2008: 169). Die „*Auswertungsobjektivität* ist dadurch gekennzeichnet, dass es bei der Auswertung der Messergebnisse [möglichst geringe] Freiheitsgrade gibt" (Himme 2009: 485), was hier durch die Verwendung von überwiegend geschlossenen Fragen im Erhebungsbogen und die Anwendung der in diesem Kapitel beschriebenen vorgegebenen Methoden der Datenaufbereitung und -auswertung erreicht werden kann. „Schließlich betrifft die *Interpretationsobjektivität* den Spielraum bei der Interpretation der Messergebnisse. Interpretationsobjektivität ist dann vorhanden, wenn aus gleichen Ergebnissen gleiche Schlussfolgerungen gezogen werden." (Himme 2009: 485) Die Interpretationsobjektivität der Ergebnisse wird in der vorliegenden Arbeit dadurch gewährleistet, „dass es sich hier um einen Fragebogen handelt, in welchem die Auswertung überwiegend numerische Werte entlang einer festgelegten Skala liefert" (Lienert/Raatz 1998: 8 zitiert nach Laukner 2008: 169).

„Ein weiteres Gütekriterium ist die *Reliabilität* (Zuverlässigkeit), also der Grad der Genauigkeit, mit der ein bestimmtes Persönlichkeits- oder Verhaltensmerkmal durch einen Test gemessen wird, d. h. der Grad, zu dem die Untersuchung frei von zufälligen Fehlern ist." (Lienert/Raatz 1998: 9 zitiert nach Laukner 2008: 169). Es ist hier lediglich die Messgenauigkeit, die numerische Präzision der Messung angesprochen, unabhängig davon, was die Untersuchung überhaupt misst (vgl. Rost 2004: 33). Ein Test ist dann vollkommen reliabel, wenn die erzielten Messergebnisse einen Befragten „genau, d. h. fehlerfrei beschreiben bzw. auf der Testskala lokalisieren" (Lienert/Raatz 1998: 9). Das betreffende Messinstrument muss demnach unter konstanten Rahmenbedingungen zu reproduzierbaren, konsistenten und von Zufallsgrößen unbeeinflussbaren Ergebnissen führen (vgl. Nieschlag et al. 2002: 428). Zur Beurteilung der Relia-

6.2 Design der quantitativen Fragebogenerhebung

bilität wird hier das in der Literatur am weitesten verbreitete Maß für die Reliabilitätsprüfung *Cronbachs Alpha (α)* verwendet. „Dieser Reliabilitätskoeffizient ist ein Maß der Genauigkeit, mit der ein Merkmal durch den Test erfasst wird." (Laukner 2008: 170) Er misst die interne (innere) Konsistenz eines Tests (vgl. Nieschlag et al. 2002: 428). Zur Berechnung des Koeffizienten werden die im Fragebogen erhobenen 41 Wiederbesuchsgründe einer Reliabilitätsanalyse unterzogen (vgl. Laukner 2008: 170).[206] Es wird dabei von der Überlegung ausgegangen, dass die im Rahmen des Skalierungsverfahrens herangezogenen Indikatoren bzw. Items hoch miteinander korrelieren müssten, da sie allesamt ein und dasselbe Phänomen messen sollen (vgl. Nieschlag et al. 2002: 428). „Der α-Wert kann zwischen 0 und 1 liegen und je mehr sich der Wert an 1 annähert, desto zuverlässiger sind die Messungen (…)." (Laukner 2008: 170) Eine übereinstimmende Meinung in der Literatur bezüglich des erforderlichen Mindestwertes für eine reliable Messung findet sich jedoch nicht und hängt auch davon ab, ob der zu analysierende Sachverhalt bis dahin als noch wenig oder viel erforscht gilt (vgl. Wallenburg 2004: 145). Als Richtwert bei mehr als drei Indikatoren fordern einige Autoren eine Ausprägung von mindestens 0,7 (vgl. exempl. Eggert 1999: 106 f.). Hat die Forschung explorativen Charakter wie im vorliegenden Fall werden auch bereits niedrigere Werte akzeptiert (vgl. Jeker 2002: 231). Als Ergebnis zeigt sich hier ein Cronbachs α, das mit 0,8785 recht hoch ausfällt und damit auf ein sehr zuverlässiges Messmodell hinweist.

Die *Validität* (Gültigkeit) bezieht sich auf die konzeptionelle Richtigkeit einer Messung (vgl. Wallenburg 2004: 141). Dahinter steht die Frage, ob eine Untersuchung auch das misst, was tatsächlich gemessen werden soll bzw. ob das Verfahren für die Messung des interessierenden Merkmals tauglich ist (vgl. Lienert/Raatz 1998: 10). Dies ist genau dann der Fall, wenn die Messung frei von zufälligen *und* systematischen Fehlern ist (vgl. Wallenburg 2004: 141). Insofern ist die Reliabilität eine notwendige, jedoch keine hinreichende Voraussetzung für die Validität (vgl. Himme 2009: 491). Eine Messung ist vollkommen valide, wenn die „Ergebnisse einen unmittelbaren und fehlerfreien Rückschluss auf den Ausprägungsgrad des zu erfassenden Persönlichkeits- oder Verhaltensmerkmals zulassen" (Lienert/Raatz 1998: 10). Aufgrund der Vielschichtigkeit der Validität werden in der Literatur zahlreiche Facetten des Begriffs behandelt, wobei im Folgenden in Anlehnung an Laukner lediglich die *inhaltliche Validität* betrachtet wird (vgl. Laukner 2008: 171). „Dem Aspekt der inhaltlichen Validität wird dahingegen genüge getan, dass die Untersuchung so beschaffen ist, dass die abgefragten Variablen den Untersuchungsgegenstand repräsentieren" (Laukner 2008: 171): „Der Test selbst stellt das optimale Kriterium für das Persönlich-

---

[206] Die Reliabilitätsanalyse wurde mit Hilfe des Statistikprogramms Stata Version 11.0 durchgeführt.

keitsmerkmal oder die Verhaltensweise dar" (Lienert/Raatz 1998: 10). Die Variablen wurden aufbauend auf den begrifflichen und deskriptiven Aussagen dieser Arbeit sowie in den durchgeführten qualitativen Voruntersuchungen „mit Hilfe von ‚kundigen Experten' ermittelt" (Laukner 2008: 171) und „als ‚Konsens von Kundigen' zugebilligt" (Lienert/Raatz 1998: 11).[207]

Die Aufgabe der statistischen *Datenanalyse* besteht darin, die erhobenen und aufbereiteten Daten zu ordnen, zu analysieren sowie auf ein notwendiges und überschaubares Maß zu verdichten (vgl. Butzer-Strothmann et al. 2001: 74). Dabei geht es insbesondere darum, aussagekräftige explanatorische Informationen zu erhalten, um so die empirische Beantwortung der in dieser Arbeit formulierten Forschungs- und Untersuchungsfragen anhand der sozialen Wirklichkeit zu ermöglichen. „Auch wenn der Prozess der Datenanalyse keineswegs ein einfacher und geradliniger Vorgang mit einer klar definierten Abfolge einzelner Arbeitsschritte ist, sondern fast immer als ein iterativer Prozess verläuft, lassen sich dennoch bestimmte Phasen einer Datenanalyse (…) sinnvoll unterscheiden" (Raithel 2008: 119): „das Beschreiben und Darstellen der Daten, das Erkennen und Beschreiben von eventuellen Mustern in den Daten und schließlich das statistische Prüfen der Daten dahingehend, ob sie auf die [Grundgesamtheit] verallgemeinert werden können oder nicht" (Schäfer 2010: 59). Die Analyseverfahren lassen sich zunächst hinsichtlich ihrer Zielsetzung unterscheiden. *Deskriptive/explorative Verfahren* beschreiben die vorliegende Datenmenge (vgl. hierzu Diehl/Kohr 2004 und Benninghaus 2007). Es werden also Aussagen über die in der Stichprobe vorgefundenen Strukturen gemacht. Während sich die deskriptiven Verfahren lediglich der Beschreibung und Darstellung von Daten widmen, geht die explorative Datenanalyse einen Schritt weiter und befasst sich mit dem Auffinden von Mustern, Besonderheiten oder Zusammenhängen im erhobenen Datensatz (vgl. Schäfer 2010: 60 und Fahrmeir et al. 2006: 11 f.) *Induktive Verfahren*, die auf der Wahrscheinlichkeitstheorie aufbauen, begnügen sich hingegen nicht mit der Beschreibung der erhobenen Daten, sondern ziehen von den in der Stichprobe gefundenen Strukturen Rückschlüsse auf Gegebenheiten in der Grundgesamtheit (vgl. Raithel 2008: 120). Die deskriptiven/explorativen Verfahren lassen sich weiter in uni-, bi- und multivariate Analysen unterteilen. Hauptunterscheidungsmerkmal ist hierbei die Anzahl der zu untersuchenden Variablen (vgl. Butzer-Strothmann et al. 2001: 74). Bezieht sich die Analyse auf nur eine einzige Variable, können *univariate Auswertungsmethoden* angewendet werden. Darüber hinaus werden *bivariate Datenanalysen* durchgeführt, um die Bezie-

---

207 Als kundige Experten sind in diesem Zusammenhang die im Rahmen der qualitativen Untersuchungen herangezogenen Meinungen der Wiederbesucher sowie der befragten Experten zu nennen (vgl. hierzu Kapitel 5.1.2 und 6.1), auf deren Grundlage der Fragebogen entwickelt wurde.

6.2 Design der quantitativen Fragebogenerhebung

hungen zwischen zwei Variablen näher zu beschreiben. Die *multivariaten Verfahren* schließlich beziehen drei oder mehr Variablen gleichzeitig in die Datenanalyse ein und untersuchen den Zusammenhang und die Wechselwirkungen dieser Variablen. Backhaus et al. schlagen für den Bereich der multivariaten Verfahren eine Unterscheidung zwischen strukturenentdeckenden (sog. Interdependenzanalyse) und strukturenprüfenden Verfahren (sog. Dependenzanalyse) vor (vgl. hierzu Backhaus et al. 2011: 13 ff.).

In der vorliegenden Arbeit kommen folgende Analyseverfahren zum Einsatz (vgl. Tabelle 32): Zur deskriptiven Beschreibung der Datenstruktur bzw. von einzelnen messbaren Beobachtungsdaten der Erhebung werden univariate Verfahren angewandt. Es handelt sich hierbei um Häufigkeitsverteilungen[208], Mittelwerte (Mean)[209] und Standardabweichungen (SD: Standard Deviation)[210]. Anschließend werden verschiedene bivariate Datenanalysen durchgeführt, um die Zusammenhänge zwischen einzelnen Variablen aufzudecken. Zur Anwendung gelangen dabei drei Verfahren der Assoziationsmessung: Kreuztabellen[211],

---

208 Bei den in den weiteren Ausführungen beschriebenen *Häufigkeitsverteilungen* kommen in Anlehnung an Butzer-Strothmann et al. die folgenden Häufigkeitszahlen zum Einsatz: (1) *absolute Häufigkeiten*, welche die Anzahl der bei den Fragen genannten Antworten in absoluten Zahlen angeben und (2) *gültige relative (prozentuale) Häufigkeiten*, bei denen die absolute Häufigkeit in Relation zu der Gesamtzahl derjenigen Befragten gesetzt wird, welche die auswertende Frage beantwortet haben (vgl. Butzer-Strothmann et al. 2001: 76).

209 Als *Mittelwert* (Durchschnittswert) wird in den folgenden Kapiteln das arithmetische Mittel verwendet. Seine Anwendung empfiehlt sich immer dann, wenn der Schwerpunkt einer Verteilung identifiziert werden soll (vgl. Benninghaus 2007: 49). Durch das arithmetische Mittel wird demnach die Häufigkeitsverteilung am Besten repräsentiert. Es wird gebildet aus der Summe der angegebenen Skalenwerte (Messwerte), dividiert durch die Anzahl der Antworten.

210 Die *Standardabweichung* ist definiert als ein Maß für die Streuung der Messwerte. Sie ist die Quadratwurzel aus der Varianz, die ihrerseits berechnet wird aus der Summe der Abweichungsquadrate aller Messwerte von ihrem arithmetischen Mittel, dividiert durch die um 1 verminderte Anzahl der Werte (vgl. Bühl 2006: 122 und Benninghaus 2007: 58). „Die Standardabweichung gibt an, wie repräsentativ der Mittelwert für alle Werte der Verteilung ist. Je kleiner die Standardabweichung, desto besser spiegelt der Mittelwert diese Werte wider." (Laukner 2008: 180)

211 Eine *Kreuztabelle* dient dazu, die gemeinsame Häufigkeitsverteilung zweier nominal-, ordinal- oder metrisch-skalierter Variablen (auch Kombinationen von Skalenniveaus sind möglich) darzustellen und Zusammenhänge zu entdecken (vgl. hierzu und im Folgenden Butzer-Strothmann et al. 2001: 79 und Raithel 2008: 139). Hierbei werden in einer Tabelle für alle möglichen Kombinationen der Ausprägungen zweier Merkmale die absoluten und relativen Häufigkeiten angegeben. Mit Hilfe der Kreuztabelle lässt sich so z. B. untersuchen, ob zwischen den soziodemografischen-/ökonomischen Strukturmerkmalen der Befragten und der Besuchshäufigkeit ein Zusammenhang besteht. Die Gesamtwerte der Kreuztabellen (jeweils rechte Spalte und unterste Zeile mit der Bezeichnung ‚Total') in Kapitel 6.3.2 weisen zum Teil andere Werte aus als die entsprechenden Häufigkeitsverteilungen der univariaten Betrachtungen in Kapitel 6.3.1. Dies liegt daran, dass von der Kreuztabelle alle Fälle ausgeschlossen werden, die in mindestens

Korrelationsanalysen[212] und Mittelwertvergleiche differenziert nach Gruppen. Statistische multivariate Auswertungsmethoden, die im Folgenden eingesetzt werden, sind die Faktoren- und die Clusteranalyse. Verfahren der induktiven Statistik finden hingegen aufgrund des explorativen Impetus der vorliegenden Arbeit sowie der in Kapitel 6.2.5 beschriebenen Verzerrungsfaktoren keine Anwendung.

---

einer der betrachteten zwei Variablen einen fehlenden Wert enthalten. Sie bezieht sich somit immer nur auf diejenigen Personen, die beide Variablen im Fragebogen beantwortet haben.

212 *Korrelationsanalysen* versuchen durch eine Messzahl (sog. Korrelationskoeffizient) die Stärke und Richtung eines linearen Zusammenhangs zwischen zwei Variablen zum Ausdruck zu bringen (vgl. hierzu und im Folgenden Butzer-Strothmann et al. 2001: 95, Raithel 2008: 137 und Bühl 2006: 342). Je nach Skalenniveau der Variablen kommen unterschiedliche Korrelationskoeffizienten zum Einsatz (z. B. Rangkorrelationskoeffizient nach Spearman bei Ordinalskalierung und Korrelationskoeffizient nach Pearson bei metrischem Skalenniveau). Der Korrelationskoeffizient kann einen Wert zwischen -1 und +1 annehmen. Während die numerische Größe des Koeffizienten angibt, wie eng der Zusammenhang ist, drückt das Vorzeichen die Richtung des Zusammenhangs aus. Je näher der Wert dieses Koeffizienten bei +/-1 liegt, desto enger ist der Zusammenhang zwischen den Variablen. Ein Korrelationskoeffizient von 0 zeigt an, dass kein linearer Zusammenhang gemessen werden konnte, d. h. die Variablen sind linear unabhängig bzw. unkorreliert. Zur Beschreibung der Größe des Betrags der Korrelationskoeffizienten werden laut Bühl die folgenden Abstufungen verwendet: Wert von 0 = keine Korrelation, Wert bis 0,2 = sehr geringe Korrelation, Wert bis 0,5 = geringe Korrelation, Wert bis 0,7 = mittlere Korrelation, Wert bis 0,9 = hohe Korrelation, Wert über 0,9 = sehr hohe Korrelation und Wert von 1 = perfekte Korrelation. Ist der Korrelationskoeffizient negativ, bedeutet dies eine gegensinnige Beziehung zwischen den Variablen: hohe Werte der einen Variable gehen mit niedrigen Werten der anderen Variable einher (vgl. Bühl 2006: 342). Betrachtet werden in dieser Arbeit nur Beziehungen, auf die man sich mit einer Vertrauenswahrscheinlichkeit von 95% verlassen kann, die also auf einem Niveau von 0,05 signifikant und damit aussagekräftig sind. „Eine Vertrauenswahrscheinlichkeit von 0,95 bedeutet, dass man sich mit einer Wahrscheinlichkeit von 95% darauf verlassen kann, dass der Test zu einer Annahme der Nullhypothese (dass kein Zusammenhang zwischen den Variablen besteht) führen wird, wenn diese korrekt ist, d. h. wenn kein Zusammenhang besteht. Die Wahrscheinlichkeit, dass die Nullhypothese abgelehnt wird, obwohl sie richtig ist (Irrtumswahrscheinlichkeit bzw. Signifikanzniveau) beträgt 5% (...), d. h. man wird sich zu 5% (...) täuschen, wenn man von einem Zusammenhang ungleich Null zwischen den Variablen ausgeht." (Laukner 2008: 210), vgl. hierzu auch bei Backhaus et al. 2011: 78.

Tabelle 32: Die statistischen Analyseverfahren der Arbeit im Überblick

Analyseverfahren		Inhalt/Ziel	Statistische Methoden	Kapitel
deskriptiv/ explorativ	Univariate Analysen	Beschreibung der Datenstruktur und Ermittlung univariater statistischer Kennwerte	Häufigkeitsverteilungen, Mittelwerte, Standardabweichung	6.3.1
	Bivariate Analysen	Aufdecken von Variablenzusammenhängen	Kreuztabellen, Korrelationen, Mittelwertvergleiche	6.3.2
	Multivariate Analysen	Strukturentdeckend/Interdependenzanalysen	Faktorenanalyse und Clusteranalyse	6.3.3 und 6.3.4

6.3 Ergebnisse der quantitativen Fragebogenerhebung

6.3.1 Datenstruktur der Erhebung und univariate Ergebnisse

6.3.1.1 Ergebnisse zur Besucherbindung und ihren Erscheinungsformen

Die Besucherbindung (tatsächlicher Wiederbesuch) wurde entsprechend den Erkenntnissen zu ihrer Operationalisierung anhand von zwei Indikatoren erhoben: (1) Besuchshäufigkeit und (2) Dauer der Geschäftsbeziehung (vgl. Kapitel 6.2.3.1 und 6.2.3.2). Bei der Auswertung der *Besuchshäufigkeit* lässt es die Vielzahl der Nennungen und die sehr unterschiedliche Anzahl an genannten Besuchen für eine differenzierte Beschreibung der Stichprobe als sinnvoll erscheinen, die Gesamtheit der Befragten in verschiedene Gruppen einzuteilen bzw. aufzugliedern. Dabei können vier verschiedene Wiederbesuchergruppen gebildet werden:

Abbildung 15: Wiederbesuchergruppen nach Besuchshäufigkeit

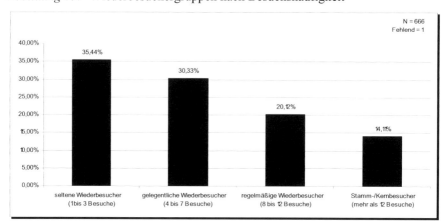

Die erste Wiederbesuchergruppe (*seltene Wiederbesucher*) besteht aus denjenigen Befragten, die das betreffende Opernhaus ein bis drei Mal innerhalb einer Spielzeit besuchen. Sie macht mit 236 Besuchern über ein Drittel (35,44%) des Samples aus und stellt gleichzeitig die größte Gruppe dar. Den seltenen Wiederbesuchern folgt mit 202 Befragten (30,33%) die zweite Gruppe an Wiederbesuchern, die das Opernhaus *gelegentlich*, d. h. vier bis sieben Mal in einer Spielzeit aufsuchen. Die *regelmäßigen Wiederbesucher* sind mit acht bis zwölf Besuchen in der dritten Gruppe zusammengefasst, die 134 Personen (20,12%) ausmacht. Die *Stamm- bzw. Kernbesucher* eines Opernhauses, die mehr als zwölf Mal pro Spielzeit Besuche in ihrem Opernhaus tätigen, befinden sich in der vierten und kleinsten Gruppe im Sample, die einen Anteil von 14,11% (94 Befragte) aufweist. Eine Anzahl pro Spielzeit von 150 Besuchen an der Deutschen Oper Berlin, 120 Besuchen an der Bayerischen Staatsoper München, 80 Besuchen an der Oper Frankfurt und 40 Besuchen am Opernhaus Leipzig (jeweils eine Person) bilden hier das jeweilige Besuchsmaximum. Diese Beobachtungen weisen tendenziell in die gleiche Richtung wie die Ergebnisse von einigen empirischen Publikumsstudien, die aufzeigen, dass der Anteil derer, die sehr häufig die Oper besuchen, relativ klein und die Zahl der gelegentlichen und seltenen Besucher weitaus größer ist (vgl. hierzu Kapitel 2.5). Demnach zählen gut zwei Drittel (65,77%) der Befragten im Sample zu den ersten beiden Gruppen der seltenen und gelegentlichen Wiederbesucher, während lediglich ein Drittel (34,23%) das Opernhaus als regelmäßiger oder Stammbesucher aufsucht. Betrachtet man die Verteilung an den einzelnen Opernhäusern, so lassen sich die folgenden Schwerpunkte erkennen: An der *Deutschen Oper Berlin* stellen ebenfalls die seltenen

6.3 Ergebnisse der quantitativen Fragebogenerhebung

Wiederbesucher mit einem Anteil von 35,06% die größte Gruppe dar, gefolgt von den gelegentlichen (25,11%), den regelmäßigen (20,78%) und den Stammbesuchern (19,05%). Allerdings liegt der Anteil der Stammbesucher hier etwas höher und der Anteil der gelegentlichen Besucher etwas niedriger als im gesamten Sample. An der *Oper Frankfurt* stellen die größte Gruppe die regelmäßigen Wiederbesucher (33,33%), gefolgt von den gelegentlichen Besuchern (32,16%). Beide Gruppen – insbesondere die regelmäßigen Wiederbesucher – sind in Frankfurt stärker vertreten als die entsprechenden Gruppen in der gesamten Stichprobe. Es folgen die seltenen Wiederbesucher (20,47%), die hier im Vergleich zum gesamten Sample weniger häufig anzutreffen sind, und die Kernbesucher (14,04%), die der Verteilung in der Gesamtstichprobe entsprechen. An der *Oper Leipzig* finden sich die größten Anteile bei den gelegentlichen (44,64%) und seltenen Wiederbesuchern (33,93%), während die regelmäßigen Besucher (13,10%) und Stammbesucher (8,33%) weitaus seltener in der Besucherschaft vertreten sind. Im Vergleich zum gesamten Sample liegt der Anteil der gelegentlichen Wiederbesucher in Leipzig deutlich höher, während insbesondere die regelmäßigen und Stammbesucher hier weniger häufig anzutreffen sind. An der *Bayerischen Staatsoper München* stellen den stark überwiegenden Teil die seltenen Wiederbesucher (65,63%), die damit deutlich über dem entsprechenden Anteil in der Gesamtstichprobe liegen. Auf den weiteren Plätzen folgen mit großem Abstand die gelegentlichen Wiederbesucher (14,58%), die Kernbesucher (12,50%) und die regelmäßigen Besucher (7,29%).[213]

Insgesamt besuchen die Befragten das jeweilige Opernhaus durchschnittlich (Mean) 7,9 Mal in einer Spielzeit. Mit einer Standardabweichung von 12,13 streuen die erhobenen Werte stark um den Mittelwert, wodurch deutlich wird, dass die jeweilige Anzahl der von den Befragten getätigten Besuche weit auseinander liegt (Spannbreite von 1 bis 150). Die Opernhäuser mit der höchsten Anzahl der durchschnittlich getätigten Besuche in einer Spielzeit sind die Deutsche Oper Berlin und die Oper Frankfurt. In diesen beiden Häusern liegt der Mittelwert bei 9,2 in Berlin (mit SD=15,31 höchste Standardabweichung, Maximum von 150 Besuchen) und 9,0 in Frankfurt (ebenfalls hohe Standardabweichung mit SD=9,76, Maximum von 80 Besuchen) über dem Durchschnittswert der gesamten Stichprobe und auch über der durchschnittlichen Besuchsanzahl an den anderen beiden Bühnen. In München liegt dieser Durchschnitt lediglich bei

---

213 Der sehr hohe Anteil an seltenen Wiederbesuchern in München spricht dafür, dass sich die seitens der Oper einige Monate vor dieser Untersuchung durchgeführte weitere Fragebogenerhebung (vgl. Kapitel 6.2.5) insbesondere negativ auf die Bereitschaft der weiteren drei Wiederbesuchergruppen (und hierbei vornehmlich die gelegentlichen und regelmäßigen Besucher) ausgewirkt hat, erneut an einer Befragung teilzunehmen.

6,3 (zweithöchste Standardabweichung SD=14,62, Maximum von 120 Besuchen) und in Leipzig bei 5,8 (SD=6,13, Maximum von 40 Besuchen). Im Rahmen der Auswertung der *Dauer der Geschäftsbeziehung* wurde die Gesamtheit der Befragten in vier verschiedene Kategorien eingeteilt:

Abbildung 16: Dauer der Geschäftsbeziehung des Samples

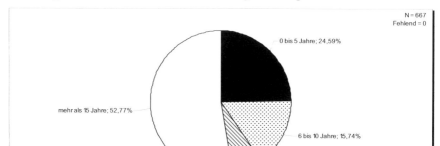

Die vier untersuchten Opernhäuser verfügen über eine große Anzahl an langjährigen Wiederbesuchern. Über die Hälfte der Befragten (352 Personen, 52,77%) unterhält bereits seit mehr als 15 Jahren eine Geschäftsbeziehung zum jeweiligen Opernhaus. Schwerpunkte bei den Nennungen innerhalb dieser Kategorie liegen bei 20 Jahren (67 Befragte, 19,03%), 30 Jahren (ebenfalls 67 Befragte, 19,03%) sowie bei 40 Jahren (50 Befragte, 14,20%) Geschäftsbeziehung. Eine Dauer von 70 Besuchsjahren an der Oper Leipzig (eine Person), 65 Jahren an der Deutschen Oper Berlin (ein Befragter), 60 Jahren am Opernhaus Frankfurt (zwei Personen) und 50 Jahren an der Bayerischen Staatsoper München (zwei Befragte) bilden hierbei das jeweilige Maximum. Demgegenüber bilden im Sample die zweitgrößte Kategorie diejenigen Befragten, welche das Opernhaus seit weniger als einem Jahr bis maximal seit fünf Jahren besuchen. Mit 164 Personen stellen sie knapp ein Viertel (24,59%) der Wiederbesucher. Es folgen diejenigen Befragten, welche bereits seit sechs bis 10 Jahren (105 Befragte, 15,74%) und seit 11 bis 15 Jahren (46 Personen, 6,90%) eine Geschäftsbeziehung zum jeweiligen Opernhaus unterhalten.

Die durchschnittliche Dauer einer Geschäftsbeziehung in der Gesamtstichprobe beträgt 21,02 Jahre. Mit einer Standardabweichung von 16,73 streuen die erhobenen Werte allerdings sehr stark um den Mittelwert, wodurch deutlich wird, dass die jeweilige Anzahl der von den Befragten genannten Besuchsjahre

6.3 Ergebnisse der quantitativen Fragebogenerhebung

weit auseinander liegt (Spannbreite von weniger als einem Jahr bis 70 Jahre). Opernhäuser, welche über die längste durchschnittliche Dauer einer Geschäftsbeziehung zu ihren Wiederbesuchern verfügen, sind die Oper Leipzig und die Deutsche Oper Berlin. In diesen beiden Häusern liegt der Mittelwert bei 24,28 Jahre in Leipzig (mit SD=19,62 höchste Standardabweichung, Maximum von 70 Besuchsjahren) und 21,6 Jahre in Berlin (ebenfalls hohe Standardabweichung mit SD=16,34, Maximum von 65 Besuchsjahren) über dem Durchschnittswert der gesamten Stichprobe und auch über der durchschnittlichen Dauer an den anderen beiden Bühnen. In München liegt dieser Durchschnitt bei 19,39 (SD=13,89, Maximum von 50 Besuchsjahren) und in Frankfurt bei 18,04 (SD=15,15, Maximum von 60 Besuchsjahren).

Neben den Ausführungen zu den beiden Indikatoren der Besucherbindung sollen im Folgenden die univariaten Ergebnisse zu ihren verschiedenen *Erscheinungsformen* (vgl. hierzu auch Kapitel 3.4.1) in der Stichprobe dargestellt werden:[214]

Abbildung 17: Erscheinungsformen der Besucherbindung im Sample

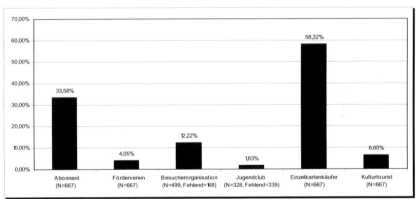

Mehr als die Hälfte der Befragten (389 Personen, 58,32%) beziehen ihre Opernkarten über den Einzelkartenkauf. Es überwiegen in der Gesamtstichprobe damit

---

214 Die hier gewählte isolierte Betrachtung der Erscheinungsformen dient einer deskriptiven Beschreibung der Datenstruktur und ist idealtypisch zu verstehen. Im Datensatz liegt in einigen Fällen auch eine Kombination aus mehreren Erscheinungsformen vor bzw. es existieren Verbindungen und Überschneidungen. So kam es hier auch aufgrund der möglichen Mehrfachnennungen zu insgesamt 751 Angaben durch 667 Befragte. Diese Nennungen sind mit in die oben gezeigten Häufigkeitsverteilungen eingegangen, da Mehrfachnennungen im Fragebogen nicht ausgeschlossen wurden, die Antworten sinnig sind und die Ergebnisse dadurch nicht verfälscht werden.

die *nicht-organisierten Wiederbesuche*. Innerhalb der Kategorie der *organisierten Wiederbesuche* (insgesamt 318 Personen, 51,68%) sind die traditionellen Bindungsformen Abonnement, Förderverein/ Freundeskreis und Besucherorganisation mit 49,85% am stärksten im Sample vertreten. Die Abonnenten stellen dabei mit 33,58% (224 Personen) neben den Einzelkartenkäufern die zweitgrößte Gruppe innerhalb der Gesamtstichprobe dar. Die Mitglieder der Besucherorganisationen[215] sind mit 61 Befragten (12,22%), die Mitglieder der Fördervereine/ Freundeskreise mit 27 Personen (4,05%) im Sample vertreten. Zudem wurde im Fragebogen die Mitgliedschaft in Jugendclubs bzw. Jungen Opernfreundeskreisen erhoben.[216] Lediglich sechs der Befragten (1,83%) sind Mitglied in einem solchen Besucherclub. Da auf eine separate Erfassung von Theatercards im Rahmen der Erhebung leider verzichtet werden musste (vgl. Kapitel 6.2.3.2), kann eine Auswertung dieser Ausprägungsform lediglich unter der Kategorie *Sonstiges* erfolgen. Innerhalb dieser Kategorie gab es 86 unterschiedliche Nennungen der Befragten. Insgesamt 18 Mal wurde hierbei die Theatercard angeführt. Diese verteilen sich auf 13 Nennungen für das institutionsübergreifende Angebot ClassicCard in Berlin sowie auf fünf Nennungen für die JuniorCard der Oper Leipzig.[217] Diese Beobachtungen unterstreichen, dass trotz der in den letzten Jahren aufgekommenen neuen Ausprägungsformen des organisierten Wiederbesuchs (und ihrer künftig wohl noch steigenden Bedeutung) die traditionellen Bindungskonzepte für die untersuchten Opernhäuser nach wie vor das Rückgrat ihres Besucherbindungsmanagements darstellen. Schließlich lassen sich noch für die dritte Kategorie *(kultur-)touristische Wiederbesuche* insgesamt 44 Befragte (6,60%) im Sample identifizieren. Dieses Ergebnis korrespondiert mit der Beobachtung in Kapitel 6.3.1.3, dass die Gesamtstichprobe durch eine hohe Nahbesucherquote und eine geringe Fernbesucherquote gekennzeichnet ist.

Betrachtet man wiederum die Verteilung an den einzelnen Opernhäusern, so lassen sich die folgenden Schwerpunkte erkennen: An der *Deutschen Oper Berlin* liegt der Anteil der Einzelkartenverkäufer mit 64,22% sowie der Anteil der Besucherorganisationen mit 13,36% über dem Wert für die Gesamtstichprobe. Der Abonnentenanteil liegt mit 23,71% deutlich darunter. An der *Oper Frankfurt* beträgt dieser hingegen 48,54% und liegt wie auch der Anteil der Mitglieder des

---

215 Bei der Erhebung in Leipzig wurde dieser Indikator nicht in den Fragebogen aufgenommen, da die Oper Leipzig zurzeit mit keiner Besucherorganisation als Absatzmittler kooperiert.
216 Bei den Erhebungen in Frankfurt und Leipzig wurde dieser Indikator nicht in den Fragebogen aufgenommen, da an beiden Häusern zurzeit weder ein Jugendclub noch Junge Opernfreunde existent sind.
217 Als weitere Schwerpunkte innerhalb der Kategorie Sonstiges lassen sich identifizieren: Bezug von Karten über Freunde, Familienmitglieder oder als Geschenk (16 Befragte), Steuer-/Mitarbeiterkarten (7 Befragte), Studentenkarten (7 Befragte) und die Online-Bestellung über das Internet (7 Befragte).

6.3 Ergebnisse der quantitativen Fragebogenerhebung

Fördervereins (7,02%) deutlich über dem Wert des gesamten Samples. Der Anteil an (kultur-)touristischen Wiederbesuchen liegt niedriger (1,75%). An der *Oper Leipzig* liegt der Abonnentenanteil mit 48,21% über dem Anteil an Einzelkartenkäufern (47,02%) und entsprechend deutlich über bzw. unter dem Wert für die gesamte Stichprobe. Der Anteil an (kultur-)touristischen Wiederbesuchen liegt höher (8,93%). An der *Bayerischen Staatsoper München* liegt ähnlich wie in Berlin der Anteil der Einzelkartenkäufer mit 64,58% sowie der Anteil der Besucherorganisationen mit 23,96% deutlich über dem Wert für die Gesamtstichprobe. Demgegenüber finden sich sehr niedrige Abonnentenanteile (5,21%) sowie Freundeskreisanteile (1,04%). Der Anteil an (kultur-)touristischen Wiederbesuchen liegt höher als im gesamten Sample (8,33%).

Zusammenfassend kann auf die Untersuchungsfrage F_1 (vgl. Kapitel 6.2.1) die folgende Antwort gegeben werden:

- Für eine differenzierte Beschreibung lässt sich die Gesamtheit der Befragten anhand ihrer Besuchshäufigkeit in vier verschiedene Wiederbesuchergruppen einteilen: seltene Wiederbesucher (1 bis 3 Besuche), gelegentliche Wiederbesucher (4 bis 7 Besuche), regelmäßige Wiederbesucher (8 bis 12 Besuche) und Stamm-/Kernbesucher (mehr als 12 Besuche).
- Der Anteil der Wiederbesucher, die sehr häufig die Oper besuchen, ist relativ klein, während die Zahl der gelegentlichen und seltenen Besucher weitaus größer ist. Gut zwei Drittel der Befragten zählen zu den ersten beiden Gruppen der seltenen und gelegentlichen Wiederbesucher. Lediglich ein Drittel sucht das Opernhaus als regelmäßiger oder Stammbesucher auf. Insgesamt besuchen die Befragten durchschnittlich 7,9 Mal das jeweilige Opernhaus in einer Spielzeit.
- Die Stichprobe ist durch eine große Anzahl an langjährigen Wiederbesuchern beschrieben. Am zweithäufigsten sind diejenigen Befragten vertreten, welche das Opernhaus seit weniger als einem Jahr bis maximal seit fünf Jahren besuchen. Die durchschnittliche Dauer einer Geschäftsbeziehung der Befragten beträgt 21,02 Jahre.

Für die Untersuchungsfrage F_2 lässt sich festhalten:

- In der Gesamtstichprobe überwiegen die nicht-organisierten Wiederbesuche. Mehr als die Hälfte der Befragten beziehen ihre Opernkarten über den Einzelkartenkauf.
- Die zweitgrößte Kategorie im Sample bilden die organisierten Wiederbesuche. Innerhalb dieser sind die traditionellen Bindungsformen am stärksten

vertreten. Die Abonnenten stellen neben den Einzelkartenkäufern die zweitgrößte Gruppe innerhalb der Gesamtstichprobe dar.
- Für die dritte Kategorie (kultur-)touristische Wiederbesuche lassen sich nur rund sieben Prozent der Befragten im Sample identifizieren.

6.3.1.2 Ergebnisse zu den Wiederbesuchsgründen

Aufbauend auf den begrifflichen und deskriptiven Aussagen dieser Arbeit sowie den Erkenntnissen aus der qualitativen Vorstudie wurden im Rahmen der Fragebogenerhebung 41 unterschiedliche Wiederbesuchsgründe erfasst (vgl. Kapitel 6.2.3.1). Um die Einstellungen und Meinungen der Befragten hinsichtlich der Gründe für ihren Wiederbesuch in eine messbare Form zu bringen, wurde als Instrument der Messung eine fünfstufige verbale Ratingskala verwendet (vgl. Kapitel 6.2.3.3). Durch diese Form der Skalierung wird es den Befragten ermöglicht, im Rahmen einer Selbsteinstufung die Ausprägung ihrer Meinungen auf einer vorgegebenen abgestuften Antwortskala vorzunehmen und auf die einzelnen Wiederbesuchsgründe mehr oder weniger zustimmend oder ablehnend zu reagieren (vgl. Laukner 2008: 163). Um die große Anzahl von Nennungen überschaubar zu machen und die Aussagen der Befragten miteinander vergleichen sowie im Hinblick auf die Untersuchungsfrage F_3 interpretieren zu können, wurden die Ausprägungen der einzelnen Aussagen im Rahmen der Auswertung verdichtet und durch Mittelwerte (und ihre zugehörigen Standardabweichungen) vergleichbar gemacht (vgl. hierzu und im Folgenden auch Laukner 2008: 182 ff.). Darüber hinaus kommen für eine differenzierte Betrachtung bei den zehn Wiederbesuchsgründen mit den höchsten und niedrigsten Zustimmungen (sog. TOP-10 und FLOP-10), bei denjenigen Ergebnissen mit einer hohen Standardabweichung (SD>1,50) sowie bei weiteren interessierenden Variablen zusätzlich Häufigkeitsverteilungen zum Einsatz.

Betrachtet man die Zustimmungen zu den einzelnen Wiederbesuchsgründen, so fällt auf, dass innerhalb der Gesamtstichprobe Aussagen identifiziert werden können, die generell für eine große Anzahl der Befragten zutreffen. Die zehn Wiederbesuchsgründe mit der höchsten Zustimmung durch die Befragten (Ranking der TOP-10 Wiederbesuchsgründe) sind in der folgenden Tabelle 33 aufgeführt. Hierbei wird zunächst deutlich, dass insbesondere die künstlerischen Kernleistungen eines Opernhauses bzw. die wahrgenommene Qualität der künstlerischen Produkte die ausschlaggebendsten Wiederbesuchsgründe für die Befragten darstellen. Fünf der genannten TOP-10 Wiederbesuchsgründe lassen sich direkt diesem Bereich zuordnen: Qualität der künstlerischen Besetzungen, Orchesterqualität, Chorqualität, Inszenierungsqualität und abwechslungsreicher

6.3 Ergebnisse der quantitativen Fragebogenerhebung

Spielplan (vgl. hierzu Kapitel 5.2). Darüber hinaus sind die beiden Wiederbesuchsgründe ‚Vorliebe' (für Werke und Komponisten) und ‚Regelmäßige Beschäftigung und Interesse an Oper', welche im Rahmen der deskriptiven Aussagen dem potenziellen Einflussfaktor ‚Affinität' konzeptionell zugeordnet werden konnten (vgl. Kapitel 5.7), ebenfalls eng mit der künstlerischen Sphäre eines Opernhauses verbunden bzw. stehen generell für die Nähe zur Kunstform Oper. Andererseits wird deutlich, dass neben den künstlerischen Kernleistungen auch bestimmte zufriedenstelle Serviceangebote von Opernhäusern (hier: besucherorientierte Servicemitarbeiter und unkomplizierter Kartenerwerb) eine große Rolle spielen und ebenfalls als entscheidend bei der Frage angesehen werden können, ob eine Bühne wiederholt frequentiert wird. Schließlich lässt sich konstatieren, dass sechs der TOP-10 Wiederbesuchsgründe (Qualität der künstlerischen Besetzungen, abwechslungsreicher Spielplan, Heranführung an die Oper als Kind/ Jugendlicher, regelmäßige Beschäftigung und Interesse an Oper, Inszenierungsqualität und Vorliebe) auch im Rahmen der qualitativen Vorstudie zu den Statement-Highlights zählen (vgl. Kapitel 6.1.5) und somit die dort ermittelten einzelfallbezogenen Ergebnistendenzen auf breiter Basis durch die Fragebogenerhebung bestätigt werden konnten.

Tabelle 33: Wiederbesuchsgründe mit den höchsten Zustimmungen (TOP-10)[218]

Nr.	Wiederbesuchsgründe	Mean	SD
1	Qualität der künstlerischen Besetzungen	4,20	0,99
2	Orchesterqualität	4,09	1,02
3	Vorliebe	4,05	1,12
4	Chorqualität	3,94	1,12
5	Regelmäßige Beschäftigung und Interesse an Oper	3,86	1,24
6	Unkomplizierter Kartenerwerb	3,84	1,33
7	Besucherorientierte Servicemitarbeiter	3,70	1,22
8	Inszenierungsqualität	3,68	1,32
9	Abwechslungsreicher Spielplan	3,64	1,15
10	Heranführung an die Oper als Kind/Jugendlicher	3,64	1,62

---

218 Im Rahmen der Codierung der erhobenen Daten (vgl. Kapitel 6.2.6) wurden den einzelnen Ausprägungen der Variablen die folgenden Zahlen zugeordnet: trifft überhaupt nicht zu = 1, trifft nicht zu = 2, neutral = 3, trifft zu = 4, trifft voll zu = 5, weiß ich nicht = 0. Die Berechnung der Mittelwerte erfolgte exklusiv der Kategorie *weiß ich nicht* sowie der Missing Values (keine Angaben), d. h. die Mittelwerte basieren auf den Werten von 1 bis 5.

Betrachtet man die Zustimmungen zu den TOP-10 Wiederbesuchsgründen im Einzelnen, so wird deutlich, dass die *Qualität der künstlerischen Besetzungen* und die *Orchesterqualität* mit Mittelwerten von 4,20 und 4,09 über die höchste Zustimmung im Sample verfügen. Bei diesen beiden Gründen sind sich die Befragten relativ einig: beide Variablen streuen mit einer Standardabweichung von 0,99 und 1,02 im Vergleich zu den anderen Variablen des Aussagenkatalogs mit am geringsten um den jeweiligen Mittelwert. Diesen beiden Aussagen stimmen insgesamt 78,73% bzw. 78,06% der Befragten zu (vgl. Abbildung 18).[219] Ebenfalls hohe Bestätigungen erhalten die folgenden drei Wiederbesuchsgründe *Vorliebe*, *Chorqualität* sowie *regelmäßige Beschäftigung und Interesse an Oper* mit Mittelwerten zwischen 4,05 und 3,86 und einer prozentualen Zustimmung von 74,23% bis 65,90%. Auffallend ist bei der Variable ‚regelmäßige Beschäftigung und Interesse an Oper', dass diese zwar für 65,90% der Befragten als Wiederbesuchsgrund zutrifft, aber für 16,74% der Wiederbesucher eben auch nicht. 17,20% stehen diesem Wiederbesuchsgrund zudem neutral gegenüber. Die Vermutung, dass sich Personen, die wiederholt ein Opernhaus besuchen, immer auch in besonderer Weise für diese Kunstform interessieren bzw. sich damit regelmäßig beschäftigen, kann damit nur eingeschränkt bestätigt werden. So gibt es unter den Befragten auch eine Gruppe an Besuchern, für die anders geartete Gründe ausschlaggebend sind und denen es beim Opernbesuch anscheinend nicht unbedingt darauf ankommt, auch ein persönliches Interesse an dieser Kunstform zu haben bzw. sich mit der Thematik regelmäßig zu beschäftigen.

Abbildung 18: Häufigkeitsverteilung der TOP-5 Wiederbesuchsgründe im Sample

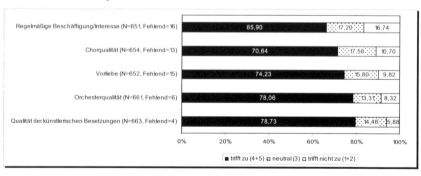

---

219 Die gültigen relativen Häufigkeiten sind exklusive *weiß ich nicht* und der Missing Values (keine Angaben) dargestellt.

6.3 Ergebnisse der quantitativen Fragebogenerhebung

Ebenfalls wird deutlich, dass sich unter den TOP-5 Wiederbesuchsgründen mit der Qualität der künstlerischen Besetzungen sowie der Orchester- und Chorqualität drei Variablen der Dimension ‚musikalische Qualität' befinden (vgl. hierzu Kapitel 5.2.3.1). Die *Inszenierungsqualität* als Leistungsmerkmal der Dimension ‚szenische Qualität' befindet sich demgegenüber lediglich auf Platz acht mit einem Mittelwert von 3,68. Die Vermutung der befragten Experten, dass einer fortlaufenden hohen musikalischen Qualität eine höhere Bedeutung für den Wiederbesuch eines Opernhauses beigemessen werden kann als der szenischen Qualität, lässt sich anhand der Erhebungsdaten bestätigen. Zumal sich die weiteren Leistungsmerkmale der szenischen Qualität, *Neuinszenierungen* und *Ausstattungsqualität*, im Ranking der Wiederbesuchsgründe erst auf den Plätzen 18 und 22 wiederfinden (vgl. Tabelle 35). Für die Mehrheit der Befragten gilt folglich das Interesse in erster Linie der Musik, den Sängern und Dirigenten, dem Orchester und dem Chor. Die geringere Zustimmung für die Inszenierungsqualität lässt sich auch der Häufigkeitsverteilung in Abbildung 19 entnehmen. So stimmen zwar 61,06% der Befragten zu, dass sie dann das Opernhaus wiederholt besuchen, wenn ihnen bestimmte Inszenierungen gefallen bzw. als attraktiv erscheinen. Für 19,70% der Wiederbesucher trifft dies allerdings nicht zu und 18,33% stehen dieser Variablen neutral gegenüber. Diese Streuung in den Zustimmungen kann vermutlich auch mit der Kontroverse um das Regietheater bzw. um die Ästhetik moderner/zeitgenössischer Inszenierungen erklärt werden. Diese ist beispielhaft an den auffallend vielen freien Kommentierungen im Rahmen der offen gestellten Frage am Ende des Erhebungsbogens ablesbar. Insgesamt 45 Personen äußern sich hier explizit zur Inszenierungsqualität und stellen Anregungen und Kritikpunkte heraus. Für die meisten der Kommentatoren sind moderne Inszenierungen zu abstrakt, nicht verständlich, unstimmig, trashig, wenig ansprechend, gefallen nicht oder werden sogar als schrecklich oder unzumutbar angesehen. Präferiert wird hingegen häufig die traditionelle Inszenierung klassischer Lesart. Für diesen Befragtenkreis scheinen bestimmte moderne Inszenierungen nicht attraktiv und tragen zu keinem Wiederbesuch bei, was in Folge auch ihre Meinungsausprägung bzw. Zustimmung zur Variablen ‚Inszenierungsqualität' beeinflussen kann.

Abbildung 19: Häufigkeitsverteilung der TOP-6 bis -10 Wiederbesuchsgründe im Sample

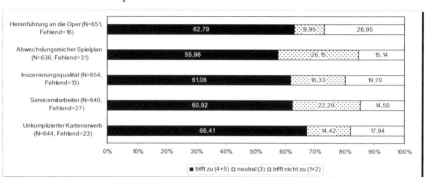

Neben der Inszenierungsqualität finden sich in den TOP-6 bis -10 an weiteren Wiederbesuchsgründen die beiden dem Servicebereich angehörenden Variablen *unkomplizierter Kartenerwerb* und *besucherorientierte Servicemitarbeiter* mit Mittelwerten von 3,84 und 3,70 und einer prozentualen Zustimmung von 66,41% und 60,92%. Zudem auf den Plätzen neun und zehn die Variablen *abwechslungsreicher Spielplan* und *Heranführung an die Oper als Kind/Jugendlicher* mit Mittelwerten von 3,64 und einer prozentualen Zustimmung von 55,96% und 62,79%. Bei der Variablen ‚abwechslungsreicher Spielplan' ist auffallend, dass rund ein Viertel der Befragten (26,15% und damit höchster Anteil der neutralen Nennungen innerhalb der TOP-10) diesem Wiederbesuchsgrund neutral gegenüber steht, wobei sich diese insbesondere an der Bayerischen Staatsoper (Mean=3,27) und an der Oper Leipzig (Mean=3,36) finden. Beim Wiederbesuchsgrund ‚Heranführung an die Oper als Kind/ Jugendlicher' schwanken die Antworten sehr stark um den Mittelwert (SD=1,62). Dies deutet darauf hin, dass der Mittelwert wenig verlässlich für die Einschätzung dieses Wiederbesuchsgrundes ist und daher detaillierter betrachtet werden muss. Die entsprechende Häufigkeitsverteilung macht deutlich, dass dieser Variable zwar 62,76% der Befragten zustimmen, auf der anderen Seite aber auch mit 26,95% eine höhere Anzahl an Ablehnungen festgestellt werden kann. Entweder weil diese Befragten selbst nicht als Kind/Jugendlicher mit der Oper in Berührung kamen und dadurch in ihrem späteren Rezeptionsverhalten geprägt wurden oder diese Heranführung als nicht ausschlaggebend für ihren wiederholten Besuch betrachten.

Zutreffend bis neutral für einen Wiederbesuch stufen die Befragten die fünf Variablen ‚Gute Erreichbarkeit/Räumliche Nähe', ‚Guter Ruf des Opernhauses in der Öffentlichkeit', ‚Gemeinsamer Opernbesuch in Begleitung', ‚Ambiente

6.3 Ergebnisse der quantitativen Fragebogenerhebung

und Atmosphäre' sowie ‚Stolz auf das Opernhaus in „unserer" Stadt' mit Mittelwerten von 3,57 bis 3,42 ein:

Tabelle 34: Wiederbesuchsgründe 11 bis 15

Nr.	Wiederbesuchsgrund	Mean	SD
11	Gute Erreichbarkeit/Räumliche Nähe	3,57	1,44
12	Guter Ruf des Opernhauses in der Öffentlichkeit	3,54	1,36
13	Gemeinsamer Opernbesuch in Begleitung	3,53	1,40
14	Ambiente und Atmosphäre	3,49	1,26
15	Stolz auf das Opernhaus in "unserer" Stadt	3,42	1,56

Drei der hier genannten fünf Wiederbesuchsgründe (gute Erreichbarkeit/räumliche Nähe, guter Ruf des Opernhauses in der Öffentlichkeit und Stolz auf das Opernhaus in „unserer" Stadt) ließen sich im Rahmen der deskriptiven Aussagen dem potenziellen Einflussfaktor ‚Identifikation' konzeptionell zuordnen (vgl. Kapitel 5.8). Ein Mittelwertvergleich der Opernhäuser zeigt, dass für die Variable *Guter Ruf des Opernhauses in der Öffentlichkeit* in Frankfurt eine Zustimmung vorliegt (Mean=3,86), während die Befragten in Berlin (Mean=3,35) und München (Mean=3,39) diesem Wiederbesuchsgrund eher neutral gegenüber stehen. Betrachtet man die prozentuale Verteilung an den einzelnen Opernhäusern, so zeigt sich, dass entsprechend dem Mittelwertvergleich eine hohe Zustimmung zu diesem Wiederbesuchsgrund vor allem in Frankfurt mit 69,23% vorhanden ist, während die Zustimmung in München bei 53,13% und in Berlin bei 48,00% liegt. An der Deutschen Oper Berlin finden sich hingegen 20,44% der Befragten, die dieser Variablen neutral gegenüber stehen und mit 26,67% der höchste Anteil an Befragten, die dieser Variable nicht zustimmen. In Frankfurt sind dies lediglich 15,38%.

Beim Wiederbesuchsgrund *Stolz auf das Opernhaus in „unserer" Stadt* fällt auf, dass hier die Standardabweichung ebenfalls hoch ist (SD=1,56) und der Mittelwert auch hier nur eingeschränkt zur Beschreibung dienen kann. Bei einer näheren Betrachtung zeigt sich, dass insgesamt 54,50% diesem Wiederbesuchsgrund zustimmen. 14,75% äußern sich neutral und 28,42% lehnen sie ab. Der höchste Anteil an Zustimmung liegt mit 59,26% in Leipzig vor. Am geringsten ist sie in Berlin (52,27%), während hier die Ablehnung mit 30,91% am Höchsten ist. Da sich diese Frage insbesondere auf Besucher bezieht, die aus der Umgebung stammen (‚in unserer Stadt'), ist hier zusätzlich die Betrachtung der regionalen Herkunft sowie der Wohndauer der Befragten nötig. Diese Beziehungszusammenhänge werden gesondert im Rahmen der bivariaten Analysen betrachtet (vgl. Kapitel 6.3.2.4). Eine entsprechende Analyse findet in diesem Rahmen auch für die Variable *Gute Erreichbarkeit/ Räumliche Nähe* statt. Beim Wiederbesuchsgrund *Ambiente und Atmosphäre* ist auffallend, dass für diese Variable in Leipzig (Mean=3,79) und München (Mean=3,82) eine Zustimmung vorliegt, während die Befragten in Frankfurt (Mean=3,42) und Berlin (Mean=3,18) diesen Wiederbesuchsgrund im Durchschnitt neutral bewerten.

Auf den Plätzen 16 bis 25 finden sich diejenigen Wiederbesuchsgründe, denen die Befragten mit Mittelwerten von 3,24 bis 2,61 neutral gegenüber stehen:

Tabelle 35: Wiederbesuchsgründe 16 bis 25

Nr.	Wiederbesuchsgrund	Mean	SD
16	Zufriedenstellendes Informationsangebot	3,24	1,27
17	Gewährung von Zusatzleistungen	3,17	1,69
18	Neuinszenierungen	3,12	1,43
19	Identifikation mit dem künstlerischen Profil	2,96	1,22
20	Identifikation mit namhaften Gästen/Stars	2,95	1,45
21	Schwerpunktsetzungen im Spielplan	2,92	1,25
22	Ausstattungsqualität	2,82	1,30
23	Architektonische Gestaltung	2,81	1,39
24	Identifikation mit Tradition/Geschichte	2,76	1,36
25	Identifikation mit Sympathieträgern des Hauses	2,61	1,38

Den Schwerpunkt stellen hierbei solche Variablen dar, welche im Rahmen der deskriptiven Aussagen dem potenziellen Einflussfaktor ‚Identifikation' (Identifikation mit dem künstlerischen Profil, Identifikation mit namhaften Gästen/Stars, Identifikation mit der Tradition/Geschichte und Identifikation mit Sympathieträgern des Hauses) konzeptionell zugeordnet werden konnten. Daneben finden sich Variablen, welche die künstlerischen Kernleistungen betreffen (Neuinszenierungen, Schwerpunktsetzungen im Spielplan und Ausstattungsqualität). Zudem Serviceangebote wie ein ‚Zufriedenstellendes Informationsangebot' und die ‚Architektonische Gestaltung'. Des Weiteren die ‚Gewährung von Zusatzleistungen' zur bevorzugten Behandlung von organisierten Wiederbesuchern.

Im Rahmen der Identifikationsvariablen lässt sich konstatieren, dass den Wiederbesuchsgründen der regionalen Identifikation (gute Erreichbarkeit/räumliche Nähe und Stolz auf das Opernhaus in „unserer" Stadt; Plätze 11 und 15 im Ranking) sowie dem ‚Guten Ruf des Opernhauses in der Öffentlichkeit' (Platz 12 im Ranking) von den Befragten eine höhere Bedeutung für den Wiederbesuch beigemessen wird als den vier weiteren Identifikationsvariablen. Auf Auffälligkeiten bei diesen Indikatoren wird im Folgenden näher eingegan-

6.3 Ergebnisse der quantitativen Fragebogenerhebung

gen: Das Selbstverständnis eines Opernhauses repräsentiert sich hauptsächlich durch sein künstlerisches Profil und/oder seine spezifische Tradition/Geschichte (vgl. Kapitel 5.8.1). Bei einer Betrachtung der Häufigkeiten für die *Identifikation mit dem künstlerischen Profil* zeigt sich insgesamt eine ausgeglichene Verteilung: 31,99% stimmen dieser Variablen zu, 31,37% äußern sich neutral und 31,68% lehnen sie ab. Betrachtet man hingegen die Verteilung an den Opernhäusern, so zeigt sich, dass eine überdurchschnittliche Zustimmung zu diesem Wiederbesuchsgrund in Frankfurt mit 53,01% der Befragten vorhanden ist, die sich mit der künstlerischen Ausrichtung ihres Hauses identifizieren, während die Zustimmung in München lediglich bei 14,74% liegt. In München findet sich hingegen mit 41,05% der höchste Anteil an Befragten im Vergleich der vier Opernhäuser, die dieser Variablen neutral gegenüber stehen. In Leipzig können sich hingegen 44,10% der Befragten mit der künstlerischen Profilgebung nicht identifizieren und stehen dieser Variablen ablehnend gegenüber. Neben einer Identifikation mit dem Selbstverständnis können auch die am Opernhaus tätigen Protagonisten Identifikationsfiguren sein und somit die Wahrscheinlichkeit von Wiederholungsbesuchen erhöhen (vgl. Kapitel 5.8.2). Dabei kann es sich zum einen um die Mitglieder des Opernensembles handeln (*Identifikation mit Sympathieträgern des Hauses*). Zum anderen lebt der Opernbetrieb traditionell mit *namhaften Gästen/Stars*. Auffallend ist bei dieser Variablen, dass eine überdurchschnittliche Zustimmung insbesondere in Berlin (51,35%) und München (39,78%) vorhanden ist. An der Oper Leipzig findet sich mit 51,55% der höchste Anteil an Befragten im Vergleich der Opernhäuser, der diese Variable ablehnt. In Frankfurt findet sich mit 26,51% der höchste Anteil an Befragten, der dieser Variablen neutral gegenüber steht. Diese Beobachtung verdeutlicht tendenziell die unterschiedliche Ausrichtung der vier Opernhäuser in den künstlerischen Besetzungen. Insbesondere die Deutsche Oper Berlin und die Bayerische Staatsoper München besetzen ihre Hauptrollen in der Regel mit namhaften Gästen bzw. internationalen Opernstars und definieren sich vielfach über bekannte Künstlernamen. Anders an den beiden anderen Opernhäusern, wo Hauptpartien häufiger als in Berlin und München aus dem eigenen Ensemble heraus besetzt werden.[220] Es zeigt sich damit, dass die Bedeutung dieses Wiederbesuchsgrundes anscheinend stark vom jeweiligen Haus und dessen tatsächlicher künstlerischen Besetzungspolitik abhängig ist.

Bei den Variablen, welche die künstlerischen Kernleistungen betreffen, verdeutlicht sich nochmals die Beobachtung, dass der musikalischen Qualität von den Befragten eine höhere Bedeutung für den Wiederbesuch beigemessen wird als der szenischen Qualität. Die szenische Qualität wird hier durch die Variablen

---

220 Dies auch, da häufig die hohen Gagen an internationale Gäste bei der Stückvielfalt des Repertoires nicht bezahlt werden können.

Neuinszenierungen und Ausstattungsqualität auf den Plätzen 18 und 22 des Rankings repräsentiert. Beim Wiederbesuchsgrund *Ausstattungsqualität* zeigt sich insbesondere für die Verteilung in München eine Besonderheit: An der Bayerischen Staatsoper findet sich ein sehr großer Anteil an Befragten (53,68%), der sich ablehnend gegenüber dieser Variablen verhält. Für die Mehrzahl der Befragten in München ist die Ausstattungsqualität somit anscheinend kein entscheidender Grund für einen wiederholten Opernbesuch. Im Rahmen der künstlerischen Kernleistungen wird zudem deutlich, dass die Befragten dem Wiederbesuchsgrund *Schwerpunktsetzungen im Spielplan* im Durchschnitt lediglich neutral gegenüber stehen (Mean=2,92), während ein ‚abwechslungsreicher Spielplan' (Mean=3,64) als ausschlaggebend für die Entscheidung, ein Opernhaus wiederholt zu besuchen, angesehen wird. Bei einer Betrachtung der Häufigkeiten ergibt sich insgesamt eine ausgeglichene Verteilung: 30,09% stimmen dieser Variablen zu, 29,62% äußern sich neutral und 32,45% lehnen sie ab. Betrachtet man hingegen wiederum die Verteilung an den Opernhäusern, so zeigt sich, dass eine überdurchschnittliche Zustimmung in Berlin mit 36,55% und in Frankfurt mit 36,31% der Befragten vorhanden ist. In München findet sich hingegen ein höherer Anteil an Besuchern, die diese Variable als Wiederbesuchsgrund ablehnen (40,00%) oder ihr neutral gegenüber stehen (35,56%). Ebenfalls ein großer Anteil an neutralen Meinungen (37,50%) lässt sich für Frankfurt beobachten. Und in Leipzig stehen sogar 44,65% der Befragten dieser Variablen ablehnend gegenüber.

Bei den Serviceangeboten ist beim Wiederbesuchsgrund *Architektonische Gestaltung* auffallend, dass für diese Variable in München und Leipzig im Durchschnitt neutrale Zustimmungswerte (Mean=3,31 und 3,28) vorliegen, während insbesondere die Befragten in Frankfurt (Mean=2,32) diesen Grund ablehnend bewerten. Nach der Häufigkeitsverteilung zeigt sich, dass entsprechend dem Mittelwertvergleich eine höhere Zustimmung zu diesem Wiederbesuchsgrund in München mit 52,08% und in Leipzig mit 48,45% vorhanden ist, während die Zustimmung in Frankfurt lediglich bei 20,00% liegt. An der Oper Frankfurt findet sich hingegen mit 59,11% der höchste Anteil an Befragten, der dieser Variable nicht zustimmt. Gefolgt von Berlin mit 47,77% der Befragten. Es zeigt sich, dass die Bedeutung dieses Wiederbesuchsgrundes scheinbar stark vom jeweiligen Haus und dessen tatsächlicher architektonischer Attraktivität abhängig ist.

Der Wiederbesuchsgrund *Gewährung von Zusatzleistungen* besitzt vornehmlich eine Relevanz für die organisierten Wiederbesucher (vgl. Kapitel 5.5 und 6.1.5), weshalb im Erhebungsbogen auch nur dieser Personenkreis hierzu befragt wurde (vgl. Kapitel 6.2.3.1). Es fällt auf, dass die Standardabweichung hier ebenfalls sehr hoch ist (SD=1,69, zweithöchste Standardabweichung). Dies

6.3 Ergebnisse der quantitativen Fragebogenerhebung

deutet ebenfalls darauf hin, dass der Mittelwert wenig verlässlich für die Einschätzung dieses Wiederbesuchsgrundes ist und daher detaillierter betrachtet werden muss. Die entsprechende Häufigkeitsverteilung macht deutlich, dass dieser Variable zwar 50,11% der organisierten Befragten zustimmen, auf der anderen Seite aber auch mit 36,73% eine hohe Anzahl an Ablehnungen festgestellt werden kann. Betrachtet man die Verteilung an den einzelnen Opernhäusern, so zeigt sich, dass eine Zustimmung zu diesem Wiederbesuchsgrund insbesondere in Frankfurt (60,17%) vorhanden ist. Demgegenüber liegt die Zustimmung in München lediglich bei 24,14%. An der Bayerischen Staatsoper findet sich hingegen mit 62,07% der höchste Anteil an organisierten Befragten im Vergleich der Opernhäuser, der dieser Variable nicht zustimmt. Diese hohe Ablehnung könnte darauf hindeuten, dass Zusatzleistungen in München für den Wiederbesuch der befragten organisierten Besucher tatsächlich eine untergeordnete Rolle zu spielen scheinen. Andererseits kann die Ablehnung auch deshalb so hoch ausgefallen sein, da die Befragten in München eine Gewährung von Zusatzleistungen bislang nicht ausdrücklich wahrgenommen haben.

Wiederbesuchsgründe, denen sich die Befragten mit Mittelwerten von 2,59 bis 2,28 neutral bis ablehnend gegenüber verhalten, sind personale Elemente (Weiterempfehlungen von anderen Besuchern, persönlicher Dialog), faktische Wechselbarrieren (Vergünstigungen, vertragliche Bindungen) sowie die ‚eigene künstlerische Tätigkeit als Amateur' und ‚Einführungsveranstaltungen' (vgl. Tabelle 36). Bei den personalen Elementen (vgl. hierzu Kapitel 5.9) lässt sich für die Variable *Weiterempfehlungen von anderen Besuchern* beobachten, dass eine positive Weiterempfehlung von anderen Besuchern aus dem eigenen sozialen Umfeld zwar für 31,88% der Befragten einen Grund darstellt, das Opernhaus immer wieder aufs Neue zu besuchen, aber für die Mehrzahl der Wiederbesucher (49,61%) eben nicht. Die höchsten Zustimmungswerte im Vergleich der Opernhäuser finden sich dabei in München (39,36%) und in Frankfurt (36,47%). An der Oper Leipzig lehnen hingegen 60,13% der Befragten diese Variable als Wiederbesuchsgrund ab. Diese Beobachtung kann darauf hindeuten, dass Weiterempfehlungen für die Mehrheit der Befragten tatsächlich eine untergeordnete Rolle zu spielen scheinen. Andererseits kann die Ablehnung auch deshalb so hoch ausgefallen sein, da die Befragten Weiterempfehlungen bislang von anderen Besuchern aus dem eigenen sozialen Umfeld nicht erhalten haben. Eine Bindung kann auch durch eine persönliche Ansprache bzw. einen *persönlichen Dialog* zwischen Besucher und Opernhaus erreicht werden. Allerdings stellt der persönliche Kontakt lediglich für 26,28% der Befragten einen Wiederbesuchsgrund dar, während ihm 17,16% neutral gegenüberstehen und 53,63% dies für sich ablehnen. Insbesondere an der Bayerischen Staatsoper München findet sich mit 64,89% eine überwiegende Mehrheit der Befragten, die diese Variable als

Wiederbesuchsgrund ablehnen, während die Zustimmung hier lediglich bei 15,96% liegt. Dieses Ergebnis kann ebenfalls bedeuten, dass die persönliche Ansprache für die Mehrheit der Befragten nur eine untergeordnete Rolle spielt. Oder sie diese in den betreffenden Opernhäusern bisher nicht erlebt haben bzw. ausdrücklich wahrgenommen haben, obwohl sich die persönliche Ansprache laut der befragten Experten in den letzten Jahren einer zunehmenden Bedeutung im Rahmen ihres Besucherbindungsmanagements erfreut (vgl. Kapitel 5.9.1).

Tabelle 36: Wiederbesuchsgründe 26 bis 31

Nr.	Wiederbesuchsgrund	Mean	SD
26	Weiterempfehlungen von anderen Besuchern	2,59	1,46
27	Vergünstigungen	2,58	1,63
28	Eigene künstlerische Tätigkeit als Amateur	2,48	1,62
29	Persönlicher Dialog	2,46	1,44
30	Vertragliche Bindung	2,46	1,76
31	Einführungsveranstaltungen	2,28	1,39

Im Rahmen der faktischen Wechselbarrieren (vgl. hierzu Kapitel 5.10) fällt beim Wiederbesuchsgrund *Vergünstigungen* auf, dass die Standardabweichung ebenfalls hoch ist (SD=1,63) und der Mittelwert demnach auch hier nur eingeschränkt zur Beschreibung dienen kann. Bei einer näheren Betrachtung zeigt sich, dass insgesamt 52,57% diesen Wiederbesuchsgrund ablehnen, 12,75% äußern sich neutral und 33,44% stimmen zu. Der höchste Anteil an Zustimmung liegt mit 39,62% in Leipzig vor, gefolgt von Berlin mit 38,29%. Am geringsten ist sie in München (18,28%), während hier die Ablehnung mit 73,12% am Höchsten ist. In Frankfurt kann eine Zustimmung von 29,59%, eine neutrale Haltung von 19,53% und eine Ablehnung von 49,70% beobachtet werden. Diese Ergebnisse lassen einen Zusammenhang mit den regional unterschiedlichen Einkommensverhältnissen der Befragten vermuten. So konnten in der Erhebung aufgrund der regionalen Standorte der einzelnen Opernhäuser auch unterschiedliche Schwerpunkte beim Einkommen der Wiederbesucher ermittelt werden (vgl. Kapitel 6.3.1.3). Vor diesem Hintergrund wird vermutet, dass für Befragte, die den überdurchschnittlichen Einkommensklassen angehören, Vergünstigungen weniger wichtige Gründe darstellen, ein Opernhaus wiederholt zu besuchen, als für Befragte, die den mittleren und insbesondere den unteren Einkommensgruppen zuzurechnen sind. Eine Betrachtung der ‚Vergünstigungen' kann daher nicht unabhängig von den Eigenschaften der Wiederbesucher erfolgen, weshalb diese Zusammenhänge auch gesondert im Rahmen der bivariaten Analysen untersucht werden (vgl. Kapitel 6.3.2.4). Die *vertraglichen Bindungsursachen* können nach

6.3 Ergebnisse der quantitativen Fragebogenerhebung

Ansicht der befragten Experten ausschließlich für die Erklärung des Bindungsverhaltens der organisierten Wiederbesucher einen Beitrag leisten (vgl. Kapitel 5.10.1), weshalb im Erhebungsbogen auch nur dieser Personenkreis hierzu befragt wurde (vgl. Kapitel 6.2.3.1). Es fällt auf, dass insbesondere bei dieser Aussage die Antworten sehr stark um den Mittelwert schwanken. Das Ergebnis ist durch die höchste Standardabweichung (SD=1,76) im Sample gekennzeichnet. Der Mittelwert ist daher wenig verlässlich für die Einschätzung dieses Wiederbesuchsgrundes, was folglich ebenfalls eine detaillierte Betrachtung notwendig macht. Zunächst lässt sich beobachten, dass für gut ein Drittel der organisierten Wiederbesucher (32,49%) die vertragliche Bindung an ein Opernhaus einen ausschlaggebenden Grund darstellt. Trotz des konstatierten Strebens nach Dispositionsfreiheit und Autonomie (vgl. Kapitel 3.1.1) ist dieser Personenkreis weiterhin an einer vertraglichen Bindung interessiert. Allerdings steht dieser Gruppe ein Anteil von 58,29% der Befragten gegenüber, für welche dies nicht zutrifft. Für die überwiegende Mehrheit der organisierten Befragten ist die vertragliche Bindung an eine Bühne demnach nicht ausschlaggebend für ihre Wiederbesuchsentscheidung. Eine überdurchschnittliche Zustimmung zur ‚vertraglichen Bindung' ist insbesondere in Leipzig (42,74%) und Frankfurt (41,53%) vorhanden. In München und Berlin finden sich hingegen mit 81,48% und 65,94% die beiden höchsten Anteile an Befragten, die diese Variable ablehnen. Für eine adäquate Tendenzaussage muss die ‚vertragliche Bindung' im Zusammenhang mit den Eigenschaften der Wiederbesucher betrachtet werden, was ebenfalls im Rahmen der bivariaten Analysen erfolgen soll (vgl. Kapitel 6.3.2.4).

Die zehn Wiederbesuchsgründe mit der geringsten Zustimmung durch die Befragten (Ranking der FLOP-10 Wiederbesuchsgründe) sind in der folgenden Tabelle 37 aufgeführt:

Tabelle 37: Wiederbesuchsgründe mit den niedrigsten Zustimmungen (FLOP-10)

Nr.	Wiederbesuchsgrund	Mean	SD
32	Zugehörigkeit zu einer Kunden-Community	2,21	1,40
33	Gleichgesinnte bzw. bekannte Gesichter treffen	2,20	1,31
34	Gastronomie am Opernhaus	2,02	1,16
35	Probenbesuche	1,96	1,29
36	Hintergrundgespräche mit Künstlern	1,94	1,24
37	Beschwerdezufriedenheit	1,88	1,21
38	Vertrauensvolle Beziehung zu Mitarbeitern	1,80	1,30
39	Selbstpräsentation	1,78	1,32
40	Workshops, Sonderveranstaltungen	1,76	1,18
41	Opernshopangebot	1,51	0,88

Unter den FLOP-10 Wiederbesuchsgründen sind personale Elemente (Zugehörigkeit zu einer Kunden-Community, Gleichgesinnte bzw. bekannte Gesichter treffen, vertrauensvolle Beziehung zu Mitarbeitern, Selbstpräsentation), Begleitangebote (Probenbesuche, Hintergrundgespräche mit Künstlern, Workshops, Sonderveranstaltungen) sowie Serviceangebote (Gastronomie am Opernhaus, Beschwerdezufriedenheit, Opernshopangebot) zu finden. Diese zehn Variablen sind der Mehrzahl der Befragten nicht wichtig bei der Entscheidung, ob eine Bühne wiederholt frequentiert wird. Für den einen oder anderen Besucher können sie aber dennoch eine beträchtliche Rolle spielen. In diesem Rahmen lässt sich auch feststellen, dass vier der FLOP-10 Wiederbesuchsgründe (Beschwerdezufriedenheit, Probenbesuche, Opernshopangebot und Workshops, Sonderveranstaltungen) auch bereits im Rahmen der Vorstudie zu den Schlusslichtern in den Nennungen zählen (vgl. Kapitel 6.1.5).

Betrachtet man die Zustimmungen bzw. Ablehnungen zu den FLOP-10 im Einzelnen, so wird deutlich, dass das *Opernshopangebot* mit einem Mittelwert von 1,51 über die geringste Zustimmung im Sample verfügt. Bei dieser Variable sind sich die Befragen einig: sie streut mit einer Standardabweichung von 0,88 im Vergleich zu den anderen Variablen des Aussagenkatalogs am geringsten um den Mittelwert. Diesen Wiederbesuchsgrund lehnen insgesamt 84,63% der Befragten ab (vgl. Abbildung 20). Die Tatsache, dass diese Variable in der Vorstudie von keinem der Interviewpartner als Grund für einen wiederholten Besuch genannt wurde, unterstreicht die fehlende Bedeutung des Opernshopangebots für den Wiederbesuch eines Opernhauses.

6.3 Ergebnisse der quantitativen Fragebogenerhebung

Abbildung 20: Häufigkeitsverteilung der FLOP-5 Wiederbesuchsgründe im Sample

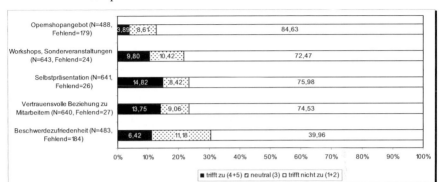

Ebenfalls hohe Ablehnungen erhalten die folgenden drei Wiederbesuchsgründe *Workshops, Sonderveranstaltungen*, *Selbstpräsentation* sowie *Vertrauensvolle Beziehungen zu Mitarbeitern* mit Mittelwerten zwischen 1,76 bis 1,80 und einer prozentualen Ablehnung von 75,98% bis 72,47%. Bei der *Beschwerdezufriedenheit* ist auffallend, dass zwar lediglich 6,42% der Befragten der Aussage zustimmen, eine zufriedenstellende Handhabung von Beschwerden trage zu ihrem wiederholten Besuch bei. Aber auch nur 39,96% lehnen diese Aussage ausdrücklich ab. Aus diesem Ergebnis kann demnach nicht automatisch geschlossen werden, dass die zufriedenstellende Beschwerdebearbeitung für die Mehrzahl der Befragten tatsächlich nur eine untergeordnete Rolle für den Wiederbesuch zu spielen scheint. Dies zeigt sich an dem hohen Anteil von unschlüssigen Befragten (insgesamt 205 Personen). Von allen 41 abgefragten Wiederbesuchsgründen weist die Variable Beschwerdezufriedenheit mit 42,44% deutlich den höchsten Anteil an Aussagen zur Kategorie *weiß ich nicht* auf. Viele der Befragten sind sich somit nicht sicher, ob die zufriedenstellende Beschwerdebearbeitung zu ihrem Wiederbesuch beiträgt, haben sich bislang keine Gedanken zu dieser Fragestellung gemacht oder haben dies bislang nicht erlebt bzw. ausdrücklich wahrgenommen (da sie evtl. bislang keine eigenen Beschwerden gegenüber dem Opernhaus vorgebracht haben). Der Mittelwert ist demnach nur sehr eingeschränkt zur Beschreibung dieser Variablen geeignet. Zuverlässige Ergebnisse ließen sich nur bei einer separaten Befragung derjenigen Wiederbesucher gewinnen, die bereits Beschwerden vorgebracht haben und sich mit dem Beschwerdemanagement des Opernhauses konfrontiert sahen.

Neben diesen fünf Variablen mit den niedrigsten Zustimmungen finden sich in den FLOP-6 bis -10 an weiteren Gründen die beiden Begleitangebote *Hinter-*

grundgespräche mit Künstlern und *Probenbesuche* mit Mittelwerten von 1,94 und 1,96 und einer prozentualen Ablehnung von 66,67% und 63,28% sowie das Serviceangebot *Gastronomie am Opernhaus*. Zudem auf den Plätzen 33 und 32 die personalen Elemente *Gleichgesinnte bzw. bekannte Gesichter treffen* und *Zugehörigkeit zu einer Kunden-Community* mit Mittelwerten von 2,20 und 2,21 und einer prozentualen Ablehnung von 61,15% und 59,77%:

Abbildung 21: Häufigkeitsverteilung der FLOP-6 bis -10 Wiederbesuchsgründe im Sample

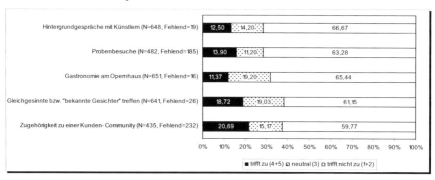

Abschließend zeigt Abbildung 22 einen Mittelwertvergleich für alle 41 erhobenen Wiederbesuchsgründe an den untersuchten Opernhäusern (vgl. hier und im Folgenden auch Laukner 2008: 204 f.). Vergleicht man die oben im Einzelnen beschriebenen Variablen in ihrer Gesamtheit anhand der Mittelwerte für die vier Bühnen, so zeigt sich ein relativ einheitliches Bild. Über alle vier Opern hinweg weisen die Bewertungen der Befragten im Durchschnitt starke Tendenzen auf. Zwar bestehen vereinzelt von Opernhaus zu Opernhaus (zum Teil deutliche) Unterschiede bei den Ausprägungen der Aussagen. Die Bedeutung mancher Wiederbesuchsgründe für die Befragten scheint demnach stark vom jeweiligen Haus und seinen institutionellen sowie exogenen Rahmenbedingungen und Gegebenheiten abhängig (z. B. architektonische Gestaltung, Identifikation mit namhaften Gästen/Stars, Vergünstigungen). Aber es existiert auch eine Vielzahl an Gründen, die unabhängig vom jeweiligen Opernhaus mit einer Zustimmung oder Ablehnung der Befragten einhergehen (z. B. Qualität der künstlerischen Besetzungen, Orchesterqualität, Opernshopangebot). Der Mittelwertvergleich verdeutlicht somit, dass starke Tendenzaussagen im Sample vorhanden sind.

6.3 Ergebnisse der quantitativen Fragebogenerhebung

Abbildung 22: Mittelwertvergleich der untersuchten Opernhäuser[221]

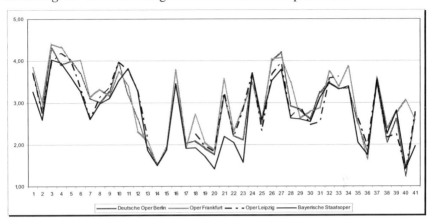

Zusammenfassend kann auf die Untersuchungsfrage F_3 folgende Antwort gegeben werden:

- Insbesondere die künstlerischen Kernleistungen eines Opernhauses stellen die ausschlaggebendsten Wiederbesuchsgründe für die Befragten dar. Dabei verfügen die Qualität der künstlerischen Besetzungen und die Orchesterqualität über die höchste Zustimmung.
- Der musikalischen Qualität wird eine höhere Bedeutung für den Wiederbesuch beigemessen als der szenischen Qualität. Für die Mehrheit der Befragten gilt das Interesse in erster Linie der Musik, den Sängern und Dirigenten, dem Orchester und dem Chor.
- Neben den künstlerischen Kernleistungen werden Affinitätsvariablen, bestimmte Serviceangebote (besucherorientierte Servicemitarbeiter und unkomplizierter Kartenerwerb) und die Heranführung an die Oper als ausschlaggebend für den Wiederbesuch angesehen.
- Eher neutral stehen die Befragten insbesondere solchen Wiederbesuchsgründen gegenüber, die im Rahmen der deskriptiven Aussagen dem potenziellen Einflussfaktor ‚Identifikation' zugeordnet wurden. Daneben finden sich hier hauptsächlich Serviceangebote (Ambiente und Atmosphäre, architektonische Gestaltung, zufriedenstellendes Informationsangebot) und Vari-

---

221 Auf der X-Achse sind die einzelnen Wiederbesuchsgründe 1 bis 41 abgetragen. Auf der Y-Achse finden sich die Ausprägungen der Mittelwerte mit den Werten von 1 bis 5.

ablen, welche die künstlerischen Kernleistungen betreffen (Neuinszenierungen, Schwerpunktsetzungen im Spielplan und Ausstattungsqualität).
- Wiederbesuchsgründe, denen sich die Befragten eher ablehnend gegenüber äußern, sind personale Elemente (z. B. vertrauensvolle Beziehung zu Mitarbeitern, Selbstpräsentation), Begleitangebote (z. B. Probenbesuche, Workshops/Sonderveranstaltungen), Serviceangebote (Gastronomie am Opernhaus, Beschwerdezufriedenheit, Opernshopangebot) sowie faktische Wechselbarrieren (Vergünstigungen, vertragliche Bindungen). Das Opernshopangebot verfügt dabei über die geringste Zustimmung im Sample. Diese Variablen sind der Mehrzahl der Befragten nicht wichtig bei der Entscheidung, ob eine Bühne wiederholt frequentiert wird. Für den einen oder anderen Besucher können sie aber dennoch eine beträchtliche Rolle für den Wiederbesuch spielen.

6.3.1.3 Soziodemografische/-ökonomische Struktur der Erhebung

Zusätzlich zu sämtlichen untersuchungsrelevanten Variablen wurden im Fragebogen ferner solche soziodemografischen/-ökonomischen Hintergrundvariablen erhoben, die zur Beschreibung der Wiederbesucher und ihres unterschiedlichen Bindungsverhaltens am interessantesten erschienen (vgl. Kapitel 6.2.3.1 und 6.2.3.2). In den weiteren Ausführungen werden diese Strukturdaten der Gesamtstichprobe dargestellt. Dabei soll auch auf Besonderheiten bzw. Tendenzen an den einzelnen Opernhäusern näher eingegangen werden. Zudem sollen die Auswertungen des Samples, wenn möglich, im Kontext der bereits bestehenden Ergebnisse der empirischen Publikumsforschung im Bereich von Oper und Theater (vgl. für einen Überblick Föhl/Lutz 2011) betrachtet werden.

Bei der *Altersstruktur* des Samples lassen sich deutliche Schwerpunkte identifizieren. Die Stichprobe ist durch einen hohen Anteil an älteren Besuchern und eine geringe Anzahl an jungen Wiederbesuchern gekennzeichnet (vgl. Abbildung 23). Während die Altersgruppen unter 30 Jahren gerade einmal einen Anteil von insgesamt 11,66% ausmachen, sind rund 61% der Wiederbesucher älter als 50 Jahre, 44,79% sogar älter als 60 Jahre. Die 60- bis 69-jährigen stellen mit 25,92% insgesamt den größten Anteil der Wiederbesucher an den Opernhäusern. Betrachtet man die einzelnen Opernhäuser näher, so dominiert der Anteil der älteren Besucherschaften deutlich an der Oper Leipzig: 66,28% sind älter als 50 Jahre, 48,47% sind älter als 60 Jahre und 24,54% sind sogar älter als 70 Jahre. Während hingegen die Altergruppen unter 30 Jahren gerade einmal einen Anteil von 7,98% ausmachen, der allerdings noch von Frankfurt mit einem Anteil von 6,43% unterboten wird. Die jüngeren Altergruppen unter 30 Jahren liegen hinge-

6.3 Ergebnisse der quantitativen Fragebogenerhebung

gen an der Bayerischen Staatsoper in München mit einem Anteil von 19,35% (12,9% zwischen 20 und 29 Jahren und 6,45% unter 20 Jahren) deutlich über den entsprechenden Anteilen an den anderen Opernhäusern sowie über dem Wert für das gesamte Sample. Die mittleren Altersgruppen sind mit 9,97% (30- bis 39-jährige) und 17,33% (40- bis 49-jährige) im gesamten Sample vertreten und stellen demnach mit zusammen 27,30% das zweitgrößte Alterssegment neben den älteren Besucherschaften an den Opernhäusern dar. Über den größten Anteil dieser mittleren Altergruppen verfügt die Oper Frankfurt mit einem Anteil von 29,83%, gefolgt von Berlin mit 27,12%.

Abbildung 23: Altersstruktur im Sample

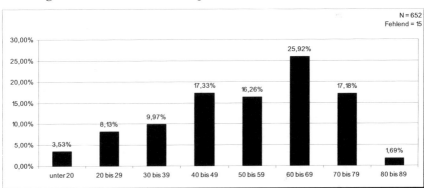

Diese Schwerpunkte in der Altersstruktur lassen sich auch anhand von Mittelwerten verdeutlichen. Insgesamt beträgt das Durchschnittsalter im Sample 53,57 Jahre. Mit einer Standardabweichung von 16,75 streuen die erhobenen Werte stark um den Mittelwert, wodurch deutlich wird, dass das Alter der Befragten weit auseinander liegt (Spannbreite von 12 Jahre des jüngsten Befragten bis 89 Jahre des ältesten Befragten). Über das höchste Durchschnittsalter ihrer Wiederbesucher verfügt entsprechend den obigen Ausführungen die Oper Leipzig (Mean=56,22 Jahre), gefolgt von der Oper Frankfurt (Mean=54,22 Jahre) und Berlin (Mean=52,68 Jahre). Während die befragten Wiederbesucher der Bayerischen Staatsoper München mit 49,15 Jahren über das niedrigste Durchschnittsalter verfügen.

Die Ergebnisse zur Altersstruktur korrespondieren mit entsprechenden Beobachtungen in der empirischen Publikumsforschung sowie der in Kapitel 3.1.1 thematisierten Problematik einer zunehmenden Überalterung des Opernpublikums (vgl. zu den folgenden Publikumsstudien auch Föhl/Lutz 2011). So stellen in den Studien von Tauchnitz an verschiedenen Theatern unterschiedlicher Städte die 60- bis 69-jährigen mit 37% (vgl. Tauchnitz 2003), 25% (vgl. Tauchnitz 2004) und 26% (vgl. Tauchnitz 2005) ebenfalls die stärkste Altersgruppe unter den Besuchern dar. Auch Rössel et al. zählen ältere Menschen zum Kernpublikum von öffentlichen Opernhäusern (vgl. Rössel et al. 2002). Hauptsächlich die Untersuchungsergebnisse von Reuband zeigen, dass sich das Durchschnittsalter des Opernpublikums in den letzten Jahren erheblich nach oben verschoben hat. Demnach sind die heutigen Opernbesucher weitaus älter als die Opernbesucher im Jahr 1980 und dieser Alterungsprozess ist stärker ausgeprägt als die Verschiebung des Durchschnittsalters in der Bevölkerung (vgl. Reuband 2005b: 129). Die Studien der empirischen Publikumsforschung weisen insgesamt auf eine Altersverschiebung des Opernpublikums (durchschnittlich älteres Publikum) in den Jahren ihres Betrachtungszeitraums (Studien seit 1990) hin.

Hinsichtlich des *Geschlechts* der Stichprobe lässt sich mit 59,06% eine zahlenmäßige Überlegenheit der weiblichen Wiederbesucher gegenüber den männlichen Besuchern (40,94%) feststellen. Die Untersuchungen in der empirischen Publikumsforschung zeichnen eine ähnliche Tendenz. So sind auch hier Frauen bei Theaterbesuchern durchgängig stärker vertreten als Männer (vgl. exempl. Rössel et al. 2002 und Tauchnitz 2004, 2005).

Um Informationen über den Anteil lokaler Besucher sowie von Nah- und Fernbesuchern (vgl. zu dieser Kategorisierung Laukner 2008: 176 f.) zu erhalten, wurde als weitere Hintergrundvariable die *regionale Herkunft* des Samples ausgewertet. 362 Wiederbesucher (55,10%) stammen aus dem Ort des Opernhauses selbst, bei 135 Befragten (20,55%) ist das Opernhaus bis zu 30 km von ihrem Heimatwohnort entfernt. Je weiter das entsprechende Opernhaus vom Heimatwohnort der Befragten entfernt liegt, desto geringer wird die Anzahl der Wiederbesucher: 79 Personen (12,02%) wohnen über 30 km bis 100 km vom besuchten Opernhaus entfernt, 67 Befragte (10,20%) kommen aus dem übrigen Deutschland (Entfernung von über 100 km zum Opernhaus) und 14 Wiederbesucher (2,13%) stammen aus dem Ausland (vgl. Abbildung 24). Damit ist das Sample durch eine *Nahbesucherquote* (Anteil der örtlichen und der Besucher aus dem 30-km-Radius) von 75,65% und eine *Fernbesucherquote* (Anteil der Besucher aus einem Radius von über 30 km) von 24,35% gekennzeichnet.[222] Betrachtet man diese Daten gesondert für jedes Opernhaus, fällt auf, dass insbesondere an der Deutschen Oper Berlin der Anteil der Wiederbesucher aus dem Nahbereich (bis 30 km) mit einer Quote von 82,53% hoch ist und deutlich über dem Wert für die gesamte Stichprobe liegt, während alle anderen Opernhäuser nahe bei bzw. sogar unter diesem Wert liegen. Die überwiegende Anzahl der Wiederbesucher

---

222 In Anlehnung an Hausmann 2001: 178 und Laukner 2008: 177. Bei Hausmann bezieht sich die Abgrenzung der Nahbesucher allerdings entgegen der obigen Ausführungen auf einen Entfernungsradius von 40 km.

6.3 Ergebnisse der quantitativen Fragebogenerhebung 291

an der Deutschen Oper Berlin kommt demnach aus Berlin oder aus dem näheren Umkreis bis 30 km, während die Fernbesucher einen Anteil von 17,47% ausmachen. Davon stammt der überwiegende Teil aus einem Radius von über 100 km und dem Ausland. Den höchsten Anteil an Fernbesuchern (über 30 km) verzeichnet hingegen die Bayerische Staatsoper München mit 38,30%. Der überwiegende Teil stammt dabei aus einem Radius von 30 km bis 100 km (25,53%), was für ein großes Einzugsgebiet des Opernhauses spricht. Die Situation in Frankfurt und Leipzig entspricht in etwa der Aufteilung in Nah- und Fernbesucher im gesamten Sample.

Abbildung 24: Regionale Herkunft der Befragten

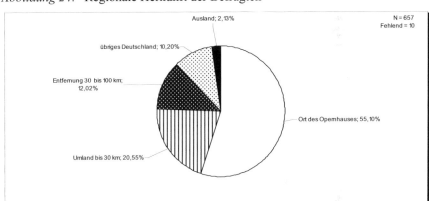

Neben der regionalen Herkunft wurde auch die *Wohndauer*, definiert als die Dauer, die ein Befragter bereits in seinem Heimatwohnort lebt, erhoben. Abbildung 25 zeigt eine nahezu gleichmäßige Verteilung für die Wohndauer des Samples, wobei sich Schwerpunkte für die Kategorien ‚ab 60 Jahre' (17,41%), ‚10 bis 19 Jahre' (16,18%), sowie für die Kategorien ‚unter 10 Jahre' (15,87%) und ‚30 bis 39 Jahre' (15,87%) identifizieren lassen. Die durchschnittliche Dauer, die ein Befragter bereits in seinem Heimatwohnort lebt, beträgt im Sample 33,21 Jahre. Mit einer Standardabweichung von 21,69 streuen die erhobenen Werte stark um den Mittelwert, wodurch deutlich wird, dass die Wohndauer der Befragten weit auseinander liegt (Spannbreite: wenige Monaten bis 82 Jahre).

6 Design und Ergebnisse der empirischen Erhebungen

Abbildung 25: Wohndauer im Sample

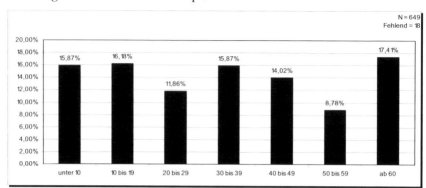

Zur Erfassung des Bildungsstandes der Wiederbesucher wurde auf die Erhebung ihres beruflichen Status und ihren höchsten Bildungsabschluss zurückgegriffen. Entsprechend der oben aufgezeigten Schwerpunkte innerhalb der Altersstruktur ist die *berufliche Stellung* der Befragten (vgl. Abbildung 26): Den größten Anteil im Sample stellen mit Abstand die Rentner mit 242 Befragten (37,75%) dar, gefolgt von den Angestellten (155 Personen, 24,18%), den Selbstständigen (87 Befragte, 13,57%) und den Beamten (61 Personen, 9,52%). Zählt man zu letzten drei genannten Gruppen noch die verschwindend geringe Gruppe an Arbeitern (0,16%) hinzu, so lässt sich konstatieren, dass beinahe die Hälfte der befragten Wiederbesucher (47,43%) *erwerbstätig* ist, von denen die überwiegende Mehrheit über einen gehobenen Berufsstatus verfügt. *Nicht-erwerbstätig* sind insgesamt 41,03% der Befragten: Neben den 37,75% Rentnern zählen hierzu 1,72% Hausfrauen/-männer und 1,56% Arbeitslose. In einem *Ausbildungszustand* als Schüler (2,81%), Auszubildender (0,47%) oder Student (7,18%) befinden sich insgesamt 10,46% der Befragten. Diese Beobachtungen korrespondieren ebenfalls mit der Altersstruktur des Samples, bei der die Altersgruppen unter 30 Jahren einen Anteil von lediglich 11,66% ausmachen. Zählt man diese Personengruppe zu den Nicht-Erwerbstätigen hinzu, so lässt sich konstatieren, dass in der vorliegenden Stichprobe eine Nicht-Erwerbsquote von 51,49% vorliegt. Diese Beobachtungen bewegen sich auch im Rahmen der Ergebnisse von bisherigen Publikumsstudien zum beruflichen Status. So sind beispielsweise in den Erhebungen von Tauchnitz 38 bis 47 % der Befragten erwerbstätig. Im Ruhestand befinden sich 27 bis 46 % (vgl. Tauchnitz 2000, 2003, 2004, 2005).

6.3 Ergebnisse der quantitativen Fragebogenerhebung

Abbildung 26: Berufliche Stellung der Befragten

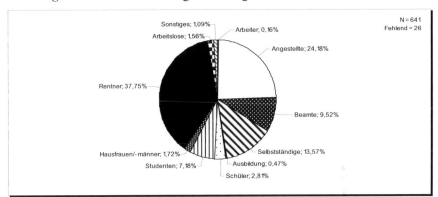

Bei der Betrachtung des *höchsten Bildungsabschlusses* der Gesamtstichprobe fällt auf, dass die Mehrheit der Befragten über ein hohes Bildungsniveau verfügt: 309 der Befragten (48,66%) besitzen einen Universitäts- oder Fachhochschulabschluss und 13,39% (85 Personen) der Befragten haben zudem promoviert oder habilitiert (vgl. Abbildung 27). Die Akademikerquote liegt damit im Sample bei 62,05%. Hinzu kommen 124 Personen (19,53%) mit Abitur oder Fachhochschulreife, so dass sich insgesamt 81,58% der Befragten der Kategorie *hoher Bildungsabschluss* zuordnen lassen. Weitere 14,65% (93 Befragte) verfügen über die mittlere Reife bzw. einen Realschulabschluss und lassen sich dem *mittleren Bildungsabschluss* zuordnen. Demgegenüber ist der Anteil der Wiederbesucher mit *niedrigem Bildungsabschluss* im Sample verschwindend gering: lediglich 3,15% der Befragten haben einen Hauptschulabschluss und 0,63% der Befragten besitzen keinen Abschluss[223]. Die in der Literatur und den empirischen Publikumsstudien (vgl. hierzu für einen Überblick Föhl/Lutz 2011: 73 f.) häufig anzutreffende Feststellung, dass die Theater und Opern überproportional von gehobenen Bevölkerungsschichten frequentiert werden, bewahrheitet sich in der vorliegenden Erhebung auf zweifache Weise: bezüglich einer gehobenen Bildung und einer gehobenen Berufssituation der Wiederbesucher.

---

223 Bei den Befragten ohne Abschluss handelt es sich ausschließlich um Schüler.

Abbildung 27: Höchster Bildungsabschluss im Sample

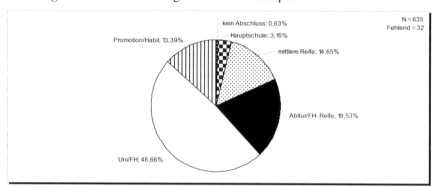

Auch nach den Auswertungsergebnissen zum *monatlichen Haushaltsnettoeinkommen* (nach Abzug von Steuern und Sozialabgaben) zählt rund ein Viertel der Befragten (25,33%) zu den ökonomisch privilegierteren Bevölkerungsschichten, mit einem frei verfügbaren monatlichen Einkommen von über 3.500 Euro (vgl. Abbildung 28).[224] Insgesamt lassen sich 43,67% der Befragten den *überdurchschnittlich bzw. besser verdienenden Einkommensgruppen* mit einem monatlichen Nettoeinkommen von mehr als 2.500 Euro zuordnen. 23,25% verfügen über ein Einkommen von über 1.500 bis 2.500 Euro und sollen hier als *mittlere bzw. durchschnittliche Einkommensgruppen* bezeichnet werden. Ein Drittel (33,09%) der Befragten verfügt hingegen über ein monatlich freies Einkommen von maximal 1.500 Euro *(geringe bzw. unterdurchschnittliche Einkommensgruppen)*. Hierbei lässt sich mit 16,64% ein deutlicher Schwerpunkt in der Gruppe 1.001 bis 1.500 Euro identifizieren, die gleichzeitig die zweitgrößte Einkommensgruppe im Sample neben den Spitzenverdienern darstellt. Hinsichtlich der regionalen Standorte der einzelnen Opernhäuser lassen sich unterschiedliche Schwerpunkte beim Einkommen der Wiederbesucher beobachten: Während in München 57,14% und in Frankfurt 56,4% der Befragten über ein monatliches Nettoeinkommen von mehr als 2.500 Euro verfügen (überdurchschnittliche Einkommensgruppen), sind dies in Berlin 39,59% und in Leipzig lediglich 29,85%. Zur

---

224 Zu beachten gilt es hierbei jedoch, dass die fehlenden Werte mit 138 Missing Values für diese Fragestellung sehr hoch liegen, was für eine Verweigerungshaltung einiger Befragten spricht, sich zu ihrem monatlichen Haushaltsnettoeinkommen entsprechend zu äußern. Eine fehlende Bereitschaft zur Beantwortung dieser Fragestellung soll hierbei insbesondere für die höchste (über 3.500 Euro) und niedrigste Einkommensklasse (unter 500 Euro) unterstellt werden. Durch diese Verzerrung verringert sich auch die Aussagekraft der folgenden Beobachtungen, die somit lediglich als erster Erkenntniszugewinn, als Tendenzmeldung im Sample behandelt werden können.

höchsten Einkommensgruppe mit einem frei verfügbaren monatlichen Einkommen von über 3.500 Euro (Spitzenverdiener) zählen in München 35,71% und in Frankfurt 34,59% der Besucher, während diese in Berlin 22,92% und in Leipzig lediglich 14,18% ausmachen. Demgegenüber finden sich die höchsten Anteile bei den unterdurchschnittlichen Einkommensgruppen in Leipzig mit 46,27% der Befragten, gefolgt von Berlin (35,42%), München (25,71%) und Frankfurt (20,3%). Die Prozentzahlen für die mittleren Einkommensgruppen liegen bis auf München (17,14%) an den weiteren Opernhäusern im Rahmen des Wertes für das gesamte Sample.

Abbildung 28: Monatliches Haushaltsnettoeinkommen der Wiederbesucher

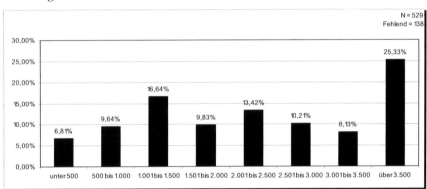

Betrachtet man abschließend die *Art des Besuchs*, d. h. wie ein Wiederbesuch hauptsächlich stattfindet, so lässt sich feststellen, dass bei der überwiegenden Mehrzahl der Befragten (77,71%) der Opernbesuch in Begleitung stattfindet. Dieses Ergebnis entspricht den bereits in Kapitel 5.9.3 vorgestellten Befunden der empirischen Publikumsforschung von Tauchnitz, Knava und Gainer.

Zusammenfassend lässt sich für die Untersuchungsfrage F_4 als Antwort festhalten, dass die Wiederbesucher vorwiegend durch die folgenden Strukturmerkmale gekennzeichnet sind:

- Hoher Anteil an älteren Besuchern und eine geringe Anzahl an jungen Wiederbesuchern.
- Zahlenmäßige Überlegenheit der weiblichen gegenüber den männlichen Besuchern.
- Hohe Nahbesucherquote (Anteil der örtlichen und der Besucher aus dem 30-km-Radius) und geringe Fernbesucherquote (Anteil der Besucher aus einem Radius von über 30 km).

- Unterschiedlich lange Wohndauer am Heimatwohnort.
- Überwiegend gehobene Bevölkerungsschichten hinsichtlich Berufsstatus und Bildung.
- Mehrheitlich überdurchschnittlich bzw. besser verdienende Einkommensgruppen.
- Überwiegend gemeinsame Opernbesuche in Begleitung.

6.3.2 Bivariate Zusammenhänge zwischen den Untersuchungsvariablen

Wiederbesucher von Opernhäusern (vgl. Kapitel 2.5) sind keine homogene Personengruppe, sondern bestehen aus ganz unterschiedlichen Nachfragern, die sich in verschiedenen Aspekten voneinander unterscheiden und nach einer differenzierten Ansprache verlangen (vgl. hierzu und im Folgenden Föhl/Lutz 2011: 84). Nicht jeder Wiederbesucher erwartet dasselbe, nicht jeder Wiederbesucher hat dieselben Vorkenntnisse und stellt identische Anforderungen an ein Opernhaus und dessen Angebote, und nicht jeder Wiederbesucher wird aus denselben Gründen ein bestimmtes Opernhaus wiederholt aufsuchen. Eine gezielte Ansprache bzw. der Einsatz besucherspezifischer Bindungsmaßnahmen setzt daher voraus, dass ein Opernhaus seine verschiedenen Wiederbesucher mit ihren ganz speziellen Bedürfnissen, Verhaltensweisen und soziodemografischen/-ökonomischen Strukturmerkmalen kennt und dabei auch erkennt, wo Unterschiede, Tendenzen und Auffälligkeiten bestehen und zu berücksichtigen sind (vgl. hierzu auch Klein 2008a: 45-85). Die Kapitel 6.3.2 bis 6.3.4 befassen sich mit dem Auffinden von solchen Mustern, Besonderheiten und Zusammenhängen im erhobenen Datensatz, die mit dem Bindungsverhalten der Wiederbesucher in Beziehung stehen. Hierbei geht es auch darum zu untersuchen, ob sich bestimmte Gruppen von Befragten hinsichtlich der zu untersuchenden Variablen in typischer Weise voneinander unterscheiden oder nicht.

Im Rahmen der folgenden bivariaten Ergebnispräsentation sollen zunächst die Zusammenhänge zwischen den beiden Indikatoren der Besucherbindung betrachtet werden, um nähere Erkenntnisse über das Zielphänomen zu erhalten (vgl. Kapitel 6.3.2.1). Daneben ist es aufschlussreich zu erfahren, ob sich für die Wiederbesucher von Opernhäusern spezifische Verhaltensunterschiede bei der Besuchshäufigkeit in Abhängigkeit von den Soziodemografika beobachten lassen (vgl. Kapitel 6.3.2.2). So zeigen die existierenden Befunde der Publikumsforschung, dass einige der soziodemografischen/-ökonomischen Strukturmerkmale scheinbar dazu in der Lage sind, die Zahl von Theaterbesuchen zu beeinflussen bzw. als Prädikatoren der Besuchshäufigkeit fungieren können (vgl. Kapitel 4.3.1). Für ein zielgruppengerechtes Besucherbindungsmanagement ist

6.3 Ergebnisse der quantitativen Fragebogenerhebung

es zudem hilfreich über Informationen zu verfügen, wie die verschiedenen Erscheinungsformen der Besucherbindung hinsichtlich Soziodemografika sowie Besuchshäufigkeit und Dauer der Geschäftsbeziehung beschrieben werden können bzw. wie das Profil dieser unterschiedlichen Besuchergruppen aussieht (vgl. Kapitel 6.3.2.3). Um eine besucheradäquate Ausgestaltung der einzelnen Wiederbesuchsgründe vorzunehmen ist es schließlich unerlässlich, ihre Zusammenhänge mit den Eigenschaften der Wiederbesucher (z. B. Soziodemografika, Besuchshäufigkeit) zu kennen und dabei in Erfahrung zu bringen, wo sich Auffälligkeiten, Unterschiede und Tendenzen in den Zustimmungen der Wiederbesucher finden lassen (vgl. Kapitel 6.3.2.4).

6.3.2.1 Besuchshäufigkeit und Dauer der Geschäftsbeziehung

Um nähere Erkenntnisse über das Zielphänomen Besucherbindung zu erhalten, und dabei die Untersuchungsfrage F_5 (vgl. Kapitel 6.2.1) beantworten zu können, soll mit Hilfe einer Kreuztabelle untersucht werden, ob Zusammenhänge zwischen den beiden Indikatoren der Besucherbindung bestehen. Dies könnte sich dann bestätigen, wenn sich zeigt, dass die vier Gruppen der Beziehungsdauer in den verschiedenen Kategorien der Besuchshäufigkeit unter- bzw. überdurchschnittlich vertreten sind (vgl. Butzer-Strothmann et al. 2001: 81).

Tabelle 38: Kreuztabelle für die Variablen Besuchshäufigkeit und Geschäftsbeziehungsdauer

Besuchshäufigkeit/Dauer der Geschäftsbeziehung		0 bis 5 Jahre	6 bis 10 Jahre	11 bis 15 Jahre	Mehr als 15 Jahre	Total
Seltene Wiederbesucher	Anzahl	63	40	13	120	236
	Zeile in %	26,69	16,95	5,51	50,85	100,00
	Spalte in %	38,41	38,10	28,26	34,19	35,44
Gelegentliche Wiederbesucher	Anzahl	52	35	14	101	202
	Zeile in %	25,74	17,33	6,93	50,00	100,00
	Spalte in %	31,71	33,33	30,43	28,77	30,33
Regelmäßige Wiederbesucher	Anzahl	37	15	12	70	134
	Zeile in %	27,61	11,19	8,96	52,24	100,00
	Spalte in %	22,56	14,29	26,09	19,94	20,12

Tabelle 38 (Fortsetzung): Kreuztabelle für die Variablen Besuchshäufigkeit und Geschäftsbeziehungsdauer

Besuchshäufigkeit/Dauer der Geschäftsbeziehung		0 bis 5 Jahre	6 bis 10 Jahre	11 bis 15 Jahre	Mehr als 15 Jahre	Total
Stamm-/Kernbesucher	Anzahl	12	15	7	60	94
	Zeile in %	12,77	15,96	7,45	63,83	100,00
	Spalte in %	7,32	14,29	15,22	17,09	14,11
Total	Anzahl	164	105	46	351	666
	Zeile in %	24,62	15,77	6,91	52,70	100,00
	Spalte in %	100,00	100,00	100,00	100,00	100,00

Der Kreuztabelle lässt sich entnehmen, dass 35,44% all derjenigen Befragten, die beide Variablen im Fragebogen beantwortet haben (insgesamt 666 Personen), *seltene Wiederbesucher* sind. In den beiden Gruppen der Wiederbesucher mit einer Geschäftsbeziehung von weniger als einem Jahr bis maximal fünf Jahren (Gruppe 1) und von sechs bis 10 Jahren (Gruppe 2) liegt dieser Anteil mit 38,41% und 38,10% höher, während er in den anderen beiden Gruppen der Wiederbesucher mit einer Geschäftsbeziehung von mehr als 10 Jahren (Gruppen 3 und 4) mit 28,26% und 34,19% jeweils darunter liegt. Der Anteil der *gelegentlichen Wiederbesucher* beträgt insgesamt 30,33%. In den Gruppen 1 und 2 liegt dieser Anteil mit 31,71% und 33,33% wiederum höher, während er in Gruppe 4 mit 28,77% unterhalb dieses Wertes liegt. Die *regelmäßigen Wiederbesucher* stellen insgesamt 20,12% der Befragten. In den Gruppen 1 und 3 liegt dieser Anteil mit 22,56% und 26,09% höher, während er bei den Gruppen 2 und 4 mit 14,29% und 19,94% unter dem Durchschnitt aller Befragten liegt. Den kleinsten Anteil stellen die *Stamm-/Kernbesucher* mit insgesamt 14,11% der Befragten. In den Gruppen 3 und 4 liegt der Anteil der Stamm-/Kernbesucher mit 15,22% und 17,09% über dem Durchschnitt, während er bei Gruppe 1 mit 7,32% deutlich darunter liegt. Zusammenfassend kann festgehalten werden, dass sich innerhalb der Gruppe 1 ein überdurchschnittlich hoher Anteil an seltenen und gelegentlichen aber auch an regelmäßigen Wiederbesuchern findet, während die Stamm-/Kernbesucher deutlich unterrepräsentiert sind. Befragte der Gruppe 2 sind stärker bei den seltenen und gelegentlichen Wiederbesuchern vertreten, während die regelmäßigen Wiederbesucher hier unterrepräsentiert sind. Innerhalb der Gruppe 3 findet sich hingegen ein höherer Anteil insbesondere an regelmäßigen Wieder-besuchern aber auch an Stamm-/Kernbesuchern. Seltene Wiederbesucher sind hingegen unterrepräsentiert. Innerhalb der Gruppe 4 sind lediglich die Stamm- bzw. Kernbesucher überdurchschnittlich vertreten, während die drei weiteren Wiederbesuchergruppen unterrepräsentiert sind. Da folglich die seltenen und gelegentlichen Wiederbesucher in den beiden Gruppen 1 und 2 überrepräsentiert sind, die regelmäßigen Wiederbesucher in der Gruppe 3 und

6.3 Ergebnisse der quantitativen Fragebogenerhebung

die Stamm-/Kernbesucher überdurchschnittlich in den beiden Gruppen der langjährigen Wiederbesucher 3 und 4 vertreten sind, lässt sich vereinfacht folgende Vermutung aufstellen: *Mit zunehmender Dauer der Geschäftsbeziehung steigt die Besuchshäufigkeit tendenziell an.* Diese Tendenzaussage kann auch durch einen entsprechenden Mittelwertvergleich flankiert werden. Danach besuchen z. B. Befragte, welche das Opernhaus seit weniger als einem Jahr bis maximal seit fünf Jahren wiederholt aufsuchen (Gruppe 1), im Durchschnitt 6,5-mal in einer Spielzeit die Bühne, während die langjährigen Besucherschaften der Gruppe 4 das Opernhaus im Schnitt 8,4-mal pro Spielzeit aufsuchen. Eine durchgeführte Korrelations-analyse zeigt, dass der Zusammenhang zwischen den beiden Indikatoren mit einem Koeffizienten von 0,074 zwar sehr gering ausfällt, mit einer Irrtumswahrscheinlichkeit von 5% aber signifikant ist. Damit besteht eine 95%ige Wahrscheinlichkeit, dass ein Zusammenhang zwischen den beiden Indikatoren der Besucherbindung besteht.

6.3.2.2 Besuchshäufigkeit und Soziodemografika

Setzt man die Besuchshäufigkeit bzw. die vier verschiedenen Wiederbesuchergruppen mit den soziodemografischen/-ökonomischen Strukturmerkmalen in Beziehung, so lassen sich für die *Altersstruktur* anhand eines Mittelwertvergleichs die folgenden Schwerpunkte verdeutlichen: Insgesamt beträgt das Durchschnittsalter im Sample 53,57 Jahre (vgl. Kapitel 6.3.1.3). Unter diesem Wert liegt das Durchschnittsalter der seltenen Wiederbesucher mit 50,20 Jahren. Darüber liegen die Werte der weiteren drei Wiederbesuchergruppen. Das Durchschnittsalter der gelegentlichen Wiederbesucher liegt bei 54,81 Jahren, die regelmäßigen Wiederbesucher sind im Durchschnitt 55,56 Jahre alt. Das höchste Alter weisen die Stamm-/Kernbesucher mit 56,67 Jahren auf. Dies lässt folgenden Zusammenhang vermuten: Je häufiger ein Besucher das Opernhaus in einer Spielzeit aufsucht, desto älter ist diese Person auch im Durchschnitt. Mit anderen Worten: Mit zunehmender Alter steigt auch die Besuchshäufigkeit tendenziell an. Eine durchgeführte Korrelationsanalyse zeigt, dass der Zusammenhang zwischen der Besuchshäufigkeit und dem Alter mit einem Koeffizienten von 0,076 zwar sehr gering ausfällt, mit einer Irrtumswahrscheinlichkeit von 5% aber signifikant ist. Damit besteht eine 95%ige Wahrscheinlichkeit, dass ein Zusammenhang zwischen der Besuchshäufigkeit und dem Alter besteht. Diese Tendenzaussage zeigt in die gleiche Richtung wie einige Studien in der Publikumsforschung. So konnte auch in den Erhebungen von Fischer, Eckhardt et al., Rössel et al., Reuband und Mishkis sowie Reuband mit zunehmender Besuchsintensität ein steigendes Alter identifiziert werden (vgl. Kapitel 4.3.1).

Hinsichtlich der Beziehung zwischen der Besuchshäufigkeit und dem *Geschlecht* lässt sich beobachten, dass mit der Häufigkeit des Opernbesuchs der Anteil männlicher Besucher tendenziell ansteigt und der Anteil der weiblichen Besucher abnimmt. Während sich innerhalb der seltenen Wiederbesucher mit 65,52% eine deutliche Überlegenheit der weiblichen Wiederbesucher gegenüber den männlichen Befragten mit 34,38% feststellen lässt, sind Männer bei den Stamm-/Kernbesuchern mit 51,61% in der Überzahl gegenüber dem weiblichen Geschlecht mit 48,39%.[225] Diese Beobachtung geht in die gleiche Richtung wie das Ergebnis von Fischer, der in seiner Studie nachweist, dass mit der Häufigkeit des Opernbesuchs der Anteil männlicher Besucher ansteigt und der Anteil der weiblichen Besucher abnimmt (vgl. Kapitel 4.3.1).

Die gemeinsame Betrachtung der Besuchshäufigkeit mit der *regionalen Herkunft* der Befragten in einer Kreuztabelle zeigt, dass sich innerhalb der Gruppe der Wiederbesucher, die *aus dem Ort des Opernhauses* stammen, überdurchschnittlich hohe Anteile an regelmäßigen Wiederbesuchern (23,55%) und Stamm-/Kernbesuchern finden lassen (17,73%), während die seltenen Wiederbesucher unterrepräsentiert sind (28,25%):

Tabelle 39: Kreuztabelle für die Variablen Besuchshäufigkeit und regionale Herkunft

Besuchshäufigkeit/regionale Herkunft		Ort des Opernhauses	Umland bis 30 km	30 bis 100 km	Übriges Deutschland	Ausland	Total
Seltene Wiederbesucher	Anzahl	102	59	27	36	8	232
	Zeile in %	43,97	25,43	11,64	15,52	3,45	100,00
	Spalte in %	28,25	43,70	34,18	53,73	57,14	35,37
Gelegentliche Wiederbesucher	Anzahl	110	48	23	14	3	198
	Zeile in %	55,56	24,24	11,62	7,07	1,52	100,00
	Spalte in %	30,47	35,56	29,11	20,90	21,43	30,18
Regelmäßige Wiederbesucher	Anzahl	85	22	16	9	1	133
	Zeile in %	63,91	16,54	12,03	6,77	0,75	100,00
	Spalte in %	23,55	16,30	20,25	13,43	7,14	20,27

---

225 Bei den gelegentlichen Besuchern finden sich 57,29% weibliche und 42,71% männliche Personen. Bei den regelmäßigen Besucherschaften finden sich 57,58% weibliche und 42,42% männliche Befragte.

6.3 Ergebnisse der quantitativen Fragebogenerhebung

Tabelle 39 (Fortsetzung):   Kreuztabelle für die Variablen Besuchshäufigkeit und regionale Herkunft

Besuchshäufigkeit/regionale Herkunft		Ort des Opernhauses	Umland bis 30 km	30 bis 100 km	Übriges Deutschland	Ausland	Total
Stamm-/Kernbesucher	Anzahl	64	6	13	8	2	93
	Zeile in %	68,82	6,45	13,98	8,60	2,15	100,00
	Spalte in %	17,73	4,44	16,46	11,94	14,29	14,18
Total	Anzahl	361	135	79	67	14	656
	Zeile in %	55,03	20,58	12,04	10,21	2,13	100,00
	Spalte in %	100,00	100,00	100,00	100,00	100,00	100,00

Befragte aus dem *Umland* sind stärker in der Wiederbesuchergruppe der seltenen und gelegentlichen Wiederbesucher vertreten, während regelmäßige Wiederbesucher und vornehmlich Stamm-/Kernbesucher (4,44%) deutlich unterrepräsentiert sind. Befragte, die *über 30 km bis 100 km* vom Opernhaus entfernt wohnen, liegen in der Nähe des Durchschnitts aller Befragten. Innerhalb der Gruppe der Wiederbesucher, die *aus dem übrigen Deutschland* und aus dem *Ausland* stammen, findet sich ein stark überdurchschnittlicher Anteil an seltenen Wiederbesuchern. Gelegentliche und regelmäßige Wiederbesucher sind hingegen deutlich unterrepräsentiert. Zusammenfassend lässt sich tendenziell festhalten, dass die seltenen Wiederbesucher insbesondere in den beiden Gruppen der Befragten aus dem übrigen Deutschland und dem Ausland deutlich überrepräsentiert sind, die gelegentlichen Wiederbesucher überdurchschnittlich in der Gruppe der Befragten aus dem Umland und die regelmäßigen Wiederbesucher sowie Stamm-/Kernbesucher schwerpunktmäßig in der Gruppe der Besucher aus dem Ort des Opernhauses vertreten sind. Vor diesem Hintergrund kann vereinfacht folgende Vermutung aufgestellt werden: Mit einer zunehmenden Entfernung des Heimatwohnorts vom Opernhaus scheint die Besuchshäufigkeit tendenziell abzunehmen. Diese Tendenzaussage unterstreicht auch ein entsprechender Mittelwertvergleich. Danach besuchen z. B. Besucher aus dem Ort des Opernhauses im Durchschnitt 8,9-mal in der Spielzeit die Bühne, während Besucher aus dem übrigen Deutschland das Opernhaus im Schnitt 6,6-mal und aus dem Ausland lediglich 3,0-mal pro Spielzeit aufsuchen. Eine Korrelationsanalyse zeigt, dass der Zusammenhang zwischen den beiden Variablen mit einem Koeffizienten von -0,073 zwar sehr gering ausfällt, mit einer Irrtumswahrscheinlichkeit von 5% aber signifikant ist. Damit besteht eine 95%ige Wahrscheinlichkeit, dass ein negativer Zusammenhang (hohe Werte der einen Variablen gehen mit niedrigen

Werten der anderen Variablen einher) zwischen der Besuchshäufigkeit und der regionalen Entfernung besteht.

Für den Zusammenhang zwischen der Besuchshäufigkeit und der *Wohndauer* der Befragten kann konstatiert werden, dass die *seltenen Wiederbesucher* insbesondere bei den Befragten mit einer Wohndauer von 10 bis 19 Jahren (49,52%) und von 40 bis 49 Jahren (43,33%) überrepräsentiert sind, während sie vornehmlich bei den Personen mit einer Wohndauer ab 60 Jahren deutlich unterdurchschnittlich vertreten sind (22,12%). Ein höherer Anteil an *gelegentlichen Wiederbesuchern* ist insbesondere bei den Befragten mit einer Wohndauer von 50 bis 59 Jahren und von unter 10 Jahren vertreten. Unterdurchschnittlich sind sie hingegen vornehmlich bei den Befragten mit einer Wohndauer von 40 bis 49 Jahren anzutreffen. Überdurchschnittlich viele *regelmäßige Wiederbesucher* finden sich sowohl bei den Personen mit einer Wohndauer von unter 10 Jahren (24,27%), als auch bei den Befragten, die seit über 60 Jahren an ihrem Heimatwohnort leben (27,43%). *Stamm-/Kernbesucher* sind ebenfalls vor allem in der Gruppe der Befragten mit einer Wohndauer ab 60 Jahren vertreten (20,35%). Die Beobachtung von Kirchberg, dass mit der Dauer, die eine Person an einem Ort wohnt, auch die Zahl der Theaterbesuche zunimmt (vgl. Kapitel 4.3.1), kann hier nicht bestätigt werden. Es lässt sich im Rahmen einer durchgeführten Korrelationsanalyse kein signifikanter Zusammenhang identifizieren.

Tabelle 40: Kreuztabelle für die Variablen Besuchshäufigkeit und Wohndauer

Besuchshäufigkeit/Wohndauer		Unter 10	10 bis 19	20 bis 29	30 bis 39	40 bis 49	50 bis 59	Ab 60	Total
Seltene Wiederbesucher	Anzahl	31	52	30	34	39	18	25	229
	Zeile in %	13,54	22,71	13,10	14,85	17,03	7,86	10,92	100,00
	Spalte in %	30,10	49,52	38,96	33,01	43,33	31,58	22,12	35,34
Gelegentliche Wiederbesucher	Anzahl	36	29	21	33	24	20	34	197
	Zeile in %	18,27	14,72	10,66	16,75	12,18	10,15	17,26	100,00
	Spalte in %	34,95	27,62	27,27	32,04	26,67	35,09	30,09	30,40
Regelmäßige Wiederbesucher	Anzahl	25	15	15	20	14	10	31	130
	Zeile in %	19,23	11,54	11,54	15,38	10,77	7,69	23,85	100,00
	Spalte in %	24,27	14,29	19,48	19,42	15,56	17,54	27,43	20,06
Stamm-/Kernbesucher	Anzahl	11	9	11	16	13	9	23	92
	Zeile in %	11,96	9,78	11,96	17,39	14,13	9,78	25,00	100,00
	Spalte in %	10,68	8,57	14,29	15,53	14,44	15,79	20,35	14,20
Total	Anzahl	103	105	77	103	90	57	113	648
	Zeile in %	15,90	16,20	11,88	15,90	13,89	8,80	17,44	100,00
	Spalte in %	100,00	100,00	100,00	100,00	100,00	100,00	100,00	100,00

6.3 Ergebnisse der quantitativen Fragebogenerhebung

Setzt man die Besuchshäufigkeit mit der *beruflichen Stellung* der Befragten in Beziehung, so sind die folgenden Schwerpunkte zu beobachten (vgl. Tabelle 41): Bei den Befragten in einem *Ausbildungsverhältnis* sind bei den Schülern die seltenen Wiederbesucher und bei den Studierenden und Auszubildenden außerdem auch die gelegentlichen Wiederbesucher überdurchschnittlich vertreten. Für die *Nicht-Erwerbstätigen* lässt sich konstatieren, dass bei den Arbeitslosen die Stamm-/Kernbesucher überdurchschnittlich vertreten sind (50,00%) und bei den Rentnern zusätzlich auch die regelmäßigen und gelegentlichen Wiederbesucher (32,23% und 22,31%) überrepräsentiert sind. Innerhalb der Hausfrauen/-männer sind seltene Wiederbesucher stark überdurchschnittlich vertreten (63,64%) und Stamm-/Kernbesucher überrepräsentiert. Für die *Erwerbstätigen* lässt sich hingegen ein weniger konsistentes Bild zeichnen: Bei dem einen befragten Arbeiter handelt es sich ausschließlich um einen seltenen Wiederbesucher. Bei den Angestellten liegt der Schwerpunkt bei den seltenen und gelegentlichen Wiederbesuchern. Innerhalb der Beamten liegt der Anteil an seltenen (37,70%) aber auch an regelmäßigen Wiederbesuchern (26,23%) über dem Gesamtdurchschnitt. Bei den Selbstständigen sind die Anteile an gelegentlichen Wiederbesuchern und an Stamm-/ Kernbesuchern leicht überrepräsentiert.

Tabelle 41: Kreuztabelle für die Variablen Besuchshäufigkeit und berufliche Stellung

Besuchshäufigkeit/ Berufliche Stellung		Arbeiter	Angestellte	Beamte	Selbstständige	Auszubildende	Schüler	Studierende	Hausfrau/-mann	Rentner	Arbeitslose	Total
Seltene Wiederbesucher	Anzahl	1	61	23	31	2	14	18	7	67	2	226
	Zeile in %	0,44	26,99	10,18	13,72	0,88	6,19	7,96	3,10	29,65	0,88	100,00
	Spalte in %	100,00	39,61	37,70	35,63	66,67	77,78	39,13	63,64	27,69	20,00	35,70
Gelegentliche Wiederbesucher	Anzahl	0	49	16	25	1	2	17	1	78	1	190
	Zeile in %	0,00	25,79	8,42	13,16	0,53	1,05	8,95	0,53	41,05	0,53	100,00
	Spalte in %	0,00	31,82	26,23	28,74	33,33	11,11	36,96	9,09	32,23	10,00	30,02
Regelmäßige Wiederbesucher	Anzahl	0	31	16	18	0	2	6	1	54	2	130
	Zeile in %	0,00	23,85	12,31	13,85	0,00	1,54	4,62	0,77	41,54	1,54	100,00
	Spalte in %	0,00	20,13	26,23	20,69	0,00	11,11	13,04	9,09	22,31	20,00	20,54
Stamm-/Kernbesucher	Anzahl	0	13	6	13	0	0	5	2	43	5	87
	Zeile in %	0,00	14,94	6,90	14,94	0,00	0,00	5,75	2,30	49,43	5,75	100,00
	Spalte in %	0,00	8,44	9,84	14,94	0,00	0,00	10,87	18,18	17,77	50,00	13,74
Total	Anzahl	1	154	61	87	3	18	46	11	242	10	633
	Zeile in %	0,16	24,33	9,64	13,74	0,47	2,84	7,27	1,74	38,23	1,58	100,00
	Spalte in %	100,00	100,00	100,00	100,00	100,00	100,00	100,00	100,00	100,00	100,00	100,00

6.3 Ergebnisse der quantitativen Fragebogenerhebung

Für die Beziehungen zwischen der Besuchshäufigkeit und dem *höchsten Bildungsabschluss* der Befragten lässt sich beobachten, dass es sich bei der Gruppe der Wiederbesucher *ohne Abschluss* (hier: Schüler) fast ausschließlich um seltene Wiederbesucher handelt (vgl. Tabelle 42). Befragte mit *Hauptschulabschluss* sind einerseits überdurchschnittlich bei den seltenen Wiederbesuchern vertreten (40,00%). Andererseits sind sie auch bei den regelmäßigen sowie bei den Stamm-/Kernbesuchern überrepräsentiert. Befragte, die über einen *mittleren Bildungsabschluss* verfügen, sind stärker bei den seltenen und gelegentlichen Wiederbesuchern zu finden (42,39% und 32,61%). Innerhalb der Gruppe der Befragten mit *Abitur/Fachhochschulreife* sind seltene Wiederbesucher und Stamm-/Kernbesucher stärker vertreten (37,10% und 20,97%). Bei den Befragten mit *Universitäts-/Fachochschulabschluss* ist ein überdurchschnittlicher Anteil an gelegentlichen und regelmäßigen Wiederbesuchern (33,01% und 22,33%) zu erkennen. Seltene und Stamm-/Kernbesucher sind hier lediglich unterdurchschnittlich anzutreffen. *Promovierte/habilitierte Wiederbesucher* sind hingegen lediglich bei den regelmäßigen Wiederbesuchern überrepräsentiert (32,94%).

Tabelle 42: Kreuztabelle für die Variablen Besuchshäufigkeit und Bildungsabschluss

Besuchshäufigkeit/Bildungsabschluss		Kein Abschluss	Hauptschule	Realschule	Abitur/ FH-Reife	Uni/ FH-Abschluss	Promotion/ Habilitation	Total
Seltene Wiederbesucher	Anzahl	3	8	39	46	102	26	224
	Zeile in %	1,34	3,57	17,41	20,54	45,54	11,61	100,00
	Spalte in %	75,00	40,00	42,39	37,10	33,01	30,59	35,33
Gelegentliche Wiederbesucher	Anzahl	1	3	30	32	102	21	189
	Zeile in %	0,53	1,59	15,87	16,93	53,97	11,11	100,00
	Spalte in %	25,00	15,00	32,61	25,81	33,01	24,71	29,81
Regelmäßige Wiederbesucher	Anzahl	0	5	10	20	69	28	132
	Zeile in %	0,00	3,79	7,58	15,15	52,27	21,21	100,00
	Spalte in %	0,00	25,00	10,87	16,13	22,33	32,94	20,82
Stamm-/ Kernbesucher	Anzahl	0	4	13	26	36	10	89
	Zeile in %	0,00	4,49	14,61	29,21	40,45	11,24	100,00
	Spalte in %	0,00	20,00	14,13	20,97	11,65	11,76	14,04
Total	Anzahl	4	20	92	124	309	85	634
	Zeile in %	0,63	3,15	14,51	19,56	48,74	13,41	100,00
	Spalte in %	100,00	100,00	100,00	100,00	100,00	100,00	100,00

In einigen empirischen Publikumsstudien konnte ein Zusammenhang zwischen Besuchshäufigkeit und Bildungsabschluss identifiziert werden: Danach steigt mit einer zunehmenden Häufigkeit des Opernbesuchs auch der Anteil der besser

Gebildeten. Und je besser der Bildungsabschluss einer Person ist, desto höher ist ihre Besuchshäufigkeit (vgl. Kapitel 4.3.1). Dieser Zusammenhang kann für den vorliegenden Datensatz nicht bestätigt werden. Dies unterstreicht auch ein entsprechender Mittelwertvergleich: Am Häufigsten besuchen Personen mit Abitur/Fachhochschulreife das Opernhaus (durchschnittlich 9,8-mal in einer Spielzeit), gefolgt von Hauptschulabsolventen (8,7 Besuche), Befragten mit Promotion/ Habilitation (8,6 Besuche) und Universitäts-/Fachhochschulabsolventen (7,5 Besuche). Befragte mit mittlerem Bildungsabschluss kommen auf durchschnittlich 6,5 Besuche, während Besucher ohne Bildungsabschluss/Schüler die Bühne im Schnitt lediglich 2,9-mal pro Spielzeit aufsuchen. Im Rahmen der Korrelationsanalyse konnte ebenfalls kein signifikanter Zusammenhang identifiziert werden.

Die gemeinsame Betrachtung der Besuchshäufigkeit mit dem *monatlichen Haushaltsnettoeinkommen* der Befragten zeigt für die drei *geringen Einkommensgruppen* das folgende Bild (vgl. Tabelle 43): Die seltenen Wiederbesucher sind bei den Befragten mit einem Einkommen von weniger als 500 Euro stark überdurchschnittlich vertreten (55,56%). Bei den beiden weiteren Gruppen (501 bis 1.500 Euro) finden sich hingegen überdurchschnittlich viele gelegentliche sowie Stamm-/Kernbesucher. Innerhalb der beiden *mittleren Einkommensgruppen* sind die seltenen Wiederbesucher überrepräsentiert (37,25% und 36,62%). Bei den Befragten mit einem Einkommen von 1.501 bis 2.000 Euro liegt zudem der Anteil für die regelmäßigen Wiederbesucher, bei den Befragten mit einem Einkommen von 2.001 bis 2.500 Euro der Anteil der Stamm-/Kernbesucher über dem Durchschnitt.

Innerhalb der drei *besser verdienenden Einkommensgruppen* sind jeweils die gelegentlichen Wiederbesucher überdurchschnittlich vertreten. Bei den Befragten mit einem Einkommen von 2.501 bis 3.000 Euro liegt zudem der Anteil für die Stamm-/Kernbesucher über dem Durchschnitt. Bei den Befragten mit einem Einkommen von 3.001 bis 3.500 Euro ist insbesondere der Anteil der seltenen Besucher überdurchschnittlich hoch (46,51%). Die Gruppe der Spitzenverdiener ist sowohl mit einem überdurchschnittlichen Anteil bei den gelegentlichen Wiederbesuchern als auch bei den regelmäßigen Wiederbesuchern überrepräsentiert. Einige Studien der Publikumsforschung belegen, dass mit steigendem Einkommen die Besuchshäufigkeit zunimmt (vgl. Kapitel 4.3.1). Ein signifikanter Zusammenhang kann im Rahmen dieser Arbeit hingegen nicht identifiziert werden.

6.3 Ergebnisse der quantitativen Fragebogenerhebung

Tabelle 43: Kreuztabelle für die Variablen Besuchshäufigkeit und Einkommen

Besuchshäufigkeit/ Einkommen		Unter 500	501 bis 1.000	1.001 bis 1.500	1.501 bis 2.000	2.001 bis 2.500	2.501 bis 3.000	3.001 bis 3.500	Über 3.500	Total
Seltene Wiederbesucher	Anzahl	20	13	28	19	26	16	20	40	182
	Zeile in %	10,99	7,14	15,38	10,44	14,29	8,79	10,99	21,98	100,00
	Spalte in %	55,56	25,49	31,82	37,25	36,62	29,63	46,51	29,85	34,47
Gelegentliche Wiederbesucher	Anzahl	6	17	26	12	19	17	13	41	151
	Zeile in %	3,97	11,26	17,22	7,95	12,58	11,26	8,61	27,15	100,00
	Spalte in %	16,67	33,33	29,55	23,53	26,76	31,48	30,23	30,60	28,60
Regelmäßige Wiederbesucher	Anzahl	5	10	15	14	15	11	7	37	114
	Zeile in %	4,39	8,77	13,16	12,28	13,16	9,65	6,14	32,46	100,00
	Spalte in %	13,89	19,61	17,05	27,45	21,13	20,37	16,28	27,61	21,59
Stamm-/ Kernbesucher	Anzahl	5	11	19	6	11	10	3	16	81
	Zeile in %	6,17	13,58	23,46	7,41	13,58	12,35	3,70	19,75	100,00
	Spalte in %	13,89	21,57	21,59	11,76	15,49	18,52	6,98	11,94	15,34
Total	Anzahl	36	51	88	51	71	54	43	134	528
	Zeile in %	6,82	9,66	16,67	9,66	13,45	10,23	8,14	25,38	100,00
	Spalte in %	100,00	100,00	100,00	100,00	100,00	100,00	100,00	100,00	100,00

Betrachtet man abschließend die *Art des Besuchs* im Zusammenhang mit der Besuchshäufigkeit, so lässt sich feststellen, dass mit der Häufigkeit des Opernbesuchs der Anteil derjenigen Besucher, die das Opernhaus alleine aufsuchen deutlich ansteigt, während der Anteil der Befragten, die das Theater in Begleitung besuchen, stark abnimmt. Während sich innerhalb der seltenen Wiederbesucher mit einem Anteil von 89,38% eine deutliche Überlegenheit der Opernbesucher in Begleitung gegenüber den Befragten, die alleine kommen (10,62%), feststellen lässt, findet sich bei den Stamm-/Kernbesuchern nur noch ein Anteil von 55,10% an gemeinsamen Besuchern gegenüber den Einzelbesuchern mit einem Anteil von 44,90%. Besucher, die das Opernhaus gemeinsam mit anderen Personen besuchen, sind überproportional bei den seltenen und gelegentlichen Wiederbesuchern anzutreffen. Einzelbesucher eher bei den regelmäßigen Wiederbesuchern und Stamm-/Kernbesuchern.

Zusammenfassend können im Rahmen der Untersuchungsfrage F_5 für die Zusammenhänge zwischen der Besuchshäufigkeit und den soziodemografischen-/ökonomischen Strukturmerkmalen folgende Antworten formuliert werden: Während für die Variablen Wohndauer, berufliche Stellung, Bildungsabschluss und Einkommen keine Beziehung zur Besuchshäufigkeit beobachtet werden kann, lässt sich ein solcher Zusammenhang hingegen für die Variablen

Alter, Geschlecht, regionale Herkunft und Art des Besuchs feststellen. Tabelle 44 gibt abschließend nochmals einen Überblick über die wesentlichen Erkenntnisse:

Tabelle 44: Zusammenhänge zwischen Besuchshäufigkeit und Soziodemografika

Zusammenhang zwischen Besuchshäufigkeit *und*	Ergebnisse/Tendenzaussagen
Altersstruktur	- Je häufiger ein Besucher das Opernhaus in einer Spielzeit aufsucht, desto älter ist diese Person. *Mit zunehmendem Alter steigt die Besuchshäufigkeit.*
Geschlecht	- *Mit der Häufigkeit des Opernbesuchs steigt der Anteil männlicher Besucher an, während der Anteil der weiblichen Besucher abnimmt.*
Regionale Herkunft	- Die seltenen Wiederbesucher sind bei den Befragten aus dem übrigen Deutschland und dem Ausland deutlich überrepräsentiert. Die gelegentlichen Besucher sind überdurchschnittlich bei den Befragten aus dem Umland und die regelmäßigen sowie die Stamm-/Kernbesucher bei den Befragten aus dem Ort des Opernhauses vertreten. - *Mit einer zunehmenden Entfernung des Heimatwohnorts vom Opernhaus nimmt die Besuchshäufigkeit tendenziell ab.*
Wohndauer	- Seltene Wiederbesucher: insbesondere bei den Befragten mit einer Wohndauer von 10 bis 19 Jahre und von 40 bis 49 Jahre überrepräsentiert. - Gelegentliche Wiederbesucher: insbesondere bei den Befragten mit einer Wohndauer von 50 bis 59 Jahren und von unter 10 Jahren zu finden. - Regelmäßige Wiederbesucher: sowohl bei den Personen mit einer Wohndauer von unter 10 Jahren als auch bei denen ab 60 Jahren überdurchschnittlich vertreten. - Stamm-/Kernbesucher: schwerpunktmäßig bei Wohndauer ab 60 Jahren. - *Es besteht kein signifikanter Zusammenhang zwischen Besuchshäufigkeit und Wohndauer.*

6.3 Ergebnisse der quantitativen Fragebogenerhebung

Tabelle 44 (Fortsetzung): Zusammenhänge zwischen Besuchshäufigkeit und Soziodemografika

Zusammenhang zwischen Besuchshäufigkeit *und*	Ergebnisse/Tendenzaussagen
Berufliche Stellung	Besucher in einem Ausbildungsverhältnis: - Insbesondere seltene Wiederbesucher sind überdurchschnittlich vertreten. - Studierende und Auszubildende: zudem gelegentliche Wiederbesucher. Nicht-Erwerbstätige: - In der Regel sind hier die Stamm-/Kernbesucher überrepräsentiert. - Rentner: es finden sich auch überdurchschnittlich viele regelmäßige und gelegentliche Wiederbesucher. - Hausfrauen/-männer: es lässt sich ein weit überdurchschnittlicher Anteil an seltenen Wiederbesuchern beobachten. Erwerbstätige: - Arbeiter: sind ausschließlich seltene Wiederbesucher. - Angestellte: seltene und gelegentliche Wiederbesucher bilden Schwerpunkt. - Beamte: überdurchschnittlicher Anteil an seltenen und regelmäßigen Wiederbesuchern. - Selbstständige: gelegentliche Wiederbesucher und Stamm-/Kernbesucher sind überrepräsentiert.
Bildungsabschluss	- Seltene Wiederbesucher: Personen ohne Bildungsabschluss/Schüler, Hauptschul- und Realschulabschluss, Abitur/FH-Reife sind überrepräsentiert. - Gelegentliche Wiederbesucher: überdurchschnittlich bei Personen mit mittlerem Bildungsabschluss und Uni/FH-Absolventen. - Regelmäßige Wiederbesucher: überdurchschnittlich bei Uni/FH-Absolventen, Befragte mit Promotion/Habilitation und Hauptschulabsolventen.

Tabelle 44 (Fortsetzung): Zusammenhänge zwischen Besuchshäufigkeit und Soziodemografika

Zusammenhang zwischen Besuchshäufigkeit *und*	Ergebnisse/Tendenzaussagen
Bildungsabschluss (Fortsetzung)	- Stamm-/Kernbesucher: schwerpunktmäßig bei Befragten mit Abitur/FH-Reife und Hauptschulabsolventen. - Es besteht kein signifikanter Zusammenhang zwischen Besuchshäufigkeit und Bildungsabschluss.
Einkommen	Geringe Einkommensgruppen: - Seltene Wiederbesucher sind bei Befragten mit einem Einkommen von weniger als 500 Euro stark überdurchschnittlich vertreten. - Bei den beiden weiteren Gruppen finden sich überdurchschnittlich viele gelegentliche Wiederbesucher und Stamm-/Kernbesucher. Mittlere Einkommensgruppen: - Seltene Wiederbesucher sind insgesamt überrepräsentiert. - Einkommen 1.501 bis 2.000 Euro: regelmäßige Wiederbesucher sind überdurchschnittlich vertreten. - Einkommen 2.001 bis 2.500 Euro: Stamm-/Kernbesucher sind überrepräsentiert. Hohe Einkommensgruppen: - Gelegentliche Wiederbesucher sind insgesamt überrepräsentiert. - Einkommen 2.501 bis 3.000 Euro: Stamm-/Kernbesucher sind überdurchschnittlich vertreten. - Einkommen 3.001 bis 3.500 Euro: seltene Wiederbesucher sind überrepräsentiert. - Spitzenverdiener: regelmäßige Wiederbesucher sind überrepräsentiert - Es besteht kein signifikanter Zusammenhang zwischen Besuchshäufigkeit und Einkommen.

6.3 Ergebnisse der quantitativen Fragebogenerhebung

Tabelle 44 (Fortsetzung): Zusammenhänge zwischen Besuchshäufigkeit und Soziodemografika

Zusammenhang zwischen Besuchshäufigkeit *und*	Ergebnisse/Tendenzaussagen
Art des Besuchs	- Mit der Häufigkeit des Opernbesuchs steigt der Anteil der Besucher, die das Opernhaus alleine aufsuchen deutlich an. Der Anteil der Befragten, welche die Oper in Begleitung besuchen nimmt stark ab. - Besucher, die das Opernhaus gemeinsam mit anderen Personen besuchen, sind überproportional bei den seltenen und gelegentlichen Wiederbesuchern zu finden. Einzelbesucher hingegen eher bei den regelmäßigen und Stamm-/Kernbesucher.

6.3.2.3 Charakterisierung der Erscheinungsformen der Besucherbindung

Um für ein zielgruppengerechtes Besucherbindungsmanagement nähere Informationen darüber zu erlangen, wie die Erscheinungsformen der Besucherbindung im Einzelnen beschrieben sind und ob sich Unterschiede hinsichtlich der beiden Indikatoren der Besucher-bindung sowie der soziodemografischen/-ökonomischen Strukturmerkmale ausmachen lassen (Untersuchungsfrage F_6), werden diese Zusammenhänge im Folgenden anhand der prozentualen Verteilungen bzw. Anteile der Erscheinungsformen in der Gesamtstichprobe näher betrachtet. Setzt man zunächst die Erscheinungsformen mit der *Besuchshäufigkeit* in Beziehung, so lässt sich für das Abonnement beobachten, dass sich die höchsten *Abonnenten-anteile* bei den regelmäßigen (58,96%) und Stamm-/Kernbesuchern (50,00%) finden lassen (vgl. Abbildung 29). Innerhalb der Gruppe der regelmäßigen Wiederbesucher stellen die Abonnenten sogar den größten Anteil an Wiederbesuchern, noch vor den Einzelkartenkäufer (50,75%). Demgegenüber findet sich in der Gruppe der seltenen Wiederbesucher lediglich ein Abonnentenanteil von 8,47%. Ähnliche Beobachtungen lassen sich für die *Mitglieder von Fördervereinen* treffen. Die höchsten Anteile finden sich in der Gruppe der Stamm-/Kernbesucher (10,64%) sowie der regelmäßigen Wiederbesucher (8,21%), der geringste Anteil lässt sich für die Gruppe der seltenen Wiederbesucher (0,42%) feststellen.

Abbildung 29: Zusammenhang zwischen Erscheinungsformen und Besuchshäufigkeit[226]

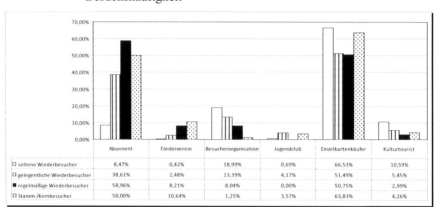

	Abonnent	Förderverein	Besucherorganisation	Jugendclub	Einzelkartenkäufer	Kulturtourist
seltene Wiederbesucher	8,47%	0,42%	18,99%	0,69%	66,53%	10,59%
gelegentliche Wiederbesucher	38,61%	2,48%	13,39%	4,17%	51,49%	5,45%
regelmäßige Wiederbesucher	58,96%	8,21%	8,04%	0,00%	50,75%	2,99%
Stamm-/Kernbesucher	50,00%	10,64%	1,25%	3,57%	63,83%	4,26%

Ein anderes Bild ergibt sich für die *Mitglieder von Besucherorganisationen.* Diese sind in der Gruppe der seltenen (18,99%) und der gelegentlichen Wiederbesucher (13,39%) am stärksten vertreten, während sich für die Gruppe der Stammbesucher lediglich ein Anteil von 1,25% beobachten lässt. Eine ähnliche Feststellung kann für die *Kulturtouristen* getroffen werden. Diese sind ebenfalls in der Gruppe der seltenen (10,59%) und der gelegentlichen Wiederbesucher (5,45%) am stärksten vertreten, während sich für die Gruppe der regelmäßigen Besucherschaften lediglich ein Anteil von 2,99% ausmachen lässt. Für die *Mitglieder von Jugendclubs* lassen sich die Schwerpunkte bei den gelegentlichen (4,17%) und Stammbesuchern (3,57%) beobachten. Bei den *Einzelkartenkäufern* findet sich der höchste Anteil einerseits innerhalb der Gruppe der seltenen Wiederbesucher (66,53%). Andererseits ist diese Erscheinungsform innerhalb der Gruppe der Stammbesucher mit 63,83% am zweithäufigsten vertreten. Diese Beobachtungen ermöglichen insgesamt folgende Tendenzaussagen: Während die Abonnenten und Fördervereinsmitglieder eher zu den beiden Gruppen der regelmäßigen und Stammbesuchern gezählt werden können, sind die Mitglieder von Besucherorganisationen und die Kulturtouristen eher bei den seltenen und gelegentlichen Wiederbesuchergruppen zu finden. Die Schwerpunkte für die Einzelkartenkäufer lassen sich hingegen sowohl bei den seltenen Wiederbesuchern als auch bei den Stammbesuchern identifizieren. Mitglieder von Jugend-

---

226 Aufgrund der bereits in Kapitel 6.3.1.1 erwähnten Möglichkeit zu Mehrfachnennungen bei den Erscheinungsformen ergeben die einzelnen Zeilen- und Spaltensummen dieser und der folgenden Abbildungen insgesamt keine 100%.

6.3 Ergebnisse der quantitativen Fragebogenerhebung

clubs sind vor allem bei den gelegentlichen Befragten aber auch bei den Stammbesuchern anzutreffen. Diese Tendenzaussage kann auch durch einen entsprechenden Mittelwertvergleich gestützt werden: Insgesamt besuchen alle Befragten ein Opernhaus durchschnittlich 7,9 Mal in einer Spielzeit (vgl. Kapitel 6.3.1.1). Deutlich über diesem Schnitt der Gesamtstichprobe liegen die Mitglieder von Fördervereinen mit 20,37 Besuchen sowie die Abonnenten mit einer durchschnittlichen Besuchsintensität von 11,74. Diese beiden Erscheinungsformen zählen demnach tendenziell zu den besonders häufigen Opernbesuchern. Eine Anzahl pro Spielzeit von 120 Besuchen bei den Mitgliedern der Fördervereine und 150 Besuchen bei den Abonnenten (jeweils eine Person) bilden hier das jeweilige Besuchsmaximum. Die Gruppe der Einzelkartenkäufer repräsentiert hingehen mit einer Besuchshäufigkeit von 7,99 Besuchen pro Spielzeit den Durchschnitt für das gesamte Sample. Unter diesem Schnitt liegen die drei weiteren Ausprägungsformen: die Mitglieder von Jugendclubs (Mean=7,67), die Kulturtouristen (Mean=4,75) sowie mit der niedrigsten Anzahl die Mitglieder von Besucherorganisationen (Mean=4,37).

Für die Zusammenhänge der Erscheinungsformen mit der *Dauer der Geschäftsbeziehung* kann konstatiert werden, dass sich beinahe gleich große *Abonnentenanteile* innerhalb der vier Gruppen finden lassen (vgl. Abbildung 30). Der höchste Abonnentenanteil (38,92%) findet sich dabei in der Gruppe der langjährigsten Wiederbesucher (Gruppe 4). Der geringste Anteil lässt sich mit 25% für Gruppe 1 feststellen. Ein ähnliches Bild ergibt sich für die *Mitglieder von Fördervereinen* und die *Einzelkartenkäufer*. Für diese beiden Ausprägungsformen können ebenfalls jeweils ähnlich große Anteile insbesondere für die Gruppen 2 bis 4 ausgemacht werden, mit Schwerpunkten auf Gruppe 4 für Mitglieder von Fördervereinen bzw. auf Gruppe 3 bei den Einzelkartenkäufern. Innerhalb der ersten Gruppe finden sich hingegen für beide Erscheinungsformen ebenfalls die geringsten Anteile. Die *Mitglieder von Besucherorganisationen* sind in Gruppe 4 mit 15,77% und in Gruppe 3 mit 22,22% am Stärksten vertreten. Für die beiden ersten Gruppen lassen sich hingegen lediglich sehr geringe Anteile beobachten. Die Mitglieder von Besucherorganisationen sind daher eher bei den langjährigen Wiederbesuchern zu finden. Für die *Mitglieder von Jugendclubs* und für die *Kulturtouristen* lassen sich die höchsten Anteile für die Gruppen 1 und 3 ausmachen. Mitglieder von Jugendclubs sind in den beiden weiteren Gruppen nicht existent, die Kulturtouristen mit deutlich geringeren Anteilen.

Abbildung 30: Zusammenhang zwischen Erscheinungsformen und Geschäftsbeziehungsdauer

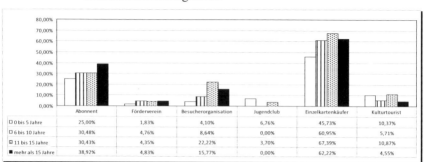

Die durchschnittliche Geschäftsbeziehungsdauer im Sample beträgt 21,02 Jahre (vgl. Kapitel 6.3.1.1). Deutlich über diesem Schnitt liegen die traditionellen Bindungsformen: Besucherorganisationen mit 26,50 Jahren, gefolgt von Abonnenten mit 25,33 Jahren und Fördervereinsmitglieder mit 24,96 Jahren. Diese drei Formen sind demnach verstärkt bei den langjährig verbundenen Besucherschaften zu finden, was mit den oben getroffenen Ausführungen korrespondiert. Eine Dauer von 70 Jahren bei den Abonnenten, 58 Jahren bei den Besucherorganisationen und 55 Jahren bei den Mitgliedern der Fördervereine bilden hier das jeweilige Maximum. Die Gruppe der Einzelkartenkäufer repräsentiert mit einer Dauer von 21,91 Jahren wiederum beinahe den Durchschnitt für das gesamte Sample. Unter diesem Schnitt liegen die beiden weiteren Formen: die Kulturtouristen (Mean=14,21) und die Mitglieder von Jugendclubs (Mean=4,33).

Charakterisiert man im Anschluss die unterschiedlichen Erscheinungsformen anhand der soziodemografischen/-ökonomischen Strukturmerkmale, so finden sich im Rahmen der *Altersstruktur* für die *traditionellen Bindungsformen* deutliche Schwerpunkte bei den älteren Besucherschaften ab 50 Jahre (vgl. Abbildung 31). Die höchsten Abonnentenanteile lassen sich hierbei für die 70- bis 79-jährigen (50,00%) und 60- bis 69-Jährigen (41,41%) beobachten. Für die Fördervereinsmitglieder finden sich die höchsten Anteile in den Altersgruppen 80 bis 89 Jahre (9,09%) und ebenfalls 60 bis 69 Jahre (5,92%). Die Mitglieder von Besucherorganisationen sind am stärksten vertreten in den Altersgruppen 70 bis 79 Jahre (20,00%) und 60 bis 69 Jahre (16,92%). Demgegenüber können für diese Bindungsformen in den mittleren (30 bis 49 Jahre) und jüngeren Altersgruppen (unter 20 bis 29 Jahre) vergleichsweise geringere Anteile festgestellt werden. So sind Fördervereinsmitglieder in den jüngeren Altersgruppen unter 30 Jahren überhaupt nicht existent, Besucherorganisationen lediglich mit geringen

6.3 Ergebnisse der quantitativen Fragebogenerhebung

Anteilen von 6,25% bis 2,38%. Ein Abonnement scheint insbesondere für die Zielgruppen von 20 bis 29 Jahre keine Relevanz zu haben (1,89%). Allerdings findet sich bei den jungen Besuchern unter 20 Jahre mit 13,04% ein respektabler Abonnentenanteil.

Abbildung 31: Zusammenhang zwischen Erscheinungsformen und Alter

	Abonnent	Förderverein	Besucherorganisation	Jugendclub	Einzelkartenkäufer	Kulturtourist
■ unter 20	13,04%	0,00%	4,76%	5,26%	60,87%	4,35%
◻ 20 bis 29	1,89%	0,00%	2,38%	15,15%	47,17%	7,55%
■ 30 bis 39	21,54%	4,62%	6,25%	0,00%	75,38%	4,62%
◻ 40 bis 49	30,97%	2,65%	5,68%	0,00%	58,41%	7,96%
◻ 50 bis 59	33,96%	5,66%	12,99%	0,00%	59,43%	5,66%
◼ 60 bis 69	41,42%	5,92%	16,92%	0,00%	59,17%	6,51%
◼ 70 bis 79	50,00%	2,68%	20,00%	0,00%	51,79%	7,14%
◼ 80 bis 89	18,18%	9,09%	12,50%	0,00%	72,73%	18,18%

Die *Mitglieder von Jugendclubs* sind entsprechend der Zielsetzung dieser Vereinigungen, jungen Erwachsenen bis 30 Jahren einen attraktiveren Zugang zur Kunstform Oper und dem Opernhaus zu ermöglichen (vgl. Kapitel 3.4.1), lediglich in den jüngeren Altersgruppen unter 30 Jahren vertreten, wobei sich der Schwerpunkt hier in der Altersgruppe der 20- bis 29-jährigen findet. Bei den *Einzelkartenkäufern* lassen sich die höchsten Anteile einerseits innerhalb der jüngeren und mittleren Altersgruppen (75,38% bei den 30- bis 39-jährigen und 60,87% bei den unter 20-jährigen) beobachten. Andererseits ist diese Erscheinungsform auch innerhalb der ältesten Gruppe der 80- bis 89-jährigen mit ihrem zweithäufigsten Anteil von 72,73% stark vertreten. Für die *Kulturtouristen* können ebenfalls Schwerpunkte für diese Altersgruppe (18,18%) sowie für die 40- bis 49-jährigen (7,96%) und die 20- bis 29-jährigen (7,55%) identifiziert werden. Diese Beobachtungen lassen folgende Tendenzaussagen zu: Die Befragten der traditionellen Bindungsformen zählen schwerpunktmäßig eher zu den älteren Opernbesuchern ab 50 Jahre und sind weniger stark innerhalb der mittleren und insbesondere bei den jüngeren Altersgruppen unter 30 Jahre repräsentiert. Die Schwerpunkte für die Einzelkartenkäufer und die Kulturtouristen sind hingegen sowohl bei den jüngeren und mittleren Altersgruppen als auch bei den älteren

Besucherschaften vorzufinden. Die Mitglieder von Jugendclubs sind lediglich in den jüngeren Altersgruppen unter 30 Jahren vertreten, wobei der Schwerpunkt hier auf der Altersgruppe der 20- bis 29-jährigen liegt. Diese Tendenz verdeutlicht auch ein entsprechender Mittelwertvergleich: Insgesamt beträgt das Durchschnittsalter im Sample 53,57 Jahre (vgl. Kapitel 6.3.1.3). Deutlich über diesem Schnitt liegen die traditionellen Bindungsformen. Die Mitglieder von Besucherorganisationen verfügen über das höchste Durchschnittsalter von 61,02 Jahren, gefolgt von den Abonnenten mit 59,80 Jahren und den Mitgliedern von Fördervereinen mit 58,12 Jahren. Ebenfalls über dem Wert für das Gesamtsample liegen auch die Kulturtouristen mit einem Durchschnittsalter von 54,84 Jahre. Die Gruppe der Einzelkartenkäufer repräsentiert hingehen mit einem Alter von 53,16 Jahren wiederum beinahe den Durchschnitt für das gesamte Sample. Unter diesem Wert liegen die Mitglieder von Jugendclubs mit einem durchschnittlichen Alter von 23,17 Jahren. Diese Beobachtungen korrespondieren zum überwiegenden Teil mit einigen der in Kapitel 3.4.1 getroffenen Überlegungen zu den klassischen Bindungsformen. Die von Keuchel herausgestellte Tendenz, weg von verbindlichen Arrangements im Generationenvergleich insbesondere für die jüngeren Generationen (vgl. Keuchel 2005a: 120 f.), kann auch im Sample beobachtet werden. Das Interesse der jungen Generation unter 30 Jahre an den traditionellen Bindungsformen ist deutlich geringer als vergleichsweise bei der älteren Generation ab 50 Jahre, die sich viel häufiger über die traditionellen Konzepte binden. Allerdings kann daraus noch nicht geschlossen werden, dass sich die jungen Besucher generell nicht über die klassischen Konzepte an ein Opernhaus binden, diese als unattraktiv, nicht mehr zeitgemäß ansehen und daher automatisch ein Desinteresse unterstellt werden muss. So findet sich bei den jungen Besuchern unter 20 Jahre mit 13,04% durchaus ein respektabler Abonnentenanteil. Und auch unter den jungen Besuchern gibt es Mitglieder von Besucherorganisationen. Nicht auszuschließen ist zudem, dass sich bestimmte Teile der durch Jugendclubs an ein Opernhaus gebundenen Besucher mit Erreichen des 30. Lebensjahres (bzw. dem Ende ihrer Mitgliedschaft) dann anschließend über die traditionellen Konzepte binden. Innerhalb der Gruppe der jungen Besucherschaften gibt es demnach ein Teilpublika, das durchaus auch weiterhin an den klassischen Bindungsformen interessiert ist, wenn diese Instrumente entsprechend ihren Bedürfnissen und Ansprüchen ausgestaltet werden.

Hinsichtlich des *Geschlechts* lässt sich insgesamt mit 59,06% eine zahlenmäßige Überlegenheit der weiblichen Wiederbesucher gegenüber den männlichen Befragten (40,94%) konstatieren (vgl. Kapitel 6.3.1.3). Die differenzierte Betrachtung der Erscheinungsformen zeigt folgende Schwerpunkte: Innerhalb der Abonnenten und den Mitgliedern von Besucherorganisationen sind Frauen stärker vertreten als Männer. Mit einem Frauenanteil von 62,39% bei den Abon-

6.3 Ergebnisse der quantitativen Fragebogenerhebung

nenten und 68,85% bei den Besucherorganisationen liegen diese deutlich über dem Wert für das gesamte Sample. Demgegenüber liegen die Anteile bei den weiteren Erscheinungsformen unter diesem Wert. 57,55% der Einzelkartenkäufer und 53,85% der Förderkreismitglieder sind weibliche Besucher. Und bei den Mitgliedern von Jugendclubs lässt sich ein ausgewogenes Verhältnis von 50% weiblichen und 50% männlichen Wiederbesuchern beobachten. Lediglich innerhalb der Kulturtouristen ist das Geschlechterverhältnis umgekehrt: hier findet sich ein Männeranteil von 63,64%, dem 36,36% weibliche Befragte gegenüberstehen.

Um Informationen über den Anteil lokaler Besucher sowie von Nah- und Fernbesuchern zu erhalten, wurde die *regionale Herkunft* nach Erscheinungsformen ausgewertet. Für die drei traditionellen Bindungsformen lassen sich deutliche Schwerpunkte für die ersten drei Gruppen (Ort des Opernhauses, Umland bis 30 km und 30 bis 100 km) identifizieren:

Abbildung 32: Zusammenhang zwischen Erscheinungsformen und regionaler Herkunft

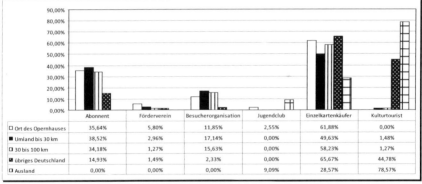

	Abonnent	Förderverein	Besucherorganisation	Jugendclub	Einzelkartenkäufer	Kulturtourist
Ort des Opernhauses	35,64%	5,80%	11,85%	2,55%	61,88%	0,00%
Umland bis 30 km	38,52%	2,96%	17,14%	0,00%	49,63%	1,48%
30 bis 100 km	34,18%	1,27%	15,63%	0,00%	58,23%	1,27%
übriges Deutschland	14,93%	1,49%	2,33%	0,00%	65,67%	44,78%
Ausland	0,00%	0,00%	0,00%	9,09%	28,57%	78,57%

Die höchsten Anteile bei den Abonnenten und Mitgliedern von Fördervereinen sind hierbei für die Gruppe ‚Ort des Opernhauses' (35,64% und 5,80%) sowie für die Gruppe ‚Umland bis 30 km' (38,52% und 2,96%) zu beobachten. Bei den Abonnenten gibt es zudem einen hohen Anteil aus der dritten Gruppe ‚30 bis 100 km' (34,18%). Die Schwerpunkte bei den Mitgliedern von Besucherorganisationen liegen hingegen in Gruppe 2 und 3 (Umland bis 30 km und 30 bis 100 km). Demgegenüber finden sich nur geringe Anteile innerhalb der Gruppe ‚übriges Deutschland', und keiner dieser Befragten stammt aus dem Ausland. Die Wiederbesucher der traditionellen Bindungsformen – und hierbei insbesondere die Freundeskreismitglieder – können demnach tendenziell eher zu den Nahbesuchern (Anteil der örtlichen und der Besucher aus dem 30-km-Radius) gezählt werden und sind weniger bei den Fernbesuchern (insbesondere ab einem Radius von über 100 km) zu finden. Mitglieder von Jugendclubs gehören lediglich zu den Besuchern, die direkt aus dem Ort des Opernhauses stammen sowie zu den ausländischen Besuchern. Einzelkartenkäufer sind hingegen in allen fünf Gruppen vertreten, wobei sich die höchsten Anteile für die erste (61,88%) und die vierte Gruppe (65,67%) identifizieren lassen. Die *Kulturtouristen* sind erwartungsgemäß in den Gruppen 4 (44,78%) und 5 (78,57%) am stärksten vertreten. Der überwiegende Anteil der Befragten aus dem Ausland besucht demnach das Opernhaus im Rahmen seiner touristischen Aufenthalte in der Stadt.

Für den Zusammenhang zwischen den Erscheinungsformen und der *Wohndauer* der Befragten kann festgehalten werden, dass die *Abonnenten* insbesondere bei den Befragten mit einer langen Wohndauer ab 60 Jahren (47,79%%) und von 50 bis 59 Jahren (43,86%) zu finden sind, während sich bei den Besuchern mit einer kurzen Wohndauer unter 10 Jahren (24,27%) und von 10 bis 19 Jahren (24,76%) die geringsten Abonnentenanteile erkennen lassen. *Mitglieder von Fördervereinen* sind ebenfalls überwiegend bei den Befragten mit einer langen Wohndauer von 50 bis 59 Jahren (7,02%) und von 40 bis 49 Jahren (6,59%) anzutreffen, sind aber auch bei den Wiederbesuchern mit einer Wohndauer unter 10 Jahren mit 5,83% stark vertreten.

Abbildung 33: Zusammenhang zwischen Erscheinungsformen und Wohndauer

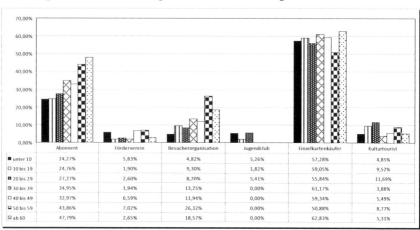

Die *Mitglieder von Besucherorganisationen* sind mit 26,32% und 18,57% wie die Abonnenten ebenfalls am stärksten bei den Befragten mit den längsten

6.3 Ergebnisse der quantitativen Fragebogenerhebung

Wohndauern (von 50 bis 59 Jahren und ab 60 Jahren) vertreten, während sie bei den Personen mit einer kurzen Wohndauer unter 10 Jahren mit 4,82% den geringsten Anteil ausweisen. Die Befragten der traditionellen Bindungsformen können demnach tendenziell eher zu den Opernbesuchern mit langen Wohndauern gezählt werden und sind weniger stark innerhalb der kurzen Wohndauergruppen repräsentiert. Die *Mitglieder von Jugendclubs* setzen sich ausschließlich aus Befragten der drei Gruppen mit einer Wohndauer von unter 10 Jahren bis maximal 29 Jahren zusammen. *Einzelkartenkäufer* sind in allen Wohndauergruppen etwa gleich häufig anzutreffen. Die höchsten Anteile an *Kulturtouristen* finden sich mit 11,69% in der Wohndauergruppe 20 bis 29 Jahre, gefolgt von den Befragten mit einer Wohndauer von 10 bis 19 Jahren (9,52%) und von 50 bis 59 Jahren (8,77%).

Setzt man die Erscheinungsformen mit der *beruflichen Stellung* der Befragten in Beziehung, so können die folgenden Schwerpunkte beobachtet werden (vgl. Abbildung 34): Die Abonnenten sind unter den Rentnern am stärksten vertreten (47,52%). Daneben gibt es hohe Abonnentenanteile unter den Auszubildenden (33,33%), bei den Selbstständigen (32,18%) und den Angestellten (30,97%). *Mitglieder von Fördervereinen* sind überwiegend bei den Selbstständigen (6,90%) und Rentnern (5,37%) anzutreffen, während keiner der befragten Arbeiter, Auszubildenden, Schüler und Hausfrauen/-männer und Arbeitslosen Mitglied ist.

Die befragten *Mitglieder von Besucherorganisationen* setzen sich vor allem aus Hausfrauen/-männern (27,27%), Rentnern (16,67%) und Beamten (14,00%) zusammen, die *Mitglieder von Jugendclubs* wiederum ausschließlich aus Studierenden und Arbeitslosen. *Einzelkartenkäufer* sind in fast allen Berufsgruppen etwa gleich stark anzutreffen und die höchsten Anteile an *Kulturtouristen* bilden mit 14,75% die Beamten, gefolgt von Hausfrauen/-männern (9,09%) und den Rentnern (7,44%). Diese Beobachtungen unterstreichen die getroffenen Tendenzaussagen zu den Erscheinungsformen in Zusammenhang mit der Altersstruktur. Das Interesse der jungen Besucher in einem Ausbildungsverhältnis an den traditionellen Bindungsformen (insbesondere am Förderverein und den Besucherorganisationen) ist insgesamt geringer als vergleichsweise bei den (Nicht-)Erwerbstätigen, bei denen tendenziell höhere Anteile für die klassischen Formen bestehen. Allerdings kann daraus nicht geschlossen werden, dass sich diese Personen generell nicht über die klassischen Konzepte an ein Opernhaus binden ließen bzw. diese als unattraktiv ansehen und daher automatisch ein Desinteresse unterstellt werden muss. So findet sich für das Abonnement mit 33,33% der zweithöchste Anteil bei den Auszubildenden. Darüber hinaus sind 11,11% der Schüler über ein Abonnement an das Opernhaus gebunden. Und unter den Schülern und Studierenden gibt es durchaus auch Mitglieder von Besucherorganisationen (6,25% und 5,26%) und Fördervereinen (2,17%). Innerhalb der Gruppe der Befragten in einem Ausbildungsverhältnis gibt es demnach ein Teilsegment, das sich durchaus auch weiterhin über die klassischen Formen binden lässt.

Abbildung 34: Zusammenhang zwischen Erscheinungsformen und beruflicher Stellung

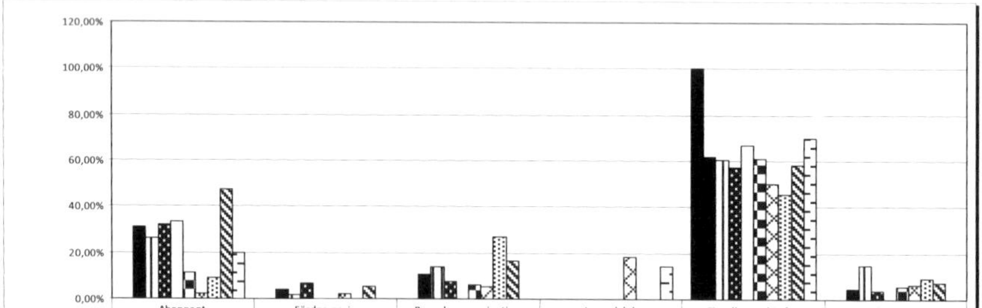

	Abonnent	Förderverein	Besucherorganisation	Jugendclub	Einzelkartenkäufer	Kulturtourist
■ Arbeiter	0,00%	0,00%	0,00%	0,00%	100,00%	0,00%
■ Angestellter	30,97%	3,87%	10,62%	0,00%	61,94%	4,52%
◻ Beamter	26,23%	1,64%	14,00%	0,00%	60,66%	14,75%
■ Selbstständiger	32,18%	6,90%	7,69%	0,00%	57,47%	3,45%
◻ Ausbildung	33,33%	0,00%	0,00%	0,00%	66,67%	0,00%
■ Schüler	11,11%	0,00%	6,25%	0,00%	61,11%	5,56%
◻ Student	2,17%	2,17%	5,26%	18,52%	50,00%	6,52%
◻ Hausfrau/-mann	9,09%	0,00%	27,27%	0,00%	45,45%	9,09%
◼ Rentner	47,52%	5,37%	16,67%	0,00%	58,26%	7,44%
◻ arbeitslos	20,00%	0,00%	0,00%	14,29%	70,00%	0,00%

Für die Beziehungen zwischen den Erscheinungsformen und dem *höchsten Bildungsabschluss* der Befragten lässt sich beobachten, dass *Abonnenten* hauptsächlich zu den Promovierten/Habilitierten (44,71%) und Universitäts-/Fachhochschulabsolventen (37,86%) aber auch zu den Befragten mit Hauptschulabschluss (35,00%) gezählt werden können. Ebenfalls über ein hohes Bildungsniveau verfügen die *Mitglieder von Fördervereinen*, die überwiegend bei den Promovierten/Habilitierten (10,59%) anzutreffen sind, während keiner der Befragten mit niedrigem Bildungsabschluss Vereinsmitglied ist:

6.3 Ergebnisse der quantitativen Fragebogenerhebung

Abbildung 35: Zusammenhang zwischen Erscheinungsformen und Bildungsabschluss

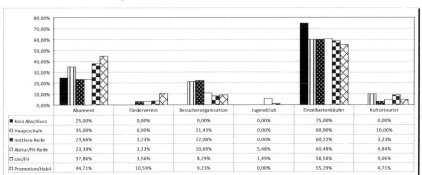

	Abonnent	Förderverein	Besucherorganisation	Jugendclub	Einzelkartenkäufer	Kulturtourist
Kein Abschluss	25,00%	0,00%	0,00%	0,00%	75,00%	0,00%
Hauptschule	35,00%	0,00%	21,43%	0,00%	60,00%	10,00%
mittlere Reife	23,66%	3,23%	22,08%	0,00%	60,22%	3,23%
Abitur/FH-Reife	23,39%	3,23%	10,89%	5,48%	60,48%	4,84%
Uni/FH	37,86%	3,56%	8,29%	1,49%	58,58%	9,06%
Promotion/Habil	44,71%	10,59%	9,23%	0,00%	55,29%	4,71%

Die *Mitglieder von Besucherorganisationen* setzen sich überwiegend aus Personen mit mittlerem Bildungsabschluss (22,08%) und Hauptschulabsolventen (21,43%) zusammen. Bei den *Mitgliedern von Jugendclubs* finden sich ausschließlich Besucher mit hohem Bildungsabschluss: Abitur/Fachhochschulreife (5,48%) und Universitäts-/Fachhochschulabschluss (1,49%). *Einzelkartenkäufer* sind in fast allen Bildungsgruppen etwa gleich stark vertreten. Die höchsten Anteile an *Kulturtouristen* sind mit 10,00% bei den Hauptschulabgängern sowie mit 9,06% bei den Befragten mit Universitäts-/Fachhochschulabschluss anzutreffen.

Die Betrachtung der Erscheinungsformen in Verbindung mit dem *monatlichen Haushaltsnettoeinkommen* der Befragten zeigt für das *Abonnement* relativ gleich große Anteile für die verschiedenen Einkommensklassen. Demnach sind Abonnenten in fast allen Einkommensgruppen etwa gleich stark vertreten, wobei sich der höchste Abonnentenanteil mit 42,05% bei den geringen Einkommensklassen (1.001 bis 1.500 Euro) findet. Bei den Wiederbesuchern mit einem Einkommen von unter 500 Euro sind Abonnenten hingegen mit einem Anteil von lediglich 8,33% nur sehr selten anzutreffen. Demgegenüber können *Fördervereinsmitglieder* eher zu den ökonomisch privilegierteren Einkommensklassen gezählt werden. Mit Anteilen von 6,98% und 7,46% finden sich hier die höchsten Anteile. Allerdings lässt sich auch für die geringe Einkommensklasse von 500 bis 1.001 Euro mit einem Anteil von 5,88% ein weiterer Schwerpunkt identifizieren. Mitglieder von *Besucherorganisationen* sind vornehmlich bei den mittleren Einkommen (15,79% und 15,09%) sowie bei der Einkommensgruppe von 3.001 bis 3.500 Euro (15,63%) zu erkennen.

Abbildung 36: Zusammenhang zwischen Erscheinungsformen und Einkommen

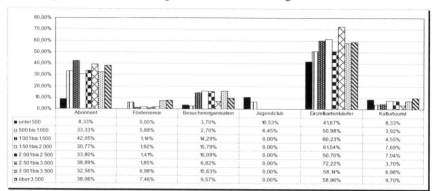

Mitglieder von *Jugendclubs* setzen sich lediglich aus den beiden untersten Einkommensgruppen zusammen. Ähnlich wie bei den Abonnenten sind *Einzelkartenkäufer* in fast allen Einkommensgruppen etwa gleich stark vorzufinden, wobei sich die Schwerpunkte mit 72,22% bei den überdurchschnittlichen Einkommensklassen (2.501 bis 3.000 Euro), mit 61,51% bei den mittleren (1.501 bis 2.000 Euro) und mit 60,23% bei den unteren Einkommen (1.001 bis 1.500 Euro) bilden. Der höchste Anteil an *Kulturtouristen* findet sich mit 9,70% bei den Spitzenverdienern. Weitere Schwerpunkte lassen sich für die beiden mittleren Einkommensgruppen sowie bei den geringsten Einkommen unter 500 Euro identifizieren.

Betrachtet man abschließend die *Art des Besuchs* im Zusammenhang mit den Erscheinungsformen, so lässt sich feststellen, dass insbesondere die Mitglieder von Besucherorganisationen und Kulturtouristen ein Opernhaus in Begleitung aufsuchen. Mit einem Anteil an gemeinsamen Besuchern von 89,83% bei den Besucherorganisationen und 79,01% bei den Kulturtouristen liegen diese deutlich über dem Wert für das gesamte Sample (77,71%, vgl. Kapitel 6.3.1.3). Demgegenüber sind Einzelbesucher bei den weiteren Erscheinungsformen häufiger anzutreffen. Von den Einzelkartenkäufern besuchen 74,46% der Befragten das Opernhaus in Begleitung, bei den Abonnenten sind es 72,43% und bei den Mitgliedern von Fördervereinen und Jugendclubs jeweils 66,67%.

Zusammenfassend können im Rahmen der Untersuchungsfrage F_6 die Erscheinungsformen der Besucherbindung überblicksartig anhand der folgenden Merkmale charakterisiert werden:

6.3 Ergebnisse der quantitativen Fragebogenerhebung

Tabelle 45: Charakteristika der Erscheinungsformen der Besucherbindung

Erscheinungsform	Charakteristika
Abonnenten	- Hauptsächlich regelmäßige Besucher, Stamm-/Kernbesucher. Durchschnittliche Besuchshäufigkeit: 11,74-mal in einer Spielzeit. - Dauer der Geschäftsbeziehung: Nahezu gleichmäßige Verteilung. Höchster Anteil bei langjährigen Besuchern (Gruppe 4). - Schwerpunktmäßig bei den älteren Besuchern ab 50 Jahren. Weniger stark vertreten bei den mittleren und jungen Altersgruppen. Hat für Besucher von 20 bis 29 Jahre keine Relevanz. Durchschnittsalter: 59,80 Jahre. - Frauen sind stärker vertreten als Männer. - Tendenziell eher Nahbesucher und weniger bei Fernbesuchern (insbesondere ab 100 km) zu finden. Keine Befragten aus dem Ausland. - Eher Opernbesucher mit langer Wohndauer und weniger stark innerhalb der kurzen Wohndauergruppen repräsentiert. - Bei den Rentnern am stärksten vertreten. Hohe Anteile auch bei Auszubildenden, Selbstständigen und Angestellten. - Insbesondere Promovierte/Habilitierte und Uni/FH-Absolventen, aber auch Befragte mit Hauptschulabschluss. - In fast allen Einkommensgruppen etwa gleich stark vertreten. Höchster Anteil findet sich bei den Einkommen von 1.001 bis 1.500 Euro. Bei Einkommen unter 500 Euro nur selten anzutreffen. - Überwiegend gemeinsame Opernbesuche in Begleitung (72,43%).
Förderverein	- Hauptsächlich Stamm-/Kernbesucher, regelmäßige Besucher. Durchschnittliche Besuchshäufigkeit: 20,37-mal in einer Spielzeit. - Dauer der Geschäftsbeziehung: Schwerpunkte bei Gruppen 2 bis 4.

Tabelle 45 (Fortsetzung): Charakteristika der Erscheinungsformen der Besucherbindung

Erscheinungsform	Charakteristika
Förderverein (Fortsetzung)	- Schwerpunktmäßig bei den älteren Besuchern ab 50 Jahren. Weniger stark vertreten bei den mittleren Altersgruppen. Hat für Besucher unter 30 Jahre keine Relevanz. Durchschnittsalter: 58,12 Jahre. - Frauen sind stärker vertreten als Männer. - Tendenziell eher Nahbesucher und weniger bei Fernbesuchern (insbesondere ab 100 km) zu finden. Keine Befragten aus dem Ausland. - Eher Opernbesucher mit langer Wohndauer und weniger stark innerhalb der kurzen Wohndauergruppen repräsentiert. - Überwiegend bei den Selbstständigen und Rentnern anzutreffen. - Hohes Bildungsniveau. Überwiegend Promovierte/Habilitierte. - Eher ökonomisch privilegierte Einkommensklassen. - Überwiegend gemeinsame Opernbesuche in Begleitung (66,67%).
Besucherorganisation	- Hauptsächlich seltene und gelegentliche Besucher. Durchschnittliche Besuchshäufigkeit: 4,37-mal in einer Spielzeit. - Dauer der Geschäftsbeziehung: Deutliche Schwerpunkte bei langjährigen Wiederbesuchern (Gruppen 3 und 4). - Schwerpunktmäßig bei den älteren Besuchern ab 50 Jahren. Deutlich geringere Relevanz bei den mittleren und jungen Altersgruppen. Höchstes Durchschnittsalter der Erscheinungsformen: 61,02 Jahre - Frauen sind stärker vertreten als Männer. - Überwiegend aus dem Umland bis 30 km und von 30 bis 100 km. Keine Befragten aus dem Ausland. - Eher Opernbesucher mit langer Wohndauer und weniger stark innerhalb der kurzen Wohndauergruppen repräsentiert. - Am stärksten bei den Hausfrauen/-männern, Rentnern und Beamten vertreten.

6.3 Ergebnisse der quantitativen Fragebogenerhebung

Tabelle 45 (Fortsetzung): Charakteristika der Erscheinungsformen der Besucherbindung

Erscheinungsform	Charakteristika
Besucherorganisation (Fortsetzung)	- Überwiegend Personen mit mittlerer Bildung und Hauptschulabsolventen. - Vornehmlich bei den mittleren Einkommen sowie bei den überdurchschnittlichen Einkommen von 3.001 bis 3.500 Euro anzutreffen. - Ganz überwiegend gemeinsame Opernbesuche in Begleitung (88,89%).
Jugendclub	- Schwerpunkt sowohl bei gelegentlichen Besuchern als auch bei Stammbesuchern. Durchschnittliche Besuchshäufigkeit: 7,67-mal in einer Spielzeit. - Dauer der Geschäftsbeziehung: Höchster Anteil bei Gruppe 1 - Nur in den jungen Altersgruppen unter 30 Jahre vertreten. Schwerpunkt in der Altersgruppe von 20 bis 29 Jahre. Durchschnittsalter: 23,17 Jahre. - Ausgewogenes Geschlechterverhältnis. - Kommen aus dem Ort des Opernhauses und dem Ausland. - Befragte mit einer Wohndauer unter 30 Jahre. - Studierende und Arbeitslose. - Befragte mit hohem Bildungsabschluss. - Nur bei den beiden untersten Einkommensklassen anzutreffen. - Überwiegend gemeinsame Opernbesuche in Begleitung (66,67%).
Einzelkartenkäufer	- Schwerpunkt sowohl bei seltenen Besuchern als auch bei Stammbesuchern. Durchschnittliche Besuchshäufigkeit: 7,99-mal in einer Spielzeit. - Dauer der Geschäftsbeziehung: Höchster Anteil bei Gruppe 3. - Schwerpunkte sowohl bei den jungen und mittleren Altersgruppen als auch bei den älteren Besuchern. Durchschnittsalter: 53,16 Jahre. - Frauen sind stärker vertreten als Männer. - Regionale Herkunft: in allen Gruppen vertreten. Schwerpunkte in Gruppe 1 und 4

Tabelle 45 (Fortsetzung): Charakteristika der Erscheinungsformen der Besucherbindung

Erscheinungsform	Charakteristika
Einzelkartenkäufer (Fortsetzung)	- Jeweils etwa gleich stark anzutreffen bei Wohndauer-, Berufs-, Bildungs- und Einkommensgruppen - Überwiegend gemeinsame Opernbesuche in Begleitung (74,46%).
Kulturtouristen	- Hauptsächlich seltene und gelegentliche Besucher. Durchschnittliche Besuchshäufigkeit: 4,75-mal in einer Spielzeit. - Dauer der Geschäftsbeziehung: Schwerpunkte bei Gruppe 1 und 3. - Schwerpunkte bei den jungen und mittleren als auch bei den älteren Besuchern. Durchschnittsalter: 54,84 Jahre. - Männer sind stärker vertreten als Frauen. - Deutliche Schwerpunkte bei den Besuchern aus dem übrigen Deutschland und aus dem Ausland. - Hohe Anteile bei Befragten mit Wohndauer von 10 bis 29 Jahre, 50 bis 59 Jahre - Schwerpunkte bei Beamten, Hausfrauen/-männer und Rentnern. - Hohe Anteile an Hauptschul- und Uni/FH-Absolventen. - Höchster Anteil bei Spitzenverdienern. Weitere Schwerpunkte bei mittleren und geringen Einkommen unter 500 Euro. - Überwiegend gemeinsame Opernbesuche in Begleitung (79,01%).

6.3.2.4 Wiederbesuchsgründe und Eigenschaften der Befragten

Um Erkenntnisse darüber zu erlangen, welche Zusammenhänge zwischen den Wiederbesuchsgründen und den Eigenschaften der Befragten bestehen, und ob sich dabei bestimmte Unterschiede, Auffälligkeiten und Tendenzen beobachten lassen (Untersuchungsfrage F_7), werden die Zustimmungen der Befragten zu den Wiederbesuchsgründen (dargestellt anhand von Mittelwerten, vgl. Kapitel 6.3.1.2) im Folgenden mit den Indikatoren der Besucherbindung, den verschie-

6.3 Ergebnisse der quantitativen Fragebogenerhebung

denen Erscheinungsformen der Besucherbindung sowie mit den soziodemografischen/-ökonomischen Strukturmerkmalen in Beziehung gesetzt. Die weiteren Ausführungen beschränken sich auf einen Mittelwertvergleich der Wiederbesuchsgründe mit den jeweils höchsten (TOP-10) und niedrigsten (FLOP-10) Zustimmungen, wobei hier lediglich auf die interessantesten Unterschiede und Schwerpunkte eingegangen werden soll.[227] Eine Untersuchung der Zusammenhänge zwischen den einzelnen Wiederbesuchsgründen wird hingegen gesondert im Rahmen der explorativen Faktorenanalyse durchgeführt (vgl. Kapitel 6.3.3), da eine Analyse der Beziehungen zwischen den 41 Variablen sehr aufwendig ist und die Betrachtung von $41*(41-1)/2 = 820$ einfachen Korrelationen erfordert (vgl. hierzu auch Laukner 2008: 218).

Wiederbesuchsgründe und Indikatoren der Besucherbindung

Setzt man die Wiederbesuchsgründe mit der *Besuchshäufigkeit* in Beziehung, so lassen sich einige wesentliche Unterschiede zwischen den vier Wiederbesuchergruppen beobachten: So zählt für die seltenen und gelegentlichen Wiederbesucher der ‚unkomplizierte Kartenerwerb' mit zu den fünf ausschlaggebendsten Variablen (seltene Wiederbesucher: Platz 4 im Ranking und gelegentliche Wiederbesucher: Platz 5 im Ranking), während dieser von den beiden weiteren Gruppen deutlich weniger wichtig eingeschätzt wird (regelmäßige Wiederbesucher: Platz 7 im Ranking und Stammbesucher Platz 8 im Ranking). Mit einer zunehmenden Besuchshäufigkeit geht eine steigende Zustimmung zum Wiederbesuchsgrund ‚Regelmäßige Beschäftigung und Interesse an Oper' einher. Während für die seltenen Besucher diese Variable nicht zu den TOP-10 Wiederbesuchsgründen zählt (Mean=3,42), findet sie sich bei den gelegentlichen Besuchern auf Platz 6 im Ranking (Mean=3,78) und erhält bei den regelmäßigen und Stammbesuchern jeweils den zweithöchsten Zustimmungswert (Mean=4,37 und 4,38). Der häufige Opernbesuch ist demnach mit einem starken Interesse und einer regelmäßigen Beschäftigung mit der Kunstform verbunden. Im Umkehrschluss könnte die regelmäßige Beschäftigung und ein starkes Interesse an Oper demnach auch zu einer Ausweitung der Nachfrage führen. Bereits bei Hoegl findet sich indirekt ein Hinweis auf einen solchen Zusammenhang und nach den Ergebnissen von Robinson haben insbesondere die häufigen Opernbesucher eine große Affinität bzw. ein persönliches Interesse an Oper (vgl. Kapitel 4.3.2). Eine ähnliche Beobachtung lässt sich für die Variable ‚Abwechslungsreicher Spielplan' treffen. Während die seltenen Wiederbesucher sich dieser Variablen ge-

---

227 Übersichtstabellen zu den jeweiligen TOP-/FLOP-10 Wiederbesuchsgründen differenziert nach den Eigenschaften der Befragten finden sich im Anhang 4.

genüber neutral verhalten, zählt eine abwechslungsreiche Spielplangestaltung für die anderen drei Gruppen zu den ausschlaggebenden Gründen (Mittelwerte von 3,67 bis 3,95). Ein ähnlicher Zusammenhang konnte bereits in der Studie von Martin herausgestellt werden: Je häufiger die Befragten ein Theater besuchen, umso wichtiger ist ihnen der Spielplan (vgl. Kapitel 4.3.2). Die Variable ‚Ambiente und Atmosphäre' ist hingegen lediglich für die seltenen Wiederbesucher von ausschlaggebender Bedeutung. Auch bei Martin nimmt mit einer steigenden Besuchsintensität der Stellenwert des Ambientes für die Besucher ab (vgl. Kapitel 4.3.2). Die ‚Gute Erreichbarkeit/Räumliche Nähe' spielt lediglich für die regelmäßigen Besucher und die ‚Identifikation mit namhaften Gästen/Stars' lediglich für die Stammbesucher eine bedeutende Rolle. Fischer identifiziert in seiner Studie bei häufigen Besuchern ebenfalls eine höhere Relevanz von Interpreten (vgl. Kapitel 4.3.2).

Betrachtet man weiterhin die Variablen mit den geringsten Zustimmungen (FLOP-10), so lässt sich konstatieren, dass insbesondere die seltenen Wiederbesucher eine ‚Vertragliche Bindung' ablehnen (Mean=1,37). Während sich die Stammbesucher und gelegentlichen Besucher ebenfalls ablehnend gegenüber diesem Wiederbesuchsgrund verhalten (allerdings mit einer geringeren Ablehnung von 2,06 und 2,27), gehört diese Variable nicht zu den FLOP-10 bei den regelmäßigen Wiederbesuchern. Eine ‚Gewährung von Zusatzleistungen' wird ebenfalls von den seltenen Wiederbesuchern ablehnend betrachtet. Darüber hinaus lässt sich beobachten, dass mit einer steigenden Besuchsintensität die Bedeutung von ‚Weiterempfehlungen von anderen Besuchern' abnimmt. So findet sich bei den Stammbesuchern die geringste Zustimmung zu dieser Variable, während ihr die regelmäßigen und gelegentlichen Besucher neutral bis ablehnend und die seltenen Besucher neutral gegenüber stehen. Dieses Ergebnis geht tendenziell in die gleiche Richtung wie die Erhebungen von Semenik und Young sowie von Fischer, wonach Stammbesucher weniger von Weiterempfehlungen beeinflusst werden als Besucher mit geringerer Besuchshäufigkeit (vgl. Kapitel 4.3.2 und 5.9.3).

Betrachtet man die Zustimmungen zu den Wiederbesuchsgründen differenziert nach der *Dauer der Geschäftsbeziehung*, so fällt auf, dass für die Wiederbesucher mit einer kürzeren Dauer der Geschäftsbeziehung (Gruppen 1 und 2) ein ‚Unkomplizierter Kartenerwerb' eine höhere Bedeutung (Platz 3 und 6 im Ranking) besitzt als für die dem Opernhaus langjährig Verbundenen (jeweils Platz 7 im Ranking und geringere Zustimmungswerte). Eine ähnliche Feststellung lässt sich für die Variable ‚Besucherorientierte Servicemitarbeiter' treffen, die sich im Ranking bei den ersten beiden Gruppen auf den Plätzen 6 und 8 und bei den Gruppen 3 und 4 auf den Plätzen 10 und 11 findet. Diese beiden Serviceangebote scheinen folglich für Wiederbesucher mit einer kurzen Geschäftsbeziehungsdau-

6.3 Ergebnisse der quantitativen Fragebogenerhebung

er wichtiger zu sein als für die langjährigeren Wiederbesucher. Auch der ‚Gemeinsame Opernbesuch in Begleitung' ist insbesondere für die Besucher mit einer kurzen Besuchsdauer (Gruppe 1) ein entscheidender Wiederbesuchsgrund (Mean=3,70). Darüber hinaus kann vermutet werden, dass mit zunehmender Dauer der Geschäftsbeziehung der ‚Stolz auf das Opernhaus in „unserer" Stadt' an Relevanz gewinnt. Lediglich für die Gruppe 4 lässt sich eine Zustimmung (Mean=3,80) beobachten. Je länger eine Geschäftsbeziehung besteht, desto höher ist auch die Identifikation mit dem Opernhaus.

Untersucht man zusätzlich die Variablen mit den geringsten Zustimmungen, so lässt sich folgendes beobachten: Während die Wiederbesucher mit einer kurzen Beziehungsdauer (Gruppe 1) eine hohe Ablehnung gegenüber der ‚Vertraglichen Bindung' aufzeigen (Platz 3 im Ranking, Mean=1,65), wird diese Variable von allen weiteren Gruppen weniger stark abgelehnt. Am geringsten ist die Abneigung bei den langjährigen Besuchern (Mean=2,10).

Wiederbesuchsgründe und Erscheinungsformen

Setzt man die Wiederbesuchsgründe mit den Erscheinungsformen der Besucherbindung in Beziehung, so lassen sich folgende Schwerpunkte identifizieren: Während die ‚Qualität der künstlerischen Besetzungen' bei den Abonnenten, den Mitgliedern von Fördervereinen und Besucherorganisationen sowie den Einzelkartenkäufern die höchste Zustimmung erfährt, sind für Kulturtouristen hingegen der ‚Unkomplizierte Kartenerwerb' und für die Mitglieder von Jugendclubs die ‚Regelmäßige Beschäftigung und Interesse an Oper' die wichtigsten Variablen. Während sich die letztgenannte Variable auch bei den anderen Erscheinungsformen unter den TOP-5 findet, stehen ihr die Mitglieder von Besucherorganisationen neutral gegenüber. Ein unkomplizierter Kartenerwerb stellt neben den Kulturtouristen auch für Einzelkartenkäufer, Abonnenten und die Mitglieder von Besucherorganisationen einen wichtigen Wiederbesuchsgrund dar. Ein ‚Abwechslungsreicher Spielplan' ist insbesondere für Abonnenten und Mitglieder von Fördervereinen relevant (Mittelwerte von 3,87 und 3,83). Ebenfalls über hohe Zustimmungswerte bei Abonnenten und Mitgliedern von Förderkreisen verfügt die Variable ‚Stolz auf das Opernhaus in „unserer" Stadt'. Die Variable ‚Gewährung von Zusatzleistungen' ist lediglich für Abonnenten wichtig. Vor diesem Hintergrund können auch die überdurchschnittliche Zustimmung zu dieser Variablen in Frankfurt (60,17%) und die hohen Anteile an Befragten in München, die diese Variable ablehnen (62,07%), besser verstanden werden (vgl. Kapitel 6.3.1.2). So ist die Stichprobe in Frankfurt durch einen hohen Abonnentenanteil geprägt, während sich in München verschwindend geringe Abonnentenzahlen finden (vgl. Kapitel 6.3.1.1). Der Wiederbesuchsgrund ‚Guter Ruf des Opernhauses in der Öffentlichkeit' hat hingegen vor allem für Förderkreismitglieder eine ausschlaggebende Bedeutung. Der ‚Gemeinsame Opernbesuch in Begleitung' ist für Mitglieder von Besucherorganisationen und Jugendclubs sehr relevant. Für Kulturtouristen und Mitglieder von Jugendclubs spielt das ‚Ambiente und Atmosphäre' eine bedeutende Rolle. Ebenfalls für die Mitglieder von Jugendclubs ist der Erhalt von ‚Vergünstigungen' einer der TOP-5 Wiederbesuchsgründe. Ähnlich verhält es sich bei der Variable ‚Eigene künstlerische Tätigkeit als Amateur', die bei Jugendclubmitgliedern auf Platz 7 im Ranking zu finden ist.

Betrachtet man wiederum die Variablen mit den geringsten Zustimmungen, so lässt sich konstatieren, dass die ‚Vertragliche Bindung' bei den Mitgliedern von Jugendclubs und Besucherorganisationen mit Mittelwerten von 1,00 und 1,39 über die geringste Zustimmung verfügt. Während sich die Mitglieder von Fördervereinen ebenfalls ablehnend gegenüber diesem Wiederbesuchsgrund verhalten (allerdings mit einer geringeren Ablehnung von 2,15), nehmen Abonnenten eine zustimmende Haltung ein (Mean=3,61). Somit lässt sich feststellen, dass sich derjenige Anteil an organisierten Wiederbesuchern, für welche die vertragliche Bindung einen Wiederbesuchsgrund darstellt (32,49% der Befragten, vgl. Kapitel 6.3.1.2), überwiegend aus Abonnenten zusammensetzt. Vor diesem Hintergrund können auch die überdurchschnittliche Zustimmung zu dieser Variablen in Leipzig (42,74%) und Frankfurt (41,53%) und die hohen Anteile an Befragten insbesondere in München, die diese Variable ablehnen (81,48%), besser verstanden werden (vgl. Kapitel 6.3.1.2). So ist die Stichprobe in Frankfurt und Leipzig durch einen hohen Abonnentenanteil geprägt, während sich in München verschwindend geringe Abonnentenanteile finden lassen (vgl. Kapitel 6.3.1.1). Wird in Frankfurt und Leipzig der Großteil der befragten organisierten Wiederbesucher von den Abonnenten gestellt, die dieser Variable eher zustimmend gegenüber stehen, ist dieser Personenkreis in München hauptsächlich durch Mitglieder von Besucherorganisationen vertreten, für die eine vertragliche Bindung nicht entscheidend ist. Darüber hinaus lässt sich beobachten, dass Abonnenten und Mitglieder von Fördervereinen die Variable ‚Weiterempfehlungen von anderen Besuchern' ablehnen. Dieses Ergebnis geht somit wiederum tendenziell in die gleiche Richtung wie die Erhebung von Semenik und Young, wonach Abonnenten weniger von Weiterempfehlungen beeinflusst werden als andere Besuchergruppen (vgl. Kapitel 5.9.3).

6.3 Ergebnisse der quantitativen Fragebogenerhebung

Wiederbesuchsgründe und Soziodemografika

Wiederbesuchsgründe und Altersstruktur

Setzt man die Wiederbesuchsgründe mit den soziodemografischen/-ökonomischen Strukturmerkmalen in Beziehung, so können für die Altersstruktur die folgenden Auffälligkeiten identifiziert werden: Insbesondere für die älteren Besucher von 50 bis 79 Jahre sowie auch für die mittleren Altersgruppen (und hierbei vornehmlich für die 40- bis 49-jährigen) zählen die musikalischen Aspekte ‚Qualität der künstlerischen Besetzungen', ‚Orchesterqualität' und ‚Chorqualität' zu den entscheidensten Gründen. Zwar gehören diese Variablen auch bei den jüngeren Altersgruppen unter 30 Jahren und bei den ältesten Besuchern ab 80 Jahren zu den ausschlaggebenden Gründen, ihnen sind allerdings andere Variablen wesentlich wichtiger. Hierzu zählen bei den jungen Besuchern unter 20 Jahren die ‚Heranführung an die Oper als Kind/Jugendlicher' sowie der ‚Gemeinsame Opernbesuch in Begleitung'. Während die ‚Heranführung an die Oper als Kind/Jugendlicher' für die Besucher unter 20 Jahre den herausragendsten Wiederbesuchsgrund darstellt (Mean=4,65), nimmt er für alle anderen Altersgruppen einen weitaus geringeren Stellenwert ein. Eine ähnliche Beobachtung lässt sich für die Variable ‚Eigene künstlerische Tätigkeit als Amateur' treffen, welche ebenfalls ein wichtiger Grund für die Besucher unter 20 Jahren ist (Mean=3,68), wohingegen alle weiteren Altersgruppen dieser Variablen neutral oder sogar ablehnend gegenüber stehen. Es lässt sich hierbei feststellen, dass mit steigendem Alter die Zustimmung abnimmt. Diese Ergebnisse sind wohl auch vor dem Hintergrund zu sehen, dass bei den jungen Besuchern die Heranführung an die Oper durch die Familie, Bekannte, Schule und/oder den Freundeskreis sowie die eigene künstlerische Tätigkeit als Amateur, durch die ihr Interesse an Oper geweckt wurde, zeitlich noch nicht so lange her sind wie bei den anderen Altersgruppen oder sie sich zurzeit sogar noch in dieser Phase befinden und demnach diesen Variablen eine hohe Bedeutung beimessen. Der ‚Gemeinsame Opernbesuch in Begleitung' stellt einen wichtigen Grund hauptsächlich für die jüngeren und mittleren Altersgruppen bis 39 Jahre dar, wobei ihm die höchste Relevanz wiederum von den jungen Besuchern unter 20 Jahren zukommt. Dies deckt sich mit den Beobachtungen von Knava, nach denen gerade für Jugendliche der eigene Freundeskreis, die Clique und gemeinsame Aktivitäten besonders wichtig sind (vgl. Knava 2009: 82 und Kapitel 5.6). Demgegenüber hat der gemeinsame Opernbesuch für Wiederbesucher ab 40 Jahre keine ausschlaggebende Bedeutung mehr. Es lässt sich sogar feststellen, dass die Zustimmung mit zunehmendem Alter tendenziell abnimmt. In der Altersgruppe der 20- bis 29-jährigen gehören die beiden Affinitätsvariablen ‚Vorliebe' und ‚Regelmäßige Beschäftigung und Interesse an Oper' sowie ein ‚Unkomplizierter Kartenerwerb' zu den wichtigsten Wiederbesuchsgründen (Mittelwerte von 4,06 bis 4,40). ‚Vergünstigungen' haben ebenfalls eine entscheidende Bedeutung für die Altersgruppe der 20- bis 29-jährigen (Mean=3,78). Die weiteren Altersgruppen verhalten sich hierzu entweder neutral oder sogar ablehnend, wobei sich dieser Wiederbesuchsgrund bei den 50- bis 59-jährigen und bei den Besuchern ab 80 Jahren sogar innerhalb der FLOP-10 wiederfindet. Insbesondere für die Besucher ab 60 Jahre stellt ein ‚Guter Ruf des Opernhauses in der Öffentlichkeit' einen entscheidenden Wiederbesuchsgrund dar. Es zeigt sich auch hier, dass mit zunehmendem Alter die Zustimmung tendenziell ansteigt. Des Weiteren lässt sich beobachten, dass auch für die ältesten Besucher ab 80 Jahre nicht die musikalischen Aspekte, sondern Serviceangebote wie ein ‚Unkomplizierter Kartenerwerb' und ein ‚Zufriedenstellendes Informationsangebot' sowie die Identifikationsvariablen ‚Gute Erreichbarkeit/Räumliche Nähe' und ‚Guter Ruf des Opernhauses in der Öffentlichkeit' zu den wichtigsten Variablen gehören. Bei dieser Altersgruppe ist auffallend, dass es ihnen bei ihrer Wiederbesuchsentscheidung viel stärker als den anderen Altersgruppen auf zufriedenstellende Serviceangebote anzukommen scheint. So finden sich unter den TOP-10 neben den beiden bereits erwähnten Variablen auch ‚Ambiente und Atmosphäre' und ‚Besucherorientierte Servicemitarbeiter'. Die höchsten Zustimmungswerte für die Variable ‚Gute Erreichbarkeit/Räumliche Nähe' sind bei den Besuchern ab 70 Jahren und den jüngsten Besuchern unter 20 Jahren anzutreffen. Dieses Ergebnis lässt sich wohl auch auf ihre geringere bzw. eingeschränktere Mobilität zurückführen.

Bei den Variablen mit den geringsten Zustimmungen lässt sich beobachten, dass insbesondere die jungen aber auch und die mittleren Altersgruppen eine hohe Ablehnung gegenüber der ‚Vertraglichen Bindung' haben (Platz 1 im Ranking bei den Wiederbesuchern unter 30 Jahre, Mittelwerte von 1,39 und 1,11. Plätze 2 und 4 im Ranking bei den Besuchern von 30 bis 49 Jahre, Mittelwerte von 1,43 und 1,73). Demgegenüber wird diese Variable von den älteren Besuchern ab 50 Jahre weniger stark abgelehnt. Am geringsten ist dabei die Ablehnung bei den 70- bis 79-jährigen, die einer vertraglichen Bindung eher neutral gegenüber stehen (Mean=2,78). Die ‚Gewährung von Zusatzleistungen' wird insbesondere von den 20- bis 29-jährigen und den Besuchern ab 80 Jahre ablehnend betrachtet. Weiterhin verliert mit steigendem Alter die Bedeutung von ‚Weiterempfehlungen von anderen Besuchern' für die Entscheidung, ein Opernhaus wiederholt zu besuchen, tendenziell an Relevanz. Während sich die jungen und mittleren Altersgruppen bis 39 Jahre zu dieser Variable zustimmend bis neutral äußern, stehen ihr die Altersgruppen ab 40 Jahre ablehnend gegenüber.

6.3 Ergebnisse der quantitativen Fragebogenerhebung

Wiederbesuchsgründe und Geschlecht

Hinsichtlich der Beziehungen zwischen den Wiederbesuchsgründen und dem Geschlecht lässt sich beobachten, dass die Variablen ‚Regelmäßige Beschäftigung und Interesse an Oper' sowie ‚Unkomplizierter Kartenerwerb' für Männer eine höhere Relevanz besitzen als für Frauen, während für diese die ‚Chorqualität' ausschlaggebender ist als für Männer. Zudem lässt sich feststellen, dass die Variablen ‚Heranführung an die Oper als Kind/Jugendlicher' und ‚Gemeinsamer Opernbesuch in Begleitung' lediglich eine ausschlaggebende Bedeutung für den Wiederbesuch von Frauen haben. Wesentliche Auffälligkeiten oder Unterschiede bei den Variablen mit den geringsten Zustimmungen können nicht identifiziert werden.

Wiederbesuchsgründe und regionale Herkunft

Insbesondere für die Nahbesucher sowie für die Wiederbesucher mit einer regionalen Herkunft von 30 bis 100 km zählen die beiden musikalischen Variablen ‚Qualität der künstlerischen Besetzungen' und ‚Orchesterqualität' zu den entscheidendsten Gründen für einen wiederholten Besuch des Opernhauses. Zwar zählen diese auch bei den Befragten aus dem übrigen Deutschland und dem Ausland zu den ausschlaggebenden Wiederbesuchsgründen, ihnen sind allerdings andere Variablen noch relevanter für ihre Wiederbesuchsentscheidung. Hierzu zählt bei den Befragten aus dem übrigen Deutschland die ‚Regelmäßige Beschäftigung und Interesse an Oper' sowie bei den Besuchern aus dem Ausland ein ‚Abwechslungsreicher Spielplan'. Für die Variable ‚Unkomplizierter Kartenerwerb' lässt sich folgende Tendenz beobachten: je weiter entfernt ein Wiederbesucher vom Opernhaus wohnt, desto wichtiger ist ihm ein unkomplizierter Kartenerwerb. Für die beiden Identifikationsvariablen ‚Gute Erreichbarkeit/Räumliche Nähe' und ‚Stolz auf das Opernhaus in „unserer" Stadt' kann konstatiert werden, dass sie lediglich für Nahbesucher von Relevanz sind. Dabei ist für beide Variablen festzustellen, dass mit einer zunehmenden Entfernung des Heimatwohnorts vom Opernhaus die Zustimmung deutlich abnimmt. Für die Variable ‚Heranführung an Oper als Kind/Jugendlicher' lässt sich ebenfalls die Tendenz beobachten, dass mit einer zunehmenden Entfernung des Heimatwohnorts vom Opernhaus die Zustimmung abnimmt.

Bei den Variablen mit den geringsten Zustimmungen kann festgestellt werden, dass die Ablehnung zur Variable ‚Zugehörigkeit zu einer Kunden-Community' mit zunehmender Entfernung vom Opernhaus ansteigt. Je weiter ein Wiederbesucher demnach vom Opernhaus entfernt wohnt, desto weniger sieht er sich als Teil einer Gemeinschaft der Bühne an. Eine ähnliche Tendenz lässt sich für die ‚Vertragliche Bindung' beobachten. Während sich die Zustimmungen von Nahbesuchern bei 2,0 und 2,08 befinden, sinken diese Werte mit zunehmender Entfernung zum Opernhaus. Die ‚Gewährung von Zusatzleistungen' wird von den Wiederbesuchern aus dem übrigen Deutschland und dem Ausland ablehnend betrachtet. Auch hier steigt die Ablehnung mit zunehmender Entfernung des Heimatwohnorts vom Opernhaus an.

Wiederbesuchsgründe und Wohndauer

Setzt man die Wiederbesuchsgründe mit der Wohndauer der Befragten in Beziehung, so lässt sich die folgende Tendenz für die Variable ‚Stolz auf das Opernhaus in „unserer" Stadt' identifizieren: Mit einer zunehmenden Wohndauer der Befragten steigt die Zustimmung, und stellt dabei insbesondere für die Wiederbesucher mit einer Wohndauer ab 40 Jahren einen entscheidenden Wiederbesuchsgrund dar. Das Sample ist insgesamt durch eine hohe Nahbesucherquote von 75,65% gekennzeichnet ist (vgl. Kapitel 6.3.1.3). Vor diesem Hintergrund lässt sich für die Mehrzahl der Befragten die These aufstellen, dass je länger ein Wiederbesucher am Ort oder im Umland des Opernhauses wohnt – je heimischer sich also jemand in der Region fühlt bzw. je stärker seine Ortsverbundenheit ist – , desto entscheidender ist für ihn diese Variable. Umso ausgeprägter scheint damit auch seine Identifikation mit dem Opernhaus zu sein. Betrachtet man hierzu speziell die Zustimmungswerte der Nahbesucher zu diesem Wiederbesuchsgrund, so bestätigt sich diese Vermutung. Während sich die befragten Nahbesucher mit einer Wohndauer von weniger als 20 Jahren hierzu noch neutral verhalten (Mittelwerte von 3,09 und 3,36), stellt die Variable für Befragte mit einer Wohndauer von 20 bis 39 Jahre bereits einen entscheidenden Wiederbesuchgrund dar (Mittelwerte von 3,61 und 3,65). Die Zustimmung steigt mit einer zunehmenden Wohndauer deutlich an. Die höchsten Zustimmungswerte finden sich bei den befragten Nahbesuchern mit einer Wohndauer ab 60 Jahren (Mean=4,28). Wesentliche Auffälligkeiten oder Unterschiede bei den Variablen mit den geringsten Zustimmungen lassen sich nicht identifizieren.

Wiederbesuchsgründe und berufliche Stellung

Hinsichtlich der Beziehungen zwischen den Wiederbesuchsgründen und der beruflichen Stellung der Befragten kann man beobachten, dass für die Erwerbstätigen die musikalischen Aspekte ‚Qualität der künstlerischen Besetzungen',

6.3 Ergebnisse der quantitativen Fragebogenerhebung

‚Orchesterqualität' und ‚Chorqualität' zu den entscheidendsten Variablen zählen. Für die Nicht-Erwerbstätigen lässt sich eine ähnliche Tendenz ablesen. Auch hier sind die musikalischen Aspekte ‚Qualität der künstlerischen Besetzungen' und ‚Orchesterqualität' die ausschlaggebendsten Wiederbesuchsgründe. Bei den Befragten in einem Ausbildungsverhältnis stellen für Auszubildende die ‚Qualität der künstlerischen Besetzungen' und ‚Besucherorientierte Servicemitarbeiter' die entscheidensten Wiederbesuchsgründe dar. Für Schüler sind hingegen die ‚Heranführung an die Oper als Kind/Jugendlicher' und der ‚Gemeinsame Opernbesuch in Begleitung' die beiden wichtigsten Variablen, für Studierende sind dies die ‚Vorliebe' und ‚Regelmäßige Beschäftigung und Interesse an Oper'. Die musikalischen Aspekte zählen für diese beiden Personengruppen weniger zu den bedeutenden Gründen. Während die ‚Heranführung an die Oper als Kind/ Jugendlicher' für Schüler den herausragendsten Wiederbesuchsgrund darstellt (Mean=4,89), nimmt er für alle anderen Berufsgruppen einen weitaus geringeren Stellenwert ein. Eine ähnliche Beobachtung lässt sich für die Variable ‚Gemeinsamer Opernbesuch in Begleitung' treffen. Sie ist insbesondere für Schüler und Studierende von Bedeutung. ‚Weiterempfehlungen von anderen Besuchern' haben ebenfalls lediglich für Schüler eine ausschlaggebende Relevanz. Die Variable ‚Eigene künstlerische Tätigkeit als Amateur' lässt sich ebenfalls als entscheidender Wiederbesuchsgrund bei den jungen Besucher in einem Ausbildungsverhältnis wiederfinden, wohingegen ihr alle weiteren Berufsgruppen ablehnend gegenüber stehen. ‚Vergünstigungen' haben insbesondere eine entscheidende Bedeutung für Auszubildende und Studierende (Mittelwerte von 5,00 und 3,92). Alle weiteren Berufsgruppen legen auf diese Variable keinen Wert, wobei sich dieser Wiederbesuchsgrund bei den Selbstständigen sogar innerhalb der FLOP-10 wiederfindet. Eine ‚Gute Erreichbarkeit/ Räumliche Nähe' ist vor allem ein wichtiger Wiederbesuchsgrund für Befragte in einem Ausbildungsverhältnis (Auszubildende: Mean=4,00, Schüler: Mean=3,78 und Studierende: Mean=3,66), Rentner und Arbeitslose (Mittelwerte von 3,63 und 3,70) und Selbstständige (Mean=3,63). Lediglich für Rentner stellt ein ‚Guter Ruf des Opernhauses in der Öffentlichkeit' einen entscheidenden Wiederbesuchsgrund dar.

Bei den Variablen mit den geringsten Zustimmungen lässt sich beobachten: Insbesondere Arbeiter, Auszubildende, Schüler, Studenten, Hausfrauen/-männer und Arbeitslose äußern eine hohe Ablehnung gegenüber der ‚Vertraglichen Bindung' (Mittelwerte von 1,36 bis 1,00). Demgegenüber lehnen Angestellte, Beamte und Selbstständige diese Variable weniger stark ab (Mittelwerte von 1,93 bis 1,52). Am geringsten ist die Ablehnung bei den Rentnern (Mean=2,38). Hinsichtlich der ‚Gewährung von Zusatzleistungen' stehen Rentner und Arbeitslose neutral gegenüber, während alle weiteren Berufsgruppen diese ablehnen.

Wiederbesuchsgründe und Bildungsabschluss

Außer den Befragten ohne Abschluss (hierbei handelt es sich ausschließlich um Schüler, vgl. Kapitel 6.3.1.3) ist für die sonstigen Wiederbesucher unabhängig von ihrem jeweiligen Bildungsabschluss die ‚Qualität der künstlerischen Besetzungen' der wichtigste Grund für einen wiederholten Besuch. Für die befragten Schüler zählen hingegen – korrespondierend zu den Beobachtungen hinsichtlich der beruflichen Stellung – die ‚Heranführung an die Oper als Kind/Jugendlicher' sowie der ‚Gemeinsame Opernbesuch in Begleitung' zu den wichtigsten Variablen. Für die Variable ‚Heranführung an die Oper als Kind/Jugendlicher' zeichnet sich – unabhängig vom hohen Zustimmungswert der Schüler – für die weiteren Befragten generell die Tendenz ab, dass mit einem zunehmenden Bildungsabschluss die Zustimmung für diese ansteigt. Eine ähnliche Tendenz lässt sich für die Variablen ‚Vorliebe', ‚Orchesterqualität' und ‚Abwechslungsreicher Spielplan' erkennen. Die ersten beiden genannten Gründe zählen zwar bei allen Befragten zu den TOP-10, allerdings steigt mit einem höheren Bildungsabschluss auch die Bedeutung dieser Variablen. Ein ‚Abwechslungsreicher Spielplan' ist für Besucher mit mittleren und hohen Bildungsabschlüssen ausschlaggebend. Eine gegenläufige Entwicklung kann hingegen für die Variable ‚Gemeinsamer Opernbesuch in Begleitung' festgestellt werden: mit einem steigendem Bildungsniveau geht eine abnehmende Zustimmung einher. Diese Variable ist somit insbesondere für die Besucher mit niedrigen und mittleren Bildungsabschlüssen entscheidend (Mittelwerte von 4,50 bis 3,72). ‚Besucherorientierte Servicemitarbeiter' haben ebenfalls eine höhere Bedeutung für die Befragten mit niedrigen und mittleren Bildungsabschlüssen. Die gleiche Feststellung lässt sich auch für die Variable ‚Gute Erreichbarkeit/Räumliche Nähe' treffen, welche vornehmlich von Bedeutung für die Befragten mit niedriger und mittlerer Bildung ist (Mittelwerte von 3,79 bis 3,70). Mit einem zunehmenden Bildungsniveau sinkt die Bedeutung dieses Wiederbesuchsgrundes. Ähnlich verhält es sich bei der Variable ‚Unkomplizierter Kartenerwerb', welche zu den entscheidensten Gründen für die Befragten mit niedrigem Bildungsabschluss zählt (Mittelwerte von 4,24 und 4,13). Mit einem zunehmenden Bildungsniveau sinkt ebenfalls die Relevanz dieses Wiederbesuchsgrundes. ‚Weiterempfehlungen von anderen Besuchern' sind hauptsächlich für die befragten Schüler von Bedeutung. Die beiden Variablen ‚Stolz auf das Opernhaus in „unserer" Stadt' sowie ‚Ambiente und Atmosphäre' stellen insbesondere für die Befragten mit Hauptschulabschluss entscheidende Gründe dar. Ein ‚Guter Ruf des Opernhauses in der Öffentlichkeit' ist hingegen vor allem für Besucher mit Realschulabschluss ausschlaggebend.

Bei den Wiederbesuchsgründen mit den geringsten Zustimmungen lässt sich beobachten, dass die Besucher mit Haupt- und Realschulabschluss die Variable

6.3 Ergebnisse der quantitativen Fragebogenerhebung 337

‚Eigene künstlerische Tätigkeit als Amateur' ablehnen (Mittelwerte von 2,18 und 2,22), während ihr die weiteren Befragten neutral gegenüber stehen. Die höchsten Meinungsausprägungen finden sich hier bei den befragten Schülern (Mean=2,75) und den promovierten/habilitierten Besuchern (Mean=2,96).

Wiederbesuchsgründe und Einkommen

Setzt man die Wiederbesuchsgründe mit dem monatlichen Haushaltsnettoeinkommen in Beziehung, so lässt sich für die beiden untersten Einkommensklassen feststellen: Die Variable ‚Gemeinsamer Opernbesuch in Begleitung' stellt für die unterste Einkommensgruppe den entscheidensten Grund dar (Mittelwert von 4,04 und Platz 1 im Ranking). Hierbei handelt es sich überwiegend um Studierende (57,14%), Schüler (22,86%) und Auszubildende (8,57%). Der Altersdurchschnitt in dieser Gruppe liegt bei 25,8 Jahren. Für die Besucher mit einem Einkommen von 500 bis 1.000 Euro liegt hierzu ebenfalls eine Zustimmung vor (Mean=3,82). Diese Gruppe setzt sich vornehmlich aus Rentnern (40,00%), Studierenden (28,00%) und Arbeitslosen (12,00%) zusammen. ‚Vergünstigungen' sind ebenfalls lediglich für die beiden untersten Einkommensklassen entscheidend (Mittelwerte von 3,66 und 3,89). Die hohen Einkommensklassen über 2.500 Euro äußern sich hingegen ablehnend, wobei sich diese Variable bei den Spitzenverdienern sogar innerhalb der FLOP-10 wiederfindet. Die aufgestellte Vermutung in Kapitel 6.3.1.2, dass für Befragte, die den hohen Einkommensklassen angehören, Vergünstigungen weniger wichtige Gründe darstellen, ein Opernhaus wiederholt zu besuchen, als für Befragte, die den mittleren und insbesondere den unteren Einkommensgruppen zuzurechnen sind, lässt sich hiermit bestätigen. Vor diesem Hintergrund lassen sich auch die unterschiedlich hohen Zustimmungen bzw. Ablehnungen an den einzelnen Opernhäusern erklären, die in Abhängigkeit von den regional unterschiedlichen Einkommensverhältnissen der Befragten zu deuten sind. Bei Spitzenverdienern kann zudem beobachtet werden, dass diese dem Wiederbesuchsgrund ‚Guter Ruf des Opernhauses in der Öffentlichkeit' zustimmen. Damit kann konstatiert werden, dass diejenigen Besucher, denen mit einen Opernbesuch insbesondere an der Erlangung von Prestige innerhalb ihres sozialen Umfelds gelegen ist, wohl eher bei den ökonomisch privilegierten Besuchern zu finden sind. Wesentliche Auffälligkeiten oder Unterschiede bei den Variablen mit den geringsten Zustimmungen lassen sich nicht identifizieren.

Wiederbesuchsgründe und Art des Besuchs

Betrachtet man abschließend die Art des Besuchs im Zusammenhang mit den Wiederbesuchsgründen, so ist zu erkennen, dass für die Befragten, die das Opernhaus alleine aufsuchen, die Variable ‚Regelmäßige Beschäftigung und Interesse an Oper' den wichtigsten Wiederbesuchsgrund darstellt (Mean=4,43). Demgegenüber ist diese Variable für Personen, die das Opernhaus in Begleitung besuchen, weniger relevant (Mean=3,71). Für diese steht hingegen die ‚Qualität der künstlerischen Besetzungen' an erster Stelle bei ihrer Besuchsentscheidung. Erwartungsgemäß stellt die Variable ‚Gemeinsamer Opernbesuch in Begleitung' einen entscheidenden Wiederbesuchsgrund für Personen dar, die das Opernhaus in Begleitung aufsuchen. Für diese Wiederbesucher erfüllt der Opernbesuch demnach die wichtige Funktion, gemeinsame Lebenswelten mit nahe stehenden Personen aufzubauen (vgl. Glogner/Klein 2006: 53). Wesentliche Auffälligkeiten oder Unterschiede bei den Variablen mit den geringsten Zustimmungen lassen sich nicht identifizieren.

Zusammenfassende Betrachtung

Im Rahmen der bivariaten Untersuchungen konnten bei insgesamt 21 Wiederbesuchsgründen Zusammenhänge mit den Eigenschaften der Befragten ermittelt und dabei Unterschiede, Auffälligkeiten und Tendenzen in den Zustimmungen der Wiederbesucher in Erfahrung gebracht werden. Die Kenntnis und Berücksichtigung dieser Besonderheiten ist notwendig, um im Rahmen des Besucherbindungsmanagements eine möglichst besucheradäquate Ausgestaltung der einzelnen Wiederbesuchsgründe für die zielgruppengerechte Ansprache vornehmen zu können. Tabelle 46 gibt einen Überblick über die wesentlichen Erkenntnisse:

6.3 Ergebnisse der quantitativen Fragebogenerhebung

Tabelle 46: Zusammenhänge Wiederbesuchsgründe und Eigenschaften der Befragten

Wiederbesuchsgrund	Zusammenhänge mit den Eigenschaften der Wiederbesucher
Qualität der künstlerischen Besetzungen	Zählt für folgende Wiederbesucher zu den entscheidendsten Gründen: - Gelegentliche, regelmäßige und Stammbesucher - Abonnenten, Einzelkartenkäufer, Förderverein und Besucherorganisation - Altersgruppe von 30 bis 79 Jahre - Nahbesucher und Besucher mit regionaler Herkunft von 30 bis 100 km - Erwerbstätige, Nicht-Erwerbstätige und Auszubildende - Befragte, die das Opernhaus in Begleitung besuchen
Orchesterqualität	Zählt für folgende Wiederbesucher zu den entscheidendsten Gründen: - Altersgruppe von 30 bis 79 Jahre - Nahbesucher und Besucher mit regionaler Herkunft von 30 bis 100 km - Erwerbstätige und Nicht-Erwerbstätige - Hohe Bildungsabschlüsse. Je höher der Bildungsabschluss, umso mehr steigt die Bedeutung.
Chorqualität	Zählt für folgende Wiederbesucher zu den entscheidendsten Gründen: - Altersgruppe von 30 bis 79 Jahre - Erwerbstätige - Ist für Frauen ausschlaggebender als für Männer.
Abwechslungsreicher Spielplan	- Je häufiger die Befragten das Opernhaus besuchen, desto wichtiger ist ihnen diese Variable. - Hat für Abonnenten und Mitglieder von Fördervereinen eine Relevanz. - Ist für die Wiederbesucher aus dem Ausland die wichtigste Variable. - Relevant für Besucher mit mittleren und hohen Bildungsabschlüssen.

Tabelle 46 (Fortsetzung): Zusammenhänge Wiederbesuchsgründe und Eigenschaften der Befragten

Wiederbesuchsgrund	Zusammenhänge mit den Eigenschaften der Wiederbesucher
Ambiente und Atmosphäre	Zählt für folgende Wiederbesucher zu den ausschlaggebenden Gründen: - Seltene Wiederbesucher - Kulturtouristen und Mitglieder von Jugendclubs - Befragte mit Hauptschulabschluss
Besucherorientierte Servicemitarbeiter	- Hat für Besucher mit einer kurzen Geschäftsbeziehungsdauer eine höhere Bedeutung als für die langjährig Verbundenen. - Vornehmlich von Bedeutung für niedrige und mittlere Bildungsabschlüsse.
Unkomplizierter Kartenerwerb	- Zählt für die seltenen und gelegentlichen Wiederbesucher mit zu den wichtigsten Variablen. Mit einer zunehmenden Besuchshäufigkeit nimmt die Zustimmung ab. - Hat für Wiederbesucher mit einer kurzen Dauer der Geschäftsbeziehung eine höhere Bedeutung als für die langjährig verbundenen Besucher. - Ist für Kulturtouristen der wichtigste Wiederbesuchsgrund. - Hat für Männer eine höhere Relevanz als für Frauen. - Je weiter entfernt ein Wiederbesucher vom Opernhaus wohnt, desto wichtiger ist ihm ein unkomplizierter Kartenerwerb. - Zählt zu den entscheidensten Gründen für die Befragten mit niedrigem Bildungsabschluss. Mit zunehmendem Bildungsniveau sinkt die Relevanz.
Gewährung von Zusatzleistungen	- Spielt eine Rolle für Abonnenten. Ablehnung als Wiederbesuchsgrund: - Insbesondere die seltenen Wiederbesucher - 20- bis 29-jährige und Besucher ab 80 Jahre - Wiederbesucher aus dem übrigen Deutschland und dem Ausland. Die Ablehnung steigt mit zunehmender Entfernung an.

Tabelle 46 (Fortsetzung): Zusammenhänge Wiederbesuchsgründe und Eigenschaften der Befragten

Wiederbesuchsgrund	Zusammenhänge mit den Eigenschaften der Wiederbesucher
Zugehörigkeit zu einer Kunden-Community	- Je weiter die Wiederbesucher vom Opernhaus entfernt wohnen, desto weniger sehen sie sich als Teil einer Gemeinschaft der Bühne an.
Vertragliche Bindung	- Bestimmte Teile der Abonnenten haben eine zustimmende Haltung. Ablehnung als Wiederbesuchsgrund: - Insbesondere die seltenen Wiederbesucher lehnen diese Variable ab. - Wiederbesucher mit einer kurzen Beziehungsdauer lehnen diese Variable stärker ab als die langjährig verbundenen Besucher. - Mitglieder von Fördervereinen, Jugendclubs und Besucherorganisationen. - Junge und mittlere Altersgruppen. - Zustimmung sinkt mit einer zunehmenden Entfernung des Wohnorts vom Opernhaus. - Insbesondere Arbeiter, Auszubildende, Schüler, Studenten, Hausfrauen/-männer und Arbeitslose.
Heranführung an die Oper als Kind/Jugendlicher	Zählt für folgende Wiederbesucher zu den relevanten Gründen: - Junge Besucher unter 20 Jahren (wichtigste Variable) - Frauen - Nahbesucher. Mit zunehmender Entfernung des Heimatwohnorts vom Opernhaus nimmt die Zustimmung ab. - Schüler - Wiederbesucher ohne Bildungsabschluss/Schüler. Zustimmung steigt für die weiteren Bildungsgruppen mit zunehmendem Bildungsniveau.

Tabelle 46 (Fortsetzung): Zusammenhänge Wiederbesuchsgründe und Eigenschaften der Befragten

Wiederbesuchsgrund	Zusammenhänge mit den Eigenschaften der Wiederbesucher
Eigene künstlerische Tätigkeit als Amateur	Zählt für folgende Wiederbesucher zu den relevanten Gründen: - Mitglieder von Jugendclubs - Junge Besucher unter 20 Jahren. Mit steigendem Alter sinkt die Zustimmung. - Auszubildende, Schüler und Studierende. - Ablehnung durch Befragte mit Haupt- und Realschulabschluss
Identifikation mit namhaften Gästen/Stars	- Spielt für Stammbesucher eine bedeutende Rolle.
Regelmäßige Beschäftigung und Interesse an Oper	- Mit zunehmender Besuchshäufigkeit geht steigende Zustimmung einher. - Ist für Mitglieder von Jugendclubs die wichtigste Variable. - Zählt für 20- bis 29-jährige zu den wichtigsten Wiederbesuchsgründen. - Hat für Männer eine höhere Relevanz als für Frauen. - Ist für die Befragten aus dem übrigen Deutschland die wichtigste Variable. - Gehört für Arbeitslose und Studierende zu den wichtigsten Variablen. - Für Befragte, die das Opernhaus alleine besuchen, die wichtigste Variable.
Vorliebe	- Ist für seltene Besucher die wichtigste Variable. - Zählt für 20- bis 29-jährige zu den wichtigsten Wiederbesuchsgründen. - Ist für Angestellte und Studierende die wichtigste Variable. - Je höher der Bildungsabschluss, umso höher die Bedeutung.

6.3 Ergebnisse der quantitativen Fragebogenerhebung

Tabelle 46 (Fortsetzung): Zusammenhänge Wiederbesuchsgründe und Eigenschaften der Befragten

Wiederbesuchsgrund	Zusammenhänge mit den Eigenschaften der Wiederbesucher
Gute Erreichbarkeit/ Räumliche Nähe	Zählt für folgende Wiederbesucher zu den relevanten Gründen: - Regelmäßige Besucher - Besucher ab 70 Jahre sowie für die jüngsten Besucher unter 20 Jahre - Nahbesucher. Mit zunehmender Entfernung des Wohnorts vom Opernhaus sinkt die Zustimmung. - Auszubildende, Schüler, Studierende, Rentner, Arbeitslose, Selbstständige - Befragte mit niedrigen und mittleren Bildungsabschlüssen
Stolz auf das Opernhaus in „unserer" Stadt	Zählt für folgende Wiederbesucher zu den relevanten Gründen: - Mit zunehmender Dauer der Geschäftsbeziehung steigt die Relevanz. - Abonnenten und Mitglieder von Fördervereinen - Nahbesucher. Mit zunehmender Entfernung nimmt die Zustimmung ab. - Mit zunehmender Wohndauer steigt die Relevanz. - Befragte mit Hauptschulabschluss
Guter Ruf des Opernhauses in der Öffentlichkeit	Zählt für folgende Wiederbesucher zu den relevanten Gründen: - Förderkreismitglieder - Besucher ab 60 Jahre. Mit zunehmendem Alter steigt die Zustimmung. - Rentner - Besucher mit Realschulabschluss - Spitzenverdiener über 3.500 Euro

Tabelle 46 (Fortsetzung): Zusammenhänge Wiederbesuchsgründe und Eigenschaften der Befragten

Wiederbesuchsgrund	Zusammenhänge mit den Eigenschaften der Wiederbesucher
Gemeinsamer Opernbesuch in Begleitung	Zählt für folgende Wiederbesucher zu den relevanten Gründen: - Hat für Besucher mit einer kurzen Dauer der Geschäftsbeziehung eine höhere Bedeutung als für die langjährig verbundenen Besucher. Mit zunehmender Dauer nimmt die Relevanz tendenziell ab. - Mitglieder von Besucherorganisationen und Jugendclubs - Jüngere und mittlere Altersgruppen bis 39 Jahre. Höchste Relevanz bei den Besuchern unter 20 Jahre. Keine Bedeutung für Wiederbesucher ab 40 Jahre. Zustimmung nimmt mit zunehmendem Alter tendenziell ab. - Frauen - Schüler und Studierende - Besucher mit niedrigen und mittleren Bildungsabschlüssen. Mit steigendem Bildungsniveau sinkt die Bedeutung. - Die beiden untersten Einkommensgruppen. - Besucher, die das Opernhaus in Begleitung aufsuchen.
Weiterempfehlungen von anderen Besuchern	- Mit steigender Besuchshäufigkeit nimmt die Bedeutung ab. - Ablehnung durch Abonnenten und Mitglieder von Fördervereinen. - Mit steigendem Alter nimmt die Bedeutung ab. Besucher ab 40 Jahre stehen ablehnend gegenüber. - Besitzt für Schüler eine ausschlaggebende Relevanz.

6.3 Ergebnisse der quantitativen Fragebogenerhebung

Tabelle 46 (Fortsetzung): Zusammenhänge Wiederbesuchsgründe und Eigenschaften der Befragten

Wiederbesuchsgrund	Zusammenhänge mit den Eigenschaften der Wiederbesucher
Vergünstigungen	Zählt für folgende Wiederbesucher zu den relevanten Gründen: - Mitglieder von Jugendclubs - 20- bis 29-jährige - Auszubildende, Studierende und Arbeitslose. - Die beiden untersten Einkommensklassen. Mit steigendem Einkommen nimmt die Zustimmung ab.

6.3.3 Bestimmung von Einflussfaktoren der Besucherbindung

6.3.3.1 Grundlagen der Faktorenanalyse und Prüfung der Voraussetzungen

Das zentrale Forschungsanliegen dieser Arbeit besteht in der erstmaligen Identifikation und Systematisierung von Einflussfaktoren der Besucherbindung in öffentlichen Opernhäusern (vgl. Kapitel 1.3). Um die damit in Zusammenhang stehenden Untersuchungsfragen F_8 und F_9 (vgl. Kapitel 6.2.1) adäquat beantworten zu können, wird im weiteren Verlauf eine *explorative Faktorenanalyse* durchgeführt.[228] Hinter diesem Analyseverfahren steht die Annahme, dass sich die 41 gemessenen Wiederbesuchsgründe, respektive die zwischen ihnen vorliegenden Beziehungen, auf einige wenige dahinter stehende Einflussfaktoren zurückführen lassen (vgl. Laukner 2008: 218 f.). Die Faktorenanalyse strukturiert die Beziehungszusammenhänge in einem Variablenset, indem sie die Vielzahl von Variablen auf einige wenige – im Idealfall voneinander unabhängige – Faktoren reduziert, ohne dass dabei größere Informationsverluste in Kauf genommen werden müssen (vgl. Backhaus et al. 2011: 330). Hierbei werden miteinander stark korrelierende Variablen zu einem Faktor zusammengefasst. Variablen aus verschiedenen Faktoren korrelieren hingegen untereinander nur gering. Der Grundgedanke, der sich dahinter verbirgt, ist, dass die erhobenen Variablen nicht alle völlig unabhängig voneinander sind, sondern „sich gegenseitig bedingen bzw. partiell das Gleiche darstellen" (Berndt 1996: 228 zitiert nach Laukner 2008: 219). Damit eröffnet die explorative Faktorenanalyse die Gelegenheit zu

---

[228] Vgl. zum Verfahren der Faktorenanalyse u. a. Backhaus et al. 2011: 329 ff., Noack 2007 und Schendera 2010: 179 ff..

untersuchen, ob eine bestimmte Anzahl von Bindungsfaktoren hinter den abgefragten Wiederbesuchsgründen vorhanden ist und wie diese im Einzelnen charakterisiert sind (Untersuchungsfrage F_8 und Laukner 2008: 219). Die durch die Faktorenanalyse ermittelten Einflussfaktoren können dann im Anschluss mit der im Rahmen der deskriptiven Aussagen entwickelten vorläufigen Systematik verglichen werden (Untersuchungsfrage F_9 und Laukner 2008: 219).

Grundvoraussetzung für die Durchführung einer Faktorenanalyse ist die metrische Skalierung der Daten (vgl. hierzu und im Folgenden Backhaus et al. 2011: 367 und Laukner 2008: 219). Zudem muss die Fallzahl mindestens der Variablenzahl entsprechen. Diese Bedingungen können hier als erfüllt angesehen werden. Um die Einstellungen und Meinungen der Befragten hinsichtlich der Gründe für ihren Wiederbesuch in eine messbare Form zu bringen, wurde als Instrument der Messung eine fünfstufige verbale Ratingskala verwendet (vgl. Kapitel 6.2.3.3). Zudem übersteigt die Stichprobengröße mit 667 Befragten deutlich das geforderte Maß für die Fallzahl.

In einem ersten Schritt wird zunächst die Datenmatrix in eine *Korrelationsmatrix*[229] (Lineare-Produkt-Moment-Korrelationsrechnung nach Pearson, vgl. hierzu Diehl/Kohr 2004: 152 ff.) überführt, welche den Ausgangspunkt für die Durchführung einer Faktorenanalyse darstellt (vgl. Noack 2007: 14). In ihr sind alle Korrelationen zwischen den beobachteten Variablen festgehalten. Die Matrix gibt anhand der Korrelationen Hinweise, ob und zwischen welchen Wiederbesuchsgründen Zusammenhänge bestehen, so dass diese Variablen als voneinander abhängig und damit als bündelungsfähig angesehen werden können (vgl. Schendera 2010: 183 und Backhaus et al. 2011: 336). Allerdings zeigt sich durch die Matrix noch nicht, „ob die Variablen sich gegenseitig bedingen oder das Zustandekommen der Korrelationswerte durch einen oder mehrere hinter den zusammenhängenden Variablen stehenden Faktoren bestimmt wird" (Backhaus et al. 2011: 339). Sie gibt somit lediglich einen ersten Überblick darüber, welche Variablen stark und welche nur schwach miteinander korrelieren. Ein geeignetes Maß für die Stärke und die Richtung des Zusammenhangs der Variablen ist der Korrelationskoeffizient nach Pearson (vgl. Brosius 2008: 503 ff.). Er kann Werte zwischen -1 und +1 annehmen. Anhand der Korrelationsmatrix für den vorliegenden Datensatz lässt sich so z. B. erkennen, dass zwischen den Wiederbesuchsgründen *Orchesterqualität* und *Chorqualität* mit 0,717 eine relativ hohe Korrelation besteht. Eine hohe Ausprägung der Orchesterqualität geht mit einer hohen Ausprägung der Chorqualität einher und umgekehrt. Zusätzlich weisen beide Variablen mit 0,592 und 0,489 eine mittlere Korrelation zum Wiederbesuchsgrund *Qualität der künstlerischen Besetzungen* auf. Dagegen ist jede der

---

[229] Die Korrelationsmatrix für den vorliegenden Datensatz findet sich in Anhang 5.

6.3 Ergebnisse der quantitativen Fragebogenerhebung

drei Variablen z. B. nur sehr schwach mit dem Wiederbesuchsgrund *Persönlicher Dialog* korreliert. Interpretiert man diese Ergebnisse im Sinne der Faktorenanalyse, so sind sie als erster Hinweis darauf zu sehen, dass der Orchesterqualität, der Chorqualität und der Qualität der künstlerischen Besetzungen möglicherweise derselbe Einflussfaktor zugrunde liegt, während die Variable ‚Persönlicher Dialog' nicht Ausdruck dieses, sondern eines anderen Faktors ist (vgl. Brosius 2008: 776).

Bevor eine Faktorenanalyse durchgeführt werden kann, ist allerdings noch zu überprüfen, ob die sich aus dem Datensatz ergebende Korrelationsmatrix überhaupt dazu geeignet ist, um mit ihr eine Faktorenanalyse durchzuführen (vgl. Laukner 2008: 220). Sinnvoll erscheint dieses Analyseverfahren nur dann, wenn die Wiederbesuchsgründe sowohl eine hohe statistische als auch inhaltliche Nähe zueinander aufweisen (vgl. Litfin et al. 2000: 284 zitiert nach Laukner 2008: 220). Laut Backhaus et al. bieten sich insbesondere statistische Prüfkriterien an, die eine Überprüfung der Korrelationskoeffizienten auf Eignung zur Faktorenanalyse ermöglichen (vgl. Backhaus et al. 2011: 339). Das gängigste Kriterium zur Überprüfung ist das Maß der Stichprobeneignung (sog. *measure of sampling adequacy*, MSA), und wurde von Kaiser, Meyer und Olkin entwickelt (vgl. Universität Zürich 2011). „Das MSA-Kriterium zeigt an, in welchem Umfang die Ausgangsvariablen zusammengehören und dient somit als Indikator dafür, ob eine Faktorenanalyse sinnvoll erscheint oder nicht." (Backhaus et al. 2011: 342) Das MSA-Kriterium erlaubt sowohl eine Beurteilung der Korrelationsmatrix insgesamt als auch einzelner Variablen und kann Werte zwischen 0 und 1 annehmen.[230] Kaiser und Rice schlagen folgende Beurteilung vor (vgl. Kaiser/Rice 1974: 111 ff. zitiert nach Backhaus et al. 2011: 342): eine Korrelationsmatrix mit MSA < 0,5 eignet sich nicht für eine Faktorenanalyse. Wünschenswert ist hingegen ein MSA-Wert von ≥ 0,8. Für den vorliegenden Datensatz ergibt sich für die Korrelationsmatrix insgesamt ein MSA-Wert von 0,8399 womit sich ein *verdienstvolles* Ergebnis ergibt (vgl. hierzu und im Folgenden Backhaus et al. 2011: 343, Schendera 2010: 296 und Laukner 2008: 222). In der Diagonalen der Anti-Image-Korrelationsmatrix wird das MSA auch für die einzelnen Wiederbesuchsgründe angegeben. Der niedrigste MSA-Wert liegt hier bei 0,6029 (*mittelmäßig*), der höchste bei 0,9237 (*erstaunlich*). Die MSA-Werte liegen somit alle über der kritischen Grenze von 0,5. Eine Eliminierung einzelner

---

230 Kaiser, Meyer und Olkin berechnen das MSA auf Basis der sog. *Anti-Image-Korrelationsmatrix*. Der Begriff Anti-Image stammt aus der Image-Analyse von Guttmann (vgl. Guttmann 1953): „Guttmann geht davon aus, dass sich die Varianz einer Variablen in zwei Teile zerlegen lässt: das Image und das Anti-Image. Das Image beschreibt dabei den Anteil der Varianz, der durch die verbleibenden Variablen mit Hilfe einer multiplen Regressionsanalyse (...) erklärt werden kann, während das Anti-Image denjenigen Teil darstellt, der von den übrigen Variablen unabhängig ist." (Backhaus et al. 2011: 341 f.)

Wiederbesuchsgründe ist damit nicht notwendig. Die sich aus dem Datensatz ergebende Korrelationsmatrix ist folglich dazu geeignet, um mit ihr im Anschluss eine Faktorenanalyse durchzuführen.

6.3.3.2 Durchführung der Faktorenanalyse

Damit die den Wiederbesuchsgründen zugrundeliegenden Einflussfaktoren bestimmt werden können, stehen in der Literatur verschiedene Extraktionsmethoden zur Verfügung. Hierbei werden zwei Verfahren als besonders bedeutsam genannt: die Hauptkomponentenanalyse und die Hauptachsenanalyse (vgl. hierzu und im Folgenden Backhaus et al. 2011: 355 ff.). Das Ziel der *Hauptkomponentenanalyse* (Principal Component Analysis, PCA) liegt in einer umfassenden Reproduktion der Datenstruktur durch möglichst wenige Faktoren. Sie ist ein „Verfahren zur Reduktion der Datenkomplexität und ermöglicht es, Daten zu explorieren, zusammenzufassen und lineare Zusammenhänge zu entdecken" (Schendera 2010: 217). Die ihr zugrundeliegende Fragestellung bei der Interpretation der Faktoren lautet: „Wie lassen sich die auf einen Faktor hoch ladenden Variablen durch einen Sammelbegriff zusammenfassen?" (Backhaus et al. 2011: 357). Die *Hauptachsenanalyse* beschäftigt sich hingegen bei der Interpretation der Faktoren mit der Frage nach der Ursache, die für die hohen Ladungen der Variablen auf einen Faktor verantwortlich ist (vgl. Laukner 2008: 223). Die Unterschiede zwischen den beiden Analyseverfahren bestehen damit nicht in der Rechentechnik (beides sind iterative Verfahren), sondern in den Interpretationsmöglichkeiten der Faktoren. In der vorliegenden Arbeit sollen im Rahmen der Faktorenanalyse die 41 erhobenen Wiederbesuchsgründe auf einige wenige Faktoren (Komponenten) reduziert werden, weshalb die Faktorenextraktion hier durch die Hauptkomponentenmethode vorgenommen wird. Durch die PCA werden Faktoren ermittelt, die sukzessive einen maximalen Anteil an der Varianz (Information) beschreiben (vgl. Laukner 2008: 223). Der erste Faktor (Hauptkomponente) wird folglich so bestimmt, dass er den größten Anteil der Gesamtvarianz aller beobachteten Variablen erklärt (vgl. hierzu und im Folgenden Brosius 2008: 781). Die zweite Hauptkomponente wird so ermittelt, dass sie sich zum ersten Faktor orthogonal (unkorreliert, unabhängig) verhält und einen möglichst großen Anteil der verbliebenen, durch den ersten Faktor nicht erklärten Restvarianz beschreibt. Auf diese Weise lassen sich immer weitere Faktoren bestimmen, bis im Extremfall so viele Faktoren ermittelt wurden, die in ihrer Gesamtheit die Varianz vollständig erklären. Für die Datenanalyse bedeutet dies, „dass die einzelnen Varianzen in möglichst hohem Grade erhalten bleiben, gleichzeitig umfangreiche Datensätze ohne zu großen Informationsverlust (also

6.3 Ergebnisse der quantitativen Fragebogenerhebung

Verlust an Varianz) verdichtet werden können. Hierbei findet zwangsläufig ein Kompromiss statt zwischen der Anzahl der [extrahierten] Faktoren und deren Qualität bzw. Genauigkeit." (Laukner 2008: 223)

Im Rahmen der praktischen Durchführung der Hauptkomponentenanalyse stellt sich die Frage, wie mit dem in dieser Arbeit bestehenden unvollständigen Datensatz aufgrund von fehlenden Werten/Antwortausfällen (Missing Values und die Antwortkategorie ‚weiß ich nicht') zu verfahren ist. Dieser in schriftlichen Fragebogenerhebungen relativ häufig auftretenden Problematik kann durch die Anwendung unterschiedlicher *Missing-Data-Techniken* begegnet werden (vgl. für einen Überblick Runte 2011, Schendera 2007: 119 ff. und Bankhofer 1995). Schwab unterteilt die möglichen Strategien zur Behandlung fehlender Daten in die drei Klassen Eliminierungs-, Parameterschätz- und Imputationsverfahren (vgl. Schwab 1991: 4 zitiert nach Runte 2011: 8).[231] Imputationsverfahren haben zum Ziel, fehlende Daten durch plausible Werte zu ersetzen bzw. die Datenmatrix mit Hilfe der Schätzung von fehlenden Werten zu vervollständigen (vgl. Runte 2011: 11). Dies hat den Vorteil, dass dadurch im Gegensatz zu anderen Verfahren alle beobachteten Fälle in die Analyse eingehen (vgl. Laukner 2008: 223). Dabei lassen sich die Techniken der singulären bzw. einfachen sowie der multiplen Imputation unterscheiden (vgl. hierzu und im Folgenden Runte 2011: 11 ff. sowie ausführlich Bankhofer/Praxmarer 1998 und Bankhofer 1995). Bei der ersten Kategorie wird jeder fehlende Wert durch jeweils einen bestimmten Schätzwert ersetzt, während bei der multiplen Imputation für jede Variable mehrere Werte geschätzt werden. In der vorliegenden Arbeit kommt eine der singulären Imputationstechniken, die *Substitution durch Lagemaße*, zur Anwendung. Dabei handelt es sich um eine Methode, bei der sämtliche fehlenden Daten durch das jeweilige Lagemaß (hier: Mittelwert bzw. arithmetisches Mittel als Imputationsschätzer) der beobachteten Variablen ersetzt werden. „Aus dem empirischen Datenmaterial lässt sich ein Gesamtmittelwert auf Basis der tatsächlich vorliegenden Messwerte bestimmen." (Cleff 2008: 26) So ist es im Rahmen dieser Technik möglich, fehlende Daten durch den Gesamtdurchschnitt der entsprechenden Variablen an den vier Opernhäusern zu ersetzen (vgl. Cleff 2008: 26). Allerdings besteht ein großer Nachteil der Imputation von Erwartungswerten darin, dass das daraus resultierende Sample eine systematisch unterschätzte Varianz aufweist, weil die imputierten Werte konstant sind und daher unter sich keine Streuung aufweisen (vgl. Runte 2011: 13). Um dieses Problem zu entschärfen, wird in dieser Arbeit die Imputationstechnik nicht einheitlich für die Gesamtstichprobe angewandt, sondern getrennt nach den einzelnen Bühnen (nach Einzelgruppen) verfahren. So wurden z. B. die fehlenden

---

231 Bankhofer erweitert die Spanne der einsetzbaren Verfahren noch um multivariate Analyseverfahren und Sensitivitätsbetrachtungen (vgl. Bankhofer 1995: 89 ff.).

Daten (Missing Values und die Antwortkategorie ‚weiß ich nicht') bei der Erhebung in Berlin durch den jeweiligen Mittelwert der beobachteten Variablen an der Deutschen Oper Berlin substituiert und nicht durch den sich ergebenden Gesamtmittelwert für diese Variablen an allen vier Opernhäusern. Dadurch kann für jeden Wiederbesuchsgrund separat ein Durchschnitt nach Opernhaus errechnet werden, durch den Antwortausfälle beim jeweiligen Wiederbesuchsgrund innerhalb des Datensatzes des Opernhauses ersetzt werden.[232] Für die Variablen 21. bis 23. wurde zusätzlich wie folgt verfahren: Diese drei Indikatoren haben lediglich eine Relevanz für die organisierten Wiederbesucher und wurden ausschließlich bei dieser Gruppe erhoben (vgl. Kapitel 6.2.3.1). Für die sonstigen Befragten soll hingegen unterstellt werden, dass diese drei Wiederbesuchsgründe für ihre Entscheidung, ein Opernhaus wiederholt zu besuchen, keine ausschlaggebende Rolle spielen. Die fehlenden Daten bei diesen drei Variablen 21. bis 23. wurden daher für die nicht-organisierten und (kultur-)touristischen Befragten mit ‚trifft überhaupt nicht zu = 1' bei der Imputation berücksichtigt. Ferner wird für die vorliegende Erhebung von einem zufälligen Fehlen der Daten ausgegangen, d. h. es wird ein unsystematischer Ausfallmechanismus (missing completely at random (MCAR)) unterstellt (vgl. hierzu Runte 2011: 2 f., Bankhofer/Praxmarer 1998: 110 und grundlegend Rubin 1976). Der Antwortausfall hängt demnach weder von der Ausprägung des betreffenden noch von anderen Merkmalen ab.

Durch die Hauptkomponentenanalyse lassen sich generell so viele Faktoren extrahieren, wie Variablen vorhanden sind (vgl. Noack 2007: 46). Die Zahl der maximal möglichen Faktoren liegt damit beim vorliegenden Datensatz bei 41 Komponenten. Da das Ziel der Faktorenanalyse aber gerade darin besteht, dass die Anzahl der Faktoren kleiner als die der Wiederbesuchsgründe sein soll, ist zu entscheiden, wie viele Faktoren extrahiert werden. Das zentrale inhaltliche Problem bei der Faktorenanalyse ist demnach „die Festlegung der Anzahl der Faktoren, durch welche die gegebene Variablenstruktur erklärt werden soll" (Laukner 2008: 224). Dieses Problem kann laut Brosius nicht allein anhand einer starren Formel oder mathematischer Vorschriften gelöst werden. Vielmehr gilt es, diejenige Anzahl an Faktoren auszuwählen, bei der noch ein hinreichend großer Teil der Varianz erklärt wird und die zugleich eine ausreichend große Reduzierung der Komplexität erzielt (vgl. Brosius 2008: 73). Zur Lösung werden hier die

---

232 Anders verfahren wurde lediglich beim Datensatz aus Leipzig für die vier Indikatoren 14 (Opernshopangebot), 15 (Beschwerdezufriedenheit), 17 (Probenbesuche) und 34 (Guter Ruf des Opernhauses in der Öffentlichkeit), die bei der Erhebung in Leipzig auf Bitten des Opernhauses nicht in den Fragebogen aufgenommen wurden (vgl. Kapitel 6.2.3.2). Diese für Leipzig fehlenden Daten wurden im Rahmen der Imputation durch den jeweiligen Gesamtdurchschnitt der entsprechenden Variablen an den anderen drei Opernhäusern substituiert.

6.3 Ergebnisse der quantitativen Fragebogenerhebung

beiden geläufigsten statistischen Kriterien, das Kaiser-Kriterium und das Resultat des sog. Scree-Tests herangezogen. Nach dem *Kaiser-Kriterium* entspricht die Zahl der zu extrahierenden Faktoren gleich der Zahl der Faktoren mit Eigenwerten > 1 (vgl. Schendera 2010: 210 und Noack 2007: 46).[233] Der Eigenwert eines Faktors gibt an, welcher Anteil der Varianz aller beobachteten Variablen durch diesen Faktor erklärt wird (Varianzerklärungsanteil, vgl. Brosius 2008: 781). „Hintergrund des Kaiser-Kriteriums ist, dass bei der Faktorenanalyse nur diejenigen Faktoren extrahiert werden sollen, die einen bedeutenden Teil der Varianz erklären und daher einen hohen Eigenwert (…) besitzen." (Laukner 2008: 224) Ist der Eigenwert eines Faktors hingegen < 1, erklärt der Faktor einen geringeren Betrag der Varianz als jeder einzelne der Wiederbesuchsgründe, denn jede dieser Variablen erklärt ja immerhin sich selbst und damit einen Varianzanteil von 1 (vgl. Backhaus et al. 2011: 359). In Tabelle 47 sind die 41 Eigenwerte der Variablen sowie deren erklärte Varianzanteile abgebildet. Der Eigenwertverlauf deutet darauf hin, dass nach dem Kaiser-Kriterium eine 12-faktorielle Lösung angemessen wäre. Diese zwölf Faktoren erklären zusammen 62,58% der Varianz. Dabei deckt der erste Faktor bereits 18,82% der Informationen ab, der zweite erfasst nochmals 6,90%, der zwölfte Faktor nur noch 2,62%. Der Beitrag der restlichen Komponenten ist gering und unerheblich. Die zusätzliche Varianz, die durch jeden dieser restlichen Faktoren erklärt wird, verharrt auf sehr niedrigem Niveau. Zugunsten der Variablenverdichtung wird an dieser Stelle in Anlehnung an Laukner ein Informationsverlust (Verlust an erklärter Varianz) bewusst in Kauf genommen (41 Faktoren – also gleichviel Variablen wie Faktoren – würden 100% der Varianz erklären) (vgl. Laukner 2008: 225).

---

233 „Die Eigenwerte (Eigenvalues) werden berechnet als Summe der quadrierten Faktorladungen eines Faktors über alle Variablen." (Backhaus et al. 2011: 359)

Tabelle 47: Eigenwerte der Faktoren und erklärte Gesamtvarianz

Component	Anfängliche Eigenwerte			Summen von quadrierten Faktorladungen für Extraktion			Rotierte Summe der quadrierten Ladungen		
	Eigenvalue	Proportion	Cumulative %	Eigenvalue	Proportion	Cumulative %	Variance	Proportion	Cumulative %
1	7,71469	0,1882	0,1882	7,71469	0,1882	0,1882	3,24182	0,0791	0,0791
2	2,82864	0,0690	0,2572	2,82864	0,0690	0,2572	2,96680	0,0724	0,1514
3	2,33275	0,0569	0,3141	2,33275	0,0569	0,3141	2,56137	0,0625	0,2139
4	2,01141	0,0491	0,3631	2,01141	0,0491	0,3631	2,54544	0,0621	0,2760
5	1,74587	0,0426	0,4057	1,74587	0,0426	0,4057	2,31619	0,0565	0,3325
6	1,61766	0,0395	0,4451	1,61766	0,0395	0,4451	2,20979	0,0539	0,3864
7	1,43284	0,0349	0,4801	1,43284	0,0349	0,4801	1,92621	0,0470	0,4334
8	1,33491	0,0326	0,5127	1,33491	0,0326	0,5127	1,81437	0,0443	0,4776
9	1,23935	0,0302	0,5429	1,23935	0,0302	0,5429	1,68361	0,0411	0,5187
10	1,19615	0,0292	0,5721	1,19615	0,0292	0,5721	1,56266	0,0381	0,5568
11	1,12837	0,0275	0,5996	1,12837	0,0275	0,5996	1,46818	0,0358	0,5926
12	1,07521	0,0262	0,6258	1,07521	0,0262	0,6258	1,36141	0,0332	0,6258
13	0,95799	0,0234	0,6492						
14	0,93565	0,0228	0,6720						
15	0,79510	0,0194	0,6914						
16	0,78440	0,0191	0,7105						
17	0,76672	0,0187	0,7292						
18	0,68730	0,0168	0,7460						
19	0,66471	0,0162	0,7622						
20	0,64157	0,0156	0,7778						
21	0,63757	0,0156	0,7934						
22	0,61925	0,0151	0,8085						
23	0,60433	0,0147	0,8232						
24	0,56627	0,0138	0,8370						

Tabelle 47 (Fortsetzung): Eigenwerte der Faktoren und erklärte Gesamtvarianz

Component	Anfängliche Eigenwerte			Summen von quadrierten Faktorladungen für Extraktion			Rotierte Summe der quadrierten Ladungen		
	Eigenvalue	Proportion	Cumulative %	Eigenvalue	Proportion	Cumulative %	Variance	Proportion	Cumulative %
25	0,55058	0,0134	0,8504						
26	0,53231	0,0130	0,8634						
27	0,51016	0,0124	0,8758						
28	0,49912	0,0122	0,8880						
29	0,48826	0,0119	0,8999						
30	0,45186	0,0110	0,9109						
31	0,43574	0,0106	0,9215						
32	0,41079	0,0100	0,9315						
33	0,39658	0,0097	0,9412						
34	0,37287	0,0091	0,9503						
35	0,37139	0,0091	0,9594						
36	0,34086	0,0083	0,9677						
37	0,30161	0,0074	0,9751						
38	0,29391	0,0072	0,9823						
39	0,26831	0,0065	0,9888						
40	0,24865	0,0061	0,9949						
41	0,20831	0,0051	1,0000						

Zur Bestimmung der zu extrahierenden Faktorenanzahl kommt in dieser Arbeit in Anlehnung an die Vorgehensweise von Laukner neben dem Kaiser-Kriterium zusätzlich der *Scree-Test* als grafisches Verfahren zur Anwendung (vgl. Laukner 2008: 225 f.). Hierbei werden die Eigenwerte der möglichen Faktoren in einem Koordinatensystem bzw. Eigenwertdiagramm (sog. Scree-Plot) nach abnehmender Wertefolge angeordnet (vgl. Backhaus et al. 2011: 359). Abbildung 37 zeigt den Scree-Plot für den vorliegenden Datensatz. Die Grafik führt von links nach rechts die nach der Größe ihrer Eigenwerte geordneten Faktoren auf und zeigt für jeden Faktor die Höhe des Eigenwertes an. Die Eigenwerte der korrelierten Daten fallen zunächst steil ab, bis sich idealerweise eine auffällige Knickstelle (Cattell's Ellbogen-Kriterium, vgl. Cattell 1966) an der Stelle, an der die Differenz der Eigenwerte zwischen zwei Faktoren am größten ist, abzeichnet (vgl. Schendera 2010: 211). Ausschließlich die links neben dieser Knickstelle liegenden Eigenwerte gelten als bedeutsam (vgl. Laukner 2008: 226). Der erste Eigenwert links von diesem Knick bestimmt die Anzahl der zu extrahierenden Faktoren (vgl. hier und im Folgenden Backhaus et al. 2011: 359). Die rechts davon liegenden Faktoren (mit den kleinsten Eigenwerten) stellen Zufallsvariablen dar. Sie werden für Erklärungszwecke als unbrauchbar (Scree bzw. Geröll) angesehen und deshalb auch nicht extrahiert. In Abbildung 37 wird allerdings deutlich, dass beim vorliegenden Datensatz keine eindeutige Knickstelle identifizierbar ist, weshalb das Ellenbogenkriterium alleine nicht weiterhilft. Falls der Scree-Plot wie hier keinen deutlichen Knick oder sogar mehrere aufweist, können nach Schendera zusätzlich die abgetragenen Eigenwerte (Kaiser-Kriterium) zur Beurteilung herangezogen werden (vgl. Schendera 2010: 211). Vor diesem Hintergrund wurde in den Scree-Plot zusätzlich das Kaiser-Kriterium eingezeichnet. „Es werden alle Faktoren behalten, deren Eigenwerte in der Grafik über 1 liegen." (Schendera 2010: 211) Da der Scree-Plot einer Extraktion von zwölf Faktoren nicht widerspricht, wird diese Anzahl beibehalten.

6.3 Ergebnisse der quantitativen Fragebogenerhebung

Abbildung 37: Scree-Plot des Datensatzes

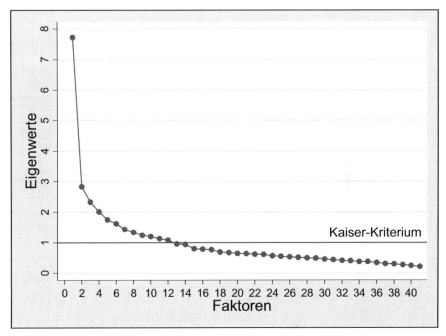

Ebenfalls von Bedeutung für die Beurteilung der durchgeführten Faktorenextraktion ist die sog. *Kommunalität*. Sie gibt an, in welchem Umfang die Varianz einer bestimmten Variablen durch alle Faktoren gemeinsam aufgeklärt wird (vgl. Backhaus et al. 2011: 333).[234] Die Hauptkomponentenanalyse geht davon aus, dass die Streuung einer Variablen vollständig durch die Extraktion von Faktoren erklärt werden kann und gibt daher als Startwerte bzw. anfängliche Werte bei der Kommunalitätenschätzung die Werte 1 vor (vgl. hierzu und im Folgenden Backhaus et al. 2011: 356, Brosius 2008: 783 und Laukner 2008: 229 f.).

---

234 „Die Kommunalitätswerte liegen zwischen 0 und 1. Werte in der Nähe von 0 zeigen an, dass die Faktoren in ihrer Gesamtheit fast nichts zur Varianzaufklärung der betreffenden Variablen beitragen. Werte in der Nähe von 1 bedeuten dagegen, dass durch die Hauptkomponenten fast die gesamte Varianz der Variablen erklärt wird." (Brosius 2008: 783)

Tabelle 48: Kommunalitäten

	Variable	Anfänglich	Extraktion
1	Inszenierungsqualität	1,000	0,623
2	Ausstattungsqualität	1,000	0,522
3	Qualität der künstlerischen Besetzungen	1,000	0,681
4	Orchesterqualität	1,000	0,817
5	Chorqualität	1,000	0,755
6	Abwechslungsreicher Spielplan	1,000	0,627
7	Schwerpunktsetzungen im Spielplan	1,000	0,630
8	Neuinszenierungen	1,000	0,650
9	Zufriedenstellendes Informationsangebot	1,000	0,509
10	Unkomplizierter Kartenerwerb	1,000	0,615
11	Ambiente und Atmosphäre	1,000	0,640
12	Architektonische Gestaltung	1,000	0,669
13	Gastronomie am Opernhaus	1,000	0,574
14	Opernshopangebot	1,000	0,670
15	Beschwerdezufriedenheit	1,000	0,498
16	Besucherorientierte Servicemitarbeiter	1,000	0,605
17	Probenbesuche	1,000	0,554
18	Einführungsveranstaltungen	1,000	0,669
19	Hintergrundgespräche mit Künstlern	1,000	0,765
20	Workshops, Sonderveranstaltungen	1,000	0,708
21	Gewährung von Zusatzleistungen	1,000	0,755
22	Zugehörigkeit zu einer Kunden-Community	1,000	0,566
23	Vertragliche Bindung	1,000	0,673
24	Heranführung an die Oper als Kind/Jugendlicher	1,000	0,725
25	Eigene künstlerische Tätigkeit als Amateur	1,000	0,636
26	Regelmäßige Beschäftigung und Interesse an Oper	1,000	0,606
27	Vorliebe	1,000	0,642
28	Identifikation mit dem künstlerischen Profil	1,000	0,612
29	Identifikation mit Tradition/Geschichte	1,000	0,683
30	Identifikation mit Sympathieträgern des Hauses	1,000	0,695
31	Identifikation mit namhaften Gästen/Stars	1,000	0,497
32	Gute Erreichbarkeit/Räumliche Nähe	1,000	0,491
33	Stolz auf das Opernhaus in „unserer" Stadt	1,000	0,663
34	Guter Ruf des Opernhauses in der Öffentlichkeit	1,000	0,564
35	Persönlicher Dialog	1,000	0,434
36	Vertrauensvolle Beziehungen zu Mitarbeitern	1,000	0,587
37	Gemeinsamer Opernbesuch in Begleitung	1,000	0,514
38	Gleichgesinnte bzw. bekannte Gesichter treffen	1,000	0,641
39	Weiterempfehlungen von anderen Besuchern	1,000	0,591
40	Selbstpräsentation	1,000	0,657
41	Vergünstigungen	1,000	0,646

6.3 Ergebnisse der quantitativen Fragebogenerhebung

Vollständig repräsentiert werden kann die Varianz einer Variablen bei der Hauptkomponentenanalyse (Kommunalität von 1) aber nur dann, wenn durch sie ebenso viele Faktoren wie Wiederbesuchsgründe extrahiert werden. Da das Ziel der Faktorenanalyse aber gerade darin besteht, dass die Anzahl der Faktoren kleiner als die der Wiederbesuchsgründe sein soll, ergeben sich auch bei der Hauptkomponentenanalyse im Ergebnis immer Kommunalitätswerte von < 1. Der damit verbundene Informationsverlust wird folglich durch die Reduzierung der Faktoren bewusst in Kauf genommen (vgl. Laukner 2008: 230). Mit der höchsten Kommunalität von 0,817 (aufgeklärte Varianz von 81,7%) wird in dieser Arbeit die Variable 4 (*Orchesterqualität*) durch die zwölf extrahierten Faktoren am besten repräsentiert (vgl. Tabelle 48). Demgegenüber wird der Wiederbesuchsgrund *Persönlicher Dialog* mit einer Kommunalität von 0,434 durch die Hauptkomponenten in ihrer Gesamtheit am schlechtesten vertreten. 56,6% der Varianz dieser Variable sind nicht durch die ermittelten zwölf Faktoren repräsentiert. Ebenfalls von einer gering aufgeklärten Streuung von 49,1% und 49,7% sind die Variablen *Gute Erreichbarkeit/Räumliche Nähe* und *Identifikation mit namhaften Gästen/Stars* betroffen. Bei diesen drei letztgenannten Wiederbesuchsgründen ist demnach der Informationsverlust durch die Reduktion der Faktorenanzahl am größten.

Zu einer besseren inhaltlichen Interpretierbarkeit der zwölf extrahierten Faktoren wurde eine *Rotation* durchgeführt.[235] „Die Technik der Rotation dient vor allem dazu, möglichst gut differenzierende Faktoren extrahieren zu können, und Subjektivität bei der Interpretation der Faktoren weitestgehend auszuschließen." (Schendera 2010: 184) Zur Verfügung stehen verschiedene Rotationsmethoden (vgl. ausführlich Schendera 2010: 202 ff. und Noack 2007: 47 ff.). In dieser Arbeit kommt die gängigste Methode, das *Varimax-Verfahren* (vgl. Kaiser 1958 zitiert nach Schendera 2010: 206), zur Anwendung. Es handelt sich hierbei um eine orthogonale (rechtwinklige) Rotationsmethode[236], bei der „die Faktoren in fortlaufenden Schritten so lange im Raum gedreht [werden], bis die Varianz der quadrierten Ladungen pro Faktor maximal ist" (Laukner 2008: 227). „Die

---

235 „Die Faktorextraktion erbringt kein eindeutiges Ergebnis, sondern unendlich viele adäquate Lösungen. Die Auswahl einer Lösung bezeichnet man als Rotation." (Laukner 2008: 227) Der Begriff Rotation erklärt sich aus der Vorstellung, dass sich die Faktoren auch in einem Koordinatensystem darstellen lassen (vgl. Brosius 2008: 788). Das räumliche Zueinander der Variablen innerhalb des gemeinsamen Faktorenraums wird hierbei um den Ursprung bzw. Nullpunkt gedreht (rotiert), bis eine möglichst einfache Zuordnung von Variablenvektoren zu den Koordinatenachsen erreicht wird (vgl. Überla 1971: 76 ff. und 165 zitiert nach Laukner 2008: 227).

236 Bei den orthogonalen Verfahren werden die Faktorachsen bei der Rotation lediglich gedreht, die relative Position der Achsen zueinander bleibt jedoch unverändert, so dass diese auch während und nach der Rotation im rechten Winkel zueinander stehen (vgl. Brosius 2008: 789). Dies unterstellt, dass die Achsen bzw. Faktoren nicht miteinander korrelieren, sich also orthogonal zueinander verhalten (vgl. Backhaus et al. 2011: 378).

Anzahl von Variablen mit hoher Ladung auf einen Faktor wird minimiert, das heißt pro Faktor sollen einige [wenige] Variablen hoch, alle übrigen aber möglichst gering laden." (Schendera 2010: 206) Mittelgroße Ladungen werden damit entweder geringer oder stärker. Durch die Reduktion auf eine möglichst geringe Anzahl von Variablen mit hohen Faktorladungen, erhöht das Varimax-Verfahren die Interpretierbarkeit der zwölf Hauptkomponenten als Repräsentanten besonderer Variablengruppierungen.

6.3.3.3 Ergebnisse der Faktorenanalyse

Das Ergebnis der durchgeführten Faktorenanalyse, das Tableau der rotierten Faktorladungen bzw. die rotierte Komponentenmatrix, ist in Tabelle 49 dargestellt. Sie enthält die einzelnen Faktorladungen (Korrelationen), welche angeben, wie stark die jeweiligen Wiederbesuchsgründe auf die Faktoren laden bzw. durch diese erklärt werden (vgl. Salcher 1978: 315). Hohe Faktorladungen zeigen dabei eine große, kleine dagegen eine geringe Bedeutung eines Faktors für die entsprechende Variable an. Aus Gründen der Übersichtlichkeit in der Darstellung und zur Vereinfachung einer inhaltlichen Interpretation der Hauptkomponenten werden in der Tabelle nur Faktorladungen angezeigt, die den Wert von 0,4 übersteigen.[237]

---

237 Die Tabelle der rotierten Komponentenmatrix mit allen Faktorladungen befindet sich im Anhang 6.

6.3 Ergebnisse der quantitativen Fragebogenerhebung

Tabelle 49: Rotierte Komponentenmatrix (Faktorladungen > 0,4)

Rotated factor loadings (pattern matrix)

Variable	Factor	1	2	3	4	5	6	7	8	9	10	11	12
1	Inszenierungsqualität											0,731	
2	Ausstattungsqualität											0,443	
3	Qualität künstlerischen Besetzungen				0,730								
4	Orchesterqualität				0,881								
5	Chorqualität				0,817								
6	Abwechslungsreicher Spielplan								0,723				
7	Schwerpunktsetzungen								0,712				
8	Neuinszenierungen								0,425				
9	Informationsangebot		0,521										
10	Unkomplizierter Kartenerwerb		0,736										
11	Ambiente/Atmosphäre		0,692										
12	Architektonische Gestaltung		0,672										
13	Gastronomie am Opernhaus									0,565			
14	Opernshopangebot									0,772			
15	Beschwerdezufriedenheit									0,605			
16	Servicemitarbeiter		0,634										
17	Probenbesuche	0,709											
18	Einführungsveranstaltungen	0,731											
19	Hintergrundgespräche	0,834											
20	Workshops, Sonderveranstaltungen	0,817											
21	Gewährung Zusatzleistungen					0,859							
22	Kunden-Community					0,562							

Tabelle 49 (Fortsetzung): Rotierte Komponentenmatrix (Faktorladungen > 0,4)

Variable	Factor	1	2	3	4	5	6	7	8	9	10	11	12
23	vertragliche Bindung					0,788							
24	Heranführung an Oper												0,809
25	Eigene künstlerische Tätigkeit												0,602
26	Beschäftigung/Interesse										0,610		
27	Vorliebe										0,732		
28	Identifikation mit künstl. Profil			0,621									
29	Identifikation mit Tradition/Geschichte			0,665									
30	Identifikation mit Sympathieträgern			0,772									
31	Identifikation mit Gästen/Stars			0,473									
32	Erreichbarkeit/Nähe							0,555					
33	Stolz auf das Opernhaus							0,680					
34	Guter Ruf des Opernhauses							0,620					
35	Persönlicher Dialog			0,411		0,402							
36	Beziehungen zu Mitarbeitern												
37	Gemeinsamer Opernbesuch						0,578						
38	Gleichgesinnte treffen						0,602						
39	Weiterempfehlungen						0,710						
40	Selbstpräsentation						0,642						
41	Vergünstigungen					0,520							

6.3 Ergebnisse der quantitativen Fragebogenerhebung

In diesem Rahmen ist zu entscheiden, ab welcher Ladungshöhe eine Variable einem Faktor zugeordnet wird. „Dazu sind gewisse Regeln (Konventionen) entwickelt worden, wobei in der praktischen Anwendung „hohe" Ladungen ab 0,5 angenommen werden." (Backhaus et al. 2011: 362) Als Zuordnungswert wird für die vorliegende Untersuchung eine Faktorladung von 0,4 (und damit ein geringer Zusammenhang) als akzeptabel erachtet (vgl. hierzu und im Folgenden auch Laukner 2008: 227). Bei der Wahl eines höheren Wertes (von z. B. 0,5) würden vier Wiederbesuchsgründe aufgrund ihrer geringeren Faktorladungen aus der weiteren Analyse ausgeschlossen. Davon betroffen sind die Variablen *Ausstattungsqualität* (Faktorladung 0,443), *Identifikation mit namhaften Gästen/Stars* (Faktorladung 0,473), *Persönlicher Dialog* (Faktorladung 0,402) und *Vertrauensvolle Beziehungen zu Mitarbeitern* (Faktorladung 0,411). Die Anzahl der Wiederbesuchsgründe sollte hier jedoch beibehalten und nicht verringert werden. Die Ladungen mit dem größten Betrag, d. h. mit der höchsten Korrelation, gehen in den jeweiligen betreffenden Faktor ein.

Anhand der rotierten Komponentenmatrix und ihren Faktorladungen ergeben sich folgende zwölf Faktoren als „beste Repräsentanten" (Laukner 2008: 231) des Variablensets mit ihren zugehörigen Wiederbesuchsgründen (vgl. Abbildung 38): Der *erste Faktor* weist einen hohen Zusammenhang mit theaterpädagogischen Begleitangeboten auf (Faktorenladungen von 0,709 bis 0,834). Die Variable ‚Hintergrundgespräche mit Künstlern' lädt mit 0,834 am höchsten, der Wiederbesuchsgrund ‚Probenbesuche' mit 0,709 am niedrigsten auf diese Hauptkomponente. Um Faktor 1 qualitativ zu beschreiben, wird dieser entsprechend der Benennung im Rahmen der deskriptiven Aussagen (vgl. Kapitel 5.4) mit *Begleitangebote* bezeichnet. In der *zweiten Hauptkomponente* sind Variablen zusammengefasst, die unterschiedliche Serviceangebote eines Opernhauses darstellen (vgl. hierzu Kapitel 5.3). Es lassen sich hierbei überwiegend mittlere Korrelationen beobachten (Faktorladungen von 0,521 bis 0,736), wobei die Variable ‚Unkomplizierter Kartenerwerb' mit 0,736 die höchste Ladung aufweist und die Variable ‚Zufriedenstellendes Informationsangebot' (Faktorladung: 0,521) am geringsten von diesem Faktor erklärt wird. Diese Hauptkomponente kann inhaltlich durch die Bezeichnung *Zufriedenstellende Serviceangebote* beschrieben werden. Auf den *dritten Einflussfaktor* laden einerseits Variablen hoch, welche die Identifikation mit dem Selbstverständnis eines Opernhauses repräsentieren (vgl. Kapitel 5.8.1). Hierzu zählen die ‚Identifikation mit dem künstlerischen Profil' und die ‚Identifikation mit der Tradition/Geschichte' (mittlere Faktorladungen von 0,621 und 0,665). Neben der Identifikation mit dem Selbstverständnis lassen sich hier solche Wiederbesuchsgründe zusammenfassen, die eine Identifikation mit den am Opernhaus tätigen Protagonisten darstellen (vgl. Kapitel 5.8.2). Dabei handelt es sich um die ‚Identifikation mit Sympathieträgern des Hauses' (hohe Faktorladung von 0,772) und die ‚Identifikation mit namhaften Gästen/Stars' (geringe Korrelation von 0,473). Zudem vertritt Faktor 3 die Variable ‚Vertrauensvolle Beziehungen zu Mitarbeitern', allerdings mit einer geringen Korrelation von 0,411. Da es sich bei den Mitarbeitern ebenfalls um Protagonisten des Opernhauses handelt, und vertrauensvolle Beziehungen zu diesen neben dem sozialen Nutzen durchaus auch zur Identifikation der Wiederbesucher beitragen können, wird Faktor 3 durch die Bezeichnung *Identifikation mit Selbstverständnis und Protagonisten* beschrieben. Mit hohen Ladungen von 0,730 bis 0,881 repräsentiert der *vierte Faktor* Wiederbesuchsgründe (Orchesterqualität, Chorqualität, Qualität der künstlerischen Besetzungen), die sich auf die *Musikalische Qualität* des Opernhauses beziehen und wird dadurch beschrieben.

Abbildung 38: Identifizierte Einflussfaktoren gemäß Faktorenanalyse

Nr.	Einflussfaktoren	Wiederbesuchsgründe	Faktorladung
1	Begleitangebote	Hintergrundgespräche mit Künstlern	0,834
		Workshops, Sonderveranstaltungen	0,817
		Einführungsveranstaltungen	0,731
		Probenbesuche	0,709
2	Zufriedenstellende Serviceangebote	Unkomplizierter Kartenerwerb	0,736
		Ambiente und Atmosphäre	0,692
		Architektonische Gestaltung	0,672
		Besucherorientierte Servicemitarbeiter	0,634
		Zufriedenstellendes Informationsangebot	0,521
3	Identifikation mit Selbstverständnis und Protagonisten	Identifikation mit Sympathieträgern des Hauses	0,772
		Identifikation mit Tradition/Geschichte	0,665
		Identifikation mit dem künstlerischen Profil	0,621
		Identifikation mit namhaften Gästen/Stars	0,473
		Vertrauensvolle Beziehungen zu Mitarbeitern	0,411
4	Musikalische Qualität	Orchesterqualität	0,881
		Chorqualität	0,817
		Qualität der künstlerischen Besetzungen	0,730
5	Bevorzugungsvorteile	Gewährung von Zusatzleistungen	0,859
		Vertragliche Bindung	0,788
		Zugehörigkeit zu einer Kunden-Community	0,562
		Vergünstigungen	0,520
		Persönlicher Dialog	0,402
6	Soziale Interaktion zwischen den Besuchern	Weiterempfehlungen von anderen Besuchern	0,710
		Selbstpräsentation	0,642
		Gleichgesinnte bzw. bekannte Gesichter treffen	0,602
		Gemeinsamer Opernbesuch in Begleitung	0,578

6.3 Ergebnisse der quantitativen Fragebogenerhebung

Abbildung 38 (Fortsetzung): Identifizierte Einflussfaktoren gemäß Faktorenanalyse

Nr.	Einflussfaktoren	Wiederbesuchsgründe	Faktorladung
7	Regionale Identifikation	Stolz auf das Opernhaus in „unserer" Stadt	0,680
		Guter Ruf des Opernhauses in der Öffentlichkeit	0,620
		Gute Erreichbarkeit/Räumliche Nähe	0,555
8	Zufriedenstellende Spielplangestaltung	Abwechslungsreicher Spielplan	0,723
		Schwerpunktsetzungen im Spielplan	0,712
9	Verbundangebote	Opernshopangebot	0,772
		Beschwerdezufriedenheit	0,605
		Gastronomie am Opernhaus	0,565
10	Affinität	Vorliebe	0,732
		Regelmäßige Beschäftigung und Interesse an Oper	0,610
11	Szenische Qualität	Inszenierungsqualität	0,731
		Neuinszenierungen	0,569
		Ausstattungsqualität	0,443
12	Biographie und kulturelle Sozialisation	Heranführung an die Oper als Kind/Jugendlicher	0,809
		Eigene künstlerische Tätigkeit als Amateur	0,602

Im *fünften Einflussfaktor* sind Variablen zusammengefasst, die hauptsächlich eine Relevanz für solche Wiederbesucher besitzen, welche einem organisierten Netzwerk des Opernhauses angehören. Diese sind in der Regel durch Verträge an das Opernhaus gebunden („Vertragliche Bindung' mit einer hohen Faktorladung von 0,788). Die vertraglichen Bindungen sind meistens mit einer bevorzugten Behandlung gegenüber den sonstigen Besuchern verbunden. Diese umfassen alle zusätzlichen Leistungen und Aufmerksamkeiten, die nur den organisierten Wiederbesuchern zugute kommen und ihnen für die eingegangene Bindung bzw. ihre Treue zum Anbieter gewährt werden („Gewährung von Zusatzleistungen' und ‚Vergünstigungen' mit Faktorladungen von 0,859 und 0,520). Zudem gehen derartige Geschäftsbeziehungen häufig mit einer persönlichen Betreuung bzw. Ansprache der Besucher seitens des Opernhauses einher („Persönlicher Dialog', geringe Faktorladung von 0,402). Diese Wiederbesucher werden durch die bevorzugte Behandlung zum ausgewählten Partner des Opernhauses, es entstehen persönliche Beziehungen, Vertrauen wird aufgebaut und sie können sich als Mitglied einer sozialen Gemeinschaft („Zugehörigkeit zu einer Kunden-Community', mittlere Korrelation von 0,562) definieren. In Anlehnung an Gwinner et al. soll dieser Faktor 5 inhaltlich daher als *Bevorzugungsvorteile* beschrieben werden (vgl. Gwinner et al. 1998). Die *sechste Hauptkomponente* erklärt Variablen, die sich auf die soziale Interaktion zwischen den Besuchern beziehen (vgl. Kapitel 5.9.3). Es lassen sich hierbei überwiegend mittlere Korrelationen beobachten (Faktorladungen von 0,578 bis 0,710), wobei die Variable ‚Weiterempfehlungen von anderen Besuchern' die höchste Ladung aufweist und die Variable ‚Gemeinsamer Opernbesuch in Begleitung' am geringsten von diesem Faktor erklärt wird. Dieser Faktor kann inhaltlich durch die Bezeichnung *Soziale Interaktion zwischen den Besuchern* beschrieben werden. Der *siebte Faktor* ist einerseits positiv mit dem Wiederbesuchsgrund korreliert, der sich mit der räumlichen Nähe und der guten Erreichbarkeit des Opernhauses befasst (mittlere Faktorladung von 0,555). Hinzu kommen die beiden Variablen ‚Guter Ruf des Opernhauses in der Öffentlichkeit' und ‚Stolz auf das Opernhaus in „unserer" Stadt' mit ebenfalls mittleren Faktorladungen von 0,620 und 0,680. Die durch diesen siebten Faktor erklärten drei Wiederbesuchsgründe beziehen sich auf eine Präsenz des Opernhauses im Alltag des Besuchers, verbunden mit dessen Identifikation, Zugehörigkeitsgefühl, Prestigedenken und sozialer Stellung innerhalb seines räumlichen Umfelds. Dieser Einflussfaktor soll als *Regionale Identifikation* beschrieben werden. Der *achte Faktor* weist einen hohen Zusammenhang zur Spielplangestaltung des Opernhauses auf (vgl. Kapitel 5.2.3.2) und kann daher als *Zufriedenstellende Spielplangestaltung* bezeichnet werden. Er erklärt die Wiederbesuchsgründe ‚Abwechslungsreicher Spielplan' und ‚Schwerpunktsetzungen im Spielplan' mit hohen Faktorladungen von 0,723 und 0,712.[238] In *Faktor 9* sind *Verbundangebote* des Opernhauses vertreten. Während Faktor 2 insbesondere solche Variablen erklärt, die in einem direkten/unmittelbaren künstlerischen Zusammenhang mit dem Besuch von Opernaufführungen stehen, werden unter dieser Hauptkomponente solche Serviceleistungen des Opernhauses subsumiert, die über den eigentlichen Besuch der Opernaufführung hinausgehen bzw. mit diesem verknüpft, also miteinander verbunden sein können (vgl. hierzu auch Günter 2004: 56). So bietet z. B. ein Opernshop zusätzliche Anlässe, das Opernhaus auch außerhalb von Opernvorstellungen aufzusuchen (hohe Faktorladung von 0,772). Viele Besucher möchten darüber hinaus ihre Abendgestaltung nicht nur auf den Opernbesuch beschränken, sondern verbinden diesen mit der Nutzung gastronomischer Einrichtungen vor und/oder nach den Vorstellungen sowie auch unabhängig davon (mittlere Korrelation von 0,565). Diese Variablen sind demnach für solche Wiederbesucher relevant, die ein Opernhaus nicht nur wegen der Vorstellungen wiederholt besuchen, sondern auch, um im Opernshop einzukaufen oder im Restaurant zu speisen. Der zufriedenstellende Service endet zudem keineswegs mit dem Opernabend. Unter dem Gesichtspunkt der Besucherbindung kommt der Zeit nach und zwischen dem Besuch von Opernaufführungen und hier insbesondere der zufriedenstellenden Beschwerdehandhabung (‚Beschwerdezufriedenheit', mittlere Faktorladung von 0,605) ebenfalls eine wichtige Bedeutung zu (vgl. hierzu auch

---

238 Zusätzlich lädt auch die Variable ‚Neuinszenierungen' mit 0,425 auf diesen Faktor, zugleich aber auch mit 0,569 auf den Faktor 11. Aufgrund der höheren Ladung auf den elften Faktor wird sie diesem zugeordnet und dort separat besprochen.

6.3 Ergebnisse der quantitativen Fragebogenerhebung

Kapitel 5.3.3). *Faktor 10* enthält die beiden Wiederbesuchsgründe ‚Vorliebe' und ‚Regelmäßige Beschäftigung und Interesse an Oper'. Mit mittleren bis hohen Faktorladungen von 0,610 und 0,732 ist dieser Faktor gut geeignet, diese beiden Variablen zusammenzufassen und die *Affinität* abzubilden. *Faktor 11* erklärt drei Merkmale (Inszenierungsqualität, Neuinszenierungen und Ausstattungsqualität), die sich auf die *Szenische Qualität* des Opernhauses beziehen und wird als solche beschrieben. *Faktor 12* vertritt gut die zwei Variablen ‚Heranführung an die Oper als Kind/Jugendlicher' und ‚Eigene künstlerische Tätigkeit als Amateur' (Faktorladungen von 0,602 und 0,809), und wird inhaltlich als *Biographie und kulturelle Sozialisation* bezeichnet.

Stellt man anschließend die zwölf durch die Faktorenanalyse ermittelten Bindungsfaktoren der im Rahmen der deskriptiven Aussagen entwickelten vorläufigen Systematik gegenüber, so ergeben sich die folgenden Unterschiede und Gemeinsamkeiten (vgl. Abbildung 39): Im Rahmen der deskriptiven Aussagen wurden zehn potenzielle Einflussfaktoren und 39 Wiederbesuchsgründe angenommen, die anscheinend einen relevanten Beitrag zur Erklärung des Wiederbesuchsverhaltens leisten (vgl. Kapitel 5.11). Nach Durchführung der qualitativen und quantitativen Analysen kann dieser vorläufige Konzeptionsrahmen nur teilweise bestätigt werden. So zeigt sich, dass insgesamt 41 unterschiedliche Wiederbesuchsgründe bestehen, die sich nach der Faktorenanalyse insgesamt zwölf Einflussfaktoren der Besucherbindung zuordnen lassen.

6 Design und Ergebnisse der empirischen Erhebungen

Abbildung 39: Einflussfaktoren im Vergleich

Potenzielle Einflussfaktoren (vorläufige Systematik/Konzeptionsrahmen)	Empirisch identifizierte Einflussfaktoren (Faktorenanalyse)
Qualität der künstlerischen Aufführungen Inszenierungsqualität Ausstattungsqualität Qualität der künstlerischen Besetzungen Orchesterqualität Chorqualität	**Musikalische Qualität** Orchesterqualität Chorqualität Qualität der künstlerischen Besetzungen
Zufriedenstellende Spielplangestaltung Abwechslungsreicher Spielplan Schwerpunktsetzungen im Spielplan	**Szenische Qualität** Inszenierungsqualität Neuinszenierungen/Premieren Ausstattungsqualität
Zufriedenstellende Serviceangebote Zufriedenstellendes Informationsangebot Unkomplizierter Kartenerwerb Ambiente und Atmosphäre Architektonische Gestaltung Gastronomie am Opernhaus Opernshopangebot Beschwerdezufriedenheit Besucherorientierte Servicemitarbeiter	**Zufriedenstellende Spielplangestaltung** Abwechslungsreicher Spielplan Schwerpunktsetzungen im Spielplan
	Zufriedenstellende Serviceangebote Unkomplizierter Kartenerwerb Ambiente und Atmosphäre Architektonische Gestaltung Besucherorientierte Servicemitarbeiter Zufriedenstellendes Informationsangebot
Begleitangebote Probenbesuche Einführungsveranstaltungen Hintergrundgespräche mit Künstlern	**Verbundangebote** Opernshopangebot Beschwerdezufriedenheit Gastronomie am Opernhaus
Bevorzugte Behandlung von organisierten Wiederbesuchern Gewährung von Zuatzleistungen	**Begleitangebote** Hintergrundgespräche mit Künstlern Workshops, Sonderveranstaltungen Einführungsveranstaltungen Probenbesuche
Biographie und kulturelle Sozialisation Heranführung an die Oper als Kind/Jugendlicher Eigene künstlerische Tätigkeit als Amateur	**Bevorzugungsvorteile** Gewährung von Zuatzleistungen Vertragliche Bindung Zugehörigkeit zu einer Kunden-Community Vergünstigungen Persönlicher Dialog
Affinität Regelmäßige Beschäftigung und Interesse an Oper Vorliebe	

6.3 Ergebnisse der quantitativen Fragebogenerhebung

Identifikation
Identifikation mit dem künstlerischen Profil
Identifikation mit Tradition/ Geschichte
Identifikation mit Sympathieträgern des Hauses
Identifikation mit namhaften Gästen/Stars
Gute Erreichbarkeit/Räumliche Nähe
Stolz auf das Opernhaus in „unserer" Stadt
Guter Ruf des Opernhauses in der Öffentlichkeit

Biographie und kulturelle Sozialisation
Heranführung an die Oper als Kind/Jugendlicher
Eigene künstlerische Tätigkeit als Amateur

Affinität
Vorliebe
Regelmäßige Beschäftigung und Interesse an Oper

Personale Elemente
Vertrauensvolle Beziehung zu Mitarbeitern
Gemeinsamer Opernbesuch in Begleitung
Gleichgesinnte bzw. bekannte Gesichter treffen
Zugehörigkeit zu einer Kunden-Community
Weiterempfehlungen von anderen Besuchern
Selbstpräsentation

Identifikation mit Selbstverständnis und Protagonisten
Identifikation mit Sympathieträgern des Hauses
Identifikation mit Tradition/Geschichte
Identifikation mit dem künstlerischen Profil
Identifikation mit namhaften Gästen/Stars
Vertrauensvolle Beziehungen zu Mitarbeitern

Faktische Wechselbarrieren
Vertragliche Bindung
Vergünstigungen

Regionale Identifikation
Stolz auf das Opernhaus in "unserer" Stadt
Guter Ruf des Opernhauses in der Öffentlichkeit
Gute Erreichbarkeit/Räumliche Nähe

Soziale Interaktion zwischen den Besuchern
Weiterempfehlungen von anderen Besuchern
Selbstpräsentation
Gleichgesinnte bzw. bekannte Gesichter treffen
Gemeinsamer Opernbesuch in Begleitung

Durch die Faktorenanalyse konnten einerseits Faktoren ermittelt werden, die durchaus denen in der vorläufigen Systematik vermuteten Komponenten entsprechen oder in ähnlicher Form beschrieben wurden (z. B. *Affinität* und *Biographie und kulturelle Sozialisation*). Allerdings wird auch deutlich, dass manche der vermuteten Bindungsfaktoren nicht oder lediglich in abgewandelter bzw. modifizierter Form bestätigt werden können (z. B. *Faktische Wechselbarrieren* und *Identifikation*) und darüber hinaus noch weitere, bisher nicht angenommene Hauptkomponenten bestehen (z. B. *Verbundangebote* und *Bevorzugungsvorteile*). So ergaben sich in diesem Rahmen durch die konkrete Zuordnung der Variablen zu den Faktoren auch teilweise noch Änderungen in deren Benennung oder systematischer Aufgliederung. Im Einzelnen ergibt sich folgendes Bild: Der erste potenzielle Einflussfaktor *Qualität der künstlerischen Aufführungen* hat sich in der durchgeführten Faktorenanalyse in zwei Hauptkomponenten aufgeteilt. Die Wiederbesuchsgründe ‚Orchesterqualität', ‚Chorqualität' und ‚Qualität der künstlerischen Besetzungen' werden durch einen gemeinsamen Faktor repräsentiert, der hier als *Musikalische Qualität* bezeichnet wird. Die restlichen zwei Variablen ‚Inszenierungsqualität' und ‚Ausstattungsqualität' laden auf den gemeinsamen Faktor *Szenische Qualität* hoch. Hier findet sich auch die Variable ‚Neuinszenierungen/ Premieren', welche erst im Rahmen der qualitativen Vorstudie identifiziert werden konnte und daher in der vorläufigen Systematik noch nicht konzeptionell zugeordnet wurde. Der zweite potenzielle Bindungsfaktor *Zufriedenstellende Spielplangestaltung* und seine beiden zugeordneten Wiederbesuchsgründe ‚Abwechslungsreicher Spielplan' und ‚Schwerpunktsetzungen im Spielplan' wurden durch die Hauptkomponentenanalyse in dieser Form bestätigt. Die Variablen des dritten angenommenen Einflussfaktors *Zufriedenstellende Serviceangebote* haben sich ebenfalls in zwei Faktoren gespalten. Die Wiederbesuchsgründe ‚Unkomplizierter Kartenerwerb', ‚Ambiente und Atmosphäre', ‚Architektonische Gestaltung', ‚Besucherorientierte Servicemitarbeiter' und ‚Zufriedenstellendes Informationsangebot' werden durch einen Faktor erklärt, der ebenfalls mit der Bezeichnung *Zufriedenstellende Serviceangebote* überschrieben wurde. Seine restlichen drei Variablen ‚Opernshopangebot', ‚Beschwerdezufriedenheit' sowie ‚Gastronomie am Opernhaus' laden hingegen auf eine eigene Hauptkomponente, die aufgrund der Tatsache, dass sich hier solche Serviceleistungen des Opernhauses finden, die über den eigentlichen Besuch der Opernaufführungen hinausgehen bzw. mit diesem verknüpft sein können, als *Verbundangebote* inhaltlich beschrieben wird. Ebenfalls bestätigt werden konnte der vierte Einflussfaktor *Begleitangebote* mit seinen drei erklärten Variablen ‚Probenbesuche', ‚Einführungsveranstaltungen' und ‚Hintergrundgespräche mit Künstlern'. Zusätzlich findet sich hier die Variable ‚Workshops, Sonderveranstaltungen', welche ebenfalls erst im Rahmen der qualitativen Vorstudie identifi-

6.3 Ergebnisse der quantitativen Fragebogenerhebung

ziert wurde. Der fünfte potenzielle Einflussfaktor *Bevorzugte Behandlung von organisierten Wiederbesuchern* ist vollständig im Faktor *Bevorzugungsvorteile* aufgegangen. Allerdings besteht dieser nun nicht mehr lediglich aus der einzelnen Variable ‚Gewährung von Zusatzleistungen', sondern es sind vier zusätzliche Variablen hinzugekommen. So ist in diese ermittelte Hauptkomponente auch der gesamte zehnte potenzielle Bindungsfaktor *Faktische Wechselbarrieren* mit seinen zwei Variablen eingegangen. Zudem laden auf ihn die Wiederbesuchsgründe ‚Zugehörigkeit zu einer Kunden-Community' und ‚Persönlicher Dialog', die dem Einflussfaktor *Personale Elemente* konzeptionell zugeordnet wurden. Der sechste und siebte potenzielle Bindungsfaktor *Biographie und kulturelle Sozialisation* sowie *Affinität* mit ihren zugeordneten Wiederbesuchsgründen konnten hingegen durch die Faktorenanalyse umfassend bestätigt werden. Der achte potenzielle Einflussfaktor *Identifikation* hat sich in der durchgeführten Faktorenanalyse ebenfalls in zwei Faktoren aufgeteilt. Auf die ermittelte Hauptkomponente *Identifikation mit Selbstverständnis und Protagonisten* laden die Wiederbesuchsgründe ‚Identifikation mit Sympathieträgern des Hauses', ‚Identifikation mit Tradition/Geschichte', ‚Identifikation mit dem künstlerischen Profil' und ‚Identifikation mit namhaften Gästen/ Stars'. Zudem vertritt dieser Faktor die Variable ‚Vertrauensvolle Beziehungen zu Mitarbeitern', die dem Einflussfaktor *Personale Elemente* konzeptionell zugeordnet wurde. Die restlichen drei Variablen ‚Gute Erreichbarkeit/Räumliche Nähe', ‚Stolz auf das Opernhaus in „unserer" Stadt' und ‚Guter Ruf des Opernhauses in der Öffentlichkeit' werden durch einen gemeinsamen Faktor repräsentiert, der hier als *Regionale Identifikation* bezeichnet wird. Der neunte potenzielle Faktor *Personale Elemente* wurde durch die Faktorenanalyse nicht bestätigt. Dieser Faktor hat sich aufgelöst und seine Variablen sind in drei unterschiedliche Faktoren eingegangen. Wie bereits erwähnt laden die Variablen ‚Persönlicher Dialog' und ‚Zugehörigkeit zu einer Kunden-Community' auf den Faktor *Bevorzugungsvorteile*. Die Variable ‚Vertrauensvolle Beziehung zu Mitarbeitern' ist im Faktor *Identifikation mit Selbstverständnis und Protagonisten* aufgegangen. Seine restlichen vier Variablen ‚Gemeinsamer Opernbesuch in Begleitung', ‚Gleichgesinnte bzw. bekannte Gesichter treffen', ‚Weiterempfehlungen von anderen Besuchern' und ‚Selbstpräsentation' bilden unter dem Oberbegriff *Soziale Interaktion zwischen den Besuchern* einen neuen Faktor. Ebenfalls nicht bestätigt wurde der zehnte potenzielle Einflussfaktor *Faktische Wechselbarrieren* und ist vollständig in der Hauptkomponente *Bevorzugungsvorteile* aufgegangen.

Zusammenfassend kann auf die Untersuchungsfrage F_8 folgende Antwort gegeben werden:

- Die 41 Wiederbesuchsgründe lassen sich auf die folgenden zwölf Einflussfaktoren der Besucherbindung zurückführen: Begleitangebote, Zufriedenstellende Serviceangebote, Identifikation mit Selbstverständnis und Protagonisten, Musikalische Qualität, Bevorzugungsvorteile, Soziale Interaktion zwischen den Besuchern, Regionale Identifikation, Zufriedenstellende Spielplangestaltung, Verbundangebote, Affinität, Szenische Qualität sowie Biographie und kulturelle Sozialisation.
- Diese zwölf Faktoren gelten als die besten Repräsentanten des Variablensets und werden durch ihre zugehörigen Wiederbesuchsgründe beschrieben (vgl. Abbildung 38).

Für die Untersuchungsfrage F_9 lässt sich festhalten:

- Im Rahmen der deskriptiven Aussagen wurde eine vorläufige Systematik mit zehn potenziellen Einflussfaktoren und 39 Wiederbesuchsgründen entwickelt. Anhand der empirischen Ergebnisse kann dieser Konzeptionsrahmen nur teilweise bestätigt werden (vgl. Abbildung 39). So zeigt sich, dass insgesamt 41 unterschiedliche Wiederbesuchsgründe bestehen, die sich zwölf Einflussfaktoren zuordnen lassen.
- Einerseits konnten Faktoren ermittelt werden, die denen in der vorläufigen Systematik vermuteten Komponenten entsprechen oder dort in ähnlicher Form beschrieben werden (z. B. Affinität, Biographie und kulturelle Sozialisation). Allerdings wird auch deutlich, dass manche der vermuteten Bindungsfaktoren nicht oder lediglich in modifizierter Form bestätigt werden können (z. B. Faktische Wechselbarrieren, Identifikation) und darüber hinaus noch weitere, bisher nicht angenommene Faktoren bestehen (z. B. Verbundangebote, Bevorzugungsvorteile).

6.3.4 Segmentierung der Wiederbesucher

6.3.4.1 Grundlagen und Durchführung der Clusteranalyse

Die im Rahmen der Fragebogenerhebung gewonnenen Informationen lassen sich dazu nutzen, um die Gesamtheit der befragten Wiederbesucher für ein zielgruppengerechtes Besucherbindungsmanagement zu differenzieren, sie in Teilgruppen aufzugliedern, die homogener als die Gesamtmenge sind (sog. Besuchersegmentierung) (vgl. Föhl/Lutz 2011: 84).[239] Eine systematische Aufteilung der

---

[239] Vgl. hierzu exempl. Meffert 2000: 181.

6.3 Ergebnisse der quantitativen Fragebogenerhebung

Wiederbesucher in Segmente kann dabei nach verschiedenen strukturellen und verhaltensorientierten Kriterien erfolgen wie z. B. nach soziodemografischen/ -ökonomischen und geografischen Merkmalen, nach einstellungs-, motiv- und wirkungsbezogenen Merkmalen bis hin zum Lebensstil und nach speziellen, für Kulturaktivitäten nachgewiesenen oder zumindest vermuteten Verhaltensmerkmalen und Nutzenvorstellungen (vgl. Günter/Hausmann 2009: 41 f. und Klein 2008a: 55).[240] In der vorliegenden Arbeit erfolgt die Bildung von Wiederbesuchertypen (sog. Bindungs-Typen) in Anlehnung an Laukner „nach ihrem tatsächlichen Wiederbesuchsverhalten (verhaltensorientierte Besuchermerkmale), und zwar hinsichtlich der Eigenschaftsurteile über die betrachteten Wiederbesuchsgründe" (Laukner 2008: 246). Um die damit in Zusammenhang stehende Untersuchungsfrage F_{10} (vgl. Kapitel 6.2.1) adäquat beantworten zu können, wird im weiteren Verlauf eine *Clusteranalyse* durchgeführt.[241] Ziel der eingesetzten Clusteranalyse ist die Zusammenfassung der Befragten in Segmente anhand ihrer Ähnlichkeit hinsichtlich der Meinungsausprägungen über die betrachteten 41 Wiederbesuchsgründe. Dabei sollen die Befragten innerhalb eines Clusters im Hinblick auf die betrachteten Eigenschaften in sich möglichst homogen (hohe Intracluster-Homogenität) und die Unterschiede bezüglich der Merkmalsausprägungen zwischen den Gruppen möglichst groß (geringe Intercluster-Homogenität) sein (vgl. Butzer-Strothmann et al. 2001: 98 und Schendera 2010: 8). Ähnlich wie die Faktorenanalyse ist die Clusteranalyse ein Verfahren, um die Komplexität eines Datensatzes auf überschaubare Größen zu reduzieren (vgl. Laukner 2008: 246). Während die Hauptkomponentenanalyse allerdings eine Bündelung von Variablen zu Faktoren vornimmt, so ist es bei der Clusteranalyse die Vielzahl von Objekten (Wiederbesucher), die entsprechend ihrer Merkmalsausprägungen in verschiedene Cluster eingeordnet werden (vgl. Backhaus et al. 2011: 19). Hierbei stehen also nicht mehr die Zusammenhänge zwischen den Wiederbesuchsgründen, sondern die Zusammenhänge zwischen den betrachteten Wiederbesuchern im Vordergrund des Interesses. Im Rahmen der Clusteranalyse stellt sich ebenfalls zunächst die Frage, wie mit dem in dieser Arbeit bestehenden unvollständigen Datensatz aufgrund von fehlenden Werten zu verfahren ist. Zur Lösung dieser Problematik kommt wiederum die bereits innerhalb der Faktorenanalyse angewandte Imputationstechnik *Substitution durch Lagemaße* zur Anwendung. Die Verfahrensweise entspricht dabei dem in Kapitel 6.3.3.2 beschriebenen Vorgehen. Somit können auch bei der Clusteranalyse alle beobachteten Fälle in die Auswertung eingehen.

---

240 Zu den Grundlagen der Segmentbildung vgl. exempl. Kotler/Bliemel 2001: 430 ff. und Nieschlag et al. 2002: 209 ff..
241 Vgl. zum Verfahren der Clusteranalyse u. a. Backhaus et al. 2011: 397 ff., Jensen 2008 und Schendera 2010.

Der erste Schritt bei der Durchführung einer Clusteranalyse ist die Bestimmung bzw. Quantifizierung von Ähnlichkeiten oder Unähnlichkeiten (Distanzen) zwischen den Wiederbesuchern hinsichtlich der untersuchten Merkmale durch eine statistische Maßzahl (vgl. Backhaus et al. 2011: 399). Hierbei werden für alle Wiederbesucher Paarvergleiche durchgeführt und die Unterschiede bzw. Übereinstimmungen durch Zahlenwerte (sog. Proximitätsmaße) gemessen (vgl. Universität Zürich 2011). Nach Backhaus et al. lassen sich zwei Arten von Proximitätsmaßen unterscheiden: Ähnlichkeitsmaße, welche die Ähnlichkeit zwischen zwei Objekten widerspiegeln (je größer der Wert eines Ähnlichkeitsmaßes ausfällt, desto ähnlicher sind sich zwei Wiederbesucher), und Distanzmaße, bei denen die Unähnlichkeit zwischen zwei Objekten gemessen wird (je größer der Wert, desto unähnlicher sind sich die Wiederbesucher) (vgl. Backhaus et al. 2011: 400). Bei der Wahl des geeigneten Proximitätsmaßes spielen laut Backhaus et al. vor allem inhaltliche Überlegungen die ausschlaggebende Rolle: „Zur Messung der Ähnlichkeit zwischen Objekten sind Distanzmaße immer dann geeignet, wenn der absolute Abstand zwischen Objekten von Interesse ist und die Unähnlichkeit dann als umso größer anzusehen ist, wenn zwei Objekte weit entfernt voneinander liegen. Ähnlichkeitsmaße basierend auf Korrelationswerten sind immer dann geeignet, wenn der primäre Ähnlichkeitsaspekt im Gleichlauf zweier Profile zu sehen ist, unabhängig davon, auf welchem Niveau die Objekte liegen." (Backhaus et al. 2011: 414) Da in dieser Arbeit der absolute Abstand zwischen den Wiederbesuchern (Objekte) nicht von Interesse ist, sondern deren Entwicklung unabhängig davon, auf welchem Niveau die Objekte liegen, ist ein Ähnlichkeitsmaß das geeignete Proximitätsmaß (vgl. auch Laukner 2008: 247). Zur Berechnung der Ähnlichkeit zwischen zwei Wiederbesuchern wird als statistische Maßzahl der Korrelationskoeffizient nach Pearson (Q-Korrelationskoeffizient) verwendet (vgl. hierzu Jensen 2008: 342). Zu diesem Zweck wird die Rohdatenmatrix mit 667 Objekten (Wiederbesuchern) und 41 Variablen (Wiederbesuchsgründen) in eine *Ähnlichkeitsmatrix* überführt. Sie enthält die paarweisen Ähnlichkeitswerte der Wiederbesucher in Bezug auf die betrachteten Wiederbesuchsgründe. Aufgrund ihres großen Umfangs von 667*(667-1)/2 = 222.111 einfachen Datensätzen kann diese Matrix nicht in der Arbeit abgebildet werden.

Im Rahmen des sich anschließenden *Fusionierungsprozesses* werden die Wiederbesucher anhand der Ähnlichkeitskoeffizienten zu möglichst homogenen, voneinander abgegrenzten Clustern zusammengefasst. Hierzu steht eine Vielzahl unterschiedlicher Fusionierungs- bzw. Clusteralgorithmen zur Verfügung (vgl. für einen Überblick Backhaus et al. 2011: 417 ff., Jensen 2008: 341 und Schendera 2010: 22 ff.), von denen in dieser Arbeit mit dem *Average-Linkage-Verfahren* (Linkage zwischen den Gruppen) ein hierarchisch-agglomeratives

6.3 Ergebnisse der quantitativen Fragebogenerhebung

Klassifikationsverfahren[242] zur Anwendung gelangt. Hierbei wird von der feinsten Partition (sie entspricht der Anzahl der Untersuchungsobjekte) ausgegangen, d. h. es bildet zunächst jeder Wiederbesucher ein eigenständiges Cluster (vgl. hierzu und im Folgenden Backhaus et al. 2011: 418). Schrittweise werden dann jeweils die beiden Cluster zu einem neuen bzw. größeren Cluster zusammengefügt, die sich am ähnlichsten sind, bis am Ende des Fusionierungsprozesses alle Objekte in einem finalen Cluster vereinigt sind. Das Average-Linkage-Verfahren wurde ausgewählt, da es ein relativ konservatives Verfahren darstellt, bei dem kaum Verkettungstendenzen (Bildung einzelner sehr großer Cluster) auftreten, überlappungsfreie Clusterstrukturen gebildet und Größenunterschiede zwischen den Clustern gering gehalten werden (vgl. Laukner 2008: 248 und Schendera 2010: 25).

Nach Durchführung der Fusionierung gemäß dem Average-Linkage-Verfahren ist im dritten Schritt festzulegen, welche Anzahl von Wiederbesuchergruppen als die *beste* Cluster-Lösung anzusehen ist und hier verwendet werden soll (vgl. Backhaus et al. 2011: 436). Die Entscheidung, welche Clusteranzahl letztlich als die günstigste Lösung anzusehen ist, kann dabei zunächst von den Ähnlichkeitskoeffizienten, die für jeden Fusionierungsschritt im stufenweisen Clusterungsprozess ausgewiesen werden, abhängig gemacht werden (vgl. Bühl 2006: 527). Betrachtet man hierzu die von Stata ausgegebene Agglomerationstabelle für die letzten 16 Clusterstufen (ab Stufe 651),[243] wird die zwischen den Objekten gemessene Ähnlichkeit in der zweiten Spalte ‚_clus_hgt' angegeben (vgl. Tabelle 50). Da hier eine Ähnlichkeitsmatrix vorliegt, drücken diese Koeffizienten eine nach jeder Agglomeration abnehmende Ähnlichkeit bzw. zunehmende Heterogenität aus. Die Abnahme der Koeffizienten lässt laut Schendera oft Rückschlüsse auf eine sinnvolle Anzahl von Clustern zu: „Gibt es je nach Maß einen deutlichen Anstieg bzw. Abfall, so macht es Sinn, alle Clusterlösungen ab dieser Stelle genauer zu untersuchen" (Schendera 2010: 57).

---

242 Weitere häufig verwendete hierarchisch-agglomerative Klassifikationsverfahren sind das Single-Linkage-, Complete-Linkage-, Centroid-, Median- und Ward-Verfahren (vgl. hierzu im Einzelnen Backhaus et al. 2011: 422 ff.).

243 Die Agglomerationstabelle der Clusteranalyse beschreibt den Verlauf der Clusterbildung von der ersten Stufe, in der jedes Objekt ein eigenständiges Cluster bildet, bis zur letzten Stufe, in der alle Objekte zu einem Cluster zusammengefasst sind. Der gesamte Clusterungsprozess umfasst beim vorliegenden Datensatz 666 Stufen. Tabelle 50 zeigt nur die letzten 17 Fälle (ab Stufe 651), da nach Ansicht des Verfassers eine Betrachtung von mehr als 18 potenziellen Wiederbesuchersegmenten bei 41 Wiederbesuchsgründen keinen Sinn ergeben würde. Es würden ansonsten Cluster betrachtet werden, die nur aus einem oder zwei Wiederbesuchsgründen bestehen. Daher wurde an dieser Stelle in Anlehnung an Laukner die Entscheidung getroffen, dass die Lösung im Bereich < 18 Cluster liegen soll (vgl. Laukner 2008: 249).

Tabelle 50: Agglomerationstabelle für die letzten 16 Clusterstufen

Clusterstufe	clus_hgt
651	0,77520
652	0,72040
653	0,66156
654	0,65974
655	0,60357
656	0,54072
657	0,49745
658	0,48915
659	0,44590
660	0,41831
661	0,39263
662	0,36292
663	0,24344
664	0,03352
665	-0,32466
666	-0,53452

Bei der Betrachtung der Agglomerationstabelle fällt auf, dass die Differenzen zwischen den jeweiligen Koeffizienten (im Bereich von zwei Nachkommastellen) zwischen 0,00 und 0,06 pendeln. Eine größere Differenz mit 0,12 ist erstmals beim Übergang von Stufe 662 auf 663 sowie beim Übergang von Stufe 663 auf 664 mit 0,21 erkennbar. Diese Deutung würde für eine 5- oder 4- Clusterlösung sprechen. Im Folgenden sollen in Anlehnung an Schendera alle Clusterlösungsmöglichkeiten ab dem ersten deutlichen Abfall von Stufe 662 auf 663 einer genaueren Betrachtung unterzogen werden. Hierzu werden weitere rechnerische und inhaltliche Überlegungen bei der Bestimmung der optimalen Clusterzahl herangezogen und es wird überprüft, wie sich die jeweiligen Objekte auf die vier verschiedenen Clusterlösungsmöglichkeiten (5-, 4-, 3- und 2- Clusterlösung) aufteilen und durch welche Variablen sie charakterisiert werden.

Als ein erstes Kriterium wird zunächst die Homogenität der verschiedenen Clusterlösungen mit Hilfe des so genannten *F-Wertes* berechnet. Der F-Wert dient vor allem zur Evaluation der Güte der Cluster und wird bestimmt, indem die Varianz der Variablen in einem Cluster durch die Varianz der Variablen der Erhebungsgesamtheit dividiert wird (vgl. Laukner 2008: 252). „Je kleiner ein F-Wert ist, umso homogener ist die Streuung innerhalb eines Clusters im Vergleich zu den ungeclusterten Ausgangsdaten. Ein F-Wert von 1 besagt, dass die Streuung der betreffenden Variablen innerhalb des Clusters genau der Streuung in den Ausgangsdaten entspricht."(Schendera 2010: 65) Ist der F-Wert größer als 1,

6.3 Ergebnisse der quantitativen Fragebogenerhebung

liegt im Cluster eine höhere Streuung der Variable als in der Gesamtstichprobe vor und das Cluster ist damit im Hinblick auf diese Variable als nicht homogen zu betrachten (vgl. Backhaus et al. 2011: 446). Die F-Werte sind für alle Variablen der einzelnen Cluster je Clusterlösung zu berechnen. Ein Cluster ist dann als vollkommen homogen anzusehen, wenn alle F-Werte kleiner als 1 sind. Da in der vorliegenden Arbeit in keinem der Cluster alle Variablen einen F-Wert kleiner 1 aufweisen, soll deshalb in Anlehnung an Laukner die *beste* Clusterlösung hinreichend viele homogene Variablen beinhalten (vgl. hierzu und im Folgenden Laukner 2008: 252): Betrachtet man zunächst die 5-Clusterlösung, so lässt sich konstatieren, dass die jeweilige Anzahl der inhomogenen Variablen in den fünf Gruppen zwischen 9 und 30 schwankt und hier insgesamt 79 F-Werte > 1 vorliegen. Bei der 4-Clusterlösung liegt diese Anzahl bei 63. Bei einer weiteren Verringerung der Clusterzahl zeigt sich im Vergleich zu den vorangegangenen Gruppierungsschritten, dass die Heterogenität in den Gruppen abnimmt bzw. die Homogenität zunimmt. Eine Lösung mit einer Gruppenzahl von 3 geht mit 49 F-Werten > 1 und eine Lösung mit einer Gruppenzahl von 2 mit 35 F-Werten > 1 einher. Hinsichtlich der Entscheidung für die günstigste Auswahl von Clustern würde der F-Wert als Entscheidungskriterium wie in der Arbeit von Laukner zu einer 2-Clusterlösung führen. Diese Gruppenzahl zeichnet sich zwar im Vergleich zu den anderen Lösungsmöglichkeiten durch die größte Homogenität aus, fraglich ist jedoch, wie praktikabel eine solche Lösung für eine sinnvolle Interpretation wäre. „Bei der Entscheidung über die Clusterzahl besteht [damit] immer ein *Zielkonflikt* zwischen der ‚Homogenitätsanforderung an die Cluster-Lösung' und der ‚Handhabbarkeit der Cluster-Lösung'." (Backhaus et al. 2011: 436) Da es in dieser Arbeit auch um die zweckmäßigste Gruppenzahl geht, bei der die identifizierten Segmente sinnvoll interpretierbar sein müssen, werden für die Bestimmung der Clusterzahl in Anlehnung an Laukner ein weiteres Kriterium sowie sachlogische Überlegungen zur Auswahl der *besten* Clusterlösung herangezogen (vgl. hierzu und im Folgenden Laukner 2008: 253).

Als weiteres Kriterium bei der Auswahl der günstigsten Clusterlösung wird eine inhaltliche Beschreibung der Cluster anhand von *t-Werten* herangezogen. „Der t-Wert berechnet sich aus der Differenz des Mittelwertes der Variable im jeweiligen Cluster und des Gesamtmittelwertes der Variable in der Erhebungsgesamtheit, geteilt durch die Standardabweichung der Variable in der Erhebungsgesamtheit." (Laukner 2008: 253). Der t-Wert stellt ein normiertes Maß dar, welches anzeigt, ob eine Variable (hier: Wiederbesuchsgrund) in dem betrachteten Cluster im Vergleich zur Erhebungsgesamtheit unterrepräsentiert (negative t-Werte) oder überrepräsentiert (positive t-Werte) ist (vgl. Backhaus et al. 2011: 447). Damit gibt der t-Wert Anhaltspunkte zur inhaltlichen Interpretation eines Clusters und ermöglicht Einschätzungen, ob ein Segment sich in seinem Antwortverhalten jeweils deutlich von anderen Segmenten unterscheidet (vgl. Laukner 2008: 253). Alle Gruppen innerhalb der vier betrachteten Clusterlösungsmöglichkeiten werden durch bestimmte Variablen besonders gekennzeichnet (positive t-Werte) und lassen sich dadurch von den anderen Gruppen in der jeweiligen Clusterlösung charakteristisch abgrenzen. Insbesondere die 4- und 5-Clusterlösungen bieten ein günstiges Verhältnis aus Differenziertheit einerseits und Übersichtlichkeit andererseits. Die beiden Lösungen mit weniger Gruppen (3- und 2-Clusterlösung) bereiten dahingehend Schwierigkeiten, dass aufgrund der Vielzahl hervortretender (21 oder mehr) Variablen innerhalb der einzelnen Gruppen eine Beschreibung der einzelnen Cluster erschwert wird. Da diese beiden Lösungen nur sehr schwer interpretierbar sind und mit Blick auf die Implikationen für das Besucherbindungsmanagement ihre praktische Handhabbarkeit auch eher als fraglich einzustufen ist, erscheinen sie als nicht geeignet für die vorliegende Arbeit. Die Entscheidung, ob schließlich eine 5- oder 4-Clusterlösung als *beste* Lösung herangezogen werden sollte, erfolgte unter pragmatisch-praktischen Überlegungen zur Clusterwahl unter Hinzuziehung von kundigen Experten. Dabei handelt es sich um Marktforschungsexperten aus der universitären Lehre sowie um jeweils zwei Praktiker und Wiederbesucher aus dem Opernbetrieb.[244] In diesem Rahmen wurde u. a. diskutiert, wie sich die jeweiligen Wieder-besucher auf die beiden verschiedenen Clusterlösungen aufteilen und durch welche Variablen die unterschiedlichen Cluster besonders charakterisiert werden. „Als Konsens von Kundigen" (Lienert/Raatz 1998: 11) wird letztendlich die 4-Clusterlösung ausgewählt, da sich dort vier charakteristische Wiederbesucherprofile bzw. Bindungs-Typen ausmachen lassen, die sich sinnvoll voneinander unterscheiden und damit auch hinsichtlich der Implikationen für das Besucherbindungsmanagement gut beschreiben lassen.

Zur Überprüfung der ermittelten 4-Clusterlösung hinsichtlich ihrer Unterschiedlichkeit wird im Anschluss an die Clusteranalyse eine *Diskriminanzanalyse* durchgeführt.[245] Zielstellung der Diskriminanzanalyse ist die Überprüfung, ob sich die vier Cluster (bestehend aus insgesamt 667 gültigen Fällen) hinsichtlich der Variablen (hier: Wiederbesuchsgründe) signifikant voneinander unterscheiden (vgl. Backhaus et al. 2011: 188 und Kohn 2005: 481). Die zu tes-

---

244 Diese Personengruppe aus dem persönlichen und beruflichen Umfeld des Verfassers bestand aus wissenschaftlichen Mitarbeitern der Freien Universität Berlin und der Heinrich-Heine-Universität Düsseldorf, der Direktorin Vertrieb und Marketing der Deutschen Oper Berlin, einem Mitglied der Geschäftsleitung der Deutschen Oper Berlin Vermarktungs GmbH sowie zwei Wiederbesuchern aus der Deutschen Oper Berlin.
245 Vgl. zum Verfahren der Diskriminanzanalyse u. a. Backhaus et al. 2011: 188 ff., Brosius 2008: 633 ff., Diehl/Staufenbiel 2007: 455 ff., Janssen/Laatz 2007: 513 ff. und Kohn 2005: 481 ff. Vgl. zu den weiteren Ausführungen und zur Vorgehensweise bei der Diskriminanzanalyse auch Laukner 2008: 263 ff.

6.3 Ergebnisse der quantitativen Fragebogenerhebung

tende Nullhypothese H_0 lautet: *Die vier Segmente unterscheiden sich nicht signifikant voneinander hinsichtlich der Variablen*. Als Alternativhypothese H_1 wird formuliert, *dass sich die vier Cluster signifikant voneinander hinsichtlich der Merkmale unterscheiden* (vgl. auch Laukner 2008: 264). Im Rahmen der Diskriminanzanalyse sind Diskriminanzfunktionen (Trennfunktionen)[246] zu formulieren, um eine optimale bzw. maximale Trennung zwischen den vier Gruppen untersuchen zu können (vgl. Backhaus et al. 2011: 192, Diehl/Staufenbiel 2007: 455 und Laukner 2008: 264). Es werden drei Diskriminanzfunktionen gebildet, die jeweils orthogonal zueinander sind (vgl. Tabelle 51).

Tabelle 51: Ergebnisse der Diskriminanzfunktionen zur Bewertung der Modellgüte (I)

Funktion	Eigenwert	% der Varianz	Kumulierte %	Kanonische Korrelation
1	1,97818	55,91	55,91	0,8150
2	1,02676	29,02	84,93	0,7118
3	0,53335	15,07	100,00	0,5898

Als Maß für die Trennkraft der Diskriminanzfunktionen kann der jeweilige *Eigenwert* der Funktion herangezogen werden (vgl. Backhaus et al. 2011: 209 und Laukner 2008: 265), „der das durch die Diskriminanzanalyse maximierte Verhältnis der Summe der Abweichungsquadrate zwischen und innerhalb der Gruppen darstellt" (Diehl/Staufenbiel 2007: 462). Ein großer Eigenwert ergibt sich, wenn die Streuung zwischen den Gruppen im Verhältnis zur Streuung innerhalb der Gruppen sehr groß ist (vgl. Brosius 2008: 643). Ein hoher Wert spricht somit für eine gute Trennung und ist die von einer Diskriminanzanalyse angestrebte Situation (vgl. Janssen/Laatz 2007: 519). Der Eigenwert der ersten Funktion beträgt 1,97818 und zeigt an, dass die Streuung zwischen den Gruppen etwa das 1,98-fache der Streuung innerhalb der Gruppen beträgt und deutet auf eine gute Trennschärfe des Modells hin. Ihr Eigenwertanteil bzw. erklärter Varianzanteil („Maß für die relative Wichtigkeit einer Diskriminanzfunktion", Backhaus et al.

---

246 Die Diskriminanzfunktion wird auch als kanonische Diskriminanzfunktion bezeichnet (vgl. Backhaus et al. 2011: 192). „Der Ausdruck kanonisch kennzeichnet, dass eine Linearkombination von Variablen vorliegt." (Kohn 2005: 483) Es wird davon ausgegangen, dass sich die durchschnittlichen Funktionswerte der einzelnen Cluster (die Mittelwerte der Diskriminanzfunktion in den einzelnen Clustern) deutlich voneinander unterscheiden (vgl. Decker/Temme 2000: 302 zitiert nach Laukner 2008: 264).

2011: 207) liegt bei 55,91%.[247] Der Eigenwertanteil der weiteren zwei Funktionen liegt mit 29,02% und 15,07% deutlich niedriger und ihre Wichtigkeit („diskriminatorische Bedeutung", Backhaus et al. 2011: 207) nimmt ab. Als Maß für die Stärke des Zusammenhangs zwischen den Diskriminanzwerten und den Gruppen wird der *kanonische Korrelationskoeffizient*[248] herangezogen (vgl. Diehl/Staufenbiel 2007: 463, Janssen/Laatz 2007: 519 und Laukner 2008: 265 f.). Die kanonische Korrelation beträgt im vorliegenden Fall 0,8150. Demnach liegt der Anteil der erklärten Streuung an der Gesamtstreuung der ersten Funktion bei 66,42% (quadrierter kanonischer Korrelationskoeffizient) (vgl. auch Laukner 2008: 266). Insgesamt liegen alle drei kanonischen Korrelationen über dem kritischen Wert von 0,5. Damit sind zufriedenstellende Zusammenhänge gegeben, die auf eine gute Trennung zwischen den Gruppen und damit auf einen hohen Erklärungsgehalt des Modells hinweisen.

Tabelle 52 bezieht sich auf unterschiedliche Kombinationen der drei Diskriminanzfunktionen (vgl. hierzu auch Laukner 2008: 266). Es wird hier „der Beitrag der Diskriminanzfunktionen zur Trennung der Gruppen auf statistische Signifikanz geprüft" (Diehl/Staufenbiel 2007: 463). Als Kriterium zur Prüfung der Diskriminanz (Gütemaß) kommt *Wilks' Lambda* („auch als U-Statistik bezeichnet", Backhaus et al. 2011: 210) zur Anwendung.[249] „Wilks' Lambda ist ein ‚inverses' Gütemaß, d. h. kleinere Werte bedeuten höhere Trennkraft der Diskriminanzfunktion und umgekehrt." (Backhaus et al. 2011: 210) Berücksichtigt man alle drei Diskriminanzfunktionen, so ergibt sich in der vorliegenden Arbeit ein Wilks' Lambda von 0,1080. 10,80% der Streuung wird somit nicht durch die Gruppenunterschiede erklärt. Damit wird deutlich, dass sich die vier Gruppen gut durch die drei Diskriminanzfunktionen trennen lassen (vgl. auch Laukner 2008: 266).

---

247 Durch den Eigenwertanteil wird angegeben, „wie groß der Anteil der Varianzaufklärung der betreffenden Diskriminanzfunktion an der insgesamt durch alle Diskriminanzfunktionen aufgeklärten Varianz ist" (Diehl/Staufenbiel 2007: 462).
248 „Der kanonische Korrelationskoeffizient ergibt sich als Quadratwurzel der erklärten Streuung und der Gesamtstreuung." (Laukner 2008: 266) Er misst den Anteil der Streuung zwischen den Gruppen an der gesamten Streuung (vgl. Brosius 2008: 644). Die Werte des Koeffizienten liegen zwischen 0 und 1. „Je besser der Erklärungsgehalt einer Funktion ist, desto stärker nähert sich der Korrelationskoeffizient dem Wert 1 an." (Laukner 2008: 266, vgl. hierzu auch Backhaus et al. 2011: 209) Ein hoher kanonischer Korrelationskoeffizient weist auf eine gute Trennung zwischen den Gruppen und damit auf einen hohen Erklärungsgehalt des Modells hin.
249 „Wilks' Lambda errechnet sich als Quotient aus nicht erklärter Streuung und Gesamtstreuung. Wilks' Lambda kann Werte zwischen 0 (gute Trennfähigkeit) und 1 (schlechte Trennfähigkeit) annehmen." (Laukner 2008: 266) Vgl. hierzu auch Backhaus et al. 2011: 210 und Brosius 2008: 645.

6.3 Ergebnisse der quantitativen Fragebogenerhebung

Tabelle 52: Ergebnisse der Diskriminanzfunktionen zur Bewertung der Modellgüte (II)

Test der Funktion(en)	Wilks' Lambda	Chi-Quadrat	df	p-Wert[250]
1 bis 3	0,1080	1867	123	0,0000
2 bis 3	0,3218	1248	80	0,0000
3	0,6522	625	39	0,0000

Durch eine Transformation wird Wilks' Lambda in eine probabilistische Variable überführt, die annähernd wie Chi-Quadrat verteilt ist (vgl. hierzu und im Folgenden Backhaus et al. 2011: 210 f., Janssen/Laatz 2007: 520 und Laukner 2008: 267).[251] Dadurch wird eine *Signifikanzprüfung* möglich (vgl. Kohn 2005: 490). „Mit einem Chi-Quadrat-Test kann geprüft werden, ob sich die Gruppen signifikant voneinander unterscheiden oder nicht." (Janssen/Laatz 2007: 520) Liegt der empirische über dem theoretischen Wert der Verteilung, so wird die Nullhypothese H_0 abgelehnt und die Alternativhypothese H_1 angenommen (vgl. Kohn 2005: 490). Für die Prüfung der Nullhypothese H_0, dass sich die vier Segmente nicht signifikant voneinander unterscheiden, findet sich in der Chi-Quadrat-Verteilung der kritische Wert von 123 (=df, Zahl der Freiheitsgrade). Der empirische Chi-Quadrat-Wert übersteigt diesen mit 1.867 deutlich. Die Wahrscheinlichkeit, dass sich rein zufallsbedingt ein größerer Wert für Chi-Quadrat ergibt, beträgt 0,0% (vgl. Backhaus et al. 2011: 211 und Laukner 2008: 267). Die Signifikanzprüfung zeigt, dass mit einer Irrtumswahrscheinlichkeit von 0,0 davon ausgegangen werden kann, dass sich die Mittelwerte der vier Cluster auch in der Grundgesamtheit voneinander unterscheiden (vgl. hierzu und im Folgenden auch Laukner 2008: 267). Höchst signifikante Ergebnisse treffen auch auf die anderen Kombinationen der Diskriminanzfunktionen zu. Damit ist es sehr unwahrscheinlich, dass die zu testende Nullhypothese H_0 richtig ist. Sie ist damit im vorliegenden Fall abzulehnen und die Alternativhypothese H_1 anzunehmen: *Mit einer Irrtumswahrscheinlichkeit von 0,0% kann konstatiert werden, dass sich die vier Cluster signifikant voneinander hinsichtlich der Merkmale unterscheiden.*

---

250 Der p-Wert zeigt die Wahrscheinlichkeit, mit der Ablehnung der Nullhypothese einen Fehler zu machen.
251 Kleine Lambda-Werte werden dabei in große Werte des Chi-Quadrat-Maßes überführt. Höhere Werte bedeuten größere Unterschiede der Gruppen (vgl. Backhaus et al. 2011: 210 und Brosius 2008: 645).

6.3.4.2 Ergebnisse der Clusteranalyse

Als formelle Gütekriterien zur Beurteilung der gewählten 4-Clusterlösung werden wiederum die F-Werte herangezogen. Aus Tabelle 53 lässt sich ablesen, dass insbesondere in der dritten und vierten Gruppe eine höhere Heterogenität vorherrscht (21 F-Werte > 1 in Cluster 3 und 23 F-Werte > 1 in Cluster 4) als in den ersten beiden Segmenten (10 F-Werte > 1 in Cluster 1 und 9 F-Werte > 1 in Cluster 2), die in sich recht homogen sind. In den beiden Clustern 3 und 4 liegt demnach eine höhere Streuung vor und sie sind im Hinblick auf die betreffenden Variablen (siehe die grauen Markierungen) als nicht homogen zu betrachten.

Anhaltspunkte zur Interpretation bzw. Charakterisierung der vier Cluster liefern die t-Werte in Tabelle 54. Die unterschiedlichen Vorzeichen der t-Werte ergeben sich durch die Differenzbildung der Mittelwerte der Variablen im Cluster und des Variablenmittelwerts in der Gesamtstichprobe (vgl. Laukner 2008: 255). Negative t-Werte zeigen an, dass ein Wiederbesuchsgrund innerhalb einer Gruppe im Vergleich zur Gesamtstichprobe unterrepräsentiert ist bzw. über eine geringere Ausprägung (und damit einen geringeren Mittelwert) als in der Erhebungsgesamtheit verfügt und daher eher untypisch für dieses Cluster ist (vgl. Backhaus et al. 2011: 447). Positive t-Werte zeigen hingegen an, dass der entsprechende Wiederbesuchsgrund in der betrachteten Gruppe im Vergleich zur Erhebungsgesamtheit überrepräsentiert ist und somit dieses Segment besonders kennzeichnet. Ein Wiederbesuchsgrund wird hier jeweils dem Cluster zugeordnet, in dem er den höchsten positiven t-Wert (und damit die höchste Ausprägung bzw. höchste Zustimmung) aufweist (siehe die grauen Markierungen). Markierte Werte signalisieren demnach, dass der jeweilige Wiederbesuchsgrund dabei insbesondere typisch für das jeweilige Cluster ist und weniger typisch für die anderen drei Segmente.

6.3 Ergebnisse der quantitativen Fragebogenerhebung

Tabelle 53: F-Werte für die 4-Clusterlösung

	Variable	F-value			
		Cluster 1	Cluster 2	Cluster 3	Cluster 4
1	Inszenierungsqualität	1,0761	0,9197	0,9143	1,0614
2	Ausstattungsqualität	0,7834	1,0211	1,0170	0,9658
3	Qualität künstlerische Besetzungen	0,3549	1,1823	1,3156	0,8212
4	Orchesterqualität	0,6142	0,9734	1,3176	0,9122
5	Chorqualität	0,4840	0,9200	1,3898	0,9021
6	Abwechslungsreicher Spielplan	0,8375	1,0771	1,0678	0,9102
7	Schwerpunktsetzungen	1,0471	0,8749	0,9496	1,0899
8	Neuinszenierungen	0,9728	0,8476	0,9368	1,1636
9	Informationsangebot	1,0681	0,9371	0,9368	1,0435
10	Unkomplizierter Kartenerwerb	1,3211	0,7370	1,2134	0,9024
11	Ambiente/Atmosphäre	1,1747	0,6792	1,2181	0,8459
12	Architektonische Gestaltung	0,9408	0,8906	0,8773	0,9948
13	Gastronomie am Opernhaus	0,7003	0,9697	0,9911	1,0947
14	Opernshopangebot	0,7199	1,1291	1,2960	0,8135
15	Beschwerdezufriedenheit	0,7711	0,9714	1,2556	0,9431
16	Servicemitarbeiter	0,9368	0,7947	1,1643	1,0004
17	Probenbesuche	0,6037	0,6565	1,3718	1,2514
18	Einführungsveranstaltungen	0,8149	0,8348	0,9479	1,2460
19	Hintergrundgespräche	0,5470	0,7836	1,3730	1,1367
20	Workshops, Sonderveranstaltungen	0,4320	0,5989	1,4564	1,2632
21	Gewährung Zusatzleistungen	0,4198	0,4470	0,5566	0,6146
22	Kunden-Community	0,6430	0,2741	0,5804	1,3867
23	vertragliche Bindung	0,2485	0,2726	0,2143	1,3643
24	Heranführung an Oper	0,6370	1,0957	0,8997	1,0753
25	Eigene künstlerische Tätigkeit	1,0933	0,6388	0,8069	0,8635
26	Beschäftigung/Interesse	0,4322	1,0927	1,0025	1,0168
27	Vorliebe	0,5068	0,8911	1,2035	1,1147
28	Identifikation mit künstl. Profil	0,7696	0,8855	0,8823	1,1131
29	Identifikation mit Tradition/Geschichte	0,8258	0,8827	0,7385	1,1197
30	Identifikation mit Sympathieträgern	0,9156	0,7196	1,0835	1,0299
31	Identifikation mit Gästen/Stars	0,8011	0,8318	1,0505	1,0587
32	Erreichbarkeit/Nähe	1,2092	1,0131	0,9527	0,8953
33	Stolz auf das Opernhaus	1,0950	0,8618	0,9003	0,9513
34	Guter Ruf des Opernhauses	1,0093	0,8879	1,0173	0,9494
35	Persönlicher Dialog	0,7694	0,8110	0,9449	1,0743
36	Beziehungen zu Mitarbeitern	0,4986	0,5268	1,5752	1,0502
37	Gemeinsamer Opernbesuch	1,0944	0,9186	0,8217	1,0185
38	Gleichgesinnte treffen	0,6791	0,7584	1,1747	1,1502
39	Weiterempfehlungen	0,7691	1,0270	0,9101	0,8542
40	Selbstpräsentation	0,3531	1,0834	1,3236	0,9521
41	Vergünstigungen	0,4340	0,5169	0,9542	0,9115

6 Design und Ergebnisse der empirischen Erhebungen

Tabelle 54: t-Werte für die 4-Clusterlösung

		t-value			
	Variable	Cluster 1	Cluster 2	Cluster 3	Cluster 4
1	Inszenierungsqualität	-0,2205	0,1406	-0,0084	-0,0220
2	Ausstattungsqualität	-0,3843	0,2270	-0,0533	0,0013
3	Qualität künstlerische Besetzungen	0,3866	-0,1063	-0,2839	0,0869
4	Orchesterqualität	0,1768	0,0182	-0,3781	0,1256
5	Chorqualität	0,2682	-0,0206	-0,4654	0,1708
6	Abwechslungsreicher Spielplan	0,1554	-0,0460	-0,2561	0,1222
7	Schwerpunktsetzungen	0,2746	-0,0191	-0,1293	-0,0331
8	Neuinszenierungen	0,1320	-0,0660	-0,1714	0,1012
9	Informationsangebot	-0,1286	0,0948	-0,1518	0,0626
10	Unkomplizierter Kartenerwerb	-0,2389	0,1739	-0,1834	0,0599
11	Ambiente/Atmosphäre	-0,3915	0,3347	-0,3459	0,0794
12	Architektonische Gestaltung	-0,3002	0,3300	-0,3534	0,0457
13	Gastronomie am Opernhaus	-0,2912	0,1013	-0,1791	0,1484
14	Opernshopangebot	-0,1523	0,1361	-0,1111	0,0116
15	Beschwerdezufriedenheit	-0,2341	0,1041	-0,1194	0,0838
16	Servicemitarbeiter	-0,1634	0,2135	-0,3470	0,0855
17	Probenbesuche	-0,1965	-0,0660	0,0288	0,1349
18	Einführungsveranstaltungen	-0,0964	-0,0885	-0,0425	0,1514
19	Hintergrundgespräche	-0,1843	-0,1224	0,2251	0,0645
20	Workshops, Sonderveranstaltungen	-0,2546	-0,1741	0,2405	0,1355
21	Gewährung Zusatzleistungen	-0,5269	-0,4928	-0,4662	0,9747
22	Kunden-Community	-0,2583	-0,3947	-0,3337	0,6810
23	vertragliche Bindung	-0,4160	-0,4298	-0,4644	0,8641
24	Heranführung an Oper	0,3496	-0,1373	0,0231	-0,0497
25	Eigene künstlerische Tätigkeit	0,1674	-0,3582	0,7916	-0,2184
26	Beschäftigung/Interesse	0,4263	-0,2887	-0,0470	0,0955
27	Vorliebe	0,4145	0,0087	-0,1534	-0,1094
28	Identifikation mit künstl. Profil	0,4212	-0,1592	-0,3099	0,1349
29	Identifikation mit Tradition/Geschichte	0,2753	0,0033	-0,5300	0,1839
30	Identifikation mit Sympathieträgern	0,5934	-0,2567	-0,0953	0,0172
31	Identifikation mit Gästen/Stars	0,5129	-0,0932	-0,2610	0,0025
32	Erreichbarkeit/Nähe	-0,1185	-0,0033	-0,1374	0,1397
33	Stolz auf das Opernhaus	-0,0800	0,1122	-0,4850	0,2219
34	Guter Ruf des Opernhauses	0,2010	0,1874	-0,4111	-0,0216
35	Persönlicher Dialog	-0,3005	-0,2370	-0,0612	0,3938
36	Beziehungen zu Mitarbeitern	-0,2584	-0,2792	0,5554	0,0470
37	Gemeinsamer Opernbesuch	-0,4286	0,0763	0,2590	-0,0249
38	Gleichgesinnte treffen	-0,3097	-0,1334	0,3266	0,0726
39	Weiterempfehlungen	-0,3624	0,1330	0,5049	-0,2538
40	Selbstpräsentation	-0,3591	0,1082	0,1805	-0,0400
41	Vergünstigungen	-0,6554	-0,5117	0,6075	0,4141

6.3 Ergebnisse der quantitativen Fragebogenerhebung

Als weiteres Kriterium zur Charakterisierung der vier Cluster werden neben den t-Werten die entsprechenden Mittelwerte der Wiederbesuchsgründe in den einzelnen Segmenten herangezogen (vgl. Tabelle 55). Es wird hierbei davon ausgegangen, „dass die Mittelwerte den ‚durchschnittlichen Wiederbesucher' des jeweiligen Clusters beschreiben, von dem die anderen Besucher einer Gruppe mehr oder weniger stark abweichen" (Laukner 2008: 257). Die Zuordnung der Variablen zu den einzelnen Segmenten, die sich durch die Errechnung der jeweiligen t-Werte ergibt, ist in Tabelle 55 ebenfalls grau hinterlegt. Anhand der Mittelwerte ist eine Variable immer dem Cluster zugeordnet, bei dem sie den höchsten Wert annimmt und damit der höchsten Zustimmung der Wiederbesucher entspricht.

Tabelle 55: Mittelwerte und Standardabweichungen für die 4-Clusterlösung

		Cluster 1		Cluster 2		Cluster 3		Cluster 4	
	Variable	Mean	SD	Mean	SD	Mean	SD	Mean	SD
1	Inszenierungsqualität	3,39	1,36	3,86	1,26	3,67	1,25	3,65	1,35
2	Ausstattungsqualität	2,33	1,11	3,10	1,27	2,75	1,27	2,82	1,24
3	Qualität künstlerische Besetzungen	4,58	0,59	4,09	1,07	3,92	1,13	4,28	0,89
4	Orchesterqualität	4,27	0,79	4,11	1,00	3,71	1,16	4,22	0,97
5	Chorqualität	4,24	0,77	3,92	1,06	3,43	1,30	4,13	1,05
6	Abwechslungsreicher Spielplan	3,81	1,03	3,59	1,16	3,35	1,16	3,78	1,07
7	Schwerpunktsetzungen	3,24	1,20	2,89	1,10	2,76	1,15	2,88	1,23
8	Neuinszenierungen	3,30	1,37	3,02	1,28	2,88	1,35	3,26	1,50
9	Informationsangebot	3,08	1,24	3,35	1,16	3,05	1,16	3,31	1,22
10	Unkomplizierter Kartenerwerb	3,53	1,51	4,07	1,13	3,60	1,44	3,92	1,25
11	Ambiente/Atmosphäre	3,00	1,34	3,90	1,02	3,06	1,37	3,58	1,14
12	Architektonische Gestaltung	2,40	1,33	3,26	1,29	2,33	1,28	2,87	1,37
13	Gastronomie am Opernhaus	1,69	0,94	2,13	1,10	1,82	1,11	2,18	1,17
14	Opernshopangebot	1,40	0,63	1,62	0,79	1,43	0,85	1,52	0,67
15	Beschwerdezufriedenheit	1,70	0,69	1,97	0,77	1,79	0,88	1,95	0,76
16	Servicemitarbeiter	3,51	1,15	3,96	1,06	3,29	1,29	3,81	1,19
17	Probenbesuche	1,76	0,80	1,89	0,83	1,99	1,21	2,10	1,15
18	Einführungsveranstaltungen	2,14	1,21	2,15	1,22	2,21	1,30	2,47	1,49
19	Hintergrundgespräche	1,72	0,87	1,79	1,04	2,20	1,38	2,01	1,25
20	Workshops, Sonderveranstaltungen	1,47	0,73	1,56	0,86	2,02	1,35	1,91	1,25
21	Gewährung Zusatzleistungen	1,49	1,11	1,55	1,14	1,59	1,27	4,05	1,34
22	Kunden-Community	1,43	1,00	1,26	0,65	1,34	0,95	2,61	1,47
23	vertragliche Bindung	1,28	0,78	1,26	0,82	1,20	0,73	3,29	1,83
24	Heranführung an Oper	4,20	1,28	3,42	1,68	3,68	1,52	3,56	1,66
25	Eigene künstlerische Tätigkeit	2,75	1,65	1,92	1,26	3,73	1,42	2,14	1,47
26	Beschäftigung/Interesse	4,38	0,81	3,51	1,28	3,80	1,23	3,98	1,24
27	Vorliebe	4,51	0,79	4,06	1,04	3,88	1,21	3,93	1,17
28	Identifikation mit künstl. Profil	3,45	1,03	2,77	1,10	2,59	1,10	3,11	1,24
29	Identifikation mit Tradition/Geschichte	3,12	1,18	2,77	1,22	2,07	1,12	3,00	1,38
30	Identifikation mit Sympathieträgern	3,40	1,28	2,27	1,13	2,48	1,39	2,63	1,35

Tabelle 55 (Fortsetzung): Mittelwerte und Standardabweichungen für die 4-Clusterlösung

	Variable	Cluster 1 Mean	SD	Cluster 2 Mean	SD	Cluster 3 Mean	SD	Cluster 4 Mean	SD
31	Identifikation mit Gästen/Stars	3,68	1,27	2,82	1,30	2,58	1,46	2,96	1,46
32	Erreichbarkeit/Nähe	3,40	1,55	3,57	1,42	3,38	1,38	3,77	1,33
33	Stolz auf das Opernhaus	3,30	1,58	3,59	1,40	2,69	1,43	3,76	1,47
34	Guter Ruf des Opernhauses	3,77	1,15	3,75	1,08	3,07	1,15	3,51	1,12
35	Persönlicher Dialog	2,04	1,23	2,13	1,26	2,38	1,36	3,01	1,45
36	Beziehungen zu Mitarbeitern	1,48	0,89	1,45	0,91	2,50	1,58	1,86	1,29
37	Gemeinsamer Opernbesuch	2,94	1,44	3,64	1,32	3,89	1,25	3,50	1,39
38	Gleichgesinnte treffen	1,80	1,06	2,03	1,12	2,62	1,39	2,29	1,37
39	Weiterempfehlungen	2,07	1,25	2,78	1,45	3,31	1,36	2,23	1,32
40	Selbstpräsentation	1,30	0,77	1,90	1,35	2,00	1,49	1,71	1,26
41	Vergünstigungen	1,54	1,05	1,77	1,14	3,55	1,56	3,24	1,52

Für eine differenzierte Betrachtung der einzelnen Wiederbesuchersegmente werden diese im Folgenden in Anlehnung an Laukner, neben den sie besonders kennzeichnenden Wiederbesuchsgründen, mit Hilfe zusätzlicher Merkmale, die nicht als Klassifizierungsvariablen herangezogen wurden, beschrieben: Besuchshäufigkeit, Dauer der Geschäftsbeziehung, Erscheinungsformen der Besucherbindung und soziodemografische/-ökonomische Strukturmerkmale (vgl. hierzu auch Laukner 2008: 257). Abbildung 40 zeigt die vier ermittelten Wiederbesuchercluster einschließlich ihrer Anteile an der Gesamtstichprobe.

Abbildung 40: Aufteilung der befragten Wiederbesucher auf die vier Cluster

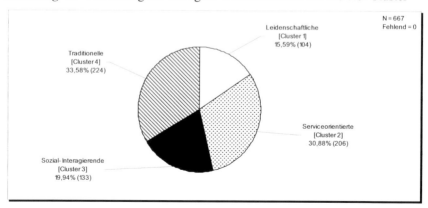

6.3 Ergebnisse der quantitativen Fragebogenerhebung

Es lässt sich die Gruppe der *Leidenschaftlichen* (Cluster 1) identifizieren. Sie stellen mit 104 Befragten bzw. einem Anteil von 15,59% das kleinste Cluster im Sample dar. Insbesondere bei den folgenden 14 Wiederbesuchsgründen stimmt dieses Segment deutlicher als die anderen drei Gruppen zu:

Tabelle 56: Typische Wiederbesuchsgründe der Leidenschaftlichen

Variable	Mean
Qualität der künstlerischen Besetzungen	4,58
Vorliebe	4,51
Regelmäßige Beschäftigung und Interesse an Oper	4,38
Orchesterqualität	4,27
Chorqualität	4,24
Heranführung an die Oper als Kind/Jugendlicher	4,20
Abwechslungsreicher Spielplan	3,81
Guter Ruf des Opernhauses in der Öffentlichkeit	3,77
Identifikation mit namhaften Gästen/Stars	3,68
Identifikation mit dem künstlerischen Profil	3,45
Identifikation mit Sympathieträgern des Hauses	3,40
Neuinszenierungen/Premieren	3,30
Schwerpunktsetzungen im Spielplan	3,24
Identifikation mit Tradition/Geschichte	3,12

Dieses Wiederbesuchersegment ist im Vergleich zu den anderen Besuchergruppen durch eine sehr hohe Affinität bzw. ein hohes Involvement zur Oper und eine starke Identifikation mit dem Selbstverständnis des Opernhauses und seinen Protagonisten gekennzeichnet. So verfügen die Leidenschaftlichen über ein weit überdurchschnittliches persönliches Interesse an der Kunstform Oper und über eine große Nähe zu dem von ihnen besuchten Opernhaus. Dies zeigt sich durch hohe Zustimmungen zu den beiden Affinitätsvariablen ‚Regelmäßige Beschäftigung und Interesse an Oper' sowie ‚Vorliebe' für bestimmte Komponisten und Werke (Mittelwerte von 4,38 und 4,51). Eine sehr starke Form des persönlichen Interesses ist die Identifikation der Wiederbesucher, ein sich einfühlen in das Opernhaus bzw. sich hierzu zugehörig fühlen. Das Cluster zeichnet sich dadurch aus, dass es im Vergleich zu den sonstigen Befragten über deutlich höhere Zustimmungswerte zu den Variablen des Bindungsfaktors ‚Identifikation mit dem Selbstverständnis und Protagonisten' verfügt, wobei hier die ‚Identifikation mit namhaften Gästen/Stars' (Mean=3,68) und die ‚Identifikation mit dem künstlerischen Profil' (Mean=3,45) die entscheidendsten Variablen darstellen. Die Mehrzahl der Befragten dieses Segments betrachtet zudem das positive Ansehen bzw.

den guten Ruf des Opernhauses und seiner Protagonisten in der Öffentlichkeit als identitätsstiftenden Wiederbesuchsgrund (Mean=3,77). Die große Leidenschaft bzw. die stark positiv emotionalen Empfindungen für die Oper bzw. die künstlerischen Kernleistungen zeigen sich bei diesem Cluster auch dadurch, dass für sie insbesondere Aspekte der musikalischen Qualität von hoher Relevanz sind. So verfügt dieses Segment im Vergleich zu den anderen Besuchergruppen über die höchsten Zustimmungen zu den Variablen ‚Qualität der künstlerischen Besetzungen', ‚Orchesterqualität' und ‚Chorqualität' (Mittelwerte von 4,58 bis 4,24). Zudem sind für sie eine zufriedenstellende Spielplangestaltung (‚Abwechslungsreicher Spielplan' und ‚Schwerpunktsetzungen im Spielplan' mit Mittelwerten von 3,81 und 3,24) sowie ‚Neuinszenierungen/Premieren' (Mean=3,30), welche allesamt auch durch das künstlerische Profil bzw. Selbstverständnis des Opernhauses bestimmt werden, wichtiger für ihre Wiederbesuchsentscheidung als für die anderen Gruppen. Viele der Besucher dieses Segments sind bereits während ihrer Kindheit oder Jugend an die Oper herangeführt worden (Mean=4,20), wodurch ihre starkes persönliches Interesse an bzw. ihre Leidenschaft für Oper geweckt wurde. Neben diesen für das Cluster besonders typischen Wiederbesuchergründen, lassen sich noch weitere (aber deutlich geringere) Zustimmungen für die beiden Serviceangebote ‚Unkomplizierter Kartenerwerb' (Mean=3,53) und ‚Besucherorientierte Servicemitarbeiter' (Mean=3,51) ausmachen.

Bei den Leidenschaftlichen handelt es sich um Wiederbescher mit einer durchschnittlichen Besuchshäufigkeit von 8,8 Besuchen pro Spielzeit, die damit deutlich über dem Wert für das gesamte Sample (7,9 Mal in einer Spielzeit, vgl. Kapitel 6.3.1.1) liegt. Im Quervergleich der vier Cluster zeichnen sich die Leidenschaftlichen im Schnitt durch die zweithöchste Besuchsintensität aus. Dementsprechend ist die Gruppe der seltenen Wiederbesucher hier auch nur unterdurchschnittlich vertreten (28,85%). Alle weiteren drei Wiederbesuchergruppen sind überrepräsentiert. Insbesondere die gelegentlichen (33,65%) und regelmäßigen (23,08%) Besucher liegen über dem Durchschnitt. Die Dauer der Geschäftsbeziehung im Cluster beträgt im Schnitt 24,72 Jahre. Das Segment verfügt über eine große Anzahl an langjährig mit dem Opernhaus verbundenen Besucherschaften: 60,58% unterhalten seit mehr als 15 Jahren eine Geschäftsbeziehung zum Opernhaus. Einzelkartenkäufer (mit 80,77% der höchste Wert im Vergleich der Cluster) stellen die überwiegende Mehrzahl der Besucher in dieser Gruppe. Ebenfalls deutlich überrepräsentiert sind in dieser Gruppe die Kulturtouristen mit einem Anteil von 14,42%. Auch die Mitglieder von Fördervereinen sind in diesem Segment mit 5,77% überdurchschnittlich vertreten. Abonnenten (17,31%) und Mitglieder von Besucherorganisationen (11,11%) sind hingegen unterrepräsentiert. Mitglieder von Jugendclubs sind in dieser Gruppe nicht existent. Das Cluster ist durch einen hohen Anteil an älteren Besuchern geprägt. 68,27% sind

6.3 Ergebnisse der quantitativen Fragebogenerhebung

über 50 Jahre alt, 54,81% sogar älter als 60 Jahre. Am stärksten sind die 60- bis 69-jährigen vertreten (42,31%), die auch im Vergleich zur Gesamtstichprobe deutlich überrepräsentiert sind. Die mittleren Altersgruppen von 30 bis 49 Jahren sind leicht unterrepräsentiert (insgesamt 25,96%). Demgegenüber sind die Wiederbesucher unter 30 Jahre unterdurchschnittlich vertreten (4,81%), und unter 20 Jahre nicht existent. Insgesamt beträgt das Durchschnittsalter im Cluster 57,3 Jahre und liegt damit deutlich über dem Wert für das gesamte Sample mit 53,57 Jahren (vgl. Kapitel 6.3.1.3). Entsprechend der Altersstruktur sind im Cluster Rentner mit einem Anteil von 40,20% am häufigsten anzutreffen, gefolgt von den Angestellten (24,51%), den Selbstständigen (14,71%) und den Beamten (12,75%). Im Vergleich zur Erhebungsgesamtheit sind in diesem Cluster insbesondere die Beamten, Rentner und Selbstständigen überrepräsentiert. Studenten (4,90%) sind unterrepräsentiert und Schüler und Auszubildende fehlen gänzlich. Mit 53,84% stellt die Mehrzahl im Cluster das weibliche Geschlecht. Im Vergleich zur Gesamtstichprobe sind Frauen allerdings hier unterrepräsentiert, während das männliche Geschlecht überdurchschnittlich vertreten ist. Zwar stammt die Mehrzahl der Leidenschaftlichen aus dem Ort des Opernhauses (41,35%), die Nahbesucher sind im Vergleich zum Gesamtsample jedoch deutlich unterrepräsentiert (Nahbesucherquote im Cluster von 56,73%). Hingegen sind die Fernbesucher überdurchschnittlich anzutreffen (Fernbesucherquote im Cluster von 43,27%). Viele der Wiederbesucher dieses Segments reisen demnach extra aus einer größeren Entfernung an, um das Opernhaus wiederholt zu frequentieren. Die Wohndauer liegt mit 35,26 Jahren über dem Durchschnitt für das Gesamtsample. Die Leidenschaftlichen zeichnen sich zudem durch ein hohes Bildungsniveau aus. So sind innerhalb dieses Clusters Befragte ohne Bildungsabschluss sowie Hauptschulabsolventen nicht existent. Besucher mit mittlerem Bildungsabschluss sind unterrepräsentiert (13,86%), die Mehrzahl hat studiert (47,52%), ist promoviert/habilitiert (21,78%) oder verfügt zumindest über Abitur/Fachhochschulreife (16,83%). Im Vergleich zur Gesamtstichprobe sind die Promovierten bzw. Habilitierten sogar deutlich überrepräsentiert. Betrachtet man die Anteile für die verschiedenen Einkommensgruppen, so bilden die Spitzenverdiener mit 29,81% weitaus den größten Anteil im Segment, gefolgt von den Befragten mit einem Einkommen von 1.001 bis 1.500 Euro (11,54%). Lediglich die Spitzenverdiener sind allerdings im Cluster deutlich überrepräsentiert. Zwar besucht die Mehrzahl des Clusters das Opernhaus in Begleitung (64,36%), liegt damit aber deutlich unter dem Durchschnitt für die Gesamtstichprobe (77,71%, vgl. Kapitel 6.3.1.3). Es finden sich bei den Leidenschaftlichen somit überproportional viele Einzelbesucher (35,64%).

Als weiteres Segment lässt sich die Gruppe der *Serviceorientierten* (Cluster 2) ausmachen. Sie stellen mit 206 Befragten bzw. einem Anteil von 30,88% das zweitgrößte Cluster dar. Besonders kennzeichnend für dieses Segment sind die folgenden neun Wiederbesuchsgründe, denen sie deutlicher als die anderen drei Gruppen zustimmen:

Tabelle 57: Typische Wiederbesuchsgründe der Serviceorientierten

Variable	Mean
Unkomplizierter Kartenerwerb	4,07
Besucherorientierte Servicemitarbeiter	3,96
Ambiente und Atmosphäre	3,90
Inszenierungsqualität	3,86
Zufriedenstellendes Informationsangebot	3,35
Architektonische Gestaltung	3,26
Ausstattungsqualität	3,10
Beschwerdezufriedenheit	1,97
Opernshopangebot	1,62

Auffällig an dieser Gruppe ist die tendenziell höhere Zustimmung der Befragten zu zufriedenstellenden Serviceangeboten. Insbesondere ein unkomplizierter Kartenerwerb, besucherorientierte Servicemitarbeiter sowie ein schönes Ambiente bzw. eine spezielle Atmosphäre (Mittelwerte von 4,07 bis 3,90) stellen für diese Personen im Vergleich zu den sonstigen Besuchersegmenten entscheidende Variablen dar. Des Weiteren zeichnet sich dieses Wiederbesuchersegment dadurch aus, dass die beiden Variablen der szenischen Qualität ‚Inszenierungsqualität' und ‚Ausstattungsqualität' eine ausschlaggebendere Rolle für den Wiederbesuch spielen als für die anderen drei Gruppen. Zudem lehnen sie die beiden Verbundangebote ‚Opernshopangebot' und ‚Beschwerdezufriedenheit' (Mittelwerte von 1,97 und 1,62) weniger stark ab als die weiteren Befragten. Neben diesen für das Cluster besonders typischen Wiederbesuchsgründen lassen sich weitere Zustimmungen für die drei Variablen der musikalischen Qualität ‚Qualität der künstlerischen Besetzungen', ‚Orchesterqualität' und ‚Chorqualität' (Mittelwerte von 4,11 bis 3,92), die Affinitätsvariable ‚Vorliebe' (Mean=4,06), den ‚Guten Ruf des Opernhauses in der Öffentlichkeit' (Mean=3,75) und den ‚Gemeinsamen Opernbesuch in Begleitung' (Mean=3,64) identifizieren. Auch diese Variablen sind für das Segment relevante Gründe für einen wiederholten Besuch. Dieses Cluster frequentiert folglich das Opernhaus nicht nur aufgrund von zufriedenstellenden Serviceangeboten oder wegen bestimmter Inszenierungen und attraktiver Bühnenbilder/Kostüme. Allerdings zählen gerade diese zu den das Segment besonders kennzeichnenden Variablen bzw. sind diese im Vergleich zu den sonstigen Gruppen überdurchschnittlich wichtig.

6.3 Ergebnisse der quantitativen Fragebogenerhebung

Bei den Serviceorientierten handelt es sich hauptsächlich um seltene (51,94%) und gelegentliche (26,21%) Wiederbesucher mit einer durchschnittlichen Besuchshäufigkeit von 5,8 Besuchen pro Spielzeit, die damit deutlich unter dem Wert für das gesamte Sample liegt. Im Quervergleich der vier Cluster zeichnen sich die Serviceorientierten im Schnitt durch die geringste Besuchshäufigkeit aus. Dementsprechend ist die Gruppe der seltenen Wiederbesucher hier auch stark überrepräsentiert. Alle weiteren drei Wiederbesuchergruppen sind unterdurchschnittlich vertreten. Die durchschnittliche Dauer der Geschäftsbeziehung im Cluster beträgt 19,16 Jahre und liegt damit ebenfalls unter dem Wert für das gesamte Sample. Einzelkartenkäufer sowie Mitglieder von Besucherorganisationen sind innerhalb der Gruppe mit einem Anteil von 72,33% und 13,64% im Vergleich zur Erhebungsgesamtheit überrepräsentiert, während die weiteren Erscheinungsformen hier nur unterdurchschnittlich anzutreffen sind. Insgesamt beträgt das Durchschnittsalter im Cluster 53,16 Jahre und liegt damit in der Nähe des Wertes für das gesamte Sample. Die Wiederbesucher von 50 bis 59 Jahren haben einen Anteil von 23,79% und sind auch im Vergleich zur Gesamtstichprobe deutlich überrepräsentiert. Mit 62,5% zählen leicht überdurchschnittlich viele Frauen zu den Serviceorientierten, Männer sind hingegen mit 37,5% leicht unterrepräsentiert. Die Serviceorientierten stammen überwiegend aus dem Ort des Opernhauses (52,0 %) sowie dem Umland (23,0%). Die Wohndauer liegt mit 32,57 Jahren leicht unter dem Durchschnitt für das Gesamtsample. Die Mehrzahl der Serviceorientierten sind Angestellte (32,81%), Rentner (31,77%) und Selbstständige (17,71%), wobei Angestellte und Selbstständige im Vergleich zur Gesamtstichprobe überdurchschnittlich vertreten sind. Hingegen sind Schüler und Studierende hier unterrepräsentiert (1,56% und 4,69%). Auszubildende lassen sich nicht ausmachen. Hinsichtlich des Bildungsniveaus hat die Mehrzahl studiert (53,13%) oder verfügt über Abitur/Fachhochschulreife (19,27%). Während Befragte mit Realschulabschluss leicht überrepräsentiert sind (15,10%), sind Promovierte/Habilitierte nur unterdurchschnittlich anzutreffen (8,33%). Betrachtet man die Anteile für die verschiedenen Einkommensgruppen, so sind bei den Serviceorientierten die Spitzenverdiener mit 20,87% am stärksten vertreten (im Vergleich zum Gesamtsample aber unterrepräsentiert), gefolgt von den Befragten mit einem Einkommen von 1.001 bis 1.500 Euro (14,56%) und mit einem Einkommen von 2.001 bis 2.500 Euro (11,17%). Der überwiegende Anteil dieses Clusters besucht das Opernhaus in Begleitung (81,44%) und liegt damit über dem Wert für die Gesamtstichprobe (77,71%).

Die dritte Gruppe der Wiederbesucher kann unter dem Oberbegriff *Sozial-Interagierende* (Cluster 3) zusammengefasst werden. Sie stellen mit 133 Befragten bzw. einem Anteil von 19,94% das drittgrößte Cluster dar. Sie grenzen sich vorwiegend von den anderen Segmenten durch eine höhere Zustimmung bei den folgenden neun Wiederbesuchsgründen ab:

Tabelle 58: Typische Wiederbesuchsgründe der Sozial-Interagierenden

Variable	Mean
Gemeinsamer Opernbesuch in Begleitung	3,89
Eigene künstlerische Tätigkeit als Amateur	3,73
Vergünstigungen	3,55
Weiterempfehlungen von anderen Besuchern	3,31
Gleichgesinnte bzw. bekannte Gesichter treffen	2,62
Vertrauensvolle Beziehung zu Mitarbeitern	2,50
Hintergrundgespräche	2,20
Workshops, Sonderveranstaltungen	2,02
Selbstpräsentation	2,00

Dieses Wiederbesuchersegment ist dadurch gekennzeichnet, dass für sie im Vergleich zu den anderen Besuchergruppen insbesondere Aspekte der Sozialen Interaktion zwischen den Besuchern und personale Beziehungen und Kontakte von Relevanz sind. So verfügen sie über höhere Zustimmungen zu den vier Variablen des Bindungsfaktors ‚Soziale Interaktion zwischen den Besuchern', wobei hier insbesondere der gemeinsame Opernbesuch in Begleitung (Mean=3,89) und Weiterempfehlungen von anderen Besuchern (Mean=3,31) für diese Personen entscheidende Variablen darstellen. Des Weiteren charakterisiert sich das Cluster dadurch, dass es im Vergleich zu den sonstigen Befragten über deutlich höhere Zustimmungswerte bzw. eine geringere Ablehnung bei der Variable ‚Vertrauensvolle Beziehungen zu Mitarbeitern' sowie den Begleitangeboten ‚Hintergrundgespräche' und ‚Workshops, Sonderveranstaltungen' verfügt, was ebenfalls ihre sozial interagierenden Eigenschaften unterstreicht. Darüber hinaus legt das Cluster Wert auf Vergünstigungen (Mean=3,55) und sieht in der eigenen künstlerischen Tätigkeit als Amateur einen ausschlaggebenden Wiederbesuchsgrund (Mean=3,73). Neben diesen für das Cluster besonders typischen Wiederbesuchergründen befürworten sie verstärkt die beiden Variablen der musikalischen Qualität ‚Qualität der künstlerischen Besetzungen' und ‚Orchesterqualität' (Mittelwerte von 3,92 und 3,71), die Affinitätsvariablen ‚Vorliebe' und ‚Regelmäßige Beschäftigung und Interesse an Oper' (Mittelwerte von 3,88 und 3,80), die ‚Heranführung an die Oper als Kind/Jugendlicher' (Mean=3,68) und die ‚Inszenierungsqualität' (Mean=3,67). Allerdings sind die Aspekte der sozialen Interaktion, personale Beziehungen/Kontakte sowie Vergünstigungen und die

6.3 Ergebnisse der quantitativen Fragebogenerhebung 391

eigene künstlerische Tätigkeit als Amateur für das Segment im Vergleich zu den sonstigen Gruppen überdurchschnittlich wichtig.

Bei den Sozial-Interagierenden handelt es sich vornehmlich um seltene (48,12%) und gelegentliche (27,07%) Besucher mit einer durchschnittlichen Besuchshäufigkeit von 7,2 Besuchen pro Spielzeit. Die seltenen Wiederbesucher sind überrepräsentiert, während alle drei weiteren Gruppen nur unterdurchschnittlich vertreten sind. Die durchschnittliche Dauer der Geschäftsbeziehung beträgt 14,60 Jahre und liegt deutlich unter dem Wert für das gesamte Sample: 42,11% der Befragten unterhalten seit weniger als fünf Jahren eine Geschäftsbeziehung zum Opernhaus. Einzelkartenkäufer (61,62%), Mitglieder von Besucherorganisationen (13,89%), Kulturtouristen (9,78%) und Mitglieder von Jugendclubs (3,85%) sind im Vergleich zur Gesamtstichprobe überrepräsentiert, während Abonnenten (11,28%) und Mitglieder von Fördervereinen (0,75%) hier am unterdurchschnittlichsten vertreten sind. Das Cluster ist durch einen hohen Anteil an jungen und mittleren Altersgruppen bis 39 Jahre geprägt, die Besucher unter 30 Jahren sind dabei mit einem Anteil von 30,83% deutlich überrepräsentiert. Insgesamt 46,62% der Personen dieses Clusters sind nicht älter als 39 Jahre. Insgesamt beträgt das Durchschnittsalter 43,19 Jahre und liegt damit deutlich unterhalb des Wertes für das gesamte Sample. Im Quervergleich der vier Cluster zeichnen sich die Sozial-Interagierenden durch die jüngste Besucherschaft aus. Entsprechend der Altersstruktur sind im Cluster Studierende (19,05%), Schüler (10,32%) und Auszubildende (1,59%) stark überrepräsentiert. Demgegenüber sind insbesondere Rentner (24,60%) und Angestellte (15,08%) deutlich sowie Beamte (7,94%) und Selbstständige (11,90%) im Cluster leicht unterrepräsentiert. Mit 56,06% stellt die Mehrzahl im Cluster das weibliche Geschlecht. Im Vergleich zur Gesamtstichprobe sind diese jedoch leicht unterrepräsentiert, während Männer mit 43,94% leicht überdurchschnittlich vertreten sind. Die Sozial-Interagierenden stammen überwiegend aus dem Ort des Opernhauses (53,44%) sowie dem Umland (19,85%). Im Vergleich zur Erhebungsgesamtheit sind die Nahbesucher allerdings leicht unterrepräsentiert, während insbesondere die Befragten mit einer regionalen Herkunft von 30 bis 100 km (12,98%) und aus dem Ausland (4,58%) überdurchschnittlich oft vertreten sind. Die Wohndauer liegt entsprechend der Altersstruktur mit 23,74 Jahren deutlich unter dem Durchschnitt für das Gesamtsample und stellt im Vergleich der Cluster die kürzeste Zeitspanne dar. Hinsichtlich des Bildungsniveaus hat die Mehrzahl studiert (36,80%) oder verfügt über Abitur/Fachhochschulreife (28,80%). Während im Vergleich zur Gesamtstichprobe Befragte mit Abitur/Fachhochschulreife, Realschulabschluss und ohne Abschluss/Schüler leicht überrepräsentiert sind, sind Universitäts-/Fachhochschulabsolventen nur unterdurchschnittlich vorzufinden. Betrachtet man die Anteile für die verschiedenen Einkommensgruppen, so sind bei den Sozial-Interagierenden die untersten Einkommen (unter 500 Euro) mit 15,04% am stärksten vertreten, gefolgt von den Befragten mit einem Einkommen von über 3.500 Euro (14,29%) und mit einem Einkommen von 2.001 bis 2.500 Euro (12,78%). Auffällig ist, dass lediglich die beiden untersten Einkommensgruppen (unter 500 Euro und 500 bis 1.000 Euro) im Cluster deutlich überrepräsentiert sind, während alle weiteren Einkommensklassen (insbesondere die besser verdienenden Einkommensgruppen über 2.500 Euro) deutlich unterdurchschnittlich anzutreffen sind. Der ganz überwiegende Anteil dieses Clusters besucht das Opernhaus in Begleitung (84,25%) und liegt damit über den entsprechenden Werten für die weiteren drei Segmente sowie für die Gesamtstichprobe.

Als viertes Cluster lässt sich die Gruppe der *Traditionellen* identifizieren. Sie stellen mit 224 Befragten bzw. einem Anteil von 33,58% das größte Segment dar. Die Abgrenzung zu den anderen Gruppen erfolgt hauptsächlich durch die folgenden neun Wiederbesuchsgründe, die als besonders typisch für diese Gruppe angesehen werden können:

Tabelle 59: Typische Wiederbesuchsgründe der Traditionellen

Variable	Mean
Gewährung von Zusatzleistungen	4,05
Gute Erreichbarkeit/Räumliche Nähe	3,77
Stolz auf das Opernhaus in „unserer" Stadt	3,76
Vertragliche Bindung	3,29
Persönlicher Dialog	3,01
Zugehörigkeit zu einer Kunden-Community	2,61
Einführungsveranstaltungen	2,47
Gastronomie am Opernhaus	2,18
Probenbesuche	2,10

Dieses Segment legt im Vergleich zu allen anderen Befragten bei seiner Geschäftsbeziehung zum Opernhaus besonderen Wert auf Variablen, die hauptsächlich eine Relevanz für solche Wiederbesucher besitzen, welche einem organisierten Netzwerk des Opernhauses angehören. Diese traditionellen Wiederbesucher sind in der Regel durch Verträge (z. B. Abonnement oder Mitgliedschaften im Förderverein und Jugendclub) an das Opernhaus gebunden (Vertragliche Bindung, Mean=3,29). Die vertraglichen Bindungen sind meistens mit einer bevorzugten Behandlung bzw. mit zusätzlichen Leistungen verbunden, die nur diesen organisierten Wiederbesuchern zugute kommen (Gewährung von Zusatzleistungen, Mean=4,05). Zudem gehen derartige Geschäftsbeziehungen häufig mit einer persönlichen Betreuung bzw. Ansprache der Besucher seitens des Opernhauses

6.3 Ergebnisse der quantitativen Fragebogenerhebung

einher (Persönlicher Dialog, Mean=3,01). Diese Wiederbesucher sehen sich mehr als andere Besucher als Mitglied einer sozialen Gemeinschaft des Opernhauses an (Zugehörigkeit zu einer Kunden-Community, Mean=2,61). Darüber hinaus zeigt sich das Zugehörigkeitsgefühl bzw. die Identifikation mit dem Opernhaus durch die deutlich höhere Zustimmung zur Variable ‚Stolz auf das Opernhaus in „unserer" Stadt' (Mean=3,76). Auch die weitere regionale Identifikationsvariable ‚Gute Erreichbarkeit/Räumliche Nähe' (Mean=3,77) ist für dieses Cluster von überdurchschnittlicher Bedeutung. Des Weiteren zeichnet sich das Cluster dadurch aus, dass es im Vergleich zu den sonstigen Befragten über deutlich höhere Zustimmungswerte bzw. eine geringere Ablehnung bei der Variable ‚Gastronomie am Opernhaus' sowie den Begleitangeboten ‚Einführungsveranstaltungen' und ‚Probenbesuche' verfügt. Neben diesen das Cluster besonders kennzeichnenden Wiederbesuchsgründen lassen sich weitere Zustimmungen für die Variablen ‚Qualität der künstlerischen Besetzungen', ‚Orchesterqualität' und ‚Chorqualität' (Mittelwerte von 4,28 bis 4,13), die beiden Affinitätsvariablen ‚Vorliebe' und ‚Regelmäßige Beschäftigung und Interesse an Oper' (Mittelwerte von 3,93 und 3,98), die Serviceangebote ‚Unkomplizierter Kartenerwerb' und ‚Besucherorientierte Servicemitarbeiter' (Mittelwerte von 3,92 und 3,81), zu einem ‚Abwechslungsreichen Spielplan' (Mean=3,78) und zur ‚Inszenierungsqualität' (Mean=3,65) ausmachen. Auch diese Variablen stellen demnach für das traditionelle Segment ausschlaggebende Gründe für einen Wiederbesuch dar. Dieses Cluster frequentiert folglich das Opernhaus nicht ausschließlich lediglich aufgrund von Bevorzugungsvorteilen oder wegen seiner regionalen Identifikation. Allerdings sind diese für das Segment im Vergleich zu den sonstigen Besuchern überdurchschnittlich wichtig.

Bei den Traditionellen handelt es sich hauptsächlich um gelegentliche (34,38%) und regelmäßige Besucher (30,80%) sowie um Stamm-/Kernbesucher (19,20%) mit einer durchschnittlichen Besuchshäufigkeit von 9,8 Besuchen pro Spielzeit, die damit deutlich über dem Wert für das gesamte Sample liegt. Im Quervergleich der vier Cluster zeichnen sich die Traditionellen im Schnitt durch die höchste Besuchsintensität aus. Die Dauer der Geschäftsbeziehung im Cluster beträgt durchschnittlich 24,84 Jahre. Das Segment verfügt damit über die am längsten mit dem Opernhaus verbundenen Besucher: 61,16% unterhalten seit mehr als 15 Jahren eine Geschäftsbeziehung zu ihrem Opernhaus. Insbesondere Abonnenten (70,98%) stellen die überwiegende Mehrzahl der Besucher in dieser Gruppe. Ebenfalls deutlich überrepräsentiert sind die organisierten Wiederbesuche über Fördervereine (6,25%) und Jugendclubs (2,41%). Das Cluster ist durch einen hohen Anteil an älteren Besuchern geprägt. Die Befragten ab 50 Jahre sind mit 69,20% überproportional vertreten. Insgesamt 55,81% der Befragten sind sogar älter als 60 Jahre, und insbesondere die 70- bis 79-jährigen sind mit einem

Anteil von 27,68% deutlich überrepräsentiert. Demgegenüber sind die Befragten unter 30 Jahre mit einem Anteil von lediglich 5,36% sowie die Befragten von 30 bis 49 Jahre mit einem Anteil von 23,22% deutlich unterdurchschnittlich vertreten. Das Durchschnittsalter im Cluster liegt bei 58,38 Jahren und damit deutlich über dem Wert für das gesamte Sample. Im Quervergleich der vier Cluster zeichnen sich die Traditionellen durch die ältesten Besucher aus. Entsprechend der Altersstruktur sind im Cluster Rentner mit einem Anteil von 49,32% deutlich überrepräsentiert. Alle weiteren Berufsgruppen sind unterdurchschnittlich vertreten, insbesondere Studenten (3,62%) und Schüler (2,81%), aber auch Selbstständige (10,41%) und Angestellte (21,72%). 60,18% des Clusters sind weibliche Besucher. Die Traditionellen stammen ganz überwiegend aus dem Ort des Opernhauses (65,32%) sowie aus dem Umland (21,17%). Demgegenüber sind die Fernbesucher in diesem Segment unterrepräsentiert. Die Wohndauer liegt entsprechend der Altersstruktur mit 39,25 Jahren deutlich über dem Durchschnitt für das Gesamtsample und bildet damit vergleichsweise die längste Zeitspanne. Hinsichtlich des Bildungsniveaus hat die Mehrzahl studiert (52,07%), verfügt über Abitur/Fachhochschulreife (15,67%) oder einen Realschulabschluss (14,29%). Sind im Vergleich zur Gesamtstichprobe Befragte mit Universitätsabschluss/ Fachhochschulreife und Hauptschulabschluss (4,61%) überrepräsentiert, treten alle weiteren Bildungsabschlüsse nur unterdurchschnittlich auf. Betrachtet man die Anteile für die verschiedenen Einkommensgruppen, so sind bei den Traditionellen die Spitzenverdiener mit 18,03% am stärksten vertreten, gefolgt von den Befragten mit einem Einkommen von 1.001 bis 1.500 Euro (16,52%) und mit einem Einkommen von 500 bis 1.000 Euro (12,05%). Lediglich die Einkommensgruppe von 500 bis 1.000 Euro ist jedoch im Cluster überrepräsentiert, während alle weiteren Einkommensklassen unterdurchschnittlich vertreten sind. Der überwiegende Anteil dieses Clusters besucht das Opernhaus in Begleitung (76,74%).

Zusammenfassend können im Rahmen der Untersuchungsfrage F_{10} die vier unterschiedlichen Segmente von Wiederbesuchern (Bindungs-Typen) überblicksartig anhand der folgenden Merkmale charakterisiert werden (vgl. Tabelle 60):

6.3 Ergebnisse der quantitativen Fragebogenerhebung

Tabelle 60: Die vier ermittelten Wiederbesuchersegmente im Überblick

Leidenschaftliche [Cluster 1] 104 Personen (15,59%)		Serviceorientierte [Cluster 2] 206 Personen (30,88%)	
Typische/Kennzeichnende Variablen	**Mean**	**Typische/Kennzeichnende Variablen**	**Mean**
Qualität der künstlerischen Besetzungen	4,58	Unkomplizierter Kartenerwerb	4,07
Vorliebe	4,51	Besucherorientierte Servicemitarbeiter	3,96
Regelmäßige Beschäftigung und Interesse	4,38	Ambiente und Atmosphäre	3,90
Orchesterqualität	4,27	Inszenierungsqualität	3,86
Chorqualität	4,24	Zufriedenstellendes Informationsangebot	3,35
Heranführung als Kind/Jugendlicher	4,20	Architektonische Gestaltung	3,26
Abwechslungsreicher Spielplan	3,81	Ausstattungsqualität	3,10
Guter Ruf des Opernhauses	3,77	Beschwerdezufriedenheit	1,97
Identifikation mit namhaften Gästen/Stars	3,68	Opernshopangebot	1,62
Identifikation mit dem künstlerischen Profil	3,45		
Identifikation mit Sympathieträgern	3,40		
Neuinszenierungen/Premieren	3,30		
Schwerpunktsetzungen im Spielplan	3,24		
Identifikation mit Tradition/Geschichte	3,12		
Sonstige ausschlaggebende Variablen	**Mean**	**Sonstige ausschlaggebende Variablen**	**Mean**
Unkomplizierter Kartenerwerb	3,53	Orchesterqualität	4,11
Besucherorientierte Servicemitarbeiter	3,51	Qualität der künstlerischen Besetzungen	4,09
		Vorliebe	4,06
		Chorqualität	3,92
		Guter Ruf des Opernhauses	3,75
		Gemeinsamer Opernbesuch in Begleitung	3,64

Tabelle 60 (Fortsetzung): Die vier ermittelten Wiederbesuchersegmente im Überblick

Leidenschaftliche [Cluster 1] 104 Personen (15,59%)	Serviceorientierte [Cluster 2] 206 Personen (30,88%)
Weitere Charakteristika	**Weitere Charakteristika**
- 8,8 Besuche pro Spielzeit. Seltene Besucher sind unterrepräsentiert, alle weiteren Gruppen überdurchschnittlich vertreten. - Geschäftsbeziehungsdauer: 24,72 Jahre - Insbesondere Einzelkartenkäufer. Kulturtouristen und Mitglieder von Fördervereinen. - Hoher Anteil an älteren Besuchern: 54,81% sind über 60 Jahre. Wiederbesucher unter 30 unterrepräsentiert. Keine Besucher unter 20 Jahre. Durchschnittsalter: 57,3 Jahre - 53,84% weiblich, 46,16% männlich - Fernbesucher stark überrepräsentiert - Wohndauer: 35,26 Jahre - Beamte, Rentner und Selbstständige sind über-, Studenten unterrepräsentiert. Schüler und Auszubildende nicht existent. - Hohes Bildungsniveau. Promovierte/Habilitierte deutlich überrepräsentiert. Keine Hauptschulabsolventen und Befragte ohne Bildungsabschluss. - Spitzenverdiener sind am stärksten vertreten und deutlich über-, untere und mittlere Einkommen unterrepräsentiert. - Überproportional viele Einzelbesucher (35,64%)	- 5,8 Besuche pro Spielzeit. Überwiegend seltene (51,94%) sowie gelegentliche (26,21%) Besucher. - Geschäftsbeziehungsdauer: 19,16 Jahre - Einzelkartenkäufer und Mitglieder von Besucherorganisationen sind überrepräsentiert. - Durchschnittsalter: 53,16 Jahre. Größter Anteil: 50- bis 59-jährige. - 62,5% weiblich, 37,5% männlich - Überwiegend Nahbesucher - Wohndauer: 31,57 Jahre - Insbesondere Angestellte, Rentner und Selbstständige. Schüler/Studenten unterrepräsentiert. Auszubildende nicht vorhanden. - Mehrzahl Uni/FH-Abschluss, Abi/FH-Reife - Spitzenverdiener sind am stärksten vertreten (aber unterrepräsentiert), gefolgt von Einkommen 1.001 bis 1.500 und 2.001 bis 2.500 Euro. - Überwiegend Besuche in Begleitung (81,44%)

6.3 Ergebnisse der quantitativen Fragebogenerhebung

Tabelle 60 (Fortsetzung): Die vier ermittelten Wiederbesuchersegmente im Überblick

Sozial-Interagierende [Cluster 3] 133 Personen (19,94%)		Traditionelle [Cluster 4] 224 Personen (33,58%)	
Typische/Kennzeichnende Variablen	**Mean**	**Typische/Kennzeichnende Variablen**	**Mean**
Gemeinsamer Opernbesuch in Begleitung	3,89	Gewährung von Zusatzleistungen	4,05
Eigene künstlerische Tätigkeit als Amateur	3,73	Gute Erreichbarkeit/Räumliche Nähe	3,77
Vergünstigungen	3,55	Stolz auf das Opernhaus in „unserer" Stadt	3,76
Weiterempfehlungen	3,31		
Gleichgesinnte/bekannte Gesichter treffen	2,62	Vertragliche Bindung	3,29
		Persönlicher Dialog	3,01
Vertrauensvolle Beziehung zu Mitarbeitern	2,50	Zugehörigkeit zu einer Kunden-Community	2,61
Hintergrundgespräche mit Künstlern	2,20	Einführungsveranstaltungen	2,47
		Gastronomie am Opernhaus	2,18
Workshops, Sonderveranstaltungen	2,02	Probenbesuche	2,10
Selbstpräsentation	2,00		
Sonstige ausschlaggebende Variablen	**Mean**	**Sonstige ausschlaggebende Variablen**	**Mean**
Qualität der künstlerischen Besetzungen	3,92	Qualität der künstlerischen Besetzungen	4,28
Vorliebe	3,88	Orchesterqualität	4,22
Regelmäßige Beschäftigung und Interesse	3,80	Chorqualität	4,13
Orchesterqualität	3,71	Regelmäßige Beschäftigung und Interesse	3,98
Heranführung als Kind/Jugendlicher	3,68	Vorliebe	3,93
Inszenierungsqualität	3,67	Unkomplizierter Kartenerwerb	3,92
		Besucherorientierte Servicemitarbeiter	3,81
		Abwechslungsreicher Spielplan	3,78
		Inszenierungsqualität	3,65

Tabelle 60 (Fortsetzung): Die vier ermittelten Wiederbesuchersegmente im Überblick

Sozial-Interagierende [Cluster 3] 133 Personen (19,94%)	Traditionelle [Cluster 4] 224 Personen (33,58%)
Weitere Charakteristika	**Weitere Charakteristika**
- 7,2 Besuche pro Spielzeit. Überwiegend seltene (48,12%) und gelegentliche (27,07%) Besucher. - Kürzeste Geschäftsbeziehungsdauer: 14,60 Jahre - Einzelkartenkäufer, Kulturtouristen, Mitglieder von Besucherorganisationen und Jugendclubs sind überrepräsentiert. - Besucher unter 30 Jahre deutlich (30,83%) überrepräsentiert. 46,62% sind nicht älter als 39 Jahre. Niedrigstes Durchschnittsalter: 43,19 Jahre. - 56,06% weiblich, 43,94% männlich - Überwiegend Nahbesucher, aber: Herkunft von 30 bis 100 km und Ausland überrepräsentiert. - Wohndauer: 23,74 Jahre - Studierende, Schüler und Auszubildende stark über-, Rentner und Angestellte deutlich unterrepräsentiert. - Mehrzahl Uni/FH-Abschluss, Abi/FH-Reife - Unterste Einkommensgruppen sind deutlich über-, besser verdienende Einkommensklassen über 2.500 Euro sind unterrepräsentiert. - Überwiegend (84,25%) Besuche in Begleitung.	- 9,8 Besuche pro Spielzeit. Hoher Anteil an regelmäßigen (30,80%) und Stammbesuchern (19,20%). - Längste Geschäftsbeziehungsdauer: 24,84 Jahre - Insbesondere Abonnenten. Ebenfalls überrepräsentiert sind Mitglieder von Fördervereinen und Jugendclubs. - Hoher Anteil an älteren Besuchern: 55,81% sind über 60 Jahre. Insbesondere 70- bis 79-jährige sind über-, Besucher unter 30 Jahre unterrepräsentiert. Höchstes Durchschnittsalter: 58,38 Jahre. - 60,18% weiblich, 39,82% männlich - Überwiegend Nahbesucher. - Wohndauer: 39,25 Jahre - Rentner deutlich überrepräsentiert; insbesondere Studenten und Schüler unterrepräsentiert. - Mehrzahl Uni/FH-Abschluss, Abi/FH-Reife und Realschule; Hauptschüler überrepräsentiert. - Spitzenverdiener am stärksten vertreten, gefolgt von Einkommen 500 bis 1.500 Euro. - Überwiegend Besuche in Begleitung (76,74%).

7 Implikationen für das Besucherbindungsmanagement

Ein wesentliches Ziel der anwendungsorientierten Wissenschaften besteht darin, über die empirische Beschreibung und Erklärung wahrnehmbarer Wirklichkeitsausschnitte hinaus auch praxeologische Gestaltungshinweise zu formulieren (vgl. Kapitel 1.2.2 und 1.4). Im Rahmen dieses Kapitels sollen daher auf Grundlage der Untersuchungsergebnisse einige Implikationen abgeleitet werden, um Anregungen für praktisches Handeln im Rahmen des Besucher-bindungsmanagements von Opernhäusern geben zu können. Hierbei gilt es anzumerken, dass im Mittelpunkt dieser Arbeit die Betrachtung der Besucherbindung aus *Besucher-* und nicht aus Anbietersicht steht (vgl. Kapitel 1.3). Sie ist in erster Linie darauf ausgelegt eine Forschungslücke im Bereich der Besucherbindung aus Besuchersicht zu schließen (vgl. hierzu auch Laukner 2008: 285), die für den Bereich der öffentlichen Opernhäuser in Deutschland aufgrund des bisherigen Stands der Forschung weitestgehend vorherrscht (vgl. Kapitel 4). Damit leistet die Arbeit einen Beitrag zur erstmaligen Aufdeckung und Systematisierung von Wiederbesuchsgründen aus Besuchersicht und ihren dahinter stehenden Einflussfaktoren sowie zur Charakterisierung von Wiederbesuchern, mit dem Ziel, den Verantwortlichen in den Opernhäusern aufschlussreiche Informationen und einen Orientierungsrahmen für die Gestaltung ihres Besucherbindungsmanagements an die Hand zu geben. Die Ableitung einer umfassenden Besucherbindungskonzeption für Opernhäuser bzw. spezifischer Empfehlungen zu anbieterbezogenen Maßnahmen, wie Besucher im jeweiligen Einzelfall zu binden sind, stehen hingegen nicht im Fokus der folgenden Ausführungen (vgl. hierzu und im Folgenden auch Laukner 2008: 285). Dazu wären nach Laukner weitere spezielle Untersuchungen an den Opernhäusern notwendig, die auch den Einsatz verschiedener Besucherbindungsinstrumente und deren Wirkung auf unterschiedliche Besuchersegmente analysieren. Zudem liegt hierfür bereits umfangreiche Literatur vor (vgl. Kapitel 4.2), die nun im Wissen um die in dieser Arbeit herausgearbeiteten spezifischen Anforderungen und Bedürfnisse der Wiederbesucher von den Verantwortlichen in den Opernhäusern für dieses Themenfeld entsprechend nutzbar gemacht werden kann (vgl. hierzu auch Föhl 2010: 278).

7.1 Besucherbindungsprogramm als Systematisierungsrahmen

Als Systematisierungsrahmen für die Ableitung von Implikationen für das Besucherbindungsmanagement von Opernhäusern wird auf die von Klein (in Anlehnung an das Modell der ‚Kundenbindungsstrategie' von Bruhn, vgl. Bruhn 2007: 121 ff.) für Kulturbetriebe entwickelte Konzeption ‚Besucherbindungsprogramm' zurückgegriffen (vgl. hierzu und im Folgenden Klein 2008a: 38 ff.): Danach lassen sich sechs Dimensionen eines Besucherbindungsprogramms unterscheiden, die von Kulturbetrieben als Eckpunkte bei der Planung und Umsetzung eines individuellen Besucherbindungskonzeptes zu beachten sind und auch den Verantwortlichen in den Opernhäusern als Orientierungsrahmen dienen können (vgl. Abbildung 41). Aus den für diese Arbeit vorliegenden Untersuchungsergebnissen lassen sich Implikationen für die ersten vier Dimensionen ableiten. Die weiteren Ausführungen werden sich daher auch ausschließlich auf diese vier Bereiche fokussieren. Bezüglich der beiden weiteren Dimensionen *Umfang und Einsatzzeit* sowie *Kooperationen*[252] sei auf die erwähnten Publikationen von Klein und Bruhn sowie auf die dort genannte Literatur verwiesen.

Abbildung 41: Dimensionen eines Besucherbindungsprogramms
(in Anlehnung an Klein 2008a: 38)

(1) Zielgruppen	(2) Arten/Ursachen	(3) Bezugsobjekte/ Bindungsebenen
Wer?	*Wie? Warum?*	*Was? Worauf?*
Besucherbindungsprogramm eines Opernhauses		
(4) Instrumente/ Konzepte	(5) Umfang und Einsatzzeit	(6) Kooperationen
Womit?	*Wie oft? Wann?*	*Mit wem?*

Zunächst sind nach Klein die *Zielgruppen* festzulegen, an die sich das jeweilige Besucherbindungsprogramm des Opernhauses richten soll, und es ist zu klären, wie das Profil dieser unterschiedlichen Besuchergruppen aussieht, um eine ge-

---

252 Vgl. vertiefend zum Thema Kooperationen im Kulturbereich Föhl 2008.

zielte Ansprache ermöglichen zu können. In diesem Rahmen können z. B. folgende Überlegungen angestellt werden: Wie können die Wiederbesucher des Opernhauses charakterisiert werden? Welche Eigenschaften zeichnen die Zielgruppen aus? Macht es Sinn, ein Besucherbindungsprogramm für die Wiederbesucher insgesamt zu planen, oder sollen zunächst verschiedene Zielgruppen segmentiert werden, für die spezifische Besucherbindungsstrategien entwickelt werden? Welches sind die für das Opernhaus strategisch bedeutsamen Zielgruppen für eine Bindung? In einem weiteren Schritt stellt sich laut Klein die Frage nach der Art der Besucherbindung bzw. den unterschiedlichen *Ursachen*, warum Besucher ein Opernhaus wiederholt aufsuchen. Im Zentrum steht die Frage: Was ist es, das Besucher an ein bestimmtes Opernhaus bindet – was ist der Kitt, der Klebstoff in der Beziehung zwischen einem Opernhaus und seiner Kundschaft? (vgl. Günter 2000: 68). Es muss also nach Bedingungen und Faktoren gesucht werden, die Besucher zu ‚Wiederholungstätern' bzw. ‚Serientätern' machen (vgl. Günter 2004: 55). Die Bindungsursachen knüpfen an unterschiedlichen *Bezugsobjekten* bzw. *Bindungsebenen* an, die konkretisiert und inhaltlich aufeinander abgestimmt werden müssen (vgl. hierzu auch Kapitel 4.1.2). Hierbei ist festzulegen, an welche Objekte die Besucher gebunden werden sollen bzw. auf welche Ebene sich die zu entwickelnden Bindungsstrategien beziehen. Die Inhalte und Fragestellungen dieser ersten drei Dimensionen lassen sich nach Klein den Bereichen ‚Nachfrageanalyse' und ‚Strategieplanung' im strategischen Kulturmarketing-Managementprozess zuordnen (vgl. hierzu Klein 2011b: 101 ff. und Klein 2005a: 93 ff.). Auf Grundlage der Untersuchungsergebnisse können einige Implikationen für die Nachfrageanalyse bzw. Publikumsforschung (vgl. Kapitel 7.2) und die Strategieplanung bzw. für Besucherbindungsstrategien (vgl. Kapitel 7.3) formuliert werden. Die umfassende Kenntnis der Wiederbesucher und darauf aufbauende sorgfältige Strategieüberlegungen bilden laut Klein die Basis für einen adäquaten Einsatz der *Besucherbindungsinstrumente*. Ausgehend von den Erkenntnissen dieser Arbeit lassen sich ebenfalls einige Implikationen für die Ausgestaltung der Besucherbindungsinstrumente formulieren (vgl. Kapitel 7.4).

7.2 Implikationen für die Publikumsforschung

Die Voraussetzung für ein ‚erfolgreiches' Besucherbindungsmanagement sind entsprechende Kenntnisse über die Wiederbesucher eines Opernhauses hinsichtlich ihrer Strukturmerkmale, Bedürfnisse, Einstellungen und Verhaltensweisen sowie anderer relevanter Tatbestände, die mittels Nachfrage- bzw. Besucheranalysen ermittelt werden können (vgl. hierzu ausführlich Klein 2005a: 121 ff.). Diese umfassen die empirische Publikumsforschung einschließlich der Evaluation (vgl. hierzu Wegner 2011) und bilden die wesentliche Grundlage für eine gezielte Ansprache der Wiederbesucher. Die Betrachtung der bisher im deutschsprachigen Raum geleisteten Forschungsaktivitäten zeigt, dass bislang keine veröffentlichten Studien vorliegen, die sich speziell mit der Untersuchung von Wiederbesuchern in Opernhäusern beschäftigen (vgl. hierzu Kapitel 4). Es fehlt bedauerlicherweise in erheblichem Maße an empirischer Grundlagenforschung sowie an anwendungsbezogenen Spezialstudien zu dieser Besuchergruppe. Die Mehrzahl der Besucherbefragungen „hat häufig noch zu undifferenziert das gesamte (…) Theaterpublikum im Fokus" (Föhl/Lutz 2011: 86, vgl. auch Kapitel 4). Möglicherweise liegen Erkenntnisse zu Wiederbesuchern für einzelne Institutionen vor, sind aber nicht publiziert worden oder von bisher lediglich lokaler bzw. regionaler Relevanz. „Zu einem zunehmenden Erkenntnisfortschritt würde (…) [somit] eine umfangreichere Veröffentlichung der von den Theatern direkt durchgeführten Befragungen beitragen. Noch immer wird ein Großteil [dieser] (…) Studien nicht veröffentlicht." (Föhl/Lutz 2011: 85)[253] Die Besucherbindung wird zudem in der Theaterpraxis noch mehrheitlich aus Sicht der Anbieter bzw. als Aktivität des Opernhauses diskutiert (vgl. Kapitel 3.3.1) und der Sichtweise der Wiederbesucher zu wenig Beachtung geschenkt. Folglich liegen bisher nur sehr wenige Erkenntnisse zu den Wiederbesuchern im Bereich von Theater und Oper vor, so dass sich ein deutliches Defizit der Publikumsforschung sowie der Verantwortlichen in den Opernhäusern hinsichtlich der Kenntnis dieses Besuchersegments konstatieren lässt.

Mit der vorliegenden Arbeit liegt nun erstmalig eine empirische Basis für die Diskussion des Wiederbesuchsverhaltens in öffentlichen Opernhäusern vor. Die Ergebnisse zeigen deutlich, dass es für jedes Opernhaus Sinn macht, seine Wiederbesucher gesondert zu betrachten, sie anhand ihres Bindungsverhaltens und ihrer soziodemografischen/-ökonomischen Strukturmerkmale zu beschreiben sowie sie nach den ausschlaggebenden Gründen für einen Wiederbesuch zu befragen. Nur dadurch kann ein Opernhaus aus erster Hand erfahren, wie seine Wiederbesucher strukturiert sind, worauf sie Wert legen und welche die aus deren Sicht wichtigen Wiederbesuchsanlässe sind, um die entsprechenden Bereiche in den Vordergrund der Besucherbindungsaktivitäten zu stellen (vgl. hierzu auch Laukner 2008: 275). Durch die Befragung von 667 Personen an vier Opernbühnen ist es möglich, die Gesamtheit der Wiederbesucher tendenziell anhand ihrer Besuchshäufigkeit und Geschäftsbeziehungsdauer, den Erschei-

---

253 „Diese Beobachtung unterstreicht auch die Studie des Zentrums für Audience Development, laut der über die Hälfte der befragten Theaterinstitutionen die Ergebnisse ihrer Besucherforschung nur hausintern nutzt und damit auch auf positive Kommunikationseffekte gegenüber Besuchern, der interessierten Öffentlichkeit, Subventionsgebern und Sponsoren verzichtet." (Föhl/Lutz 2011: 85 f., vgl. hierzu ausführlich Zentrum für Audience Development 2007: 29)

nungsformen der Besucherbindung sowie den soziodemografischen/-ökonomischen Strukturmerkmalen zu beschreiben (vgl. hierzu ausführlich Kapitel 6.3.1.1, 6.3.1.3, 6.3.2.1 bis 6.3.2.3). Darüber hinaus konnten durch diese Arbeit erstmals 41 unterschiedliche Wiederbesuchsgründe (vgl. Kapitel 6.1.5 und 6.3.1.2), die sich zwölf Einflussfaktoren der Besucherbindung zuordnen lassen (vgl. Kapitel 6.3.3), sowie vier verschiedene Segmente von Wiederbesuchern bzw. Bindungs-Typen (vgl. Kapitel 6.3.4) identifiziert werden. In diesem Rahmen wurden auch bei 21 Wiederbesuchsgründen Zusammenhänge mit den Eigenschaften der Befragten ermittelt und dabei Unterschiede, Auffälligkeiten und Tendenzen in den Zustimmungen der Wiederbesucher in Erfahrung gebracht (vgl. Kapitel 6.3.2.4). Insgesamt empfiehlt sich nach Föhl und Lutz für die Durchführung solcher Studien der – auch in der vorliegenden Arbeit zur Anwendung gelangte – Einsatz einer Methodentriangulation (vgl. Kapitel 1.4). „Mit der zunehmenden Komplexität der Umwelt und entsprechend spezifischer bzw. spezieller Fragestellungen im Rahmen von Besucherforschung sind vielschichtige Untersuchungsdesigns notwendig, um den Forschungsgegenstand adäquat erfassen zu können." (Föhl/Lutz 2011: 87 f.)

Neben der Durchführung von solchen umfangreichen Wiederbesucherbefragungen sind – insbesondere aus Kosten- und Kapazitätsgründen oder wenn keine umfassenden Neukonzeptionen geplant und implementiert werden können – auch weniger aufwendige Instrumente zu empfehlen, um auf diesem Wege aktuelle Informationen über die Wiederbesucher zu erhalten (vgl. Günter/Hausmann 2009: 25 sowie zu den folgenden Ausführungen auch Lutz 2011b). So kann z. B. zunächst auf vorhandene Sekundärstudien oder bereits im Opernbetrieb vorliegende Daten (z. B. Verkaufszahlen) zurückgegriffen werden. Zudem scheinen die Auswertung von Besucherbüchern, der Einsatz von standardisierten Kurzfragebögen, persönliche Gespräche, regelmäßige Besucherforen (z. B. Diskussionsrunden mit ausgewählten Abonnenten), Dokumentenanalysen eigener Aufzeichnungen (Korrespondenz mit dem Besucher, Gesprächsprotokolle von Mitarbeitern) und der Austausch mit wichtigen Multiplikatoren des Fördervereins oder von Besucherorganisationen geeignete Verfahren. „Auch die vermehrte Einführung von Database-Marketing bzw. Customer Relationship Management-Systemen (CRM) bieten sich an, um – auch während des Alltagsgeschäfts – vertiefte Erkenntnisse von den [Wieder-]Besuchern zu erhalten und insgesamt die Ergebnisse/Erhebungen der Publikumsforschung zu verbessern (vgl. Schlemm 2003). CRM-Systeme bieten umfangreiche Auswertungsmöglichkeiten." (Föhl/Lutz 2011: 88). Das gilt insbesondere für Daten, die ohnehin bzw. im regulären Geschäftsbetrieb – z. B. an der Tageskasse oder bei der telefonischen Kartenbestellung – erhoben werden (können) (vgl. Föhl/Lutz 2011: 88). Während laut Frank in vielen Branchen „der Einsatz eines CRM-Systems so selbstverständlich ist wie die Verwendung einer Textverarbeitungssoftware" (Frank 2008: 563), arbeiten die meisten Opernhäuser in Deutschland[254] allerdings – wenn überhaupt – bisher lediglich mit einfachen Besucherdatenbanken oder der Kundendatenbank ihrer Kartenvertriebssoftware, deren Möglichkeiten im Vergleich zu einem CRM-System nur sehr beschränkt und rudimentär sind.[255] Oftmals existieren an den Opernhäusern auch gleich mehrere Adressdatenbanken nebeneinander und können bislang nicht im Verbund genutzt werden (vgl. hierzu und im Folgenden Glaap 2011: 169 und 181). Mehrere Informationssammlungen über Besucher sollten laut Glaap vermieden werden, da hier ein Auseinanderlaufen der Daten unvermeidlich ist. Vielmehr empfiehlt es sich, dass alle Besucherinformationen in einer einzigen Datenbank (Aufbau einer speziellen Besucher-Database als Informationsgrundlage) konsolidiert werden, um deren Potenzial besser ausschöpfen zu können. Hinzu kommt, dass die an Opernhäusern vorhandenen Besucherdaten oftmals nicht bewusst und gezielt für das Management von Besucherbeziehungen, sondern lediglich für die verwaltungstechnische Abwicklung (z. B. für den Versand der Abonnementtickets) genutzt werden (vgl. Röper 2001: 295). Neben den eingeschränkten Einsatzmöglichkeiten der bestehenden Besucherdatenbanken stellt die vollständige Erfassung der Daten von Besuchern, was als eine Grundvoraussetzung für eine differenzierte Zielgruppenansprache angesehen werden kann, eine weitere Schwachstelle dar. Kundendaten für Abonnenten sind in der Regel vollständig und aktuell, da hier eine laufende Geschäftsbeziehung besteht (vgl. hierzu und im Folgenden Glaap 2011: 168). Inter-

---

254 Bislang arbeiten in Deutschland lediglich die drei Betriebe der Stiftung Oper in Berlin und die Bayerische Staatsoper München mit einem speziell für den Opernbetrieb entwickelten CRM bzw. Database-System.

255 Die im Rahmen eines CRM erforderliche Datenbank übersteigt die an den meisten Opernhäusern vorherrschende Datensammlung deutlich, sowohl inhaltlich als auch vom Umfang her (vgl. Heinrichs/Klein 2001: 63 und Preiß 2005: 45). Sie stellt weit mehr als eine reine Adress-Verwaltung dar, sondern ermöglicht die Speicherung aller kaufrelevanten Merkmale eines Besuchers innerhalb einer individuellen Kundenhistorie (vgl. Kotler/Bliemel 2001: 1118). Die Informationen in der Database umfassen soziodemografische und psychografische Daten über einzelne Besucher sowie Daten über sämtliche Marketingmaßnahmen und Besucherreaktionen (vgl. hierzu und im Folgenden Schlemm 2003: 16 und Holland 2004: 68). Anhand dieser Informationen lassen sich Gruppen von Besuchern mit gleichen oder ähnlichen Merkmalsprofilen zusammenstellen (vgl. Preiß 2005: 51). Jeder Besucher eines so gebildeten Segments kann durch CRM identifiziert und individuell angesprochen werden. Darüber hinaus ist das Opernhaus durch CRM in der Lage, sein Marketing am Wert des einzelnen Besuchers auszurichten. Dadurch ist es möglich, die Bedeutung, die jeder einzelne Besucher für das Opernhaus hat, zu bestimmen, Besucherprofile zu erstellen, sich auf die erfolgversprechendsten Besucher zu konzentrieren und die Bindungsaktivitäten daran auszurichten (vgl. Schlemm 2003: 48). Mit CRM lassen sich demnach zwei auf den ersten Blick widersprüchliche Ziele erreichen (vgl. hierzu und im Folgenden Huldi/Kuhfuß 2000: 51): Einerseits mehr Kundennähe und ein stärkeres Eingehen auf die Wünsche des Besuchers. Andererseits werden diese verstärkten Anstrengungen nur dort realisiert, wo diese auch als ‚lohnenswert' erscheinen.

netkäufer, die ihre Tickets zugestellt bekommen, müssen bei der Buchung eine postalische Adresse angeben. Am schwierigsten erhältlich sind laut Glaap die Daten von Kunden, die bar an der Tages-/Abendkasse oder an externen Vorverkaufsstellen kaufen. Der allergrößte Teil dieser Verkäufe findet bisher noch nicht personalisiert statt, d. h. Besucherdaten werden lediglich eher zufällig aber nicht systematisch als standardisierter Bestandteil der Kartenbestellung erhoben. Damit gestaltet es sich für die Opernhäuser oft als schwierig, ihre Wiederbesucher gezielt mit passgenauen Angeboten anzusprechen, da sie aufgrund des unvollständigen Besucherdatenstammes oft nicht wissen, wer überhaupt diese Personen sind und über welche Präferenzen sie verfügen. Daher sollte künftig verstärkt versucht werden, in einem standardisierten Verfahren möglichst von allen Besuchern Daten zu erfassen, um diese gezielt für Besucherbindungsmaßnahmen verwenden zu können

7.3 Implikationen für Besucherbindungsstrategien

Die Untersuchungsergebnisse der vorliegenden Arbeit verdeutlichen, dass Wiederbesucher von öffentlichen Opernhäusern keine homogene Personengruppe darstellen, sondern aus ganz unterschiedlichen Nachfragern bestehen, die sich in verschiedenen Aspekten voneinander unterscheiden und nach einer differenzierten Ansprache verlangen (vgl. hierzu und im Folgenden Föhl/Lutz 2011: 84). Nicht jeder Wiederbesucher erwartet dasselbe, nicht jeder Wiederbesucher hat dieselben Vorkenntnisse und stellt identische Anforderungen an ein Opernhaus und dessen Angebote und nicht jeder Wiederbesucher sucht aus denselben Gründen ein bestimmtes Opernhaus wiederholt auf. Daher ist es wenig sinnvoll, alle Wiederbesucher eines Opernhauses mit ausschließlich einer einzigen Bindungsstrategie bearbeiten zu wollen. Zielführender scheint hingegen die grundlegende Strategie des *STP-Marketing*, also die Strategie des Segmenting, Targeting und Positioning (vgl. hierzu und zu den entsprechenden Ausführungen der folgenden Kapitel Klein 2005a: 261 ff.).

7.3.1 Besuchersegmentierung

Zunächst lassen sich im Rahmen des *Segmenting*, d. h. der Marktsegmentierung, die innerhalb von Besucheranalysen gewonnenen Informationen dazu nutzen, um die Gesamtheit der Wiederbesucher zu differenzieren und sie in Teilgruppen aufzugliedern, die homogener als die Gesamtmenge sind (vgl. Föhl/Lutz 2011: 84 und Günter/Hausmann 2009: 40). „Dadurch wird die (…) Gesamtnachfrage in

Untergruppen mit unterschiedlichen Bedürfnisstrukturen differenziert, um hierfür jeweils ganz spezielle Marktbearbeitungsstrategien entwickeln und anwenden zu können." (Klein 2005a: 262) Die Segmentierung der Besucher ist somit eine grundlegende Voraussetzung dafür, dass von einem Opernhaus zielgruppenspezifische, möglichst passgenaue Bindungsmaßnahmen ergriffen werden können (vgl. Klein 2005a: 273). Von jedem Besuchersegment bzw. von jeder Zielgruppe, an der das Opernhaus interessiert ist, sollte dabei ein detailliertes Profil entwickelt werden (vgl. Klein 2005a: 266).

Die Resultate dieser Arbeit geben erste Anhaltspunkte und Einblicke, nach welchen Kriterien eine Aufteilung der Wiederbesucher von Opernhäusern in Segmente erfolgen kann und wie das Profil dieser unterschiedlichen Besuchergruppen aussieht. So bietet es sich für eine differenzierte Bearbeitung beispielsweise an, die Wiederbesucher anhand ihrer *Besuchshäufigkeit* in vier verschiedene Wiederbesuchergruppen – seltene Wiederbesucher (1 bis 3 Besuche), gelegentliche Wiederbesucher (4 bis 7 Besuche), regelmäßige Wiederbesucher (8 bis 12 Besuche) und Stamm-/Kernbesucher (mehr als 12 Besuche) – aufzugliedern (vgl. Kapitel 6.3.1.1) und sie anhand ihrer Strukturmerkmale näher zu beschreiben (vgl. Kapitel 6.3.2.1 und 6.3.2.2). Zudem lassen sich in diesem Rahmen für die Zustimmungen zu den Wiederbesuchsgründen einige Besonderheiten und Tendenzen sowie Unterschiede zwischen den Segmenten beobachten (vgl. Kapitel 6.3.2.4). So zählt z. B. für die seltenen und gelegentlichen Wiederbesucher der ‚Unkomplizierte Kartenerwerb' mit zu den fünf ausschlaggebendsten Variablen, während dieser von den regelmäßigen und Stammbesuchern als weniger wichtig eingeschätzt wird. Oder es zeigt sich, dass mit einer zunehmenden Besuchshäufigkeit eine steigende Zustimmung zum Wiederbesuchsgrund ‚Regelmäßige Beschäftigung und Interesse an Oper' einhergeht. Eine Aufteilung der Wiederbesucher in Segmente kann daneben auch nach *soziodemografischen/ -ökonomischen Merkmalen*, z. B. nach der Altersstruktur in junge, mittlere und ältere Besucherschaften, anhand der regionalen Herkunft in Nah- und Fernbesucher oder nach der beruflichen Stellung in Erwerbstätige, Nicht-Erwerbstätige und Wiederbesucher in einem Ausbildungsverhältnis (vgl. Kapitel 6.3.1.3) sowie nach den unterschiedlichen *Erscheinungsformen der Besucherbindung* (vgl. Kapitel 6.3.1.1) erfolgen. Diese lassen sich ebenfalls anhand ihrer Strukturmerkmale (vgl. Kapitel 6.3.2.3), der Besuchshäufigkeit und Dauer der Geschäftsbeziehung (vgl. Kapitel 6.3.2.2 und 6.3.2.3) sowie hinsichtlich ihrer Besonderheiten bei den Zustimmungen zu den Wiederbesuchsgründen (vgl. Kapitel 6.3.2.4 und 6.3.2.4) näher beschreiben und voneinander abgrenzen. So kann z. B. für eine soziodemografische Segmentierung nach der Altersstruktur festgestellt werden, dass insbesondere die älteren Besucherschaften zu den häufigen Besuchern gezählt werden können, während die jungen Besucher eher bei den selte-

7.3 Implikationen für Besucherbindungsstrategien

nen und gelegentlichen Wiederbesuchern vertreten sind. Im Zusammenhang mit den Wiederbesuchsgründen ist z. B. zu erkennen, dass vornehmlich für die jüngeren und mittleren Altersgruppen bis 39 Jahre der ‚Gemeinsame Opernbesuch in Begleitung' einen wichtigen Wiederbesuchsgrund darstellt (wobei ihm die höchste Relevanz von den jungen Besuchern unter 20 Jahren zukommt), die Zustimmung aber mit zunehmendem Alter tendenziell abnimmt. Und im Rahmen einer Segmentierung nach den Erscheinungsformen der Besucherbindung lässt sich z. B. für die Abonnenten festhalten, dass sich diese hauptsächlich aus regelmäßigen und Stammbesuchern zusammensetzen, eher zu den älteren Besuchern ab 50 Jahren zu zählen sind und überwiegend aus Nahbesuchern bestehen. Unter ihnen sind Frauen häufiger als Männer anzutreffen, sie sind bei den Rentnern am stärksten vertreten, verfügen mehrheitlich über hohe Bildungsabschlüsse, sind in fast allen Einkommensgruppen etwa gleich stark vertreten und suchen das Opernhaus überwiegend in Begleitung auf. Zudem spielen beispielsweise die beiden Wiederbesuchsgründe ‚Gewährung von Zusatzleistungen' und ‚Vertragliche Bindung' hauptsächlich eine Rolle für Abonnenten. Neben diesen möglichen Segmentierungskriterien erscheint laut der Untersuchungsergebnisse insbesondere eine Bildung von Wiederbesuchertypen nach ihrem tatsächlichen Wiederbesuchsverhalten, und zwar hinsichtlich der *Eigenschaftsurteile über die Wiederbesuchsgründe*, erfolgversprechend (vgl. hierzu auch Laukner 2008: 246). So ließen sich im Rahmen einer Clusteranalyse mit den ‚Leidenschaftlichen', den ‚Serviceorientierten', den ‚Sozial-Interagierenden' und den ‚Traditionellen' vier charakteristische Wiederbesucherprofile bzw. Bindungs-Typen in Opernhäusern ausmachen, die sich anhand ihrer Zustimmungen zu den einzelnen Wiederbesuchsgründen, aber auch anhand ihrer Strukturmerkmale sinnvoll voneinander unterscheiden (vgl. Kapitel 6.3.4.2). Es zeigt sich, dass sich durch eine Segmentierung der Wiederbesucher viele Erkenntnisse für die Verantwortlichen in den Opernhäusern ableiten lassen, deren Berücksichtigung hilfreich ist, um eine besucheradäquate Ausgestaltung der Leistungen eines Opernhauses sowie eine differenzierte Zielgruppenansprache vorzunehmen.

7.3.2 Auswahl von attraktiven Besuchersegmenten

Insbesondere aus Kosten- und Kapazitätsgründen wird ein Opernhaus in der Regel nicht alle möglichen Wiederbesuchersegmente mit gleicher Intensität bearbeiten können und wollen, sondern einzelne Gruppen unter ganz bestimmten Gesichtspunkten auswählen. Im Rahmen des *Targeting*, d. h. der Auswahl der Zielgruppen nach ihrer Attraktivität für das Opernhaus, sind daher diejenigen Segmente festzulegen, die zunächst vom Opernhaus vorrangig bearbeitet werden sollen (vgl. Klein 2005a: 267). Im Sinne eines wertorientierten Besuchermanagements (vgl. hierzu Kapitel 3.2.4.4) liegt die Leitlinie darin, sich auf die attraktivsten Besuchersegmente zu fokussieren. Daher scheint es auch nicht sinnvoll, dass alle Besucher identisch behandelt werden, sondern die Kosten der Besucherpflege sollten stets mit Blick auf den Erfolgsbeitrag der Besucher abgewogen werden (vgl. Helm/Günter 2006: 14). Hierbei stellt sich demnach die Frage, mit welcher Priorität Investitionen in die verschiedenen Besuchersegmente zur Steigerung der Besucherbindung sinnvoll sind (vgl. Laukner 2008: 277). Orientieren sich solche Überlegungen in privatwirtschaftlichen Unternehmen vorrangig am ökonomischen Kundenwert bzw. am Ertragspotenzial des Kunden, so besteht nach Klein im öffentlichen Kulturbereich ein komplexeres Zielsystem, anhand dessen die attraktiven Segmente für eine Bindung ermittelt werden können (vgl. hierzu und im Folgenden Klein 2008a: 39). Diese Attraktivität hängt dabei laut Klein von einer ganzen Reihe von Kriterien und Fragestellungen ab, die sich insbesondere aus den Sachzielen des jeweiligen Opernhauses (vgl. Kapitel 2.4) ableiten sollten: Handelt es sich bei der attraktiven Zielgruppe vornehmlich um Stammbesucher bzw. langjährige dem Opernhaus verbundene Abonnenten und aktive Förderer (z. B. im Cluster ‚Traditionelle'), da sie über einen sehr hohen Besucherwert verfügen und für das Opernhaus nach wie vor das Rückgrat des Bindungsmanagements darstellen? Oder richten sich die Bindungsmaßnahmen eher an die große Zahl der seltenen und gelegentlichen Wiederbesucher (z. B. im Cluster ‚Serviceorientierte'), um diese im Sinne einer aktiven Publikumsentwicklung enger an das Opernhaus zu binden und dadurch eine Ausweitung der Beziehungen in Form einer Steigerung der Leistungsnutzung zu erreichen? Handelt es sich bei der Zielgruppe aus finanziellen Gründen vorrangig um ökonomisch privilegierte Einzelkartenkäufer, die bereit sind, viel Geld für Eintrittskarten auszugeben bzw. die hauptsächlich zu den Spitzenverdienern zählen (z. B. im Cluster ‚Leidenschaftliche')? Sind insbesondere junge Besucher wie Auszubildende, Schüler und Studenten (z. B. im Cluster ‚Sozial-Interagierende') attraktiv, da sie ein zukünftiges Stammpublikum für weitere Angebote bilden können und damit auch einer zunehmenden Überalterung des Publikums entgegengewirkt werden soll? Oder sollen sich die Bindungsaktivitäten aus regionalen Zielen heraus vornehmlich auf solche Fernbesucher fokussieren, die aufgrund einer hohen Affinität zur Oper und ihrer starken Identifikation mit dem Opernhaus extra aus einer größeren Entfernung anreisen (z. B. die Kulturtouristen im Cluster ‚Leidenschaftliche')? Abhängig davon, welche Zielsetzungen ein Opernhaus im Rahmen seines Bindungsmanagements verfolgt, sollte es unter sorgfältiger Abwägung, die Attraktivität der Wiederbesuchersegmente beurteilen und einzelne Gruppen entsprechend zur vorrangigen Bearbeitung auswählen. Hierbei behilflich ist auch das strategische Planungsinstrument der Kundenportfolioana-

7.3 Implikationen für Besucherbindungsstrategien

lyse (vgl. hierzu Klein 2008a: 40 f. und ausführlich Götz/Diller 1991). Ziel dieser Methode ist es, Besucher anhand von bestimmten Überlegungen zu klassifizieren (z. B. innerhalb der beiden Dimensionen Besucherattraktivität und Besucherdurchdringung) und anschließend Schwerpunkte hinsichtlich der Realisierung von Bindungsstrategien abzuleiten.

7.3.3 Positionierung gegenüber den Besuchersegmenten

Ist darüber entschieden, welche Wiederbesuchersegmente vorrangig bearbeitet werden sollen, sind im Rahmen des *Positioning* mögliche Positionierungskonzepte, d. h. die spezifische Positionierung des Leistungsangebots, für jede ausgewählte Zielgruppe zu erarbeiten (vgl. Klein 2005a: 270). „Die Positionierung drückt sich in dem Bestreben einer Kultureinrichtung aus, ihr Angebot so zu gestalten (durch z. B. Qualitäts-, Innovations- oder Serviceorientierung), dass es im Bewusstsein der Zielgruppen einen von den Wettbewerbern eindeutig abgesetzten Platz einnimmt." (Günter/Hausmann 2009: 33) Ziel der Positionierung muss laut Klein sein, „den Abstand zwischen den von den (…) [Wiederbesuchern] wahrgenommenen Eigenschaften eines Angebots und den von ihnen für ideal betrachteten Angebotseigenschaften zu minimieren" (Klein 2005a: 270 f.). Für das Besucherbindungsmanagement stehen dabei zwei Bereiche im Vordergrund: Zunächst stellt sich die grundlegende Frage danach, ob die einzelnen Besuchersegmente eher über Verbundenheits- oder Gebundenheitsstrategien erreicht werden können. Anschließend ist eine Entscheidung über die konkrete Positionierung gegenüber den einzelnen Zielgruppen durch die Auswahl von geeigneten Bindungsstrategien sowie die Gestaltung von spezifischen Bindungsinstrumenten zu treffen. In diesem Rahmen ist auch festzulegen, auf welche Ebene sich die zu entwickelnden Bindungsstrategien beziehen sollen.

Unter Berücksichtigung der Gründe für die Bindung von Opernbesuchern lassen sich zwei unterschiedliche Basisstrategien benennen, über die die ausgewählten Zielgruppen erreicht werden können: Die *Verbundenheitsstrategie* strebt eine Bindung über psychologische und soziale bzw. emotionale Wiederbesuchsgründe an (vgl. hierzu Kapitel 4.1.2). Sie zielt darauf ab, dass sich die Wiederbesucher dem Opernhaus gegenüber verbunden fühlen und ein Eigeninteresse am Wiederbesuch haben, weil es für sie vorteilhaft ist und sie es freiwillig möchten (vgl. Klein 2008a: 29 und Kapitel 3.4.2). Verbundenheitsstrategien stellen die Besucher demnach über emotionale Wiederbesuchsgründe in einem solchen Ausmaß zufrieden, dass sie von sich aus gar nicht wechseln wollen (vgl. Günter/Hausmann 2009: 46). Demgegenüber wird die Besucherbindung bei der *Gebundenheitsstrategie* durch den anbieterseitigen Aufbau von faktischen Wechselbarrieren realisiert, die im Opernbetrieb insbesondere über vertragliche und ökonomische Wiederbesuchsgründe erreicht werden kann (vgl. hierzu Kapitel 4.1.2 und 5.10). Durch faktische Wechselbarrieren ist der Besucher im Zustand der Gebundenheit für einen bestimmten Zeitraum (meistens für eine Spielzeit oder ein Jahr) an das Opernhaus fixiert. Zwar konnte er mehr oder weniger freiwillig in die Beziehung eintreten, aber aufgrund von bestimmten Parametern (z. B. Abonnementvertrag, Mitgliedschaft im Förderverein, Vergünstigungen) ist er innerhalb dieses Zeitraums in seiner Wahl- und Entscheidungsfreiheit hinsichtlich der Nutzung von Alternativangeboten eingeschränkt (vgl. Kapitel 3.4.2). Die vorliegenden Ergebnisse zeigen, dass es Sinn macht, danach zu differenzieren, ob die Wiederbesuchersegmente eher über Verbundenheits- oder Gebundenheitsstrategien erreicht werden können. Zunächst kann festgestellt werden, dass es sich bei der ganz überwiegenden Mehrzahl der 41 identifizierten Wiederbesuchsgründe um psychologische und soziale bzw. emotionale Variablen handelt, durch die eine Verbundenheit erreicht werden kann (vgl. hierzu Kapitel 5 und 6.1.5). Lediglich die Wiederbesuchsgründe ‚Vergünstigungen' und ‚Vertragliche Bindung' zielen als faktische Wechselbarrieren auf eine Gebundenheit der Wiederbesucher (vgl. Kapitel 5.10). Die Gewährung von Vergünstigungen oder Preisermäßigungen stellt allerdings für das Gros der Befragten keinen ausschlaggebenden Wiederbesuchsgrund dar (Platz 27 im Ranking, Mean=2,58; vgl. Kapitel 6.3.1.2). Insgesamt 52,57% der Befragten lehnen diese Variable sogar ab. Für 33,44% der Befragten spielt sie jedoch eine entscheidende Rolle bei ihrer Wiederbesuchsentscheidung. Diese finden sich überwiegend im Cluster der ‚Sozial-Interagierenden' (vgl. Kapitel 6.3.4.2) und setzen sich hauptsächlich aus Mitgliedern von Jugendclubs, 20- bis 29-jährigen Besuchern, Auszubildenden und Studierenden sowie den beiden untersten Einkommensklassen zusammen (vgl. Kapitel 6.3.2.4). Eine vertragliche Bindung an das Opernhaus spielt ausschließlich eine Rolle für die Erklärung des Bindungsverhaltens der organisierten Wiederbesucher. Für die Mehrheit der Besucher stellt die vertragliche Bindung demnach keinen ausschlaggebenden Wiederbesuchsgrund dar (Platz 30 im Ranking, Mean=2,46; vgl. Kapitel 6.3.1.2). Auch bei den organisierten Wiederbesuchern ist die vertragliche Bindung für die Mehrheit der Befragten (58,29%) nicht entscheidend. Für 32,49% der Befragten spielt sie jedoch eine bedeutende Rolle. Diese finden sich insbesondere im Cluster der ‚Traditionellen' (vgl. Kapitel 6.3.4.2) und setzen sich vorrangig aus Abonnenten zusammen (vgl. Kapitel 6.3.2.4). Die Beobachtungen lassen die Vermutung zu, dass für die Mehrzahl der Wiederbesucher Verbundenheitsstrategien wohl den weitaus besseren strategischen Ansatz bieten, um diese langfristig an ein Opernhaus zu binden. Dies kann vornehmlich für die beiden Wiederbesuchergruppen ‚Leidenschaftliche' und ‚Serviceorientierte' festgestellt werden, denen in besonderem Maße emotionale

7.3 Implikationen für Besucherbindungsstrategien

Wiederbesuchsgründe überdurchschnittlich wichtig sind. Aber auch die Befragten der beiden weiteren Segmente ‚Sozial-Interagierende' und ‚Traditionelle' werden nicht bereit sein, ausschließlich Gebundenheitsstrategien zu akzeptieren. So finden sich in diesen Clustern neben den beiden faktischen Wechselbarrieren auch mehrere Variablen, die psychologisch oder sozial begründet sind und auf einer positiven emotionalen Empfindung beim Besucher basieren. Wiederbesucher von Opernhäusern dürften sich demnach in der Regel nicht in einem Zustand einer unfreiwilligen Gebundenheit befinden. Entweder sie fühlen sich dem Opernhaus gegenüber verbunden und haben ein Eigeninteresse am Wiederbesuch. Oder bestimmte Wiederbesucher (z. B. die Abonnenten im Cluster ‚Traditionelle') befinden sich in einer Soll-Position/idealisierten Gebundenheit (vgl. hierzu Kapitel 3.4.2), in der für sie neben den faktischen Wechselbarrieren auch emotionale Wiederbesuchsgründe eine entscheidende Rolle spielen. Das Ziel aller Bindungsaktivitäten sollte es folglich sein, eine Situation der Verbundenheit anzustreben, mindestens jedoch eine idealisierte Gebundenheit des Besuchers. Eine reine Gebundenheitsstrategie, sprich eine Bindung ausschließlich über ökonomische oder vertragliche Instrumente, scheint hingegen nicht erfolgversprechend. Wechselbarrieren können einem Opernhaus zwar helfen, bestimmte Besucher vorübergehend (z. B. für eine Spielzeit) an sich zu binden. Längerfristig kann eine solche Strategie aber Gefahr laufen, im Wettbewerb nicht zu bestehen.

Die Entscheidung über die einzusetzenden Bindungsstrategien sowie die Auswahl und Gestaltung von spezifischen Bindungsinstrumenten ist abhängig vom Nutzen des Leistungsangebots aus der Wahrnehmung der einzelnen Besucher (vgl. hierzu und im Folgenden auch Kapitel 5.2.1). „Denn von ganz entscheidender Bedeutung für das Zustandekommen eines Austauschs ist nicht die Sicht des Anbieters (...) sondern der Nutzen des entsprechenden Produktes aus Sicht des Besuchers." (Klein 2005a: 20) Die Auswahl von geeigneten Bindungsstrategien und -instrumenten ist daher stets an den jeweiligen Nutzendimensionen der einzelnen Wiederbesuchersegmente auszurichten. Es muss in diesem Rahmen über die Strategieoptionen entschieden werden, die zu einer Nutzungspräferenz beim Wiederbesucher führen (vgl. Hausmann 2011: 225). Sinnvollerweise sollte ein Opernhaus daher gegenüber den ausgewählten Besuchersegmenten je nach deren Präferenzen die verschiedenen Nutzendimensionen im Rahmen seines Bindungsmanagements in den Vordergrund rücken bzw. sie innerhalb der jeweiligen Beziehungen entsprechend priorisieren.

Die Ergebnisse der vorliegenden Arbeit verdeutlichen, dass für die Mehrheit der Befragten – unabhängig von ihrer Zugehörigkeit zu einem der vier identifizierten Wiederbesuchercluster – die künstlerischen Kernleistungen eines Opernhauses bzw. die Qualität der künstlerischen Produkte zu den entscheidensten Wiederbesuchsgründen zählen (vgl. Kapitel 6.3.1.2). Fünf der genannten TOP-

10 Wiederbesuchsgründe lassen sich direkt diesem Bereich zuordnen: Qualität der künstlerischen Besetzungen, Orchester- und Chorqualität (Einflussfaktor ‚Musikalische Qualität') sowie die Inszenierungsqualität und ein abwechslungsreicher Spielplan. Der musikalischen Qualität wird dabei eine höhere Bedeutung für den Wiederbesuch beigemessen als der szenischen Qualität. Für die Mehrheit der Befragten gilt das Interesse in erster Linie der Musik, den Sängern und Dirigenten, dem Orchester und dem Chor. Darüber hinaus verfügen die beiden Affinitätsvariablen ‚Vorliebe' und ‚Regelmäßige Beschäftigung und Interesse an Oper', die ebenfalls eng mit der künstlerischen Sphäre eines Opernhauses verbunden sind bzw. generell für die Nähe zur Kunstform Oper stehen, über hohe Zustimmungswerte bei den Wiederbesuchern. Betrachtet man die Zustimmungen zu diesen Variablen differenziert nach den einzelnen Clustern, so zeigt sich dass die drei Variablen der musikalischen Qualität sowie die beiden Affinitätsvariablen zwar besonders kennzeichnend für die ‚Leidenschaftlichen' sind, sie aber auch bei den anderen drei Clustern mit zu den ausschlaggebendsten Variablen zählen (vgl. Kapitel 6.3.4.2). Demgegenüber ist die ‚Inszenierungsqualität' besonders kennzeichnend für die ‚Serviceorientierten' (hier auch: ‚Ausstattungsqualität') und ebenfalls ausschlaggebend für die ‚Sozial-Interagierenden' sowie die ‚Traditionellen'. Einen ‚abwechslungsreichen Spielplan' präferieren vornehmlich die ‚Leidenschaftlichen' (hier auch: ‚Schwerpunktsetzungen im Spielplan') und die ‚Traditionellen'. Die Qualität der künstlerischen Kernleistungen ist demnach die vorrangige Voraussetzung, um Wiederbesucher an ein Opernhaus zu binden. Damit die Besucherbindung erfolgreich ist, muss die künstlerische Qualität stimmen, der Kernnutzen also optimal erfüllt werden. Der Kernnutzen und die Verfolgung einer entsprechenden *Qualitätsstrategie* sollten demnach die Basis des Bindungsmanagements bilden.

Die Ergebnisse dieser Arbeit zeigen aber auch, dass beim Wiederbesuch eines Opernhauses keineswegs nur der Kernnutzen und die Verfolgung einer entsprechenden Qualitätsstrategie von Relevanz sind, sondern es mit Blick auf die Besucherbindung immer auch auf die Erfüllung von weiteren Nutzenaspekten ankommt, die gegenüber den einzelnen Zielgruppen in den Vordergrund gerückt werden müssen. So zeigt sich z. B. für die ‚Leidenschaftlichen', dass dieses Wiederbesuchersegment im Vergleich zu den anderen Besuchergruppen auch durch eine starke Identifikation mit dem Selbstverständnis des Opernhauses und seinen Protagonisten gekennzeichnet ist (vgl. Kapitel 6.3.4.2). Die Mehrzahl der Befragten dieses Segments betrachtet zudem das positive Ansehen bzw. den guten Ruf des Opernhauses in der Öffentlichkeit als entscheidenden Wiederbesuchsgrund und frequentiert wiederholt Premieren auch aus dem Bedürfnis heraus, um mitreden und vor anderen Besuchern renommieren zu können (vgl. hierzu Kapitel 6.1.5). Auch die Befragten der ‚Serviceorientierten' sehen in einem

7.3 Implikationen für Besucherbindungsstrategien

guten Ruf des Opernhauses einen entscheidenden Wiederbesuchsgrund. Und bei den ‚Traditionellen' zeigt sich das Zugehörigkeitsgefühl bzw. die Identifikation mit dem Opernhaus durch die überdurchschnittliche Bedeutung der regionalen Identifikationsvariablen ‚Stolz auf das Opernhaus in „unserer" Stadt'. Der Wiederbesuch verfügt für diese Besucher folglich auch immer über einen symbolischen/affektiven und identitätsstiftenden Nutzen. Für die Positionierung insbesondere gegenüber den ‚Leidenschaftlichen' und den ‚Traditionellen' bietet sich daher neben einer Qualitätsstrategie auch die Verfolgung einer entsprechenden *identitätsbasierten Markenstrategie* an, mit der das Opernhaus versuchen sollte, eine starke Markenidentität bzw. unverwechselbare Corporate Identity aufzubauen und diese gegenüber den Zielgruppen bewusst einzusetzen. Eine weitere Dimension des Besuchernutzens liegt im Service (sog. Service-Nutzen) bzw. im ‚Produktäußeren' (vgl. hierzu Kapitel 5.2.1) und ist demnach alles, was ein Opernhaus seinen Besuchern rund um die Wahrnehmung des Kernnutzens bietet (vgl. Hausmann 2005: 23). Der Servicenutzen hat insbesondere eine große Bedeutung für die ‚Serviceorientierten', die sich durch eine tendenziell höhere Zustimmung zu den fünf Variablen des Einflussfaktors ‚Zufriedenstellende Serviceangebote' auszeichnen (vgl. Kapitel 6.3.4.2). Zudem lehnen sie die beiden Verbundangebote Opernshopangebot und Beschwerdezufriedenheit weniger stark ab als die weiteren Befragten. Aber auch bei den ‚Traditionellen' sowie bei den ‚Leidenschaftlichen' finden sich Zustimmungen zu den beiden Servicevariablen ‚Unkomplizierter Kartenerwerb' und ‚Besucherorientierte Servicemitarbeiter'. Begleitangebote wie z. B. Hintergrundgespräche mit Künstlern oder der Besuch von Einführungsveranstaltungen sind hingegen für einige der Befragten innerhalb der Segmente ‚Sozial-Interagierende' und ‚Traditionelle' ausschlaggebend. Für die Positionierung gegenüber diesen Zielgruppen bietet sich die Verfolgung einer entsprechenden *Servicestrategie* an, die dazu beitragen kann, die Rahmenbedingungen von Opernbesuchen bzw. den besucherseitigen Nutzungsprozess so angenehm wie möglich zu gestalten. Opernbesuche werden zudem nicht isoliert nachgefragt, sondern immer in einem bestimmten sozialen Kontext. Vor diesem Hintergrund kann auch das Verhältnis der Besucher zueinander einen sozialen Nutzen stiften (vgl. Kapitel 5.9.3). Insbesondere das Wiederbesuchercluster der ‚Sozial-Interagierenden' ist dadurch gekennzeichnet, dass für sie im Vergleich zu den anderen Besuchergruppen Aspekte der sozialen Interaktion zwischen den Besuchern und personale Beziehungen und Kontakte von Relevanz sind (vgl. Kapitel 6.3.4.2). So verfügen sie über höhere Zustimmungen zu den vier Variablen des Bindungsfaktors ‚Soziale Interaktion zwischen den Besuchern'. Des Weiteren zeichnet sich das Cluster dadurch aus, dass es im Vergleich zu den sonstigen Befragten über eine geringere Ablehnung bei der Variable ‚Vertrauensvolle Beziehungen zu Mitarbeitern' verfügt. Einige Besucher dieses

Segments nehmen somit auch vertrauensvolle Beziehungen beim Opernhaus ebenfalls als sozialen Vorteil bzw. beziehungsspezifische Investition wahr, die zu ihrer Bindung beitragen oder es ihnen aus sozialen Gründen erschweren wird eine bestehende Geschäftsbeziehung zu beenden. Und auch für die ‚Serviceorientierten' kann der gemeinsame Opernbesuch in Begleitung eine ausschlaggebende Variable darstellen. Eine den sozialen Nutzen ansprechende *Sozialstrategie* wird vor allem diese Aspekte gegenüber den Zielgruppen in den Vordergrund stellen. Darüber hinaus lässt sich beobachten, dass die ‚Traditionellen' im Vergleich zu allen anderen Befragten bei ihrer Geschäftsbeziehung zum Opernhaus besonderen Wert auf die Variablen des Einflussfaktors ‚Bevorzugungsvorteile' legen, welche hauptsächlich Relevanz für solche Wiederbesucher haben, die einem organisierten Netzwerk des Opernhauses angehören (vgl. Kapitel 6.3.3.3 und 6.3.4.2). Auch einige der Wiederbesucher im Segment ‚Sozial-Interagierende' (hauptsächlich die Mitglieder von Jugendclubs, 20- bis 29-jährigen Besucher, Auszubildende und Studierende sowie die beiden untersten Einkommensklassen, vgl. Kapitel 6.3.2.4) legen Wert auf Vergünstigungen, die ebenfalls eine Variable des Bindungsfaktors ‚Bevorzugungsvorteile' darstellen. Für die Positionierung gegenüber diesen Zielgruppen bietet sich somit auch die Verfolgung einer entsprechenden *Bevorzugungsstrategie* an, welche bewusst diese Bereiche in den Mittelpunkt der Bindungsaktivitäten stellt.

Im Rahmen der Erarbeitung von möglichen Positionierungskonzepten für die ausgewählten Zielgruppen ist auch festzulegen, auf welche Ebene sich die zu entwickelnden Bindungsstrategien beziehen (vgl. Kapitel 7.1 und 4.1.2). Folgende Fragen stehen dabei im Mittelpunkt: Welche Besuchersegmente lassen sich an das Opernhaus als Institution/ Organisation binden (z. B. über die Identifikation mit dem Opernhaus oder den guten Ruf der Bühne in der Öffentlichkeit)? Welche Besucher können über die Leistungsebene (z. B. durch die Qualität der künstlerischen Kernleistungen oder zufriedenstellende Serviceangebote) gebunden werden? Für welche Besucher trägt die Personenebene, wie z. B. Kontakte zu Mitarbeitern oder anderen Besuchern des Opernhauses, zur Bindung bei? Die Ergebnisse der Arbeit sowie die getroffenen Ausführungen zu den Bindungsstrategien verdeutlichen, dass sich die identitätsbasierte Markenstrategie insbesondere auf die Organisationsebene, die Qualitäts-, Service- sowie Bevorzugungsstrategie auf die Leistungsebene und die Sozialstrategie auf die Personenebene beziehen. Danach lassen sich die ‚Leidenschaftlichen' vornehmlich an das Opernhaus als Organisation (Identifikation mit dem Selbstverständnis des Opernhauses und seinen Protagonisten) sowie über die Leistungen (künstlerische Kernleistungen) binden. Für die ‚Serviceorientierten' tragen hauptsächlich die Leistungen (zufriedenstellende Serviceangebote und künstlerische Leistungen) zur Bindung bei. Für die ‚Sozial-Interagierenden' steht hingegen die Personen-

7.3 Implikationen für Besucherbindungsstrategien

ebene im Vordergrund ihres Bindungsinteresses. Und die ‚Traditionellen' lassen sich insbesondere über die Leistungen (Bevorzugungsvorteile und künstlerische Kernleistungen) gewinnen, aber auch an das Opernhaus als Institution (regionale Identifikation) binden. Tabelle 61 gibt abschließend nochmals einen Überblick über die wesentlichen Erkenntnisse zu den Strategieoptionen:

Tabelle 61: Strategieoptionen zur Positionierung gegenüber den Wiederbesuchersegmenten

Bindungs-ebene	Wiederbesuchersegmente			
	Leidenschaftliche	*Service-orientierte*	*Sozial-Interagierende*	*Traditionelle*
Organisation	Identitätsbasierte Markenstrategie			Identitätsbasierte Markenstrategie
Leistungen	Qualitätsstrategie, Servicestrategie	Servicestrategie, Qualitätsstrategie	Qualitätsstrategie, Bevorzugungsstrategie	Bevorzugungsstrategie, Qualitätsstrategie, Servicestrategie
Personen		Sozialstrategie	Sozialstrategie	
Basisstrategie	Verbundenheitsstrategie	Verbundenheitsstrategie	Verbundenheits- und idealisierte Gebundenheitsstrategie	Verbundenheits- und idealisierte Gebundenheitsstrategie

Für eine erfolgreiche Positionierung gegenüber den ausgewählten Zielgruppen wird es darauf ankommen, jene Strategien auszuwählen, die für die individuelle Nutzenpräferenz der jeweiligen Segmente geeignet sind. Die Ergebnisse der vorliegenden Arbeit lassen erkennen, dass ein Opernhaus gut beraten ist, nicht nur an einen Nutzen zu appellieren und auf eine einzige Strategie zurückzugreifen, sondern soweit wie möglich alle für die verschiedenen Segmente relevanten Nutzendimensionen des Produkts durch einen kombinierten Strategieeinsatz in den Austauschprozess einzubringen.

7.4 Implikationen für Besucherbindungsinstrumente

Nachdem die Bindungsstrategien gegenüber den einzelnen Segmenten erarbeitet wurden, gilt es, diese im nächsten Schritt umzusetzen. Hierfür ist der Einsatz operativer Besucherbindungsinstrumente notwendig, deren Auswahl und Gestaltung auf der Basis der bisherigen Strategieüberlegungen getroffen werden sollte. Alle Besucherbindungsinstrumente sind Bestandteil des Kultur- bzw. Theatermarketing (vgl. Klein 2008a: 42). Somit lässt sich die gesamte Palette des Marketinginstrumentariums (sog. Marketing-Mix oder auch Marketing-Politiken, vgl. hierzu ausführlich Klein 2005a: 309 ff. und Günter/Hausmann 2009: 53 ff.) im Rahmen der Umsetzung der einzelnen Bindungsstrategien nutzen. Innerhalb des Marketing-Mix können in öffentlichen Opernhäusern die folgenden fünf Instrumente bzw. Politiken zum Einsatz gelangen: die *Produktpolitik* (vgl. Kapitel 7.4.1), die *Servicepolitik* (vgl. Kapitel 7.4.2), die *Preispolitik* (vgl. Kapitel 7.4.3), die *Kommunikationspolitik* (vgl. Kapitel 7.4.4), sowie die *Distributionspolitik* (vgl. Kapitel 7.4.5). Ausgehend von den Erkenntnissen dieser Arbeit ist es möglich, in den folgenden Kapiteln einige Implikationen für die Gestaltung von Besucherbindungsinstrumenten abzuleiten. Die weiteren Ausführungen beschränken sich dabei lediglich auf eine Skizzierung einzelner ausgewählter Maßnahmen.[256] Diese stehen stellvertretend für die zahlreichen Möglichkeiten innerhalb des Marketing-Mix das Ziel der Besucherbindung zu erreichen und sind dabei keinesfalls als erschöpfend zu betrachten (vgl. hierzu auch Lutz 2011a: 88). Vielmehr wird hier – basierend auf den Zustimmungen der Befragten zu den einzelnen Wiederbesuchsgründen – auf diejenigen Bindungsinstrumente fokussiert, die aus Wiederbesuchersicht als am erfolgversprechendsten erscheinen. Auch wird auf detaillierte Ausführungen zur Vorgehensweise einer Maßnahmenimplementierung bzw. zur konkreten Umsetzung bewusst verzichtet.

7.4.1 Produktpolitik

Die Produktpolitik umfasst die Gesamtheit aller Entscheidungen, die das Leistungsangebot eines Opernhauses betreffen (vgl. Almstedt 1999: 115). In Kapitel 5.2.1 wurde bereits in Anlehnung an Almstedt grundlegend das Produkt eines Opernhauses in seine beiden Bestandteile Produktinneres bzw. Kernprodukt und Produktäußeres unterteilt. Während das Produktinnere die einzelnen Opernaufführungen sowie den Spielplan (Angebotspalette bzw. Produktprogramm einer Spielzeit) umfasst, beinhaltet das Produktäußere sämtliche Service-, Verbund-

---

[256] Für eine ausführliche Darstellung von Kundenbindungsinstrumenten kann hier exempl. verwiesen werden auf Bruhn/Homburg 2008, Klein 2008a und Knava 2009.

7.4 Implikationen für Besucherbindungsinstrumente

und Begleitangebote sowie Zusatzleistungen eines Opernhauses (vgl. hierzu Kapitel 7.4.2). Betrachtet man zunächst das *Produktinnere*, so zeigen die Ergebnisse dieser Arbeit, dass für die Mehrheit der Befragten – unabhängig von ihrer Zugehörigkeit zu einem der vier identifizierten Wiederbesuchersegmente – die künstlerischen Kernleistungen eines Opernhauses bzw. die Qualität der künstlerischen Produkte zu den entscheidendsten Wiederbesuchsgründen zählen (vgl. Kapitel 6.3.1.2). Die Qualität der künstlerischen Kernleistungen ist demnach die vorrangige Voraussetzung, um Wiederbesucher an ein Opernhaus zu binden. Ein Opernhaus muss somit stets den künstlerischen Anspruch wahren und ist in diesem Sinne nach Almstedt „als eine Produktionsstätte zu verstehen, die künstlerisch Wertvolles oder Hochwertiges hervorbringt" (Almstedt 1999: 49). Im Rahmen der Umsetzung einer Qualitätsstrategie ist die Sicherstellung einer fortlaufenden Spitzenqualität des Angebots eines Opernhauses demnach unabdingbar und dies nicht nur bei den Premieren bzw. Neuproduktionen, sondern auch beim Repertoire und bei Wiederaufnahmen muss auf eine möglichst hohe Qualität der Aufführungen im Sinne einer „performance excellence" (Hoegl 1995: 24 f.) geachtet werden. Mit Hinblick auf die Wiederbesucher sollen sich die Intendanz und Operndirektion insbesondere um qualitativ hochwertige und abwechslungsreiche künstlerische Besetzungen (Gastsolisten und Sängerensemble sowie Dirigenten) und die Verpflichtung der besten Orchestermusiker und Choristen einschließlich ihrer künstlerischen Leiter bemühen. So zeigen die Ergebnisse, dass der musikalischen Qualität von den Wiederbesuchern eine deutlich höhere Bedeutung beigemessen wird als der szenischen Qualität. Für die Mehrheit der Befragten gilt das Interesse in erster Linie der Musik, den Sängern und Dirigenten, dem Orchester und dem Chor (Einflussfaktor ‚Musikalische Qualität'; vgl. Kapitel 6.3.3.3), deren fortlaufend hohe Qualität es demnach seitens des Opernhauses zu garantieren gilt. Im Rahmen der Besetzungspolitik macht es zudem durchaus Sinn, die Hauptrollen nach Möglichkeit kontinuierlich auch mit namhaften Gästen bzw. internationalen Opernstars zu besetzen. So zeigt sich bspw. für die ‚Leidenschaftlichen', dass dieses Wiederbesuchersegment im Vergleich zu den anderen Besuchergruppen auf einen regelmäßigen Auftritt von bestimmten namhaften Gästen/Stars besonderen Wert legt (vgl. Kapitel 6.3.4.2). Insbesondere für Häuser wie die Deutsche Oper Berlin und die Bayerische Staatsoper München, die sich vielfach über bekannte Künstlernamen definieren und die Hauptpartien öfters durch Gäste besetzen, kann dies eine erfolgversprechende Strategie sein (vgl. Kapitel 6.3.1.2). Zudem sollte sich die Intendanz aber auch um attraktive und unverwechselbare Inszenierungskonzepte von Regiepersönlichkeiten bemühen. So stimmen insgesamt 61,06% der Befragten zu, dass sie dann das Opernhaus wiederholt besuchen, wenn ihnen bestimmte Inszenierungen gefallen bzw. als attraktiv erscheinen (vgl. Kapitel 6.3.1.2). Die ‚Inszenierungsqualität' ist dabei als Wiederbesuchsgrund besonders kennzeichnend für die ‚Serviceorientierten' (hier auch: ‚Ausstattungsqualität') und ebenfalls ausschlaggebend für die ‚Sozial-Interagierenden' sowie die ‚Traditionellen' (vgl. Kapitel 6.3.4.2). Erste Einblicke, was unter einer attraktiven Inszenierung aus Besuchersicht verstanden werden kann, gibt die qualitative Vorstudie dieser Arbeit (vgl. Kapitel 6.1.5). Zur Umsetzung einer Qualitätsstrategie sollten neben der Intendanz und Operndirektion auch alle an den Opernaufführungen beteiligten Protagonisten jeden Abend ihr Bestes geben, um diese möglichst unter optimalen Bedingungen stattfinden zu lassen und das Publikum immer wieder aufs Neue zu begeistern. Die Spitzenqualität des Angebots kann beispielsweise dadurch erreicht und gesichert werden, dass seitens der Intendanz konkrete Qualitätsziele und -standards vorgegeben werden, deren Einhaltung fortlaufend zu überprüfen ist, sowie generell durch die Umsetzung eines entsprechenden Qualitätsmanagement in allen Bereichen der künstlerischen Produktion. Die Erzielung künstlerischer Spitzenleistung seitens der Protagonisten eines Opernhauses wird dabei auch davon abhängig sein, wie stark sich die Mitarbeiter mit ihrem Opernhaus persönlich identifizieren und wie zufrieden sie insgesamt mit ihren Arbeitsbedingungen sind. Die Zufriedenheit der Mitarbeiter im Musiktheater korreliert dabei „stark mit verschiedenen Faktoren wie Karrieremöglichkeiten, Betriebsklima oder intrinsischer und extrinsischer Motivation" (Abfalter 2010: 269), die seitens der Opernleitung im Hinblick auf die Qualitätsstrategie verstärkt berücksichtigt werden sollten.

„Um [künstlerische] Produkte bzw. Produktgruppen so zusammenzustellen, dass sie für den Besucher zu einer in sich passenden, attraktiven Gesamtheit werden, sind Entscheidungen notwendig, die über die reine Produktgestaltung hinausgehen." (Almstedt 1999: 116) Es müssen somit laut Almstedt im Rahmen der Programmpolitik Überlegungen hinsichtlich der *Spielplangestaltung* eines Opernhauses angestellt werden. Im Unterschied zu kommerziellen Betrieben orientiert sich die Spielplangestaltung bei öffentlichen Opernhäusern nicht nur an ökonomischen, sondern vorwiegend an kulturpolitischen bzw. künstlerischen Zielsetzungen. Allerdings kann das künstlerische Konzept nicht völlig losgelöst von den Erwartungen und Bedürfnissen der Besucher festgelegt werden, da die Auswirkungen der Spielplangestaltung auf die Nachfrage mitunter gravierend sind (vgl. hierzu und im Folgenden Kapitel 5.2.3.2). Opernbetriebe müssen daher im Rahmen ihrer künstlerischen Zielsetzungen und organisatorischen Notwendigkeiten auch die Bedürfnisse und Ansprüche ihrer unterschiedlichen Besucher bei der Spielplangestaltung berücksichtigen, um diese zufriedenzustellen und dadurch an das Opernhaus zu binden. Die Ergebnisse dieser Arbeit zeigen, dass insbesondere ein *abwechslungsreicher Spielplan* für die Mehrheit der Wiederbesucher eine entscheidende Variable darstellt (Platz 9 im Ranking, Mean=3,64

7.4 Implikationen für Besucherbindungsinstrumente 419

und 55,96% Zustimmung; vgl. Kapitel 6.3.1.2). Dieser Wiederbesuchsgrund ist dabei besonders kennzeichnend für die ‚Leidenschaftlichen' und ebenfalls ausschlaggebend für die ‚Traditionellen' (vgl. Kapitel 6.3.4.2). Dabei hat er vornehmlich für die häufigen Opernbesucher, Abonnenten und Mitglieder von Fördervereinen, Wiederbesucher aus dem Ausland und Befragte mit mittleren und hohen Bildungsabschlüssen eine hohe Relevanz (vgl. Kapitel 6.3.2.4). Als abwechslungsreich wird von den Experten sowie den in der qualitativen Vorstudie befragten Wiederbesuchern insbesondere das Angebot eines umfangreichen bzw. breiten Repertoires ggf. aus mehreren zeitlichen Epochen einschließlich neuer, unbekannter sowie auch zeitgenössischer Stücke verstanden (vgl. Kapitel 5.2.3.2 und 6.1.5). Berücksichtigt man diese Ergebnisse bei der Spielplangestaltung, so impliziert dies für die Opernhäuser, ihren Wiederbesuchern eine möglichst große Bandbreite und Vielfalt der Opernliteratur anzubieten. Auch die Originalität des Spielplans kann dabei zum Wiederbesuch beitragen. Die Originalität des Spielplans eines Hauses ist nach Boerner umso höher, je größer der Anteil derjenigen Stücke ist, die von anderen Opernhäusern insgesamt weniger häufig aufgeführt werden (vgl. hierzu und im Folgenden Boerner 2002: 71), kann sich aber auch in der Erprobung neuer, experimenteller Aufführungsformen/-orte zeigen. Originelle Spielpläne der Häuser würden die Bandbreite der insgesamt gespielten Werke erhöhen und sind daher im Sinne der Pflege des Repertoires erstrebenswert. Auf der anderen Seite kann aber auch die Präferenz für bestimmte *Schwerpunktsetzungen im Spielplan* zur Besucherbindung beitragen (insgesamt 30,09% Zustimmung; vgl. Kapitel 6.3.1.2), wobei dieser Variable besonders die ‚Leidenschaftlichen' zustimmen (vgl. Kapitel 6.3.4.2). Im Rahmen der Vorstudie konnten erste Einblicke gewonnen werden, welche Schwerpunktsetzungen präferiert werden. Die Befragten nannten hier vornehmlich einzelne Stilepochen (Barock, Romantik, Belcanto) sowie bestimmte Komponisten (Händel, Wagner, Strauss, Puccini, Verdi) und deren Werke (vgl. Kapitel 6.1.5). Die Affinität der Befragten für bestimmte Komponisten und deren Werke zeigt sich auch anhand der Variablen ‚Vorliebe', die für die überwiegende Mehrzahl der Wiederbesucher zu einem der relevantesten Gründe zählt (Platz 3 im Ranking, Mean=4,05 und 74,23% Zustimmung; vgl. Kapitel 6.3.1.2). Sie ist besonders kennzeichnend für die ‚Leidenschaftlichen', zählt aber für die drei weiteren Wiederbesuchersegmente ebenfalls zu den entscheidenden Variablen (vgl. Kapitel 6.3.4.2). Dabei ist sie hauptsächlich für die seltenen Wiederbesucher, Angestellte und Studierende, die 20- bis 29-jährigen und Personen mit hohen Bildungsabschlüssen bedeutend (vgl. Kapitel 6.3.2.4). Wollen Opernhäuser diese Gruppen ansprechen, so impliziert dies eine Konzentration auf thematische bzw. werkbezogene Schwerpunkte, auf bestimmte Komponisten oder Epochen bei der Spielplangestaltung. Diese Beobachtungen spiegeln sich auch bereits in der Praxis der analysierten Opernhäuser wider, die in den letzten Jahren zunehmend inhaltliche Schwerpunkte im Spielplan (z. B. Themen- und Komponistenschwerpunkte, Festtage/-wochen als Werkschau von Komponisten oder Überblick zu Stilepochen) setzen, um ihr heterogenes Publikum mit einem auf ihre unterschiedlichen Vorlieben abgestimmten Angebot ansprechen und binden zu können. Die Setzung von Schwerpunkten im Spielplan könnte aber nicht nur nach thematischen, sondern z. B. für das Segment der ‚Leidenschaftlichen', die auf einen regelmäßigen Auftritt von bestimmten namhaften Gästen/Stars besonderen Wert legen (vgl. Kapitel 6.3.4.2), auch nach personellen Gesichtspunkten erfolgen. Zudem erscheint es ebenfalls sinnvoll, denjenigen Wiederbesuchern, die auf einen gemeinsamen Opernbesuch in Begleitung besonderen Wert legen (Segmente ‚Sozial-Interagierende' und ‚Serviceorientierte', vgl. Kapitel 6.3.4.2), auch durch spezielle Angebotsformate/-reihen bzw. Schwerpunkte im Spielplan (z. B. Schwerpunkte für Familien, spezielle Angebotsreihen für Schüler und Studierende) zu entsprechen. Die Grundausrichtung des künstlerischen Programms bzw. des Spielplans ist eng verknüpft mit der Person des Intendanten, der die künstlerische Linie des Hauses vorgibt, die sich im jeweiligen Spielplan konkretisiert (vgl. Kapitel 5.8.1). Jedes Opernhaus entwickelt dabei im Rahmen seines allgemeinen kulturpolitischen Auftrags in der Regel sein ganz eigenes, spezifisches inhaltliches Profil, das hauptsächlich bestimmt wird von den grundlegenden künstlerischen Vorstellungen des Intendanten sowie seines Generalmusikdirektors. Insgesamt 31,99% der Befragten (in Frankfurt sind es sogar 53,01%) identifizieren sich mit dem *künstlerischen Profil* ihres Opernhauses, wobei diese Variable vornehmlich zum Wiederbesuch der ‚Leidenschaftlichen' beiträgt (vgl. Kapitel 6.3.1.2 und 6.3.4.2). Die Etablierung eines unverwechselbaren künstlerischen Profils (z. B. im Rahmen einer identitätsbasierten Markenstrategie) kann damit ebenfalls zur Bindung von bestimmten Wiederbesuchergruppen beitragen und erscheint auch noch aus einem weiteren Grund erstrebenswert. Häufig wird im Opernbetrieb der hohe Anteil des sog. Standardrepertoires und die Gleichförmigkeit bzw. Parallelität der Spielpläne moniert (vgl. hierzu und im Folgenden Kapitel 5.2.3.1).[257] Das kann zu der schwierigen Situation führen, dass die einzelnen Häuser kaum mehr zu unterscheiden sind und damit austauschbar werden. Im Kontext der beschriebenen Herausforderungen (vgl. Kapitel 3.1.1) ist die Gegenwart von Opernhäusern aber zunehmend von der Notwendigkeit zur Profilierung geprägt (vgl. Rädel 2002: 125). Mehr als zuvor müssen Opernhäuser

---

257 Es ist auffällig, dass sich nahezu 80% der Spielpläne öffentlicher Opernhäuser aus den immer gleichen Stücken zusammensetzen. In den letzten Jahren hat die Abnahme der Premierenzahlen zu einer weiteren Verengung der Spielpläne auf die wenigen erfolgreichen Werke beigetragen (vgl. Schugk 1996: 181 und Hoegl 1995: 149 f.).

daher durch ihre Spielplangestaltung bewusst in den Vordergrund rücken, was sie für Besucher einzigartig bzw. unverwechselbar macht.

Die Ergebnisse der vorliegenden Arbeit legen für Opernhäuser insgesamt die Realisierung einer *pluralistischen Programmpolitik* nahe (vgl. hierzu und im Folgenden Hilger 1985: 233 und Schugk 1996: 181). Ein breit angelegter Spielplan, der auch auf thematische Schwerpunkte setzen kann, muss gleichzeitig noch Platz für das Entstehen eines festen Bildes des Opernhauses geben, d. h. die Bühne sollte ein klares künstlerisches Profil entwickeln und dieses den Wiederbesuchergruppen vermitteln (vgl. Almstedt 1999: 117). Dabei ist ein über mehrere Spielzeiten erkennbarer institutionseigener Stil zu verfolgen, der jedoch derart vielschichtig sein muss, dass die unterschiedlichen Besuchergruppen und ihre Vorlieben angesprochen werden können (vgl. Almstedt 1999: 117). Die Spielplangestaltung sollte sich demnach laut Almstedt an zwei Forderungen messen lassen: „Derjenigen nach einer starken Identität, der Unverwechselbarkeit und Alleinstellung [sog. Unique Selling Proposition] des jeweiligen Theaters und derjenigen nach einer Ausgeglichenheit bzw. Breite innerhalb des Produktangebots" (Almstedt 1999: 117). Schließlich sollte bei der Verwirklichung eines pluralistischen Spielplanes auch ein kontinuierlicher Einbau von Neuerungen durch die Aufnahme von Produktinnovationen (z. B. Uraufführungen, Erstaufführungen am jeweiligen Opernhaus, zeitgenössische Stücke) angestrebt werden (vgl. Hilger 1985: 236 ff.). Gerade zeitgenössische Produktionen haben es heute schwer, ein entsprechendes Publikum zu finden. Das fehlende Angebot an Neuem bewirkt laut Wahl-Ziegler Unkenntnis und mangelndes Interesse für das Neue beim Publikum und in einer Art Spirale, dient der Mangel an Interesse wiederum der Rechtfertigung dafür, dass wenige zeitgenössische Musik angeboten wird (vgl. Wahl-Ziegler 1978: 159). Die Modernisierung der Spielpläne sollte daher in eine kontinuierliche Entwicklung gebracht werden, um auf längere Sicht die vom Publikum akzeptierte Repertoirebasis der Oper deutlich zu verbreitern (vgl. Hoegl 1995: 207).

7.4.2 Servicepolitik

Die Ergebnisse der vorliegenden Arbeit verdeutlichen, dass neben den künstlerischen Kernleistungen auch bestimmte zufriedenstelle Serviceangebote von Opernhäusern eine Rolle spielen und ebenfalls entscheidend dafür sind, dass eine Bühne wiederholt frequentiert wird. Bei Geschäftsbeziehungen, die wie im Opernbetrieb mit einem hohen Maß an persönlicher Interaktion zwischen dem Opernhaus und seinen Besuchern verbunden sind, nehmen insbesondere *besucherorientierte Servicemitarbeiter* für Wiederbesucher einen hohen Stellenwert für ein zufriedenstellendes Serviceangebot ein (Platz 7 im Ranking, Mean=3,70; vgl. Kapitel 6.3.1.2). Ein freundliches und zuvorkommendes Auftreten des Servicepersonals hat eine sehr große Bedeutung für die ‚Serviceorientierten'. Aber auch bei den ‚Traditionellen' sowie bei den ‚Leidenschaftlichen' finden sich höhere Zustimmungen zu diesem Wiederbesuchsgrund (vgl. Kapitel 6.3.4.2). Dabei ist diese Variable vornehmlich für Personen mit niedrigen und mittleren Bildungsabschlüssen von Relevanz und hat generell für Besucher mit einer kurzen Geschäftsbeziehungsdauer eine höhere Bedeutung als für die dem Opernhaus langjährig Verbundenen (vgl. Kapitel 6.3.2.4). Im Rahmen der Umsetzung einer Servicestrategie kommt folglich den Mitarbeitern des Opernhauses eine entscheidende Rolle zu. So laufen laut Klein alle Bemühungen um Besucherorientierung ins Leere, wenn es nicht gelingt, alle Mitarbeiter auf dieses Ziel hin zu verpflichten (vgl. Klein 2008a: 115). Ein besucherorientiertes Verhalten der Servicemitarbeiter erfordert laut Munro eine entsprechende Haltung zum Besucher, die vom gesamten Personal verkörpert werden muss und darin besteht, dass jedem Einzelnen das körperliche, emotionale und geistige Wohlbefinden der Besucher am Herzen liegt (vgl. Munro 1999: 1834 zitiert nach Laukner 2008: 123). Hierzu trägt vor allem bei, dass die betreffenden Mitarbeiter sich persönlich mit dem Opernhaus identifizieren, mit ihrer Arbeitssituation zufrieden sind und gerne Kontakt mit dem Publikum haben. Damit ist es von Bedeutung, insbesondere Fragen des internen Marketings[258] näher zu betrachten (vgl. hierzu für den Kulturbetrieb Günter/Hausmann 2009: 101 ff. und allgemein Bruhn 1999). Dies beruht auch auf der Annahme, dass für Besucherzufriedenheit und -bindung als Grundvoraussetzung Mitarbeiterzufriedenheit und -bindung vorhanden sein müssen (vgl. Bruhn/Grund 1999: 502 f.). In diesem Sinne konstatiert auch Klein: „Externes Beziehungsmarketing (…) setzt zugleich internes, auf die Mitarbeiter gerichtetes Beziehungsmarketing voraus (…). Sie müssen für ihre Aufgaben ausgewählt, weiterentwickelt, motiviert und zielgerichtet eingesetzt werden (…)" (Klein 2008a: 115). Hierzu sind einerseits die Verankerung der Besucher- bzw. Serviceorientierung in den Leitlinien des Opernhauses im Sinne von definierten Standards, sowie die Entwicklung eines Führungskonzeptes, das die Mitarbeiter optimal integriert, notwendig (vgl. hierzu und im Folgenden Lutz 2011a: 86 und Röper 2001: und 289 sowie ausführlich Klein 2009). Anderseits sind eine adäquate Personalauswahl und entsprechende Schulungen der Servicemitarbeiter,

---

[258] „Das interne Marketing hat zum Ziel, durch die Umsetzung von Mitarbeiterorientierung und die Gestaltung von internen Kunden-Lieferanten-Beziehungen (…) mittels ausgewählter Instrumente des Marketing- und Personalmanagement, die Mitarbeiter zu mehr besucherorientiertem Verhalten anzuregen und insgesamt Marketing und Besucherorientierung als Denkhaltung und Leitphilosophie im Kulturbetrieb zu etablieren." (Günter/Hausmann 2009: 102)

7.4 Implikationen für Besucherbindungsinstrumente

ihre Motivation und aktive Einbindung in Zielfindungsprozesse, der Aufbau von Anreizsystemen, die interne Koordination und Abstimmung der Beteiligten sowie eine Entbürokratisierung und flexiblere Kompetenzverteilungen von Nöten.

Die ‚Serviceorientierten' besuchen Aufführungen vornehmlich auch deshalb, um die besondere *Atmosphäre* und das spezielle *Ambiente* zu erleben (Mean=3,90; vgl. Kapitel 6.3.4.2). Dabei ist diese Variable insbesondere für die seltenen Wiederbesucher, Kulturtouristen und Mitglieder von Jugendclubs sowie für Befragte mit Hauptschulabschluss ausschlaggebend (vgl. Kapitel 6.3.2.4). Möchte ein Opernhaus diesen Personenkreis zum wiederholten Besuch bewegen, so sollte es im Rahmen seiner Servicepolitik auf dieses ‚Rundum-Erleben' (vgl. Kapitel 5.3.2) besonderen Wert legen und ggf. durch bauliche Veränderungsmaßnahmen gezielt dazu beitragen. Zu einer angenehmen und gepflegten Atmosphäre der Räume tragen laut Röper z. B. eine ästhetisch stimmige Innenraumgestaltung mit angenehmer Beleuchtung, interessanter Dekoration und schöner Möblierung bei, wobei besonders auf ausreichende Sitzgelegenheiten in den Foyers zu achten ist. Selbstverständlich sollten laut Röper absolute Sauberkeit, frische Luft und eine angenehme Raumtemperatur sein (vgl. Röper 2001: 281). Bei der Ausstattung bzw. dem Zustand der sanitären Anlagen wird laut der in dieser Arbeit befragten Experten von den Besuchern häufig auf Kriterien wie Größe, Sauberkeit, geringe Wartezeit vor den Toiletten sowie Kinder- und Behinderten-freundlichkeit geachtet. Wesentlich dafür, dass sich das Publikum im Opernhaus wohlfühlt, ist laut der befragten Experten auch die Gestaltung des Zuschauerraums selbst. Unbequeme Sitzplätze, von denen sich aus das Geschehen auf der Bühne schlecht einsehen lässt oder die über eine zu geringe Beinfreiheit verfügen, hinterlassen beim Opernbesucher einen negativen Eindruck. Für eine gute Atmosphäre sorgen darüber hinaus angenehme Sicht- und Luftverhältnisse, eine gute Akustik/ein guter Klangraum sowie das bequeme Erreichen des Sitzplatzes (vgl. zu den von den befragten Experten genannten Punkten auch bei Röper 2001: 281, Giller 1995: 109 und Haefs 2000 zitiert bei Klein 2008a: 106).

Für die Abonnenten innerhalb des Wiederbesuchersegments der ‚Traditionellen' zählt die *Gewährung von Zusatzleistungen* zu den entscheidensten Variablen (Mean=4,05; vgl. Kapitel 6.3.4.2 und 6.3.2.4). Zur Umsetzung einer Bevorzugungsstrategie sollten daher innerhalb der Servicepolitik dieser Wiederbesuchergruppe bestimmte VAS gezielt angeboten werden. Hierbei kann nach Meffert zwischen Muss-, Soll- und Kann-Leistungen unterschieden werden (vgl. Meffert 1987: 93 ff. und Laakmann 1995): Zu den Muss-Leistungen zählen alle Zusatzleistungen im Abonnement, die aus Sicht der Besucher unabdingbar erbracht werden müssen. Neben diesen Selbstverständlichkeiten können hierzu aber auch alle Leistungen zählen, die bereits von den meisten Opernhäusern als Standardleistung im Abonnement erbracht werden, so dass der Besucher das Vorhandensein dieser Leistung voraussetzt (vgl. Klein 2008a: 101). Dabei kann es sich z. B. um gewisse Preisermäßigungen, die Zusicherung fester Aufführungstermine und eines festen Sitzplatzes sowie um die kostenlose Zusendung des Jahresspielplans und/oder der Monatsspielpläne handeln (vgl. hierzu auch Kapitel 5.5). Bei den Muss-Leistungen kann demnach in Anlehnung an die Motivationstheorie von Herzberg[259] davon ausgegangen werden, dass es sich um sog. Hygiene-Faktoren handelt, also um Zusatzleistungen, welche vom Besucher als selbstverständlich angesehen werden, so dass deren Mängel (wenn sie den Erwartungen der Besucher nicht entsprechen oder ganz fehlen) zu Unzufriedenheit führen können, deren positive Ausprägung lediglich diese Unzufriedenheit verhindert, jedoch keine Zufriedenheit bewirkt. Die Hygiene-Faktoren sollten daher von den Opernhäusern auf jeden Fall den Erwartungen und Bedürfnissen der Besucher entsprechend ausgestaltet werden. Demgegenüber werden die Soll-Leistungen von den Besuchern nicht zwingend erwartet und stellen somit gewöhnlich kein Ausschlusskriterium zur Inanspruchnahme des Abonnements dar (vgl. Klein 2008a: 101). Hierzu zählen demnach alle Dienstleistungen, die vom Opernhaus freiwillig und ergänzend zur Primärleistung erbracht werden, um für Abonnenten einen weiteren Mehrwert zu schaffen, wie z. B. Vereinbarungen mit den städtischen Verkehrsbetrieben über die kostenlose Nutzung des öffentlichen Personennahverkehrs vor und nach den Aufführungen oder diverse Vorteile im freien Verkauf (z. B. Vorkaufsrecht für Einzelkarten). Vor allem die Kann-Leistungen erhöhen die Attraktivität des Leistungsangebotes, also all jene Serviceleistungen, die der Besucher nicht erwartet und die ihn daher positiv überraschen (vgl. Klein 2008a: 102). Es handelt sich immer dann um innovative Kann-Leistungen, wenn sie neu sind und von wenigen Opernhäusern erbracht werden, wie z. B. Preisnachlässe bei anderen Theatern und Festivals, Ermäßigungen bei branchenfremden Partnern (z. B. Gastronomie, Einzelhandel, Reisebüros), eine separate Lounge für Abonnenten im Opernhaus, exklusive Sonderveranstaltungen für Abonnenten (sog. Subscriber Appreciation Events: z. B. exklusives Abonnentenkonzert mit einem Opernstar und anschließendes Dinner mit dem Intendanten).

Darüber hinaus kann im Rahmen einer Sozialstrategie denjenigen Wiederbesuchern, die auf einen *gemeinsamen Opernbesuch in Begleitung* besonderen Wert legen (Segmente ‚Sozial-Interagierende' (Mean=3,89) und ‚Serviceorientierte' (Mean=3,64); vgl. Kapitel 6.3.4.2), durch die Schaffung von speziellen Gruppenangeboten entsprochen werden. Insbesondere Wiederbesucher mit einer

---

[259] Die Theorie von Herzberg wurde in Zusammenhang von Studien über die Arbeitsmotivation entwickelt. Ob sie tatsächlich auch in diesem Kontext anwendbar ist, müsste empirisch überprüft werden. Es wäre aber denkbar, dass gewisse VAS vorwiegend als Hygiene-Faktoren und andere vom Besucher vor allem als Motivatoren empfunden werden (vgl. zur Zwei-Faktoren-Theorie Herzberg et al. 1993).

kurzen Geschäftsbeziehungsdauer, Mitglieder von Besucherorganisationen und Jugendclubs, jüngere und mittlere Altersgruppen bis 39 Jahre, Frauen, Schüler und Studierende, Besucher mit niedrigen und mittleren Bildungsabschlüssen sowie die Besucher der beiden untersten Einkommensgruppen könnten durch solche speziellen Gruppenpakete zum Wiederbesuch angeregt werden (vgl. Kapitel 6.3.2.4). Für die Zusammenstellung von attraktiven Gruppenangeboten ist es laut Röper sinnvoll, einen Baukasten von Zusatzleistungen zu entwickeln, die mit dem eigentlichen Vorstellungsbesuch kombiniert werden können und dem Bedürfnis nach einem gemeinsamen und besonderen Opernerlebnis in Begleitung entgegenkommen (vgl. hierzu und im Folgenden Röper 2001: 302 ff.): Denkbar wären nach Röper z. B. Führungen durch das Opernhaus mit einem Blick hinter die Bühne, eine spezielle Einführung für die Gruppe zum Stück vor der Vorstellung, Gespräche mit beteiligten Künstlern, verschiedene Catering-Angebote wie z. B. ein Glas Sekt oder ein Cocktail in einer speziell eingerichteten Lounge für Gruppenbesucher (mit der Möglichkeit dabei auch andere Besucher kennenzulernen und mit diesen ins Gespräch zu kommen), ein Abendessen im Opernrestaurant im Anschluss an die Aufführung oder ein besonderes Erinnerungsstück an den Opernabend (z. B. ein Foto der Gruppe in den Kulissen auf der Opernbühne). Je nach Interesse, Zeitbudget, Opernerfahrung, Größe und Zahlungsbereitschaft der jeweiligen Gruppen wird laut Röper eine andere Zusammenstellung aus solchen Bausteinen rund um den eigentlichen Vorstellungsbesuch als attraktiv erscheinen. Sinnvoll ist nach Röper die Vorformatierung der Bausteine, damit interessierten Wiederbesuchern und den mit dem Opernhaus in Kontakt stehenden Besucherorganisationen und Jugendclubs für ihre Mitglieder klar strukturierte Angebote mit festen Paketpreisen unterbreitet werden können.

7.4.3 Preispolitik

Im Rahmen der Preispolitik ist die Methode der Preisdifferenzierung für Opernhäuser sowohl unter sozial- und kulturpolitischen als auch unter Erlösoptimierungserwägungen gut geeignet, da sie die Möglichkeit offen lässt, die unterschiedliche Kaufkraft der Wiederbesucher zu berücksichtigen, auf Veränderungen im Konsumentenverhalten einzugehen und eine gezielte Marktabschöpfungsstrategie durchzuführen, d. h. für die verschiedenen Wiederbesuchersegmente unterschiedliche und jeweils ihrer Zahlungsbereitschaft angemessene Preise und Ermäßigungen festzulegen (vgl. Schugk 1996: 200, Klein 2005a: 358 und Günter/Hausmann 2009: 64 sowie allgemein zum Preismanagement im

Kulturbetrieb Schößler 2011).²⁶⁰ Ausgangspunkt dieser Methode ist ein differenziertes Preissystem, das nach unterschiedlichen Kriterien (räumlich, zeitlich, Produktmerkmale, Besuchermerkmale und mengenabhängiges Pricing) ausgestaltet werden kann (vgl. hierzu für den Theaterbereich Hausmann 2005: 132 ff. und Röper 2001: 316 ff. sowie allgemein Simon et al. 2005). Eine erfolgreiche Anwendung der differenzierten Preisfestlegung setzt gründliche Analysen an den einzelnen Opernhäusern voraus. Ohne eine systematische Erhebung und Berücksichtigung von besucherindividuellen Kaufgewohnheiten, Preissensitivitäten und Zahlungsbereitschaften im Preisfindungsprozess bleibt die Gestaltung einer optimalen Preisstruktur laut Simon et al. Zufall (vgl. Simon et al. 2005: 357). Ein besonders geeignetes Instrument zur Identifizierung von Preisbereitschaften stellt dabei die Conjoint-Analyse dar (vgl. hierzu Günter/Hausmann 2009: 61 und ausführlich Homburg/Krohmer 2006: 407).

Die Ergebnisse dieser Arbeit geben erste Anhaltspunkte für die Ausgestaltung einer differenzierten Preispolitik im Rahmen des Besucherbindungsmanagements. So zeigen sie, dass für 33,44% der Befragten ‚Vergünstigungen' eine entscheidende Rolle bei ihrer Wiederbesuchsentscheidung spielen. Diese preissensiblen Wiederbesucher finden sich überwiegend im Cluster der ‚Sozial-Interagierenden' (vgl. Kapitel 6.3.4.2) und setzen sich hauptsächlich aus Mitgliedern von Jugendclubs, 20- bis 29-jährigen Besuchern, Auszubildenden und Studierenden sowie Personen aus den beiden untersten Einkommensklassen zusammen (vgl. Kapitel 6.3.2.4). Im Rahmen einer *Preisdifferenzierung nach Besuchermerkmalen*, welche an die mit verschiedenen persönlichen Merkmalen (z. B. Alter, Familienstand, soziale Stellung, Besucherstatus) variierende Preisbereitschaft der Besucher anknüpft (vgl. Hausmann 2005: 133 und Schmidt-Ott 1998: 168), kann diesen preisbewussten Besucherschaften bewusst ein ermäßig-

---

260 „Die Ausgestaltung der Preispolitik unterliegt im [Theaterbereich] der Besonderheit, dass Eintrittspreise (...) in der Regel nicht ökonomisch, d. h. an Erfolgs- und Kostengrößen orientiert, festgelegt werden, sondern vielmehr kultur- und sozialpolitischen Vorgaben unterliegen und von den Rechtsträgern mitbestimmt werden." (Günter/Hausmann 2009: 58) Hierdurch soll die allgemeine Zugänglichkeit von Opernaufführungen für möglichst breite Bevölkerungsschichten unabhängig ihrer sozialen Herkunft und der Erhalt wichtiger Publikumsschichten (z. B. Studenten und Schüler) sichergestellt werden, was letztlich auch durch niedrige bzw. moderate Eintrittspreise erreicht werden kann (vgl. Schugk 1996: 194 und Günter/Hausmann 2009: 58). Neben den sozial- und kulturpolitischen Vorgaben besteht in den letzten Jahren aber auch die zunehmende Notwendigkeit zur Steigerung der Eigeneinnahmen von Opernhäusern (vgl. Kapitel 3.1.1). Die Zielsetzung, möglichst hohe Einnahmen aus dem Kartenverkauf zu erzielen, um den Bedarf an öffentlichen Zuschüssen aus Steuermitteln so gering wie möglich zu halten, legt jedoch möglichst hohe Preise nahe (vgl. Röper 2001: 315). Um den einander widersprechenden Zielen angemessen gerecht zu werden, können Opernhäuser daher versuchen, durch eine differenzierte Preisfestsetzung die individuelle Zahlungsbereitschaft ihrer Besucher so gut wie möglich zu berücksichtigen und dadurch ihre Eigeneinnahmen insgesamt zu steigern (vgl. Röper 2001: 315).

7.4 Implikationen für Besucherbindungsinstrumente

ter Eintritt bzw. vergünstigte Konditionen eingeräumt werden. Dies kann z. B. durch Schüler-/Studenten- und Seniorentickets, Sozialtickets für sozial Benachteiligte (z. B. ‚3-Euro-Tickets' an den Berliner Bühnen), vergünstigte Steh-/ Hörplatzkarten, Jugend-/Schülerabonnements, spezielle Theatercards für junge Zielgruppen wie die ClassicCard in Berlin, die KultTourCard in Dresden oder die JuniorCards der Opernhäuser in Frankfurt und Leipzig sowie durch Ermäßigungen und finanzielle Anreize im Rahmen der Mitgliedschaft eines operneigenen Jugendclubs bzw. Jungen Opernfreundeskreises erreicht werden. Eine weitere Variante der Preisdifferenzierung nach Besuchermerkmalen ist das *Mehrpersonen-Pricing*. Ziel dieser Variante ist es laut Simon et al., durch entsprechende Vergünstigungen über den Wiederbesucher hinaus weitere Kunden zu gewinnen, wodurch sich zusätzliche Umsätze generieren und gleichzeitig Besucherbindungseffekte erzielen lassen (vgl. Simon et al. 2005: 352 f.). Das Mehrpersonen-Pricing kann laut der Ergebnisse dieser Arbeit insbesondere für die preisbewussten Wiederbesucher innerhalb der beiden Segmente ‚Sozial-Interagierende' und ‚Serviceorientierte' erfolgversprechend zur Anwendung gelangen. Für die Befragten dieser beiden Gruppen stellt die Variable ‚Gemeinsamer Opernbesuch in Begleitung' einen entscheidenden Wiederbesuchsgrund dar und sie frequentieren das Opernhaus überwiegend gemeinsam mit Familienangehörigen, Freunden oder Bekannten (vgl. Kapitel 6.3.4.2). Die preissensiblen Wiederbesucher, für die sowohl Vergünstigungen als auch der gemeinsame Opernbesuch relevant sind, setzen sich wiederum hauptsächlich aus jungen Altersgruppen unter 30 Jahren, Schülern und Studierenden, Mitgliedern von Jugendclubs sowie Personen aus den beiden untersten Einkommensklassen zusammen (vgl. Kapitel 6.3.2.4). Beispiele dafür, wie ein Mehrpersonen-Pricing im Opernbetrieb ausgestaltet werden kann, finden sich u. a. in Berlin, Leipzig, Düsseldorf und Frankfurt. So haben Inhaber der ClassicCard in Berlin die Möglichkeit einmal im Monat gemeinsam mit einer weiteren Person unter 30 Jahren zu den vergünstigten Konditionen der ClassicCard eine Aufführung zu besuchen. An der Oper Leipzig können Abonnenten zu jeder Vorstellung ihres Abonnements zusätzlich zwei Karten mit 10% Rabatt auf den geltenden Kassenpreis für Freunde und Bekannte erwerben. Das Opernhaus in Düsseldorf bietet den Inhabern der Familienkarte Düsseldorf einmal im Monat eine ausgewählte Vorstellung im Opernhaus für die ganze Familie zum Komplettpreis von 24 Euro an. Und an der Oper Frankfurt erhalten Inhaber der JuniorCard auf Wunsch zwei Tickets pro Vorstellung zum Preis von je 15 Euro, falls die Begleitperson ebenfalls nicht älter als 30 Jahre ist. Eine weitere Möglichkeit im Rahmen des Mehrpersonen-Pricing stellt auch der Vertrieb von ermäßigten Gruppentickets dar. Sie bieten für das Opernhaus neben der Bindung der Wiederbesucher auch die Chance, neue Besucher zu gewinnen, die alleine nicht gekommen wären, sich aber im Rahmen einer Gruppenaktivität ans Opernhaus heranführen lassen (vgl. Röper 2001: 302). Die Aktivitäten des Mehrpersonen-Pricing kommen jedoch nicht nur dem Bedürfnis dieser Zielgruppen nach einem gemeinsamen Opernbesuch entgegen, sondern sind auch als Maßnahme zur Stimulierung bzw. Steigerung von Mundwerbung geeignet (vgl. Helm/Kuhl 2006: 179). Die Variable ‚Weiterempfehlungen von anderen Besuchern' besitzt insbesondere für Schüler bzw. die jungen Besucherschaften innerhalb des Segments der ‚Sozial-Interagierenden' eine ausschlaggebende Relevanz (vgl. Kapitel 6.3.4.2 und 6.3.2.4), so dass sich hauptsächlich diese Personengruppe durch solche Preisaktivitäten zu einem wiederholten Opernbesuch anregen ließe.

Neben der Preisdifferenzierung nach Besuchermerkmalen besteht im Opernbetrieb auch die Möglichkeit einer Differenzierung nach der Menge der abgenommenen Veranstaltungen (vgl. Simon et al. 2005: 346). *Mengenabhängiges Pricing* (auch: nicht-lineare Preisbildung)[261] soll den Besuchern einen finanziellen Anreiz geben, in einem bestimmten Zeitraum höhere Stückzahlen eines Produktes zu beziehen. Für Opernhäuser spielen hier vor allem die Abonnenten und Mitglieder von Besucherorganisationen eingeräumten Preisermäßigungen eine Rolle. Eines der Verkaufsargumente für Abonnements und Tickets an Besucherorganisationen ist laut Röper üblicherweise die Ermäßigung gegenüber der gleichen Anzahl Karten im freien Verkauf, weil Abonnenten und Mitglieder von Besucherorganisationen in der Regel gleichzeitig mehrere Karten abnehmen und dafür quasi einen Mengenrabatt eingeräumt bekommen (vgl. Röper 2001: 320). „Es fragt sich jedoch, welche Bedeutung dieser Rabatt tatsächlich für die Kaufentscheidung der Kunden hat und in welcher Höhe er daher gewährt werden sollte." (Röper 2001: 320) So zeigen die Ergebnisse dieser Arbeit, dass lediglich für die Mitglieder von Jugendclubs der Erhalt von ‚Vergünstigungen' einen ausschlaggebenden Wiederbesuchsgrund darstellt, während sich Abonnenten hierzu neutral verhalten und diese für alle weiteren Erscheinungsformen (damit auch für die Mitglieder von Besucherorganisationen) keine entscheidende Rolle spielen (vgl. Kapitel 6.3.2.4). Die Gründe hierfür können nicht zuletzt darin vermutet werden, dass Abonnenten und Mitglieder von Besucherorganisationen einen höheren Altersdurchschnitt aufweisen und über ein vergleichsweise höheres Einkommen verfügen (vgl. Kapitel 6.3.2.3), so dass höhere Eintritts-preise in der Regel für sie keine Wiederbesuchsbarriere darstellen bzw. diese Zielgruppe häufig auch eine höhere Preisbereitschaft aufweisen dürfte. Opernhäuser sollten daher nach Kotler und Scheff die Höhe der an Abonnenten und Mitglieder von Besucherorganisationen gewährten Ermäßigungen gegenüber dem freien Ver-

---

261 Das mengenabhängige Pricing wird nach Meffert auch als nicht-lineare Preisbildung bezeichnet, weil sich der Gesamtkaufpreis nicht proportional, das heißt nicht linear, zur erworbenen Menge verhält (vgl. Meffert 2000: 557).

7.4 Implikationen für Besucherbindungsinstrumente

kauf überprüfen und diese an die Zahlungsbereitschaft der verschiedenen Besucher anpassen (vgl. Kotler/Scheff 1997: 264). Hierbei ist zu fragen, welche Bedeutung diese Rabatte tatsächlich für die Wiederbesuchsentscheidung der einzelnen Besucher haben und in welcher Höhe sie daher gewährt werden sollten. Dabei muss auch offensiv vertreten werden, dass sich die Rabatte insbesondere für Abonnenten in einem angemessenem Rahmen bewegen müssen, da sie als regelmäßige und Stammbesucher besonders intensive Nutzer eines stark aus öffentlichen Mitteln bezuschussten Angebots sind (vgl. Röper 2001: 327). Laut Klein sollte bei jedweder Rabattierung die folgende Grundüberlegung leitend sein: „Diejenigen, die sowohl in der Lage als auch bereit dazu sind, zahlen Preise, die sich stärker an den betriebswirtschaftlichen Kosten orientieren; dadurch werden entsprechend Mittel für diejenigen freigesetzt, die diese Preise nicht bezahlen können." (Klein 2005a: 381)

Die Ergebnisse der vorliegenden Arbeit sprechen auch für eine *Preisdifferenzierung nach Produktmerkmalen*: Für die Mehrheit der Befragten stellt die ‚Qualität der künstlerischen Besetzungen' den entscheidendsten Wiederbesuchsgrund dar (vgl. Kapitel 6.3.1.2). Darüber hinaus verfügt die Affinitätsvariable ‚Vorliebe' für bestimmte Werke und Komponisten ebenfalls über hohe Zustimmungswerte bei den Wiederbesuchern und ist (wie auch die Qualität der künstlerischen Besetzungen) besonders kennzeichnend für das Segment der ‚Leidenschaftlichen' (vgl. 6.3.4.2). Zudem besuchen die ‚Leidenschaftlichen' das Opernhaus auch wiederholt aufgrund des Auftritts von bestimmten Stars oder namhaften Gästen. Demgegenüber ist die ‚Inszenierungsqualität' besonders kennzeichnend für die ‚Serviceorientierten' und ebenfalls ausschlaggebend für die ‚Sozial-Interagierenden' sowie die ‚Traditionellen', die das Opernhaus demnach auch aufgrund bestimmter attraktiver Inszenierungen wiederholt frequentieren. All diese Aspekte ermöglichen eine entsprechende preisliche Differenzierung im Rahmen der Qualitätsstrategie. So können z. B. für Werke von Komponisten, zu denen eine hohe Affinität dieser Zielgruppen besteht, für außergewöhnliche oder bei diesen Wiederbesuchern besonders beliebten Inszenierungen, für Aufführungen mit einer hochkarätigen künstlerischen Besetzung oder Opernstars/namhaften Gästen erhöhte Preise verlangt bzw. die entsprechenden Vorstellungen in höhere Preiskategorien eingeordnet werden. Dadurch ist es auch möglich, ein und dieselbe Opernproduktion zu unterschiedlichen Preisen anzubieten. Spielt das Opernhaus z. B. eine Aufführung mit Anna Netrebko in der Hauptrolle, so kann der Höchstpreis verlangt bzw. diese Vorstellung in die höchste Preiskategorie eingestuft werden, während die Aufführung mit regulärer Besetzung zu günstigeren Preisen angeboten wird. Im Rahmen der Preisgestaltung nach Produktmerkmalen ist neben einer Differenzierung als zweite preispolitische Option eine *Preisbündelung* (sog. Bundling) denkbar. Hierbei ist nach Simon et al. zwischen dem Mixed Bundling und dem Pure Bundling zu unterscheiden (vgl. Simon et al. 2005: 351). So können z. B. im Rahmen eines Mixed Bundling innerhalb der Abonnementserien populäre Vorstellungen (z. B. beliebte Komponisten/Werke, attraktive Inszenierungen, hochwertige Besetzungen) mit weniger attraktiven Aufführungen gemischt werden. Das primäre Ziel des Mixed Bundling ist es, die Vorstellungen eines Opernhauses gleichmäßig auszulasten und den Besuch bisher wenig in Anspruch genommener Aufführungen zu fördern (vgl. Bruhn 2005: 369). Mittels der Preisbündelung lassen sich laut Meffert Zahlungsbereitschaften für verschiedene Vorstellungen in gewisser Weise transferieren, so dass ein Wiederbesucher im Abonnement Vorstellungen erwirbt, für die seine Zahlungsbereitschaft im ungebündelten Einzelkartenverkauf zu gering gewesen wäre (vgl. Meffert 2000: 557). Die Schnürung eines speziellen Leistungspakets bietet sich auch für die Gruppe der Kulturtouristen an. So können in Zusammenarbeit mit entsprechenden Kooperationspartnern (Reiseveranstalter, Tourismusgesellschaften, Hotels) z. B. Eintrittskarten (bspw. für Vorstellungen mit Opernstars), Übernachtung und Anreise zu einem Paketpreis angeboten werden. Im Rahmen eines Pure Bundling können z. B. Vorstellungen mit Starbesetzung, Galavorstellungen mit namhaften Gästen oder bestimmte thematische Werkschauen beliebter Komponisten (z. B. Wagner-Festwochen, Verdi-Festtage) über einen bestimmten Zeitraum hinweg ausschließlich im Abonnement (ohne Ermäßigung und/oder ggf. mit Preisaufschlag) oder in sonstigen Angebotspaketen gemeinsam mit anderen Aufführungen angeboten werden.

Die Ergebnisse dieser Arbeit lassen auch eine *Preisdifferenzierung nach zeitlichen Kriterien* als sinnvoll erscheinen. In diesem Zusammenhang ist vor allem eine Art Abschöpfungspreispolitik anzuführen, die für Premierenveranstaltungen angewandt werden kann. Die Variable ‚Neuinszenierungen/Premieren' ist für das Segment der ‚Leidenschaftlichen' ausschlaggebender als für die anderen drei Wiederbesuchersegmente (vgl. Kapitel 6.3.4.2). Betrachtet man die Anteile für die verschiedenen Einkommensgruppen, so sind bei den ‚Leidenschaftlichen' die Spitzenverdiener mit 29,81% weitaus am Stärksten vertreten und im Vergleich zur Gesamtstichprobe deutlich überrepräsentiert, während alle weiteren Einkommensklassen unterdurchschnittlich vertreten sind (und dabei insbesondere die unteren und mittleren Einkommensgruppen). Höhere Eintrittspreise dürften demnach für diesen Personenkreis keine Wiederbesuchsbarriere darstellen, so dass für Premierenkarten und Premierenabonnements (insbesondere bei solchen Premieren, die im freien Verkauf stark nachgefragt sind) durch einen Preisaufschlag auf den regulären Einzelkartenpreis oder eine(n) Verringerung/Wegfall der Ermäßigung im Abonnement durchaus erhöhte Preise verlangt und mit der Exklusivität der Veranstaltung begründet werden können. Darüber hinaus bietet es sich für diese Zielgruppe auch an, die jeweils zweite Vorstellung der Neuinszenierung als B-Premiere zu ebenfalls erhöhten Preisen anzubieten, um die Zahlungsbereitschaft umfassend abzuschöpfen. Des Weiteren ist im Rahmen der zeitlichen Preisdifferenzierung für diejenigen Wiederbesucher, welche den Erhalt von Vergünstigungen und Preisermäßigungen als entscheidenden Wiederbesuchsgrund betrachten, das Angebot von Frühbucherrabatten oder Last-Minute-Tickets denkbar. Wie in der Reisebranche üblich, könnte derjenige durch einen Frühbucherrabatt belohnt werden, der frühzeitig vor dem Aufführungstermin (z. B. bis zu vier Wochen vor der Vorstellung) seine Eintrittskarten bucht. Dadurch können Wiederbesucher zu einer frühzeitigen Entscheidung und zur rechtzeitigen Berücksichtigung des Opernhauses bei ihrer Freizeitplanung angeregt werden (vgl. Röper 2001: 319). Darüber hinaus gibt es mittlerweile auch im Opernbereich so genannte Last-Minute-Tickets, die sich insbesondere für die preissensiblen Wiederbesuchergruppen eignen. „Da jeder nicht verkaufte Platz einer Vorstellung eine entgangene Einnahme für das Theater darstellt, werden in manchen Häusern sämtliche der bis kurz vor Aufführungsbeginn nicht verkauften Eintrittskarten zu einem deutlich reduzierten Preis verkauft." (Hausmann 2005: 133)

7.4.4 Kommunikationspolitik

Die Kommunikationspolitik trifft Entscheidungen zur aktiven Gestaltung der auf die Wiederbesucher gerichteten Informationen des Opernhauses, mit dem Ziel, Aufmerksamkeit zu erzielen und Wissen, Einstellungen, Erwartungen sowie Verhaltensweisen der Empfänger zu beeinflussen (vgl. Klein 2005a: 423 und Günter/Hausmann 2009: 70). Ihre Aufgabe ist die Entwicklung von adäquaten Kommunikationsformen zur Übermittlung von Informationen und Bedeutungsinhalten an spezifische Zielgruppen. Zum anderen werden der Aufbau eines kontinuierlichen Dialoges mit den Kunden und die intensive Betreuung des bestehenden Kundenstammes angestrebt (vgl. Bruhn 2007: 134). Hierfür steht eine Vielzahl an verschiedenen Kommunikationsinstrumenten zur Verfügung.[262] Klassische Instrumente der Kommunikationspolitik sind z. B. die Werbung, die Öffentlichkeitsarbeit/Public Relations und die Verkaufsförderung. Diesen Aktivitäten stehen die neueren Maßnahmen wie z. B. Direktmarketing, Empfehlungsmarketing sowie das Online-Kulturmarketing und Social Media gegenüber.

Die Ergebnisse der vorliegenden Arbeit verdeutlichen, dass es für die Besucherbindung nicht ausreicht, Wiederbesucher lediglich als ‚homogene Masse' zu informieren, sondern dass diese eine differenzierte Ansprache im Rahmen der

---

[262] Vgl. zu den einzelnen Kommunikationsinstrumenten ausführlich Günter/Hausmann 2009: 70 ff., Hausmann 2005: 107 ff., Klein 2005a: 423 ff. und die Beiträge in Klein 2011a.

Kommunikationspolitik verlangen. Durch die Untersuchungen konnte ermittelt werden, worauf die Wiederbesucher im Einzelnen Wert legen und welche die aus ihrer Sicht wichtigen Wiederbesuchsgründe sind. Sinnvollerweise sollte ein Opernhaus daher gegenüber den einzelnen Wiederbesuchern je nach deren Präferenzen die verschiedenen Nutzenaspekte im Rahmen seiner Kommunikationspolitik in den Vordergrund rücken bzw. diese innerhalb der jeweiligen Zielgruppenansprache bewusst herausstellen. Hierfür eignen sich vornehmlich die Instrumente des Direktmarketings wie z. B. schriftliche oder elektronische Werbesendungen (sog. Mailings), Telefonmarketing oder der persönliche Verkauf (z. B. im Rahmen des Abonnementvertriebs), welche die Bedürfnisse und Eigenschaften der Wiederbesucher innerhalb einer persönlichen, individualisierten Ansprache berücksichtigten und den unterschiedlichen Zielgruppen ein passendes Angebot in einem zutreffenden Kommunikationsstil vermitteln können (vgl. Holland 2004: 254). So können in diesem Rahmen z. B. diejenigen Wiederbesucher, die das Opernhaus wegen bestimmter künstlerischer Besetzungen oder namhafter Gäste/Stars wiederholt aufsuchen, mit einem speziell auf ihre Interessen ausgerichteten Brief oder einer E-Mail angeschrieben werden, in dem die für sie in Frage kommenden Vorstellungen (sprich bei denen die von ihnen präferierten Künstler auftreten) aktiv beworben werden. Oder für Wiederbesucher, die aufgrund einer Vorliebe für bestimmte Komponisten und deren Werke das Opernhaus wiederholt frequentieren, könnten seitens der Bühne passgenaue Angebotspakete zusammengestellt werden und im Rahmen eines Mailings oder einer Telefonkampagne gezielt bei diesen beworben werden. Ebenfalls kann so z. B. für die speziellen Gruppenpakete verfahren werden (vgl. hierzu Kapitel 7.4.2), die im Rahmen eines Direktmarketings aktiv bei den Zielgruppen beworben werden. Des Weiteren lassen sich aus den Untersuchungsergebnissen weitere Implikationen für konkrete Kommunikationsaktivitäten ableiten:

So interessiert sich die Mehrzahl der Personen, die wiederholt ein Opernhaus besuchen, immer auch in besonderer Weise für diese Kunstform und die von ihnen frequentierte Bühne bzw. beschäftigt sich damit regelmäßig (Platz 5 im Ranking, Mean=3,86 und 65,90% Zustimmung; vgl. Kapitel 6.3.1.2). Dieser Wiederbesuchsgrund ist dabei besonders kennzeichnend für das Segment der ‚Leidenschaftlichen' und ebenfalls ausschlaggebend für die ‚Traditionellen' sowie die ‚Sozial-Interagierenden' (vgl. Kapitel 6.3.4.2). Dabei hat er vornehmlich für die häufigen Opernbesucher, die Mitglieder von Jugendclubs, die 20- bis 29-Jährigen, Männer, die Befragten aus dem übrigen Deutschland, Studierende sowie für Befragte, die das Opernhaus alleine aufsuchen, eine hohe Relevanz (vgl. Kapitel 6.3.2.4). Im Rahmen der Kommunikationspolitik kann das Bedürfnis nach einer regelmäßigen Beschäftigung und das persönliche Interesse für Oper entsprechend unterstützt und immer wieder aufs Neue angeregt werden, in

7.4 Implikationen für Besucherbindungsinstrumente

dem diese Zielgruppen regelmäßig mit umfassenden Informationen, Hintergrundberichten, Interviews, Portraits und Reportagen über das Opernhaus, sein künstlerisches Angebot, bestimmte Interpreten/Gäste und die sonstigen am Haus wirkenden Protagonisten versorgt werden. Hierfür eignen sich die klassischen Instrumente der Öffentlichkeitsarbeit/Public Relations (z. B. Besucherzeitschrift und sonstige Publikationen (Prospekte, Broschüren, Kataloge, Jahrbücher) des Opernhauses, Presseberichte und redaktionelle Sonderbeilagen in Tageszeitungen/Fachmagazinen).[263] Zudem scheinen hierfür aber auch die Instrumente des Direktmarketings (z. B. themenspezifische Mailings) sowie insbesondere der Online-Kommunikation und des Social Media (z. B. Homepage des Opernhauses, Newsletter, Veröffentlichungen in Wissensportalen wie Wikipedia und in sozialen Netzwerken wie Facebook, Twitter, Podcasts, sowie Corporate-Blogging für individuelle, persönliche Einblicke in das Opernhaus durch ausgewählte Opernmitarbeiter)[264] erfolgversprechend, da diese Aktivitäten immer auch mit einer entsprechenden Integration der Besucher (Stichwort: „user generated content", Frank 2008: 565) verbunden sein können. Auf der anderen Seite kann das Bedürfnis der Wiederbesucher nach einer regelmäßigen Beschäftigung und Interesse an Oper auch durch Veröffentlichungen von Audio- und Videobeiträgen (z. B. CD-/DVD-Produktionen des Opernhauses, Rundfunkübertragungen, Audio/Video-Trailer auf der Homepage und/oder auf der Video-Plattform YouTube) zufriedengestellt werden.

Daneben verdeutlicht die Arbeit, dass insbesondere die seltenen und gelegentlichen Wiederbesucher, aus denen sich hauptsächlich die Gruppe der ‚Serviceorientierten' zusammensetzt (78,15% der Serviceorientierten), im Vergleich zu den sonstigen Befragten auch Wert auf ein *zufriedenstellendes Informationsangebot* (wie Publikationen, Homepage, Rundschreiben, Mailings) des Opernhauses legen (Mean=3,35; vgl. Kapitel 6.3.4.2). Besonders diese Zielgruppe sollte demnach im Rahmen einer Servicestrategie durch den kombinierten Einsatz der verschiedenen Kommunikationsinstrumente umfangreich, aktuell und regelmäßig über das Angebot des Opernhauses informiert werden, um sie immer wieder aufs Neue für einen Besuch zu gewinnen und um dadurch auch das mit ihrem Opernbesuch einhergehende wahrgenommene Risiko (vgl. hierzu Kapitel 5.2.1) zu minimieren.

Das Segment der ‚Leidenschaftlichen' ist im Vergleich zu den anderen Besuchergruppen auch durch eine starke Identifikation mit dem Selbstverständnis des Opernhauses und seinen Protagonisten gekennzeichnet. Bei den ‚Traditionellen' zeigt sich das Zugehörigkeitsgefühl bzw. die Identifikation mit dem Opernhaus durch die überdurchschnittliche Bedeutung der regionalen Identifikations-

---

263 Vgl. hierzu ausführlich Jürgens 2008 und 2011.
264 Vgl. hierzu ausführlich Frank 2008 und 2011.

variablen ‚Stolz auf das Opernhaus in „unserer" Stadt', wobei die Relevanz mit einer zunehmenden Dauer der Geschäftsbeziehung ansteigt und diese insbesondere für Abonnenten und Mitglieder von Fördervereinen, Nahbesucher, Befragte mit Hauptschulabschluss sowie für Besucher mit einem Einkommen von 500 bis 2.000 Euro zu den ausschlaggebendsten Gründen gehört (vgl. Kapitel 6.3.4.2 und 6.3.2.4). Möchte ein Opernhaus diese Zielgruppen zum wiederholten Besuch bewegen, so bietet sich auch eine *identitätsbasierte Markenführung* an (vgl. hierzu ausführlich Meffert et al. 2005). Dadurch kann das Opernhaus versuchen, eine starke Markenidentität bzw. unverwechselbare Corporate Identity aufzubauen (vgl. hierzu auch Kapitel 5.8.1) und diese bei den Zielgruppen entsprechend zu etablieren. Ziel dabei ist die Schaffung eines einzigartigen Profils des Opernhauses und seiner Angebote als Image in den Köpfen der Wiederbesucher (vgl. Hausmann 2011: 225). Im Mittelpunkt der Markenführung steht laut Hausmann die Kommunikationspolitik, da sie in besonderem Maße für die Vermittlung eines konsistenten Bildes zuständig ist (vgl. Hausmann 2006: 53). Durch eine einheitliche Gestaltung der Kommunikationsaktivitäten (sog. Corporate Communication) sollte nach Klein ein möglichst klar strukturiertes Erscheinungsbild des Opernhauses bei den Wiederbesuchern erreicht werden (vgl. Klein 2005a: 115). Dabei kommt es darauf an, Bausteine zu finden, die zur Identität des Opernhauses passen, als typisch, wesensprägend oder charakteristisch für die Bühne angesehen werden und authentisch an die Zielgruppen vermittelt werden können (vgl. Liebing/Lutz 2007: 132 und Höhne 2009: 155). So könnte sich das Opernhaus z. B. gegenüber den ‚Leidenschaftlichen' über ein einzigartiges bzw. außergewöhnliches künstlerisches Profil, seine ganz spezifische Tradition/Geschichte oder die am Opernhaus auftretenden namhaften Gäste/Stars oder Sympathieträger (z. B. Positionierung als internationale Sängerbühne oder als Ensemblehaus) und gegenüber den ‚Traditionellen' über Bausteine, die in Zusammenhang mit der räumlichen Nähe des Opernhauses stehen (z. B. Stärkung eines gewissen kulturellen Lokalpatriotismus), kommunikativ sehr bewusst in Erscheinung setzen und sich dadurch deutlich positionieren. Die Profilierung gegenüber den Zielgruppen sollte zudem nach Klein durch ein unverwechselbares und einheitliches visuelles Erscheinungsbild (sog. Corporate Design) des Opernhauses unterstützt werden (vgl. Klein 2005a: 117). Die Persönlichkeit des Intendanten und/oder des Generalmusikdirektors prägen zudem laut Rädel die Identität des Opernhauses durch das öffentliche Auftreten sowie kommunikative Verhalten in internen und externen Zielgruppen (sog. Corporate Behavior) (vgl. Rädel 2002: 125). Diese sollten gegenüber den Segmenten ebenfalls die jeweiligen Markenbausteine permanent in die Austauschbeziehungen einbringen. Eine starke Markenpersönlichkeit fördert aber nicht nur die Positionierung und Differenzierung des Opernhauses, sondern leistet auch einen wichtigen Beitrag dazu,

7.4 Implikationen für Besucherbindungsinstrumente

ob das Opernhaus in der Öffentlichkeit positiv wahrgenommen wird. Insbesondere für die Mehrzahl der Befragten in der Gruppe der ‚Leidenschaftlichen' stellt ein guter Ruf des Opernhauses in der Öffentlichkeit einen entscheidenden Wiederbesuchsgrund dar. Aber auch für die ‚Serviceorientierten' handelt es sich hierbei um eine ausschlaggebende Variable (vgl. Kapitel 6.3.4.2). Für das Opernhaus ist es daher im Rahmen seiner Markenführung ausschlaggebend, bewusst sein Ansehen in der Öffentlichkeit zu beeinflussen bzw. zu lenken (z. B. durch eine entsprechend ausgerichtete Öffentlichkeitsarbeit oder eine identitätsbasierte Image-/Werbekampagne). Entscheidend für den Grad der Identifikation der Zielgruppen ist nach Günter und Hausmann, wie die Markenidentität subjektiv von diesen wahrgenommen wird bzw. welches Bild sich diese davon machen. Die Besucher entwickeln ihrerseits subjektive Vorstellungen bzw. ein ganzheitliches Bild vom Opernhaus, welche sie in Form eines Fremdbildes (sog. Corporate Image) auf den Opernbetrieb reflektieren (vgl. Günter/Hausmann 2009: 44). Gelingt es der Oper im Rahmen ihrer identitätsbasierten Markenführung, über geeignete Kommunikationsmaßnahmen eine mit dem Fremdbild übereinstimmende Identität zu etablieren, so kann sich dies laut Klein in Form beständiger Nachfrage auswirken (vgl. Klein 2005a: 115). Bei Spannungen zwischen diesen beiden Bereichen kann es nach Rädel hingegen zu einer mangelnden Identifikation der Wiederbesucher mit dem Opernhaus kommen (vgl. Rädel 2002: 125). „Nur wenn eine weitgehende Kongruenz zwischen dem Selbst- und Fremdbild der Markenidentität vorliegt, kann eine Marke erfolgreich auf der Basis ihrer Identität geführt werden (...).‟ (Kelava/Scheschonka 2003: 55) Eng mit der Identität des Opernhauses hängt schließlich auch ihre dauerhafte Glaubwürdigkeit zusammen. „Eine starke Marke darf ihre Eigenschaften nicht nur behaupten, sondern sie muss sie tagtäglich leben.‟ (Klein 2007a: 20) Die identitätsbasierte Markenführung erfordert somit Kontinuität und Konsequenz.

Weiterempfehlungen von anderen Besuchern begünstigen die Besucherbindung von einigen Befragten in der Gruppe der ‚Sozial-Interagierenden' (Mean=3,31; vgl. Kapitel 6.3.4.2). Dabei besitzt diese Variable insbesondere für Schüler bzw. die jungen Besucher eine ausschlaggebende Relevanz. Mit steigendem Alter (Besucher ab 40 Jahre äußern sich ablehnend) und zunehmender Besuchshäufigkeit verliert dieser Wiederbesuchsgrund an Bedeutung. Für Abonnenten und Mitglieder von Fördervereinen ist diese Variable ebenfalls nicht entscheidend für einen Wiederbesuch (vgl. Kapitel 6.3.2.4). Möchte ein Opernhaus demnach diese Zielgruppe für einen wiederholten Besuch gewinnen, so bietet sich im Rahmen der Sozialstrategie auch der Einsatz eines Empfehlungsmarketings an (vgl. zum Empfehlungsmarketing vertiefend sowie zu den weiteren Ausführungen Helm/Kuhl 2006).[265] Hierbei können nach Helm und Kuhl z. B. direkte Aufforderungen an die Zielgruppe gerichtet werden, Freunden oder Bekannten den Besuch des Opernhauses zu empfehlen. Zudem sind spezielle Besucher-werben-Besucher-Kampagnen denkbar, bei denen Wiederbesucher aktiv als Werbeträger bzw. Absatzmittler eingesetzt werden und dafür als Dankeschön bestimmte Prämien (z. B. freie Eintrittskarten, Gutscheine für den Opernshop) erhalten. Soziale Netzwerke (z. B. Facebook) und Twitter, bei denen ein interaktiver Informationsaustausch ermöglicht wird und eigene Kommentare seitens der Wiederbesucher zu bestimmten Aufführungen abgegeben werden können, scheinen laut Helm und Kuhl ebenfalls zur Verbreitung von Mundwerbung unter den jungen Besuchern geeignet. Hier einzuordnen sind auch virale Kommunikationskampagnen (vgl. hierzu und im Folgenden Frank 2011: 155): Entsprechende Instrumente sind nach Frank z. B. interessante E-Cards, Podcasts oder Audio-/Videotrailer des Opernhauses, die Besucher eigenständig an Freunde und Bekannte verbreiten können und ihrerseits zur Weitervermittlung animieren (sog. user generated advertising oder Consumer-to-Consumer-Marketing).

Neben der Auswahl und Gestaltung von geeigneten Maßnahmen ist im Rahmen der Kommunikationspolitik auch zu klären, wann und mit welcher Intensität die ausgewählten Instrumente eingesetzt werden sollen. Die Vielfalt der möglichen Kommunikationsinstrumente beinhaltet immer die Gefahr eines unkoordinierten Vorgehens bzw. von isolierten Einzelaktionen. So können wertvolle Synergieeffekte verloren gehen und zu einem Ressourcenverschleiß und zu Mehrkosten führen. Anstelle unkoordinierter Einzelaktionen sollten die Maßnahmen daher zu einem Mix, also einer Koordinierung in zeitlicher und inhaltlicher Hinsicht, kombiniert werden, so dass sie in abgerundeten und in sich stimmigen *Kontaktkampagnen* (vgl. hierzu Kotler/Bliemel 2001: 1223 ff. und Huldi/Kuhfuß 2000: 100 ff.) aufeinander aufbauen. In diesem Rahmen stellt sich nicht die Frage nach dem ‚entweder-oder', sondern es ist eine optimale Kombination aller Instrumente zu finden (vgl. Holland 2004: 8). Erst durch die geschickte und auf die Zielgruppen angepasste Zusammenstellung der Instrumente wird laut Löffler und Scherfke das Optimum aus den Einzelaktionen herausgeholt und die Wahrscheinlichkeit eines Wiederbesuchs spürbar erhöht (vgl. Löffler/Scherfke 2000: 208). Kontaktkampagnen sind dabei immer auf die unterschiedlichen Phasen bzw. Stufen, in denen sich die Besucher in der Geschäftsbeziehung befinden, speziell abzustimmen. Je nachdem, wie intensiv der Kontakt zwischen Zielperson und Opernhaus ist, sind nach Kreutzer unterschiedliche

---

265 „Der Begriff Empfehlungsmarketing umschreibt in der Praxis eine Vertriebs- oder Verkaufstechnik eines Leistungsanbieters, bei der im Mittelpunkt die Initiierung und Nutzung von Weiterempfehlungen unter Kunden (Mundwerbung) und/oder die Generierung von Referenzen steht." (Helm/Kuhl 2006: 179)

7.4 Implikationen für Besucherbindungsinstrumente

Vorgehensweisen empfehlenswert (vgl. Kreutzer 1991: 633 zitiert nach Holland 2004: 68). Das Ziel besteht darin, einen Wiederbesucher auf der Loyalitätsleiter Schritt für Schritt empor zu führen, um ihn dadurch langfristig und immer enger an das Opernhaus zu binden (vgl. Holland 2004: 68 und Kapitel 3.2.4.4). Kontaktkampagnen erfordern idealerweise eine detaillierte Besucherhistorie, die alle bisherigen Aktionen gegenüber dem Wiederbesucher und Reaktionen von Besucherseite umfasst, sowie eine genaue Auswertung aller Feedbacks. Damit ist jederzeit ersichtlich, was bereits unternommen wurde und was die nächsten vorgesehenen Aktionen beinhalten (vgl. Huldi 1992: 33). Dazu ist der Einsatz einer Database und die Einführung eines CRM notwendig (vgl. Kapitel 7.2).

7.4.5 Distributionspolitik

Die Ergebnisse dieser Arbeit zeigen, dass im Rahmen der Distributionspolitik insbesondere der Organisation eines *unkomplizierten Kartenerwerbs* die größte Aufmerksamkeit zu teil werden sollte. So nimmt dieser für die Befragten insgesamt einen hohen Stellenwert bei ihrer Wiederbesuchsentscheidung ein (Platz 6 im Ranking, Mean=3,84; vgl. Kapitel 6.3.1.2) und hat insbesondere eine hohe Relevanz für die ‚Serviceorientierten', die ‚Traditionellen' und die ‚Leidenschaftlichen' (vgl. Kapitel 6.3.4.2). Dabei ist diese Variable hauptsächlich für die seltenen und gelegentlichen Wiederbesucher, für Befragte mit einer kurzen Geschäftsbeziehungsdauer, für Kulturtouristen, für Männer, Fernbesucher und Befragte mit niedrigeren Bildungsabschlüssen von ausschlaggebender Bedeutung (vgl. Kapitel 6.3.2.4). Möchte ein Opernhaus diesen Personenkreis zum wiederholten Besuch bewegen, so sollte es im Rahmen der Umsetzung seiner Servicestrategie auf einen besucherorientierten Kartenvertrieb besonderen Wert legen und Antworten auf die folgende Kernfrage der Distributionspolitik geben können: „Wie kommt der Kunde möglichst komfortabel zum Produkt (bzw. (...) zu den entsprechenden Zugangsvoraussetzungen wie Eintrittskarten und Anmeldeformularen)?" (Klein 2005a: 387). Für Wiederbesucher sollte der Weg von der unbestimmten Idee eines Opernbesuchs bis zum Erhalt der Eintrittskarten von allen unnötigen Hürden befreit und dadurch möglichst unkompliziert sein (vgl. Röper 2001: 291). Dadurch kann der für den Wiederbesucher verbundene Aufwand verringert und gleichzeitig der Zugang zum Opernhaus erleichtert werden (vgl. Kapitel 5.3.1). Ein besucherorientierter Kartenvertrieb durch das Opernhaus beinhaltet z. B. eine kompetente und freundliche Beratung über die angebotenen Leistungen durch die Vertriebsmitarbeiter, besucherorientierte Öffnungszeiten der Tages- und Abendkasse, ein telefonischer Bestell-Service bzw. ein theatereigenes Call-Center mit täglicher Erreichbarkeit und eine bargeldlose Zahlung per

Kreditkarte, Lastschriftverfahren oder über ein Online-Zahlungssystem (vgl. hierzu und im Folgenden Röper 2001: 291 ff., Rothaermel 2011: 251 ff. und Glaap 2011: 174 ff.). Auch die (kostenlose) Zusendung der bestellten Karten und eine unkomplizierte Abholung reservierter Karten sind hierzu zu zählen. Durch die Einrichtung eines zentralen Vertriebs- und Kassencounters (wie z. B. an der Bayerischen Staatsoper München oder an der Sächsischen Staatsoper Dresden) ist es möglich, allen Besucherbedürfnissen an einem Ort zu entsprechen. Darüber hinaus sollte ein einfacher und schneller Zugang zu Karten über das Internet/Web-Verkauf ermöglicht werden. Dabei ist es laut Glaap heute üblich, „über die Anzeige des Spielplans oder nach der Suche nach einer Veranstaltung den Saalplan der Veranstaltung anzuzeigen, in dem der Kunde seine gewünschten Plätze per Mausklick auswählt" (Glaap 2011: 176). Für den Online-Verkauf an nicht deutschsprachige Besucher oder den Verkauf im Ausland sollte der Webshop zumindest auch in Englisch zur Verfügung stehen. Zudem scheint das Angebot von E-Tickets bzw. print@home-Tickets[266], die Einbindung von Ticketingmodulen auch außerhalb der Website des Opernhauses (z. B. innerhalb des Facebook-Auftritts) sowie mittelfristig auch der Verkauf virtueller Tickets (z. B. über Barcodes auf Smartphones) für einen besucherorientierten Kartenvertrieb erstrebenswert (vgl. hierzu im Einzelnen bei Glaap 2011). Im Rahmen des indirekten Vertriebs über externe Absatzmittler sollte versucht werden, durch die Anbindung an Vertriebsnetze von überregionalen Ticketinganbietern mit einer Vielzahl an angeschlossenen Vorverkaufsstellen und einer präsenten Ticketing-Plattform im Internet sowie durch Vertriebskooperationen z. B. mit Besucherorganisationen, Reiseveranstaltern oder sonstigen Tourismusorganisationen, aber auch mit Schulen und Universitäten eine hohe Verfügbarkeit bzw. Reichweite der Tickets für einen unkomplizierten Kartenerwerb zu ermöglichen (vgl. Glaap 2011: 176 und Röper 2001: 294).

Die ‚Traditionellen' besuchen das Opernhaus auch wiederholt aufgrund der *guten Erreichbarkeit* (im Rahmen der Vorstudie wurden hier vornehmlich genannt: gute Verkehrsanbindung, zentrale Lage das Opernhauses sowie nahe gelegene Parkplätze, vgl. Kapitel 6.1.5) bzw. der *räumlichen Nähe* des Opernhauses zur Wohnung oder Arbeitsstätte (Mean=3,77; vgl. Kapitel 6.3.4.2). Dabei ist diese Variable insbesondere für die regelmäßigen Wiederbesucher ab 70 Jahre sowie für die jüngsten Besucher unter 20 Jahre, Nahbesucher, Auszubildende, Schüler, Studierende, Rentner und Selbstständige sowie für Befragte mit niedrigen und mittleren Bildungsabschlüssen ausschlaggebend (vgl. Kapitel 6.3.2.4).

---

266 Mit print@home bezeichnet man laut Glaap Tickets, die der Besucher „im Internet erwirbt und selbst zuhause auf seinem Drucker ausdruckt. Dazu werden sie in der Regel vom Ticketingsystem im PDF-Format direkt angezeigt und/oder per E-Mail versandt" (Glaap 2011: 170).

7.4 Implikationen für Besucherbindungsinstrumente

Im Rahmen der qualitativen Vorstudie wurden von den Befragten insbesondere Zeit-, Alters-, Kosten- sowie Bequemlichkeits- und Gewohnheitsaspekte als positive Argumente für den wiederholten Besuch des gut erreichbaren bzw. nahegelegenen Opernhauses genannt (vgl. Kapitel 6.1.5). Wenn ein Opernhaus diesen Personenkreis zum wiederholten Besuch veranlassen möchte, so kann es im Rahmen seiner Distributionspolitik u. a. dafür Sorge tragen, dass die Anreise zum Opernhaus möglichst angenehm und kostengünstig für die Besucher gestaltet wird (vgl. hierzu und im Folgenden Röper 2011: 281, Klein 2005a: 388 f., Hausmann 2005: 136 und Laukner 2008: 125). Dazu tragen auf der einen Seite z. B. Kooperationen mit den lokalen und regionalen Verkehrsbetrieben bei. Denkbar ist eine gleichzeitige Nutzung der Eintrittskarten als Ticket für den öffentlichen Personennahverkehr, die Abstimmung der Aufführungszeiten mit dem Fahrplan oder der Einsatz von Sonderzügen bzw. Shuttle-Bussen für Opernbesucher. Auf der anderen Seite ist für PKW-Nutzer eine gute Ausschilderung des Opernhauses in der Stadt sowie nahe gelegene und ausreichende Parkplätze (im theatereigenen Parkhaus oder für die das Opernhaus für seine Besucher günstige Konditionen aushandelt) mit einem adäquaten Besucherleitsystem vom Parkplatz zum Opernhaus sicher zu stellen. Schließlich kann auch ein theatereigener Bestellservice für Taxis nach Vorstellungsende zur Zufriedenheit der Wiederbesucher beitragen.

Im Rahmen der Distributionspolitik sind schließlich auch Entscheidungen hinsichtlich der *Ausgestaltung der Abnahmeverträge* zu treffen. Hierbei handelt es sich bei einem Opernhaus um die Gestaltung der Austauschbeziehungen zu den organisierten Wiederbesuchern (vgl. Kapitel 3.4.1), die in der Regel durch Verträge an das Opernhaus gebunden sind. Die traditionellen Bindungskonzepte Abonnement, Förderverein und Besucherorganisation stellen dabei nach wie vor das Rückgrat des Besucherbindungsmanagements von Opernhäusern dar. Wiederbesucher, die ein Opernhaus über diese Bindungsformen wiederholt frequentieren, sind auch in der vorliegenden Arbeit mit einem Anteil von insgesamt 49,85% an der Gesamtstichprobe stark vertreten (vgl. Kapitel 6.3.1.1). Die Abonnenten machen dabei mit 33,58% den größten Anteil aus und stellen zudem neben den Einzelkartenkäufern die zweitgrößte Gruppe innerhalb der Gesamtheit der Wiederbesucher. Allerdings verlieren diese klassischen Formen im Zuge der gesellschaftlichen Veränderungsprozesse vielerorts an Bindungskraft (vgl. hierzu ausführlich Kapitel 3.4.1). Zudem lässt sich die von Keuchel herausgestellte Tendenz, weg von verbindlichen Arrangements im Generationenvergleich insbesondere für die jüngeren Generationen (vgl. Keuchel 2005a: 120 f.), auch in dieser Arbeit beobachten (vgl. hierzu und im Folgenden Kapitel 6.3.2.3). Das Interesse der jungen Generation unter 30 Jahre an den traditionellen Bindungsformen ist deutlich geringer als vergleichsweise bei der älteren Generation ab 50

Jahre. Das Gros der jungen Besucher bindet sich nicht fest an ein Opernhaus und frequentiert die Bühne hauptsächlich als Einzelkartenkäufer oder im Rahmen der flexibleren Bindungsformen als Mitglied eines Jugendclubs oder Inhaber einer Theatercard. Allerdings kann daraus noch nicht geschlossen werden, dass sich die jungen Besucher generell nicht mehr über die klassischen Konzepte an ein Opernhaus binden, diese als unattraktiv und nicht mehr zeitgemäß ansehen. Innerhalb der Gruppe der jungen Besucher gibt es laut der Untersuchungsergebnisse ein Teilpublika, das sich durchaus auch weiterhin über die klassischen Formen bindet, wenn diese entsprechend ihren Bedürfnissen und Ansprüchen ausgestaltet werden. Vor dem Hintergrund dieser Entwicklungen sollte von den Verantwortlichen in den Opernbetrieben, aber auch in den Fördervereinen und Besucherorganisationen verstärkt überlegt werden, wie die traditionellen Programme zu einem attraktiven Angebot mit entscheidendem Mehrwert weiterentwickelt werden können. Dabei müssen diese Konzepte an die heutigen veränderten Gegebenheiten, Bedürfnisse und Nutzenpräferenzen der Wiederbesucher angepasst sowie ggf. mit den neueren Bindungsformen kombiniert eingesetzt werden, um dadurch ihre vorhandenen Potenziale künftig noch besser auszuschöpfen.[267] Die Resultate dieser Arbeit geben Anhaltspunkte, nach welchen Kriterien eine attraktive Ausgestaltung der Abnahmeverträge erfolgen kann. Sie liefern hierfür als Basis erste Erkenntnisse, wie die verschiedenen Erscheinungsformen hinsichtlich Soziodemografika sowie Besuchshäufigkeit und Dauer der Geschäftsbeziehung beschrieben sind (vgl. Kapitel 6.3.2.3) und welche Wiederbesuchsgründe für diese Besuchergruppen jeweils als ausschlaggebend angesehen werden können (vgl. Kapitel 6.3.2.4 und 6.3.4.2). Darauf aufbauend lassen sich konkrete Bindungsstrategien und -instrumente entwickeln, mit denen die Abnahmeverträge entsprechend der unterschiedlichen Nutzenpräferenzen ausgestaltet werden können. Einige Möglichkeiten hierfür wurden in den Kapiteln 7.3.3 und 7.4 skizziert.

Beispielhaft und ohne den Anspruch auf Vollständigkeit soll im Folgenden, aufgrund ihrer hohen Bedeutung im Rahmen des Besucherbindungsmanagements von Opernhäusern, auf einige Implikationen zur Ausgestaltung der *Abnahmeverträge mit den Abonnenten* näher eingegangen werden. Das Ziel bei der

---

267 Eine bereits im Jahr 1998 durchgeführte Erhebung von Mayer an 52 deutschen Staats- und Stadttheatern ergab, dass die Bühnen auf die Veränderungen im Besucherverhalten teilweise bereits mit Modifikationen ihrer traditionellen Abonnementformen begonnen haben (vgl. Mayer 1999: 141-160). Auch an den von Lutz im Jahr 2007 untersuchten 12 Opernhäusern existieren neben den klassischen Varianten mittlerweile vereinzelt auch neue Formen wie z. B. Schnupper-, Themen-, Mini- und Wahlabonnements, die auf die veränderten Bedürfnisse vermehrt Rücksicht nehmen (vgl. Lutz 2007). Die zunehmende Einführung von Theatercards und/oder die Kombination zwischen Abonnement und Theatercard sind ebenfalls entsprechende Reaktionen auf die skizzierten Entwicklungen.

7.4 Implikationen für Besucherbindungsinstrumente

Ausgestaltung der einzelnen Abonnements sollte es sein, eine Situation der Verbundenheit anzustreben, mindestens jedoch eine idealisierte Gebundenheit (vgl. hierzu Kapitel 7.3.3). Eine reine Gebundenheitsstrategie gegenüber den Abonnenten, also eine Bindung ausschließlich über ökonomische oder vertragliche Instrumente, scheint laut der Ergebnisse dieser Arbeit nicht erfolgversprechend. Entweder fühlen sich Abonnenten ihrem Opernhaus gegenüber verbunden und haben ein Eigeninteresse am Wiederbesuch (z. B. die Abonnenten innerhalb des Segments ‚Leidenschaftliche') oder sie befinden sich in einer Soll-Position/idealisierten Gebundenheit (z. B. die Abonnenten im Cluster ‚Traditionelle'), in der für sie neben den faktischen Wechselbarrieren auch emotionale Wiederbesuchsgründe eine entscheidende Rolle spielen. Die *Abonnementgestaltung* an den Opernhäusern geht vom jeweils aktuellen Spielplan aus und orientiert sich vornehmlich an künstlerischen Zielsetzungen und organisatorischen bzw. dispositionellen Notwendigkeiten. Will ein Opernhaus seine verschiedenen Abonnenten erfolgreich an sich binden, müssen bei der Gestaltung der einzelnen Abonnementserien und der Zusammenstellung des Abonnementprogramms aber auch deren Bedürfnisse berücksichtigt werden. Die Ergebnisse dieser Arbeit zeigen, dass für Abonnenten einem ‚abwechslungsreichen Spielplan' eine hohe Relevanz bei ihrer Wiederbesuchsentscheidung zukommt (vgl. Kapitel 6.3.2.4). Dies impliziert, dass auf eine Vielfalt und Abwechslung bei der Zusammenstellung der Aufführungen in den einzelnen Abonnementserien geachtet werden muss. So sollten bestimmte Serien in mehreren aufeinanderfolgenden Spielzeiten möglichst nicht mit denselben Werken bestückt sein um dadurch ständige Wiederholungen zu verhindern oder zumindest durch unterschiedliche künstlerische Besetzungen variiert angeboten werden. Auch sollte den Abonnenten innerhalb des Abonnementprogramms eine möglichst große Bandbreite an Vorstellungen aus dem Spielplan zur Auswahl stehen. Auf der anderen Seite kann für manche Abonnenten (insbesondere im Segment der ‚Leidenschaftlichen') auch die Präferenz für bestimmte ‚Schwerpunktsetzungen im Spielplan' und die ‚Vorliebe' z. B. für bestimmte Komponisten und Werke zur Besucherbindung beitragen (vgl. Kapitel 6.3.1.2 und 6.3.4.2). Wollen Opernhäuser diese Abonnenten ansprechen, bietet sich eine Konzentration auf thematische/ werkbezogene Schwerpunkte sowie auf bestimmte Komponisten oder Epochen bei der Abonnementzusammenstellung an. Diese Beobachtungen spiegeln sich auch bereits in der Praxis einiger Opernhäuser wider, die in den letzten Jahren zunehmend themenspezifische Abonnements (z. B. Großes Mozart-Abonnement, Puccini-Zyklus, Barock-Abonnement) einführen, um ihr heterogenes Abonnentenpublikum mit einem auf ihre unterschiedlichen Vorlieben abgestimmten Angebot binden zu können. Die Zusammenstellung von Themenabonnements kann aber nicht nur nach thematischen, sondern z. B. für die Abonnenten im Segment der ‚Leidenschaftlichen', die auf einen Auftritt von bestimmten namhaften Gästen/Stars besonderen Wert legen (vgl. Kapitel 6.3.4.2), auch nach personellen Gesichtspunkten erfolgen. Zudem erscheint es ebenfalls sinnvoll, denjenigen Wiederbesuchern, die auf einen gemeinsamen Opernbesuch besonderen Wert legen, auch durch spezielle Abonnementangebote (z. B. Gruppenabonnement, Familienabonnement oder Cliquen-/Freunde-Abonnement) zu entsprechen. Um den Wünschen der Abonnenten so individualisiert wie möglich mit den richtigen Angeboten entsprechen zu können, müssen die Opernhäuser auch im Rahmen ihrer Abonnementgestaltung zu einer differenzierten Zielgruppenansprache durch Besuchersegmentierung übergehen. Um segmentorientierte Abonnements zusammenzustellen, wird man nach Giller im Idealfall zuerst die einzelnen Abonnentengruppen definieren (z. B. mittels Clusteranalyse) und dann die Abonnementserien entsprechend zu den Präferenzen der jeweiligen Segmente festlegen (vgl. Giller 1995: 112). Zuletzt werden die einzelnen Aufführungen und Termine der verschiedenen Abonnements, unter Berücksichtigung der künstlerischen/organisatorischen Zielsetzungen sowie der jeweiligen Segmentbedürfnisse, disponiert (vgl. Giller 1995: 112). Die vorliegende Arbeit zeigt zudem, dass für die Abonnenten innerhalb des Wiederbesuchersegments der ‚Traditionellen' die *Gewährung von Zusatzleistungen* zu den entscheidendsten Variablen zählt (vgl. Kapitel 6.3.4.2 und 6.3.2.4). Die Bedeutung der VAS für den Absatz von Abonnements darf demnach keinesfalls unterschätzt werden. Es sind oft gerade diese Leistungen, welche ausschlaggebend sein können, ob sich der Besucher für oder gegen ein Abonnement entscheidet und ob sich nach Abonnementabschluss ein Gefühl der Zufriedenheit oder der Unzufriedenheit einstellt (vgl. Schugk 1996: 181 und Giller 1995: 109). Zur Umsetzung einer Bevorzugungsstrategie können daher innerhalb der Servicepolitik dieser Gruppe bestimmte VAS gezielt angeboten werden (vgl. hierzu ausführlich Kapitel 7.4.2). Die Opernhäuser sollten prüfen, ob und wie sich ihre im Abonnement angebotenen Zusatzleistungen für eine differenzierte Zielgruppenansprache weiter ausbauen lassen. Dabei gilt es, die angebotenen Muss-Leistungen den Erwartungen und Bedürfnissen der Abonnenten entsprechend auszugestalten und ggf. um weitere selbstverständliche Bestandteile zu ergänzen. Darüber hinaus ist zur Schaffung eines spezifischen Mehrwertes für Abonnenten und zur Erhöhung der Attraktivität des Abonnements das Leistungsangebot um Soll- und vor allem um innovative Kann-Leistungen zu erweitern. Dabei ist allerdings zu beachten, dass nicht alle Besucher möglichst viele VAS im Abonnement haben wollen. Vielmehr hat jeder Abonnent unterschiedliche Bedürfnisse und Anforderungen an VAS, die für ihn das Abonnement attraktiv erscheinen lassen. Jeder Opernbetrieb hat daher unter Berücksichtigung der situationsspezifischen Gegebenheiten zu entscheiden, welches Angebot an Zusatzleistungen den Vorstellungen seiner Abonnenten

7.4 Implikationen für Besucherbindungsinstrumente

entspricht. Einige Anregungen zu einer *preislichen Gestaltung* der Abnahmeverträge mit den Abonnenten finden sich in Kapitel 7.4.3, wobei hier nochmals insbesondere auf die Anmerkungen zur Überprüfung der den Abonnenten eingeräumten Preisermäßigungen/Rabatthöhen verwiesen sei. Der *Abonnementvertrieb* an Opernhäusern lässt sich in zwei unterschiedliche Bereiche aufteilen: In einen passiven Abonnementvertrieb, der sich vornehmlich auf die verwaltungstechnische Abwicklung der bestehenden Abonnements und die Aufnahme neuer Bewerber (die von sich aus an das Opernhaus herangetreten sind) beschränkt und sich kaum um das aktive Werben von neuen Abonnenten kümmert (vgl. hierzu und im Folgenden Röper 2001: 295). Und in einen aktiven Abonnementvertrieb, der es neben der Betreuung und Verwaltung der bestehenden Abonnenten zur Aufgabe hat, Opernbesucher, die bisher Einzelkarten gekauft haben oder Personen, die noch nicht zu den Besuchern des Opernhauses zählen, über die Vorteile eines Abonnements zu informieren und diese zum Abschluss eines solchen zu motivieren. Zudem sollten diejenigen Abonnenten, bei denen sich das Abonnement am Ende der Spielzeit nicht automatisch verlängert, erneut für einen Abonnementabschluss gewonnen werden. Daneben hat der aktive Vertrieb die Rückgewinnung von Nicht-Mehr-Abonnenten zum Ziel. Eine grundsätzliche Voraussetzung für einen erfolgreichen Abonnementvertrieb, der eine kontinuierliche Steigerung der Abonnentenzahlen anstrebt, ist nach Röper ein Übergang von der passiven zur aktiven Vertriebspolitik (vgl. Röper 2001: 295). Daher ist Opernhäusern, die sich bisher hauptsächlich auf einen passiven Abonnementvertrieb beschränken, zu empfehlen, ihre Abonnements künftig aktiv zu bewerben. Für einen aktiven Vertrieb spricht auch, dass ein automatischer Generationenwechsel im Abonnement (also die klassische Weitergabe des Abonnements in einer Familie von Generation zu Generation) nur noch an sehr wenigen Häusern zu beobachten ist und insbesondere die jungen Besucher verstärkt vom Abonnementangebot überzeugt werden müssen. Für einen aktiven Vertrieb ist zunächst ein „professionell gestalteter Prospekt erforderlich, der ganz auf den Verkauf von Abonnements ausgerichtet ist, was die üblichen Spielzeitbroschüren eindeutig nicht sind" (Röper 2001: 299). Es bei der bloßen Ankündigung der verschiedenen Abonnementangebote auf den letzten Seiten des Jahresspielplan, neben weiteren Themen wie Service, Verkauf und Allgemeine Geschäftsbedingungen zu belassen, der zudem vor allem an bestehende Abonnenten verteilt wird, bleibt laut Röper weit hinter den Möglichkeiten eines aktiven Vertriebs zurück (vgl. Röper 2001: 299). Für die differenzierte und individualisierte Zielgruppenansprache im Rahmen eines aktiven Vertriebs eignen sich vornehmlich die in Kapitel 7.4.4 vorgestellten Instrumente des Direktmarketings, durch deren gezielten Einsatz das Opernhaus die verschiedenen Nutzenaspekte gegenüber den einzelnen Abonnenten bewusst in den Vordergrund rücken kann. Insbesondere einige der Abonnenten innerhalb des Segments der ‚Traditionellen' legen Wert auf einen solchen persönlichen Dialog und besuchen das Opernhaus auch deshalb, da sie von der Bühne individuell und ihren Bedürfnissen entsprechend angesprochen bzw. angeschrieben wurden (vgl. Kapitel 6.3.4.2). Zu den Aufgaben, die mit den Instrumenten des Direktmarketings verfolgt werden können, gehört daher laut Meffert neben der Gewinnung von neuen Abonnenten auch die intensivere Betreuung des bestehenden Abonnentenstammes (vgl. Meffert 2000: 743). Dabei werden nach Meffert die Verbesserung der Nähe zu den Abonnenten und die Erhöhung der Besucherbindung angestrebt, wodurch letztlich die Effizienz der Abonnentenansprache optimiert werden soll (vgl. Meffert 2000: 743).

Zusammenfassend lässt sich festhalten, dass die Ergebnisse und Implikationen dieser Arbeit erste Ansatzpunkte und Anregungen geben, wie das Besucherbindungsmanagement eines Opernhauses ausgestaltet werden kann. Sie liefern Erkenntnisse, welche Wiederbesuchergruppen vorhanden sind, wie diese im Einzelnen charakterisiert sind und wie sie sinnvoll mit welchen Bindungsstrategien und -instrumenten an ein Opernhaus gebunden werden können. Entscheidend hierbei ist, dass anhand der Ergebnisse davon ausgegangen werden kann, dass nicht alle Wiederbesucher aufgrund ihrer unterschiedlichen Präferenzen in gleicher Form auf identische Bindungsinstrumente reagieren werden, sondern einer differenzierten Ansprache bedürfen (vgl. auch Laukner 2008: 275). Für die Erarbeitung eines erfolgreichen Maßnahmenpakets wird es darauf ankommen, aus dem isolierten Set der Möglichkeiten jene Instrumente auszuwählen, die für die individuelle Besucherstruktur des jeweiligen Opernhauses geeignet sind (vgl. Lutz 2011a: 88). „Die Herausforderung besteht darin, aus der Gesamtheit aller zur Verfügung stehenden (…) Instrumente die segment- bzw. zielgruppenspezifischen zu wählen, die zu einer dauerhaften Bindung des Besuchers führen (…)." (Laukner 2008: 282) Darüber hinaus sollten die Instrumente nicht nur isoliert betrachtet werden, sondern sie müssen in Abhängigkeit von den jeweiligen Besuchersegmenten miteinander kombiniert und aufeinander abgestimmt in einem Gesamtkonzept (sog. integriertes Besucherbindungsmanagement) münden (vgl. Lutz 2011a: 88 und Laukner 2008: 282).

7.5 Audience Development als grundlegende Voraussetzung für Besucherbindung

Neben der Ableitung von Implikationen für die Ausgestaltung des Besucherbindungsmanagements lassen die Ergebnisse der vorliegenden Arbeit die Aussage zu, dass Opernhäuser, wenn sie auch weiterhin Bestand haben wollen, nicht an

7.5 Audience Development als Voraussetzung für Besucherbindung

der Frage vorbei kommen, wer diese Institutionen in Zukunft in Anspruch nehmen soll (vgl. hierzu auch Klein 2007b: 127). So sind viele der Wiederbesucher bereits während ihrer Kindheit oder Jugend an die Oper herangeführt worden (vgl. Kapitel 6.3.1.2). Dieser Wiederbesuchsgrund ist dabei besonders kennzeichnend für die ‚Leidenschaftlichen', wodurch Leidenschaft für die Oper erstmals geweckt wurde, und ist ebenfalls ausschlaggebend für die ‚Sozial-Interagierenden' (vgl. Kapitel 6.3.4.2). Dabei hat die Heranführung an die Oper vornehmlich für die jungen Besucher unter 20 Jahren eine herausragende Bedeutung (vgl. Kapitel 6.3.2.4). Für die jungen Besucher unter 20 Jahren (vornehmlich Auszubildende, Schüler und Studenten sowie Mitglieder von Jugendclubs) innerhalb des Segments der ‚Sozial-Interagierenden' ist die zweite Variable des Einflussfaktors ‚Biographie und kulturelle Sozialisation' besonders relevant (vgl. Kapitel 6.3.3.3): die eigene künstlerische Tätigkeit als Amateur (vgl. Kapitel 6.3.2.4 und 6.3.4.2). Welchen Stellenwert die Kunstform Oper und damit auch Opernhäuser im Leben eines Menschen einnehmen, wird demnach bereits früh in der Kindheit bzw. Jugend durch die kulturelle Sozialisation beeinflusst und bestimmt die spätere Besuchshäufigkeit (vgl. hierzu und im Folgenden ausführlich Kapitel 5.6). Wesentliche Voraussetzungen für die Besucherbindung und die Entwicklung von zukünftigen Besuchern (also die zielgerichtete Einbindung des Publikums von morgen) scheinen somit einerseits in einer frühzeitigen Begegnung bzw. Heranführung von Kindern und Jugendlichen an Oper sowie andererseits in der musikalischen Bildung, verbunden mit der eigenen künstlerisch-kreativen Tätigkeit, im Elternhaus, Kindergarten und in der Schule, zu liegen. Vor diesem Hintergrund kommt der *Kulturvermittlung* bzw. dem *Audience Development* (vgl. hierzu für einen Überblick Lutz 2011b sowie ausführlich Mandel 2005b, Mandel 2008b und Siebenhaar 2009) eine entscheidende Bedeutung für die Zukunft von Opernhäusern zu. Vor allem vor dem Hintergrund, dass dadurch der in Kapitel 3.1.1 thematisierten und in dieser Arbeit ebenfalls zu beobachtenden (vgl. Kapitel 6.3.1.3) Problematik einer zunehmenden Überalterung des Opernpublikums entgegengewirkt werden kann. Für Opernhäuser bedeutet dies, dass sie sich künftig nicht mehr darauf verlassen können, dass ihnen ihr Publikum durch Generationswechsel quasi automatisch zuwächst. Vielmehr müssen sie sich um dieses Nutzerpotenzial verstärkt bemühen. Die seit ein paar Jahren auch in Deutschland zu beobachtenden zunehmenden Diskussionen und viel versprechenden Ansätze sowie Projekte von Theatern und Opernhäusern, Kinder und Jugendliche stärker mit ihren künstlerischen Leistungen in Kontakt zu bringen (vgl. hierzu exempl. die zahlreichen Beispiele in Knava 2009 und Welck/Schweizer 2004) sind daher sehr zu begrüßen und sollten weiter ausgebaut werden.²⁶⁸ Laut Sievers bleibt es hierbei aber immer noch zu häufig bei Modellversuchen, kurzzeitigen Maßnahmen, einer mangelnden finanziellen und personellen Ausstattung der Projekte und einer eher symbolischen Politik (vgl. Sievers 2005: 51). Zudem fehlt es noch an einer systematischen und flächendeckenden Verbreitung, insbesondere im ländlichen Raum (vgl. Keuchel 2010: 249), was in Teilen auch durch mobile Kulturvermittlungsangebote der Bühnen gewährleistet werden könnte. So ist es nach Mandel z. B. in Großbritannien bereits selbstverständlich, dass Kulturorganisationen auch Programme entwickeln, bei denen sie ihren gewohnten Rahmen verlassen und mit diesen in Kindergärten und Schulen, in Sportvereinen, in Diskotheken, in Stadtteilen mit sozial schwacher Struktur oder hohem Migrantenanteil und im ländlichen Raum präsent sind (vgl. Mandel 2009: 32). Im Bereich der musikalischen Bildung bieten neben den Familien insbesondere Kindergärten und Schulen große Chancen, eine kulturelle Partizipation zu verwirklichen, denn hier lassen sich im Idealfall alle Kinder und Jugendliche unabhängig von sozialen Unterschieden erreichen (vgl. Mandel 2005a: 18). Diese Einrichtungen können damit gerade auch denjenigen den Zugang zu musikalischer Bildung eröffnen, die über ihre Familien hierzu keine Möglichkeiten erhalten (vgl. Knava 2009: 78). Die Praxis scheint laut Schneider diesem Auftrag jedoch oft nicht gerecht zu werden (vgl. hierzu und im Folgenden Schneider 2008: 82): Insbesondere ist immer wieder zu beklagen, dass die Erzieher in den Kindergärten nicht oder nur unzureichend für diese Aufgabe ausgebildet werden. Die künstlerisch-musischen Unterrichtsstunden in Schulen fallen laut Schneider häufig aus oder werden allzu oft fachfremd unterrichtet. Zudem haben sich die Schüler in mehreren Klassenstufen zwischen dem Kunst- und dem Musikunterreicht zu entscheiden. Die Möglichkeiten einer freiwilligen Beschäftigung mit kulturellen Inhalten im Schulalltag (z. B. Schulchor/-orchester oder Theater-AG) werden noch zu wenig forciert bzw. genutzt. Auch lässt sich nach Sievers beobachten, dass Kinder, die die Hauptschule besuchen, deutlich weniger mit Kunst und Kultur in Kontakt kommen als Gymnasiasten (vgl. Sievers 2010: 227). Das Schulsystem in seiner jetzigen Struktur verstärkt damit vermutlich tendenziell die Vor-/Nachteile der sozialen Herkunft eher noch, anstatt sie zu kompensieren (vgl. Keuchel 2009: 152 f.).²⁶⁹ Es fehlt zudem noch immer an einem Gesamtkonzept, „in dem Kulturpolitik und Bildungspolitik

---

268 In diesem Rahmen lässt sich laut Keuchel insbesondere seit dem Jahr 2005 ein starker Anstieg der Vermittlungs- und Bildungsangebote von Kulturbetrieben beobachten, der einhergeht mit der gesteigerten kulturpolitischen Aufmerksamkeit für das Thema und Eckpfeilern wie *Kinder zum Olymp*, *Jugend-KulturBarometer* oder *Rhythm is it* (vgl. Keuchel 2010: 248).
269 Die Autoren des Jugend-KulturBarometers schlagen daher vor, Kulturbesuche z. B. fest in den Lehrplänen zu verankern, um zu gewährleisten, dass mehr bzw. alle Schüler Kunst und Kultur in kompetenter Begleitung sowie mit einer adäquaten Einführung und Nachbereitung erleben (vgl. Hübner 2008: 47 und Keuchel/Wiesand 2006).

7.5 Audience Development als Voraussetzung für Besucherbindung

gemeinsam verbindliche Vorgaben und den dafür benötigten finanziellen Rahmen zur flächendeckenden Umsetzung kultureller Bildung vorgeben" (Mandel 2008a: 10). Chancen für die Entwicklung und Bindung eines zukünftigen Publikums ergeben sich nach Scheytt aber nicht nur durch die musikalische Bildung einerseits und Vermittlungsaktivitäten von Opernhäusern andererseits, sondern insbesondere im netzwerkartigen Zusammenwirken bzw. in Kooperationen (vgl. Scheytt 2005: 29). So gibt es laut Schneider bereits eine Fülle von Programmen und Modellversuchen, die sich vor allem darauf beziehen, Künstler in den Schulalltag zu integrieren, Schülern den Besuch von Theaterinstitutionen zu ermöglichen, konkrete kulturelle Projekte zu initiieren und zu eigenem künstlerisch-kreativen Tun anzuregen (z. B. Klassenmusizieren) oder über Möglichkeiten der musikalischen Bildung zu informieren (vgl. hierzu und im Folgenden Schneider 2008: 83). Einige Opernhäuser und Orchester, aber auch Musikschulen haben inzwischen längerfristige Partnerschaften mit Schulen und Kindergärten entwickelt (vgl. hierzu exempl. Kelb 2007a). Weitere Möglichkeiten für Kooperationen ergeben sich auch im Konzept der neuen Ganztagesschule (vgl. hierzu Kelb 2007b). „Im Nachmittagsbereich – und bei einer umfassenden Reform auch in der Kernzeit – können [dadurch] neue Räume für Kunst und Kultur entstehen." (Schneider 2008: 83) Auch Kooperationen zwischen privaten Akteuren der Populär- und Jugendkultur, Opernhäusern und Schulen bieten Chancen, Kinder und Jugendliche für Oper zu begeistern. Dies vor allem vor dem Hintergrund, dass jüngere Menschen kaum noch zwischen öffentlichen und privatwirtschaftlichen Kulturangeboten unterscheiden und im Gegensatz zu vorhergehenden Generationen eine deutlich größere Nähe zu verschiedenen Formen der Populärkultur zeigen (vgl. Keuchel/Wiesand 2006: 23 f.). So bieten Kooperationen dieser Art auch die Möglichkeit, jüngere Zielgruppen über das bereits bestehende Interesse an den privatwirtschaftlichen Kulturprodukten für die Angebote des Opernhauses zu gewinnen. Die Frage nach einer Gewinnung und Bindung von künftigen Zielgruppen wird auch im Zuge der Medialisierung neu gestellt (vgl. Reussner 2010: 70). Dadurch ergeben sich für Opernhäuser vielfältige weitere und neue Möglichkeiten der Kulturvermittlung im Internet bzw. Web 2.0 (vgl. hierzu ausführlich Mandel 2010 und Röll 2010).

8 Schlussbetrachtung

Veranlasst durch den gesamtgesellschaftlichen Wandel und damit einhergehender Herausforderungen (vgl. hierzu ausführlich Kapitel 3.1.1) sind öffentliche Opernhäuser seit den 1990er Jahren verstärkt dazu angehalten, sich um die Bedürfnisse ihrer Besucher und den Aufbau sowie die Pflege von stabilen Beziehungen zu bemühen. Vor diesem Hintergrund ist auch die Besucherbindung in den letzten Jahren zunehmend in den Fokus von Forschung und Praxis gerückt (vgl. Kapitel 1.1). Hierbei ist allerdings der Blick auf den Anbieter und die Instrumente der Besucherbindung bisher weiter verbreitet als die Sichtweise der Besucher. Eine Auseinandersetzung mit der Besucherbindung und ihren Determinanten im Rahmen einer besucherbezogenen Perspektive erfolgt bislang kaum (vgl. Kapitel 4). Letztlich ist es aber alleine der Besucher, der darüber entscheidet, ob er die Geschäftsbeziehung zu einem Opernhaus aufrechterhält oder nicht. Besteht folglich anbieterseitig das Ziel, eine nachhaltige Verbesserung der Besucherbindung zu erreichen oder eingesetzte Maßnahmen effektiver zu gestalten, so müssen sich Opernhäuser noch viel stärker als bisher die Frage stellen, aus welchen Beweggründen ihre Besucher eine Geschäftsbeziehung aufrecht erhalten und was für dauerhaft erfolgreiche Beziehungen wesentlich ist. Im Mittelpunkt dieser Arbeit stand daher die Betrachtung der Besucherbindung aus Besucher- und nicht aus Anbietersicht. Das Forschungsinteresse galt dem Bindungsverhalten von Opernbesuchern und der Erklärung verschiedener Verhaltensvoraussetzungen. Im Zentrum stand die Frage: Was ist es, das Besucher an ein bestimmtes Opernhaus bindet – was ist der Kitt, der Klebstoff in der Beziehung zwischen einem Opernhaus und seiner Kundschaft? (vgl. Günter 2000: 68). Die vorliegende Arbeit nahm sich der Erforschung dieser Klebstoffe an und konnte damit eine Forschungslücke für den Bereich der öffentlichen Opernhäuser in Deutschland schließen. Die Arbeit ging dabei von der These aus, dass sich bestimmte Determinanten identifizieren lassen, die erklären, warum Besucher die Angebote eines Opernhauses wiederholt nachfragen (vgl. Kapitel 1.3). Mittels eines differenzierten, theoretischen und empirischen Forschungsansatzes sollte ein Beitrag zur erstmaligen Aufdeckung und Systematisierung von Wiederbesuchsgründen aus Besuchersicht und ihren dahinter stehenden Einflussfaktoren sowie zur Charakterisierung von Wiederbesuchern geleistet werden, mit dem Ziel, den Verantwortlichen in den Opernhäusern im Sinne einer anwendungsorientierten Forschung aufschlussreiche Informationen und einen Orientierungsrahmen für die Gestaltung ihres Besucherbindungsmanagements an die Hand zu geben. Aus dieser Zielsetzung ließen sich vier Forschungsfragen ableiten, die im Rahmen der Arbeit beantwortet werden sollten (vgl. Kapitel 1.3): 1. Wie kann das Konstrukt der Besucherbindung in öffentlichen Opernhäusern definiert bzw. konzeptualisiert und empirisch gemessen werden? 2. Welches sind die Einflussfaktoren, die Besucher an ein öffentliches Opernhaus binden? 3. Lassen sich unterschiedliche Segmente von Wiederbesuchern (Bindungs-Typen) innerhalb des Opernpublikums identifizieren? und schließlich 4. Welche praktischen Implikationen können aus den Untersuchungsergebnissen für das Besucherbindungsmanagement abgeleitet werden? Auf die wesentlichen Erkenntnisse der Arbeit zu diesen Fragestellungen wird in den folgenden Kapiteln 8.1 bis 8.4 zusammenfassend eingegangen.

8.1 Beantwortung der ersten Forschungsfrage

Im Rahmen von Kapitel 3.3 ist es möglich, eine erste Antwort auf die Forschungsfrage *Wie kann das Konstrukt der Besucherbindung in öffentlichen Opernhäusern definiert bzw. konzeptualisiert und empirisch gemessen werden?* zu geben. Hierbei wurde in Anlehnung an Diller auf drei unterschiedliche Kategorien von Definitionen eingegangen und daraus ein eigenes Begriffsverständnis abgeleitet. Im Mittelpunkt der vorliegenden Arbeit steht die Besucherbindung aus Besuchersicht, bei der die Bindung am Wiederbesuchsverhalten festgemacht werden soll, und zwar zum einen am tatsächlichen Wiederbesuch und zum anderen am geplanten Wiederbesuch, also der Wiederbesuchsabsicht. Demnach liegt Besucherbindung immer dann vor, wenn innerhalb eines zweckmäßig definierten Zeitraums wiederholte Besuche des betreffenden Opernhauses stattgefunden haben bzw. geplant sind (vgl. Kapitel. 3.3.4). Zu einer differenzierten Definitorik tragen die in Kapitel 3.4 thematisierten qualitativen Ausprägungsformen der Besucherbindung bei, anhand derer sich auch die Wirkungseffekte auf der Besucherseite verdeutlichen lassen. Hierzu wurde zunächst die Variationsbreite des Phänomens Besucherbindung anhand seiner einzelnen Erscheinungsformen in öffentlichen Opernhäusern näher beleuchtet. Zur Systematisierung wurden diese Erscheinungsformen in drei Kategorien aufgegliedert und näher betrachtet: organisierte Wiederbesuche (z. B. Abonnenten, Mitglieder von Besucherorganisationen, Inhaber von Theatercards), nicht-organisierte Wiederbesuche (Einzelkartenkäufer) und (kultur-)touristische Wiederbesuche (vgl. Kapitel 3.4.1). Die Wirkungseffekte der Besucherbindung auf Besucherseite resultieren entweder in einem inneren Zustand der Ge- oder Verbundenheit (vgl. Kapitel 3.4.2). Besu-

8.1 Beantwortung der ersten Forschungsfrage

cherbindung setzt demnach voraus, dass der Besucher entweder ein Eigeninteresse am Wiederbesuch hat, weil es für ihn vorteilhaft ist und er es freiwillig möchte (Verbundenheit) oder weil er aus bestimmten Gründen bzw. durch anbieterseitige Maßnahmen (z. B. Abonnementvertrag, Vergünstigungen) veranlasst wird, die Beziehung zum Opernhaus (zumindest temporär) fortzusetzen (Gebundenheit). Zusätzlich zu den beiden generischen Bindungszuständen konnten verschiedene Zwischenformen (z. B. idealisierte Gebundenheit) beschrieben werden.

Um Aussagen darüber treffen zu können, wie das Konstrukt der Besucherbindung in öffentlichen Opernhäusern empirisch gemessen werden kann, befasste sich Kapitel 6.2.3.2 mit seiner Operationalisierung. Die Besucherbindung stellt sich als ein hypothetisches bzw. theoretisch komplexes Konstrukt dar, dass sich einer direkten Beobachtung und Messung entzieht. Um das Konstrukt Besucherbindung empirisch erfassbar und damit messbar zu machen, ist es notwendig, mehrere beobachtbare Tatbestände bzw. Indikatoren zu finden. Für die Operationalisierung der Besucherbindung wurde in der vorliegenden Arbeit ein Baustein, und zwar der tatsächliche Wiederbesuch, herausgegriffen. Gemessen wird der Baustein ‚tatsächlicher Wiederbesuch' durch die beiden Indikatoren (1) Besuchshäufigkeit/-intensität: Anzahl der bisher im Durchschnitt getätigten Besuche in dem betreffenden Opernhaus innerhalb einer Spielzeit und (2) Dauer der Geschäftsbeziehung: Zeitdauer, seit der ein Besucher eine Geschäftsbeziehung zu dem betreffenden Opernhaus unterhält. Aufbauend auf den Aussagen und Erkenntnissen zu den Erscheinungsformen der Besucherbindung (vgl. Kapitel 3.4.1), wurden diese ebenfalls anhand von sieben Indikatoren operationalisiert (vgl. hierzu Kapitel 6.2.3.2). Durch die schriftliche Befragung von 667 Personen an vier Bühnen ist es möglich, die Gesamtheit der Wiederbesucher von Opernhäusern anhand der beiden Besucherbindungsindikatoren Besuchshäufigkeit und Geschäftsbeziehungsdauer sowie den Erscheinungsformen der Besucherbindung näher zu beschreiben. Für eine differenzierte Beschreibung ließ sich die Gesamtheit der Befragten anhand ihrer Besuchshäufigkeit in vier verschiedene Wiederbesuchergruppen einteilen: seltene Wiederbesucher (1 bis 3 Besuche), gelegentliche Wiederbesucher (4 bis 7 Besuche), regelmäßige Wiederbesucher (8 bis 12 Besuche) und Stamm-/Kernbesucher (mehr als 12 Besuche) (vgl. hierzu und im Folgenden Kapitel 6.3.1.1). Der Anteil der Wiederbesucher, die sehr häufig in die Oper gehen, ist relativ klein, während die Zahl der gelegentlichen und seltenen Besucher weitaus größer ist. Gut zwei Drittel der Befragten zählen zu den ersten beiden Gruppen der seltenen und gelegentlichen Wiederbesucher. Lediglich ein Drittel sucht das Opernhaus als regelmäßiger Wieder- oder Stammbesucher auf. Insgesamt besuchen die Befragten durchschnittlich 7,9 Mal das jeweilige Opernhaus in einer Spielzeit. Wiederbesucher sind zudem durch eine große

Anzahl an langjährigen Besuchern gekennzeichnet. Mehr als die Hälfte der Wiederbesucher beziehen ihre Opernkarten über den Einzelkartenverkauf. Neben diesen sind die organisierten Wiederbesuche am zweitstärksten vertreten. Die Abonnenten stellen dabei neben den Einzelkartenkäufern die größte Gruppe dar. Zudem konnte durch die Erhebung herausgestellt werden, dass mit einer zunehmenden Dauer der Geschäftsbeziehung die Häufigkeit von Opernbesuchen tendenziell ansteigt (vgl. Kapitel 6.3.2.1), und dass sich für Wiederbesucher spezifische Verhaltensunterschiede bei der Besuchsintensität in Abhängigkeit von den Soziodemografika beobachten lassen (vgl. Kapitel 6.3.2.2). So sind das Alter, Geschlecht, die regionale Herkunft der Wiederbesucher und die Art ihres Besuchs scheinbar dazu in der Lage, die Zahl von Opernbesuchen zu beeinflussen bzw. können diese als Prädikatoren der Besuchshäufigkeit fungieren. Darüber hinaus liegen durch die Erhebung erstmals detaillierte Informationen vor, wie die verschiedenen Erscheinungsformen der Besucherbindung strukturiert sind bzw. wie das Profil dieser unterschiedlichen Besuchergruppen aussieht (vgl. hierzu ausführlich Kapitel 6.3.2.3).

8.2 Beantwortung der zweiten Forschungsfrage

Um die zweite Forschungsfrage *Welches sind die Einflussfaktoren, die Besucher an ein öffentliches Opernhaus binden?* im Rahmen dieser Arbeit zufriedenstellend beantworten zu können, musste angesichts der bislang nicht erfolgten empirischen Durchdringung des Forschungsgegenstandes auf unterschiedliche Ansatzpunkte zurückgegriffen werden. Hierbei wurde zunächst in einem deduktiven Schritt auf bereits bekannte theoretische Konzepte fokussiert (vgl. Kapitel 4). Als primäre theoretische Bezugsquelle für die Einflussfaktoren der Besucherbindung dienen die langjährigen Erkenntnisse aus der Kundenbindungsforschung, die sich schwerpunktmäßig mit der Identifikation von Bindungsfaktoren aus Kundensicht und der Erklärung ihrer zugrundeliegenden Wirkungsmechanismen beschäftigt (vgl. Kapitel 4.1.1). Da sich in der Kundenbindungsforschung noch keine allgemein anerkannten Erklärungsmuster herausgebildet haben, und bislang keine geschlossene Theorie existiert, wurden verschiedene Beiträge aus den neuen mikroökonomischen, verhaltens-wissenschaftlichen bzw. (sozial-)psychologischen Theorien betrachtet, die je nach Forschungsausrichtung unterschiedliche Einflussfaktoren der Kundenbindung erklären können (vgl. Kapitel 4.1.3). Diese interdisziplinäre Bestandsaufnahme von existierenden Theorien sowie von weiteren Erkenntnissen aus der konzeptionellen Literatur (vgl. Kapitel 4.1.2) und aus empirischen Studien (vgl. Kapitel 4.1.4) erlaubt das zu untersuchende Phänomen aus verschiedenen Blickwinkeln zu betrachten, um das Konstrukt Kun-

8.2 Beantwortung der zweiten Forschungsfrage

denbindung bestmöglich zu beschreiben, und erfolgte mit der Absicht, erste Anknüpfungspunkte für eine Erklärung der Bindung von Opernbesuchern zu ermitteln. Die dadurch identifizierten Determinanten sind allerdings wegen der hohen Spezifität von öffentlichen Opernhäusern nicht ausreichend, um die Besucherbindung im Opernbetrieb zufriedenstellend beschreiben zu können. Ergänzend wurden daher auch erste Erkenntnisse zu den Einflussfaktoren der Besucherbindung im Kultur- und Theaterbereich (vgl. Kapitel 4.2) sowie Ergebnisse aus der Publikumsforschung zu den Bestimmungsgrößen der Besuchshäufigkeit von Opern und Theatern (vgl. Kapitel 4.3) näher betrachtet. In einem nächsten Schritt konnten die dadurch ermittelten Erkenntnisse in einem induktiven Prozess durch sechs qualitative Experteninterviews mit acht Gesprächspartnern auf Anbieterseite (Marketing-/Vertriebsleiter und Leitung des Besucherdienstes) schrittweise bestätigt, weiterentwickelt, erweitert, modifiziert oder für öffentliche Opernhäuser als irrelevant verworfen werden (vgl. Kapitel 5.1.2). Dadurch wurde eine vorläufige Systematik an möglichen Wiederbesuchsgründen in öffentlichen Opernhäusern herausgearbeitet, die sich zu einzelnen potenziellen Einflussfaktoren konzeptionell zuordnen bzw. gruppieren ließen (vgl. hierzu die deskriptiven Aussagen in den Kapiteln 5.2 bis 5.10). So konnten vorerst zehn potenzielle Einflussfaktoren und 39 Wiederbesuchsgründe angenommen werden, die anscheinend einen relevanten Beitrag zur Erklärung des Wiederbesuchsverhaltens von Opernbesuchern leisten (vgl. Kapitel 5.11).

Dieser Konzeptionsrahmen wurde in Kapitel 6 einer empirischen Analyse auf der Besucherseite unterzogen. Dazu wurden zunächst im Rahmen einer explorativen Vorstudie insgesamt 18 qualitative Einzelgespräche mit Wiederbesuchern (Kombination aus narrativem und problemzentrierten Interview) an vier Opernhäusern durchgeführt, um das zu untersuchende Feld aus Besuchersicht einer tiefergehenden Analyse zuzuführen und genauer zu spezifizieren (vgl. Kapitel 6.1). Dadurch konnten insgesamt 40 unterschiedliche Wiederbesuchsgründe ermittelt werden (vgl. Kapitel 6.1.5). Zusätzlich zu den bereits im Rahmen der begrifflichen und deskriptiven Aussagen identifizierten 39 Determinanten konnten durch die qualitative Vorstudie zwei weitere Wiederbesuchsgründe identifiziert und zusätzliche Aspekte für die Spezifizierung der einzelnen Variablen herausgearbeitet werden. Darauf aufbauend wurde eine quantitative Erhebung in Form einer standardisierten schriftlichen Befragung an vier Opernhäusern in Deutschland durchgeführt, an der sich von 1.472 befragten Wiederbesuchern insgesamt 734 Personen beteiligten, von denen sich 667 Fragebögen auswerten ließen (Netto-Rücklauf: 45,31%) (vgl. Kapitel 6.2). Die empirischen Ergebnisse der Fragebogenerhebung verdeutlichen, dass der Konzeptionsrahmen nur teilweise bestätigt werden kann. So zeigt sich, dass insgesamt 41 unterschiedliche Wiederbesuchsgründe bestehen, die sich im Rahmen einer Faktorenanalyse zwölf Einflussfaktoren zuordnen ließen. Diese zwölf Faktoren sind im Einzelnen: Begleitangebote, Zufriedenstellende Serviceangebote, Identifikation mit Selbstverständnis und Protagonisten, Musikalische Qualität, Bevorzugungsvorteile, Soziale Interaktion zwischen den Besuchern, Regionale Identifikation, Zufriedenstellende Spielplangestaltung, Verbundangebote, Affinität, Szenische Qualität sowie Biographie und kulturelle Sozialisation (vgl. Kapitel 6.3.3.3). Einerseits konnten Faktoren ermittelt werden, die denen in der vorläufigen Systematik vermuteten Komponenten entsprechen oder dort in ähnlicher Form beschrieben wurden (z. B. Affinität, Biographie und kulturelle Sozialisation). Andererseits wird auch deutlich, dass manche der vermuteten Bindungsfaktoren nicht oder lediglich in modifizierter Form bestätigt werden können (z. B. faktische Wechselbarrieren, Identifikation) und darüber hinaus noch weitere, bisher nicht angenommene Einflussfaktoren bestehen (z. B. Verbundangebote, Bevorzugungsvorteile). Insbesondere die künstlerischen Kernleistungen eines Opernhauses stellen für die Mehrzahl der Befragten die ausschlaggebendsten Wiederbesuchsgründe dar (vgl. Kapitel 6.3.1.2). Dabei verfügen die Qualität der künstlerischen Besetzungen und die Orchesterqualität über die höchste Zustimmung. Der musikalischen Qualität wird generell eine höhere Bedeutung für den Wiederbesuch beigemessen als der szenischen Qualität. Für die Mehrheit der Befragten gilt das Interesse in erster Linie der Musik, den Sängern und Dirigenten, dem Orchester und dem Chor. Daneben werden Affinitätsvariablen, bestimmte Serviceangebote sowie die Heranführung an die Oper als Kind/Jugendlicher als entscheidend für den Wiederbesuch angesehen. Wiederbesuchsgründe denen sich das Gros der Befragten eher ablehnend gegenüber verhält sind z. B. personale Elemente (z. B. Selbstpräsentation), Verbundangebote (z. B. Opernshopangebot), Begleitangebote (z. B. Workshops) und Bevorzugungsvorteile (z. B. vertragliche Bindung, Vergünstigungen). Diese Variablen sind für die Mehrzahl der Befragten nicht wichtig bei der Entscheidung, ob ein Opernhaus wiederholt frequentiert wird. Für den Einen oder Anderen können sie aber dennoch eine beträchtliche Rolle spielen. Es gibt folglich nicht *den Grund* für einen Wiederbesuch. Vielmehr ist hier jeweils ein ganzes Bündel von Wiederbesuchsgründen zu betrachten, wobei einzelne Gründe je nach Befragtem mehr oder weniger überwiegen. So konnten auch bei 21 Wiederbesuchsgründen Zusammenhänge mit den Eigenschaften der Befragten ermittelt und dabei Unterschiede, Auffälligkeiten und Tendenzen in den Zustimmungen der Wiederbesucher in Erfahrung gebracht werden (vgl. hierzu ausführlich Kapitel 6.3.2.4). Vergleicht man die Wiederbesuchsgründe schließlich noch in ihrer Gesamtheit anhand der Mittelwerte für die vier Bühnen, so zeigte sich ein relativ einheitliches Bild (vgl. Kapitel 6.3.1.2). Über alle vier Opernhäuser hinweg weisen die Bewertungen der Befragten im Durchschnitt starke Tendenzen auf. Zwar bestehen vereinzelt von Opernhaus zu

Opernhaus Unterschiede bei den Ausprägungen der Aussagen. Aber es existiert auch eine Vielzahl an Wiederbesuchsgründen, die unabhängig vom jeweiligen Opernhaus mit einer Zustimmung oder Ablehnung der Befragten einhergehen. Der Mittelwertvergleich verdeutlicht damit, dass starke Tendenzaussagen hinsichtlich der Wiederbesuchsgründe von Opernhäusern vorhanden sind. Neben der Beantwortung der zweiten Forschungsfrage kann durch diese Ergebnisse auch die forschungsleitende These (vgl. Kapitel 1.3) als bestätigt angesehen werden.

8.3 Beantwortung der dritten Forschungsfrage

Für die Beantwortung der dritten Forschungsfrage *Lassen sich unterschiedliche Segmente von Wiederbesuchern (Bindungs-Typen) innerhalb des Opernpublikums identifizieren?* geben die Resultate dieser Arbeit erste Anhaltspunkte und Einblicke, nach welchen Kriterien eine Aufteilung der Wiederbesucher von Opernhäusern in Segmente erfolgen kann, und wie das Profil dieser unterschiedlichen Besuchergruppen aussieht. So bietet es sich beispielsweise an, die Wiederbesucher anhand ihrer Besuchshäufigkeit in vier verschiedene Wiederbesuchergruppen aufzugliedern (vgl. Kapitel 6.3.1.1) und sie anhand ihrer Strukturmerkmale näher zu beschreiben (vgl. Kapitel 6.3.2.1 und 6.3.2.2). Zudem lassen sich in diesem Rahmen für die Zustimmungen zu den Wiederbesuchsgründen einige Besonderheiten und Tendenzen sowie Unterschiede zwischen den Gruppen beobachten (vgl. Kapitel 6.3.2.4). Eine Aufteilung der Wiederbesucher in Segmente kann daneben auch nach soziodemografischen/-ökonomischen Merkmalen (vgl. Kapitel 6.3.1.3) sowie nach den unterschiedlichen Erscheinungsformen der Besucherbindung (vgl. Kapitel 6.3.1.1) erfolgen. Diese lassen sich ebenfalls anhand ihrer Strukturmerkmale (vgl. Kapitel 6.3.2.3), der Besuchshäufigkeit und Dauer der Geschäftsbeziehung (vgl. Kapitel 6.3.2.2 und 6.3.2.3) sowie hinsichtlich ihrer Besonderheiten bei den Zustimmungen zu den Wiederbesuchsgründen (vgl. Kapitel 6.3.2.4) näher beschreiben und voneinander abgrenzen. Neben diesen Segmentierungskriterien erscheint laut der Untersuchungsergebnisse insbesondere eine Bildung von Bindungs-Typen nach ihrem tatsächlichen Wiederbesuchsverhalten, und zwar hinsichtlich der Eigenschaftsurteile über die Wiederbesuchsgründe, erfolgversprechend. Dazu wurde in dieser Arbeit eine Clusteranalyse durchgeführt, mit dem Ziel der Zusammenfassung von Wiederbesuchern in Segmente anhand ihrer Ähnlichkeit hinsichtlich der Meinungsausprägungen über die betrachteten 41 Wiederbesuchsgründe (vgl. Kapitel 6.3.4). In diesem Rahmen lassen sich mit den ‚Leidenschaftlichen', den ‚Serviceorientierten', den ‚Sozial-Interagierenden' und den ‚Traditionellen' vier charakteristische

Bindungs-Typen in Opernhäusern ausmachen, die sich anhand ihrer Zustimmungen zu den einzelnen Wiederbesuchsgründen, aber auch anhand ihrer Strukturmerkmale sinnvoll voneinander unterscheiden (vgl. hierzu Kapitel 6.3.4.2).

Die *Leidenschaftlichen* sind im Vergleich zu den anderen Besuchergruppen durch eine sehr hohe Affinität bzw. ein hohes Involvement zur Oper und eine starke Identifikation mit dem Selbstverständnis des Opernhauses und seinen Protagonisten gekennzeichnet. Sie verfügen über ein weit überdurchschnittliches persönliches Interesse an der Kunstform Oper und über eine große Nähe zu dem von ihnen besuchten Opernhaus. Die große Leidenschaft bzw. die stark positiv emotionalen Empfindungen für die Oper und die künstlerischen Kernleistungen zeigen sich bei diesem Cluster auch dadurch, dass für sie insbesondere Aspekte der musikalischen Qualität von hoher Relevanz sind. Hinsichtlich der Strukturmerkmale zeichnet sich diese Gruppe durch die zweithöchste Besuchshäufigkeit aus und verfügt über eine große Anzahl an langjährig mit dem Opernhaus verbundenen Besuchern. Einzelkartenkäufer stellen die überwiegende Mehrzahl in dieser Gruppe. Ebenfalls deutlich überrepräsentiert sind die Kulturtouristen. Das Cluster ist durch einen hohen Anteil an älteren Besucherschaften geprägt. Im Vergleich zur Gesamtstichprobe sind Frauen unterrepräsentiert, während das männliche Geschlecht überdurchschnittlich vertreten ist. Einige dieser Wiederbesucher reisen extra aus einer größeren Entfernung an, um das Opernhaus wiederholt zu frequentieren. Die Leidenschaftlichen zeichnen sich durch ein hohes Bildungsniveau aus. Spitzenverdiener sind weitaus am stärksten vertreten. Es finden sich zudem überproportional viele Einzelbesucher.

Auffällig bei der Gruppe der *Serviceorientierten* ist die höhere Zustimmung zu zufriedenstellenden Serviceangeboten. Des Weiteren zeichnet sich dieses Wiederbesuchersegment dadurch aus, dass die beiden Variablen der szenischen Qualität eine ausschlaggebendere Rolle für den Wiederbesuch spielen als für die anderen drei Gruppen. Bei den Serviceorientierten handelt es sich hauptsächlich um seltene und gelegentliche Wiederbesucher. Einzelkartenkäufer und Mitglieder von Besucherorganisationen sind überrepräsentiert. Die 50- bis 59-jährigen stellen den größten Anteil. Die Serviceorientierten stammen überwiegend aus dem Ort des Opernhauses sowie dem Umland. Die Mehrzahl stellen Angestellte, Rentner und Selbstständige. Hinsichtlich des Bildungsniveaus hat die Mehrheit studiert oder verfügt über Abitur/Fachhochschulreife. Betrachtet man die verschiedenen Einkommensgruppen, so sind zwar die Spitzenverdiener am stärksten vertreten, im Vergleich zum Gesamtsample aber unterrepräsentiert. Der überwiegende Anteil besucht das Opernhaus gemeinsam.

Die *Sozial-Interagierenden* sind dadurch gekennzeichnet, dass für sie im Vergleich zu den anderen Besuchergruppen insbesondere Aspekte der sozialen Interaktion zwischen den Besuchern und personale Beziehungen und Kontakte

8.3 Beantwortung der dritten Forschungsfrage

von Relevanz sind. Darüber hinaus legt das Cluster Wert auf Vergünstigungen und sieht in der eigenen künstlerischen Tätigkeit als Amateur einen ausschlaggebenden Wiederbesuchsgrund. Bei den Sozial-Interagierenden handelt es sich vornehmlich um seltene und gelegentliche Besucher. 42,11% der Befragten unterhalten seit weniger als fünf Jahren eine Geschäftsbeziehung zum Opernhaus. Einzelkartenkäufer, Mitglieder von Besucherorganisationen, Kulturtouristen und Mitglieder von Jugendclubs sind überrepräsentiert. Die Sozial-Interagierenden zeichnen sich durch die jüngsten Besucher aus. Insgesamt 46,62% sind nicht älter als 39 Jahre. Entsprechend der Altersstruktur sind Studierende, Schüler und Auszubildende stark überrepräsentiert. Die Sozial-Interagierenden stammen überwiegend aus dem Ort des Opernhauses sowie dem Umland. Im Vergleich zur Erhebungsgesamtheit sind allerdings die Befragten mit einer regionalen Herkunft von 30 bis 100 km und aus dem Ausland überdurchschnittlich vertreten. Hinsichtlich des Bildungsniveaus hat die Mehrzahl studiert oder verfügt über Abitur/ Fachhochschulreife. Betrachtet man die verschiedenen Einkommensklassen, so sind die beiden untersten Klassen (unter 500 Euro und 500 bis 1.000 Euro) deutlich überrepräsentiert. Der ganz überwiegende Anteil besucht das Opernhaus in Begleitung.

Die *Traditionellen* legen im Vergleich zu allen anderen Befragten bei ihrer Geschäftsbeziehung zum Opernhaus besonderen Wert auf Variablen, die hauptsächlich eine Relevanz für solche Wiederbesucher besitzen, welche einem organisierten Netzwerk des Opernhauses angehören (sog. Bevorzugungsvorteile). Darüber hinaus zeigt sich ihr Zugehörigkeitsgefühl bzw. die Identifikation mit dem Opernhaus durch eine deutlich höhere Zustimmung zu den beiden Variablen des Einflussfaktors ‚Regionale Identifikation'. Die Traditionellen zeichnen sich durch die höchste Besuchsintensität aus. Insbesondere die regelmäßigen Wiederbesucher und Stammbesucher sind hier deutlich überrepräsentiert. Das Segment verfügt über die am langjährigsten mit dem Opernhaus verbundenen Besucher. Hauptsächlich die Abonnenten stellen die ganz überwiegende Mehrzahl der Besucher in dieser Gruppe. Ebenfalls deutlich überrepräsentiert sind die organisierten Wiederbesuche über Fördervereine und Jugendclubs. Die Traditionellen zeichnen sich durch die ältesten Besucher aus. Insgesamt 55,81% sind älter als 60 Jahre. Entsprechend der Altersstruktur sind Rentner deutlich überdurchschnittlich vertreten. Die Mehrzahl stellt das weibliche Geschlecht. Die Traditionellen stammen ganz überwiegend aus dem Ort des Opernhauses sowie aus dem Umland. Im Vergleich zur Gesamtstichprobe sind Befragte mit Universitätsabschluss/Fachhochschulreife und Hauptschulabschluss überrepräsentiert. Spitzenverdiener sind am stärksten vertreten. Der überwiegende Anteil besucht das Opernhaus gemeinsam.

8.4 Beantwortung der vierten Forschungsfrage

Ein wesentliches Ziel der anwendungsorientierten Wissenschaften besteht darin, über die empirische Beschreibung und Erklärung wahrnehmbarer Wirklichkeitsausschnitte hinaus auch praxeologische Gestaltungshinweise zu formulieren (vgl. Kapitel 1.2.2 und 1.4). Um die damit zusammenhängende vierte Forschungsfrage *Welche praktischen Implikationen können aus den Untersuchungsergebnissen für das Besucherbindungsmanagement abgeleitet werden?* beantworten zu können, wurden in Kapitel 7 einige Anregungen für praktisches Handeln gegeben. Als Systematisierungsrahmen für die Ableitung von Implikationen wurde auf die von Klein für Kulturbetriebe entwickelte Konzeption ‚Besucherbindungsprogramm' zurückgegriffen (vgl. Kapitel 7.1). Auf Grundlage der Untersuchungsergebnisse konnten dabei einige Gestaltungshinweise für die Publikumsforschung (vgl. Kapitel 7.2), für Besucherbindungsstrategien (vgl. Kapitel 7.3) sowie für einzelne Besucherbindungsinstrumente (vgl. Kapitel 7.4) formuliert werden.

Die Voraussetzung für ein ‚erfolgreiches' Besucherbindungsmanagement sind entsprechende Kenntnisse über die Wiederbesucher eines Opernhauses hinsichtlich ihrer Strukturmerkmale, Bedürfnisse, Einstellungen und Verhaltensweisen sowie anderer relevanter Tatbestände, die mittels *Nachfrage- bzw. Besucheranalysen* ermittelt werden können (vgl. Kapitel 7.2). Mit der vorliegenden Arbeit zu den Einflussfaktoren der Besucherbindung liegt nun erstmalig eine empirische Basis für die Diskussion des Wiederbesuchsverhaltens in öffentlichen Opernhäusern vor. Die Ergebnisse zeigen deutlich, dass es für jedes Opernhaus Sinn macht, seine Wiederbesucher separat zu analysieren, sie anhand ihres Bindungsverhaltens und ihrer Strukturmerkmale zu beschreiben und sie nach den ausschlaggebenden Gründen für einen Wiederbesuch zu befragen. Nur dadurch kann ein Opernhaus aus erster Hand erfahren, wie seine Wiederbesucher strukturiert sind, worauf sie Wert legen und welche die aus deren Sicht wichtigen Wiederbesuchsanlässe sind, um die entsprechenden Bereiche in den Vordergrund der Besucherbindungsaktivitäten zu stellen. Für die Durchführung solcher Wiederbesucherbefragungen empfiehlt sich der – auch in der vorliegenden Arbeit zur Anwendung gelangte – Einsatz einer Methodentriangulation (vgl. Kapitel 1.4). Daneben wurden in Kapitel 7.2 auch einige Empfehlungen für weniger aufwendige Methoden gegeben (z. B. Rückgriff auf bereits vorliegende Daten, Besucherforen, Dokumentenanalysen eigener Aufzeichnungen, vermehrte Einführung von Database-Marketing bzw. CRM-Systemen, vollständige Erfassung der Besucherdaten), um auf diesem Wege aktuelle Informationen zu den Wiederbesuchern für eine differenzierte Zielgruppenansprache zu erhalten.

Die Untersuchungsergebnisse zeigen, dass die Wiederbesucher von öffentlichen Opernhäusern keine homogene Personengruppe darstellen, sondern aus

8.4 Beantwortung der vierten Forschungsfrage

ganz unterschiedlichen Nachfragern bestehen, die sich in verschiedenen Aspekten voneinander unterscheiden und nach einer differenzierten Ansprache verlangen. Daher ist es wenig sinnvoll alle Wiederbesucher eines Opernhauses mit ausschließlich einer einzigen *Bindungsstrategie* bearbeiten zu wollen. Zielführender scheint hingegen die grundlegende Strategie des STP-Marketings (vgl. hierzu und im Folgenden Kapitel 7.3). Im Rahmen des *Segmenting* lassen sich auf Grundlage der Resultate dieser Arbeit erste Anhaltspunkte ableiten, nach welchen Kriterien eine Aufteilung der Wiederbesucher von Opernhäusern in Segmente erfolgen kann (vgl. Kapitel 7.3.1). So bietet es sich z. B. an, die Wiederbesucher anhand ihrer Besuchshäufigkeit aufzugliedern. Eine Aufteilung kann auch nach soziodemografischen/-ökonomischen Merkmalen sowie nach den Erscheinungsformen der Besucherbindung erfolgen. Neben diesen Segmentierungskriterien ist aber insbesondere eine Bildung von Bindungs-Typen nach ihrem tatsächlichen Wiederbesuchsverhalten, und zwar hinsichtlich der Eigenschaftsurteile über die Wiederbesuchsgründe, erfolgversprechend. Beim *Targeting* sind diejenigen Segmente festzulegen, die zunächst vom Opernhaus vorrangig bearbeitet werden sollen (vgl. Kapitel 7.3.2). Orientieren sich solche Überlegungen in privatwirtschaftlichen Unternehmen vornehmlich am ökonomischen Kundenwert bzw. am Ertragspotenzial des Kunden, so besteht im öffentlichen Kulturbereich ein komplexeres Zielsystem, anhand dessen die attraktiven Segmente für eine Bindung ermittelt werden können. Diese Attraktivität hängt dabei von einer ganzen Reihe von Kriterien und Fragestellungen ab, die sich insbesondere aus den Sachzielen des jeweiligen Opernhauses ableiten sollten. Je nachdem, welche Zielsetzungen ein Opernhaus im Rahmen seines Bindungsmanagements verfolgt, sollte es unter sorgfältiger Abwägung die Attraktivität der Wiederbesuchersegmente beurteilen und einzelne Gruppen entsprechend zur vorrangigen Bearbeitung auswählen. Ist darüber entschieden, welche Segmente vorrangig bearbeitet werden sollen, sind im Rahmen des *Positioning* mögliche Positionierungskonzepte für jede ausgewählte Zielgruppe zu entwickeln (vgl. Kapitel 7.3.3). Zunächst stellt sich die grundlegende Frage danach, ob die einzelnen Besuchersegmente eher über Verbundenheits- oder Gebundenheitsstrategien erreicht werden können. Die Ergebnisse dieser Arbeit lassen die Einschätzung zu, dass für die Mehrzahl der Wiederbesucher Verbundenheitsstrategien wohl den weitaus besseren strategischen Ansatz bieten, um diese langfristig an ein Opernhaus zu binden. Das Ziel aller Bindungsaktivitäten sollte es folglich sein, eine Situation der Verbundenheit anzustreben, mindestens jedoch eine idealisierte Gebundenheit des Besuchers. Darüber hinaus ist eine Entscheidung über die Auswahl von geeigneten Bindungsstrategien zu treffen. Für eine erfolgreiche Positionierung gegenüber den Zielgruppen wird es darauf ankommen, jene Strategien auszuwählen, die für die individuelle Nutzenpräferenz der jeweiligen

Segmente geeignet sind. Die Untersuchungsergebnisse zeigen, dass der Kernnutzen und die Verfolgung einer entsprechenden Qualitätsstrategie die Basis des Bindungsmanagements bilden. Darüber hinaus wird aber auch deutlich, dass beim Wiederbesuch eines Opernhauses keineswegs nur der Kernnutzen und die Verfolgung einer Qualitätsstrategie von Relevanz sind, sondern es mit Blick auf die Besucherbindung immer auch auf die Erfüllung von weiteren Nutzenaspekten ankommt, die gegenüber den einzelnen Zielgruppen in den Vordergrund gerückt werden müssen. Für eine Positionierung bietet sich daher auch die Verfolgung einer identitätsbasierten Markenstrategie, einer Servicestrategie, einer Sozialstrategie und einer Bevorzugungsstrategie an. Die Arbeit zeigt auf, dass ein Opernhaus gut beraten ist, nicht nur an einen Nutzen zu appellieren und auf eine einzige Strategie zurückzugreifen, sondern soweit wie möglich alle für die verschiedenen Segmente relevanten Nutzendimensionen des Produkts durch einen kombinierten Strategieeinsatz in den Austauschprozess einzubringen. Im Rahmen der Erarbeitung von Positionierungskonzepten ist außerdem festzulegen, auf welche Ebene sich die zu entwickelnden Bindungsstrategien beziehen. Die Ausführungen verdeutlichen, dass sich die identitätsbasierte Markenstrategie insbesondere auf die Organisationsebene, die Qualitäts-, Service- sowie Bevorzugungsstrategie auf die Leistungsebene und die Sozialstrategie auf die Personenebene beziehen.

Nachdem die Bindungsstrategien erarbeitet wurden, gilt es, diese umzusetzen. Hierfür ist der Einsatz operativer *Besucherbindungsinstrumente* notwendig (vgl. Kapitel 7.4). Innerhalb des Marketing-Mix können dabei die folgenden fünf Instrumente bzw. Politiken zum Einsatz gelangen: die Produktpolitik, die Servicepolitik, die Preispolitik, die Kommunikationspolitik, sowie die Distributionspolitik. Betrachtet man im Rahmen der *Produktpolitik* zunächst das Produktinnere (vgl. Kapitel 7.4.1), so zeigen die Ergebnisse, dass die Sicherstellung einer fortlaufenden Spitzenqualität des Angebots unabdingbar ist und dies nicht nur bei den Premieren bzw. Neuproduktionen, sondern auch beim Repertoire und den Wiederaufnahmen muss auf eine möglichst hohe Qualität der Aufführungen im Sinne einer ‚performance excellence' geachtet werden. Die Spitzenqualität kann beispielsweise dadurch erreicht und garantiert werden, dass seitens der Intendanz konkrete Qualitätsziele und -standards vorgegeben werden, deren Einhaltung fortlaufend zu überprüfen ist sowie generell durch die Umsetzung eines entsprechenden Qualitätsmanagement in allen Bereichen der künstlerischen Produktion. Die Erzielung künstlerischer Spitzenleistung wird auch davon abhängig sein, wie stark sich die Mitarbeiter mit ihrem Opernhaus persönlich identifizieren und wie zufrieden sie insgesamt mit ihren Arbeitsbedingungen sind. Im Rahmen der Programmpolitik wurden Überlegungen hinsichtlich der Spielplangestaltung angestellt. Berücksichtigt man die Ergebnisse dieser Arbeit, so impli-

8.4 Beantwortung der vierten Forschungsfrage

ziert dies für die Opernhäuser ihren Wiederbesuchern eine möglichst große Bandbreite und Vielfalt der Opernliteratur anzubieten. Auf der anderen Seite lassen sich manche Wiederbesucher auch durch Schwerpunktsetzungen im Spielplan gezielt ansprechen. Die Etablierung eines unverwechselbaren künstlerischen Profils kann ebenfalls zur Bindung von bestimmten Wiederbesuchergruppen beitragen. Die Ergebnisse der vorliegenden Arbeit legen für Opernhäuser insgesamt die Realisierung einer pluralistischen Programmpolitik nahe. Neben den künstlerischen Kernleistungen spielen auch bestimmte zufriedenstellende *Serviceangebote* eine Rolle (vgl. Kapitel 7.4.2). Bei Geschäftsbeziehungen, die wie im Opernbetrieb mit einem hohen Maß an persönlicher Interaktion verbunden sind, nehmen insbesondere besucherorientierte Servicemitarbeiter für Wiederbesucher einen hohen Stellenwert ein. Daher ist es für Opernhäuser von Bedeutung zunehmend die Fragen des internen Marketings intensiver zu betrachten. Im Rahmen der Servicepolitik wurden darüber hinaus noch einige Implikationen für die Gestaltung der Atmosphäre und des Ambientes eines Opernhauses, für die Gewährung von Zusatzleistungen (VAS) an Abonnenten sowie für die Zusammenstellung von attraktiven Gruppenangeboten formuliert. Innerhalb der *Preispolitik* konnten einige Hinweise für eine differenzierte Preisgestaltung gegeben werden (vgl. Kapitel 7.4.3). Hierbei scheint eine Differenzierung nach Besuchermerkmalen, nach der Menge der abgenommenen Veranstaltungen, nach Produktmerkmalen sowie nach zeitlichen Kriterien erfolgversprechend. Die Ergebnisse der Arbeit verdeutlichen, dass Wiederbesucher nach einer differenzierten Ansprache im Rahmen der *Kommunikationspolitik* verlangen (vgl. Kapitel 7.4.4). Sinnvollerweise sollte ein Opernhaus daher gegenüber seinen Wiederbesuchern je nach deren Präferenzen die verschiedenen Nutzenaspekte bei seiner Kommunikationspolitik bewusst in den Vordergrund rücken bzw. diese gezielt herausstellen. Hierfür eignen sich insbesondere die Instrumente des Direktmarketings. Darüber hinaus lassen sich weitere Implikationen für Kommunikationsaktivitäten ableiten. In diesem Rahmen wurde einerseits aufgezeigt, wie das Bedürfnis nach einer regelmäßigen Beschäftigung und das persönliche Interesse für Oper entsprechend unterstützt und immer wieder aufs Neue angeregt werden kann, und gegenüber welcher Zielgruppe ein zufriedenstellendes Informationsangebot sichergestellt werden sollte. Zudem wurden Gestaltungshinweise für die Realisierung einer identitätsbasierten Markenführung und für die Umsetzung eines Empfehlungsmarketings gegeben. Neben der Auswahl und Gestaltung von geeigneten Maßnahmen ist im Rahmen der Kommunikationspolitik auch zu klären, wann und mit welcher Intensität die ausgewählten Instrumente eingesetzt werden sollen. Anstelle unkoordinierter Einzelaktionen sollten die Maßnahmen zu einem Mix, also einer Koordinierung in zeitlicher und inhaltlicher Hinsicht, kombiniert werden, so dass sie in abgerundeten und in sich stimmigen Kontaktkampagnen aufeinander aufbauen. Innerhalb der *Distributionspolitik* (vgl. Kapitel 7.4.5) wurden zunächst praktische Implikationen zur Organisation eines besucherorientierten Kartenvertriebs abgeleitet. Daneben konnten einige Vorschläge formuliert werden, wie eine gute Erreichbarkeit des Opernhauses sichergestellt werden kann. Abschließend wurde die Ausgestaltung der Abnahmeverträge thematisiert, wobei hier insbesondere Empfehlungen zur Ausgestaltung der Abonnements gegeben wurden.

Neben der Ableitung von praktischen Implikationen für die Ausgestaltung des Besucherbindungsmanagements lassen die Ergebnisse der Arbeit die Aussage zu, dass Opernhäuser, wenn sie auch weiterhin Bestand haben wollen, nicht an der Frage vorbei kommen, wer diese Institutionen in Zukunft in Anspruch nehmen soll. Wesentliche Voraussetzungen für die Besucherbindung liegen einerseits in einer frühzeitigen Begegnung bzw. Heranführung von Kindern und Jugendlichen an Oper sowie andererseits in der musikalischen Bildung verbunden mit der eigenen künstlerisch-kreativen Tätigkeit im Elternhaus, Kindergarten und in der Schule. Vor diesem Hintergrund kommt der Kulturvermittlung bzw. dem *Audience Development* eine entscheidende Bedeutung für die Besucherbindung und die Zukunft von Opernhäusern zu. Kapitel 7.5 gab hierfür abschließend ein paar konkrete Anregungen und Gestaltungshinweise.

Zusammenfassend lässt sich festhalten, dass mit den Ergebnissen dieser Arbeit die in Kapitel 1.3 formulierten Forschungsziele aus Sicht des Verfassers vollumfänglich erreicht worden sind. Mit der Beantwortung der ersten drei Forschungsfragen konnte das Erklärungsziel erfüllt werden, welches darin bestand, das Konstrukt der Besucherbindung, seine Einflussfaktoren und ihre Auswirkungen auf das Zielphänomen zu verstehen. Dadurch kann ein erster Beitrag zur Durchdringung und Erklärung von Besucherbindung auf der Nachfragerseite geleistet werden. Das Gestaltungsziel der Arbeit konnte durch die Beantwortung der vierten Forschungsfrage erreicht werden. Die abgeleiteten praktischen Implikationen können einen Beitrag zum Erkenntnisfortschritt leisten, wie Opernhäuser ihre Besucherbindung verbessern oder bestehende Maßnahmen effektiver gestalten können. Die Arbeit trägt insgesamt aber nicht nur zum Erkenntnisfortschritt und der Theorieentwicklung in der Kulturmanagement-forschung bei, sondern auch in der Marketing- und Kundenbindungsforschung, indem die Betrachtung von Opernhäusern als speziellem Objektbereich des Marketings erfolgte.

8.5 Weitere Forschungsfelder

Abschließend werden nachstehend ausgewählte Anknüpfungspunkte für weitere Forschungsfelder bzw. zukünftige Forschungsvorhaben skizziert: Da unter den Bedingungen einer zunehmend pluralisierten und individualisierten Gesellschaft nicht mehr generell von *dem* Opernpublikum ausgegangen werden kann, scheint es erstrebenswert, künftig vermehrt segmentbezogene bzw. binnendifferenzierte Publikumsstudien durchzuführen (vgl. hierzu und im Folgenden Föhl/Lutz 2011: 86). In diesem Rahmen ist eine kontinuierliche Ausweitung von Spezialstudien zu einzelnen Fragestellungen (z. B. Besucherzufriedenheit, Besucherintegration, Gewinnung von Nicht-Besuchern, Besucherwert oder Gründe für eine Besucherabwanderung) wünschenswert, um zu aussagekräftigen Erkenntnissen für das Besuchermanagement zu gelangen. Kombiniert man das in dieser Arbeit dargestellte Forschungsdefizit im Bereich der Besucherbindung mit der hohen Relevanz, die dieses Konstrukt für Opernbetriebe bereits einnimmt und künftig wohl noch verstärkt einnehmen wird, und folgt man der Ansicht, dass letztlich der Besucher für die Fortführung und den Erfolg einer Geschäftsbeziehung bestimmend ist, so erscheint es geboten, insbesondere die wissenschaftliche Auseinandersetzung mit der Besucherbindung aus Besuchersicht fortzuführen und zu vertiefen.

Die vorliegende Arbeit ist aufgrund der bisher nicht erfolgten theoretischen und empirischen Durchdringung des Forschungsgegenstandes deskriptiv-explorativ ausgerichtet, mit dem Ziel der Theoriengenerierung zu den Einflussfaktoren der Besucherbindung in öffentlichen Opernhäusern. Die durch diese Arbeit generierten Theorien können weiteren Forschungsarbeiten als Grundlage und Hypothesen dienen (vgl. hierzu und im Folgenden auch Borrmann 2007: 408). In diesen Forschungsvorhaben können die vorliegenden Ergebnisse überprüft und gezielt erweitert werden. Hierdurch lassen sich ggf. auch weitere, in der vorliegenden Arbeit nicht berücksichtigte Faktoren identifizieren. Neben den in dieser Arbeit untersuchten Opernhäusern könnten zukünftig mit dem gleichen Untersuchungsdesign noch weitere Opernhäuser der DOK erfasst werden (Replikationsstudien) oder die Untersuchung auf solche Musiktheater, die nicht in der DOK vertreten sind, ausgeweitet werden (vgl. hierzu und im Folgenden auch Laukner 2008: 285). Dadurch würde sich analysieren lassen, ob die ermittelten Wiederbesuchsgründe, Bindungsfaktoren und Wiederbesuchercluster in dieser Form auch bei einer größeren Anzahl von Opernhäusern noch gültig sind und wie die Ergebnisse bei anderen Musiktheaterbetrieben eventuell abweichen. Denkbar wäre auch eine Überprüfung der hier generierten Ergebnisse im Bereich der Privattheater oder in den Sparten Schauspiel und Ballett, um dadurch Erkenntnisse zu erlangen, ob die Ergebnisse auch auf diese Bereiche übertragbar sind und wo ggf. Besonderheiten und Abweichungen bestehen. Da die vorliegende Arbeit auf Deutschland beschränkt ist, erscheint auch eine Ausweitung auf andere Staaten sinnvoll. Eine ähnliche Untersuchung z. B. in anderen deutschsprachigen Ländern oder im angloamerikanischen Raum würde interessante Vergleiche ermöglichen (vgl. hierzu und im Folgenden auch Abfalter 2010: 355). Ebenso könnte eine Betrachtung über einen längeren Zeitraum (Längsschnittstudie) eine Ergebnisbestätigung oder zusätzliche Erkenntnisse liefern. Wünschenswert sind schließlich auch vergleichbare Studien in anderen Betrieben der Kulturbranche wie z. B. bei Orchestern, Konzerthäusern, Festivals, Museen, Musikschulen oder Bibliotheken.

Die identifizierten zwölf Einflussfaktoren stellen allesamt komplexe Konstrukte dar, die weiteren theoretischen Beschreibungen/Erklärungen (z. B. mittels Wissenschaftstheorien) und empirischen Untersuchungen unterzogen werden sollten. Auch ist eine tiefergehende Analyse von Interesse, welche die beiden Bindungszustände Verbundenheit und Gebundenheit von Wiederbesuchern näher beleuchtet. Einige der Ergebnisse und Zusammenhänge in dieser Arbeit lassen sich nicht eindeutig interpretieren und weisen auf weiteren Forschungsbedarf hin (vgl. hierzu und im Folgenden auch Laukner 2008: 286 und Jeker 2002: 368). So konnten bei einigen Wiederbesuchsgründen nur Vermutungen zur Begründung oder Interpretation angestellt werden. In diesem Rahmen zeigt sich z. B., dass ein persönlicher Dialog lediglich für 26,28% der Befragten einen Wiederbesuchsgrund darstellt, während ihn 53,63% ablehnen (vgl. Kapitel 6.3.1.2). Ob dieses Ergebnis bedeutet, dass die persönliche Ansprache für die Mehrheit der Wiederbesucher tatsächlich nur eine untergeordnete Rolle spielt oder sie diese in den betreffenden Opernhäusern bisher nicht erlebt haben, obwohl sich die persönliche Ansprache laut der befragten Experten in den letzten Jahren einer zunehmenden Bedeutung erfreut, konnte nicht beantwortet werden. Ein weiteres Beispiel stellt der hohe Anteil an Befragten dar, die sich bei der Variable Beschwerdezufriedenheit unschlüssig verhalten. Die Fragestellung, ob sich viele der Befragten demnach nicht sicher sind ob eine zufriedenstellende Beschwerdebearbeitung zu ihrem Wiederbesuch beiträgt, sich bislang hierzu keine Gedanken gemacht oder dies bisher nicht ausdrücklich wahrgenommen haben, musste ebenfalls offen bleiben. In weiterführenden Forschungen kann möglicherweise eine eindeutigere Antwort auf solche offenen Fragestellungen gefunden werden. In künftigen Forschungsvorhaben könnte auch detaillierter analysiert werden, ob die identifizierten opernhausspezifischen Unterschiede bei den Zustimmungen zu den Wiederbesuchsgründen (z. B. architektonische Gestaltung, Vergünstigungen, Gewährung von Zusatzleistungen) und bei den Eigenschaften der Wiederbesucher vom jeweiligen Haus und seinen institutionellen bzw. exogenen Rahmenbe-

8.5 Weitere Forschungsfelder

dingungen und Gegebenheiten abhängig sind oder sich auf die spezifische Stichprobenzusammensetzung in dieser Arbeit zurückführen lassen.

Neben einer weitergehenden Analyse der Einflussfaktoren der Besucherbindung sollten sich künftige Forschungsprojekte auch vermehrt mit den drei weiteren Untersuchungsbereichen der Kundenbindungsforschung *Geschäftsbeziehung und Kundenbindung, Auswirkungen von Kundenbindung* und *Kundenbindungsmanagement* (vgl. Kapitel 4.1.1) speziell für das Kulturmanagement auseinandersetzen. So könnte hierbei z. B. mit Blick auf den letztgenannten Untersuchungsbereich analysiert werden, welche einzelnen Maßnahmen zur Steigerung der Besucherbindung geeignet sind und wie diese zu einem effizienten Bindungssystem kombiniert werden können. Dazu wären spezielle Studien notwendig, die den Einsatz verschiedener Besucherbindungsinstrumente und deren Wirkung auf unterschiedliche Besuchersegmente analysieren (vgl. hierzu auch Laukner 2008: 285). Auch könnte in diesem Rahmen verstärkt der Frage nachgegangen werden, aus welchen Gründen die traditionellen Bindungskonzepte an Wirkungskraft verlieren und wie diese zu einem attraktiven Angebot für die Besucher weiterentwickelt werden könnten.

Quellenverzeichnis

Literaturverzeichnis

Abfalter, Dagmar (2010): Das Unmessbare messen? Die Konstruktion von Erfolg im Musiktheater, Wiesbaden

Algesheimer, René (2004): Brand Communities. Begriff, Grundmodell und Implikationen, Wiesbaden

Allmann, Uwe (1997): Innovatives Theatermanagement. Eine Fallstudie, Wiesbaden

Almstedt, Matthias (1999): Ganzheitliches computerbasiertes Controlling im öffentlichen Theater. Konzeption und prototypische Implementierung eines Controlling-Informationssystems auf der Basis einer Analyse des öffentlichen Theaters, Göttingen

Almstedt, Matthias/Jan Sellke (2006): Kooperationen als Weg zu einem kundenorientierten Kulturprodukt. Das Kooperationskonzept des Stadttheaters Hildesheim. In: Andrea Hausmann und Sabrina Helm (Hrsg.): Kundenorientierung im Kulturbetrieb. Grundlagen, innovative Konzepte, praktische Umsetzung, Wiesbaden, S. 245-258

Arbeitsgruppe Zukunft von Theater und Oper in Deutschland (2004): Zwischenbericht (11. Dezember 2002). In: Bernd Wagner (Hrsg.): Jahrbuch für Kulturpolitik 2004. Thema: Theaterdebatte, Band 4, Essen, S. 343–352

Atteslander, Peter (2006): Methoden der empirischen Sozialforschung, 11., neu bearbeitete und erweiterte Auflage, Berlin

Ayen, Hermann (2002): Marketing für Theaterbetriebe. Praxishandbuch für Kulturmanager, München

Backhaus, Klaus/Bernd Erichson/Wulff Plinke/Rolf Weiber (2011): Multivariate Analysemethoden. Eine anwendungsorientierte Einführung, 13., überarbeitete Auflage, Berlin und Heidelberg

Bakay, Zoltán (2003): Kundenbindung von Haushaltsstromkunden. Ermittlung zentraler Determinanten, Wiesbaden

Bankhofer, Udo (1995): Unvollständige Daten- und Distanzmatrizen in der Multivariaten Datenanalyse, Bergisch-Gladbach

Bankhofer, Udo/Sandra Praxmarer (1998): Zur Behandlung fehlender Daten in der Marktforschungspraxis, Marketing Zeitschrift für Forschung und Praxis, Heft 2, 2. Quartal 1998, S. 109-118

Barnard, Chester I. (1938): The Functions of the Executive, Cambridge

Bauer, Raymond (1960): Consumer Behavior as Risk Taking. In: Robert S. Hancock (Hrsg.): Dynamic Marketing for a Changing World. Proceedings of the 43th Conference of the American Marketing Association, Chicago, S. 389-398

Bauer, Matthias (2000): Kundenzufriedenheit in industriellen Geschäftsbeziehungen. Kritische Ereignisse, nichtlineare Zufriedenheitsbildung und Zufriedenheitsdynamik, Wiesbaden

Bauer, Hans H./Marcus M. Neumann/Anja Schüle (2006): Konsumentenvertrauen. Konzepte und Anwendungen für ein nachhaltiges Kundenbindungsmanagement, München

Baumol, William J./William G. Bowen (1966): Performing Arts: The Economic Dilemma: A Study of Problems common to Theatre, Opera, Music and Dance, New York

Bayón-Eder, Tomás/Philipp Burgtorf (1993): Zur Notwendigkeit der Verankerung des Marketinggedankens im Management von Theatern – Konzept für das Marketing öffentlicher Theaterbetriebe in Deutschland. In: Gesellschaft für Konsumforschung (GfK) (Hrsg.): Jahrbuch der Absatz- und Verbrauchsforschung, S. 114-138

Behne, Klaus-Ernst (2004): Kultur kommt von ... unten! Zur Notwendigkeit des (Wieder-)gewinns von kultureller Bildung für Kinder und Jugendliche. In: Karin von Welck und Margarete Schweizer (Hrsg.): Kinder zum Olymp. Wege zur Kultur für Kinder und Jugendliche, Köln, S. 45-51

Behr, Michael (1983): Musiktheater – Faszination, Wirkung, Funktion, Wilhelmshaven

Belz, Christian/Thomas Bieger (2006): Customer-Value. Kundenvorteile schaffen Unternehmensvorteile, 2., aktualisierte Auflage, Landsberg am Lech

Bendixen, Peter (2001): Einführung in das Kultur- und Kunstmanagement, Wiesbaden

Benninghaus, Hans (2007): Deskriptive Statistik. Eine Einführung für Sozialwissenschaftler, 11. Auflage, Wiesbaden

Berekoven, Ludwig/Werner Eckert/Peter Ellenrieder (2006): Marktforschung. Methodische Grundlagen und praktische Anwendungen, 11. Auflage, Wiesbaden

Berger, Susanne (1977): Das Interesse am Theater: Entwicklung, Durchführung und Auswertung einer Repräsentativerhebung in Fellbach bei Stuttgart, durchgeführt im Oktober 1974. Münchener Beiträge zur Theaterwissenschaft, Band 8, München

Berndt, Ralph (1996): Marketing 1. Käuferverhalten, Marktforschung und Marketing-Prognosen, 3. Auflage, Berlin u. a. O.

Berry, Leonard (1983): Relationship Marketing. American Marketing Association, Chicago

Beutling, Lutz (1993): Controlling in Kulturbetrieben am Beispiel Theater. Grundlagen für ein Management zur betriebswirtschaftlichen Steuerung, Hagen

Blanke, Bernhard (2005): Verwaltungsreform als Aufgabe des Regierens – Einleitung. In: Bernhard Blanke,/Stephan von Bandemer/Frank Nullmeier/Göttrik Wewer (Hrsg.): Handbuch zur Verwaltungsreform, 3., vollständig überarbeitete und erweiterte Auflage, Wiesbaden, S. XIII–XIX

Bliemel, Friedhelm W./Andreas Eggert (1998a): Kundenbindung – die neue Sollstrategie? In: Marketing Zeitschrift für Forschung und Praxis, 20. Jahrgang, Nr. 1, S. 37-46

Bliemel, Friedhelm W./Andreas Eggert (1998b): Kundenbindung aus Kundensicht. Grundlegende Konzeptualisierung und explorative Befunde, Kaiserslauterer Schriftenreihe Marketing, Heft 4/98, Kaiserslautern

Böhler, Heymo (2004): Marktforschung, 3., völlig neu bearbeitete und erweiterte Auflage, Stuttgart

Boerner, Sabine (2002): Führungsverhalten und Führungserfolg: Beitrag zu einer Theorie der Führung am Beispiel des Musiktheaters, Wiesbaden

Boerner, Sabine/Johanna Jobst (2009): Unsichtbare Hauptrolle: Zur Bedeutung des Opernorchesters aus Sicht der Zuschauer. In: Das Orchester, 1.09, S. 34-38

Bogner, Alexander/Beate Littig/Wolfgang Menz (Hrsg.): Das Experteninterview. Theorie, Methode, Anwendung, 2. Auflage, Wiesbaden

Borgstedt, Silke (2008): Der Musik-Star. Vergleichende Imageanalysen von Alfred Brendel, Stefanie Hertel und Robbie Williams, Bielefeld

Borrmann, Frank (2007): Kundenbindung im internationalen Automobilmarketing. Eine komperative Studie zentraler Kundenbindungsdeterminanten auf dem chinesischen und russischen Automobilmarkt, München und Mering

Bourdieu, Pierre (1970): Zur Soziologie der symbolischen Formen, Frankfurt am Main

Bourdieu, Pierre (1987): Die feinen Unterschiede. Kritik der gesellschaftlichen Urteilskraft, Frankfurt am Main

Bovier-Lapierre, Bernard (2006): Die Opernhäuser im 20. Jahrhundert. In: Arnold Jacobshagen und Frieder Reininghaus (Hrsg.): Musik und Kulturbetrieb – Technik, Märkte, Institutionen. Handbuch der Musik im 20. Jahrhundert, Band 10, Laaber, S. 231-256

Boyd, Richard (1984): The Current Status of Scientific Realism. In: Jarrett Leplin (Hrsg.): Scientific Realism, Berkeley, CA 1984, S. 41-82

Brauerhoch, Frank-Olaf (2004): Theater, Publikum und Image – eine Studie über die „Theaterlandschaft" in Frankfurt am Main. In: Bernd Wagner (Hrsg.): Jahrbuch für Kulturpolitik 2004. Thema: Theaterdebatte, Band 4, Essen, S. 141-151

Brauerhoch, Frank-Olaf (2005): Was die Besucher im Theater suchen. In: Hans-Peter Burmeister (Hrsg.): Die Zukunft des deutschen Theaters. 48. Loccumer Kulturpolitisches Kolloquium, Rehburg-Loccum, S. 65-79

Braunstein, Christine (2001): Einstellungsforschung und Kundenbindung. Zur Erklärung des Treueverhaltens von Konsumenten, Wiesbaden

Brede, Helmut (2005): Grundzüge der Öffentlichen Betriebswirtschaftslehre, 2., überarbeitete und verbesserte Auflage, München

Brockhoff, Klaus (1999): Produktpolitik, 4., neubearbeitete und erweiterte Auflage, Stuttgart

Brosius, Felix (2008): SPSS 16. Das mitp-Standardwerk, Heidelberg

Bruhn, Manfred/Michael A. Grund (1999): Interaktionsbeziehungen im Dienstleistungsmarketing. In: Manfred Bruhn (Hrsg.): Internes Marketing. Integration der Kunden- und Mitarbeiterorientierung. Grundlagen – Implementierung – Praxisbeispiele, 2. Auflage, Wiesbaden, S. 495-523

Bruhn, Manfred (1999): Internes Marketing. Integration der Kunden- und Mitarbeiterorientierung. Grundlagen – Implementierung – Praxisbeispiele, 2. Auflage, Wiesbaden

Bruhn, Manfred (2005): Marketing für Nonprofit-Organisationen. Grundlagen, Konzepte, Instrumente, Stuttgart

Bruhn, Manfred (2007): Kundenorientierung. Bausteine für ein exzellentes Customer Relationship Management (CRM), 3., überarbeitete Auflage, München

Bruhn, Manfred/Silke Michalski (2008): Kundenabwanderung als Herausforderung des Kundenbindungsmanagement. In: Manfred Bruhn und Christian Homburg (Hrsg.):

Handbuch Kundenbindungsmanagement. Strategien und Instrumente für ein erfolgreiches CRM, 6., überarbeitete und erweiterte Auflage, Wiesbaden, S. 271-294

Bruhn, Manfred/Christian Homburg (2008): Handbuch Kundenbindungsmanagement. Strategien und Instrumente für ein erfolgreiches CRM, 6., überarbeitete und erweiterte Auflage, Wiesbaden

Bruhn, Manfred (2009): Relationship Marketing. Das Management von Kundenbeziehungen. 2., vollständig überarbeitete Auflage, München

Bühl, Achim (2006): SPSS 14. Einführung in die moderne Datenanalyse, 10., überarbeitete und erweiterte Auflage, München

Burmann, Christoph/Sabrina Zeplin (2004): Innengerichtetes identitätsbasiertes Markenmanagement – State-of-the-Art und Forschungsbedarf, Lehrstuhl für innovatives Markenmanagement (LiM), Arbeitspapier Nr. 7, Fachbereich Wirtschaftswissenschaft, Universität Bremen, Bremen

Burmann, Christoph/Heribert Meffert/Martin Koers (2005): Stellenwert und Gegenstand des Markenmanagements. In: Heribert Meffert/Christoph Burmann/Martin Koers (Hrsg.): Markenmanagement. Identitätsorientierte Markenführung und praktische Umsetzung. Mit Best Practice-Fallstudien, 2., vollständig überarbeitete und erweiterte Auflage, Wiesbaden, S. 3-18

Burmeister, Hans-Peter (2005): Die Zukunft des deutschen Theaters. 48. Loccumer Kulturpolitisches Kolloquium, Rehburg-Loccum

Butterwegge, Christoph (2006): Krise und Zukunft des Sozialstaates, 3., erweiterte Auflage, Wiesbaden

Butzer-Strothmann, Kristin/Bernd Günter/Horst Degen (2001): Leitfaden für Besucherbefragungen durch Theater und Orchester, Baden-Baden

Cattell, Raymond B. (1966): The scree test fort he number of factors. In: Journal of Multivariate Behavioral Research, 1, S. 245-276

Cialdini, Robert B./Richard J. Borden/Avril Thorne/Marcus Walker/Stephen Freeman/Loyd Sloan (1976): Basking in reflected glory: Three (football) field studies, Journal of Personality and Social Psychology, 34, S. 366-375

Cleff, Thomas (2008): Deskriptive Statistik und moderne Datenanalyse. Eine computergestützte Einführung mit Excel, SPSS und STATA, Wiesbaden

Cloot, Julia (2002): Spielplangestaltung. In: Arnold Jacobshagen (Hrsg.): Praxis Musiktheater. Ein Handbuch, Laaber, S.362-365

Colbert, Francois (1999): Kultur- und Kunstmarketing. Ein Arbeitsbuch, Wien und New York

Colbert, Francois (2002): Marketing und Konsumentenverhalten im Bereich Kunst. In: Armin Klein (Hrsg.): Innovatives Kulturmarketing, Baden-Baden

Colbert, Francois (2008): Der Kulturmarkt. In: Armin Klein (Hrsg.): Kompendium Kulturmanagement. Handbuch für Studium und Praxis, 2., vollständig überarbeitete und erweiterte Auflage, München, S. 579-590

Conze, Oliver (2007): Kundenloyalität durch Kundenvorteile. Segmentspezifische Analyse und Implikationen für das Kundenbeziehungsmanagement, Wiesbaden

Copeland, Melvin T. (1923): Relation of Consumer's Buying Habit to Marketing Methods. In: Harvard Business Review, Vol. 1, April, S.282-289

Cross, Richard/Janet Smith (1996): Customer Bonding: Pathway to Lasting Customer Loyalty, Lincolnwood

Decker, Reinhold/Thorsten Temme (2000): Diskriminanzanalyse. In: Andreas Herrmann und Christian Homburg (Hrsg.): Marktforschung. Methoden, Anwendungen, Praxisbeispiele, 2. Auflage, Wiesbaden

Deutscher Bühnenverein (1995): Theaterstatistik 1993/1994, 29. Heft, Köln

Deutscher Bühnenverein (2011): Theaterstatistik 2009/2010, 45. Heft, Köln

Deutscher Bundestag (2002): Schlussbericht der Enquete-Kommission ‚Demographischer Wandel. Herausforderungen unserer älter werdenden Gesellschaft an den Einzelnen und die Politik', Drucksache 14/8800, Berlin

Deutscher Bundestag (2008): Schlussbericht der Enquete Kommission ‚Kultur in Deutschland', Drucksache 16/700, Berlin

De Wulf, Kristof/Gaby Odekerken-Schröder/Dawn Iacobucci (2001): Investments in Consumer Relationships: A Cross-Country and Cross-Industry Exploration. In: Journal of Marketing, Volume 65 (October 2001), S. 33-50

Diehl, Joerg M./Heinz U. Kohr (2004): Deskriptive Statistik, 13. überarbeitete Auflage, Frankfurt am Main

Diehl, Joerg M./Thomas Staufenbiel (2007): Statistik mit SPSS für Windows Version 15, Frankfurt am Main

Diekmann, Andreas (2006): Empirische Sozialforschung. Grundlagen, Methoden, Anwendungen, 15. Auflage, Reinbek bei Hamburg

Diller, Hermann (1995): Kundenbindung als Zielvorgabe im Beziehungs-Marketing, Arbeitspapier Nr. 40, Lehrstuhl für Marketing, Universität Erlangen-Nürnberg, Nürnberg

Diller, Hermann (1996): Kundenbindung als Marketingziel. In: Marketing Zeitschrift für Forschung und Praxis, 18. Jahrgang, Nr. 2, S. 81-94

Diller, Hermann/Markus Müllner (1998): Kundenbindungsmanagement. In: Anton Meyer (Hrsg.): Handbuch Dienstleistungs-Marketing, Band 2, Stuttgart, S. 1219-1240

Diller, Hermann (2000): Customer Loyality: Fata Morgana or Realistic Goal? Managing Relationships with Customers. In: Thorsten Hennig-Thurau und Ursula Hansen (Hrsg.): Relationship Marketing. Gaining Competitive Advantage Through Customer Satisfaction and Customer Retention, Heidelberg, S. 29-48

Diller, Hermann/Alexander Haas/Björn Ivens (2005): Verkauf und Kundenmanagement. Eine prozessorientierte Konzeption, Stuttgart

Dittrich, Sabine (2002): Kundenbindung als Kernaufgabe im Marketing. Kundenpotentiale langfristig ausschöpfen, 2., überarbeitete und ergänzte Auflage, St. Gallen

Eckhardt, Josef/Erik Pawlitza/Thomas Windgasse (2006): Ergebnisse der ARD-E-Musikstudie 2005. Besucherpotenzial von Opernaufführungen und Konzerten der klassischen Musik. In: media perspektiven, Heft 5, S. 273-282

Eco, Umberto (1977): Das offene Kunstwerk, 2. Auflage, Frankfurt am Main

Eisenegger, Mark (2005): Reputation in der Mediengesellschaft. Konstitution – Issues Monitoring – Issues Management, Wiesbaden

Eggert, Andreas (1999): Kundenbindung aus Kundensicht. Konzeptualisierung, Operationalisierung, Verhaltenswirksamkeit, Wiesbaden

Esch, Franz-Rudolf (2005): Moderne Markenführung. Grundlagen, Innovative Ansätze, Praktische Umsetzungen, 4., vollständig überarbeitete und erweiterte Auflage, Wiesbaden

Fachverband Kulturmanagement (2009): Forschen im Kulturmanagement. Jahrbuch für Kulturmanagement 2009, Bielefeld

Fäßler, Peter E. (2007): Globalisierung. Ein historisches Kompendium, Köln und Weimar

Fahrmeir, Ludwig/Rita Künstler/Iris Pigeot/Gerhard Tutz (2006): Statistik. Der Weg zur Datenanalyse, 6., überarbeitete Auflage, Berlin u. a. O.

Faulstich, Werner (2000): Medienkulturen, München

Festinger, Leon (1957): A Theory of Cognitive Dissonance, Stanford

Fischer, Tilmann (2006): Kulturelle Veranstaltungen und ihr Publikum: eine entscheidungsorientierte Untersuchung des Konsumentenverhaltens bei kulturellen Veranstaltungen, Aachen

Flick, Uwe (2006): Qualitative Sozialforschung. Eine Einführung, 4. Auflage, Reinbek bei Hamburg

Flick, Uwe (2008): Triangulation. Eine Einführung, 2. Auflage, Wiesbaden

Florida, Richard (2002): The Rise of the Creative Class: And how it's transforming work, leisure, community and everyday life, New York

Föhl, Patrick S. (2008): Kooperationen im öffentlichen Kulturbereich. Mit Zusammenarbeit Synergien ausschöpfen. In: Handbuch Kulturmanagement und Kulturpolitik. Berlin u. a. O. 2006 ff., Kapitel D 1.5

Föhl, Patrick S./Patrick Glogner (2008): Ein Widerspruch der keiner ist? Überlegungen zur Notwendigkeit der Verknüpfung von Theorie und Praxis im Kulturmanagement. In: Rolf Keller/Brigitte Schaffner/Bruno Seger (Hrsg.): spielplan: Schweizer Jahrbuch für Kulturmanagement 2007/2008, Bern u. a. O., S. 13–19

Föhl, Patrick S./Patrick Glogner (2009): Vom Kopf auf die Füße. Kritische Anmerkungen zur aktuellen Diskussion um das Forschungs- und Wissenschaftsverständnis des Faches Kulturmanagement. In: Fachverband Kulturmanagement (Hrsg.): Forschen im Kulturmanagement. Jahrbuch für Kulturmanagement 2009, Bielefeld, S. 187–197

Föhl, Patrick S./Markus Lutz (2011): Publikumsforschung in öffentlichen Theatern und Opern: Nutzen, Bestandsaufnahme und Ausblick. In: Patrick Glogner-Pilz und Patrick S. Föhl (Hrsg.): Das Kulturpublikum. Fragestellungen und Befunde der empirischen Forschung, 2., erweiterte Auflage, Wiesbaden, S. 53-125

Föhl, Patrick S. /Patrick Glogner-Pilz/Markus Lutz/Yvonne Pröbstle (2011): Nachhaltige Entwicklung in Kulturmanagement und Kulturpolitik. Ausgewählte Grundlagen und strategische Perspektiven, Wiesbaden, S. 7-18

Frank, Bernward/Gerhard Maletzke/Karl H. Müller-Sachse (1991): Kultur und Medien. Angebot-Interesse-Verhalten. Eine Studie der ARD/ZDF-Medienkommission, Baden-Baden

Frank, Simon A. (2008): Kulturmarketing im Internet. In: Armin Klein (Hrsg.): Kompendium Kulturmanagement. Handbuch für Studium und Praxis, 2., vollständig überarbeitete und erweiterte Auflage, München, S. 555-578

Frank, Simon A. (2011): Online-Kulturmarketing und Social Media. In: Armin Klein (Hrsg.): Kompendium Kulturmarketing. Handbuch für Studium und Praxis, München, S. 141-166

Freeman, R. Edward (1984): Strategic Management: A Stakeholder Approach, Boston u. a. O.
Frey, Dieter/Anne Gaska (1993): Die Theorie der kognitiven Dissonanz. In: Dieter Frey und Martin Irle (Hrsg.): Theorien der Sozialpsychologie, Band 1: Kognitive Theorien, Bern u. a. O., S. 275-327
Fritz, Wolfgang (1995): Marketing-Management und Unternehmenserfolg, 2. Auflage Stuttgart
Fritzsche, Annett (2005): Lokale Identifikation als Ortsbindungsfaktor unter der Einwirkung des räumlichen Images – dargestellt am Beispiel der Leipziger Großwohnsiedlung Grünau. In: Marieluise Melzer/Rico Emmerich/Solvejg Jobst (Hrsg.): Identifikation: Bedingungen, Prozesse, Effekte und forschungsmethodische Realisierungen in verschiedenen Kontexten. Ein interdisziplinäres Kolloquium, Leipzig, S. 34-51
Fuchs, Max (2005): Kulturvermittlung und kulturelle Teilhabe – ein Menschenrecht. In: Birgit Mandel (Hrsg.): Kulturvermittlung – zwischen kultureller Bildung und Kulturmarketing. Eine Profession mit Zukunft, Bielefeld, S. 31-39
Gainer, Brenda (1995): Ritual and Relationships: Interpersonal influences on shared consumption. In: Journal of Business Research, Volume 32, Issue 3, March 1995, S. 253-260
Geffroy, Edgar K. (2005): Das Einzige, was stört, ist der Kunde, 16. Auflage, Frankfurt am Main
Gembris, Heiner (2011): Entwicklungsperspektiven zwischen Publikumsschwund und Publikumsentwicklung. Empirische Daten zur Musikausbildung, dem Musikerberuf und den Konzertbesuchern. In: Martin Tröndle (Hrsg.): Das Konzert. Neue Aufführungskonzepte für eine klassische Form. 2., erweiterte Auflage, Bielefeld, S. 61-82
Georgi, Dominik (2000): Entwicklung von Kundenbeziehungen. Theoretische und empirische Analysen unter dynamischen Aspekten, Basler Schriften zum Marketing, Band 9, Wiesbaden
Georgi, Dominik (2008): Kundenbindungsmanagement im Kundenbeziehungslebenszyklus. In: Manfred Bruhn und Christian Homburg (Hrsg.): Handbuch Kundenbindungsmanagement. Strategien und Instrumente für ein erfolgreiches CRM, 6., überarbeitete und erweiterte Auflage, Wiesbaden, S. 249-269
Gerdes, Johannes (2000): Analyse des Zuschauerpotentials des Volkstheaters Rostock. Ergebnisse einer Telefonbefragung, Rostock
Gerpott, Torsten J./Wolfgang Rams (2000): Kundenbindung, -loyalität und –zufriedenheit im deutschen Mobilfunkmarkt. In: Die Betriebswirtschaft, 60. Jahrgang, Nr. 6, S. 738-755
Giering, Annette (2000): Der Zusammenhang zwischen Kundenzufriedenheit und Kundenloyalität. Eine Untersuchung moderierender Effekte, Wiesbaden
Giller, Jan (1995): Marketing für Sinfonieorchester, Aachen
Giloth, Matthias (2003): Kundenbindung in Mitgliedschaftssystemen. Ein Beitrag zum Kundenwertmanagement – dargestellt am Beispiel von Buchgemeinschaften, Frankfurt am Main
Glaap, Rainer (2011): Ticketing. In: Armin Klein (Hrsg.): Kompendium Kulturmarketing. Handbuch für Studium und Praxis, München, S. 167-186

Glaser, Barney G./Anselm L. Strauss (1967): The Discovery of Grounded Theory. Strategies for Qualitative Research, Chicago

Glogner, Patrick/Stefanie Rhein (2005): Neue Wege der Publikums- und Rezeptionsforschung? Zum Verhältnis der empirischen Medienpublikums- und Kulturpublikumsforschung. In: Bernd Wagner (Hrsg.): Jahrbuch für Kulturpolitik 2005. Thema: Kulturpublikum. Band 5. Essen, S. 431-439

Glogner, Patrick (2006): Kulturelle Einstellungen leitender Mitarbeiter kommunaler Kulturverwaltungen. Empirisch-kultursoziologische Untersuchungen, Wiesbaden

Glogner, Patrick/Armin Klein (2006): Das Kulturprodukt und seine Verwendung – einige Fragen an die empirische Forschung. In: Andrea Hausmann und Sabrina Helm (Hrsg.): Kundenorientierung im Kulturbetrieb. Grundlagen, Innovative Konzepte, Praktische Umsetzung, Wiesbaden, S. 51-58

Glogner, Patrick (2008): Empirische Methoden der Besucherforschung. In: Armin Klein (Hrsg.): Kompendium Kulturmanagement. Handbuch für Studium und Praxis. 2., vollständig überarbeitete und erweiterte Auflage. München, S. 591-614

Glogner-Pilz, Patrick (2011): Das Spannungsfeld von Angebot, Nachfrage und generationsspezifischen kulturellen Einstellungen: offene Fragen für eine nachhaltige Kulturpolitik. In: Patrick S. Föhl/Patrick Glogner-Pilz/Markus Lutz/Yvonne Pröbstle (Hrsg.): Nachhaltige Entwicklung in Kulturmanagement und Kulturpolitik. Ausgewählte Grundlagen und strategische Perspektiven, Wiesbaden, S. 97-118

Glogner-Pilz, Patrick/Patrick S. Föhl (2011): Das Kulturpublikum. Fragestellungen und Befunde der empirischen Forschung, 2., erweiterte Auflage, Wiesbaden

Goehler, Adrienne (2006): Verflüssigungen. Wege und Umwege vom Sozialstaat zur Kulturgesellschaft, Frankfurt am Main

Götz, Peter/Hermann Diller (1991): Die Kundenportfolioanalyse – Ein Instrument zur Steuerung von Kundenbeziehungen, Arbeitspapier Nr. 1 des Lehrstuhls für Marketing an der Universität Erlangen-Nürnberg, Nürnberg

Greve, Malte (2002): Zielorientierte Steuerung öffentlicher Theater, Hamburg

Grochla, Erwin (1976): Praxeologische Organisationstheorie durch sachliche und methodische Integration. Eine pragmatische Konzeption. In: Zeitschrift für betriebswirtschaftliche Forschung (ZfbF), Jg. 28, S. 617–637

Grönroos, Christian/Evert Gummesson (1985): Service Marketing: Nordic School Perspectives, Stockholm

Gröppel-Klein, Andrea/Jörg Königstorfer/Ralf Terlutter (2008): Verhaltenswissenschaftliche Aspekte der Kundenbindung. In: Manfred Bruhn und Christian Homburg (Hrsg.): Handbuch Kundenbindungsmanagement. Strategien und Instrumente für ein erfolgreiches CRM, 6., überarbeitete und erweiterte Auflage, Wiesbaden, S. 41-76

Gross, Peter (1994): Die Multioptionsgesellschaft, Frankfurt am Main

Grund, Michael A. (1998): Interaktionsbeziehungen im Dienstleistungsmarketing. Zusammenhänge zwischen Zufriedenheit und Bindung von Kunden und Mitarbeitern, Basler Schriften zum Marketing, Band 4, Wiesbaden

Günter, Bernd/Thomas Platzek (1992): Management von Kundenzufriedenheit, zur Gestaltung des After-Sales-Netzwerkes. In: Marktforschung und Management, Zeitschrift für marktorientierte Unternehmenspolitik, 3/1992, S. 109-114

Günter, Bernd (1997): Museum und Publikum: Wie viel und welche Form der Besucherorientierung benötigen Museen heute? In: Landschaftsverband Rheinland (Hrsg.): Das besucherorientierte Museum, Köln, S. 11-18
Günter, Bernd (1998a): Soll das Theater sich zu Markte tragen? In: Die Deutsche Bühne, Heft 5, S. 14-20
Günter, Bernd (1998b): Besucherorientierung. Eine Herausforderung für Museen und Ausstellungen. In: Marita A. Scher (Hrsg.): (Umwelt-)Ausstellungen und ihre Wirkung, Tagungsband zur Tagung am 29.-31.1.1998, Schriftenreihe des Staatlichen Museums für Naturkunde und Vorgeschichte, Heft 7, Oldenburg, S. 51-55
Günter, Bernd (1999): Schlanke Instrumente für mehr Besucherorientierung – eine Herausforderung für Theater. In: Christoph Nix/Klaus Engert/Udo Donau (Hrsg.): Das Theater und der Markt. Beiträge zu einer lasterhaften Debatte, Gießen, S. 110-115
Günter, Bernd (2000): Was behindert und was eröffnet Wege zu Besucherbindung und Besucherintegration? In: Bernd Günter und Hartmut John (Hrsg.): Besucher zu Stammgästen machen! Neue und kreative Wege zur Besucherbindung, Bielefeld, S. 67-78
Günter, Bernd/Hartmut John (2000): Besucher zu Stammgästen machen! Neue und kreative Wege zur Besucherbindung, Bielefeld
Günter, Bernd (2001): Kulturmarketing. In: Dieter K. Tscheulin und Bernd Helmig (Hrsg.): Branchenspezifisches Marketing. Grundlagen – Besonderheiten – Gemeinsamkeiten, Wiesbaden, S. 331-349
Günter, Bernd/Artamis (2003): Kern und Schale – Museumsarchitektur aus Besuchersicht. In: Museumskunde, Band 68, Heft 2/2003, S. 90-95
Günter, Bernd (2004): Junges Publikum gewinnen und binden. Zentrale Herausforderung für das Kulturmarketing. In: Karin von Welck und Margarete Schweizer (Hrsg.): Kinder zum Olymp. Wege zur Kultur für Kinder und Jugendliche, Köln, S. 52-61
Günter, Bernd (2006a): Besucherforschung im Kulturbereich. Kritische Anmerkungen und Anregungen. In: Kulturpolitische Gesellschaft (Hrsg.): publikum.macht.kultur. Kulturpolitik zwischen Angebots- und Nachfrageorientierung. Dokumentation des Dritten Kulturpolitischen Bundeskongresses am 23./24. Juni 2005 in Berlin, Essen, S. 174-180
Günter, Bernd (2006b): Kundenwert – mehr als nur Erlös: Qualitative Bausteine der Kundenbewertung. In: Bernd Günter und Sabrina Helm (Hrsg.): Kundenwert. Grundlagen, innovative Konzepte, praktische Umsetzungen, 3., überarbeitete und erweiterte Auflage, Wiesbaden, S. 241-265
Günter, Bernd (2007): Verlässlichkeit als Wettbewerbsvorteil im Business-to-Business-Marketing. In: Joachim Büschken/Markus Voeth/Rolf Weiber (Hrsg.): Innovationen für das Industriegütermarketing, Stuttgart, S. 185-199
Günter, Bernd/Andrea Hausmann (2009): Kulturmarketing, Wiesbaden
Guttmann, Louis (1953): Image Theory for the Structure of Quantitative Variates. In: Psychometrika, Vol. 18, S. 277-296
Gwinner, Kevin P./Dwayne D. Gremler/Mary Jo Bitner (1998): Relational Benefits in Services Industries: The Customer's Perspective. In: Journal of the Academy of Marketing Science, Volume 26, No. 2, S. 101-114

Hadwich, Karsten (2003): Beziehungsqualität im Relationship Marketing. Konzeption und empirische Analyse eines Wirkungsmodells, Basler Schriften zum Marketing, Band 13, Wiesbaden

Hägele, Carola (1998): Besucherorganisation und Theater. Bestandsaufnahme einer Zusammenarbeit. Marketingstrategien zur Steigerung der Besucherzahlen. Unveröffentlichte wissenschaftliche Arbeit für die Magisterprüfung im Fach Kulturwissenschaft im Aufbaustudiengang Kulturmanagement an der Pädagogischen Hochschule Ludwigsburg, Ludwigsburg

Hallek, Cäcilia (1991): Das Theater Hof – ökonomische Auswirkungen und regionale Bedeutung, Bayreuth

Hamilton, Lawrence C. (2009): Statistics with Stata. Updated for Version 10, 7. Auflage, Belmont

Harré, Ron (1986): Varieties of Realism, Oxford

Harth, Hans-Albrecht (1982): Publikum und Finanzen der Theater. Eine Untersuchung zur Steigerung der Publikumswirksamkeit und der ökonomischen Effizienz der öffentlichen Theater, Thun

Haselbach, Dieter/Armin Klein/Pius Knüsel/Stephan Opitz (2012): Der Kulturinfarkt. Von Allem zu viel und überall das Gleiche. Eine Polemik über Kulturpolitik, Kulturstaat, Kultursubvention, München

Hausmann, Andrea (2001): Besucherorientierung von Museen unter Einsatz des Benchmarking, Bielefeld

Hausmann, Andrea (2005): Theater-Marketing. Grundlagen, Methoden und Praxisbeispiele, Stuttgart

Hausmann, Andrea/Sabrina Helm (2006): Kundenorientierung im Kulturbetrieb. Grundlagen, Innovative Konzepte, Praktische Umsetzung, Wiesbaden

Hausmann, Andrea (2006): Die Kunst des Branding: Kulturbetriebe im 21. Jahrhundert erfolgreich positionieren. In: Steffen Höhne und Philipp Ziegler (Hrsg.): „Kulturbranding?" Konzepte und Perspektiven der Markenbildung im Kulturbereich, Weimarer Studien zur Kulturpolitik und Kulturökonomie, Band 2, Leipzig, S. 47-58

Hausmann, Andrea/Jana Körner (2009): Demografischer Wandel und Kultur. Veränderungen im Kulturangebot und der Kulturnachfrage, Wiesbaden

Hausmann, Andrea (2011): Theatermarketing. In: Armin Klein (Hrsg.): Kompendium Kulturmarketing. Handbuch für Studium und Praxis, München, S. 217-233

Heinrichs, Werner (1997): Kulturpolitik und Kulturfinanzierung. Strategien und Modelle für eine politische Neuorientierung der Kulturfinanzierung, München

Heinrichs, Werner (1999): Kulturmanagement. Eine praxisorientierte Einführung, 2., grundlegend überarbeitete Auflage des Bandes Einführung in das Kulturmanagement, Darmstadt

Heinrichs, Werner/Armin Klein (2001): Kulturmanagement von A – Z. 600 Begriffe für Studium und Praxis, 2., völlig überarbeitete und erweiterte Auflage, München

Heinrichs, Werner (2006): Der Kulturbetrieb. Bildende Kunst – Musik – Literatur – Theater – Film, Bielefeld

Hellferich, Cornelia (2005): Die Qualität qualitativer Daten. Manual für die Durchführung qualitativer Interviews, 2. Auflage, Wiesbaden

Hellmann, Kai-Uwe (2003): Soziologie der Marke, Frankfurt am Main

Helm, Sabrina (2000): Kundenempfehlungen als Marketinginstrument, Wiesbaden
Helm, Sabrina/Bernd Günter (2006): Kundenwert. Eine Einführung in die theoretischen und praktischen Herausforderungen der Bewertung von Kundenbeziehungen. In: Bernd Günter und Sabrina Helm (Hrsg.) Kundenwert. Grundlagen, innovative Konzepte, praktische Umsetzungen, 3., überarbeitete und erweiterte Auflage, Wiesbaden, S. 3-40
Helm, Sabrina/Andrea Hausmann (2006): Kundenorientierung im Kulturbetrieb. Eine Einführung. In: Andrea Hausmann und Sabrina Helm (Hrsg.): Kundenorientierung im Kulturbetrieb. Grundlagen, Innovative Konzepte, Praktische Umsetzung, Wiesbaden, S. 13-27
Helm, Sabrina/Matthias Kuhl (2006): Empfehlungsmarketing: Wirkungsweise und Einsatzmöglichkeiten in Kulturbetrieben am Beispiel von Museen. In: Andrea Hausmann und Sabrina Helm (Hrsg.): Kundenorientierung im Kulturbetrieb. Grundlagen, Innovative Konzepte, Praktische Umsetzung, Wiesbaden, S. 171-183
Helm, Sabrina (2007): Unternehmensreputation und Stakeholder-Loyalität, Wiesbaden
Helm, Sabrina (2008): Kundenbindung und Kundenempfehlungen. In: Manfred Bruhn Manfred und Christian Homburg (Hrsg.): Handbuch Kundenbindungsmanagement. Strategien und Instrumente für ein erfolgreiches CRM, 6., überarbeitete und erweiterte Auflage, Wiesbaden, S. 135-153
Helmig, Bernd (1997): Variety-seeking-behavior im Konsumgüterbereich. Beeinflussungsmöglichkeiten durch Marketinginstrumente, Wiesbaden
Hennig, Thorsten (1996): Beziehungsqualität: Kundenzufriedenheit und mehr im Zentrum des Beziehungsmarketing. In: Marktforschung und Management, Vol. 40, Nr. 4/96, S. 142-148
Hennig-Thurau, Thorsten/Alexander Klee/Markus F. Langer (1999): Das Relationship Quality-Modell zur Erklärung von Kundenbindung: Einordnung und empirische Überprüfung. In: Zeitschrift für Betriebswirtschaft, 67 (Sonderausgabe 2/99), S. 111-132
Hennig-Thurau, Thorsten (2000): Die Qualität von Geschäftsbeziehungen auf Dienstleistungsmärkten. Konzeptualisierung, empirische Messung, Gestaltungshinweise. In: Manfred Bruhn und Bernd Stauss (Hrsg.): Dienstleistungsmanagement Jahrbuch 2000. Kundenbeziehungen im Dienstleistungsbereich, Wiesbaden, S. 134-158
Henrichsmeyer, Wilhelm/Wolfgang Britz/Thomas Rau (1989): Kultur als Wirtschaftsfaktor – dargestellt am Beispiel der Bonner Oper, Witterschlick bei Bonn
Herbst, Dieter (2003): Wenn Persönlichkeiten wirken: Das Image. In: Dieter Herbst (Hrsg.): Der Mensch als Marke. Konzepte – Beispiele – Experteninterviews, Göttingen, S. 69-92
Herbst, Dieter (2009): Corporate Identity. Aufbau einer einzigartigen Unternehmensidentität. Leitbild und Unternehmenskultur. Image messen, gestalten und überprüfen, 4. Auflage, Berlin
Hermann, Max (1981 [1920]): Über die Aufgaben eines theaterwissenschaftlichen Institutes. In: Helmar Klier (Hrsg.): Theaterwissenschaft im deutschsprachigen Raum, Darmstadt, S. 15-24
Herzberg, Frederick/Bernard Mausner/Barbara B. Snyderman (1993): The Motivation to Work, Reprint, New Jersey

Hilger, Harald (1985): Marketing für öffentliche Theaterbetriebe, Frankfurt am Main u. a. O.
Himme, Alexander (2009): Gütekriterien der Messung: Reliabilität, Validität und Generalisierbarkeit. In: Sönke Albers/Daniel Klapper/Udo Konradt/Achim Walter/Joachim Wolf (Hrsg.): Methodik der empirischen Forschung, 3., überarbeitete und erweiterte Auflage, Wiesbaden, S. 485-500
Hippe, Wolfgang (2004): Welches historische Erbe? Notizen zum deutschen Stadttheatersystem. In: Bernd Wagner (Hrsg.): Jahrbuch für Kulturpolitik 2004. Thema: Theaterdebatte, Band 4, Essen, S. 107–113
Hirschman, Albert O. (1970): Exit, Voice and Loyalty, Cambridge
Hirschman, Albert O. (1974): Abwanderung und Widerspruch, Tübingen
Hoegl, Clemens (1995): Ökonomie der Oper. Grundlagen für das Musiktheater-Management, Bonn
Höhne, Steffen/Ralph Philipp Ziegler (2006): „Kulturbranding?". Konzepte und Perspektiven der Markenbildung im Kulturbereich, Weimarer Studien zur Kulturpolitik und Kulturökonomie, Band 2, Leipzig
Höhne, Steffen/Ralph Philipp Ziegler (2009): Kulturbranding II. Konzepte und Perspektiven der Markenbildung im Kulturbereich, Weimarer Studien zu Kulturpolitik und Kulturökonomie, Band 4, Leipzig
Höhne, Steffen (2009): Kunst- und Kulturmanagement. Eine Einführung, Paderborn
Hoffmann, Hilmar (1981): Kultur für alle. Perspektiven und Modelle, Frankfurt am Main
Holland, Heinrich (2004): Direktmarketing, 2. vollständig überarbeitete und erweiterte Auflage, München
Homburg, Christian/Martin Faßnacht (1998): Kundennähe, Kundenzufriedenheit und Kundenbindung bei Dienstleistungsunternehmen. In: Manfred Bruhn und Heribert Meffert (Hrsg.): Handbuch Dienstleistungsmanagement. Von der strategischen Konzeption zur praktischen Umsetzung, Wiesbaden, S. 405-428
Homburg, Christian (2000): Kundennähe von Industriegüterunternehmen. Konzeption – Erfolgsauswirkungen – Determinanten, 3., aktualisierte Auflage, Wiesbaden
Homburg, Christian/Annette Giering (2000): Kundenzufriedenheit: Ein Garant für Kundenloyalität? In: Absatzwirtschaft, 43. Jahrgang, Nr. 1-2, S. 82-91
Homburg, Christian/Annette Giering (2001): Personal Characteristics as Moderators of the Relationship between Customer Satisfaction and Loyalty – An Empirical Analysis. In: Psychology and Marketing, Vol. 18, No. 1, S. 43-66
Homburg, Christian/Phoebe Kebbel (2001): Involvement als Determinante der Qualitätswahrnehmung von Dienstleistungen. In: DBW – Die Betriebswirtschaft, 61 (2001), S. 42-59
Homburg, Christian/Andreas Fürst (2005): Überblick über die Messung von Kundenzufriedenheit und Kundenbindung. In: Manfred Bruhn und Christian Homburg (Hrsg.): Handbuch Kundenbindungsmanagement. Grundlagen, Konzepte, Erfahrungen, 5. Auflage, Wiesbaden, S. 555-588
Homburg, Christian/Harley Krohmer (2006): Marketingmanagement, 2. Auflage, Wiesbaden

Homburg, Christian/Ruth Stock-Homburg (2006): Theoretische Perspektiven zur Kundenzufriedenheit. In: Christian Homburg (Hrsg.): Kundenzufriedenheit. Konzepte – Methoden – Erfahrungen, 6. Auflage, Wiesbaden, S. 17-51

Homburg, Christian/Annette Becker/Frederike Hentschel (2008): Der Zusammenhang zwischen Kundenzufriedenheit und Kundenbindung. In: Manfred Bruhn und Christian Homburg (Hrsg.): Handbuch Kundenbindungsmanagement. Strategien und Instrumente für ein erfolgreiches CRM, 6., überarbeitete und erweiterte Auflage, Wiesbaden, S. 103-134

Homburg, Christian/Manfred Bruhn (2008): Kundenbindungsmanagement. Eine Einführung in die theoretischen und praktischen Problemstellungen. In: Manfred Bruhn und Christian Homburg (Hrsg.): Handbuch Kundenbindungsmanagement. Strategien und Instrumente für ein erfolgreiches CRM, 6., überarbeitete und erweiterte Auflage, Wiesbaden, S. 3-37

Hübner, Kerstin (2008): Kulturinteresse, Kulturnutzung, kulturelle Aktivität. Ein Verhältnis in Abhängigkeit von Bildungsniveau und Sozialstatus Jugendlicher. In: Jens Maedler (Hrsg.): TeilHabeNichtse. Chancengerechtigkeit und kulturelle Bildung, München, S. 38–49

Huldi, Christian (1992): Database-Marketing. Inhalt und Funktionen eines Database-Marketing-Systems, Aspekte des erfolgreichen Einsatzes sowie organisatorische Gesichtspunkte, St. Gallen

Huldi, Christian/Holger Kuhfuß (2000): Ratgeber Database Marketing. Die Database im (Direkt-)Marketing – vom notwendigen Übel zum Erfolgsinstrument, Zürich und Hamburg

Insel, Volker (1992): Befragung Leipziger Studenten zu ihrem Theaterverhalten. In: Theaterhochschule „Hans Otto" Leipzig (Hrsg.): Wissenschaftliche Beiträge der Theaterhochschule Leipzig: Schwerpunkt Theatermarketing. Heft 1. Leipzig, S. 37-106

Jacobshagen, Arnold (2002): Praxis Musiktheater. Ein Handbuch, Laaber

Jacoby, Jacob/David B. Kyner (1973): Brand loyalty versus Repeat purchasing behavior. In: Journal of Marketing Research, Volume 10 (1973), No. 2, S. 1-9

Janssen, Jürgen/Wilfried Laatz (2007): Statistische Datenanalyse mit SPSS für Windows. Eine anwendungsorientierte Einführung in das Basissystem und das Modul Exakte Tests, 6., neu bearbeitete und erweiterte Auflage, Berlin u. a. O.

Jeker, Karin (2002): Das Bindungsverhalten von Kunden in Geschäftsbeziehungen. Theoretische und empirische Betrachtung der Kundenbindung aus Kundensicht, Bern u. a. O.

Jensen, Ove (2008): Clusteranalyse. In: Andreas Herrmann/Christian Homburg/Martin Klarmann (Hrsg.): Handbuch Marktforschung. Methoden, Anwendungen, Praxisbeispiele, 3., vollständig überarbeitete und erweiterte Auflage, Wiesbaden, S. 336-372

John, Hartmut/Bernd Günter (2008): Das Museum als Marke. Branding als strategisches Managementinstrument für Museen, Bielefeld

Johnsen, Julia B. (2007): Determinanten eines regionalbewussten Verhaltens von Einwohnern und Unternehmen. Erklärungsansatz, Modellbildung und empirische Studie, Bern u. a. O.

Jürgens, Ekkehard (2008): Öffentlichkeitsarbeit im Kulturbetrieb. In: Armin Klein (Hrsg.): Kompendium Kulturmanagement. Handbuch für Studium und Praxis, 2., vollständig überarbeitete und erweiterte Auflage, München, S. 615-648

Jürgens, Ekkehard (2011): Klassische Instrumente der Öffentlichkeitsarbeit (PR). In: Armin Klein (Hrsg.): Kompendium Kulturmarketing. Handbuch für Studium und Praxis, München, S. 113-139

Kaiser, Henry F. (1958): The varimax criterion for analytic rotation in factor analysis. In: Psychometrika, 23, S. 187-200

Kaiser, Henry F./John Rice (1974): Little Jiffy, Mark IV. In: Educational and Psychological Measurement, Vol. 34, S. 111-117

Kelava, Marijana/Julia F. Scheschonka (2003): Konzepte der Markenführung. In: Dieter Herbst (Hrsg.): Der Mensch als Marke. Konzepte – Beispiele – Experteninterviews, Göttingen, S. 45-68

Kelb, Viola (2007a): Kultur macht Schule. Innovative Bildungsallianzen – Neue Lernqualitäten, München

Kelb, Viola (2007b): Die kulturelle Kinder- und Jugendbildung als Partner von Ganztagsschulen. In: Stefan Liebing und Angela Koch (Hrsg.): Ehrenamt Musik 2. Vereine und Institutionen auf dem Weg in die Zukunft, Regensburg, S. 91–99

Keller, Rolf/Brigitte Schaffner/Bruno Seger (2008): spielplan: Schweizer Jahrbuch für Kulturmanagement 2007/2008, Bern u. a. O.

Kepper, Gaby (1994): Qualitative Marktforschung. Methoden, Einsatzmöglichkeiten und Beurteilungskriterien, Wiesbaden

Keuchel, Susanne (2005a): Das Kulturpublikum zwischen Kontinuität und Wandel – Empirische Perspektiven. In: Bernd Wagner (Hrsg.): Jahrbuch für Kulturpolitik 2005. Thema: Kulturpublikum. Band 5. Essen, S. 111-125

Keuchel, Susanne/Andreas Wiesand (2006): Das 1. Jugend-KulturBarometer: „Zwischen Eminem und Picasso…", Bonn

Keuchel, Susanne (2007): Mehr Initiative in der Breitenmusikszene für das Publikum von Morgen. In: Stefan Liebing und Angela Koch (Hrsg.): Ehrenamt Musik 2. Vereine und Institutionen auf dem Weg in die Zukunft, Regensburg, S. 168-179

Keuchel, Susanne/Andreas Wiesand (2008): Das KulturBarometer 50+. „Zwischen Bach und Blues…", Bonn

Keuchel, Susanne (2009): „Kultur für alle" in einer gebildeten, ungebundenen, multikulturellen und veralteten Gesellschaft? Der demografische Wandel und seine Konsequenzen für die kulturelle Partizipation. In: Andrea Hausmann und Jana Körner (Hrsg.): Demografischer Wandel und Kultur. Veränderungen im Kulturangebot und der Kulturnachfrage, Wiesbaden, S. 150–177

Keuchel, Susanne (2010): Lernorte oder Kulturtempel? Infrastrukturerhebung zu Bildungsangeboten in klassischen Kultureinrichtungen. In: Bernd Wagner (Hrsg.): Jahrbuch für Kulturpolitik 2010. Thema: Kulturelle Infrastruktur, Band 10, Essen, S. 247–254

Keuchel, Susanne (2011): Vom „High Tech" zum „Live Event". Empirische Daten zum aktuellen Konzertleben und den Einstellungen der Bundesbürger. In Martin Tröndle (Hrsg.): Das Konzert. Neue Aufführungs-konzepte für eine klassische Form, 2., erweiterte Auflage, Bielefeld, S. 83-102

Kindermann, Harald (2006): Optimierung der Kundenbindung in Massenmärkten. Eine empirische Untersuchung im österreichischen Mobilfunkmarkt, Wiesbaden

Kirchberg, Volker (1992): Kultur und Stadtgesellschaft. Empirische Fallstudien zum kulturellen Verhalten der Stadtbevölkerung und zur Bedeutung der Kultur für die Stadt, Wiesbaden

Kirchhoff, Sabine/Sonja Kuhnt/Peter Lipp/Sigfried Schlawin (2003): Der Fragebogen. Datenbasis, Konstruktion und Auswertung, 3., überarbeitete Auflage, Wiesbaden

Klein, Armin (1999): Marketing für öffentliche Kulturbetriebe. In: Handbuch KulturManagement. Stuttgart 1992 ff., Kapitel D 1.3

Klein, Armin (2001): Besucherbindung im öffentlichen Kulturbetrieb. Traditionelle und innovative Formen. In: Handbuch KulturManagement, Stuttgart 1992 ff., Kapitel E 2.7

Klein, Armin (2002): Der Nicht-Besucher. Wer er ist und wie er für Kunst und Kultur gewonnen werden kann. In: Handbuch KulturManagement, Stuttgart 1992 ff., Kapitel D 2.9

Klein, Armin (2004): Das Theater und seine Besucher. „Theatermarketing ist Quatsch". In: Bernd Wagner (Hrsg.): Jahrbuch für Kulturpolitik 2004. Thema: Theaterdebatte, Band 4, Essen, S. 125-140

Klein, Armin (2005a): Kultur-Marketing. Das Marketingkonzept für Kulturbetriebe. 2., aktualisierte Auflage, München

Klein, Armin (2005b): Nachhaltigkeit als Ziel von Kulturpolitik und Kulturmanagement – Ein Diskussionsvorschlag. In: Armin Klein und Thomas Knubben (Hrsg.): Deutsches Jahrbuch für Kulturmanagement 2003/2004, Band 7, Baden-Baden, S. 9-28

Klein, Armin (2005c): Kulturmarketing muss sein – aber welches? Das Kunstwerk – und seine Nachfrager. In: Bernd Wagner (Hrsg.): Jahrbuch für Kulturpolitik 2005. Thema: Kulturpublikum. Band 5. Essen, S. 387-392

Klein, Armin (2007a): Markenbildung im Kulturbetrieb. In: Armin Klein (Hrsg.): Starke Marken im Kulturbetrieb, Baden-Baden, S. 10-21

Klein, Armin (2007b): Der exzellente Kulturbetrieb, Wiesbaden

Klein, Armin (2008a): Besucherbindung im Kulturbetrieb. Ein Handbuch, 2., durchgesehene Auflage, Wiesbaden

Klein, Armin (2008b): Kompendium Kulturmanagement – Eine Einführung. In: Armin Klein (Hrsg.): Kompendium Kulturmanagement. Handbuch für Studium und Praxis, 2., vollständig überarbeitete und erweiterte Auflage, München, S. 1–8

Klein, Armin (2008c): Besucherorientierung als Basis des exzellenten Kulturbetriebs. In: Birgit Mandel (Hrsg.): Audience Development, Kulturmanagement, Kulturelle Bildung. Konzeptionen und Handlungsfelder der Kulturvermittlung, Schriftenreihe Kulturelle Bildung, Vol. 5, München, S. 88-95

Klein, Armin (2008d): Kulturmarketing. In: Armin Klein (Hrsg.): Kompendium Kulturmanagement. Handbuch für Studium und Praxis, 2., vollständig überarbeitete und erweiterte Auflage, München, S. 535-554

Klein, Armin (2009): Leadership im Kulturbetrieb, Wiesbaden

Klein, Armin (2011a): Kompendium Kulturmarketing. Handbuch für Studium und Praxis, München

Klein, Armin (2011b): Der strategische Kulturmarketing-Managementprozess. In: Armin Klein (Hrsg.): Kompendium Kulturmarketing. Handbuch für Studium und Praxis, München, S. 97-111

Kloepfer, Inge (2005): Kultur – Deutschlands teures Hobby. In: Frankfurter Allgemeine Sonntagszeitung vom 11.12.2005

Knava, Irene (2009): Audiencing. Besucherbindung und Stammpublikum für Theater, Oper, Tanz und Orchester. Mit Interviews zahlreicher TheaterleiterInnen und Publikum, Wien

Koch, Anne (2002): Museumsmarketing. Ziele – Strategien – Maßnahmen, Bielefeld

Koci, Martin (2005): Servicequalität und Kundenorientierung im öffentlichen Sektor. Eine Untersuchung personenbezogener Dienstleistungen, Bern u. a. O.

Körner, Roswitha (1992): Publikum. In: Manfred Brauneck und Gérard Schneilin (Hrsg.): Theaterlexikon – Begriffe und Epochen, Bühnen und Ensembles, 3., vollständig überarbeitete und erweiterte Neuausgabe, Hamburg, S. 761 f.

Kohler, Ulrich/Frauke Kreuter (2008): Datenanalyse mit Stata. Allgemeine Konzepte der Datenanalyse und ihre praktische Anwendung, 3., aktualisierte und überarbeitete Auflage, München und Wien

Kohn, Wolfgang (2005): Statistik. Datenanalyse und Wahrscheinlichkeitsrechnung, Berlin u. a. O.

Kommunale Gemeinschaftsstelle für Verwaltungsvereinfachung (KGSt) (1989): Führung und Steuerung des Theaters, Köln

Kosiol, Erich (1976): Organisation der Unternehmung, 2., durchgesehene Auflage, Wiesbaden

Kotler, Philip/Joanne Scheff (1997): Standing Room Only. Strategies for Marketing the Performing Arts, Boston

Kotler, Philip/Friedhelm Bliemel (2001): Marketing-Management. Analyse, Planung, Umsetzung und Steuerung. 10. Auflage, Stuttgart

Krämer, Timm (2006): „Ist der Parsifal zu lang?" Zur Notwendigkeit eines besucherorientierten Umgangs öffentlicher Musiktheater mit ihrem jungen Publikum. In: Andrea Hausmann und Sabrina Helm (Hrsg.): Kundenorientierung im Kulturbetrieb. Grundlagen, Innovative Konzepte, Praktische Umsetzung, Wiesbaden, S. 203-206

Krafft, Manfred (2007): Kundenbindung und Kundenwert, 2., überarbeitete und erweiterte Auflage, Heidelberg

Krebs, Susanne (1996): Öffentliche Theater in Deutschland: eine empirisch-ökonomische Analyse, Berlin

Kreutzer, Ralf T. (1991): Database-Marketing. Erfolgsstrategie für die 90er Jahre. In: Heinz Dallmer (Hrsg.): Das Handbuch. Direct Marketing, 6. völlig überarbeitete Auflage, Wiesbaden, S. 623-642

Kroeber-Riel, Werner/Peter Weinberg (2003): Konsumentenverhalten, 8., aktualisierte und ergänzte Auflage, München

Kromrey, Helmut (2009): Empirische Sozialforschung. Modelle und Methoden der standardisierten Datenerhebung und Datenauswertung, 12., neu bearbeitete Auflage, Stuttgart

Krüger-Strohmayer, Sabine (1997): Profitabilitätsorientierte Kundenbindung durch Zufriedenheitsmanagement. Kundenzufriedenheit und Kundenwert als Steuerungs-

größe für die Kundenbindung in marktorientierten Dienstleistungsunternehmen, München
Küsters, Ivonne (2009): Narrative Interviews. Grundlagen und Anwendungen, 2. Auflage, Wiesbaden
Kulturpolitische Mitteilungen (1995): Schwerpunktthema »Was soll das Theater?«, Heft 68 (I/1995)
Kulturpolitische Mitteilungen (2004): Schwerpunktthema »Zukunft des Theaters«, Heft 105 (II/2004)
Kurz, Andrea/Constanze Stockhammer/Susanne Fuchs/Dieter Meinhard (2007): Das problemzentrierte Interview. In: Renate Buber und Hartmut H. Holzmüller (Hrsg.): Qualitative Marktforschung. Konzepte, Methoden, Analysen, Wiesbaden, S. 463-476
Kuß, Alfred (2004): Marktforschung. Grundlagen der Datenerhebung und Datenanalyse, Wiesbaden
Kuß, Alfred/Martin Eisend (2010): Marktforschung. Grundlagen der Datenerhebung und Datenanalyse, 3. Auflage, Wiesbaden
Laakmann, Kai (1995): Value-Added Services als Profilierungsinstrument im Wettbewerb. Analyse, Generierung und Bewertung. Schriften zu Marketing und Management, Band 27, Frankfurt am Main
Lambe, C. Jay/C. Michael Wittmann/Robert E. Spekman (2001): Social Exchange Theory and Business-To-Business Relational Exchange. In: Journal of Business-to-Business Marketing, 8. Jahrgang (2001), Nr. 3, S. 1-36
Lamnek, Siegfried (2005): Qualitative Sozialforschung. Lehrbuch, 4., vollständig überarbeitete Auflage, Weinheim / Basel
Laukner, Tanja (2008): Besucherbindung im Museumsmanagement. Die Bindungs-„Klebstoffe" bei Kunstmuseen, Marburg
Lausberg, Maurice (2007): Die Bayerische Staatsoper – eine Starke Marke im Umbruch. In: Armin Klein (Hrsg.): Starke Marken im Kulturbetrieb, Baden-Baden
Lausberg, Maurice/Matthias Notz (2010): Kulturmanagement in und nach der Krise – Herausforderungen für Kultureinrichtungen und ihre öffentlichen Träger, München
Leplin, Jarrett (1986): Methodological Realism and Scientific Rationality. In: Philosophy of Science, Vol. 53, S. 31 – 51
Levin, Michael (1984): What Kind of Explanations is Truth? In: Jarrett Leplin (Hrsg.): Scientific Realism, Berkeley, CA 1984, S. 124-139
Liebing, Stefan/Markus Lutz (2007): Agenda 2020. Der Musikverein als Zukunftsmodell? In: Stefan Liebing und Angela Koch (Hrsg.): Ehrenamt Musik 2. Vereine und Institutionen auf dem Weg in die Zukunft, Regensburg, S. 110-135
Lienert, Gustav A./Ulrich Raatz (1998): Testaufbau und Testanalyse, 6. Auflage, Weinheim
Litfin, Thorsten/Maik-Henrik Teichmann/Michel Clement (2000): Beurteilung der Güte von explorativen Faktorenanalysen im Marketing, WiSt, Jahrgang 29, Heft 5, S. 283-286
Löffler, Horst/Andreas Scherfke (2000): Praxishandbuch Direktmarketing. Instrumente, Ausführung und neue Konzepte, Berlin

Lowenstein, Michael W. (1995): Customer Retention: An Integrated Process for Keeping Your Best Customers, Milwaukee

Ludes, Peter (1997): Aufstieg und Niedergang von Stars als Teilprozeß der Menschheitsentwicklung. In: Werner Faulstich und Helmut Korte (Hrsg.): Der Star. Geschichte, Rezeption, Bedeutung, München, S. 79-98

Lueger, Manfred (2007): Grounded Theory. In: Renate Buber und Hartmut H. Holzmüller (Hrsg.): Qualitative Marktforschung. Konzepte, Methoden, Analysen, Wiesbaden, S.189-206

Lutz, Markus (2007): Das Opernabonnement. Ein Vergleich an deutschen Opernhäusern. Unveröffentlichte wissenschaftliche Arbeit für die Magisterprüfung im Fach Kulturwissenschaft im Aufbaustudiengang Kulturmanagement an der Pädagogischen Hochschule Ludwigsburg, Ludwigsburg

Lutz, Markus (2011a): Besucherorientierung und Besucherbindung. In: Armin Klein (Hrsg.): Kompendium Kulturmarketing. Handbuch für Studium und Praxis, München, S. 73-96

Lutz, Markus (2011b): Besuchermanagement als Beitrag zu einer nachhaltigen Entwicklung in Kulturbetrieben. In: Patrick S. Föhl/Patrick Glogner-Pilz/Markus Lutz/Yvonne Pröbstle (Hrsg.): Nachhaltige Entwicklung in Kulturmanagement und Kulturpolitik. Ausgewählte Grundlagen und strategische Perspektiven, Wiesbaden, S. 119-148

Maedler, Jens (2008a): Mittendrin statt nur dabei. Anforderungen an Angebote kultureller Einrichtungen für mehr gelingende kulturelle Teilhabe. In: Jens Maedler (Hrsg.): TeilHabeNichtse. Chancengerechtigkeit und kulturelle Bildung, München, S. 102-112

Mandel, Birgit (2005a): Kulturvermittlung – zwischen kultureller Bildung und Kulturmarketing. In: Birgit Mandel (Hrsg.): Kulturvermittlung – zwischen kultureller Bildung und Kulturmarketing. Eine Profession mit Zukunft, Bielefeld, S. 12-21

Mandel, Birgit (2005b): Kulturvermittlung – zwischen kultureller Bildung und Kulturmarketing. Eine Profession mit Zukunft, Bielefeld

Mandel, Birgit (2005c): Anreizstrategien für ein neues Publikum. In: Kulturpolitische Gesellschaft e. V. (Hrsg.): publikum.macht.kultur. Kulturpolitik zwischen Angebots- und Nachfrageorientierung. Dokumentation des Dritten Kulturpolitischen Bundeskongresses am 23./24. Juni 2005 in Berlin, Essen, S. 202-209

Mandel, Birgit (2008a): Kulturvermittlung als Schlüsselfunktion auf dem Weg in eine Kulturgesellschaft. In: Birgit Mandel (Hrsg.): Audience Development, Kulturmanagement, Kulturelle Bildung. Konzeptionen und Handlungsfelder der Kulturvermittlung, Schriftenreihe Kulturelle Bildung, Vol. 5, München, S. 17-72

Mandel, Birgit (2008b): Audience Development, Kulturmanagement, Kulturelle Bildung. Konzeptionen und Handlungsfelder der Kulturvermittlung, Schriftenreihe Kulturelle Bildung, Vol. 5, München

Mandel, Birgit (2009): Audience Development – Zwischen Marketing und kultureller Bildung. In: Klaus Siebenhaar (Hrsg.): Audience Development: oder die Kunst, neues Publikum zu gewinnen, Berlin, S. 19–35

Mandel, Birgit (2010): Herausforderungen und Potentiale der Kulturvermittlung im Internet. In: Kulturpolitische Mitteilungen, Nr. 131, IV/2010. Bonn, S. 53–55

March, James G./Herbert A. Simon (1958): Organizations, New York
Martin, Albert (1989): Die empirische Forschung in der Betriebswirtschaftslehre, Stuttgart
Martin, Uta (1999): Typologisierung des Theaterpublikums: Das Erkenntnispotential der verhaltensorientierten Marktsegmentierung für das Marketing öffentlich-rechtlicher Theater, Dresden
Mayer, Karin E. (1999): Zum Stand des Marketings in deutschen Staats- und Stadttheatern. In: Werner Heinrichs und Armin Klein (Hrsg.): Deutsches Jahrbuch für Kulturmanagement 1998, Baden-Baden, S. 141–160
Mayring, Philipp (2010): Qualitative Inhaltsanalyse. Grundlagen und Techniken, 11., aktualisierte und überarbeitete Auflage, Weinheim und Basel
Mecklenburgisches Staatstheater Schwerin (2000): Besucherbefragung, Musiktheater, Schwerin
Meffert, Heribert (1987): Kundendienstpolitik. Eine Bestandsaufnahme zu einem komplexen Marketinginstrument. In: Marketing, Zeitschrift für Forschung und Praxis, 9. Jahrgang, Nr. 2, S. 93-102
Meffert, Heribert/Klaus Backhaus (1994): Kundenbindung und Kundenmanagement – Instrumente zur Sicherung der Wettbewerbsposition, Post Graduate Workshop vom 16.-17. Juni 1994 des Instituts für Marketing an der Westfälischen Wilhelms-Universität Münster, Münster
Meffert, Heribert (2000): Marketing. Grundlagen marktorientierter Unternehmensführung. Konzepte, Instrumente, Praxisbeispiele, 9., überarbeitete und erweiterte Auflage, Wiesbaden
Meffert, Heribert/Andreas Bierwirth (2005): Corporate Branding – Führung der Unternehmensmarke im Spannungsfeld unterschiedlicher Zielgruppen. In: Heribert Meffert/Christoph Burmann/Martin Koers (Hrsg.): Markenmanagement. Identitätsorientierte Markenführung und praktische Umsetzung. Mit Best Practice-Fallstudien, 2., vollständig überarbeitete und erweiterte Auflage, Wiesbaden, S. 143-162
Meffert, Heribert/Christoph Burmann/Martin Koers (2005): Markenmanagement. Identitätsorientierte Markenführung und praktische Umsetzung. Mit Best Practice-Fallstudien, 2., vollständig überarbeitete und erweiterte Auflage, Wiesbaden
Meffert, Heribert (2008): Kundenbindung als Element moderner Wettbewerbsstrategien. In: Manfred Bruhn und Christian Homburg (Hrsg.): Handbuch Kundenbindungsmanagement. Strategien und Instrumente für ein erfolgreiches CRM, 6., überarbeitete und erweiterte Auflage, Wiesbaden, S. 157-180
Mende, Annette/Ulrich Neuwöhner (2006): Wer hört heute klassische Musik? ARD-E-Musikstudie 2005: Musiksozialisation, E-Musiknutzung und E-Musikkompetenz. In: Media Perspektiven (5), S. 246-258
Merkens, Hans (2003): Auswahlverfahren, Sampling, Fallkonstruktion. In: Uwe Flick/Ernst von Kardoff/Ines Steinecke (Hrsg.): Qualitative Forschung. Ein Handbuch, Reinbek, S. 286-299
Mertens, Gerald (2006): Zukunftssicherung durch Kulturvermittlung? Konsequenzen für Musiktheater und Orchester aus dem aktuellen Kulturbarometer. In: politik und kultur, März/April 2006, S. 8-9

Mertens, Bernd (2010): Entführung aus dem Paradies. In: Wirtschaftswoche, Nr. 47 vom 22.11.2010, S. 74-83

Meuser, Michael/Nagel, Ulrike (1991): ExpertInneninterviews. Vielfach erprobt, wenig bedacht. Ein Beitrag zur qualitativen Methodendiskussion. In: Detlef Garz und Klaus Krainer (Hrsg.): Qualitativ-empirische Sozialforschung. Konzepte, Methoden, Analysen, Opladen, S. 441-468.

Meuser, Michael/Ulrike Nagel (2005): ExpertInneninterviews – vielfach erprobt, wenig bedacht. Ein Beitrag zur qualitativen Methodendiskussion. In: Alexander Bogner/Beate Littig/Wolfgang Menz (Hrsg.): Das Experteninterview. Theorie, Methode, Anwendung, 2. Auflage, Wiesbaden

Meyer, Walther (1939): Die Entwicklung des Theaterabonnements in Deutschland, Emsdetten

Meyer, Anton/Dirk Oevermann (1995): Kundenbindung. In: Bruno Tietz/Richard Köhler/Joachim Zentes (Hrsg.): Handwörterbuch des Marketing, Enzyklopädie der Betriebswirtschaftslehre, Band IV, 2. Auflage, Stuttgart, Sp. 1340-1351

Meyer, Anton/Roland Kantsperger/Marion Schaffer (2006): Die Kundenbeziehung als ein zentraler Unternehmenswert – Kundenorientierung als Werttreiber der Kundenbeziehung. In: Bernd Günter und Sabrina Helm (Hrsg.): Kundenwert. Grundlagen, innovative Konzepte, praktische Umsetzungen, 3., überarbeitete und erweiterte Auflage, Wiesbaden, S. 61-82

Meyer, Michael/Thomas Reutterer (2007): Sampling-Methoden in der Marktforschung. Wie man Untersuchungseinheiten auswählen kann. In: Renate Buber und Hartmut H. Holzmüller (Hrsg.): Qualitative Marktforschung. Konzepte, Methoden, Analysen, Wiesbaden, S. 229-246

Michalski, Silke (2002): Kundenabwanderungs- und Kundenrückgewinnungsprozesse. Eine theoretische und empirische Untersuchung am Beispiel von Banken, Wiesbaden

Mitchell, Ronald K./Bradley R. Agle/Donna J. Wood (1997): Toward a Theory of Stakeholder Identification and Salience: Defining the Principle of Who and What Really Counts. In: Academy of Management Review, 22. Jahrgang, Heft 4, 1997, S. 853-896

Müller-Hagedorn, Lothar (1990): Einführung in das Marketing, Darmstadt

Müller-Wesemann, Barbara/Manfred Brauneck (1987): Öffentlichkeitsarbeit und Marketing am Theater. In: Internationales Theaterinstitut, Zentrum Bundesrepublik Deutschland. Spezialinformation IV-VIII, Berlin

Müller-Wesemann, Barbara (1995): Marketing im Theater, 3. Auflage, Hamburg

Munro, Patricia (1999): Besucherorientierung: Was ist das eigentlich? In: Museum aktuell, Heft 47, Juli 1999, S. 1830-1836

Neumann, Marcus M. (2007): Konsumentenvertrauen. Messung, Determinanten und Konsequenzen, Schriftenreihe des Instituts für Marktorientierte Unternehmensführung der Universität Mannheim, Wiesbaden

Nevermann, Knut (2004): Schlag nach bei Goethe! Freiheit und Kontrolle im Kulturbereich. Anmerkungen zur Strukturdebatte. In: Bernd Wagner (Hrsg.): Jahrbuch für Kulturpolitik 2004. Thema: Theaterdebatte, Band 4, Essen, S. 195–199

Nickel, Hans-Wolfgang/Roland Dreßler (1992): Kindertheater/Jugendtheater. In: Manfred Brauneck und Gérard Schneilin (Hrsg.): Theaterlexikon. Begriffe und Epochen, Bühnen und Ensembles, 3., vollständig überarbeitete und erweiterte Auflage, Hamburg, S. 493–497

Nieschlag, Robert/Erwin Dichtl/Hans Hörschgen (2002): Marketing, 19., überarbeitete und ergänzte Auflage, Berlin

Nowicki, Matthias (2000): Theatermanagement: ein dienstleistungsorientierter Ansatz, Hamburg

Ohnesorg, Franz-Xaver (1993): Kulturbetriebe. In: Waldemar Wittmann/Werner Kern/Richard Köhler/Hans-Ulrich Küpper/Klaus von Wysocki (Hrsg.): Enzyklopädie der Betriebswirtschaftslehre, Band 2, Handwörterbuch der Betriebswirtschaft, Teilband 2, I – Q, 5. Auflage, Stuttgart, Sp. 2466-2476

Opaschowski, Horst W. (2005): Die kulturelle Spaltung der Gesellschaft. Die Schere zwischen Besuchern und Nichtbesuchern öffnet sich weiter. In: Bernd Wagner (Hrsg.): Jahrbuch für Kulturpolitik 2005. Thema: Kulturpublikum, Band 5, Essen, S. 211-215

Opp, Karl-Dieter (2005): Methodologie der Sozialwissenschaften. Einführung in die Probleme ihrer Theoriebildung und praktischen Anwendung, 6. Auflage, Wiesbaden

Ossadnik, Wolfgang/Astrid Hoffmann (1984): Rechnungswesen öffentlicher Theater unter besonderer Berücksichtigung von Kostenrechnungen. In: Zeitschrift für öffentliche und gemeinwirtschaftliche Unternehmen 7 (1984) 4, S. 439-466

Ossadnik, Wolfgang (1987): Rahmenbedingungen und Effizienzprobleme öffentlicher Theater. In: Betriebswirtschaftliche Forschung und Praxis 39 (1987) 3, S. 275-287

Paul, Michael/Thorsten Hennig-Thurau (2010): Determinanten der Kundenbindung. In: Manfred Bruhn und Christian Homburg (Hrsg.): Handbuch Kundenbindungsmanagement, 7., vollständig überarbeitete und aktualisierte Auflage, Wiesbaden, S. 83-109

Pepels, Werner (2001): Kommunikationsmanagement, 4. Auflage, Stuttgart

Peter, Sibylle Isabelle (1999): Kundenbindung als Marketingziel. Identifikation und Analyse zentraler Determinanten, 2. Auflage, Wiesbaden

Pfadenhauer, Michaela (2007): Das Experteninterview. Ein Gespräch auf gleicher Augenhöhe. In: Renate Buber und Hartmut H. Holzmüller (Hrsg.): Qualitative Marktforschung. Konzepte, Methoden, Analysen, Wiesbaden, S. 449-462

Plinke, Wulff (1989): Die Geschäftsbeziehung als Investition. In: Günter Specht/Günter Silberer/Hans Werner Engelhardt (Hrsg.): Marketing-Schnittstellen: Herausforderungen für das Management, Stuttgart, S. 305-325

Plinke, Wulff (1997): Grundlagen des Geschäftsbeziehungsmanagements. In: Michael Kleinaltenkamp und Wulff Plinke (Hrsg.): Geschäftsbeziehungsmanagement, Berlin u. a. O., S. 1-62

Popper, Karl R. (1963): Conjectures and Refutations: The Growth of Scientific Knowledge, New York

Porst, Rolf (2008): Fragebogen. Ein Arbeitsbuch, Wiesbaden

Preiß, Jürgen (2005): Kundenbindung und Direktmarketing in Kulturbetrieben, Brandenburg

Preiß, Jürgen (2008): Kundenbeziehungen. In: Hardy Geyer und Uwe Manschwetus (Hrsg.): Kulturmarketing, München, S. 137-149
Pröbstle, Yvonne (2011a): Kulturtouristen: Soll- und Ist-Zustand aus Perspektive der empirischen Kulturforschung. In: Patrick Glogner-Pilz und Patrick S. Föhl (Hrsg.): Das Kulturpublikum. Fragestellungen und Befunde der empirischen Forschung, 2., erweiterte Auflage, Wiesbaden, S. 269-307
Pröbstle, Yvonne (2011b): Kulturtourismusmarketing. In: Armin Klein (2011): Kompendium Kulturmarketing. Handbuch für Studium und Praxis, München, S. 393-414
Rädel, Matthias (2002): Corporate Identity. In: Arnold Jacobshagen (Hrsg.): Praxis Musiktheater. Ein Handbuch, Laaber, S. 124-127
Raithel, Jürgen (2008): Quantitative Forschung. Ein Praxiskurs, 2., durchgesehene Auflage, Wiesbaden
Ramme, Iris (2004): Marketing. Einführung mit Fallbeispielen, Aufgaben und Lösungen, 2., überarbeitete Auflage, Stuttgart
Rams, Wolfgang (2001): Kundenbindung im deutschen Mobilfunkmarkt. Determinanten und Erfolgsfaktoren in einem dynamischen Marktumfeld, Wiesbaden
Rapp, Reinhold (1995): Kundenzufriedenheit durch Servicequalität: Konzeption – Messung – Umsetzung, Wiesbaden
Reichard, Christoph (1987): Betriebswirtschaftslehre der öffentlichen Verwaltung, 2., völlig neubearbeitete und erweiterte Auflage, Berlin und New York
Reichart, Paul (2006): Von der Zielgruppe zur Zielperson – Strategien und operative Maßnahmen im Database-Management und Direktmarketing für Theater- und Konzertbetriebe. In: Andrea Hausmann und Sabrina Helm (Hrsg.): Kundenorientierung im Kulturbetrieb. Grundlagen, Innovative Konzepte, Praktische Umsetzung, Wiesbaden, S. 109-127
Reichheld, Frederick F./W. Earl Sasser (1990): Zero Defections: Quality Comes to Services. In: Harvard Business Review, 68. Jahrgang, Heft September/Oktober, S. 105-111
Reichheld, Frederick F. (1996): The Loyalty Effect, Boston
Reuband, Karl-Heinz (2002): Opernbesuch als Teilhabe an der Hochkultur. Vergleichende Bevölkerungsumfragen in Hamburg, Düsseldorf und Dresden zum Sozialprofil der Besucher und Nichtbesucher. In: Werner Heinrichs und Armin Klein (Hrsg.): Deutsches Jahrbuch für Kulturmanagement 2001, Baden-Baden, S. 42-55
Reuband, Karl-Heinz (2005a): Moderne Opernregie als Ärgernis? Eine Fallstudie über ästhetische Bedürfnisse von Zuschauern und Paradoxien in der Bewertung „moderner" Inszenierungen. In: Bernd Wagner (Hrsg.): Jahrbuch für Kulturpolitik 2005. Thema: Kulturpublikum, Band 5, Essen, S. 251-268
Reuband, Karl-Heinz (2005b): Sterben die Opernbesucher aus? Eine Untersuchung zur sozialen Zusammensetzung des Opernpublikums im Zeitvergleich. In: Armin Klein und Thomas Knubben (Hrsg.): Deutsches Jahrbuch für Kulturmanagement 2003/2004, Band 7, Baden-Baden, S. 123-138
Reuband, Karl-Heinz/Angelique Mishkis (2005): Unterhaltung versus Intellektuelles Erleben. Soziale und kulturelle Differenzierungen innerhalb des Theaterpublikums. In: Bern Wagner (Hrsg.): Jahrbuch für Kulturpolitik 2005. Thema: Kulturpublikum, Band 5, Essen, 235-250

Reuband, Karl-Heinz (2007): Partizipation an der Hochkultur und die Überschätzung kultureller Kompetenz. Wie sich das Sozialprofil der Opernbesucher in Bevölkerungs- und Besucherbefragungen (partiell) unterscheidet. In: Österreichische Zeitschrift für Soziologie, Jahrgang 32, Heft 3, S. 46-70

Reussner, Eva M. (2010): Publikumsforschung für Museen. Internationale Erfolgsbeispiele, Bielefeld

Richter, Rudolf/Eirik G. Furubotn (1996): Neue Institutionenökonomik: Eine Einführung und kritische Würdigung, Tübingen

Rieker, Stephan A. (1995): Bedeutende Kunden. Analyse und Gestaltung von langfristigen Anbieter-Nachfrager-Beziehungen auf industriellen Märkten, Wiesbaden

Rinsdorf, Lars (2003): Einflussfaktoren auf die Abonnementsentscheidung bei lokalen Tageszeitungen, Berlin u. a. O.

Ripperger, Tanja (1998): Ökonomik des Vertrauens. Analyse eines Organisationsprinzips, Tübingen

Robinson, Simon (1986): [Theater ist live.] Theaterbesuch in Essen. Untersuchung zur aktuellen und potentiellen Nutzung des Theaters Essen. Oberstadtdirektor. Amt für Entwicklungsplanung, Essen

Röll, Franz Josef (2010): Digital Divide oder e-Inclusion? Wie die neuen Netze die kulturelle Teilhabe verändern. In: Kulturpolitische Mitteilungen, Nr. 130. III/2010, Bonn, S. 51–53

Röper, Henning (2001): Handbuch Theatermanagement: Betriebsführung, Finanzen, Legitimation und Alternativmodelle, Köln u. a. O.

Rössel, Jörg/Rolf Hackenbroch/Angela Göllnitz (2002): Die soziale und kulturelle Differenzierung des Hochkulturpublikums. In: Sociologia Internationalis. Internationale Zeitschrift für Soziologie, Kommunikations- und Kulturforschung, 40. Band, Heft 2, S. 191-212

Rößl, Dietmar (1990): Die Entwicklung eines Bezugsrahmens und seine Stellung im Forschungsprozeß. In: Journal für Betriebswirtschaft, Jahrgang 40, Nr. 1, S. 99–110

Rogall, Detlef (2000): Kundenbindung als strategisches Ziel des Medienmarketing. Entwicklung eines marketingorientierten Konzeptes zur Steigerung der Leserbindung am Beispiel lokaler/regionaler Abonnementzeitungen, Marburg

Rost, Jürgen (2004): Lehrbuch Testtheorie – Testkonstruktion, 2., vollständig überarbeitete und erweiterte Auflage, Bern u. a. O.

Rothaermel, Bettina (2011): Musicalmarketing. In: Armin Klein (Hrsg.): Kompendium Kulturmarketing. Handbuch für Studium und Praxis, München, S. 235-260

Rubin, Donald B. (1976): Inference and missing data. In: Biometrika, Vol. 63, S. 581-592

Rusbult, Caryl E. (1983): Longitudinal Test of the Investment Model – The Development (and Deterioation) of Satisfaction and Commitment in Heterosexual Involvements. In: Journal of Personality and Social Psychology, Heft 45, S. 101-117

Salcher, Ernst F. (1978): Psychologische Marktforschung, Berlin

Schäfer, Thomas (2010): Statistik I. Deskriptive und explorative Datenanalyse, Wiesbaden

Schanz, Günther (1988): Methodologie für Betriebswirte, 2., überarbeitete und erweiterte Auflage, Stuttgart

Scheff Bernstein, Joanne (2007): Arts marketing insights. The dynamics of building and retaining performing arts audiences, San Francisco
Schendera, Christian FG (2007): Datenqualität mit SPSS, München
Schendera, Christian FG (2010): Clusteranalyse mit SPSS. Mit Faktorenanalyse, München
Scheytt, Oliver (2004): Kulturpolitik und Theater. In: Bernd Wagner (Hrsg.): Jahrbuch für Kulturpolitik 2004. Thema: Theaterdebatte, Band 4, Essen, S. 44–50
Scheytt, Oliver (2005): Kultur für alle und von allen – Ein Erfolgs- oder Auslaufmodell? In: Mandel, Birgit (Hrsg.): Kulturvermittlung – zwischen kultureller Bildung und Kulturmarketing. Eine Profession mit Zukunft, Bielefeld, S. 25-30
Scheytt, Oliver/Norbert Sievers (2010): Kultur für alle! In: Kulturpolitische Mitteilungen, Nr. 130, III/2010, Bonn: Kulturpolitische Gesellschaft, S. 30-31
Schlemm, Vera (2003): Database Marketing im Kulturbetrieb. Wege zu einer individualisierten Besucherbindung im Theater, Bielefeld
Schlüter, Carsten/Lars Clausen (Hrsg.): Renaissance der Gemeinschaft? Stabile Theorie und neue Theoreme, Berlin
Schmidt-Ott, Thomas (1998): Orchesterkrise und Orchestermarketing. Untersuchungen zur "turnaround"-spezifischen Relevanz US-amerikanischer Marketingstrategien im deutschen Orchesterbetrieb, Frankfurt am Main
Schmidt-Ott, Thomas (2009): Den Hintern mit Subventionen vergolden. Audience Development als Kulturmanagementdisziplin im Orchester. In: Klaus Siebenhaar (Hrsg.): Audience Development: oder die Kunst, neues Publikum zu gewinnen, Berlin, S. 67-90
Schneck, Ottmar (2003): Lexikon der Betriebswirtschaft. Über 3400 grundlegende Begriffe für Studium und Beruf, 5., völlig überarbeitete und erweiterte Auflage, München
Schneider, Roland (2004): Die Deutschen Stadttheater – unverzichtbar oder unbezahlbar? In: Bernd Wagner (Hrsg.): Jahrbuch für Kulturpolitik 2004. Thema: Theaterdebatte, Band 4, Essen, S. 51–59
Schneider, Willy (2006): Marketing und Käuferverhalten, 2. Auflage, München
Schneider, Wolfgang (2008): Die Kunst des lebenslangen Lernens. Kulturelle Bildung als Arbeitsauftrag der Enquete Kommission Kultur in Deutschland des Deutschen Bundestags. In: Birgit Mandel (Hrsg.): Audience Development, Kulturmanagement, Kulturelle Bildung. Konzeptionen und Handlungsfelder der Kulturvermittlung, Schriftenreihe Kulturelle Bildung, Vol. 5, München, S. 79–87
Schneidewind, Petra (2006): Betriebswirtschaft für das Kulturmanagement. Ein Handbuch, Bielefeld
Schneidewind, Petra (2008): Die Rechtsform. In: Armin Klein (Hrsg.): Kompendium Kulturmanagement. Handbuch für Studium und Praxis, 2., vollständig überarbeitete und erweiterte Auflage, München, S. 206–227
Schnell, Rainer/Paul Bernhard Hill/Elke Esser (2008): Methoden der empirischen Sozialforschung, 8. Auflage, München u. a. O.
Schöne, Lothar (1996): Mephisto ist müde. Welche Zukunft hat das Theater?, Darmstadt
Schöneck, Nadine M./Werner Voß (2005): Das Forschungsprojekt. Planung, Durchführung und Auswertung einer quantitativen Studie, Wiesbaden

Schößler, Tom (2011): Preismanagement im Kulturbetrieb – zwischen ökonomischer Notwendigkeit und gesellschaftlicher Auftragserfüllung. In: Patrick S. Föhl/Patrick Glogner-Pilz/Markus Lutz/Yvonne Pröbstle (Hrsg.): Nachhaltige Entwicklung in Kulturmanagement und Kulturpolitik. Ausgewählte Grundlagen und strategische Perspektiven, Wiesbaden, S. 149-168

Schreier, Margit (2007): Qualitative Stichprobenkonzepte. In: Gabriele Naderer und Eva Balzer (Hrsg.): Qualitative Marktforschung in Theorie und Praxis. Grundlagen, Methoden und Anwendungen, Wiesbaden, S. 231-246

Schüller, Anne M./Gerhard Fuchs (2007): Total Loyalty Marketing. Mit begeisterten Kunden und loyalen Mitarbeitern zum Unternehmenserfolg, 4., aktualisierte Auflage, Wiesbaden

Schütze, Roland (1992): Kundenzufriedenheit – After-Sales-Marketing auf industriellen Märkten, Wiesbaden

Schugk, Michael (1996): Betriebswirtschaftliches Management öffentlicher Theater und Kulturorchester, Wiesbaden

Schulenburg, Sophie (2006): Die Rolle der Besucher und anderer Kunden für Kulturbetriebe am besonderen Beispiel des Theaters. In: Andrea Hausmann und Sabrina Helm (Hrsg.): Kundenorientierung im Kulturbetrieb. Grundlagen, Innovative Konzepte, Praktische Umsetzung, Wiesbaden, S. 31-49

Schulze, Gerhard (2005): Die Erlebnisgesellschaft, 2. Auflage, Frankfurt am Main

Schwab, Georg (1991): Fehlende Werte in der angewandten Statistik, Wiesbaden

Schwarz, Peter/Robert Purtschert/Charles Giroud (1995): Das Freiburger Management-Modell für Non-profit-Organisationen, Bern u. a. O.

Schwarzmann, Winfried (2000): Entwurf eines Controllingkonzepts für deutsche Musiktheater und Kulturorchester in öffentlicher Verantwortung, Aachen

Semenik, Richard J./Clifford E. Young (1979): Correlates of Season Ticket Subscription Behavior. In: Jerry C. Olson (Hrsg.): Advances in Consumer Research, Vol. 7, Provo (Utah), S. 119-120

Sieben, Frank G. (2002): Rückgewinnung verlorener Kunden. Erfolgsfaktoren und Profitabilitätspotenziale, Wiesbaden

Siebenhaar, Klaus (2003): Karriereziel Kulturmanagement. Studiengänge und Berufsfelder im Profil, 2., überarbeitete Auflage, Nürnberg

Siebenhaar, Klaus (2009): Audience Development: oder die Kunst, neues Publikum zu gewinnen, Berlin

Siems, Florian (2003): Preiswahrnehmung von Dienstleistungen. Konzeptualisierung und Integration in das Relationship Marketing, Wiesbaden

Sievers, Norbert (2005): Publikum im Fokus. Begründungen einer nachfrageorientierten Kulturpolitik. In: Bernd Wagner (Hrsg.): Jahrbuch für Kulturpolitik 2005. Thema: Kulturpublikum. Band 5, Essen, S. 45-58

Sievers, Norbert (2006): Einleitung. In: Kulturpolitische Gesellschaft (Hrsg.): publikum.macht.kultur. Kulturpolitik zwischen Angebots- und Nachfrageorientierung. Dokumentation des Dritten Kulturpolitischen Bundeskongresses am 23./24. Juni 2005 in Berlin, Essen, S. 9-12

Sievers, Norbert (2010): Die unzulängliche Zugänglichkeit der Kultur. Kulturelle Teilhabe und Sozialstruktur. In: Bernd Wagner (Hrsg.): Jahrbuch für Kulturpolitik 2010. Thema: Kulturelle Infrastruktur. Band 10, Essen, S. 221-233

Simon, Hermann/Georg Tacke/Gregor Buchwald (2005): Kundenbindung durch Preispolitik. In: Manfred Bruhn und Christian Homburg (Hrsg.): Handbuch Kundenbindungsmanagement. Strategien und Instrumente für ein erfolgreiches CRM, 5. Auflage, Wiesbaden, S. 343-359

Skinner, Burrhus F. (1953): Science and human behavior, New York

Sommer, Carlo M. (1997): Stars als Mittel der Identitätskonstruktion. Überlegungen zum Phänomen des Star-Kults aus sozialpsychologischer Sicht. In: Werner Faulstich und Helmut Korte (Hrsg.): Der Star. Geschichte, Rezeption, Bedeutung, München, S. 114-124

Sommer, Rudolf (1998): Psychologie der Marke: Die Marke aus der Sicht des Verbrauchers, Frankfurt am Main

Srnka, Katharina J. (2007): Hypothesen und Vorwissen in der qualitativen Marktforschung. In: Renate Buber und Hartmut H. Holzmüller (Hrsg.): Qualitative Marktforschung. Konzepte, Methoden, Analysen, Wiesbaden, S. 159-172

Staatliche Pressestelle Hamburg (1977): Mitteilung des Senats an die Bürgerschaft: Erhebung über die soziale Struktur des Theaterpublikums. Drucksache 8/2289 vom 08.02.1977, Hamburg

Stahl, Heinz K. (2006): Kundenloyalität kritisch betrachtet. In: Hans H. Hinterhuber und Kurt Matzler (Hrsg.): Kundenorientierte Unternehmensführung, 5. Auflage, Wiesbaden, S. 85-103

Stauss, Bernd (1992): Dienstleistungsqualität aus Kundensicht, Eichstätter Hochschulreden, Nr. 85, Regensburg

Stauss, Bernd (2000): Perspektivenwandel. Vom Produkt-Lebenszyklus zum Kundenbeziehungs-Lebenszyklus. In: Thexis, 17. Jahrgang, Nr. 2, S. 15-18

Stauss, Bernd/Wolfgang Seidel (2007): Beschwerdemanagement. Unzufriedene Kunden als profitable Zielgruppe, 4. Auflage, München und Wien

Stauss, Bernd (2008): Kundenbindung durch Beschwerdemanagement. In: Manfred Bruhn und Christian Homburg (Hrsg.): Handbuch Kundenbindungsmanagement. Strategien und Instrumente für ein erfolgreiches CRM, 6., überarbeitete und erweiterte Auflage, Wiesbaden, S. 370-396

Tauchnitz, Jürgen (2004): Publikum im Rampenlicht. Zweite gemeinsame Studie der Berliner Bühnen. Zusammenfassung der Studie, Senftenberg

Tauchnitz, Jürgen (2005): Publikumsbefragung in Hamburg. Zusammenfassung der Studie, Senftenberg

Tedeschi, James T./Nawaf Madi/Dimitri Lyakhovitzky (1998): Die Selbstdarstellung von Zuschauern. In: Bernd Strauß (Hrsg.): Zuschauer, Göttingen u. a. O., S. 93-110

Tomczak, Torsten/Sabine Dittrich (1997): Erfolgreich Kunden binden. Eine kompakte Einführung, Zürich

Trilse, Christoph/Klaus Hammer/Rolf Kabel (1977): Theaterlexikon, Berlin

Turner, John C. (1987): Rediscovering the social group: A self categorization theory, London

Überla, Karl (1971): Faktorenanalyse. Eine systematische Einführung für Psychologen, Mediziner, Wirtschafts- und Sozialpsychologen, 2. Auflage, Heidelberg u. a. O.
Ulrich, Peter/Wilhelm Hill (1979): Wissenschaftstheoretische Grundlagen der Betriebswirtschaftslehre. In: Hans Raffée und Bodo Abel (Hrsg.): Wissenschaftstheoretische Grundfragen der Wirtschaftswissenschaften, München, S. 161–190
Vizy, Lena (2008): Junges Kulturpublikum binden. Audience Development am Beispiel Junger Opernfreundeskreise, Saarbrücken
Vogel, Verena (2006): Kundenbindung und Kundenwert. Der Einfluss von Einstellungen auf das Kaufverhalten, Wiesbaden
Vogt, Hannelore (2003): Besucherorientierung in öffentlichen Bibliotheken – Perspektiven für das 21. Jahrhundert. Dissertation, Pädagogische Hochschule Ludwigsburg, Ludwigsburg
Vogt, Hannelore (2004): Kundenzufriedenheit und Kundenbindung: erfolgreiche Managementkonzepte für öffentliche Bibliotheken, Bertelsmannstiftung, Gütersloh
Wagner, Bernd/Annette Zimmer (1997): Krise des Wohlfahrtsstaates – Zukunft der Kulturpolitik. In: Bernd Wagner und Annette Zimmer (Hrsg.): Krise des Wohlfahrtsstaates – Zukunft der Kulturpolitik, Bonn und Essen, S. 11–24
Wagner, Bernd (2004a): Jahrbuch für Kulturpolitik 2004. Thema: Theaterdebatte, Band 4, Essen
Wagner, Bernd (2004b): Theaterdebatte – Theaterpolitik. Einleitung. In: Bernd Wagner (Hrsg.): Jahrbuch für Kulturpolitik 2004. Thema: Theaterdebatte, Band 4, Essen, S. 11–35
Wagner, Bernd (2005a): Jahrbuch für Kulturpolitik 2005. Thema: Kulturpublikum, Band 5, Essen
Wagner, Bernd (2005b): Kulturpolitik und Publikum. Einleitung. In: Bernd Wagner (Hrsg.): Jahrbuch für Kulturpolitik 2005. Thema: Kulturpublikum, Band 5, Essen, S. 9–27
Wahl-Ziegler, Erika (1978): Theater und Orchester zwischen Marktkräften und Marktkorrektur, Göttingen
Wallenburg, Carl M. (2004): Kundenbindung in der Logistik. Eine empirische Untersuchung zu ihren Einflussfaktoren, Bern
Wangenheim, Florian von (2003): Weiterempfehlung und Kundenwert. Ein Ansatz zur persönlichen Kommunikation, Wiesbaden
Wegner, Nora (2011): Evaluation im Kulturmarketing. In: Armin Klein (Hrsg.): Kompendium Kulturmarketing. Handbuch für Studium und Praxis, München, S. 187-200
Weichel, Katrin (2008): Audience Development am öffentlichen Theater. Der Wunschpavillon des Stadttheaters Hildesheim. In: Birgit Mandel (Hrsg.): Audience Development, Kulturmanagement, Kulturelle Bildung. Konzeptionen und Handlungsfelder der Kulturvermittlung, Schriftenreihe Kulturelle Bildung, Vol. 5, München, S. 154-164
Weichhart, Peter (1990): Raumbezogene Identität. Bausteine zu einer Theorie räumlichsozialer Kognition und Identifikation, Schriftenreihe Erkundliches Wissen, Heft 102, Stuttgart
Welck, Karin von/Margarete Schweizer (2004): Kinder zum Olymp! Wege zur Kultur für Kinder und Jugendliche, Köln

Wiedmann, Klaus-Peter/Sabine Meissner/Sascha Fusy (2003): „Reputation": Konzeptualisierung, Operationalisierung und empirische Überprüfung sowie Untersuchung des Zusammenhangs mit dem Konstrukt „Kundenbindung" – dargestellt am Beispiel der Sportartikelindustrie, Schriftenreihe Marketing Management, Hannover

Wiedmann, Klaus-Peter/Martina Peuser/Dina Krumstroh (2004): Reputationsmanagement als Chance zur Kundenbindung. Eine empirische Analyse in der Energiebranche, Schriftenreihe Marketing Management, Hannover

Wiedmann, Klaus-Peter/Nadine Hennigs/Barbara Gaßmann/Christine Hoffmann (2007): Status quo des Kundenmanagements im kulturellen Bereich am Beispiel öffentlicher Theater in Deutschland. Schriftenreihe Marketing Management, Hannover

Wiesand, Andreas J./Karla Fohrbeck (1975): Musiktheater: Schreckbild oder Notwendigkeit. Ergebnisse der Opernstudie. Teil 1: Bevölkerungsumfrage. In: Monatshefte Musiktheater, 7. Spielzeit 1977/78

Wiesand, Andreas J. (1995): Musiktheater und Konzerte: Mehr Rückhalt in der Bevölkerung. In: Das Orchester. Heft 6, S. 2-14

Wittgens, Laura (2005): Besucherorientierung und Besucherbindung in Museen. Eine empirische Untersuchung am Fallbeispiel der Akademie der Staatlichen Museen zu Berlin. Mitteilungen und Berichte aus dem Institut für Museumskunde, Nr. 33, Berlin

Witzel, Andreas (1985): Das problemzentrierte Interview. In: Gerd Jüttemann (Hrsg.): Qualitative Forschung in der Psychologie, Weinheim, S. 227–256

Zimmer, Pascal (2000): Commitment in Geschäftsbeziehungen, Wiesbaden

Weitere Quellen

Deutscher Bühnenverein (2002): Auswertung und Analyse der repräsentativen Befragung von Nichtbesuchern deutscher Theater. Eine Studie im Auftrag des Deutschen Bühnenvereins (als PDF-Dokument abzurufen unter http://www.buehnenverein.de/upload/presse/451d_NB-Analyse.pdf, Stand: 15.03.2007)

Deutscher Bühnenverein (2012): Theater- und Orchesterlandschaft (Abzurufen unter http://www.buehnenverein.de/de/theater-und-orchester/19.html, Stand: 07.06.2012)

Deutsches Musikinformationszentrum (2011): Statistiken zum Musiktheater (PDF-Dokumente abzurufen unter http://www.miz.org/suche_1511.html#2, Stand: 15.12.2011)

Föhl, Patrick S. (2010): Kooperationen und Fusionen von öffentlichen Theatern. Theoretische Grundlagen, empirische Untersuchungen und Gestaltungsempfehlungen. Dissertation, Pädagogische Hochschule Ludwigsburg (als PDF-Dokument abzurufen unter http://opus.bsz-bw.de/phlb/volltexte/2010/3015/pdf/Dissertation_Foehl_Teil1_Kap.1_7.pdf, Stand: 01.09.2011)

Jacobshagen, Arnold (2010): Musiktheater (als PDF-Dokument abzurufen unter http://www.miz.org/static_de/themenportale/einfuehrungstexte_pdf/03_KonzerteMusiktheater/jacobshagen.pdf, Stand: 07.06.2011)

Keuchel, Susanne (2005b): 8. KulturBarometer. Akzeptanz als Chance nutzen für mehr Publikum in Musiktheatern und Konzerten! Ein erster, zusammenfassender Bericht zum 8. KulturBarometer (als PDF-Dokument abzurufen unter http://www.miz.org/ artikel/kulturbarometer_zusammenfassung.pdf, Stand: 07.06.2011).

Mertens, Gerald (2004): Orchester, Musiktheater, Festivals (als PDF-Dokument abzurufen unter http://www.miz.org/static/temenportale/einfuehrungstexte_pdf/03_Konzer teMusiktheater/mertens.pdf, Stand: 15.03.2007)

Noack, Marcel (2007): Faktorenanalyse. Skript, Institut für Soziologie, Universität Duisburg-Essen (als PDF-Dokument abzurufen unter http://www.uni-due.de/imperia/md/ content/soziologie/stein/faktorenanalyse.pdf, Stand: 10.06.2011)

Runte, Matthias (2011): Missing Values. Konzepte und statistische Literatur (als PDF-Dokument abzurufen unter http://www.runte.de/matthias/publications/missing values.pdf, Stand: 11.07.2011)

Tauchnitz, Jürgen (2000): Bevölkerungsbefragung zum Theater der Landeshauptstadt Magdeburg 1999. Zusammenfassung der Studie, Senftenberg (als PDF-Dokument abzurufen unter http://marketing-tauchnitz.de, Stand: 28.07.2009)

Tauchnitz, Jürgen (2003): Besucherbefragung Semperoper Dresden. Zusammenfassung der Studie, Senftenberg (als PDF-Dokument abzurufen unter http://marketing-tauchnitz.de, Stand: 28.07.2009)

Universität Zürich (2011): Methodenberatung (Informationen auf der Homepage des Instituts für Erziehungswissenschaften der Universität Zürich. Abzurufen unter http://www.methodenberatung. uzh.ch/index.html, Stand: 11.06.2011)

Zentrum für Audience Development (2007): Besucherforschung in öffentlichen deutschen Kulturinstitutionen. Eine Untersuchung des Zentrums für Audience Development (ZAD) am Institut für Kultur- und Medienmanagement der Freien Universität Berlin, Band 1, Berlin (als PDF-Dokument abzurufen unter http://www.zad.ikm.fu-berlin.de/besucherforschung_zad.pdf, Stand: 28.07.2009)

Anhang

Anhang 1: Interviewleitfaden der qualitativen Vorstudie

1. Eingangsfrage:

Ziel: Erzählaufforderung mit anschließendem narrativen/offenen Gespräch.

Offene Frage:

„Was sind für Sie die unterschiedlichen Gründe für einen wiederholten Besuch Ihres Opernhauses?"

2. Vertiefende Fragestellungen zu den Wiederbesuchsgründen/Einflussfaktoren:

Anmerkungen zur Durchführung:
- Fragefolge und Wortlaut der Fragen variabel halten, um individuell bzw. abgestimmt auf die Befragten eingehen zu können.
- Fragen ggf. weglassen, wenn sie bereits bei der Eingangsfrage bzw. im narrativen Gespräch beantwortet wurden.
- Ggf. detaillierter nachfragen und Ausführungen des Befragten unterstützen oder bei Abschweifungen zum Leitfaden zurückkehren.

1. Welche künstlerischen Leistungen des Opernhauses sind für Ihren Wiederbesuch ausschlaggebend?

2. Wie muss der Spielplan gestaltet sein, damit Sie das Opernhaus wiederholt frequentieren? Worauf legen Sie bei der Spielplangestaltung besonderen Wert?

3. Welche Serviceangebote sollten vom Opernhaus zufriedenstellend erbracht werden, damit Sie wiederkommen? Auf welche Rahmenbedingungen legen Sie bei ihrem Besuch Wert?

4. Welche Begleitangebote (z. B. Werkeinführungen) sind für Sie Anlass das Opernhaus wiederholt zu besuchen?

5. Erhalten Sie von Ihrem Opernhaus bestimmte Zusatzleistungen (z. B. im Rahmen des Abonnements)? Falls ja: Welche konkreten Leistungen erhalten Sie und wie wichtig sind Ihnen solche Leistungen für den Wiederbesuch?

6. Sind Sie bereits als Kind/Jugendlicher mit der Oper in Berührung gekommen? Wer hat Sie mit der Oper in Kontakt gebracht? Wie wichtig ist für Sie diese Heranführung für Ihren heutigen Wiederbesuch? Sind Sie selbst künstlerisch als Amateur tätig (z. B. spielen Sie selbst ein Instrument)? Hat diese eigene künstlerische Tätigkeit Auswirkungen auf Ihren Wiederbesuch?

7. Beschäftigen Sie sich regelmäßig mit Oper und/oder dem von Ihnen besuchten Opernhaus bzw. haben Sie ein Interesse an dieser Kunstform? Wie äußert sich dies? Haben Sie eine Affinität bzw. Vorliebe für bestimmte Komponisten, Werke, Stilepochen etc.? Beeinflusst Sie diese Vorliebe bei Ihrer Wiederbesuchsentscheidung?

8. Sind für Sie das künstlerische Profil des Hauses und/oder seine spezifische Tradition/ Geschichte entscheidend für den Wiederbesuch? Besuchen Sie das Opernhaus wiederholt wegen bestimmter Sympathieträger des Hauses (z. B. aus dem Sängerensemble) oder wegen des Auftritts namhafter Gäste/Stars? Stellt für Sie die gute Erreichbarkeit/ räumliche Nähe des Opernhauses einen Wiederbesuchsgrund dar? Besuchen Sie das Opernhaus wiederholt, weil es die Bühne in „Ihrer" Stadt ist und Sie Stolz dafür empfinden? Wie wichtig ist Ihnen der gute Ruf des Opernhauses in der Öffentlichkeit für ihren Wiederbesuch?

9. Sind für Sie eine persönliche Ansprache seitens des Opernhauses und/oder persönliche Kontakte zu den Mitarbeitern der Bühne ausschlaggebend?

Stellt der Kontakt zu weiteren Besuchern bzw. die soziale Interaktion mit diesen für Sie ebenfalls einen Wiederbesuchsanlass dar? Welche konkreten Gründe gibt es für Sie in Bezug auf die anderen Besucher, das Opernhaus wiederholt zu frequentieren?

10. Stehen Sie in einem Vertragsverhältnis zum Opernhaus (z. B. Abonnementvertrag)? Falls ja: Beeinflusst Sie diese vertragliche Bindung positiv oder negativ bei ihrer Wiederbesuchsentscheidung? Stellen Vergünstigungen oder Preisermäßigungen für Sie einen Anreiz zum Wiederbesuch dar? Welche finanziellen Anreize erhalten Sie?

11. Fallen Ihnen noch weitere Gründe für Ihren wiederholten Besuch ein, die wir bislang nicht angesprochen haben? Oder möchten Sie noch etwas zum bereits Gesagten ergänzen?

3. Abschluss und Soziodemografika

1. Wie alt sind Sie?
2. Geschlecht des Befragten hier durch Interviewer vermerken: _____
3. Welchen Beruf üben Sie aktuell aus bzw. wie ist Ihre derzeitige berufliche Stellung?
4. In welcher Stadt wohnen Sie?
5. Was trifft auf Sie zu? Abonnent, Mitglied des Förderkreises, Mitglied einer Besucherorganisation, Mitglied eines Besucherclubs, Inhaber einer Theatercard, Einzelkartenkäufer, Kulturtourist, Sonstiges.

Vielen herzlichen Dank für das Gespräch!

Darf ich ggf. zu einem späteren Zeitpunkt für weitere Fragen nochmals auf Sie zukommen?

Wenn Ihnen im Nachgang unseres Gespräches noch etwas Wichtiges einfällt oder Sie im Gespräch einen Punkt vergessen haben, den Sie noch unbedingt ergänzen möchten, so bitte ich Sie mit mir in Kontakt zu treten.

Anhang 2: Fragebogen der quantitativen Erhebung

Befragung von Wiederbesuchern

→ **Bitte füllen Sie den Fragebogen nur aus, wenn Sie die Deutsche Oper Berlin heute <u>nicht zum ersten Mal</u> besuchen!** ←

Sehr geehrte Damen und Herren,

mit diesem Fragebogen möchten wir Sie um Ihre Meinung zu Aspekten Ihres Wiederbesuchs der Deutschen Oper Berlin bitten. Es handelt sich um eine wissenschaftliche Studie, die wir in Zusammenarbeit mit dem Institut für Kulturmanagement in Ludwigsburg durchführen.

Bitte nehmen Sie sich ca. fünf Minuten Zeit und füllen Sie den Fragebogen persönlich aus. Selbstverständlich werden Ihre Angaben streng vertraulich und anonym behandelt.

Sie können den ausgefüllten Fragebogen bei unseren Mitarbeitern abgeben, in die aufgestellten Fragebogenbehälter einwerfen oder ihn nach Hause nehmen, dort in Ruhe ausfüllen und per Post an die am Ende des Fragebogens genannte Adresse zurücksenden.

Als kleines **Dankeschön** für Ihre Unterstützung verlosen wir unter allen Teilnehmern **4 x 2 Karten** für den Spielzeitauftakt der Deutschen Oper Berlin: **Pelleas und Melisande von Claude Debussy am 12.09.2010.**

Herzlichen Dank für Ihre Mitarbeit!

Wie häufig besuchen Sie die Deutsche Oper Berlin innerhalb einer Spielzeit (im Durchschnitt)?

Bitte eintragen: ✎ _____ mal *(ggf. ungefähr)*

Seit wie vielen Jahren besuchen Sie bereits die Deutsche Oper Berlin?

Bitte eintragen: ✎ _____ Jahre *(ggf. ungefähr)*

Was trifft auf Sie zu?
(Mehrfachnennungen sind möglich)

O Ich bin Abonnent der Deutschen Oper Berlin.

O Ich beziehe meine Opernkarten über den regulären Verkauf der Deutschen Oper Berlin.

O Ich bin Mitglied im Förderkreis der Deutschen Oper Berlin.

O Ich besuche die Deutsche Oper Berlin im Rahmen von meinen touristischen Aufenthalten in der Stadt.

O Ich beziehe meine Karten über eine Besucherorganisation (z. B. Theatergemeinde, Theaterclub, Besucherring, freie Volksbühne).

O Sonstiges:_____

O Ich bin Mitglied im Jugendclub der Deutschen Oper Berlin.

BITTE WENDEN (RÜCKSEITE BEACHTEN) →

Anhang 503

Bei den folgenden Fragen sind Antwortkategorien auf einer Skala von *„trifft überhaupt nicht zu"* bis *„trifft voll zu"* vorgegeben. Es ist die Antwortmöglichkeit anzukreuzen, die Ihrer persönlichen Meinung am nächsten kommt.

Bitte kreuzen Sie **pro Frage nur eine Antwort** an. Die Fragen sind zum Teil ähnlich formuliert – dies ist für die Auswertung notwendig und daher gewollt. Beachten Sie auch, dass es keine richtigen oder falschen Antworten gibt. Sollten Sie bei der Beantwortung einzelner Fragen Mühe haben, so können Sie auch die Antwortmöglichkeit *„weiß ich nicht"* ankreuzen. **Bitte beantworten Sie möglichst alle Fragen.**

Ich besuche die Deutsche Oper Berlin zum wiederholten Mal (nicht nur heute, sondern ganz generell), ...	trifft überhaupt nicht zu ←			→	trifft voll zu	weiß ich nicht
1. wegen bestimmter Inszenierungen.	O	O	O	O	O	O
2. wegen der Bühnenbilder und Kostüme.	O	O	O	O	O	O
3. wegen der Qualität der künstlerischen Besetzungen.	O	O	O	O	O	O
4. wegen der Qualität des Orchesters.	O	O	O	O	O	O
5. wegen der Qualität des Chores.	O	O	O	O	O	O
6. wegen des abwechslungsreichen Spielplans.	O	O	O	O	O	O
7. wegen Schwerpunktsetzungen im Spielplan.	O	O	O	O	O	O
8. wegen der Neuinszenierungen bzw. Premieren.	O	O	O	O	O	O

9. weil ich mit dem Informationsangebot des Hauses zufrieden bin (z. B. Publikationen, Homepage, Rundschreiben).	O	O	O	O	O	O
10. da ich unkompliziert Karten erwerben kann.	O	O	O	O	O	O
11. wegen des Ambientes und der Atmosphäre.	O	O	O	O	O	O
12. wegen der architektonischen Gestaltung des Opernhauses.	O	O	O	O	O	O
13. wegen der Gastronomie am Opernhaus.	O	O	O	O	O	O
14. um das Angebot des Opernshops wahrzunehmen.	O	O	O	O	O	O
15. da Beschwerden zufriedenstellend bearbeitet werden.	O	O	O	O	O	O
16. weil die Mitarbeiter freundlich und zuvorkommend sind.	O	O	O	O	O	O
17. um an Probenbesuchen (z. B. vor Premieren) teilzunehmen.	O	O	O	O	O	O
18. um an Einführungsveranstaltungen teilzunehmen.	O	O	O	O	O	O
19. um an Hintergrundgesprächen mit Künstlern teilzunehmen.	O	O	O	O	O	O
20. um an Workshops oder Sonderveranstaltungen teilzunehmen.	O	O	O	O	O	O

Anhang 505

Die **Fragen 21. bis 23.** richten sich lediglich an Abonnenten, Mitglieder des Förderkreises, Mitglieder von Besucherorganisationen und des Jugendclubs der Deutschen Oper Berlin. Sollten Sie diesem Personenkreis **nicht** angehören, dann überspringen Sie bitte diese Fragen und gehen → *weiter zu Frage 24.*

Ich besuche die Deutsche Oper Berlin zum wiederholten Mal (nicht nur heute, sondern ganz generell), …	trifft überhaupt nicht zu ←				trifft voll zu →	weiß ich nicht
21. weil ich zusätzliche Leistungen erhalte (z. B. fester Sitzplatz, Preisermäßigungen, Vorkaufsrechte).	O	O	O	O	O	O
22. weil ich mich einer sozialen Gemeinschaft am Opernhaus zugehörig fühle.	O	O	O	O	O	O
23. da ich vertraglich an das Opernhaus gebunden bin (z. B. durch ein Abonnement).	O	O	O	O	O	O

Ich besuche die Deutsche Oper Berlin zum wiederholten Mal (nicht nur heute, sondern ganz generell), …	trifft überhaupt nicht zu ←				trifft voll zu →	weiß ich nicht
24. weil ich als Kind bzw. Jugendlicher an die Oper herangeführt wurde (z. B. durch Eltern, Schule, Freunde).	O	O	O	O	O	O
25. da durch meine eigene künstlerische Tätigkeit als Amateur (z. B. Musizieren) mein Interesse für Oper geweckt wurde.	O	O	O	O	O	O
26. da ich mich regelmäßig mit Oper beschäftige und mich dafür interessiere.	O	O	O	O	O	O

27. weil ich eine Vorliebe für bestimmte Werke und Komponisten habe.	O	O	O	O	O	O
28. da ich mich mit dem künstlerischen Profil des Hauses identifiziere.	O	O	O	O	O	O
29. weil ich mich mit der Tradition bzw. Geschichte dieses Hauses identifiziere.	O	O	O	O	O	O
30. da ich mich mit bestimmten Künstlern des Opernhauses (z. B. Sänger aus dem Haus-Ensemble) identifiziere.	O	O	O	O	O	O
31. wegen bestimmter (internationaler) Stars oder namhafter Gäste.	O	O	O	O	O	O
32. da das Opernhaus für mich gut erreichbar ist (z. B. gute Verkehrsanbindung, zentrale Lage, in der Nähe meiner Wohnung oder Arbeitsstätte, nahe gelegene Parkplätze).	O	O	O	O	O	O
33. weil dies unser Opernhaus in unserer Stadt ist und ich stolz darauf bin.	O	O	O	O	O	O
34. wegen des guten Rufes des Opernhauses in der Öffentlichkeit.	O	O	O	O	O	O

BITTE WENDEN (RÜCKSEITE BEACHTEN) →

Anhang 507

Ich besuche die Deutsche Oper Berlin zum wiederholten Mal (nicht nur heute, sondern ganz generell), ...	trifft überhaupt nicht zu ←			→	trifft voll zu	weiß ich nicht
35. da ich vom Opernhaus persönlich und meinen Bedürfnissen entsprechend angesprochen bzw. angeschrieben werde.	O	O	O	O	O	O
36. da ich zu einzelnen Mitarbeitern des Opernhauses eine vertrauensvolle Beziehung aufgebaut habe.	O	O	O	O	O	O
37. weil ich das Opernhaus gemeinsam mit anderen Personen (z. B. Partner, Freunde, Familie) besuchen möchte.	O	O	O	O	O	O
38. um Gleichgesinnte oder mir bereits bekannte Gesichter zu treffen.	O	O	O	O	O	O
39. weil ich von anderen Personen (z. B. Freunde, Bekannte) Empfehlungen für Besuche erhalte.	O	O	O	O	O	O
40. um wichtige Leute zu sehen und von anderen Besuchern gesehen zu werden.	O	O	O	O	O	O
41. weil ich Preisermäßigungen oder Vergünstigungen erhalte.	O	O	O	O	O	O

Zum Schluss benötigen wir noch einige Angaben zu Ihrer Person.
Bitte pro Frage nur jeweils eine Antwort geben.

Wie alt sind Sie?

Bitte eintragen: ✎ _____ Jahre

Geschlecht

O weiblich   O männlich

Wie weit ist Ihr Heimatwohnort vom Opernhaus entfernt?

O ist der Ort des Opernhauses selbst

O übriges Deutschland

O Umland bis zu 30 km

O Ausland

O über 30 km bis 100 km

Wie lange wohnen Sie bereits in Ihrem Heimatwohnort?

Bitte eintragen: ✎ _____ Jahre *(ggf. ungefähr)*

Wie ist Ihre derzeitige berufliche Stellung?

O Arbeiter   O Student

O Angestellter   O Hausfrau/-mann

O Beamter   O Rentner

O Selbständiger/Freiberufler   O derzeit ohne Beschäftigung

O In Ausbildung   O Sonstiges:_____

O Schüler

Welches ist Ihr höchster Bildungsabschluss?

O Kein Bildungsabschluss O Abitur/Fachhochschulreife

O Volks-/Hauptschulabschluss O Universitäts-/Fachhochschulabschluss

O Mittlere Reife/Realschulabschluss O Promotion/Habilitation

Wie hoch ist Ihr monatliches Haushaltsnettoeinkommen (nach Abzug von Steuern und Sozialabgaben)?

O unter 500 Euro O 2.001 bis 2.500 Euro

O 500 bis 1.000 Euro O 2.501 bis 3.000 Euro

O 1.001 bis 1.500 Euro O 3.001 bis 3.500 Euro

O 1.501 bis 2.000 Euro O mehr als 3.500 Euro

Wie besuchen Sie hauptsächlich die Deutsche Oper Berlin?

O alleine   O in Begleitung

Wollen Sie uns noch etwas mitteilen?

Bitte eintragen:

_____

_____

_____

Vielen Dank für Ihre Teilnahme!

So können Sie uns den ausgefüllten Fragebogen zurückgeben:

- Einwurf in die aufgestellten Fragebogenbehälter im Opernhaus.
- Abgabe bei unseren Servicemitarbeitern.

oder **per Post** an die folgende Adresse senden:

Deutsche Oper Berlin Befragung von Wiederbesuchern z. Hd. Herrn Markus Lutz Richard-Wagner-Straße 10 10585 Berlin	**Kontakt bei Rückfragen zum Fragebogen** Markus Lutz Tel.: 030/34384-199, E-Mail: lutz@deutscheoperberlin.de

Anhang 3: Operationalisierung der Untersuchungsvariablen

(1) Erhebung der Wiederbesuchsgründe im Fragebogen

Nr.	Indikator	Items im Fragebogen
1	Inszenierungsqualität	wegen bestimmter Inszenierungen.
2	Ausstattungsqualität	wegen der Bühnenbilder und Kostüme.
3	Qualität der künstlerischen Besetzungen	wegen der Qualität der künstlerischen Besetzungen.
4	Orchesterqualität	wegen der Qualität des Orchesters.
5	Chorqualität	wegen der Qualität des Chores.
6	Abwechslungsreicher Spielplan	wegen des abwechslungsreichen Spielplans.
7	Schwerpunktsetzungen im Spielplan	wegen Schwerpunktsetzungen im Spielplan.
8	Neuinszenierungen	wegen der Neuinszenierungen bzw. Premieren.
9	Zufriedenstellendes Informationsangebot	weil ich mit dem Informationsangebot des Hauses zufrieden bin (z. B. Publikationen, Homepage, Rundschreiben).
10	Unkomplizierter Kartenerwerb	da ich unkompliziert Karten erwerben kann.
11	Ambiente und Atmosphäre	wegen des Ambientes und der Atmosphäre.
12	Architektonische Gestaltung	wegen der architektonischen Gestaltung des Opernhauses.
13	Gastronomie am Opernhaus	wegen der Gastronomie am Opernhaus.
14	Opernshopangebot[270]	um das Angebot des Opernshops wahrzunehmen.
15	Beschwerdezufriedenheit[271]	da Beschwerden zufriedenstellend bearbeitet werden.
16	Besucherorientierte Servicemitarbeiter	weil die Mitarbeiter freundlich und zuvorkommend sind.

---

270 Bei der Erhebung in Leipzig wurde dieser Indikator nicht in den Fragebogen aufgenommen, da die Oper Leipzig über kein Opernshopangebot verfügt.
271 Bei der Erhebung in Leipzig wurde dieser Indikator nicht in den Fragebogen aufgenommen, da sich die Intendanz der Oper gegen eine Aufnahme dieses Indikators aussprach.

(1, Fortsetzung)   Erhebung der Wiederbesuchsgründe im Fragebogen

Nr.	Indikator	Items im Fragebogen
17	Probenbesuche[272]	um an Probenbesuchen (z. B. vor Premieren) teilzunehmen.
18	Einführungsveranstaltungen	um an Einführungsveranstaltungen teilzunehmen.
19	Hintergrundgespräche mit Künstlern	um an Hintergrundgesprächen mit Künstlern teilzunehmen.
20	Workshops, Sonderveranstaltungen	um an Workshops oder Sonderveranstaltungen teilzunehmen.
21	Gewährung von Zusatzleistungen	weil ich zusätzliche Leistungen erhalte (z. B. fester Sitzplatz, Preisermäßigungen, Vorkaufsrechte).
22	Zugehörigkeit zu einer Kunden-Community	weil ich mich einer sozialen Gemeinschaft am Opernhaus zugehörig fühle.
23	Vertragliche Bindung	da ich vertraglich an das Opernhaus gebunden bin (z. B. durch ein Abonnement).
24	Heranführung an die Oper als Kind/ Jugendlicher	weil ich als Kind bzw. Jugendlicher an die Oper herangeführt wurde (z. B. durch Eltern, Schule, Freunde).
25	Eigene künstlerische Tätigkeit als Amateur	da durch meine eigene künstlerische Tätigkeit als Amateur (z. B. Musizieren) mein Interesse für Oper geweckt wurde.
26	Regelmäßige Beschäftigung und Interesse an Oper	da ich mich regelmäßig mit Oper beschäftige und mich dafür interessiere.
27	Vorliebe	weil ich eine Vorliebe für bestimmte Werke und Komponisten habe.
28	Identifikation mit dem künstlerischen Profil	da ich mich mit dem künstlerischen Profil des Hauses identifiziere.
29	Identifikation mit Tradition/Geschichte	weil ich mich mit der Tradition bzw. Geschichte dieses Hauses identifiziere.

---

272 Bei der Erhebung in Leipzig wurde dieser Indikator nicht in den Fragebogen aufgenommen, da die Oper Leipzig ihren Besuchern keine Probenbesuche als Leistung anbietet.

Anhang 513

(1, Fortsetzung) Erhebung der Wiederbesuchsgründe im Fragebogen

Nr.	Indikator	Items im Fragebogen
30	Identifikation mit Sympathieträgern des Hauses	da ich mich mit bestimmten Künstlern des Opernhauses (z. B. Sänger aus dem Haus-Ensemble) identifiziere.
31	Identifikation mit namhaften Gästen/Stars	wegen bestimmter (internationaler) Stars oder namhafter Gäste.
32	Gute Erreichbarkeit/Räumliche Nähe	da das Opernhaus für mich gut erreichbar ist (z. B. gute Verkehrsanbindung, zentrale Lage, in der Nähe meiner Wohnung oder Arbeitsstätte, nahe gelegene Parkplätze).
33	Stolz auf das Opernhaus in „unserer" Stadt	weil dies unser Opernhaus in unserer Stadt ist und ich stolz darauf bin.
34	Guter Ruf des Opernhauses in der Öffentlichkeit[273]	wegen des guten Rufes des Opernhauses in der Öffentlichkeit.
35	Persönlicher Dialog	da ich vom Opernhaus persönlich und meinen Bedürfnissen entsprechend angesprochen bzw. angeschrieben werde.
36	Vertrauensvolle Beziehungen zu Mitarbeitern	da ich zu einzelnen Mitarbeitern des Opernhauses eine vertrauensvolle Beziehung aufgebaut habe.
37	Gemeinsamer Opernbesuch in Begleitung	weil ich das Opernhaus gemeinsam mit anderen Personen (z. B. Partner, Freunde, Familie) besuchen möchte.
38	Gleichgesinnte bzw. ‚bekannte' Gesichter treffen	um Gleichgesinnte oder mir bereits bekannte Gesichter zu treffen.
39	Weiterempfehlungen von anderen Besuchern	weil ich von anderen Personen (z. B. Freunde, Bekannte) Empfehlungen für Besuche erhalte.
40	Selbstpräsentation	um wichtige Leute zu sehen und von anderen Besuchern gesehen zu werden.
41	Vergünstigungen	weil ich Preisermäßigungen oder Vergünstigungen erhalte.

---

273 Bei der Erhebung in Leipzig wurde dieser Indikator nicht in den Fragebogen aufgenommen, da sich die Intendanz der Oper gegen eine Aufnahme dieses Indikators aussprach.

(2) Erhebung der Erscheinungsformen der Besucherbindung im Fragebogen

Nr.	Indikator	Items im Fragebogen
1	Abonnent	Ich bin Abonnent des Opernhauses X.
2	Mitglied im Förderverein/Freundeskreis	Ich bin Mitglied im Förderverein/Förderkreis des Opernhauses X.
3	Mitglied einer Besucherorganisation[274]	Ich beziehe meine Karten über eine Besucherorganisation.
4	Mitglied im Jugendclub/Junge Opernfreunde[275]	Ich bin Mitglied im Jugendclub/bei den Jungen Opernfreunden des Opernhauses X.
5	Einzelkartenkäufer	Ich beziehe meine Opernkarten über den regulären Verkauf des Opernhauses X.
6	(Kultur-)Tourist	Ich besuche das Opernhaus X im Rahmen von meinen touristischen Aufenthalten in der Stadt.
7	Sonstiges	

(3) Erhebung der Hintergrundvariablen im Fragebogen

Nr.	Hintergrundvariable	Items/Merkmalsausprägungen
1	Alter	Wie alt sind Sie? - Offene Antwortmöglichkeit/Gruppierung erst im Rahmen der Auswertung
2	Geschlecht	- weiblich - männlich
3	Regionale Herkunft	Wie weit ist Ihr Heimatwohnort vom Opernhaus entfernt? - Ist der Ort des Opernhauses selbst - Umland bis zu 30 km - über 30 bis 100 km - übriges Deutschland - Ausland

---

274 Bei der Erhebung in Leipzig wurde dieser Indikator nicht in den Fragebogen aufgenommen, da die Oper Leipzig zurzeit mit keiner Besucherorganisation als Absatzmittler kooperiert.
275 Bei den Erhebungen in Frankfurt und Leipzig wurde dieser Indikator nicht in den Fragebogen aufgenommen, da an beiden Häusern zurzeit weder ein Jugendclub noch Junge Opernfreunde existent sind.

Anhang 515

(3, Fortsetzung) Erhebung der Hintergrundvariablen im Fragebogen

Nr.	Hintergrundvariable	Items/Merkmalsausprägungen
4	Wohndauer	Wie lange wohnen Sie bereits in Ihrem Heimatwohnort? - Offene Antwortmöglichkeit/Gruppierung erst im Rahmen der Auswertung
5	Beruflicher Status	Wie ist Ihre derzeitige berufliche Stellung? - Arbeiter - Angestellter - Beamter - Selbständiger/Freiberufler - In Ausbildung - Schüler - Student - Hausfrau/-mann - Rentner - derzeit ohne Beschäftigung - Sonstiges
6	Bildungsabschluss	Welches ist Ihr höchster Bildungsabschluss? - Kein Bildungsabschluss - Volks-/Hauptschulabschluss - Mittlere Reife/Realschulabschluss - Abitur/Fachhochschulreife - Universitäts-/Fachhochschulabschluss - Promotion/Habilitation

(3, Fortsetzung)   Erhebung der Hintergrundvariablen im Fragebogen

Nr.	Hintergrundvariable	Items/Merkmalsausprägungen
7	Einkommen	Wie hoch ist Ihr monatliches Haushaltsnettoeinkommen (nach Abzug von Steuern und Sozialabgaben)? - unter 500 Euro - 500 bis 1.000 Euro - 1.001 bis 1.500 Euro - 1.501 bis 2.000 Euro - 2.001 bis 2.500 Euro - 2.501 bis 3.000 Euro - 3.001 bis 3.500 Euro - mehr als 3.500 Euro
8	Art des Besuches	Wie besuchen Sie hauptsächlich das Opernhaus X? - alleine - in Begleitung

Anhang 4: Bivariate Zusammenhänge zwischen Wiederbesuchsgründen und Eigenschaften der Befragten

(1) Zustimmungen zu den Wiederbesuchsgründen nach Besuchshäufigkeit

Besuchs-häufigkeit	TOP-10			FLOP-10		
	Variable	Mean	SD	Variable	Mean	SD
Seltene Wiederbesucher	Vorliebe	3,91	1,17	Vertragliche Bindung	1,37	1,07
	Qualität der künstlerischen Besetzungen	3,89	1,12	Kunden-Community	1,49	1,04
	Orchesterqualität	3,86	1,10	Opernshopangebot	1,55	0,79
	Unkomplizierter Kartenerwerb	3,83	1,35	Vertrauensvolle Beziehung	1,60	1,10
	Persönlicher Dialog	3,63	1,35	Selbstpräsentation	1,65	1,23
	Chorqualität	3,62	1,16	Workshops	1,65	1,02
	Besucherorientierte Servicemitarbeiter	3,59	1,21	Gewährung von Zusatzleistungen	1,70	1,33
	Inszenierungsqualität	3,58	1,32	Hintergrundgespräche	1,76	1,08
	Ambiente und Atmosphäre	3,53	1,32	Probenbesuche	1,83	0,89
	Heranführung als Kind/Jugendlicher	3,53	1,70	Beschwerdezufriedenheit	1,87	0,73
Gelegentliche Wiederbesucher	Qualität der künstlerischen Besetzungen	4,23	0,88	Opernshopangebot	1,39	0,56
	Orchesterqualität	4,18	0,96	Workshops	1,65	1,05
	Vorliebe	4,12	0,01	Kunden-Community	1,76	1,23
	Chorqualität	4,02	1,08	Vertrauensvolle Beziehung	1,76	1,22
	Unkomplizierter Kartenerwerb	3,89	1,33	Selbstpräsentation	1,78	1,29
	Regelmäßige Beschäftigung	3,78	1,19	Hintergrundgespräche	1,78	1,03
	Inszenierungsqualität	3,68	1,29	Beschwerdezufriedenheit	1,81	0,65
	Heranführung als Kind/Jugendlicher	3,68	1,55	Probenbesuche	1,86	0,84
	Abwechslungsreicher Spielplan	3,67	1,07	Gastronomie	2,02	1,16
	Gute Erreichbarkeit/Räumliche Nähe	3,66	1,38	Vertragliche Bindung	2,06	1,63

(1, Fortsetzung)   Zustimmungen zu den Wiederbesuchsgründen nach Besuchshäufigkeit

Besuchs-häufigkeit	TOP-10			FLOP-10		
	Variable	Mean	SD	Variable	Mean	SD
Regelmäßige Wiederbesucher	Qualität der künstlerischen Besetzungen	4,42	0,81	Opernshopangebot	1,60	0,87
	Regelmäßige Beschäftigung	4,37	0,97	Workshops	1,74	1,02
	Orchesterqualität	4,31	0,80	Vertrauensvolle Beziehung	1,85	1,29
	Chorqualität	4,26	0,88	Beschwerdezufriedenheit	1,92	0,82
	Vorliebe	4,12	1,04	Probenbesuche	1,99	1,10
	Abwechslungsreicher Spielplan	3,95	0,97	Selbstpräsentation	2,01	1,46
	Unkomplizierter Kartenerwerb	3,86	1,20	Hintergrundgespräche	2,04	1,18
	Inszenierungsqualität	3,86	1,24	Kunden-Community	2,04	1,40
	Besucherorientierte Servicemitarbeiter	3,85	1,08	Gastronomie	2,11	1,11
	Heranführung als Kind/Jugendlicher	3,83	1,49	Gleichgesinnte treffen	2,35	1,39
Stamm-/Kernbesucher	Qualität der künstlerischen Besetzungen	4,56	0,84	Opernshopangebot	1,57	1,05
	Regelmäßige Beschäftigung	4,38	1,04	Selbstpräsentation	1,68	1,41
	Vorliebe	4,16	1,21	Gastronomie	1,94	1,15
	Orchesterqualität	4,13	1,04	Kunden-Community	2,02	1,21
	Chorqualität	4,13	1,13	Beschwerdezufriedenheit	2,03	0,77
	Besucherorientierte Servicemitarbeiter	3,93	1,12	Workshops	2,24	1,44
	Abwechslungsreicher Spielplan	3,87	1,18	Vertragliche Bindung	2,27	1,74
	Unkomplizierter Kartenerwerb	3,73	1,35	Weiterempfehlungen	2,29	1,32
	Identifikation mit namhaften Gästen/Stars	3,72	1,31	Vertrauensvolle Beziehung	2,31	1,47
	Inszenierungsqualität	3,71	1,40	Probenbesuche	2,43	1,41

Anhang

(2) Zustimmungen zu den Wiederbesuchsgründen nach Dauer der Geschäftsbeziehung

Dauer der Geschäfts- beziehung	TOP-10			FLOP-10		
	Variable	Mean	SD	Variable	Mean	SD
0 bis 5 Jahre	Qualität der künstlerischen Besetzungen	4,01	1,13	Opernshopangebot	1,45	0,66
	Qualität des Orchesters	4,00	1,02	Kunden-Community	1,61	1,14
	Unkomplizierter Kartenerwerb	3,92	1,32	Vertragliche Bindung	1,65	1,37
	Vorliebe	3,86	1,21	Workshops	1,66	1,07
	Regelmäßige Beschäftigung	3,77	1,30	Vertrauensvolle Beziehung	1,84	1,29
	Besucherorientierte Servicemitarbeiter	3,73	1,09	Selbstpräsentation	1,88	1,40
	Chorqualität	3,72	1,11	Hintergrundgespräche	1,89	1,16
	Gemeinsamer Opernbesuch in Begleitung	3,70	1,42	Beschwerdezufriedenheit	1,90	0,68
	Abwechslungsreicher Spielplan	3,66	1,12	Probenbesuche	1,92	1,03
	Ambiente und Atmosphäre	3,52	1,19	Gastronomie	1,92	1,00
6 bis 10 Jahre	Qualität der künstlerischen Besetzungen	4,26	0,83	Opernshopangebot	1,57	0,77
	Orchesterqualität	4,14	0,95	Workshops	1,70	0,98
	Vorliebe	4,11	1,11	Vertrauensvolle Beziehung	1,70	0,18
	Chorqualität	3,96	0,96	Kunden-Community	1,80	1,27
	Regelmäßige Beschäftigung	3,93	1,25	Vertragliche Bindung	1,91	1,47
	Unkomplizierter Kartenerwerb	3,84	1,25	Probenbesuche	1,95	0,98
	Abwechslungsreicher Spielplan	3,78	1,12	Selbstpräsentation	1,96	1,41
	Besucherorientierte Servicemitarbeiter	3,76	1,09	Beschwerdezufriedenheit	1,97	0,90
	Inszenierungsqualität	3,63	1,35	Hintergrundgespräche	2,08	1,17
	Gute Erreichbarkeit/Räumliche Nähe	3,62	1,42	Gastronomie	2,11	1,16

(2, Fortsetzung) Zustimmungen zu den Wiederbesuchsgründen nach Dauer der Geschäftsbeziehung

Dauer der Geschäfts- beziehung	TOP-10			FLOP-10		
	Variable	Mean	SD	Variable	Mean	SD
11 bis 15 Jahre	Vorliebe	4,19	0,89	Opernshopangebot	1,41	0,55
	Qualität der künstlerischen Besetzungen	4,00	1,01	Workshops	1,53	1,04
	Orchesterqualität	4,00	0,99	Selbstpräsentation	1,58	1,18
	Chorqualität	3,89	1,04	Vertrauensvolle Beziehung	1,65	1,16
	Regelmäßige Beschäftigung	3,88	1,16	Vertragliche Bindung	1,70	1,49
	Inszenierungsqualität	3,85	1,15	Kunden-Community	1,70	1,28
	Unkomplizierter Kartenerwerb	3,60	1,34	Beschwerdezufriedenheit	1,76	0,73
	Abwechslungsreicher Spielplan	3,57	1,02	Hintergrundgespräche	1,81	1,22
	Ambiente und Atmosphäre	3,53	1,33	Probenbesuche	1,81	1,06
	Besucherorientierte Servicemitarbeiter	3,52	1,22	Gewährung von Zusatzleistungen	2,02	1,58
Mehr als 15 Jahre	Qualität der künstlerischen Besetzungen	4,29	0,94	Opernshopangebot	1,54	0,80
	Orchesterqualität	4,13	1,03	Selbstpräsentation	1,67	1,22
	Vorliebe	4,11	1,07	Kunden-Community	1,82	1,29
	Chorqualität	4,05	1,14	Vertrauensvolle Beziehung	1,84	1,28
	Heranführung an die Oper	4,02	1,42	Workshops	1,85	1,18
	Regelmäßige Beschäftigung	3,88	1,19	Beschwerdezufriedenheit	1,87	0,79
	Unkomplizierter Kartenerwerb	3,84	1,32	Hintergrundgespräche	1,93	1,18
	Stolz auf das Opernhaus in "unserer" Stadt	3,80	1,40	Probenbesuche	2,00	1,04
	Inszenierungsqualität	3,76	1,30	Gastronomie	2,04	1,14
	Gute Erreichbarkeit/Räumliche Nähe	3,71	1,38	Vertragliche Bindung	2,10	1,67

Anhang

(3) Zustimmung zu den Wiederbesuchsgründen nach Erscheinungsformen

Erscheinungs-formen	TOP-10			FLOP-10		
	Variable	Mean	SD	Variable	Mean	SD
Abonnenten	Qualität der künstlerischen Besetzungen	4,41	0,81	Opernshopangebot	1,54	0,66
	Orchesterqualität	4,26	0,93	Selbstpräsentation	1,83	1,29
	Chorqualität	4,25	0,99	Vertrauensvolle Beziehung	1,86	1,24
	Vorliebe	4,04	1,09	Workshops	1,87	1,26
	Regelmäßige Beschäftigung	4,03	1,17	Beschwerdezufriedenheit	1,95	0,76
	Gewährung von Zusatzleistungen	3,89	1,38	Hintergrundgespräche	2,01	1,25
	Abwechslungsreicher Spielplan	3,87	1,02	Probenbesuche	2,02	1,03
	Unkomplizierter Kartenerwerb	3,85	1,25	Gleichgesinnte treffen	2,21	1,30
	Stolz auf das Opernhaus in "unserer" Stadt	3,84	1,40	Gastronomie am Opernhaus	2,22	1,17
	Heranführung an Oper	3,81	1,49	Weiterempfehlungen	2,27	1,28
Förderverein/ Freundeskreis	Qualität der künstlerischen Besetzungen	4,56	0,89	Persönlicher Dialog	1,78	0,89
	Regelmäßige Beschäftigung	4,48	0,89	Opernshopangebot	1,99	1,15
	Orchesterqualität	4,38	0,96	Beschwerdezufriedenheit	2,11	0,70
	Chorqualität	4,33	1,00	Vertragliche Bindung	2,15	1,68
	Gute Erreichbarkeit/Räumliche Nähe	4,22	1,12	Eigene künstlerische Tätigkeit	2,17	1,41
	Stolz auf das Opernhaus in „unserer" Stadt	4,17	1,25	Selbstpräsentation	2,19	1,42
	Vorliebe	4,04	1,02	Weiterempfehlungen	2,34	1,20
	Guter Ruf in der Öffentlichkeit	3,92	1,15	Vergünstigungen	2,37	1,42
	Besucherorientierte Servicemitarbeiter	3,91	0,96	Gastronomie am Opernhaus	2,38	1,36
	Inszenierungsqualität	3,85	1,38	Architektonische Gestaltung	2,57	1,16

(3, Fortsetzung) Zustimmung zu den Wiederbesuchsgründen nach Erscheinungsformen

Erscheinungs-formen	TOP-10			FLOP-10		
	Variable	Mean	SD	Variable	Mean	SD
Besucherorganisation	Qualität der künstlerischen Besetzungen	3,93	1,17	Vertragliche Bindung	1,39	1,05
	Vorliebe	3,85	1,18	Opernshopangebot	1,43	1,03
	Orchesterqualität	3,72	1,25	Selbstpräsentation	1,54	0,87
	Unkomplizierter Kartenerwerb	3,66	1,40	Vertrauensvolle Beziehung	1,59	0,95
	Chorqualität	3,60	1,39	Kunden-Community	1,66	0,99
	Gemeinsamer Besuch in Begleitung	3,56	1,36	Gastronomie am Opernhaus	1,70	1,22
	Gute Erreichbarkeit/Räumliche Nähe	3,53	1,39	Hintergrundgespräche	1,73	1,01
	Heranführung an Oper	3,52	1,68	Beschwerdezufriedenheit	1,74	1,13
	Inszenierungsqualität	3,49	1,46	Workshops	1,78	0,88
	Besucherorientierte Servicemitarbeiter	3,44	1,27	Probenbesuche	1,81	1,05
Jugendclub	Regelmäßige Beschäftigung	5,00	0,00	Vertragliche Bindung	1,00	0,00
	Heranführung an Oper	4,50	0,55	Opernshopangebot	1,00	0,00
	Qualität der künstlerischen Besetzungen	4,33	0,82	Beschwerdezufriedenheit	1,29	0,46
	Vorliebe	4,33	1,21	Selbstpräsentation	1,33	0,52
	Vergünstigungen	4,17	1,60	Gastronomie am Opernhaus	1,50	0,84
	Inszenierungsqualität	4,00	1,26	Persönlicher Dialog	1,67	1,63
	Eigene künstlerische Tätigkeit	4,00	1,67	Workshops	2,07	1,21
	Gemeinsamer Besuch in Begleitung	4,00	1,55	Kunden-Community	2,17	1,60
	Ambiente und Atmosphäre	3,83	0,75	Schwerpunktsetzungen Spielplan	2,17	1,60
	Gute Erreichbarkeit/Räumliche Nähe	3,83	0,75	Identifikation mit Tradition/Geschichte	2,33	1,51

Anhang

(3, Fortsetzung) Zustimmung zu den Wiederbesuchsgründen nach Erscheinungsformen

Erscheinungs-formen	TOP-10			FLOP-10		
	Variable	Mean	SD	Variable	Mean	SD
Einzelkartenkäufer	Qualität der künstlerischen Besetzungen	4,29	0,89	Vertragliche Bindung	1,53	1,24
	Vorliebe	4,18	1,01	Opernshopangebot	1,54	0,78
	Orchesterqualität	4,16	0,93	Kunden-Community	1,63	1,19
	Chorqualität	4,00	1,01	Selbstpräsentation	1,73	1,27
	Regelmäßige Beschäftigung	3,94	1,17	Workshops	1,74	1,06
	Unkomplizierter Kartenerwerb	3,86	1,30	Vertrauensvolle Beziehung	1,76	1,24
	Heranführung an Oper	3,81	1,57	Beschwerdezufriedenheit	1,88	0,80
	Inszenierungsqualität	3,80	1,26	Hintergrundgespräche	1,96	1,15
	Besucherorientierte Servicemitarbeiter	3,74	1,20	Probenbesuche	1,97	1,03
	Gute Erreichbarkeit/Räumliche Nähe	3,65	1,38	Gastronomie am Opernhaus	1,97	1,10
Kulturtourist	Unkomplizierter Kartenerwerb	4,15	1,22	Vertragliche Bindung	1,34	1,10
	Regelmäßige Beschäftigung	4,05	1,17	Kunden-Community	1,36	0,99
	Orchesterqualität	3,98	1,13	Gewährung von Zusatzleistungen	1,50	1,23
	Qualität der künstlerischen Besetzungen	3,95	1,29	Selbstpräsentation	1,55	1,24
	Vorliebe	3,92	1,22	Workshops	1,67	1,06
	Chorqualität	3,91	1,12	Opernshopangebot	1,70	0,85
	Besucherorientierte Servicemitarbeiter	3,66	1,21	Vertrauensvolle Beziehung	1,89	1,43
	Ambiente und Atmosphäre	3,64	1,35	Beschwerdezufriedenheit	1,91	0,85
	Abwechslungsreicher Spielplan	3,59	1,06	Probenbesuche	1,94	1,08
	Heranführung an Oper	3,34	1,69	Hintergrundgespräche	1,94	1,29

(4) Zustimmungen zu den Wiederbesuchsgründen nach Altersstruktur

Altersstruktur	TOP-10			FLOP-10		
	Variable	Mean	SD	Variable	Mean	SD
Unter 20	Heranführung an Oper	4,65	0,88	Vertragliche Bindung	1,39	0,99
	Gemeinsamer Opernbesuch	4,17	1,11	Opernshop	1,48	0,92
	Qualität künstlerische Besetzung	3,96	0,98	Selbstpräsentation	1,61	1,27
	Abwechslungsreicher Spielplan	3,93	0,77	Probenbesuche	1,78	1,17
	Orchesterqualität	3,87	0,97	Beschwerdezufriedenheit	1,85	0,66
	Besucherorientierte Servicemitarbeiter	3,84	0,92	Kunden-Community	1,87	1,42
	Gute Erreichbarkeit/Nähe	3,70	1,22	Identifikation mit Sympathieträgern	1,88	0,85
	Eigene künstlerische Tätigkeit	3,68	1,34	Vertrauensvolle Beziehung	1,96	1,30
	Regelmäßige Beschäftigung	3,65	1,19	Gastronomie	1,99	1,09
	Unkomplizierter Kartenerwerb	3,63	1,40	Workshops	2,03	1,19
20 bis 29	Vorliebe	4,40	0,99	Vertragliche Bindung	1,11	0,61
	Regelmäßige Beschäftigung	4,11	1,20	Opernshop	1,20	0,43
	Unkomplizierter Kartenerwerb	4,06	1,10	Kunden-Community	1,40	0,97
	Qualität künstlerische Besetzung	4,04	1,11	Gastronomie	1,53	0,91
	Orchesterqualität	3,91	1,01	Workshops	1,61	1,07
	Gemeinsamer Opernbesuch	3,88	1,44	Hintergrundgespräche	1,76	1,07
	Vergünstigungen	3,78	1,59	Beschwerdezufriedenheit	1,76	0,76
	Besucherorientierte Servicemitarbeiter	3,62	1,10	Vertrauensvolle Beziehung	1,77	1,28
	Inszenierungsqualität	3,58	1,31	Probenbesuche	1,82	1,01
	Heranführung an Oper	3,52	1,60	Zusatzleistungen	1,83	1,54

(4, Fortsetzung) Zustimmungen zu den Wiederbesuchsgründen nach Altersstruktur

Altersstruktur	TOP-10			FLOP-10		
	Variable	Mean	SD	Variable	Mean	SD
30 bis 39	Vorliebe	4,23	0,96	Opernshop	1,34	0,49
	Qualität künstlerische Besetzung	3,96	1,04	Vertragliche Bindung	1,43	1,09
	Orchesterqualität	3,92	1,07	Kunden-Community	1,57	1,05
	Gemeinsamer Opernbesuch	3,92	1,12	Selbstpräsentation	1,59	1,21
	Regelmäßige Beschäftigung	3,86	1,26	Workshops	1,70	1,18
	Inszenierungsqualität	3,84	1,24	Beschwerdezufriedenheit	1,83	0,72
	Unkomplizierter Kartenerwerb	3,69	1,34	Gastronomie	1,86	1,09
	Heranführung an Oper	3,68	1,55	Probenbesuche	1,89	0,86
	Abwechslungsreicher Spielplan	3,68	1,14	Vertrauensvolle Beziehung	1,94	1,32
	Chorqualität	3,62	1,08	Hintergrundgespräche	1,97	1,19
40 bis 49	Qualität künstlerische Besetzung	4,14	0,93	Opernshop	1,39	0,61
	Orchesterqualität	4,13	0,97	Kunden-Community	1,62	1,05
	Chorqualität	3,99	0,98	Workshops	1,70	1,11
	Vorliebe	3,96	1,08	Vertragliche Bindung	1,73	1,40
	Regelmäßige Beschäftigung	3,82	1,26	Vertrauensvolle Beziehung	1,75	1,23
	Inszenierungsqualität	3,67	1,25	Beschwerdezufriedenheit	1,85	0,79
	Besucherorientierte Servicemitarbeiter	3,64	1,16	Hintergrundgespräche	1,92	1,21
	Unkomplizierter Kartenerwerb	3,64	1,38	Gastronomie	1,92	1,00
	Gute Erreichbarkeit/Nähe	3,63	1,31	Probenbesuche	1,93	1,08
	Abwechslungsreicher Spielplan	3,62	1,03	Selbstpräsentation	1,94	1,38

(4, Fortsetzung) Zustimmungen zu den Wiederbesuchsgründen nach Altersstruktur

Altersstruktur	TOP-10			FLOP-10		
	Variable	Mean	SD	Variable	Mean	SD
50 bis 59	Qualität künstlerische Besetzung	4,20	0,94	Vertrauensvolle Beziehung	1,57	1,09
	Orchesterqualität	4,14	0,97	Kunden-Community	1,61	1,11
	Chorqualität	4,03	1,00	Workshops	1,62	1,00
	Vorliebe	3,88	1,18	Opernshop	1,63	0,82
	Unkomplizierter Kartenerwerb	3,76	1,27	Hintergrundgespräche	1,77	1,11
	Abwechslungsreicher Spielplan	3,74	1,17	Probenbesuche	1,79	0,90
	Inszenierungsqualität	3,68	1,42	Selbstpräsentation	1,86	1,38
	Besucherorientierte Servicemitarbeiter	3,61	1,22	Beschwerdezufriedenheit	1,87	0,83
	Regelmäßige Beschäftigung	3,60	1,25	Vertragliche Bindung	1,90	1,46
	Gute Erreichbarkeit/Nähe	3,58	1,39	Vergünstigung	2,08	1,34
60 bis 69	Qualität künstlerische Besetzung	4,33	0,90	Opernshop	1,61	0,84
	Vorliebe	4,15	1,07	Selbstpräsentation	1,68	1,16
	Chorqualität	4,12	1,03	Workshops	1,77	1,09
	Orchesterqualität	4,09	0,96	Vertrauensvolle Beziehung	1,84	1,28
	Regelmäßige Beschäftigung	3,99	1,17	Kunden-Community	1,88	1,39
	Unkomplizierter Kartenerwerb	3,82	1,36	Beschwerdezufriedenheit	1,89	0,74
	Heranführung an Oper	3,78	1,55	Probenbesuche	1,99	0,99
	Besucherorientierte Servicemitarbeiter	3,69	1,19	Hintergrundgespräche	2,00	1,19
	Guter Ruf des Opernhauses	3,67	1,15	Vertragliche Bindung	2,08	1,67
	Inszenierungsqualität	3,66	1,31	Gastronomie	2,11	1,19

(4, Fortsetzung) Zustimmungen zu den Wiederbesuchsgründen nach Altersstruktur

Altersstruktur	TOP-10			FLOP-10		
	Variable	Mean	SD	Variable	Mean	SD
70 bis 79	Qualität künstlerische Besetzung	4,39	0,98	Opernshop	1,60	0,80
	Orchesterqualität	4,25	1,07	Selbstpräsentation	1,82	1,43
	Vorliebe	4,18	1,09	Vertrauensvolle Beziehung	1,89	1,36
	Unkomplizierter Kartenerwerb	4,18	1,19	Workshops	1,96	1,23
	Chorqualität	4,08	1,22	Beschwerdezufriedenheit	2,00	0,86
	Besucherorientierte Servicemitarbeiter	4,07	1,20	Hintergrundgespräche	2,06	1,25
	Regelmäßige Beschäftigung	3,99	1,14	Kunden-Community	2,09	1,44
	Heranführung an Oper	3,94	1,56	Gastronomie	2,17	1,22
	Guter Ruf des Opernhauses	3,92	1,03	Probenbesuche	2,20	1,20
	Inszenierungsqualität	3,84	1,25	Gleichgesinnte treffen	2,24	1,43
80 bis 89	Unkomplizierter Kartenerwerb	4,36	1,21	Selbstpräsentation	1,27	0,59
	Zufriedenstellendes Informationsangebot	4,03	1,16	Vertragliche Bindung	1,45	1,21
	Guter Erreichbarkeit/Nähe	4,01	0,97	Kunden-Community	1,73	1,42
	Guter Ruf des Opernhauses	3,92	0,62	Opernshop	1,78	0,72
	Chorqualität	3,91	1,51	Zusatzleistungen	1,82	1,40
	Besucherorientierte Servicemitarbeiter	3,89	1,30	Vergünstigung	1,87	1,27
	Orchesterqualität	3,81	1,47	Gastronomie	1,94	0,84
	Qualität künstlerische Besetzung	3,73	1,56	Gleichgesinnte treffen	1,94	1,05
	Inszenierungsqualität	3,55	1,51	Weiterempfehlungen	2,02	1,19
	Ambiente und Atmosphäre	3,55	1,04	Vertrauensvolle Beziehung	2,07	1,52

(5) Zustimmung zu den Wiederbesuchsgründen nach Geschlecht

Geschlecht	TOP-10			FLOP-10		
	Variable	Mean	SD	Variable	Mean	SD
Männlich	Qualität der künstlerischen Besetzungen	4,18	0,96	Opernshopangebot	1,52	0,74
	Vorliebe	4,08	1,13	Kunden-Community	1,72	1,21
	Orchesterqualität	4,03	1,03	Workshops	1,77	1,14
	Regelmäßige Beschäftigung/Interesse	3,96	1,18	Selbstpräsentation	1,79	1,32
	Unkomplizierter Kartenerwerb	3,89	1,28	Vertragliche Bindung	1,85	1,50
	Chorqualität	3,85	1,09	Vertrauensvolle Beziehung	1,85	1,25
	Besucherorientierte Servicemitarbeiter	3,68	1,18	Beschwerdezufriedenheit	1,89	0,77
	Inszenierungsqualität	3,66	1,30	Probenbesuche	1,92	1,00
	Abwechslungsreicher Spielplan	3,66	1,08	Hintergrundgespräche	1,96	1,20
	Guter Ruf des Opernhauses	3,50	1,13	Gastronomie	2,09	1,12
Weiblich	Qualität der künstlerischen Besetzungen	4,21	1,01	Opernshopangebot	1,51	0,76
	Orchesterqualität	4,12	1,00	Selbstpräsentation	1,76	1,29
	Vorliebe	4,04	1,10	Workshops	1,76	1,11
	Chorqualität	4,02	1,10	Vertrauensvolle Beziehung	1,77	1,27
	Heranführung als Kind/Jugendlicher	3,81	1,57	Kunden-Community	1,78	1,28
	Regelmäßige Beschäftigung/Interesse	3,80	1,25	Beschwerdezufriedenheit	1,88	0,80
	Unkomplizierter Kartenerwerb	3,80	1,35	Hintergrundgespräche	1,93	1,17
	Besucherorientierte Servicemitarbeiter	3,72	1,21	Gastronomie	1,96	1,12
	Inszenierungsqualität	3,70	1,31	Vertragliche Bindung	1,98	1,61
	Gemeinsamer Besuch in Begleitung	3,66	1,36	Probenbesuche	1,99	1,06

(6) Zustimmungen zu den Wiederbesuchsgründen nach regionaler Herkunft

Regionale Herkunft	TOP-10			FLOP-10		
	Variable	Mean	SD	Variable	Mean	SD
Ort des Opernhauses	Qualität künstlerische Besetzung	4,21	0,98	Opernshopangebot	1,48	0,72
	Orchesterqualität	4,09	0,98	Selbstpräsentation	1,66	1,23
	Vorliebe	4,08	1,07	Workshops	1,82	1,16
	Chorqualität	3,97	1,11	Kunden-Community	1,86	1,32
	Regelmäßige Beschäftigung	3,89	1,22	Beschwerdezufriedenheit	1,89	0,77
	Unkomplizierter Kartenerwerb	3,81	1,28	Vertrauensvolle Beziehung	1,90	1,34
	Gute Erreichbarkeit/Nähe	3,80	1,33	Gastronomie	1,96	1,10
	Stolz auf das Opernhaus	3,79	1,39	Hintergrundgespräche	1,98	1,20
	Inszenierungsqualität	3,75	1,27	Vertragliche Bindung	2,00	1,62
	Heranführung als Kind	3,73	1,57	Probenbesuche	2,04	1,09
Bis 30 km	Qualität künstlerische Besetzung	4,18	1,01	Opernshopangebot	1,43	0,62
	Orchesterqualität	4,04	1,18	Vertrauensvolle Beziehung	1,59	0,99
	Vorliebe	4,02	1,16	Workshops	1,65	0,97
	Chorqualität	3,90	1,21	Beschwerdezufriedenheit	1,78	0,72
	Unkomplizierter Kartenerwerb	3,80	1,37	Kunden-Community	1,82	1,27
	Heranführung als Kind	3,74	1,52	Hintergrundgespräche	1,83	1,11
	Abwechslungsreicher Spielplan	3,74	1,17	Probenbesuche	1,88	0,98
	Besucherorientierte Servicemitarbeiter	3,74	1,23	Vertragliche Bindung	2,08	1,62
	Gute Erreichbarkeit/Räumliche Nähe	3,66	1,31	Gastronomie	2,10	1,13
	Guter Ruf des Opernhauses	3,66	1,09	Selbstpräsentation	2,11	1,43

(6, Fortsetzung) Zustimmungen zu den Wiederbesuchsgründen nach regionaler Herkunft

Regionale Herkunft	TOP-10			FLOP-10		
	Variable	Mean	SD	Variable	Mean	SD
30 bis 100km	Qualität künstlerische Besetzung	4,27	0,87	Kunden-Community	1,54	1,06
	Orchesterqualität	4,15	0,82	Opernshopangebot	1,60	0,88
	Regelmäßige Beschäftigung	4,02	1,16	Vertrauensvolle Beziehung	1,69	1,25
	Chorqualität	4,00	0,93	Workshops	1,81	1,14
	Vorliebe	3,93	1,28	Probenbesuche	1,81	0,97
	Unkomplizierter Kartenerwerb	3,86	1,42	Vertragliche Bindung	1,91	1,59
	Besucherorientierte Servicemitarbeiter	3,78	1,33	Selbstpräsentation	1,93	1,42
	Abwechslungsreicher Spielplan	3,68	1,04	Beschwerdezufriedenheit	2,04	0,98
	Ambiente und Atmosphäre	3,66	1,23	Gastronomie	2,06	1,15
	Guter Ruf des Opernhauses	3,62	1,07	Hintergrundgespräche	2,06	1,16
Übrige BRD	Regelmäßige Beschäftigung	4,25	1,07	Vertragliche Bindung	1,42	1,06
	Qualität künstlerische Besetzung	4,16	1,08	Kunden-Community	1,45	1,02
	Vorliebe	4,14	1,04	Selbstpräsentation	1,51	1,19
	Orchesterqualität	4,06	1,07	Workshops	1,63	1,08
	Unkomplizierter Kartenerwerb	3,95	1,35	Zusatzleistungen	1,70	1,31
	Chorqualität	3,87	1,04	Opernshopangebot	1,74	0,89
	Inszenierungsqualität	3,83	1,27	Vertrauensvolle Beziehung	1,78	1,34
	Abwechslungsreicher Spielplan	3,67	0,98	Probenbesuche	1,83	0,80
	Guter Ruf des Opernhauses	3,55	1,13	Hintergrundgespräche	1,84	1,14
	Besucherorientierte Servicemitarbeiter	3,50	1,33	Beschwerdezufriedenheit	1,91	0,81

(6, Fortsetzung) Zustimmungen zu den Wiederbesuchsgründen nach regionaler Herkunft

Regionale Herkunft	TOP-10			FLOP-10		
	Variable	Mean	SD	Variable	Mean	SD
Ausland	Abwechslungsreicher Spielplan	4,16	0,93	Vertragliche Bindung	1,00	0,00
	Orchesterqualität	4,07	0,83	Kunden-Community	1,07	0,27
	Chorqualität	4,07	0,92	Zusatzleistungen	1,29	1,07
	Unkomplizierter Kartenerwerb	4,00	1,24	Selbstpräsentation	1,53	0,93
	Vorliebe	3,94	0,92	Opernshopangebot	1,72	0,87
	Qualität künstlerische Besetzung	3,71	1,20	Workshops	1,76	1,19
	Ambiente und Atmosphäre	3,58	1,22	Beschwerdezufriedenheit	1,85	0,25
	Besucherorientierte Servicemitarbeiter	3,55	1,22	Probenbesuche	1,91	1,00
	Regelmäßige Beschäftigung	3,48	1,34	Vertrauensvolle Beziehung	1,91	1,07
	Heranführung als Kind	3,36	1,43	Gleichgesinnte treffen	1,95	1,14

(7) Zustimmungen zu den Wiederbesuchsgründen nach Wohndauer

Wohndauer	TOP-10			FLOP-10		
	Variable	Mean	SD	Variable	Mean	SD
Unter 10	Vorliebe	4,20	1,08	Opernshopangebot	1,37	0,77
	Regelmäßige Beschäftigung	4,12	1,14	Kunden-Community	1,49	0,94
	Qualität der künstlerischen Besetzungen	4,05	1,06	Vertragliche Bindung	1,58	1,26
	Orchesterqualität	3,93	1,05	Workshops	1,70	1,05
	Unkomplizierter Kartenerwerb	3,90	1,27	Vertrauensvolle Beziehung	1,76	1,23
	Abwechslungsreicher Spielplan	3,75	1,02	Gastronomie	1,84	1,11
	Chorqualität	3,65	1,05	Selbstpräsentation	1,85	1,30
	Besucherorientierte Servicemitarbeiter	3,63	1,07	Beschwerdezufriedenheit	1,89	0,81
	Heranführung als Kind/Jugendlicher	3,61	1,51	Hintergrundgespräche	1,90	1,12
	Gemeinsamer Besuch	3,57	1,34	Probenbesuche	1,96	1,10
10 bis 19	Qualität der künstlerischen Besetzungen	4,00	1,11	Opernshopangebot	1,40	0,63
	Orchesterqualität	3,92	1,07	Vertragliche Bindung	1,69	1,40
	Vorliebe	3,91	1,15	Workshops	1,69	1,04
	Regelmäßige Beschäftigung	3,88	1,23	Kunden-Community	1,75	1,25
	Chorqualität	3,73	1,15	Beschwerdezufriedenheit	1,79	0,67
	Unkomplizierter Kartenerwerb	3,62	1,46	Probenbesuche	1,80	1,00
	Heranführung als Kind/Jugendlicher	3,57	1,63	Vertrauensvolle Beziehung	1,80	1,30
	Abwechslungsreicher Spielplan	3,57	1,17	Selbstpräsentation	1,87	1,46
	Inszenierungsqualität	3,57	1,28	Hintergrundgespräche	1,92	1,17
	Besucherorientierte Servicemitarbeiter	3,55	1,34	Gastronomie	2,02	1,08

(7, Fortsetzung) Zustimmungen zu den Wiederbesuchsgründen nach Wohndauer

Wohndauer	TOP-10			FLOP-10		
	Variable	Mean	SD	Variable	Mean	SD
20 bis 29	Qualität der künstlerischen Besetzungen	4,29	0,89	Opernshopangebot	1,52	0,75
	Orchesterqualität	4,14	0,94	Vertragliche Bindung	1,65	1,34
	Vorliebe	4,05	1,13	Workshops	1,65	1,09
	Inszenierungsqualität	4,00	1,17	Kunden-Community	1,77	1,35
	Chorqualität	3,90	1,10	Selbstpräsentation	1,82	1,28
	Regelmäßige Beschäftigung	3,75	1,32	Vertrauensvolle Beziehung	1,86	1,25
	Unkomplizierter Kartenerwerb	3,75	1,24	Gastronomie	1,90	1,01
	Ambiente und Atmosphäre	3,62	1,20	Probenbesuche	1,91	1,07
	Besucherorientierte Servicemitarbeiter	3,59	1,22	Hintergrundgespräche	1,93	1,24
	Abwechslungsreicher Spielplan	3,57	1,15	Beschwerdezufriedenheit	1,97	0,93
30 bis 39	Qualität der künstlerischen Besetzungen	4,25	0,95	Opernshopangebot	1,52	0,68
	Orchesterqualität	4,16	1,03	Kunden-Community	1,66	1,14
	Vorliebe	4,15	1,01	Workshops	1,72	1,08
	Chorqualität	4,02	1,10	Vertrauensvolle Beziehung	1,73	1,16
	Abwechslungsreicher Spielplan	3,86	1,10	Beschwerdezufriedenheit	1,83	0,81
	Regelmäßige Beschäftigung	3,78	1,15	Selbstpräsentation	1,86	1,31
	Inszenierungsqualität	3,73	1,29	Vertragliche Bindung	1,92	1,58
	Unkomplizierter Kartenerwerb	3,72	1,34	Probenbesuche	1,97	1,08
	Guter Ruf des Opernhauses	3,68	1,14	Hintergrundgespräche	2,01	1,20
	Heranführung als Kind/Jugendlicher	3,68	1,60	Gastronomie	2,03	1,12

(7, Fortsetzung) Zustimmungen zu den Wiederbesuchsgründen nach Wohndauer

Wohndauer	TOP-10			FLOP-10		
	Variable	Mean	SD	Variable	Mean	SD
40 bis 49	Qualität der künstlerischen Besetzungen	4,31	0,91	Opernshopangebot	1,57	0,81
	Orchesterqualität	4,22	1,04	Kunden-Community	1,69	1,24
	Chorqualität	4,18	1,07	Vertrauensvolle Beziehung	1,72	1,19
	Vorliebe	3,97	1,16	Selbstpräsentation	1,73	1,29
	Unkomplizierter Kartenerwerb	3,94	1,23	Workshops	1,82	1,26
	Gute Erreichbarkeit	3,85	1,36	Hintergrundgespräche	1,84	1,19
	Guter Ruf des Opernhauses	3,82	1,17	Vertragliche Bindung	1,90	1,52
	Besucherorientierte Servicemitarbeiter	3,80	1,22	Beschwerdezufriedenheit	1,91	0,82
	Regelmäßige Beschäftigung	3,79	1,27	Probenbesuche	2,00	1,05
	Heranführung als Kind/Jugendlicher	3,73	1,58	Gleichgesinnte treffen	2,04	1,18
50 bis 59	Orchesterqualität	4,21	0,90	Selbstpräsentation	1,48	1,07
	Qualität der künstlerischen Besetzungen	4,17	0,97	Vertrauensvolle Beziehung	1,59	1,19
	Chorqualität	4,11	0,96	Opernshopangebot	1,67	0,77
	Vorliebe	3,93	1,13	Kunden-Community	1,75	1,20
	Stolz auf das Opernhaus	3,88	1,45	Workshops	1,84	1,22
	Unkomplizierter Kartenerwerb	3,88	1,42	Hintergrundgespräche	1,94	1,20
	Besucherorientierte Servicemitarbeiter	3,85	1,17	Beschwerdezufriedenheit	1,94	0,88
	Guter Ruf des Opernhauses	3,83	1,06	Gastronomie	1,97	1,15
	Inszenierungsqualität	3,73	1,36	Probenbesuche	1,98	1,02
	Gute Erreichbarkeit	3,69	1,43	Eigene künstlerische Tätigkeit	2,09	1,43

(7, Fortsetzung) Zustimmungen zu den Wiederbesuchsgründen nach Wohndauer

Wohndauer	TOP-10			FLOP-10		
	Variable	Mean	SD	Variable	Mean	SD
Ab 60	Qualität der künstlerischen Besetzungen	4,35	0,90	Selbstpräsentation	1,62	1,27
	Vorliebe	4,13	1,11	Opernshopangebot	1,63	0,82
	Chorqualität	4,13	1,11	Workshops	1,89	1,09
	Regelmäßige Beschäftigung	4,13	1,02	Beschwerdezufriedenheit	1,93	0,66
	Orchesterqualität	4,12	0,95	Vertrauensvolle Beziehung	1,99	1,43
	Unkomplizierter Kartenerwerb	4,09	1,20	Hintergrundgespräche	2,02	1,16
	Heranführung als Kind/Jugendlicher	4,03	1,49	Probenbesuche	2,05	0,89
	Stolz auf das Opernhaus	3,98	1,36	Kunden-Community	2,12	1,50
	Besucherorientierte Servicemitarbeiter	3,95	1,05	Eigene künstlerische Tätigkeit	2,16	1,44
	Inszenierungsqualität	3,90	1,17	Gastronomie	2,24	1,19

(8) Zustimmungen zu den Wiederbesuchsgründen nach beruflicher Stellung

Beruf	TOP-10			FLOP-10		
	Variable	Mean	SD	Variable	Mean	SD
Arbeiter	Inszenierungsqualität	5,00	0,00	Gastronomie	1,00	0,00
	Qualität künstlerische Besetzung	4,00	0,00	Opernshopangebot	1,00	0,00
	Orchesterqualität	4,00	0,00	Workshops	1,00	0,00
	Chorqualität	4,00	0,00	Zusatzleistungen	1,00	0,00
	Ambiente und Atmosphäre	4,00	0,00	Kunden-Community	1,00	0,00
	Architektonische Gestaltung	4,00	0,00	Vertragliche Bindung	1,00	0,00
	Vorliebe	4,00	0,00	Identifikation künstl. Profil	1,00	0,00
	Gemeinsamer Besuch	4,00	0,00	Identifikation Tradition/Geschichte	1,00	0,00
	Abwechslungsreicher Spielplan	3,27	0,00	Identifikation Sympathieträger	1,00	0,00
	Informationsangebot	3,10	0,00	Identifikation namhafte Sänger/Stars	1,00	0,00
Angestellte	Vorliebe	4,11	0,97	Opernshopangebot	1,49	0,66
	Orchesterqualität	4,10	0,95	Workshops	1,56	0,91
	Qualität künstlerische Besetzung	4,09	0,95	Kunden-Community	1,66	1,12
	Chorqualität	3,95	0,94	Vertrauensvolle Beziehung	1,70	1,22
	Regelmäßige Beschäftigung	3,82	1,19	Selbstpräsentation	1,76	1,26
	Unkomplizierter Kartenerwerb	3,82	1,26	Probenbesuche	1,82	0,93
	Inszenierungsqualität	3,74	1,28	Hintergrundgespräche	1,83	1,15
	Besucherorientierte Servicemitarbeiter	3,71	1,16	Vertragliche Bindung	1,85	1,47
	Gemeinsamer Besuch	3,67	1,30	Beschwerdezufriedenheit	1,88	0,81
	Abwechslungsreicher Spielplan	3,65	1,08	Gastronomie	1,99	1,03

Anhang

(8, Fortsetzung) Zustimmungen zu den Wiederbesuchsgründen nach beruflicher Stellung

Beruf	TOP-10			FLOP-10		
	Variable	Mean	SD	Variable	Mean	SD
Beamte	Qualität künstlerische Besetzung	4,23	0,99	Opernshopangebot	1,39	0,57
	Orchesterqualität	4,13	1,01	Vertragliche Bindung	1,52	1,22
	Chorqualität	4,02	1,07	Kunden-Community	1,54	1,12
	Vorliebe	3,98	1,13	Vertrauensvolle Beziehung	1,65	0,99
	Abwechslungsreicher Spielplan	3,76	1,12	Workshops	1,69	1,08
	Regelmäßige Beschäftigung	3,72	1,29	Selbstpräsentation	1,72	1,17
	Unkomplizierter Kartenerwerb	3,60	1,40	Beschwerdezufriedenheit	1,81	0,69
	Besucherorientierte Servicemitarbeiter	3,49	1,34	Hintergrundgespräche	1,88	1,10
	Inszenierungsqualität	3,47	1,40	Probenbesuche	1,92	1,05
	Gemeinsamer Besuch	3,41	1,13	Gastronomie	2,01	1,08
Selbstständige	Qualität künstlerische Besetzung	4,28	0,86	Opernshopangebot	1,58	0,87
	Orchesterqualität	4,16	0,90	Kunden-Community	1,68	1,09
	Chorqualität	4,04	0,99	Vertrauensvolle Beziehung	1,69	1,17
	Vorliebe	3,91	1,18	Workshops	1,73	1,10
	Inszenierungsqualität	3,89	1,35	Selbstpräsentation	1,81	1,37
	Unkomplizierter Kartenerwerb	3,68	1,42	Hintergrundgespräche	1,93	1,21
	Besucherorientierte Servicemitarbeiter	3,66	1,18	Vertragliche Bindung	1,93	1,57
	Regelmäßige Beschäftigung	3,63	1,34	Beschwerdezufriedenheit	1,95	0,87
	Gute Erreichbarkeit	3,63	1,35	Probenbesuche	1,97	0,97
	Abwechslungsreicher Spielplan	3,63	1,16	Vergünstigungen	2,02	1,36

(8, Fortsetzung) Zustimmungen zu den Wiederbesuchsgründen nach beruflicher Stellung

Beruf	TOP-10			FLOP-10		
	Variable	Mean	SD	Variable	Mean	SD
Auszubildende	Qualität der künstlerischen Besetzungen	5,00	0,00	Architektonische Gestaltung	1,00	0,00
	Besucherorientierte Servicemitarbeiter	5,00	0,00	Vertragliche Bindung	1,00	0,00
	Vorliebe	5,00	0,00	Workshops	1,00	0,00
	Vergünstigungen	5,00	0,00	Opernshopangebot	1,17	0,30
	Orchesterqualität	4,33	0,58	Persönlicher Dialog	1,33	0,58
	Unkomplizierter Kartenerwerb	4,33	1,15	Probenbesuche	1,64	0,55
	Regelmäßige Beschäftigung	4,33	1,15	Gastronomie	1,67	1,15
	Chorqualität	4,00	1,00	Einführungsveranstaltungen	1,67	1,15
	Gute Erreichbarkeit	4,00	1,00	Guter Ruf des Opernhauses	1,85	1,46
	Inszenierungsqualität	3,67	2,31	Beschwerdezufriedenheit	1,88	0,00
Schüler	Heranführung an Oper als Kind/Jugendlicher	4,89	0,32	Vertragliche Bindung	1,33	1,03
	Gemeinsamer Besuch	4,33	0,97	Opernshopangebot	1,61	1,01
	Abwechslungsreicher Spielplan	4,04	0,81	Probenbesuche	1,72	1,02
	Besucherorientierte Servicemitarbeiter	3,96	0,92	Selbstpräsentation	1,78	1,40
	Eigene künstlerische Tätigkeit	3,92	1,28	Beschwerdezufriedenheit	1,82	0,67
	Weiterempfehlungen	3,83	1,04	Kunden-Community	1,83	1,38
	Qualität der künstlerischen Besetzungen	3,78	1,00	Identifikation mit Sympathieträgern	1,85	0,90
	Gute Erreichbarkeit	3,78	1,17	Zusatzleistungen	1,94	1,47
	Unkomplizierter Kartenerwerb	3,69	1,32	Identifikation mit Tradition/Geschichte	1,95	0,79
	Orchesterqualität	3,67	0,97	Gastronomie	1,99	1,09

Anhang

(8, Fortsetzung) Zustimmungen zu den Wiederbesuchsgründen nach beruflicher Stellung

Beruf	TOP-10			FLOP-10		
	Variable	Mean	SD	Variable	Mean	SD
Studenten	Vorliebe	4,46	0,91	Vertragliche Bindung	1,20	0,72
	Regelmäßige Beschäftigung	4,30	1,05	Opernshopangebot	1,20	0,45
	Gemeinsamer Besuch	4,05	1,24	Kunden-Community	1,46	0,96
	Qualität der künstlerischen Besetzungen	4,00	1,15	Gastronomie	1,65	1,04
	Vergünstigungen	3,92	1,46	Workshops	1,71	1,02
	Unkomplizierter Kartenerwerb	3,91	1,21	Vertrauensvolle Beziehung	1,78	1,24
	Orchesterqualität	3,83	1,10	Hintergrundgespräche	1,79	1,02
	Heranführung an Oper als Kind/Jugendlicher	3,69	1,50	Beschwerdezufriedenheit	1,83	0,92
	Gute Erreichbarkeit	3,66	1,33	Probenbesuche	1,88	1,08
	Eigene künstlerische Tätigkeit	3,58	1,44	Einführungsveranstaltungen	1,98	1,20
Hausmann/-frau	Qualität der künstlerischen Besetzungen	4,18	1,08	Vertragliche Bindung	1,36	1,21
	Vorliebe	3,91	1,22	Vertrauensvolle Beziehung	1,36	0,67
	Orchesterqualität	3,82	0,98	Kunden-Community	1,45	0,82
	Gemeinsamer Besuch	3,64	1,36	Selbstpräsentation	1,55	1,29
	Heranführung an Oper als Kind/Jugendlicher	3,55	2,02	Beschwerdezufriedenheit	1,59	0,65
	Inszenierungsqualität	3,45	1,69	Gleichgesinnte treffen	1,64	0,92
	Chorqualität	3,45	1,29	Einführungsveranstaltungen	1,73	0,79
	Neuinszenierungen	3,27	1,68	Workshops	1,74	0,88
	Unkomplizierter Kartenerwerb	3,27	1,42	Hintergrundgespräche	1,79	0,87
	Identifikation mit Tradition/Geschichte	3,15	1,09	Gastronomie	1,80	0,75

(8, Fortsetzung) Zustimmungen zu den Wiederbesuchsgründen nach beruflicher Stellung

Beruf	TOP-10			FLOP-10		
	Variable	Mean	SD	Variable	Mean	SD
Rentner	Qualität der künstlerischen Besetzungen	4,31	0,98	Opernshopangebot	1,60	0,79
	Orchesterqualität	4,14	1,08	Selbstpräsentation	1,69	1,27
	Vorliebe	4,14	1,10	Vertrauensvolle Beziehung	1,88	1,34
	Chorqualität	4,08	1,17	Workshops	1,91	1,26
	Regelmäßige Beschäftigung	4,02	1,17	Beschwerdezufriedenheit	1,92	0,76
	Unkomplizierter Kartenerwerb	3,99	1,30	Kunden-Community	1,97	1,42
	Heranführung an Oper als Kind/Jugendlicher	3,85	1,54	Hintergrundgespräche	2,05	1,25
	Besucherorientierte Servicemitarbeiter	3,83	1,22	Probenbesuche	2,08	1,08
	Guter Ruf des Opernhauses	3,78	1,10	Gastronomie	2,10	1,20
	Inszenierungsqualität	3,74	1,29	Gleichgesinnte treffen	2,21	1,34
Arbeitslos	Regelmäßige Beschäftigung	4,30	1,06	Vertragliche Bindung	1,00	0,00
	Orchesterqualität	4,10	0,74	Opernshopangebot	1,35	0,47
	Vorliebe	4,10	1,20	Gastronomie	1,50	0,71
	Unkomplizierter Kartenerwerb	3,90	1,37	Architektonische Gestaltung	1,60	0,97
	Qualität der künstlerischen Besetzungen	3,80	1,23	Selbstpräsentation	1,60	1,26
	Inszenierungsqualität	3,70	0,82	Workshops	1,69	1,25
	Chorqualität	3,70	1,06	Einführungsveranstaltungen	1,70	1,16
	Abwechslungsreicher Spielplan	3,70	1,06	Hintergrundgespräche	1,90	1,52
	Gute Erreichbarkeit	3,70	0,67	Eigene künstlerische Tätigkeit	1,90	1,10
	Gemeinsamer Besuch	3,70	1,34	Beschwerdezufriedenheit	1,92	0,82

Anhang

(9) Zustimmungen zu den Wiederbesuchsgründen nach Bildungsabschluss

Bildung	TOP-10			FLOP-10		
	Variable	Mean	SD	Variable	Mean	SD
Kein Abschluss	Heranführung als Kind/Jugendlicher	4,75	0,50	Opernshopangebot	1,00	0,00
	Gemeinsamer Besuch	4,50	0,58	Kunden-Community	1,25	0,50
	Unkomplizierter Kartenerwerb	4,24	0,96	Selbstpräsentation	1,25	0,50
	Besucherorientierte Servicemitarbeiter	4,00	1,15	Identifikation mit Sympathieträgern	1,40	0,80
	Weiterempfehlungen	4,00	0,82	Zusätzliche Leistungen	1,50	1,00
	Inszenierungsqualität	3,93	0,15	Vertragliche Bindung	1,50	1,00
	Vorliebe	3,80	0,54	Beschwerdezufriedenheit	1,72	0,95
	Qualität der künstlerischen Besetzungen	3,75	1,26	Einführungen	1,75	0,96
	Orchesterqualität	3,75	1,26	Persönlicher Dialog	1,87	0,62
	Gute Erreichbarkeit	3,75	0,96	Identifikation mit Tradition/Geschichte	1,96	1,11
Hauptschule	Qualität der künstlerischen Besetzungen	4,17	0,99	Vertragliche Bindung	1,55	1,36
	Unkomplizierter Kartenerwerb	4,13	1,14	Workshops	1,76	1,20
	Regelmäßige Beschäftigung	4,08	1,34	Kunden-Community	1,85	1,31
	Chorqualität	4,05	1,36	Hintergrundgespräche	2,15	1,39
	Stolz auf das Opernhaus	4,00	1,49	Selbstpräsentation	2,17	1,59
	Orchesterqualität	3,90	1,33	Eigene künstlerische Tätigkeit	2,18	1,50
	Besucherorientierte Servicemitarbeiter	3,87	1,29	Probenbesuche	2,19	1,24
	Gemeinsamer Besuch	3,83	1,35	Beschwerdezufriedenheit	2,19	1,18
	Vorliebe	3,80	1,58	Zusätzliche Leistungen	2,20	1,61
	Ambiente und Atmosphäre	3,74	1,25	Opernshopangebot	2,20	1,16

(9, Fortsetzung) Zustimmungen zu den Wiederbesuchsgründen nach Bildungsabschluss

Bildung	TOP-10			FLOP-10		
	Variable	Mean	SD	Variable	Mean	SD
Realschule	Qualität der künstlerischen Besetzungen	4,27	1,08	Opernshopangebot	1,60	0,86
	Vorliebe	4,03	1,13	Vertrauensvolle Beziehung	1,68	1,25
	Guter Ruf des Opernhauses	4,00	1,03	Vertragliche Bindung	1,75	1,48
	Orchesterqualität	4,00	1,07	Selbstpräsentation	1,76	1,37
	Unkomplizierter Kartenerwerb	3,89	1,34	Workshops	1,81	1,18
	Besucherorientierte Servicemitarbeiter	3,89	1,12	Kunden-Community	1,84	1,36
	Chorqualität	3,87	1,22	Beschwerdezufriedenheit	1,85	0,70
	Gute Erreichbarkeit	3,79	1,35	Hintergrundgespräche	1,93	1,09
	Regelmäßige Beschäftigung	3,75	1,24	Probenbesuche	2,02	1,06
	Gemeinsamer Besuch	3,72	1,41	Gastronomie	2,10	1,16
Abitur	Qualität der künstlerischen Besetzungen	4,06	1,07	Opernshopangebot	1,43	0,71
	Vorliebe	4,02	1,12	Kunden-Community	1,67	1,27
	Orchesterqualität	4,00	1,08	Vertragliche Bindung	1,68	1,40
	Regelmäßige Beschäftigung	3,89	1,24	Workshops	1,74	1,06
	Unkomplizierter Kartenerwerb	3,85	1,33	Selbstpräsentation	1,82	1,37
	Chorqualität	3,84	1,11	Vertrauensvolle Beziehung	1,86	1,31
	Gute Erreichbarkeit	3,70	1,38	Hintergrundgespräche	1,92	1,20
	Abwechslungsreicher Spielplan	3,69	1,15	Beschwerdezufriedenheit	1,93	0,91
	Besucherorientierte Servicemitarbeiter	3,68	1,14	Gastronomie	1,94	1,12
	Gemeinsamer Besuch	3,60	1,37	Probenbesuche	2,00	1,16

(9, Fortsetzung) Zustimmungen zu den Wiederbesuchsgründen nach Bildungsabschluss

Bildung	TOP-10			FLOP-10		
	Variable	Mean	SD	Variable	Mean	SD
Uni/FH	Qualität der künstlerischen Besetzungen	4,20	0,97	Opernshopangebot	1,47	0,67
	Orchesterqualität	4,12	0,97	Workshops	1,70	1,12
	Vorliebe	4,08	1,09	Selbstpräsentation	1,71	1,24
	Chorqualität	3,94	1,11	Vertrauensvolle Beziehung	1,73	1,22
	Regelmäßige Beschäftigung	3,89	1,24	Kunden-Community	1,74	1,23
	Inszenierungsqualität	3,87	1,25	Beschwerdezufriedenheit	1,85	0,71
	Unkomplizierter Kartenerwerb	3,85	1,31	Hintergrundgespräche	1,91	1,21
	Heranführung als Kind/Jugendlicher	3,65	1,61	Probenbesuche	1,92	0,96
	Besucherorientierte Servicemitarbeiter	3,62	1,26	Gastronomie	1,98	1,10
	Abwechslungsreicher Spielplan	3,62	1,12	Vertragliche Bindung	2,06	1,66
Promotion/Habil	Qualität der künstlerischen Besetzungen	4,36	0,72	Opernshopangebot	1,59	0,81
	Vorliebe	4,31	0,93	Selbstpräsentation	1,71	1,23
	Orchesterqualität	4,22	0,82	Vertrauensvolle Beziehung	1,79	1,12
	Chorqualität	4,22	0,75	Workshops	1,82	1,11
	Regelmäßige Beschäftigung	4,04	1,10	Kunden-Community	1,86	1,22
	Heranführung als Kind/Jugendlicher	4,01	1,33	Probenbesuche	1,87	1,00
	Abwechslungsreicher Spielplan	3,79	1,11	Beschwerdezufriedenheit	1,94	0,85
	Unkomplizierter Kartenerwerb	3,74	1,35	Hintergrundgespräche	1,95	1,10
	Besucherorientierte Servicemitarbeiter	3,73	1,15	Gastronomie	2,06	1,13
	Inszenierungsqualität	3,58	1,30	Vertragliche Bindung	2,19	1,59

(10) Zustimmungen zu den Wiederbesuchsgründen nach Einkommen

Einkommen	TOP-10			FLOP-10		
	Variable	Mean	SD	Variable	Mean	SD
Unter 500	Gemeinsamer Opernbesuch	4,04	1,17	Vertragliche Bindung	1,17	0,56
	Vorliebe	4,01	1,22	Opernshopangebot	1,35	0,68
	Regelmäßige Beschäftigung	3,97	1,21	Kunden-Community	1,58	1,20
	Qualität der künstlerischen Besetzungen	3,94	1,24	Vertrauensvolle Beziehung	1,61	1,18
	Unkomplizierter Kartenerwerb	3,89	1,41	Gastronomie	1,61	0,99
	Orchesterqualität	3,69	1,17	Beschwerdezufriedenheit	1,66	0,63
	Vergünstigungen	3,66	1,63	Zusatzleistungen	1,69	1,37
	Heranführung an Oper als Kind/Jugendlicher	3,63	1,55	Workshops	1,83	1,18
	Abwechslungsreicher Spielplan	3,59	1,20	Probenbesuche	1,85	0,93
	Gute Erreichbarkeit	3,59	1,22	Selbstpräsentation	1,90	1,47
500 bis 1.000	Orchesterqualität	4,18	0,89	Opernshopangebot	1,47	0,65
	Regelmäßige Beschäftigung/Interesse	4,16	1,17	Selbstpräsentation	1,67	1,19
	Qualität der künstlerischen Besetzungen	4,14	0,89	Gastronomie	1,79	1,03
	Chorqualität	4,14	0,96	Beschwerdezufriedenheit	1,86	0,71
	Vorliebe	4,08	1,18	Workshops	1,88	1,22
	Unkomplizierter Kartenerwerb	3,98	1,14	Vertragliche Bindung	1,94	1,64
	Besucherorientierte Servicemitarbeiter	3,94	1,02	Hintergrundgespräche	2,03	1,22
	Vergünstigungen	3,89	1,37	Kunden-Community	2,10	1,35
	Gemeinsamer Opernbesuch	3,82	1,34	Einführungsveranstaltungen	2,22	1,33
	Abwechslungsreicher Spielplan	3,75	1,03	Probenbesuche	2,28	1,30

(10, Fortsetzung) Zustimmungen zu den Wiederbesuchsgründen nach Einkommen

Einkommen	TOP-10			FLOP-10		
	Variable	Mean	SD	Variable	Mean	SD
1.001 bis 1.500	Qualität der künstlerischen Besetzungen	4,26	0,98	Opernshopangebot	1,58	0,79
	Vorliebe	4,16	1,14	Selbstpräsentation	1,59	1,20
	Chorqualität	4,09	1,17	Workshops	1,66	1,05
	Orchesterqualität	4,06	1,03	Hintergrundgespräche	1,83	1,17
	Heranführung an Oper als Kind/Jugendlicher	3,99	1,49	Gastronomie	1,90	1,15
	Inszenierungsqualität	3,98	1,15	Beschwerdezufriedenheit	1,95	0,79
	Unkomplizierter Kartenerwerb	3,96	1,39	Kunden-Community	1,97	1,40
	Regelmäßige Beschäftigung/Interesse	3,92	1,20	Probenbesuche	2,02	0,93
	Besucherorientierte Servicemitarbeiter	3,83	1,24	Vertrauensvolle Beziehung	2,05	1,45
	Gute Erreichbarkeit	3,76	1,51	Gleichgesinnte treffen	2,07	1,21
1.501 bis 2.000	Vorliebe	4,23	1,06	Selbstpräsentation	1,46	1,11
	Orchesterqualität	4,19	1,14	Opernshopangebot	1,50	0,64
	Qualität der künstlerischen Besetzungen	4,15	1,18	Vertragliche Bindung	1,81	1,53
	Chorqualität	4,15	1,13	Vertrauensvolle Beziehung	1,82	1,29
	Unkomplizierter Kartenerwerb	4,02	1,16	Beschwerdezufriedenheit	1,85	0,92
	Regelmäßige Beschäftigung/Interesse	4,01	1,20	Workshops	1,86	1,00
	Inszenierungsqualität	3,69	1,48	Kunden-Community	1,87	1,41
	Abwechslungsreicher Spielplan	3,68	1,24	Gastronomie	1,91	1,14
	Stolz auf das Opernhaus	3,66	1,45	Probenbesuche	2,17	1,11
	Ambiente und Atmosphäre	3,66	1,21	Hintergrundgespräche	2,22	1,27

(10, Fortsetzung) Zustimmungen zu den Wiederbesuchsgründen nach Einkommen

Einkommen	TOP-10			FLOP-10		
	Variable	Mean	SD	Variable	Mean	SD
2.001 bis 2.500	Qualität der künstlerischen Besetzungen	4,24	1,08	Opernshopangebot	1,55	0,83
	Orchesterqualität	4,16	1,10	Workshops	1,60	1,15
	Vorliebe	3,97	1,19	Kunden-Community	1,61	1,19
	Chorqualität	3,96	1,14	Vertragliche Bindung	1,72	1,43
	Unkomplizierter Kartenerwerb	3,90	1,35	Hintergrundgespräche	1,76	1,22
	Regelmäßige Beschäftigung/Interesse	3,82	1,32	Vertrauensvolle Beziehung	1,77	1,31
	Inszenierungsqualität	3,73	1,31	Selbstpräsentation	1,78	1,33
	Heranführung an Oper als Kind/Jugendlicher	3,68	1,59	Probenbesuche	1,90	1,13
	Abwechslungsreicher Spielplan	3,66	1,10	Beschwerdezufriedenheit	1,92	0,87
	Besucherorientierte Servicemitarbeiter	3,59	1,33	Gastronomie	1,99	1,06
2.501 bis 3.000	Qualität der künstlerischen Besetzungen	4,30	0,88	Opernshopangebot	1,43	0,65
	Orchesterqualität	4,24	0,82	Kunden-Community	1,52	1,00
	Vorliebe	4,17	0,99	Workshops	1,71	1,12
	Chorqualität	4,15	0,92	Selbstpräsentation	1,77	1,24
	Regelmäßige Beschäftigung/Interesse	3,93	1,18	Beschwerdezufriedenheit	1,79	0,82
	Inszenierungsqualität	3,93	1,27	Probenbesuche	1,82	0,90
	Unkomplizierter Kartenerwerb	3,74	1,29	Vertrauensvolle Beziehung	1,85	1,29
	Gute Erreichbarkeit	3,66	1,23	Hintergrundgespräche	1,87	1,13
	Besucherorientierte Servicemitarbeiter	3,63	1,28	Gastronomie	2,07	1,15
	Abwechslungsreicher Spielplan	3,57	1,11	Zusatzleistungen	2,07	1,50

(10, Fortsetzung) Zustimmungen zu den Wiederbesuchsgründen nach Einkommen

Einkommen	TOP-10			FLOP-10		
	Variable	Mean	SD	Variable	Mean	SD
3.001 bis 3.500	Orchesterqualität	3,98	1,12	Vertrauensvolle Beziehung	1,53	1,05
	Qualität der künstlerischen Besetzungen	3,98	1,03	Kunden-Community	1,60	1,07
	Vorliebe	3,87	1,13	Opernshopangebot	1,63	0,89
	Chorqualität	3,84	1,02	Selbstpräsentation	1,70	1,26
	Unkomplizierter Kartenerwerb	3,73	1,29	Probenbesuche	1,82	0,90
	Regelmäßige Beschäftigung/Interesse	3,73	1,40	Vertragliche Bindung	1,93	1,50
	Inszenierungsqualität	3,56	1,26	Gleichgesinnte treffen	2,02	1,14
	Abwechslungsreicher Spielplan	3,54	1,10	Gastronomie	2,07	0,96
	Besucherorientierte Servicemitarbeiter	3,50	1,18	Beschwerdezufriedenheit	2,09	0,86
	Ambiente und Atmosphäre	3,48	1,16	Workshops	2,09	1,39
Über 3.500	Qualität der künstlerischen Besetzungen	4,34	0,81	Opernshopangebot	1,57	0,87
	Vorliebe	4,16	1,00	Vertrauensvolle Beziehung	1,65	1,04
	Orchesterqualität	4,10	0,91	Workshops	1,70	1,05
	Regelmäßige Beschäftigung/Interesse	3,94	1,14	Kunden-Community	1,75	1,15
	Chorqualität	3,89	1,05	Beschwerdezufriedenheit	1,85	0,76
	Heranführung an Oper als Kind/Jugendlicher	3,83	1,53	Hintergrundgespräche	1,88	1,13

(10, Fortsetzung) Zustimmungen zu den Wiederbesuchsgründen nach Einkommen

Einkommen	TOP-10			FLOP-10		
	Variable	Mean	SD	Variable	Mean	SD
Über 3.500 (Fortsetzung)	Unkomplizierter Kartenerwerb	3,72	1,32	Probenbesuche	1,88	1,03
	Abwechslungsreicher Spielplan	3,71	1,10	Selbstpräsentation	1,96	1,40
	Besucherorientierte Servicemitarbeiter	3,71	1,20	Vergünstigungen	2,00	1,30
	Guter Ruf des Opernhauses	3,66	1,11	Vertragliche Bindung	2,07	1,59

(11) Zustimmungen zu den Wiederbesuchsgründen nach Art des Besuchs

Art des Besuchs	TOP-10			FLOP-10		
	Variable	Mean	SD	Variable	Mean	SD
Alleine	Regelmäßige Beschäftigung/Interesse	4,43	0,94	Opernshopangebot	1,50	0,69
	Qualität der künstlerischen Besetzungen	4,41	0,99	Selbstpräsentation	1,70	1,23
	Vorliebe	4,33	0,99	Kunden-Community	1,85	1,32
	Orchesterqualität	4,05	1,09	Workshops	1,85	1,23
	Chorqualität	3,99	1,18	Gastronomie	1,91	1,09
	Unkomplizierter Kartenerwerb	3,87	1,32	Beschwerdezufriedenheit	1,98	0,88
	Abwechslungsreicher Spielplan	3,79	1,14	Probenbesuche	2,02	1,18
	Inszenierungsqualität	3,78	1,33	Vertrauensvolle Beziehung	2,02	1,37
	Besucherorientierte Servicemitarbeiter	3,77	1,26	Vertragliche Bindung	2,04	1,63
	Heranführung als Kind/Jugendlicher	3,76	1,59	Hintergrundgespräche	2,14	1,33

(11, Fortsetzung) Zustimmungen zu den Wiederbesuchsgründen nach Art des Besuchs

Art des Besuchs	TOP-10			FLOP-10		
	Variable	Mean	SD	Variable	Mean	SD
In Begleitung	Qualität der künstlerischen Besetzungen	4,12	0,98	Opernshopangebot	1,52	0,77
	Orchesterqualität	4,09	0,99	Kunden-Community	1,73	1,24
	Vorliebe	4,01	1,12	Workshops	1,73	1,09
	Chorqualität	3,93	1,08	Vertrauensvolle Beziehung	1,74	1,22
	Unkomplizierter Kartenerwerb	3,83	1,32	Selbstpräsentation	1,78	1,32
	Gemeinsamer Opernbesuch	3,82	1,28	Beschwerdezufriedenheit	1,86	0,75
	Regelmäßige Beschäftigung/Interesse	3,71	1,25	Hintergrundgespräche	1,88	1,13
	Besucherorientierte Servicemitarbeiter	3,67	1,19	Vertragliche Bindung	1,91	1,56
	Heranführung als Kind/Jugendlicher	3,66	1,59	Probenbesuche	1,94	0,99
	Inszenierungsqualität	3,66	1,30	Gastronomie	2,05	1,14

Anhang 5: Korrelationsmatrix

Zusatzmaterialien sind unter www.springer.com auf der Produktseite dieses Buches verfügbar.

Anhang 6: Rotierte Komponentenmatrix mit allen Faktorladungen

Rotated factor loadings (pattern matrix)

Variable	Factor	1	2	3	4	5	6	7	8	9	10	11	12
1	Inszenierungsqualität	0,072	-0,034	-0,004	0,180	0,022	0,096	0,046	0,051	0,042	0,178	**0,731**	-0,044
2	Ausstattungsqualität	0,088	0,179	-0,100	0,329	0,004	0,254	0,007	0,150	0,136	0,110	**0,443**	-0,224
3	Qualität der künstlerischen Besetzungen	0,018	-0,021	0,206	**0,730**	0,053	-0,032	0,012	0,086	-0,035	0,269	0,141	-0,007
4	Orchesterqualität	0,027	0,131	0,035	**0,881**	0,024	0,030	0,074	0,087	0,004	-0,012	0,066	0,047
5	Chorqualität	0,120	0,197	0,095	**0,817**	0,102	-0,003	0,070	0,061	0,059	0,003	0,015	0,057
6	Abwechslungsreicher Spielplan	0,099	0,173	0,022	0,185	0,097	0,024	0,134	**0,723**	-0,014	0,013	0,001	0,036
7	Schwerpunktsetzungen	0,125	0,077	0,148	0,127	0,004	0,080	0,006	**0,712**	0,046	0,042	0,222	0,067
8	Neuinszenierungen	0,183	0,069	0,275	0,051	0,079	-0,025	-0,080	0,425	0,012	-0,083	**0,569**	0,093
9	Informationsangebot	0,183	**0,521**	0,057	-0,018	0,111	-0,026	0,104	0,321	0,145	0,130	0,175	-0,073
10	Unkomplizierter Kartenerwerb	-0,029	**0,736**	-0,012	0,078	0,079	0,005	0,050	0,079	-0,047	0,215	-0,031	-0,033
11	Ambiente/Atmosphäre	-0,032	**0,692**	0,141	0,201	-0,017	0,089	0,205	0,047	0,145	-0,162	0,025	0,007
12	Architektonische Gestaltung	-0,004	**0,672**	0,178	0,140	-0,012	-0,017	0,192	-0,019	0,200	-0,234	0,105	0,152
13	Gastronomie am Opernhaus	0,075	0,392	0,181	0,071	0,110	0,160	-0,019	0,074	**0,565**	-0,107	0,034	-0,038
14	Opernshopangebot	0,203	0,108	0,030	-0,021	0,034	0,045	0,043	-0,020	**0,772**	0,054	0,087	0,060
15	Beschwerdezufriedenheit	0,237	0,164	-0,069	0,076	0,109	-0,004	-0,010	0,064	**0,605**	0,127	-0,069	-0,033
16	Servicemitarbeiter	0,132	**0,634**	0,011	0,278	0,062	0,087	0,061	0,157	0,171	0,159	-0,109	-0,043
17	Probenbesuche	**0,709**	0,064	0,091	0,052	0,040	0,013	0,115	-0,025	0,120	0,040	0,065	0,005
18	Einführungsveranstaltungen	**0,731**	0,036	0,024	0,113	0,121	0,031	0,152	0,253	0,080	0,038	-0,044	-0,087
19	Hintergrundgespräche	**0,834**	-0,006	0,149	0,069	-0,003	0,137	-0,020	0,036	0,108	0,018	0,070	0,075
20	Workshops, Sonderveranstaltungen	**0,817**	0,002	0,111	-0,002	0,053	0,100	0,008	0,059	0,066	0,001	0,057	0,060
21	Gewährung Zusatzleistungen	0,018	0,054	0,002	0,088	**0,859**	-0,013	0,048	0,049	0,030	0,009	-0,006	-0,002
22	Kunden-Community	0,121	0,009	0,319	0,111	**0,562**	0,182	0,083	-0,066	0,183	-0,155	0,109	0,088

Anhang 6 – Fortsetzung

Rotated factor loadings (pattern matrix)

Variable	Factor	1	2	3	4	5	6	7	8	9	10	11	12
23	Vertragliche Bindung	0,036	-0,040	0,048	0,043	**0,788**	-0,114	0,113	0,084	0,083	-0,031	0,049	0,041
24	Heranführung an Oper	0,031	0,013	0,069	0,104	0,072	-0,013	0,167	-0,005	0,049	0,130	0,041	**0,809**
25	Eigene künstlerische Tätigkeit	0,096	0,011	0,033	-0,016	-0,045	0,220	-0,339	0,216	-0,056	0,112	-0,189	**0,602**
26	Beschäftigung/Interesse	0,142	-0,032	0,282	0,065	0,084	-0,058	-0,129	0,194	0,067	**0,610**	-0,011	0,245
27	Vorliebe	-0,039	0,041	0,108	0,162	-0,083	0,045	0,115	-0,062	0,044	**0,732**	0,146	0,126
28	Identifikation mit künstl. Profil	0,088	0,036	**0,621**	0,206	0,069	0,073	0,114	0,320	0,111	0,124	-0,153	0,003
29	Identifikation mit Tradition/Geschichte	0,130	0,262	**0,665**	0,129	0,082	-0,066	0,322	0,065	0,033	-0,021	0,058	0,124
30	Identifikation mit Sympathieträgern	0,198	0,017	**0,772**	0,107	0,045	0,090	0,019	0,032	-0,009	0,183	0,058	0,019
31	Identifikation mit Gästen/Stars	0,179	0,082	**0,473**	0,082	0,004	0,008	0,210	0,054	0,018	0,364	0,218	-0,021
32	Gute Erreichbarkeit/Räumlicher Nähe	0,144	0,265	0,059	0,101	0,119	0,221	**0,555**	0,035	-0,053	0,076	-0,046	0,053
33	Stolz auf das Opernhaus	0,117	0,230	0,228	0,099	0,186	0,094	**0,680**	0,031	-0,023	-0,042	0,105	0,123
34	Guter Ruf des Opernhauses	0,046	0,175	0,135	0,146	0,000	0,145	**0,620**	0,179	0,129	0,137	-0,119	-0,074
35	Persönlicher Dialog	0,272	0,246	0,168	-0,035	**0,402**	0,122	0,193	0,088	0,051	0,199	0,010	-0,083
36	Beziehungen zu Mitarbeitern	0,399	0,198	**0,411**	0,003	0,066	0,358	-0,234	-0,149	-0,009	-0,048	0,075	0,052
37	Gemeinsamer Opernbesuch	0,099	0,230	-0,113	0,045	-0,018	**0,578**	0,252	-0,061	-0,082	0,001	0,108	0,129
38	Gleichgesinnte treffen	0,361	0,063	0,320	0,080	0,068	**0,602**	0,013	-0,024	0,052	-0,069	0,143	0,042
39	Weiterempfehlungen	0,100	0,045	-0,068	-0,080	-0,106	**0,710**	0,129	0,023	0,005	0,023	0,109	0,151
40	Selbstpräsentation	0,065	-0,135	0,164	0,051	0,089	**0,642**	0,045	0,241	0,248	0,040	-0,139	-0,207
41	Vergünstigungen	0,175	0,279	-0,023	-0,017	**0,520**	0,318	-0,264	-0,077	-0,253	0,123	-0,098	0,006